OPENKID
CHILDREN'S
ENCYCLOPEDIA

교과서와 함께 보는
어린이 과학사전

**OPENKID
CHILDREN'S ENCYCLOPEDIA**

교과서와 함께 보는

어린이 과학사전

오픈키드 어린이사전 편찬위원회 지음

열린어린이

차례

발간사 · · · · · · · · · · · · · · · 6
일러두기 · · · · · · · · · · · · · · 8

가 · · · · · · · · · · · · · · · 11
나 · · · · · · · · · · · · · · · 71
다 · · · · · · · · · · · · · · · 85
라 · · · · · · · · · · · · · · · 105
마 · · · · · · · · · · · · · · · 111
바 · · · · · · · · · · · · · · · 131
사 · · · · · · · · · · · · · · · 173
아 · · · · · · · · · · · · · · · 227
자 · · · · · · · · · · · · · · · 289
차 · · · · · · · · · · · · · · · 337
카 · · · · · · · · · · · · · · · 347
타 · · · · · · · · · · · · · · · 353
파 · · · · · · · · · · · · · · · 367
하 · · · · · · · · · · · · · · · 377

찾아보기 · · · · · · · · · · · · · 411
교과 관련 찾아보기 · · · · · · · · 429
교과 관련 참고 자료 · · · · · · · · 444
감사의 말 · · · · · · · · · · · · · 469

발간사

스스로 배우고 익히는 즐거운 어린이 사전

　어린이들은 초등학교에서 훌륭한 선생님과 좋은 친구들과 함께 많은 것을 배웁니다. '우리들은 1학년'부터 '슬기로운 생활', '즐거운 생활', '읽기', '쓰기', '말하기', '듣기', '수학', '영어', '사회', '과학', '미술', '음악' 등 여러 교과에서 자율적이고 창의적인 한국인으로 자라기 위해 필요한 많은 것들을 배웁니다. 끝없는 호기심으로 가득 차 있는 어린이들은 친구들과 노는 것만큼이나 새로 배우는 것을 즐겁고 재미있어 합니다. 하지만 학년이 올라갈수록 점점 공부하는 것을 힘들어하기도 합니다. 배우는 내용이 점점 어려워져서 그렇기도 하지만, 새로 바뀐 교과서와 교육 과정이 학습자 중심의 교육과 자기 주도적 학습을 중요하게 여겨 어린이들 스스로가 배우고 익혀야 하는 것이 많아서이기도 합니다. 새로운 교육 과정은 교실에서 단순히 지식을 전달받는 획일적인 교육 내용에서 벗어나 실천 중심의 다양한 체험 교육과 토론 학습을 이끌어 냅니다. 주제 탐구와 소집단 공동 연구 등을 통해 어린이들의 자기 주도적 학습 능력을 키우고, 실험·관찰·조사·수집·토론·견학 등 학습자 중심의 직접적인 체험 활동을 중요하게 여기기 때문에 학년이 올라갈수록 어린이들 스스로 배우고 익혀야 하는 것들은 점점 많아질 수밖에 없습니다.

　이런 학습자 중심의 교육과 자기 주도적 학습을 위해서는 다양한 체험 활동과 폭넓은 독서 등 필요한 것이 많지만 그 가운데에서도 어린이들에게 꼭 필요한 것이 사전입니다. 모르는 것이나 궁금한 것이 있으면 찾아보고, 학교에서 배운 내용을 체계적으로 이해하고 더 깊이 알아보기 위해 사전을 찾아보는 것은 스스로 배우고 익히는 데 있어서 무엇보다 중요합니다. 그래서 선생님과 부모님들은 모르는 것이 있으면 사전을 찾아보라고 자주 말합니다. 그런데 막상 사전을 찾으면 제대로 된 사전이 없어서 어려움을 겪는 경우가 많습니다. 주변에 여러 사전이 있지만 대부분 어른을 위한 것이어서 너무 어렵고, 간혹 있는 어린이 사전은 내용이 너무 간략하거나 외국의 것을 번역한 것이어서 우리의 상황과 맞지 않는 경우가 많습니다. 그래서 사전 대신 흔히 정보의 바다라고 하는 인터넷을 찾아보지만 어려움을 겪기는 마찬가지입니다. 인터넷에는 아주 많은 정보가 있지만 꼭 필요한 정보보다는 쓸모없는 정보가 더 많고, 더러 잘못된 사실도 있어서 혼란을 겪기도 합니다.

어린이들이 공부하면서 겪는 이런 어려움을 해결하고 어린이 스스로 배우고 익히는 데 도움이 되고자 오픈키드 어린이사전 편찬위원회에서 이번에 새로운 사전을 펴냅니다. '교과서와 함께 보는 어린이 사전'은 초등학교 전학년 전과목 교과서에 나오는 모든 단어들과 어린이들이 일상 생활에서 자주 접하는 말들을 사회, 문화, 역사, 과학, 자연, 예술, 인물 등 분야별로 나누어 각각 한 권의 사전으로 펴낸 것입니다. 혼자서 책을 읽을 줄 아는 어린이라면 누구나 재미있게 지식의 세계를 넓혀갈 수 있는 사전을 펴내기 위해서, 먼저 50여 명의 젊은 학자들과 선생님들이 3년여에 걸쳐 어린이들이 꼭 알아야 할 내용을 쉽게 풀어쓴 뒤, 각 사전마다 1000장 이상의 천연색 사진과 그림, 지도, 도표 등을 넣어 기본적인 개념을 쉽게 이해할 수 있도록 구성하였습니다. 또 단순한 개념과 지식을 전하는 데 그치지 않고, 어린이들이 주제 탐구나 소집단 공동 연구를 해 나가는 데 필요한 내용들은 별도의 항목으로 정리하여 자연스럽게 탐구 학습을 할 수 있도록 하였습니다. 어린이들이 많이 찾는 〈교과 관련 참고 자료〉는 각 사전의 끝에 부록으로 실었고, 〈찾아보기〉와 함께 〈교과 관련 찾아보기〉를 두어 어린이들이 교과와 관련된 내용을 한눈에 찾아볼 수 있게 하였습니다.

'교과서와 함께 보는 어린이 사전'은 스스로 배우고 익히려는 어린이들의 벗이 되고자 합니다. 학교와 도서관, 집 어디에서든지 배우고 익히려는 어린이 곁에서 지식의 바다를 헤쳐 나가는 어린이들의 든든한 벗이 되고자 합니다. 아무쪼록 교과서 옆에 두고 모르는 것이나 궁금한 것들을 찾아보면서 스스로 배우고 익히고, 스스로 문제를 해결하는 능력을 길러 어린이 여러분이 밝고 튼튼하고 지혜로운 어린이로 자라기를 기원합니다.

2006년 4월
오픈키드 어린이사전 편찬위원회

일러두기

표제어 선정

1. 어린이 사전에서 다룰 표제어를 선정하기 위해 먼저 초등학교 전학년 전과목에서 다루고 있는 모든 단어를 뽑아 정리하였다. 다음으로 초등학교 어린이들이 중학교 교육 과정과 연계하여 꼭 알아야 할 중요 항목을 선정하였다. 또 일상 생활에서나 사회 전반에서 사용되는 용어 중에서 어린이들이 자주 접하고 궁금해하는 항목을 뽑아 정리하였다. 이 항목들을 모두 모아 사회, 과학, 문화, 역사, 인물, 예술 등 주제별로 항목을 나눈 뒤 각각 한 권의 '오픈키드 어린이사전'의 사전별 표제어로 삼았다.

2. 『교과서와 함께 보는 어린이 과학사전』에는 '과학'이라는 큰 주제로 분류된 750여 항목이 표제어로 실려 있다. 표제어들은 초등학교 1~2학년의 '슬기로운 생활'과 3~6학년의 '과학'과 '실험 관찰' 교과에서 다루는 내용을 중심으로 과학일반, 물리, 화학, 우주과학, 지구과학, 생물, 동물, 식물, 곤충, 미생물, 인체, 컴퓨터, 정보 통신 등 여러 분야 학문의 내용을 다루고 있다.

3. 초등학교 과학 교과의 내용 가운데 생물과 동물, 식물, 곤충과 관련한 일반적인 내용은 이 사전에 포함되어 있지만, 개체를 포함한 세세한 부분은 『교과서와 함께 보는 어린이 자연사전』에서 따로 자세하게 다루었다.

4. 초등학교 과학 교과의 내용은 에너지, 물질, 생명, 지구 등의 지식과 탐구 과정 및 탐구 활동으로 구성되어 있다. 따라서 각 표제어들은 기본 개념 및 원리를 유기적이고 통합적으로 이해할 수 있게 서술하였다. 또한 탐구하는 능력을 기르고, 실생활의 문제들을 과학적으로 해결하는 태도를 가질 수 있도록 하였다. 또 초등학교 과학 관련 교육 과정과 과학 현상을 이해하는 데 꼭 알아 두어야 할 중요도에 따라 항목 서술의 길이를 정하였다.

5. 초등학교 과학 교과에서 주제 탐구와 소집단 공동 연구로 진행되는 부분은 표제어와 관련하여 〈탐구학습〉으로 따로 제목을 달아 설명하였다. 또 학교에서 배운 내용 가운데서 궁금하거나 체계적으로 깊이 있게 이해해야 하는 부분은 표제어와 관련하여 따로 별면을 마련하여 설명하였다.

표제어 표기 및 배열

1. 표제어는 한글로 표기하였다. 외래어보다는 우리말을 우선하였으며, 외래어가 이미 널리 사용되어 굳어진 경우에는 외래어를 표제어로 삼았다.

   예 : 나사 - 미국항공우주국, 사진기 - 카메라

2. 표제어가 외래어일 경우, 단어식으로 「외래어 표기법」에 따라 표기하였다. 단 일반적으로 많이 사용되는 경우에 한해 알파벳 표기를 한글로 바꾸어 표기하였다.

   예 : 드라이아이스(단어식), 블랙홀(단어식), 디엔에이(알파벳)

3. 표제어 배열은 아래의 가나다순에 따라 정리하였다.

   초성 : ㄱ ㄲ ㄴ ㄷ ㄸ ㄹ ㅁ ㅂ ㅃ ㅅ ㅆ ㅇ ㅈ ㅉ ㅊ ㅋ ㅌ ㅍ ㅎ
   중성(모음) : ㅏ ㅐ ㅑ ㅒ ㅓ ㅔ ㅕ ㅖ ㅗ ㅘ ㅙ ㅚ ㅛ ㅜ ㅝ ㅞ ㅟ ㅠ ㅡ ㅢ ㅣ
   종성(받침) : ㄱ ㄲ ㄳ ㄴ ㄵ ㄶ ㄷ ㄹ ㄺ ㄻ ㄼ ㄽ ㄾ ㄿ ㅀ ㅁ ㅂ ㅄ ㅅ ㅆ ㅇ ㅈ ㅊ ㅋ ㅌ ㅍ ㅎ

4. 별면이 들어갔을 경우에 앞의 표제어 본문이 바로 다음 페이지로 연결되지 않고 별면을 사이에 두고 그 다음 페이지로 연결된 것도 있다.

용어의 표기와 선택

1. 『교과서와 함께 보는 어린이 과학사전』에서 사용하는 모든 용어의 표기는 교육인적자원부에서 고시한 「한글맞춤법」('문교부 고시 제88-1호': 1988. 1. 19)과 「표준어 규정」('문교부 고시 제88-2호': 1988. 1. 19)에 따랐다. 「한글맞춤법」과 「표준어 규정」에 불충분한 용례는 국립국어원의 『표준국어대사전』에 따랐다.

2. 외래어 표기는 교육인적자원부에서 고시한 「외래어 표기법」('문교부 고시 제85-11호': 1986. 1. 7)에 따랐다. 「외래어 표기법」에 불충분한 용례는 국립국어원의 『외래어표기용례집』에 따랐다.

3. 인명과 지명은 「한글맞춤법」 및 「표준어 규정」과 「외래어 표기법」에 따랐다. 구체적인 용례는 다음과 같다.

   ① 한자권 인명은 성과 이름을 다 표기하되, 아호 및 법명 등이 널리 알려져 있는 경우에는 호도 함께 표기하였다. 중국 인명은 신해혁명(1911년)을 기준으로 하여 그 이전의 사망자는 이전대로 한자음대로 표기하고, 그 이후의 사망자는 중국어 표기법에 따라 표기하였다.

   예 : 장영실, 채륜

   ② 우리 나라의 지명은 원래의 지명을 줄이지 않고 다 표기하였다. 행정 지명은 행정 단위를 붙여 표기하였다.

   예 : 경상남도, 대구광역시, 경상북도 울진군

   ③ 중국의 지명 중 오늘날 쓰이지 않는 것은 우리 한자음으로 읽어 표기하고, 오늘날의 지명과 같은 것은 「외래어 표기법」에 따라 표기하였다.

   예 : 중국 윈난 성, 중국 산시 성, 황허 강, 베이징, 상하이

   ④ 한자권 인명을 제외한 외래어 인명과 지명은 「외래어 표기법」에 따랐다. 「외래어 표기법」에 불충분한 용례는 국립국어원의 『외래어표기용례집』에 따랐다. 한자권 인명을 제외한 외래어 인명은 성만을 표기하는 것을 원칙으로 하였다. 단, 성과 이름이 함께 널리 쓰일 경우에는 모두 표기하였다.

   예 : 아인슈타인, 다윈, 코페르니쿠스, 왓슨

   ⑤ 고유명사의 번역명이 쓰일 경우에는 번역명을 따랐다.

   예 : Pacific Ocean - 태평양, Black Sea - 흑해

4. 용어의 선택 기준은 다음과 같다.
   ① 같은 개념을 나타내는 말이나 용어가 여럿일 경우에는 좀더 정확하고 널리 쓰이는 말을 선택하여 표기하였다.
      예 : 가솔린-휘발유, 형성층-부름켜, 투시물 환등기-오에이치피
   ② 일반적으로 외래어는 단어식 표기를 하였으나, 많이 사용되는 경우에 한해 알파벳 표기를 한글로 바꾸어 표기하였다.
      예 : 바이러스, 스테아린스강, 디엔에이
   ③ 전문 용어는 해당 분야의 학계나 학회 등에서 일반적으로 사용하는 표기와 사회에서 널리 사용되는 용어를 따랐다.
      예 : 트랜지스터, 후천성면역결핍증

띄어쓰기

1. 표제어 및 본문에 나오는 용어의 띄어쓰기는 교육인적자원부에서 고시한 「한글맞춤법」('문교부 고시 제88-1호' : 1988. 1. 19)에 따랐다. 「한글맞춤법」에 불충분한 용례는 국립국어원의 『표준국어대사전』에 따랐다.

2. 그 외에는 다음과 같은 원칙에 따라 띄어쓰기 용례를 정하였다.
   ① 고유명사는 붙여 쓰되, 단위별로 띄어 썼다.
      예 : 세계기상기구, 한국표준과학연구원, 미국 태풍합동경보센터
   ② 고유명사를 제외한 복합명사는 띄어 썼다.
      예 : 인공 동굴, 식충 식물, 감각 기관, 이동 방향, 잎 모양
   ③ 보조용언은 띄어 썼다.
      예 : 넘겨 주다, 퍼져 나간다, 끌어 올린다, 도와 주다
   ④ 표제어와 본문의 띄어쓰기를 통일하여 표제어에서 붙여 쓴 용어는 본문에서도 붙여 쓰고 표제어에 띄어 쓴 용어는 본문에서도 띄어 썼다.
   ⑤ 단음절로 된 단어가 연이어 나타날 때에는 붙여 썼다.
      예 : 이 곳 저 곳 - 이곳 저곳
   ⑥ 국명을 비롯한 모든 지명은 붙여 썼다. 단, 외래어 뒤에 붙는 산, 강, 산맥, 제도, 반도 등은 띄어 썼다.
      예 : 태백산맥, 남아프리카공화국, 인더스 강, 몽블랑 산, 히말라야 산맥
   ⑦ 전문용어와 한 단어로 굳어져 널리 쓰이는 말은 모두 붙여 썼다.
      예 : 푄바람, 지진해일, 체감온도, 끓는점, 쌍둥이자리

각종 부호와 기호

1. 문장 부호는 교육인적자원부에서 고시한 「한글맞춤법」('교육부 고시 제88-1호' : 1988. 1. 19)과 국립국어원의 『표준국어대사전』에 실린 '문장부호 규정'에 따랐다.

2. 그 구체적인 용례는 다음과 같다.

책, 신문, 잡지	겹낫표(『 』)
논문 이름, 작품 이름, 지도 이름, 법, 법령	낫표(「 」)
규정, 규약, 규칙, 슬로건	작은따옴표(' ')

본문 서술 방식

1. 어린이들이 이해하기 쉽도록 명확하고 간결한 문장과 한글 전용을 원칙으로 했으며, 의미가 혼동될 수 있거나 특수한 경우에만 원어(한자 또는 로마자)를 괄호 안에 넣어 이해에 도움이 되도록 하였다.
   예 : 수소 원자(H), 알파(α)선, 우토(雨土)

2. 숫자는 아라비아 숫자를 쓰되, 이해가 편하도록 네 자리마다 끊어서 한글을 섞어 표기하였다. 단, 관용적으로 널리 쓰는 것은 한글로 썼다.
   예 : 1억 3600만 년, 14억 2940만 킬로미터

3. 계량 단위는 「계량 및 측정에 관한 법률」에 따랐으며, 우리말 표기대로 적었다. 본문과 부록에 나오는 원소와 화합물 이름은 「대한화학회 명명법」에 따랐다. 단 「대한화학회 명명법」에서 밝힌 대로 현재 널리 사용되는 원소 기호 명명은 그대로 사용하였다.
   예 : km^2 - 제곱킬로미터, % - 퍼센트, 아이오딘-요오드, 망가니즈-망간, 란타넘-란탄, 브로민-브롬

4. 연대는 서기로 쓰고, 기원전(B.C.)의 표시는 기원전으로 하며, 기원후(A.D.)는 꼭 필요한 경우가 아니면 따로 표기하지 않았다.
   예 : 1980년, 기원전 5세기

시각 자료

1. 표제어의 이해를 돕기 위해 사진, 일러스트, 그래프, 도표, 지도 등 다양한 시각 자료를 곁들였다.

2. 시각 자료는 되도록 표제어 또는 본문에서 서술하는 내용과 가까운 곳에 두었다.

3. 모든 시각 자료에는 제목과 설명을 덧붙였다. 시각 자료의 제목이나 설명문 중에는 되도록 표제어와 관련된 말이 들어가게 하여 어느 표제어에 해당하는 시각 자료인지 알 수 있게 하였다.

4. 시각자료 가운데에 도표와 그래프는 우리 나라의 경우에는 2005년, 다른 나라의 경우에는 2003년과 2004년을 기준으로 하여 새롭게 만들고, 각각의 자료에 기준 연도를 표시하였다.

부록

1. 찾아보기 : 사전에서 쉽게 찾아볼 수 있도록 표제어 및 관련 항목을 정리하였다.

2. 교과 관련 찾아보기 : 교과와 관련된 내용 전체를 한눈에 알아 볼 수 있게 전학년 과학 관련 과목을 단원별로 정리하고, 단원과 관련 있는 표제어를 중요도에 따라 나열하였다.

3. 교과 관련 참고 자료 : 어린이들이 교과 과정에서 자주 접하고 자주 찾는 참고 자료를 표 형식으로 정리하였다.

OPENKID CHILDREN's ENCYCLOPEDIA

가

가뭄

　오랫동안 비가 내리지 않아 메마른 날씨가 계속되는 자연 현상을 말한다. 가뭄으로 물 부족 현상이 생기면 농작물의 재배에 많은 피해를 줄 뿐만 아니라, 공업 용수와 생활 용수를 부족하게 해 생산 활동과 일상생활을 어렵게 한다. 오랜 가뭄으로 생기는 피해는 한해라고 한다. 우리 나라에서는 여름철에 북태평양 고기압의 세력이 지나치게 발달하거나 오호츠크 해 고기압 세력이 강해져 장마 전선이 늦어지거나 충분히 비를 내리지 못하고 북상할 때 주로 나타난다.

가속도

　시간에 따라 물체의 속도가 변하는 비율이다. 경사진 비탈에서 공을 굴리면 시간이 지남에 따라 점점 더 빠르게 굴러간다. 이와 같이 시간에 따라서 속도가 변할 때에 시간에 대한 속도의 변화율을 가속도라고 한다. 어떤 물체의 가속도는 그 물체에 작용하는 힘에 비례하며, 방향과 크기를 가진다. 중력 때문에 자유 낙하하는 물체의 속도 변화는 중력가속도라고 한다. 단위는 m/s^2 또는 cm/s^2을 쓴다. $1m/s^2$는 1초 동안에 $1m/s$ 비율로 속도의 크기가 바뀌는 것을 뜻하며, 1미터 매 초 제곱이라고 읽는다.

가시광선

　사람의 눈으로 볼 수 있는 파장을 가진 빛이다. 햇빛에서는 라디오파와 자외선, 가시광선, 적외선, 엑스선과 감마선 등 다양한 파장의 전자기파가 나온다. 이 중에서 사람의 눈으로 볼 수 있는 전자기파는 가시광선뿐이다. 가시광선을 프리즘으로 분광해 보면, 일곱 색깔인 보라·남·파랑·초록·노랑·주황·빨강이 연속하여 나타난다. 이 일곱 색깔의 가시광선은 비가 그친 뒤 햇빛이 공중에 떠 있는 물방울과 만나 생기는 무지개에서도 볼 수 있다. 햇빛이 비출 때 사물의 색이 일곱 색깔이 아닌 각각의 색으로 보이는 이유는 사물마다 반사하는 색이 다르기 때문이다. 하얀색은 일곱 색을 모두 반사하기 때문에 하얗게 보이고, 초록색은 가시광선 중에서 초록색만을 반사하여 초록색으로 보인다. 검정색은 모든 색을 흡수하여 까맣게 보인다.

　가시광선은 빨강 쪽으로 갈수록 파장이 길고 보라 쪽으로 갈수록 파장이 짧다. 가시광선의 빨강을 띠는 파장보다 긴 파장으로는 적외선과 라디오파가 있으며, 보라를 띠는 파장보다 더 짧은 파장으로는 자외선·엑스선·감마선이 있다.

가을

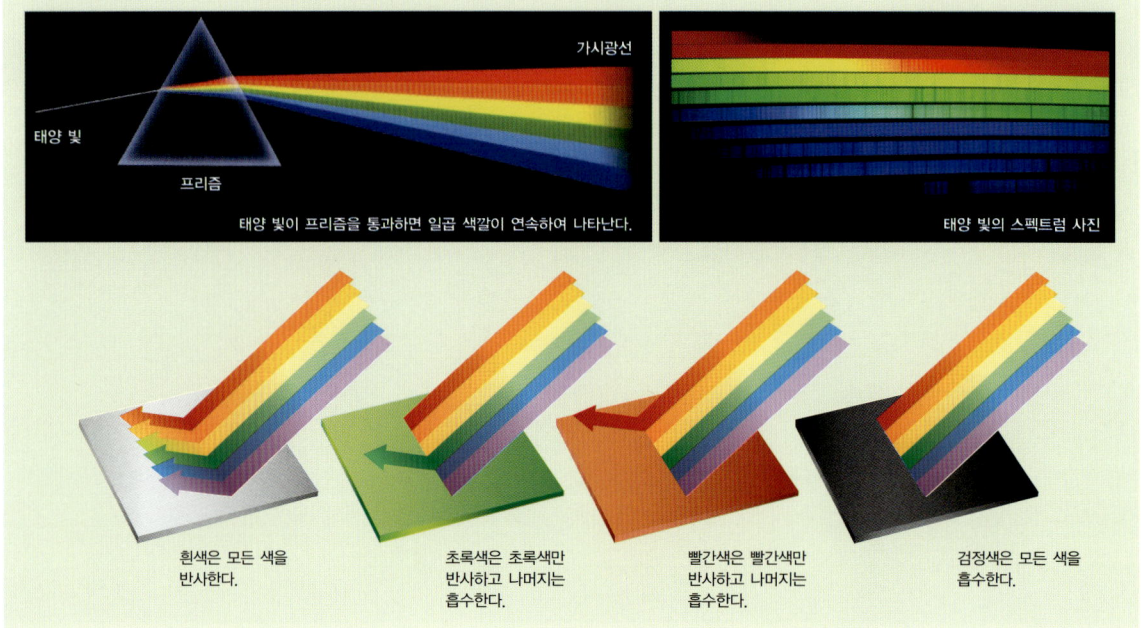

태양 빛이 프리즘을 통과하면 일곱 색깔이 연속하여 나타난다.

태양 빛의 스펙트럼 사진

흰색은 모든 색을 반사한다.

초록색은 초록색만 반사하고 나머지는 흡수한다.

빨간색은 빨간색만 반사하고 나머지는 흡수한다.

검정색은 모든 색을 흡수한다.

가을

한 해의 네 계절 중 여름과 겨울 사이에 있는 계절이다. 태양의 남중 고도가 갈수록 낮아지고 태양이 내리쬐는 시간이 점점 짧아져 기온이 점차 떨어지는 시기이다. 북반구의 가을은 천문학에서는 9월 23일경의 추분부터 12월 21일경의 동지 전날까지를 말한다. 24절기로는 8월 7일경의 입추부터 11월 7일경의 입동 전날까지를 말하고, 기상학에서는 이보다 조금 늦추어서 보통 9월에서 11월까지를 가을이라고 한다. 계절이 반대로 나타나는 남반구에서는 3월에서 5월까지가 가을이다.

우리 나라의 가을 날씨는 시베리아 고기압에서 떨어져 나온 이동성 고기압이 동쪽으로 이동함에 따라 기온이 낮아지고 하늘이 맑아지며 건조하다. 9월에는 월 평균기온이 20도 안팎으로 낮 동안은 무덥지만 아침과 저녁으로는 시원하다. 태풍이 종종 남부 지방을 지나가 큰 피해를 주기도 하고 가을장마가 들기도 한다. 10월로 접어들면 강수량이 줄고 공기 중의 습도가 낮아져 맑고 상쾌한 날씨가 계속된다. 10월의 월 평균기온은 11도에서 19도 정도이며, 11월은 7도 안팎으로 기온이 뚝 떨어져 첫서리가 내린다. 곡식이나 과일의 열매가 익는 가을에는 농작물을 추수하고, 추운 겨울을 날 준비를 한다. 낙엽 지는 나무들의 잎은 붉은색이나 노란색 등의 단풍으로 물든 후 떨어지고, 동물들은 추운 겨울에 대비하기 위해 먹이를 저장한다. 털을 가진 동물들은 이 시기에 털이 더 치밀하게 자라고, 새들은 추위를 피해서 따뜻한 적도 쪽으로 옮겨간다.

간

생명을 유지하는 데 필요한 여러 물질의 합성·변화·저장·분해·해독·배설 등의 기능을 하는 몸 속의 기관이다. 사람의 간은 어른의 경우에 무게가 약 1500그램으로 몸 속에서 가장 크다. 간은 가로막 아래에 있으며, 두껍고 큰 우엽과 얇고 작은 좌엽 두 부분으로 되어 있다. 사람의 몸 속에서 간은 화학 공장 같은 역할을 한다. 간은 몸의 에너지를 얻기 위해 사용하는 탄수화물·단백질·지방을 합성하고 변화시키고 분해하고 저장한다. 또 아미노산의 물질 대사로 생기는 해로운 암모니아를 독성이 적은 요소로 바꾸는 해독 작용을 한다. 또 프로트롬빈, 피브리노겐 등을 만들어 혈액의 응고를 방지하는 헤파린을 합성한다. 술을 마실 때 몸으로 들어온 알코올은 간의 해독 작용으로 물과 이산화탄소로 분해된다. 간은 또한 놀라운 재생 능력을 지녔다. 간의 75퍼센트가 굳어져 기능을 못할 때, 이를 잘라 내어도 4개월 정도가 지나면 원래의 크기로 회복된다.

간상세포

눈의 망막에 있는 막대 모양의 세포이다. 물체의 모양과 밝고 어두운 것을 느끼게 한다. 사람의 망막에는 약 1억 2000만 개의 간상세포가 고르게 퍼져 있다. 간상세포에는 색소단백질인 로돕신이 있어 빛에 반응하며 분해된다. 이런 변화가 시신경을 통해 대뇌에 전달되어 물체의 형체와 움직임, 밝고 어두움을 구분한다. 하지만 물체의 색깔은 구분하지 못한다. 색깔은 눈의 다른 시세포인 원추세포가 구별해 낸다.

간의

조선 시대의 대표적인 천체 관측 기기이다. 간의로 천체의 고도와 방위, 낮과 밤의 시간을 정밀하게 측정할 수 있었다. 간의는 청동으로 만들었으며, 경복궁의 간의대 위에 설치하였다. 간의는 크게 적도좌표계와 지평좌표계 부분으로 나눌 수 있다. 적도좌표계 부분은 적경과 적위로 천체의 위치를 나타내며, 사유환과 규형·적도환·백각환·계형·정극환·후극환으로 구성되어 있다. 정극환을 이용하여 북극을 맞추고 규형을 통하여 별의 위치를 알아 냈다. 지평좌표계 부분은 방위각과 고도로 천체의 위치를 나타내며 지평환과 입운환 등으로 이루어져 있다.

갈조류

요오드가 풍부한 갈색의 바닷말이다. 대표적인 갈조류로는 미역과 다시마 등이 있다. 갈조류는 뿌리·줄기·잎의 세 부분으로 되어 있으며 광합성을 한다. 잎이 넓고 큰 갈조류는 바위 표면에 붙어살면서 바다의 울창한 숲을 이루는데, 이는 물고기들이 알을 낳는 장소이자 피난처의 역할을 한다. 갈조류는 따뜻한 바다보다 찬 바다에서 잘 자라며, 민물에 사는 것도 있다.

감각

눈·코·귀·혀·피부와 같은 감각 기관을 통하여 어떤 자극을 알아차리는 것을 말한다. 동물들마다 살아가는 방법과 환경에 따라 각각 다른 감각 기관과 감각이 발달했다. 개는 코가 발달해 냄새를 잘 맡고, 고양이는 눈과 귀가 발달했다. 물고기는 옆줄로 물결과 다른 동물들의 움직임을 느끼며, 곤충은 더듬이로 공기 중의 물질을 분별하고 뭔가에 닿는 것을 느낀다.

사람은 다양한 자극을 크게 시각·청각·후각·미각·촉각의 다섯 가지 감각으로 받아들인다. 시각은 눈으로 물체를 보는 감각이다. 청각은 귀로 소리를 듣는 감각이다. 후각은 코로 냄새를 맡는 감각이다. 미각은 혀로 맛을 느끼는 감각이다. 촉각은 피부로 온도나 아픔 등을 느끼는 감각이다. 이 외에도 몸 속의 근육이나 뼈에서 느끼는 심부 감각과 배고픔, 피로 등을 느끼는 내장 감각, 속귀에 있는 달팽이관 옆의 미로에서 느끼는 평형 감각 등이 있다.

감각점

외부의 다양한 자극을 피부로 느끼는 곳이다. 냉점·온점·압점·통점의 네 가지 감각점들이 있으며, 모양과

한국천문연구원에 설치된 간의 복원품

바다의 울창한 숲을 이루는 갈조류인 다시마

감전

구조가 서로 다르다. 감각점에 연결된 감각세포와 신경 말단이 자극을 받아들이고, 이를 대뇌에 전해 준 다음에 자극을 느낄 수 있다. 감각점은 온몸에 고르게 분포되어 있는 것이 아니라 몸의 부위에 따라 다르게 분포되어 있다. 피부 1제곱센티미터당 통점이 평균 100~200개로 가장 많으며, 압점은 25개, 냉점은 6~23개, 온점은 3개 정도이다.

감전

사람의 몸에 전류가 흘러 충격을 받는 것을 말한다. 전류가 몸 속에서 어떤 통로로 흐르는지와 전류의 양에 따라서 몸이 받는 충격이 달라진다. 몸은 아주 작은 전류에도 찌릿한 정도의 자극을 느낀다. 감전이 되면 근육에 경련이 일어나거나 심할 경우에 몸을 움직일 수 없으며, 의식을 잃고 죽기도 한다. 감전 사고는 물을 만진 손으로 전기 기구를 다룰 때 잘 일어난다. 또 땀이 나서 손이 젖어 있거나 땀이 말랐어도 땀 성분인 염분이 남아 있을 때 잘 일어난다.

갑각류

몸이 단단한 껍데기로 둘러 싸여 있는 무척추동물이며, 절지동물에 속한다. 새우, 소라게, 게, 굴 등이 여기에 속한다. 주로 바다에 살지만 민물에 사는 종도 있다. 몸은 머리·가슴·배의 세 부분으로 되어 있으나 곤충과 달리 분명하게 나뉘진 않는다. 겹눈은 1쌍, 더듬이는 2쌍이고 변태를 하는 것이 많다. 물 속에서 사는 것은 아가미로 호흡하고, 땅 위에서 사는 것은 기관으로 호흡한다. 암수의 모습이 서로 다른데, 수컷이 암컷보다 몸이 크고 색깔과 모양이 다양하다. 전 세계에 2만 종 가량이 있다.

> **일 최다강수량**
> 우리 나라의 일 최다강수량은 2002년 8월 31일에 강릉에서 관측된 870.5밀리미터이다. 세계의 일 최다강수량은 1952년 3월 15일에 인도양에 있는 레그니온 섬 시라오스에서 관측된 1870밀리미터이다.

강수량

일정한 기간에 땅으로 떨어져 내린 강수의 양을 말한다. 비나 눈, 우박 등과 같이 대기 중의 작은 물방울이나 작은 얼음 결정 등이 구름으로부터 땅에 떨어져 내리는 현상을 강수라 하고, 강수량은 특정한 장소에서 일정한 기간에 내린 강수의 양을 밀리미터(mm)로 표시한 것이다. 눈·싸락눈·우박 등의 경우에는 녹여서 물 상태일 때 깊이를 측정한다. 강수량은 우량계·자기우량계·전도형우량계 등으로 측정한다. 강수량은 측정한 값과 함께 측정한 장소와 시간, 기간을 함께 표시한다.

우리 나라는 여름철에 비가 많이 와 연 강수량의 50~60퍼센트를 차지한다. 강수량은 대체로 남쪽 지방에서 북쪽 지방으로 갈수록 줄어들지만 바람의 방향이나 땅의 모양과 위치 등에 따라 지역별로 큰 차이가 난다.

강장동물

물 속에서 사는 하등 동물로 무척추동물이다. 물 속을 떠돌아다니는 해파리와 물 밑 바위 등에 붙어사는 산호, 히드라, 말미잘 같은 다세포동물이 여기에 속한다. 강장동물은 몸이 외배엽과 내배엽으로 된 2배엽성 동물로 몸 속에는 강장이라는 빈 곳이 있다. 강장 위쪽에는 입이 있

> **우리 나라 여러 도시의 연 강수량**
> 1971년부터 2000년까지 20년 동안의 연 강수량은 중부 지방은 1100~1400밀리미터, 남부 지방은 1000~1800밀리미터, 경북 지역은 1000~1200밀리미터이며, 경상남도의 해안 일부 지역은 1800밀리미터 정도, 제주도 지방은 1450~1850밀리미터였다. 연 강수량의 50~60퍼센트가 여름에 내린다. 아래의 표는 2005년 우리 나라 여러 도시의 연 강수량을 나타낸 것이다.
>
> 기간 2005년 1월 1일 ~ 12월 31일 단위 밀리미터(mm)
>
> | | 1월 | 2월 | 3월 | 4월 | 5월 | 6월 | 7월 | 8월 | 9월 | 10월 | 11월 | 12월 | 계 |
> |---|---|---|---|---|---|---|---|---|---|---|---|---|---|
> | 서울 | 4.5 | 17.2 | 12.5 | 94.7 | 85.8 | 168.5 | 269.4 | 285 | 313.3 | 52.6 | 44.6 | 10.3 | 1358.4 |
> | 춘천 | 3.7 | 30.8 | 17.5 | 86.5 | 72.3 | 160.0 | 321.7 | 340.5 | 210.5 | 32.3 | 48.8 | 9.6 | 1334.2 |
> | 속초 | 28.4 | 52.4 | 102.5 | 47.9 | 122.7 | 151.2 | 185.2 | 246.9 | 263.9 | 114.8 | 32.9 | 0.4 | 1349.2 |
> | 대전 | 6.0 | 37.5 | 38.8 | 48.5 | 60.5 | 209.6 | 463.3 | 499.5 | 226.4 | 30.5 | 20.3 | 15.2 | 1656.1 |
> | 대구 | 6.5 | 16.6 | 67.1 | 44.8 | 32.6 | 119.0 | 193.6 | 280.2 | 49.9 | 6.7 | 14.5 | 2.8 | 834.3 |
> | 광주 | 10.6 | 48.3 | 66.7 | 92.5 | 74.1 | 185.0 | 273.8 | 303.3 | 108.5 | 17.4 | 42.8 | 66.6 | 1289.6 |
> | 제주 | 47.0 | 98.3 | 84.6 | 33.5 | 52.8 | 11.5 | 120.7 | 217.6 | 9.0 | 26.1 | 92.5 | 78.9 | 872.5 |
>
> 자료 기상청/기후정보

강장동물인 말미잘

강장동물인 산호

으며, 입 둘레에는 여러 개의 촉수가 붙어 있다. 촉수는 먹이를 잡아 입 속에 넣어 소화한 다음에 다시 입으로 내뱉는다. 입이 항문의 역할을 함께 하는 것이다.

갖춘꽃

꽃을 구성하는 기본 요소인 꽃받침·꽃잎·암술과 수술이 하나의 꽃에 모두 있는 꽃으로 완전화라고도 한다. 이 기본 요소 중에 한 가지라도 없으면 안갖춘꽃이다. 갖춘꽃으로는 우리 나라 꽃인 무궁화를 비롯하여 나팔꽃, 복숭아꽃, 민들레꽃, 참나리꽃, 벚꽃, 유채꽃, 배추꽃, 무꽃 등이 있다.

갯벌

갯가의 넓고 평평하게 생긴 땅이다. 밀물과 썰물로 바닷물이 오가면서 운반한 모래나 펄 등이 파도가 잔잔한 해안에 오랫동안 쌓여 생긴 평탄한 지형이다. 갯벌은 만조 때에는 물 속에 잠기지만 간조 때에는 물 위에 드러난다.

갯벌은 세계에서도 몇 나라에만 있는 독특한 지형이며 우리 나라의 갯벌은 세계 5대 갯벌 가운데 하나로 꼽힌다. 우리 나라는 전 국토의 약 7퍼센트가 갯벌이다. 갯벌이 발달한 지역은 주로 완만하고 주변에 강 하구가 발달하여 육지에서 담수가 들어오면서 흙의 운반과 침식이 반복되는 지역이다. 해저 지형이 급경사를 이루는 동해안에는 갯벌이 거의 없으며, 해저 지형이 완만한 황해안에 많이 있다.

탐구학습

갯벌이 소중한 이유는 무엇일까요?

우리 나라의 황해에는 갯벌이 매우 발달하였다. 갯벌은 경제적 가치가 높을 뿐만 아니라, 해양 생물의 서식지이자 환경 오염을 줄이는 역할을 하는 중요한 자원이다.

갯벌이 우리에게 소중한 이유는 첫째, 경제적 가치가 높기 때문이다. 갯벌은 밀물과 썰물이 항상 드나들어서 산소가 풍부하고 유기물이 많아 갯벌에 사는 생물의 종류가 다양하다. 많은 해양 생물이 이곳에서 알을 낳고 먹이를 구하며 생활하고 있어 어업 활동의 약 90퍼센트가 갯벌에서 이루어지고 있다. 둘째, 생태적 서식지 역할을 한다. 갯벌은 물고기나 게, 조개들의 서식지이며, 일부 생물에게는 어린 시절의 고향이기도 하다. 또한 철새들이 휴식과 번식을 위하여 머무는 곳이다. 셋째, 갯벌은 자연 정화조의 기능을 한다. 갯벌은 자연의 콩팥이라고도 한다. 우리 몸에서 생기는 각종 노폐물을 콩팥에서 걸러 주듯이 갯벌은 육지에서 나오는 각종 오염 물질을 걸러 낸다. 갯벌 1제곱킬로미터에 있는 미생물이 오염 물질을 분해하는 능력은 도시의 하수 처리장 1개의 처리 능력과 비슷하다. 넷째, 갯벌은 자연 재해와 기후 조절의 기능이 뛰어나다. 갯벌은 폭우나 빗물 등을 흡수한 뒤 천천히 내보낸다. 한꺼번에 많은 양의 물을 저장할 수 있기 때문에 강의 하구나 바닷가의 침식을 막고 홍수의 피해도 줄인다. 또한 대기 온도와 습도에도 영향을 미치는 등 기후 조절의 기능도 한다. 다섯째, 갯벌은 사람들에게 휴식과 교육의 공간이 되고 있다. 낚시나 해수욕, 휴식, 관광 등에 이용되며, 해양 생태계와 생물을 관찰할 수 있는 자연 교육의 장이다.

전라남도 순천만의 갯벌

강

넓고 길게 흐르는 큰 물줄기이다. 비나 눈처럼 하늘에서 내린 빗물은 증발하거나 땅 속으로 스며들며, 일부는 물 웅덩이를 만들고 낮은 지대로 흘러간다. 흐르는 물은 계곡이나 골짜기를 지나면서 내가 되고 강이 된다. 강물은 하늘에서 내리는 물 외에도 땅 속에 스며들었던 물이 다시 솟아 나와 모여들기도 한다. 강은 물이 지구상에서 순환하는 과정의 일부이며 동시에 침식·운반·퇴적 작용으로 땅의 모습을 바꾸어 놓는다.

강은 흐르면서 강 언덕이나 강 바닥의 암석, 바위, 흙을 깎아 내리는 침식 작용을 한다. 강바닥의 기울기가 급할수록, 물이 빨리 흐를수록 침식 작용은 크게 일어난다. 또 강은 침식 과정에서 만들어진 물질들을 옮기는 운반 작용을 한다. 강물이 속도가 느려지면서 운반하던 물질이 강바닥이나 바다에 가라앉아 쌓이는 퇴적 작용이 일어난다.

> **인류는 강을 어떻게 이용하였을까요?**
> 고대 문명의 4대 발상지는 모두 큰 강의 유역이다. 황하 문명은 황허 강, 인더스 문명은 갠지스 강, 이집트 문명은 나일 강, 메소포타미아 문명은 유프라테스 강과 티그리스 강 등의 평야 지대에서 발생하였다. 이처럼 인류의 생활과 강은 고대부터 밀접한 관계가 있었다. 오늘날 강은 수력 발전과 공업·농업·상수도·담수 어업 등 많은 곳에 이용된다. 특히 농업에 필요한 대량의 물을 강에 의존하여 끌어다 쓴다. 강은 많은 혜택을 주기도 하지만, 큰 비가 내리면 홍수가 일어나 큰 피해를 주기도 한다. 홍수를 막기 위해 제방과 둑을 쌓고, 댐을 건설하기도 한다.

강의 작용

강은 처음 흐르는 곳부터 바다에 도착하는 곳까지의 길이를 상류·중류·하류로 크게 세 부분으로 나눈다. 강물은 상류·중류·하류 모두에서 침식·운반·퇴적 작용을 한다.

강의 상류에서는 침식 작용이 가장 활발하게 일어나고, 중류에서는 주로 운반 작용을 하면서 침식과 퇴적 작용이 비슷하게 일어나며, 하류에서는 퇴적 작용이 가장 활발하게 일어난다. 1년 간 내린 비의 양보다 증발하는 물이 많은 건조 지역에는 강은 없거나 있더라도 비가 내린 후나 우기에만 흐른다.

상류

브이자곡
강의 상류에서 나타나는 지형이다. 골짜기의 모양이 V자 모양이다.

곡류
강 줄기의 모양이 구불구불하다.

선상지
강물이 운반한 자갈과 모래가 평지를 향하여 부채 모양으로 쌓여서 이루어진 지형이다.

중류

하류

우각호
쇠뿔 모양의 우각호는 물길이 바뀌면서 곡류에서 떨어져 나가 호수가 된 부분이다.

삼각주
강이 거의 바다에 이르러 속도가 느려지면서 만든 지형이다. 퇴적물이 아주 넓은 지역에 걸쳐 삼각형 모양으로 쌓여 있다.

바다

강은 땅의 모양을 어떻게 변화시킬까?

강의 상류

강은 대부분 산꼭대기의 높은 곳에서 시작된다. 강의 상류는 강 바닥의 기울기가 심하고 물의 흐름이 빠르므로, 침식과 운반 작용이 활발하게 일어난다. 그래서 상류의 지형에는 큰 바위가 드러난 곳이 많고, 깊고 좁은 브이자곡과 폭포 등이 발달한다. 강물이 가장 빠른 속도로 흘러 내려간다.

동강의 상류. 강물이 빠른 속도로 흘러 내려간다.

강의 중류

강의 중류에서는 상류에 비해 강 바닥의 기울기가 완만해지고, 강의 폭도 넓어지면서 구불구불한 모양의 강줄기를 이룬다. 이를 곡류라고 한다. 물의 흐름이 빠른 곡류의 바깥쪽에서는 침식 작용이 일어나고, 안쪽에서는 퇴적 작용이 더 활발하게 일어나기 때문에 곡류는 더 심하게 구부러진다. 평지와 강이 이어지는 곳에서는 선상지가 생기기도 한다. 어떤 곳에서는 물의 흐름이 바뀌면서 곡류가 끊어져 쇠뿔 모양의 우각호가 생기기도 한다.

낙동강의 중류. 강이 구불구불한 모양으로 흐른다.

강의 하류

강의 하류에서는 물의 흐름이 더 약해지면서 넓은 물길을 이룬다. 또 멀리까지 운반되어 온 진흙이나 가는 모래가 쌓여서 충적층으로 된 평원을 만드는데, 이것이 범람원이다. 강의 하류일수록 범람원이 잘 발달하며, 강이 여러 갈래로 갈라져 삼각주가 형성되기도 한다.

낙동강의 하류인 김해 삼각주. 바다쪽으로 넓게 이루어진 삼각주이다.

거울

빛의 반사를 이용하여 물체의 모양을 비추어 보는 도구이다. 거울에 물체의 모습을 비추면 거울을 사이에 두고 똑같은 거리에 물체가 있는 것처럼 보인다. 이때 거울에 비친 물체의 좌우는 바뀌어 보인다. 빛이 거울에 닿으면 반사되기 때문에 물체도 반사된 모습으로 보이는 것이다. 따라서 오른손에 물체를 들고 있으면 거울에서는 왼손에 물체를 들고 있는 것처럼 보인다. 거울에서 빛이 반사될 때, 들어온 빛이 거울 면과 이루는 각도는 거울에서 반사되어 나가는 빛이 거울 면과 이루는 각도와 같다. 즉 빛이 들어오는 입사각과 반사되는 반사각의 크기가 같다.

평면거울

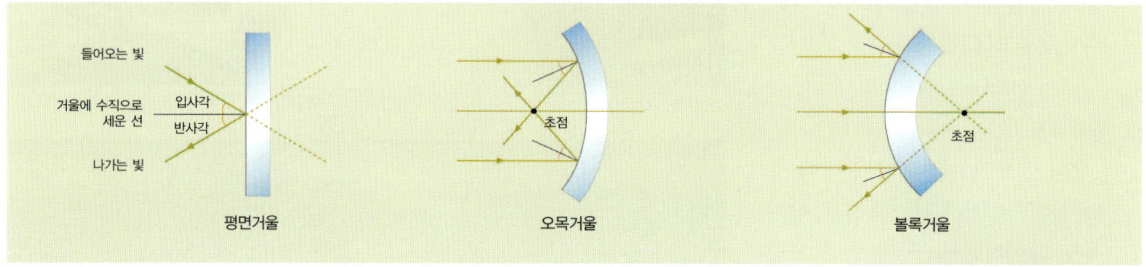

거울의 종류

거울에는 거울의 면이 평평한 평면거울과 거울의 면이 평평하지 않은 오목거울과 볼록거울이 있다. 오목거울이나 볼록거울의 경우에 물체의 모습은 구부러지거나 커지거나 작아 보인다. 오목거울은 거울 면이 안쪽으로 들어간 구면으로 빛을 모아 주는 역할을 한다. 오목거울에 비친 물체의 모습은 거울과 거리가 가까울 때는 바로 선 모습으로 크게 보이고, 거울과 거리가 멀어지면 거꾸로 선 모습으로 작게 보인다. 오목거울은 물체를 크고 자세하게 볼 때 사용되며, 손전등이나 현미경의 반사경 등에 쓰인다. 볼록거울은 거울 면이 바깥쪽으로 나온 구면으로 빛을 퍼지게 하는 역할을 한다. 볼록거울에 비친 물체의 모습은 거울과 거리가 가까울 때는 바로 선 모습으로 작게 보이고, 거울과의 거리가 멀어지면 더 작게 보인다. 볼록거울은 범위가 넓은 곳을 볼 때 사용되며, 자동차의 후면경이나 편의점의 감시용 거울, 골목길이나 도로에 세워진 거울 등에 쓰인다.

오목거울을 쓰는 손전등

볼록거울을 쓰는 도로의 후면경

거울은 무엇으로 만드나요?
옛날에는 매끄러운 금속면을 이용해 거울을 만들었다. 요즘에는 유리에 아말감을 발라서 만든 유리거울이 흔하다. 아말감은 적은 양의 수은과 납, 주석 등이 섞인 합금이다. 아말감은 성질이 무르고 조금만 가열해도 녹기 때문에 다루기가 쉬워 거울면의 재료로 많이 사용된다.

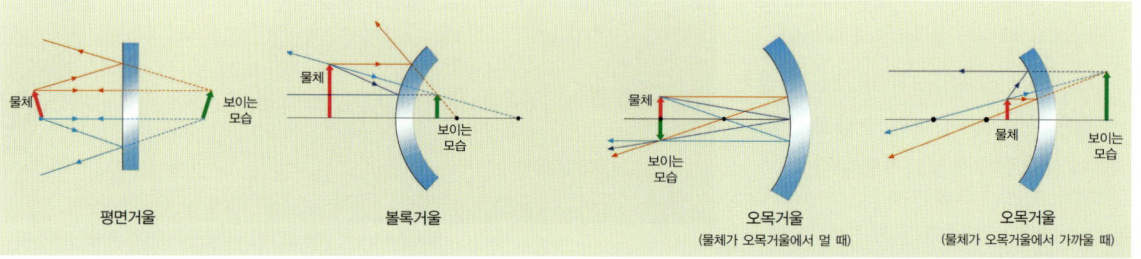

거름종이

 액체 속의 침전물이나 불순물을 거르는 데 쓰는 종이로 여과지라고도 한다. 물이나 각종 용매에 강해 잘 찢어지지 않고, 산성이나 염기성 용액에도 강해 잘 손상되지 않는다. 보통 종이나 펄프를 만들 때에는 풀이나 액체의 번짐을 막는 사이즈제 같은 물질을 넣지만, 거름종이는 다른 첨가물을 넣지 않는다. 거름종이는 크로마토그래피에도 사용된다.

거문고자리

 여름부터 가을에 걸쳐 초저녁 북쪽 하늘에서 볼 수 있는 별자리로 거문고 모양이다. 거문고자리의 가장 밝은 별인 알파별은 우리 나라에서는 직녀별이라 부르는데, 은하수를 사이에 두고 독수리자리의 견우별과 마주보고 있다. 거문고자리의 거문고는 그리스 신화의 신 아폴로가 음악의 명인 오르페우스에게 선물한 것이라고 한다.

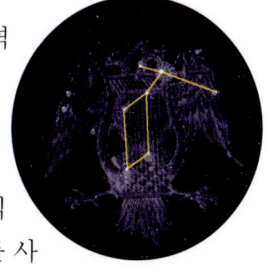

거중기

 도르래의 원리를 이용하여 작은 힘으로 무거운 물체를 들어 올리는 데 쓰던 기계이다. 실학자인 정약용이 1792년에 서양의 기술을 받아들여 만들었으며, 1796년에 수원성곽을 쌓는 데 이용되었다. 거중기는 움직도르래 8개와 고정도르래 8개를 연결하여 만든 것으로 높이는 4.4미터였고, 너비는 1.7미터였다.

겉씨식물

 꽃이 피는 식물 중에서 씨방이 없어 밑씨가 겉으로 드러나 있는 식물이다. 소나무, 소철, 잣나무, 전나무, 은행나무 등이 여기에 속한다. 꽃은 암꽃과 수꽃으로 나뉘며, 꽃잎은 없다. 씨방이 없어 꽃가루받이 때 꽃가루가 밑씨 위에 바로 붙어 수정한다. 바람이 꽃가루의 꽃가루받이를 돕는다. 줄기에는 부름켜가 발달하였으나 물관이 없고 헛물관이 있다. 겉씨식물들은 목재나 펄프를 생산하는 데 많이 쓰인다.

게놈

 생물의 유전 정보를 담고 있는 디엔에이(DNA)의 집합체로 유전체라고도 한다. 게놈(genome)은 유전자(gene)와 염색체(chromosome)를 합성해 만든 말로, 염색체 한 벌 안에 들어 있는 모든 유전자들을 가리킨다. 사람의 경우에 몸을 구성하는 가장 작은 단위체는 세포이며, 세포의 핵 안에는 23쌍(46개)의 염색체가 있다. 남자의 염색체는 22쌍+XY염색체 한 쌍으로 이루어져 있으며, 여자의 염색체는 22쌍+XX염색체 한 쌍으로 이루어져 있다. 게놈은 이 중 한 벌인 23개의 염색체를 가리키며, 부모에게서 자손들에게 전해지는 유전 정보가 담겨 있다.

겨울

 한 해의 네 계절 중 가을과 봄 사이에 있는 계절이다. 태양의 남중 고도가 가장 낮고 태양이 내리쬐는 시간이 가장 짧아 기온이 가장 낮은 계절이다. 북반구에서의 겨울은 천문학에서는 12월 21일경의 동지부터 3월 20일경의

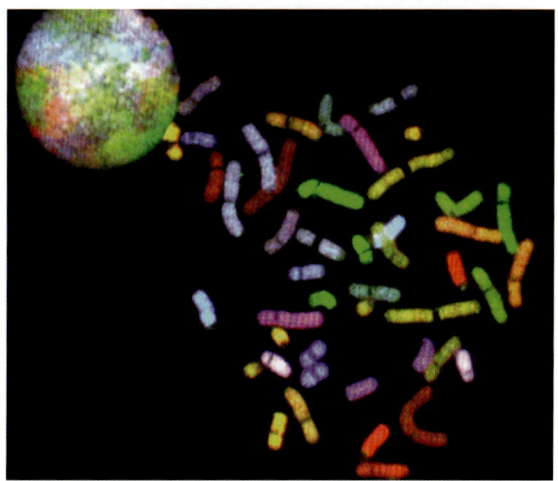

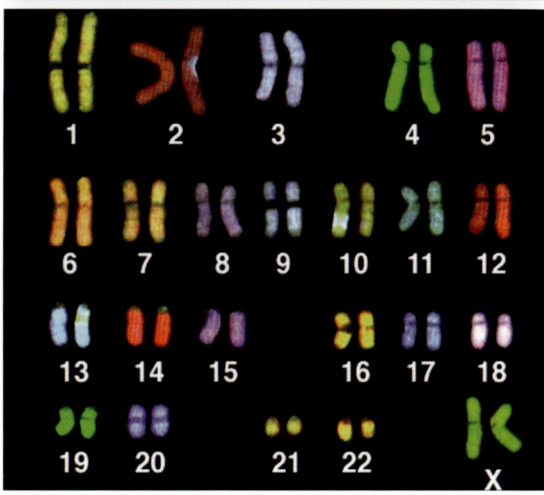

사람의 염색체

겨울잠

춘분 전날까지를 말한다. 24절기로는 11월 7일경의 입동부터 2월 4일경인 입춘까지를 말하고, 기상학에서는 이보다 조금 늦추어서 보통 12월에서 2월까지를 겨울이라고 한다. 계절이 반대로 나타나는 남반구에서는 6월에서 8월까지가 겨울이다. 우리 나라의 겨울 날씨는 한랭 건조한 대륙성 고기압의 영향을 받아 춥고 건조하다. 북서계절풍이 불면서 추워지기 시작해 가장 추운 1월에는 월평균기온이 영하 6도에서 7도 안팎으로 떨어진다. 눈이 많이 오는 울릉도 지역을 제외하고는 강수량이 1년 중 가장 적다. 3일 동안은 춥고 4일 동안은 따뜻한 삼한사온이 나타난다. 시베리아에서 발달한 대륙성 고기압의 힘이 커졌다 작아졌다를 반복하기 때문에 나타나는 이 현상은 기압의 변화에 따라 주기가 자주 바뀐다. 해에 따라 매우 불규칙하여 비교적 온화한 해에는 높은 기온이 오래 지속되고 한랭한 겨울에는 아주 추운 날씨가 지속된다. 겨울에 동물들은 겨울잠을 자거나 쉬고, 대부분의 곤충들은 땅 속이나 풀숲에 알을 낳고 죽는다.

겨울잠

겨울에 동물이 활동을 중단하고 물 밑이나 땅 속에서 겨울을 보내는 것을 말한다. 겨울이 되면 추위로 먹이를 찾기 어렵기 때문에 살아남기 위한 방법으로 겨울잠을 잔다. 잠을 자는 게 에너지를 가장 적게 사용하는 것이기 때문이다. 겨울잠을 자는 동물로는 개구리, 뱀, 도마뱀, 거북 같은 변온 동물과 박쥐, 곰, 햄스터 같은 정온 동물이 있다. 변온 동물은 온도 변화가 적은 물 밑이나 땅 속에서 지내면서 체온을 주위 온도와 거의 같게 하고 물질 대사를 느리게 하여 살아남는다. 정온 동물은 겨울잠에 들기 전에 미리 충분한 양의 음식을 먹고 이를 갈색 지방으로 바꾼다. 갈색 지방은 추위를 막아 주는 담요 역할을 한다. 겨울잠을 잘 때 동물들은 살아가는 데 필요한 최소의 에너지만을 천천히 사용한다.

결정

원자나 이온, 분자 등이 규칙적으로 들어선 다면체를 가리킨다. 결정은 물질을 구성하는 원자나 분자, 이온의 종류나 결합 상태에 따라 달라진다. 소금 결정은 정육면체의 모양이다. 백반 결정은 정팔면체의 모양으로, 피라미드 두 개의 밑바닥을 붙여놓은 모양이다. 황산구리 결정은 정육각 기둥의 윗면과 아랫면을 위아래와 좌우로 눌러 만든 직육각 기둥 모양이다.

겹눈

수많은 작은 낱눈이 모여 이루어진 눈이다. 잠자리, 파리, 진드기, 거미, 지네 등의 절지동물에서 볼 수 있다. 각 낱눈은 한 방향으로 고정되어 있어서 물체를 따라 움직일 수가 없다. 그러다가 물체가 움직이면 신호를 발사하여 그것을 중추신경계로 전한다. 겹눈은 고등 동물의 눈처럼 정확한 상을 맺지는 못하지만 움직이는 물체를 감지하는 능력은 매우 뛰어나다. 겹눈으로 바라본 세상은 모자이크처럼 보인다.

탐구학습

북극여우와 사막여우의 귀 크기가 다른 이유는 무엇일까요?

같은 종류의 동물이라도 살아가는 장소에 따라 몸의 생김새나 크기가 다른 경우가 많다. 환경이 다른 곳에 사는 사막여우와 북극여우의 몸의 크기와 생김새가 다른 것이 대표적인 예이다. 더운 사막에 사는 사막여우는 몸집은 작고 마른 편이며, 작은 몸집에 비해 귀가 크다. 사막여우의 몸집이 작고 마른 것은 몸에서 열이 나는 것을 줄이기 위해서이고, 귀가 큰 것은 몸의 열이 잘 빠져 나가게 하기 위해서이다. 반면에 추운 북극에 사는 북극여우는 몸집이 크고, 귀와 입이 짧고 뭉툭하다. 북극여우의 몸집이 큰 것은 추운 곳에서 몸속의 열을 잘 보관하기 위해서이고, 귀가 짧고 뭉툭한 것은 몸속의 열이 빠져나가는 것을 가장 적게 하기 위해서이다.

귀가 큰 사막여우   귀가 작은 북극여우

초파리의 겹눈

경유

원유를 증류할 때 섭씨 250~400도에서 나오는 성분이다. 주 성분은 파라핀, 시클로파라핀 등의 탄화수소이며, 황도 1퍼센트 정도 포함되어 있다. 디젤 엔진의 연료로 많이 쓰여 디젤유라고도 부른다.

계절 변이

계절에 따라 생물의 크기나 형태, 몸의 색깔 등이 바뀌는 현상으로, 계절형이라고도 한다. 계절 변이는 주변의 환경과 해가 내리쬐는 시간, 온도가 계절에 따라 주기적으로 변하기 때문에 나타난다. 이런 변화가 호르몬의 분비를 변하게 해서 성장과 몸의 색깔에 영향을 미친다. 하지만 변이된 형질은 유전되지 않는다.

민물에 사는 플랑크톤인 물벼룩 중에서 여름과 가을 사이에 사는 것은 머리가 뾰족하고 몸집이 크다. 반면에 겨울과 봄 사이에 사는 것은 머리가 동그란 모양이고 몸집도 작다. 호랑나비는 번데기 때에 온도에 따라 몸집과 색깔이 달라진다. 온도가 낮으면 몸집이 작고 색깔도 옅다. 나비는 봄형·여름형·가을형이 있다. 또 산토끼의 털은 여름에는 갈색이었다가 겨울에는 흰색으로 바뀐다.

계절풍

일 년 동안 계절에 따라 풍향이 바뀌는 바람을 말한다. 풍향이 수시로 변하는 소규모의 바람이나 해륙풍, 산곡풍처럼 하루 동안에 풍향이 변하는 바람에 비해 계절풍은 규모가 훨씬 크다.

계절풍은 대륙과 해양의 온도 차이 때문에 생긴다. 같은 양의 햇볕을 받더라도 여름에는 대륙이 바다보다 더 빨리 가열되어 대륙 쪽에 상승 기류가 발생하고 큰 저기압이 생긴다. 그래서 여름에는 대륙의 저기압 중심을 향해 바다에서 대륙쪽으로 바람이 분다. 반대로 겨울에는 대륙이 바다보다 더 빨리 식어 대륙에 큰 고기압이 생기고 그에 따라 대륙에서 바다 쪽으로 바람이 분다. 대체로 대륙과 해양의 온도 차가 여름에는 비교적 적고 겨울에는 크기 때문에 겨울의 계절풍이 여름의 계절풍보다 훨씬 강하다. 우리 나라에서는 겨울에 북서계절풍이 불고, 여름에는 남동풍 계열의 계절풍이 분다.

고기압

주위보다 상대적으로 기압이 높은 곳을 가리킨다. 즉 어떤 절대 기준치 이상의 기압을 가리키는 것이 아니라, 주위에 비해 기압이 높은 곳을 말한다. 기압은 그곳에 쌓인 공기의 무게에 비례하기 때문에 고기압권에는 둘레보다 많은 공기 분자가 쌓여 있다. 고기압권 둘레의 바람은 지구의 자전 때문에 북반구에서는 중심에서부터 시계 방향으로, 남반구에서는 시계 반대 방향으로 돌면서 저기압을 향해 불어 나간다. 저기압으로 불어 나간 공기를 채우기 위해 하늘의 차가운 공기가 땅으로 내려오는 하강 기류가 만들어져 고기압권에 들면 맑은 날씨가 계속되는 경우가 많다.

우리 나라는 봄과 가을에는 중국에서 나오는 이동성 고기압의 영향을 받고, 여름에는 북태평양 고기압의 영향을 받아 따뜻하고 습한 날씨가 나타난다. 겨울에는 차가운 시베리아 고기압의 영향을 받아 날씨가 추워진다.

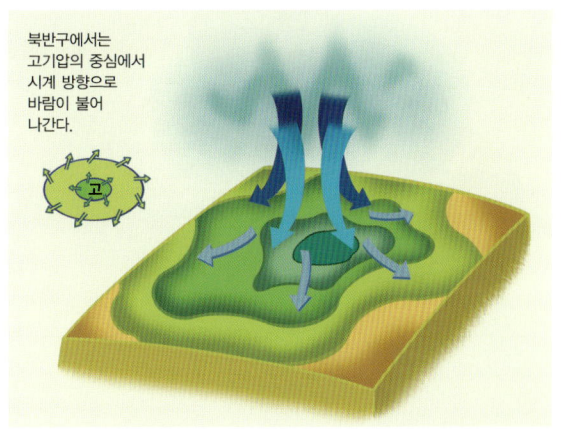

고기압권에서의 공기의 흐름

계절

1년 동안 비슷한 기후가 규칙적으로 되풀이되는 현상에 따라서 1년을 봄·여름·가을·겨울로 나눈 것이다. 북반구의 중위도 지방에서는 3~5월을 봄, 6~8월을 여름, 9~11월을 가을, 12~2월을 겨울 등 네 절기로 나눈다. 또 천문학에서는 3월 20일 또는 21일의 춘분, 6월 21일 또는 22일의 하지, 9월 22일 또는 23일의 추분, 12월 22일 또는 23일의 동지를 봄·여름·가을·겨울 등 각 계절의 시작일로 본다. 춘분과 추분은 낮과 밤의 길이가 서로 같고, 동지는 낮의 길이가 가장 짧은 날이며, 하지는 낮의 길이가 가장 긴 날이다. 반대로 남반구에서는 여름과 겨울이 북반구와 서로 바뀌고, 봄과 가을도 바뀐다. 열대 지방에서는 사계절이 뚜렷하지 않고 강우량을 기준으로 건기와 우기로 나눈다. 북극과 남극 지방에서는 여름이 짧고 겨울이 길게 나타난다.

계절의 변화가 생기는 까닭

봄, 여름, 가을, 겨울의 변화가 생기는 까닭은 지구가 기울어진 채로 태양 둘레를 돌고 있기 때문이다. 지구의 자전축은 태양의 공전 궤도면에 대해서 23.5도 기울어져 있다. 이렇게 기울어진 채로 태양 둘레를 돌기 때문에 지구 표면을 비추는 햇빛의 각도와 하루 동안 햇빛이 지표면을 비추는 시간은 지구의 위치에 따라 계속해서 변한다. 햇빛과 지표면이 이루는 각도를 태양의 고도라고 하고, 하루 중에서 태양이 정남쪽에 있을 때의 고도를 남중 고도라고 한다. 태양의 고도가 높아질수록 같은 넓이의 지면이 받는 태양에너지의 양이 많아지고 낮의 길이가 길어진다. 그래서 태양의 고도가 높아질수록 기온이 올라가는 것이다.

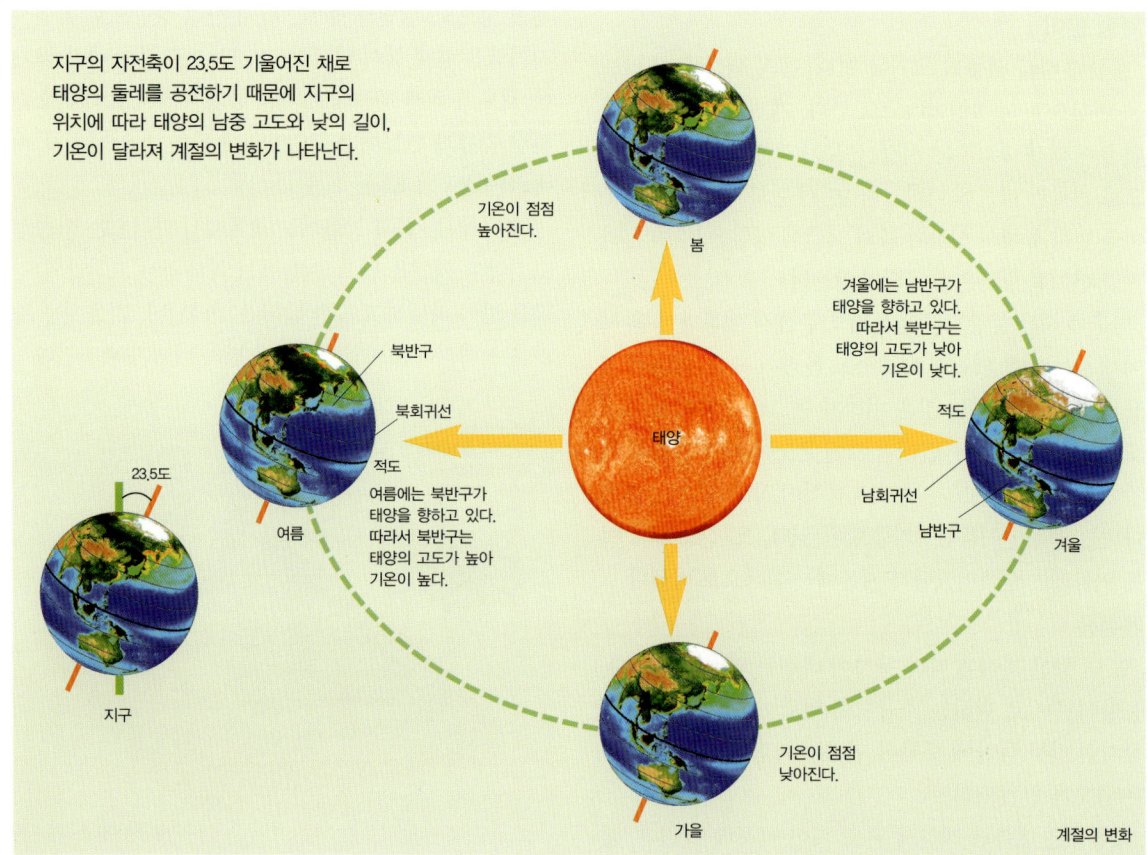

계절의 변화

절기에 따른 태양의 남중 고도와 일 평균기온

 태양의 고도는 절기에 따라서 달라진다. 절기란 하늘에서 태양이 지나는 길을 24등분하여 입춘, 춘분, 하지, 동지 등의 이름을 붙여 계절을 세분한 것이다. 1년 중에서는 동지 때에 태양의 남중 고도가 가장 낮다. 동지 이후부터 남중 고도가 점점 높아져 하지 때에 남중 고도가 가장 높아진다. 다시 하지 이후부터 남중 고도가 점점 낮아져 동지 때에 남중 고도가 가장 낮아진다. 아래의 표는 2005년에 서울에서 절기에 따라 태양의 남중 고도와 일 평균기온, 낮의 길이가 어떻게 변하는가를 나타낸 것이다. 표에서 보듯이 태양의 남중 고도가 높아질수록 낮의 길이가 길어지고 일 평균기온이 높아진다. 태양의 남중 고도가 가장 높은 하지 때보다 입추 때의 일 평균기온이 높게 나타나는 것은 지면이 가열되는 데에 시간이 걸리기 때문이다.

날짜	절기	남중 고도	일 평균기온(℃)	낮의 길이
2월 4일	입춘	36	영하 1.5	10시간 25분
3월 20일	춘분	52	5.9	12시간 7분
5월 5일	입하	68	19.8	13시간 52분
6월 21일	하지	76	24.5	14시간 45분
8월 7일	입추	69	26.9	13시간 54분
9월 23일	추분	52	20.1	12시간 8분
11월 7일	입동	36	10.7	10시간 25분
12월 22일	동지	29	영하 6.6	9시간 34분

자료: 기상청, 한국천문연구원

탐구학습

태양의 고도에 따라 지면이 받는 태양 에너지의 양은 어떻게 달라질까요?

 태양의 고도가 높으면 같은 양의 태양 에너지가 좁은 면적을 닿게 되고, 고도가 낮으면 넓은 면적에 닿게 된다. 그래서 그림에서 보는 것처럼 같은 넓이의 지면이 받는 태양 에너지의 양은 태양의 고도가 높아질수록 많아지는 것이다. 이런 사실은 간단한 실험으로도 알 수 있다. 모눈종이와 손전등을 준비한 후 모눈종이 위에 손전등을 수직으로 비추어 보고, 또 비스듬히 비추어 보자. 손전등의 각도에 따라 불빛이 비친 면적이 달라지는 것을 볼 수 있다. 즉 수직으로 비출 때에 비친 면적이 제일 좁고 비스듬히 비출수록 비친 면적이 넓어지는 것을 알 수 있다. 손전등에서 나오는 불빛의 양은 비추는 각도에 상관없이 똑같기 때문에 모눈종이의 한 사각형 안에 들어오는 불빛의 양은 비친 면적이 좁을수록 많아진다. 그래서 수직으로 비출 때 가장 밝게 보이는 것이다.

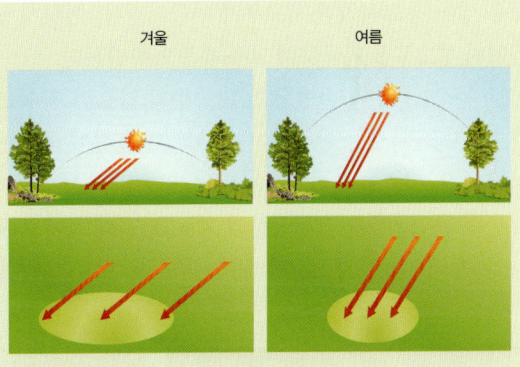

겨울에는 태양의 고도가 낮고 여름에는 태양의 고도가 높다. 그래서 같은 넓이의 지면이 받는 태양 에너지의 양은 겨울보다 여름이 많다.

우리 나라에서 하루 동안에 태양의 고도가 가장 높을 때와 기온이 가장 높을 때는 언제인가요?

 대부분의 지역들은 태양이 정남쪽에 있어 고도가 가장 높을 때, 즉 태양이 남중하는 시각을 정오로 정한다. 우리 나라에서는 태양이 동경 135도에서 남중할 때를 정오로 삼았다. 우리 나라의 중간 정도에 있는 서울 지방은 동경 127도이므로, 실제로는 약 32분 늦은 12시 32분경에 태양이 남중한다. 이때 그림자의 길이가 가장 짧다.
 태양의 고도가 높을수록 지면이 받는 태양 에너지가 많다. 하지만 지면이 가열되는 데 시간이 걸리므로 실제로는 오후 2~3시경의 기온이 가장 높다.

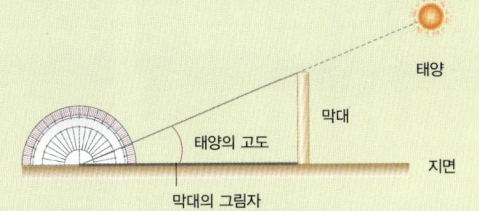

태양의 고도를 재는 법
널빤지나 평평한 지면에 막대를 수직으로 세우고, 막대 끝과 막대의 그림자 끝을 실로 연결한다. 그 다음 지면과 실 사이의 각을 잰다. 이 각이 지표면과 태양이 이루는 각인 태양의 고도이다.

고도

평균 해수면을 0으로 하여 잰 대상 물체의 높이로, 해발 고도라고도 한다. 우리 나라에서는 인천 앞바다의 밀물과 썰물의 평균을 내서 해발 0미터의 기준 수면을 정한 후 가까운 육지인 인하대학교 구내에 옮겨 표시해 놓았다. 이곳을 기준으로 삼아 육지의 고도를 나타낸다. 즉 한라산이 1950미터라고 하는 것은 한라산이 기준 수면보다 1950미터 높이에 있다는 것이다.

천문학에서는 지평면과 별이 이루는 각도를 고도라고 한다. 지평면에 있는 별의 경우에 고도는 0도이며, 관찰하는 사람의 머리 위에 있는 별의 경우에 고도는 90도이다.

고무

고무나무에서 분비되는 액체인 라텍스를 굳혀서 만든 생고무가 주 원료인 물질이다. 탄성고무라고도 한다. 고무나무는 적도를 중심으로 한 고온 다습한 지역에서 많이 자란다. 고무를 만들기 위해서는 먼저 고무나무 줄기의 높이 1미터 정도 되는 곳에 칼금을 내어 흘러나오는 수액인 라텍스를 그릇에 받아 낸다. 라텍스에 아세트산 등을 넣어 응고시키면 생고무가 만들어진다. 이렇게 만들어진 생고무를 가공하여 고무 제품으로 만든다.

고무는 힘을 주면 변형되고 힘을 주지 않으면 원래 모양으로 되돌아오는 탄성력이 강하고, 신축성이 좋으며, 전기나 물, 가스를 통과시키지 않는다. 이런 특성 때문에 고무는 공업용품과 생활용품의 재료로 널리 쓰이고 있다. 자동차・항공기・자전거용 타이어와 튜브, 고무벨트, 고무호스, 신발, 전선피복, 고무줄, 공 등이 고무로 만들어진 것들이다.

곰팡이

엽록소가 없고 실처럼 길쭉하게 생긴 균사로 이루어진 종속 영양 생물로, 균류에 속한다. 곰팡이는 균류 중에서 모습이 뚜렷한 버섯류와 단세포성 효모류를 제외한 균류 전체를 가리키기도 한다. 현재 발견된 곰팡이는 3만 종을 훨씬 넘으며, 해마다 새로운 종류의 곰팡이들이 발견되고 있다. 곰팡이 세포인 균사가 자라면서 끝 부분에 생식세포인 홀씨가 만들어진다. 균사에서 떨어진 홀씨는 공기 중을 떠다니다가 온도, 수분, 양분 등 조건이 알맞으면 균사를 내어 번식한다.

곰팡이의 색깔은 흰색, 빨간색, 흑갈색, 파란색, 녹색 등 다양하다. 홀씨에 들어 있는 색소에 따라 곰팡이의 색깔은 달라진다. 색깔은 곰팡이를 분류하는 중요한 기준이며, 종류에 따라 색이 일정하다.

곰팡이는 따뜻하고 습한 곳에서 잘 자라며, 최적의 온도는 약 섭씨 30도이다. 그러나 차가운 냉장고 속에 넣어 둔 육류에서 생기는 곰팡이도 있고, 섭씨 45~53도에서 자라는 푸른곰팡이 같은 종류도 있다. 곰팡이는 인간에게 이로운 역할도 하고 해로운 역할도 한다. 곰팡이는 음식물을 상하게 만들거나 농작물에 질병을 일으켜 해를 끼치기도 한다. 하지만 누룩곰팡이를 이용해 술이나 된장 같은 발효 식품을 만들기도 하고, 푸른곰팡이를 이용해 페니실린과 같은 항생제를 생산하기도 한다. 또한 곰팡이는 유기물을 분해하는 분해자의 역할도 한다.

술, 된장, 간장을 만드는 데 이용하는 누룩곰팡이

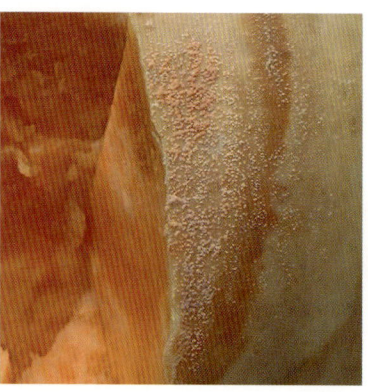
치즈에 생긴 붉은곰팡이

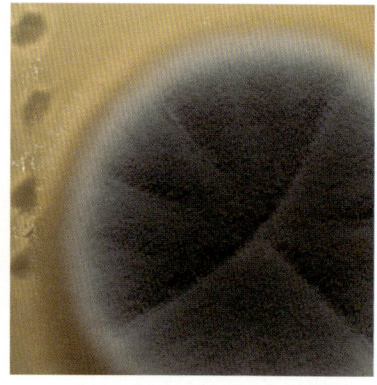
페니실린을 만드는 데 이용하는 푸른곰팡이

고체

　물질의 기체·액체·고체 세 가지 상태 중 하나로, 일정한 형태와 부피를 가지는 물체를 말한다. 고체를 이루는 원자나 분자는 빽빽하고 일정하게 배열되어 있으며, 서로 잡아당기는 힘이 크다. 그래서 일정한 형태를 유지하고 모양이 잘 변하지 않는다. 물질에 따라서 원자나 분자가 배열된 형태나 잡아당기는 힘이 달라서 각각 다른 특성을 지닌다. 고체는 원자나 분자가 규칙적으로 배열되었느냐 아니냐에 따라서 두 가지로 나눌 수 있다. 규칙적으로 배열되어 있는 물질은 결정질 고체라고 하고, 금속이나 나무 등이 있다. 규칙적으로 배열되지 않아서 변형이 일어나기 쉬운 물질은 비결정질 고체라고 하며, 고무나 물엿, 유리 등이 있다.

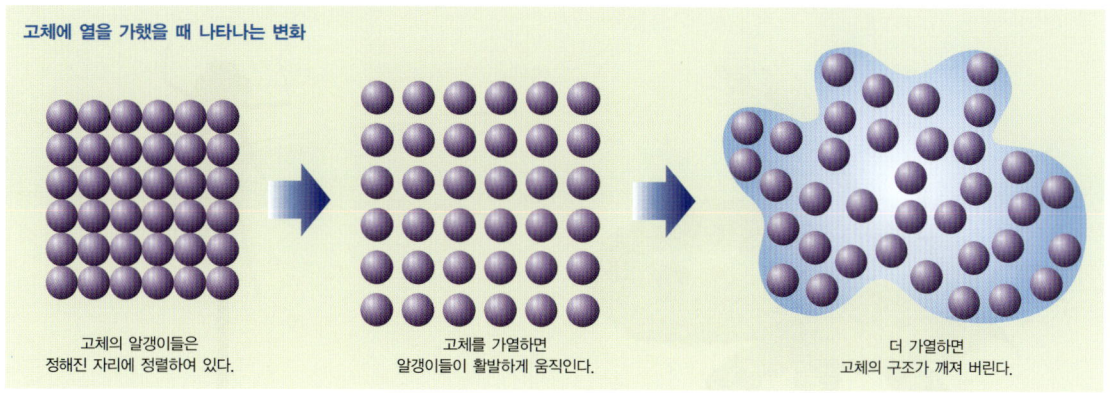

고체의 성질

　고체는 일정한 모양과 부피가 있지만, 열을 받으면 기체나 액체처럼 부피가 늘어난다. 이는 고체를 이루는 원자나 분자들이 에너지를 얻어 더 활발하게 운동하면서 이들 사이의 간격이 넓어지기 때문이다. 고체 물질마다 팽창하는 정도가 다른데, 금속은 다른 고체 물질보다 더 잘 팽창한다. 기찻길의 철로를 보면 철로와 철로를 잇는 틈새에 어느 정도 간격이 있는 것을 볼 수 있다. 이는 여름철에 철로가 햇볕을 받아 늘어나서 일어날 수 있는 사고를 막기 위한 것이다. 틈새가 없으면 열을 받아 늘어난 철로가 맞닿은 부분에서 휘어져 기차가 탈선할 수 있기 때문이다.

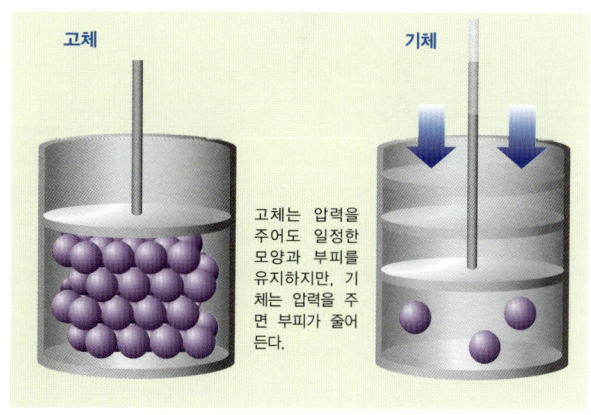

고체의 상태 변화

　고체 물질을 어느 온도 이상으로 가열했을 때 액체로 변하는 것을 융해라고 한다. 고체인 얼음에 열을 가하면 녹아 액체인 물이 되는 경우다. 반대로 물이 얼음이 되는 것처럼 액체 물질이 고체로 변하는 것은 응고라고 한다. 이렇게 융해와 응고가 일어날 때의 온도는 일정한데, 이때의 온도를 녹는점 또는 어는점이라고 한다. 물질에 따라서는 액체 상태를 거치지 않고 고체에서 바로 기체로 변하는 경우도 있다. 이러한 현상은 승화라고 한다. 승화가 일어나는 물질로는 나프탈렌, 드라이아이스, 요오드 등이 있다.

곤충

　세 쌍의 다리를 가진 동물로 절지동물의 곤충강에 속한다. 현재까지 발견된 곤충은 약 80만 종이며 전체 동물 수의 약 75퍼센트를 차지한다. 해마다 새로운 종류의 곤충이 발견되고 있으며, 지구상에 사는 곤충의 전체 종수는 약 300만 종일 것으로 짐작하고 있다.
　곤충의 몸은 딱딱한 키틴질로 된 겉껍질(외골격)로 싸여 있어 몸이 건조해지는 것을 막고 내부를 보호한다. 겉껍질 안쪽에 근육이 붙어 있다. 몸은 크게 머리·가슴·배의 세 부분으로 나눌 수 있다. 또 배나 다리는 여러 개의 마디로 이어져 있으며, 이렇게 몸을 이루는 마디를 체절이라고 한다.

벌의 몸구조　　　　잠자리의 몸구조

곤충의 생김새

　곤충의 머리 모양은 초식성은 네모 모양, 육식성은 세모 모양이며, 머리에는 1쌍의 겹눈과 3개의 홑눈, 1쌍의 더듬이와 입이 있다. 겹눈은 수많은 낱눈이 모여 이루어져 있으며 물체의 모습을 본다. 홑눈은 명암을 구별하는 데 이용된다. 곤충 중에는 자외선을 볼 수 있는 것도 있다. 더듬이는 마디로 되어 있으며, 이 마디의 움푹 들어간 부분을 이용해 냄새를 맡아 먹이를 찾거나 맛을 구별하고 짝을 찾는다. 더듬이는 채찍 모양, 실 모양, 염주 모양, 톱니 모양, 빗 모양, 깃털 모양 등 다양한 모습이다. 더듬이는 시력이 발달하지 못한 곤충에서 흔히 볼 수 있으며, 곤충을 분류하는 중요한 기준이다. 나비는 곤봉 모양이

전자 현미경으로 본 장님노린재

딱정벌레　　장수풍뎅이

벌의 눈과 더듬이

고 나방은 깃털 모양이어서, 나비와 나방은 더듬이의 모양으로 쉽게 구별할 수 있다. 입은 주로 먹는 먹이에 따라 다르게 생겼다. 매미나 모기의 입은 나무의 수액이나 동물의 체액을 빨아먹게 되어 있고, 나비는 액체 상태의 먹이를 빨아먹을 수 있는 긴 주둥이를 가졌으며, 사마귀나 잠자리의 입은 잎이나 다른 곤충을 물어뜯기 좋게 생겼고, 파리의 입은 먹이를 핥아먹기 쉽게 되어 있다.

가슴에는 세 쌍의 다리와 날개가 있다. 날개는 메뚜기, 잠자리, 매미처럼 두 쌍

호랑나비

탐구학습

곤충 한살이

곤충은 암수가 만나 짝짓기를 하고 알을 낳는다. 알에서 깨어난 애벌레는 자라면서 낡은 피부를 벗어 버리고 새로운 피부를 얻는다. 이것을 허물벗기 또는 탈피라고 한다. 애벌레가 번데기가 되려면 여러 번 허물벗기를 한다. 곤충마다 애벌레 시기에 독특한 이름이 있다. 매미의 애벌레는 굼벵이, 잠자리의 애벌레는 수채, 모기의 애벌레는 장구벌레라고 부른다.

곤충이 어른벌레가 될 때까지 모습이나 습성이 바뀌는 현상을 탈바꿈 또는 변태라고 한다. 변태에는 완전변태와 불완전변태가 있다. 완전변태는 알 → 애벌레 → 번데기 → 어른벌레의 과정을 거치는 것이며, 초파리, 호랑나비, 반딧불이 등 많은 곤충들이 완전변태를 한다. 불완전변태는 번데기 과정 없이 알 → 애벌레 → 어른벌레의 과정을 거치는 것이며, 잠자리나 매미 등이 불완전변태를 한다. 한편 애벌레가 번데기에서 어른벌레가 되는 것을 우화라고 한다.

호랑나비는 완전변태를 하는 곤충이다. 호랑나비는 먹이가 되는 식물인 탱자나무나 산초나무 등의 잎에 노란색 알을 하나씩 낳는다. 알은 날이 지나면서 검게 변하다가 알에서 애벌레가 나온다. 애벌레는 번데기가 되기까지 4번 정도 허물을 벗는다. 번데기가 된 후 약 20일이 지나면 번데기에서 호랑나비가 나온다. 이와 같이 호랑나비는 알 → 애벌레 → 번데기 → 어른벌레의 과정을 거치는 완전변태를 한다.

호랑나비 한살이 — 짝짓기, 알, 애벌레, 번데기, 어른벌레

잠자리는 불완전변태를 하는 곤충이다. 잠자리는 물 위나 물 속에 있는 수생 식물 위에 알을 낳는다. 알에서 깨어난 애벌레는 얇은 막으로 싸여 있으나 곧 허물벗기를 한다. 잠자리의 애벌레를 수채라고 하는데, 수채는 물 속에서 산다. 애벌레는 물 속에서 1년에서 수 년 동안 10번 이상 허물벗기를 하며 자란다. 다 자란 애벌레는 물 위로 올라와 우화해 어른벌레인 잠자리가 된다. 이와 같이 잠자리는 번데기 과정 없이 알 → 애벌레 → 어른벌레의 과정을 거치는 불완전변태를 한다.

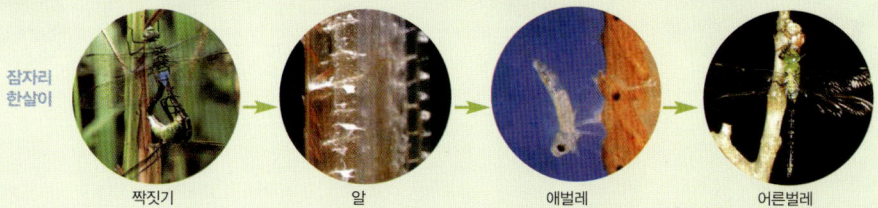

잠자리 한살이 — 짝짓기, 알, 애벌레, 어른벌레

을 갖고 있는 것도 있고 파리나 모기처럼 한 쌍을 갖고 있는 것도 있으며, 빈대처럼 날개가 퇴화한 것도 있다. 곤충의 다리 모양은 먹이, 생활 방식, 운동 방식에 따라 다르다. 물방개처럼 헤엄치는 데 편한 모양이나 땅강아지처럼 땅을 파기 좋은 모양, 잠자리처럼 다른 곤충을 잡는 도구의 모양, 여치처럼 뛰는 데 알맞은 모양 등 다리 모양이 여러 가지이다. 또 꿀벌처럼 꽃가루를 모으기 쉽게 미세한 털이 있는 다리도 있다. 배는 여러 체절로 되어 있으며, 호흡 기관인 기문이 있다. 기문으로 들어온 공기는 그물코 같이 둘러쳐진 기관계를 지나 직접 조직에 보낸다. 암컷의 배에는 꽁무니가 길고 끝이 갈라진 산란관이 있다.

땅강아지

곤충의 분류

곤충은 크게 날개가 있는 곤충과 날개가 없는 곤충으로 나눈다. 날개가 없는 곤충에는 낫발이목·돌좀목·좀목·좀붙이목·톡토기목 등이 속한다. 날개가 있는 곤충은 다시 날개를 접을 수 없는 곤충과 날개를 접을 수 있는 곤충으로 나눌 수 있다. 날개를 접을 수 없는 곤충은 잠자리목과 하루살이목이 속한다. 날개를 접을 수 있는 곤충 중 완전변태를 하는 것에는 나비목·날도래목·딱정벌레목·밑들이목·벌목·벼룩목·부채벌레목·파리목·풀잠자리목 등이 있으며, 불완전변태를 하는 것에는 강도래목·귀뚜라미붙이목·노린재목·다듬이벌레목·대벌레목·매미목·메뚜기목·바퀴목·사마귀목·이목·집게벌레목·총채벌레목·털이목·흰개미목 등이 있다.

나방

장수하늘소

길앞잡이

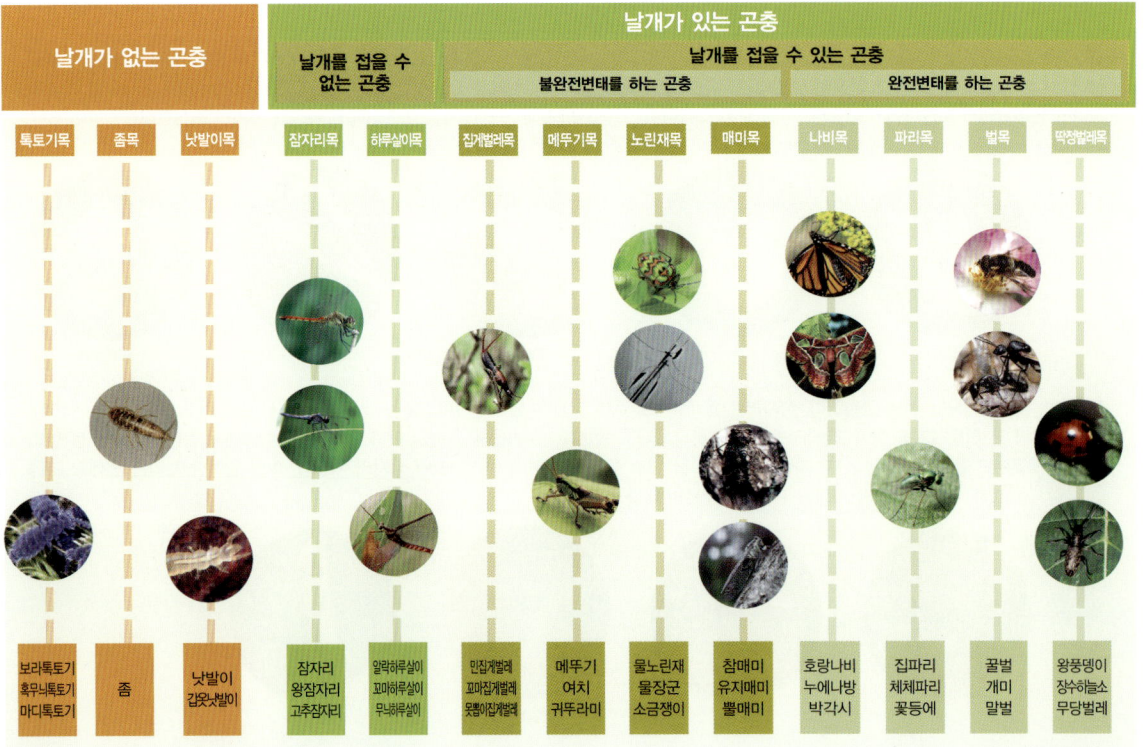

날개가 없는 곤충	날개가 있는 곤충		
	날개를 접을 수 없는 곤충	날개를 접을 수 있는 곤충	
		불완전변태를 하는 곤충	완전변태를 하는 곤충
톡토기목	좀목	낫발이목	잠자리목	하루살이목	집게벌레목	메뚜기목	노린재목	매미목	나비목	파리목	벌목	딱정벌레목
보라톡토기 흑무늬톡토기 마디톡토기	좀	낫발이 갑옷낫발이	잠자리 왕잠자리 고추잠자리	알락하루살이 꼬마하루살이 무늬하루살이	민집게벌레 꼬마집게벌레 못뽑이집게벌레	메뚜기 여치 귀뚜라미	물노린재 물장군 소금쟁이	참매미 유지매미 뽈매미	호랑나비 누에나방 박각시	집파리 체체파리 꽃등에	꿀벌 개미 말벌	왕풍뎅이 장수하늘소 무당벌레

배추흰나비

사마귀

꿀벌

개미

반딧불이

파리

메뚜기

공룡

중생대 트라이아스기부터 백악기까지 거의 1억 8000만 년 동안 땅 위에서 살았던 동물이다. 1842년에 영국의 고생물학자인 오언은 그 당시에 발견된 커다란 파충류 화석들에게 디노사우르라는 이름을 붙였다. 디노사우르란 무서울 정도로 커다란 도마뱀이란 뜻이며, 이 말을 동양에서 번역할 때 뜻을 따라서 공룡이라 하였다. 처음에는 모든 화석파충류를 공룡이라고 불렀는데, 그 뒤 성질이 다른 화석파충류를 분류하여 땅 위에 살았던 파충강 조룡아강의 용반목 및 조반목에 속하는 화석동물만을 따로 공룡이라고 부르게 되었다. 이런 기준에 따르면 하늘을 날았던 익룡이나 어룡 등은 공룡이 아니다. 그러나 이들이 공룡과 같은 시기에 살았고, 해부학적 구조가 비슷해 일반적으로 공룡과 함께 다루는 경우가 많다.

화석을 통해 밝혀진 공룡은 해부학적으로 파충류와 비슷하다. 알을 낳고 피부에 비늘이 덮여 있는 것도 파충류와 비슷하다. 하지만 공룡은 다리가 파충류처럼 몸의 양 옆으로 뻗어 있는 것이 아니라 몸 아래로 뻗어 있는 등 오늘날의 파충류와는 여러 가지 점에서 사뭇 다르다.

공룡 알 화석

공룡은 언제 살았을까?

공룡이 살았던 중생대는 트라이아스기·쥐라기·백악기의 세 시기로 나누어 볼 수 있다. 공룡이 처음 나타난 시기는 2억 4800만 년~2억 4500만 년 전의 트라이아스기이다. 이 시기는 대륙 이동이 시작되기 전이어서 지구에는 판게아라는 거대한 대륙 하나만 있었으며, 기후는 뜨겁고 건조했다. 이 시기에는 대체로 작고 빠르게 움직이는 공룡들이 많았다. 안키사우루스, 코엘로피시스, 플라테오사우루스 등의 공룡이 살았다. 2억 600만 전의 쥐라기는 따뜻하고 습기도 많아 울창한 숲이 많았다. 따라서 거대한 공룡들인 아파토사우루스와 프라키오사우루스들이 번성한 시기였다. 쥐라기 중기부터 판게아가 로라시아와 곤드와나라는 두 개의 대륙으로 나누어지기 시작하였다. 백악기는 1억 4400만 년 전부터 시작하는데, 공룡이 가장 번성했던 시기이다. 티라노사우루스, 트리케라톱스, 파라사우롤로푸스 같은 공룡이 살았으며, 대륙의 모양도 지금과 비슷한 모습이 되었다.

알에서 깨어나는 새끼를 바라보고 있는 트루돈들

공룡은 무엇을 먹고 살았을까?

공룡은 먹이 습성에 따라 초식성과 육식성 및 잡식성으로 나눌 수 있다. 초식 공룡들은 주로 양치식물의 잎이나 겉씨식물의 열매나 즙을 먹었다. 이들은 이빨이 발달하지 않아 닭이 소화를 위해 모래를 먹는 것처럼 돌을 삼켜 이를 이용해 위 안에서 씹는 작용을 대신했다. 초식 공룡들은 대체로 몸집이 커서 행동이 둔했으며, 네 발로 걸었다. 육식 공룡들은 몸집이 작고 재빨랐으며 두 발로 걸었다. 육식 공룡들은 초식 공룡이나 작은 파충류, 포유류를 먹었다.

공룡은 어떻게 나눌까?

공룡은 허리뼈인 골반의 모양에 따라서 용반목과 조반목으로 나눈다. 이렇게 나누면 공룡의 습성과 특징들을 이해하기 편하다. 용반목은 골반의 모습이 파충류와 비슷하다. 옆에서 보았을 때, 궁둥뼈(좌골)와 두덩뼈(치골), 엉덩뼈(장골)가 서로 어느 정도의 각도를 이루며 벌려져 있다. 티라노사우루스 같은 거대한 육식 공룡이 대부분 용반목이다. 조반목의 골반은 조류와 비슷하게 생겼다. 용반목과는 반대로 궁둥뼈(좌골)가 길고 두덩뼈(치골)가 뒤를 향해 궁둥뼈와 나란히 있다. 트리케라톱스 같은 초식 공룡이 여기에 속한다.

탐구학습

공룡 뼈 화석과 모형은 어떤 과정을 거쳐서 박물관에 전시될까요?

박물관이나 과학관에 가면 공룡 뼈로 만든 공룡 모형을 많이 볼 수 있다. 이런 모형들은 고생물학자와 박물관의 학예사 등 많은 사람들의 노력에 의해 만들어져 전시되고 있는 것이다.
공룡의 모형을 전시하기 위해서는 먼저 공룡의 화석을 찾아야 한다. 고생물학자와 지질학자들이 공룡이 살던 지층을 찾아가 공룡의 화석을 찾는다. 화석을 찾은 후에는 화석 둘레의 바위나 흙 등을 없앤 다음 조심스럽게 캐낸다. 캐낸 화석은 부서지기 쉽기 때문에 석고로 감싼 후 박물관의 실험실로 가져간다. 실험실에서 톱으로 석고를 잘라 낸 후 화석 뼈를 조심스럽게 닦아 내고 윤기를 낸 후 분류한다. 분류한 화석 뼈로 공룡의 뼈대 구조를 그려보고 빠진 부분은 석고나 수지로 새로 만든다. 그런 다음 뼈대 구조에 따라 공룡의 화석 뼈들을 하나하나 맞춘다. 뼈들을 맞출 때에는 먼저 허리뼈를 맞추고 허리뼈를 중심으로 다른 뼈들을 맞추어 나간다. 이때 관절로 연결되던 곳은 금속이나 플라스틱을 써서 맞춘다. 쓰러지지 않도록 천장에 줄로 매달거나, 바닥에 지지대를 세우고 모든 뼈를 맞추면 마침내 모형이 다 만들어진다.

공룡은 지구상에서 왜 사라졌을까?

중생대에 지구를 지배했던 공룡들은 백악기가 끝나는 6500만 년 전에 다른 수많은 동식물들과 함께 사라졌다. 공룡이 이렇게 갑자기 사라진 이유는 오늘날에도 분명하게 밝혀지지 않고 있다. 공룡이 사라진 이유를 설명하는 많은 이론 중에서 운석충돌설이 가장 유명하다. 이 이론에 따르면 6500만 년 전 지름이 10만 킬로미터에 이르는 거대한 운석이 지구에 충돌해 공룡을 비롯한 여러 동식물들이 멸종하였다. 즉 운석이 충돌하는 순간 폭발이 일어나면서 엄청난 열과 먼지가 생겼다. 뜨거운 열 때문에 생물체들이 타 죽었고 먼지는 햇빛을 막아 버렸다. 결국 지구는 춥고 어두워지면서 우선 식물들이 광합성을 하지 못해 멸종되었다. 뒤를 이어 먹이가 없어진 초식 공룡들이 죽었으며, 육식 공룡들도 먹이가 부족해 결국은 모든 공룡들이 멸종되었다는 것이다.

하지만 운석충돌설로 공룡이 멸종한 이유를 완벽하게 설명하지는 못한다. 운석이 충돌할 때 있었던 거북이나 악어 같은 대형 파충류들과 포유류나 조류 등은 이후에도 살아남아 있기 때문이다. 또 마지막 1000만 년 동안 서서히 그 수가 줄어들면서 멸종한 것으로 보이는 공룡 화석들도 발견되었다. 공룡멸종설에는 이 외에도 화산활동설, 해수면 저하설, 초신성 폭발설 등이 있다.

여러 가지 공룡

티라노사우루스

티라노사우루스는 현재 우리가 알고 있는 공룡 중에서 가장 큰 육식 공룡이다. 큰 것은 몸길이 14미터, 몸높이 5.5미터, 머리 1.5미터이며, 몸무게는 7톤에 이른다. 이름은 폭군도마뱀이라는 뜻이다. 1990년에 미국에서 거의 완전한 골격이 발굴되었는데, 뒷다리는 사람 키의 두 배 정도로 큰 데 비해 앞다리는 사람의 팔과 거의 같다. 앞다리가 짧은 이유는, 강력한 입과 거대한 뒷다리만으로도 먹이 사냥이 충분했기 때문이라는 설과 엎드렸다가 일어날 때에 미끄러지지 않도록 앞다리로 땅을 짚기 위해서 짧아졌다는 설이 있다. 티라노사우루스는 큰 뒷다리와 꼬리에 근육이 매우 발달해 있었고, 눈도 앞쪽을 향해 있어 사물을 입체적으로 볼 수 있어서 사냥을 잘 했다.

티라노사우루스의 머리

공룡 척추뼈 화석

공룡 골격 화석

티라노사우루스의 이빨

브라키오사우루스

브라키오사우루스라는 이름은 팔 도마뱀이라는 뜻이다. 앞다리가 길고 목도 몸집에 비해 불가사의할 정도로 길다. 몸의 크기도 커서 긴 목을 앞쪽으로 쭉 뻗으면 12미터가 넘는다. 정글의 기린이라고 불리는 브라키오사우루스는 초식 공룡으로 나무의 새순을 먹으면서 무리를 지어 이동했다.

벨로시랍터

벨로시랍터는 몸집이 작은 육식 공룡으로 머리 부분이 길고 몸이 날쌘하다. 날카로운 이빨이 있고, 뒷다리에는 커다란 고리 모양의 발톱이 있으며, 재빠르게 움직일 수 있다. 가벼운 몸과 큰 눈 등을 보면 벨로시랍터는 맹렬한 사냥꾼이었을 것이다.

스테고사우루스

스테고사우루스는 초식 공룡으로 이름은 지붕 도마뱀이라는 뜻이다. 몸에 비해 뇌가 아주 작으며, 등에 오각형의 돌기가 솟아 있다. 이 돌기는 등을 보호하는 기능뿐 아니라 체온이 높아졌을 때 열을 내보내는 데도 편리하다. 꼬리 끝에는 예리한 못과 같은 가시가 나 있으며, 적이 공격해 올 때 방어 수단으로 이용하였다. 등에 난 돌기 중에서 가장 긴 것은 80센티미터 정도이며, 몸길이는 9미터 정도이다.

트리케라톱스

트리케라톱스는 머리에 커다란 뿔 세 개가 나 있는 초식 공룡으로, 이름은 세 개의 뿔을 가진 얼굴이라는 뜻이다. 뿔을 가진 공룡 중에서도 거대한 종류에 속하며, 몸길이가 9미터 이상이다. 머리 부분은 2미터, 몸무게는 12톤 정도였다. 얼굴의 방패 주위에도 울퉁불퉁 솟은 작은 뿔들이 많이 나 있었다.

우리 나라 경상남도 고성군의 공룡 발자국 화석

공명

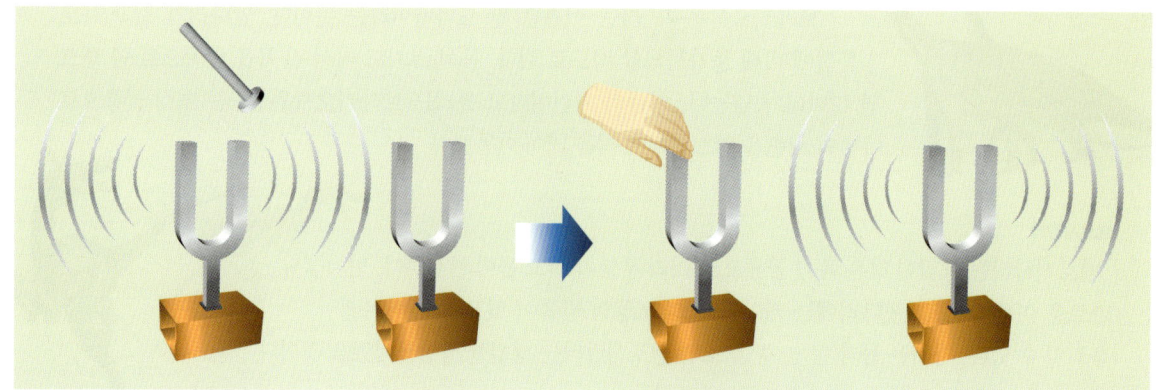

소리굽쇠의 한 쪽을 쳐서 울리면 공명 현상으로 그 옆의 소리굽쇠가 함께 울린다.

공명

어떤 물체 가까이에서 다른 물체가 진동할 때, 그 물체가 함께 떨리는 현상을 함께떨기 또는 공진이라고도 한다. 소리굽쇠를 나란히 놓고 한 쪽을 치면, 그 옆의 소리굽쇠가 함께 울린다. 한쪽 소리굽쇠의 진동이 공기를 통해 전해져 다른 소리굽쇠가 울리는 것이다. 이런 공명 현상을 이용하면 약한 힘으로 큰 진동을 얻을 수 있다.

공생

서로 다른 두 종류의 생물이 함께 살아가는 생활 방식을 말한다. 한쪽에겐 도움이 되지만 다른 쪽은 도움도 피해도 없는 편리공생과 양쪽 모두 도움을 받는 상리공생이 있다. 위험한 상황에서 숨이고기가 해삼의 배출강에 몸을 숨기며 사는 것이나 따개비가 고래의 피부에 붙어사는 것은 숨이고기나 따개비에게는 도움이 되지만 해삼이나 고래에겐 거의 영향을 주지 않는 편리공생이다. 척박한 바위 표면에 붙어사는 지의류는 조류와 균류가 상리공생하는 공생체이다. 조류가 광합성을 하여 만든 유기물을 균류에게 주면 균류는 동화 작용에 필요한 물과 무기물을 흡수하여 조류에게 준다. 곤충과 꽃이 피는 식물들도 상리공생을 한다. 꽃이 없으면 나비나 벌은 먹을 것이 없고 반대로 곤충이 없으면 충매화 식물은 열매를 맺지 못한다. 그러므로 상리공생은 여러 생물들이 살아남는 데 꼭 필요하다.

공전

한 천체의 주위를 다른 천체가 도는 것이다. 태양 주위를 도는 행성과 혜성의 운동, 지구나 목성 같은 행성을 도는 위성의 운동이 공전이다. 한 천체가 한 바퀴 도는 데 걸리는 시간을 공전 주기라고 하며, 공전하면서 지나는 길을 공전 궤도라고 한다. 지구가 태양을 도는 공전 주기는 365.2564일이고, 달이 지구를 도는 공전 주기는 27.322일이다.

과산화수소

색깔이 없는 액체로 화학식은 H_2O_2이다. 이산화망간이나 카탈라아제 같은 촉매가 있으면 산소를 발생시킨다. 강한 산화력을 갖고 있으며 쉽게 분해되어 산소를 발생시킨다. 그래서 산화제나 표백제·소독제로 많이 사용한다. 90퍼센트 수용액은 로켓의 추진제로도 쓰인다.

관성

물체가 현재의 운동 상태를 계속 유지하려는 성질을 말한다. 정지한 물체는 계속 정지해 있으려 하고, 운동하는

산호숲에 살면서 편리공생하는 물고기

광통신에 사용하는 광섬유

망원경

물체는 같은 속도로 계속 운동하려는 성질이 있다. 버스에 서 있는 사람이 버스가 갑자기 출발할 때 뒤로 밀리는 현상이나, 버스가 달리다가 갑자기 멈출 때 앞으로 쏠리는 현상 등은 모두 관성 때문에 일어난다.

관절
둘 이상의 뼈가 서로 움직일 수 있도록 연결되어 있는 부분이다. 관절은 상하 운동, 좌우 운동, 원 운동을 할 수 있다. 하지만 머리뼈처럼 단단히 맞물려 움직이지 않는 관절도 있다. 관절의 표면은 부드러운 연골로 얇게 덮여 있으며, 뼈들은 인대라는 콜라겐 섬유로 서로 연결되어 있다. 관절에 있는 막에서는 활액이 끊임없이 나와서 뼈와 뼈 사이의 마찰을 줄여 관절을 보호한다. 관절은 섬유성, 연골성, 활액성 관절로 나눌 수 있다. 섬유성 관절은 섬유성 연결조직과 함께 골격 요소들을 단단하게 묶어 준다. 연골성 관절은 연골로 골격 요소들을 단단하게 연결한다. 활액성 관절은 자유롭게 움직일 수 있는 관절이다.

광년
천체와 천체 사이의 거리를 나타낼 때 주로 쓰는 단위이다. 1광년은 빛이 진공 상태에서 초속 30만 킬로미터의 속도로 1년 동안 나아가는 거리로 9조 4670억 7782만 킬로미터이다. 1광년은 지구와 태양 간 거리의 6만 3200배나 된다.

광통신
빛을 이용하여 정보를 주고 받는 통신 방식이다. 광통신을 하려면 우선 전달하려는 전기 신호를 반도체 레이저를 사용하여 빛 신호로 바꾸어야 한다. 그 다음 아주 가느다란 광섬유들의 다발인 광케이블을 통해 원하는 곳까지 보낸 후 다시 사용 가능한 전기 신호로 바꾸면 통신이 이루어진다.

광통신은 구리선을 이용하는 것보다 훨씬 많은 신호를 보낼 수 있고, 더 멀리까지 깨끗하게 전달할 수 있다. 또 광섬유는 구리선보다 가늘고 가볍다. 이런 특성 때문에 1960년에 개발된 이후 널리 쓰이고 있다.

광학 기기
렌즈나 프리즘, 거울 같은 광학 부품을 이용하는 기기이다. 카메라, 망원경, 쌍안경, 광학 현미경 등이 있다.

카메라는 사진을 찍는 데 쓰는 광학 기기이다. 카메라의 렌즈 부분은 필름을 넣고 찍는 카메라나 디지털카메라 등의 모든 카메라에 있으며, 카메라의 성능을 가늠하는 데 가장 중요한 영향을 미친다. 망원경은 멀리 있는 물체를 확대하여 보는 데 사용된다. 굴절 망원경은 렌즈만을 사용하고, 렌즈로 빛을 모은 다음 물체의 상을 확대한다. 반사 망원경은 렌즈와 오목거울을 함께 사용한다. 현미경은 맨눈으로 볼 수 없는 작은 물체를 확대해 보여 주는 기기이다. 현미경에는 일반 현미경, 위상차 현미경, 해부 현미경 등이 있다. 현미경은 눈에 접하는 접안렌즈와 물체에 가까운 대물렌즈, 관찰할 물체에 빛을 반사해 주는 거울로 이루어져 있다.

과학실험기구

실험실에서 과학 실험을 할 때 사용하는 여러 가지 기구를 말한다. 화학 실험실에서 사용하는 눈금실린더, 비커, 시험관, 플라스크 등의 유리 기구가 가장 많이 쓰이는 과학실험기구들이다. 이것들은 액체 용액의 양을 재거나 담아 두고, 두 가지 이상의 용액을 섞거나 다른 물질을 섞을 때 쓴다. 시계접시나 증발접시 같은 과학실험기구는 고체 물질을 갈거나 용액을 끓여 증발시킬 때 쓴다.

최근에 연구소나 대학 등에서 복잡한 실험들을 위하여 이용하는 분광기, 질량분석기, 핵자기공명기, 전자 현미경 등의 대형 장치들도 과학 실험을 위한 기기이다.

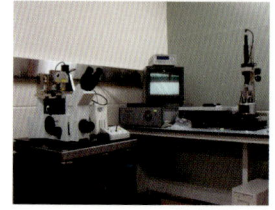
주사형 현미경

기체크로마토그래피질량분석기

핵자기공명분광기

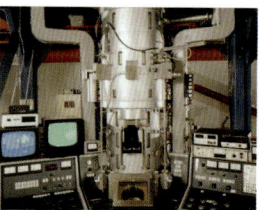
전자 현미경

탐구학습

실험실 안전 사항

실험실에서 실험을 할 때는 무엇보다 안전에 주의하여야 한다. 뜻하지 않은 사고를 당하지 않도록 실험을 할 때는 반드시 다음과 같은 안전 사항을 지켜야 한다.

실험하기 전
- 실험복이나 앞치마를 입고, 보호 안경을 쓴다.. 특히 화학 약품이나 불을 사용할 때는 반드시 쓴다.
- 긴 머리는 묶어서 실험에 방해가 되지 않게 한다.

불을 사용할 때
- 시험관에 든 물질을 가열할 때는 시험관의 물질이 튀어나올 수 있으므로 시험관 입구를 사람이 없는 쪽으로 향하게 한다.
- 알코올 램프를 켤 때는 불을 심지 아래쪽부터 붙이며, 끌 때는 뚜껑을 옆에서부터 덮어서 끈다.
- 불을 사용할 때는 주변에 있는 화학 약품이나 물건을 치워 둔다.
- 밀폐된 상태로 들어 있는 물질은 가열하지 않는다.
- 뜨거운 물체를 만질 때는 장갑을 낀 후에 집게로 집는다.

유리 기구를 사용할 때
- 금이 가거나 깨진 유리 기구는 사용하지 않는다.
- 깨진 유리 기구를 치울 때는 반드시 장갑을 낀다.
- 유리관에 고무 마개를 끼울 때는 유리관을 물로 적신 후 돌려 가며 끼우고, 무리하게 힘을 주지 않는다.
- 물기 묻은 유리 기구를 가열할 때는 반드시 닦아서 물기를 없앤 후에 가열한다.

화학 약품을 사용할 때
- 화학 약품은 함부로 맛보지 않는다.
- 약품 냄새를 맡을 때는 손으로 바람을 일으켜 냄새를 맡는다. 약품 가까이에 대고 직접 냄새를 맡으면 코를 비롯한 다른 신체가 손상을 입을 수 있다.
- 실험실 안의 기구에 음식이나 음료를 담아 먹지 않는다.
- 화학 약품이 눈에 들어가거나 피부에 묻었을 때는 우선 물로 충분히 헹구고 응급 처치를 받는다.
- 약품을 만지고 나서 손가락을 입에 넣지 않는다.

전기를 사용할 때
- 젖은 손으로 전기 기구를 다루지 않는다.
- 핀셋 등과 같은 쇠붙이를 콘센트에 찔러 넣지 않는다.

칼을 사용할 때
- 물체를 자를 때는 칼날이 몸의 반대 방향을 향하게 한 후에 자른다.
- 면도칼은 양쪽에 날이 있는 것을 피하고 한 쪽에만 날이 있는 것을 사용한다.

광물

천연으로 나며 질이 고르고 화학적 성분이 일정한 물질이다. 대부분 결정체 상태의 무기질이나 석탄 같은 유기질도 있으며, 상온에서 대부분 고체이지만 수은처럼 액체인 것도 있다. 철, 금, 은 등 약 3800종류 이상이 알려져 있다. 광물은 여러 가지 기준으로 분류하는데 보통 화학적 성분에 따라 원소광물·황화광물·산화광물·할로겐광물·탄산염광물·질산염광물·붕산염광물·황산염광물·인산염광물·비산염광물·규산염광물 등으로 나눈다. 이런 여러 가지 광물이 서로 결합하여 암석이 되며, 암석을 이루는 주된 광물을 조암광물이라고 한다. 수천 가지의 광물 중에서 조암광물은 석영·장석·운모·각섬석·휘석·감람석·방해석 등 100여 가지에 지나지 않는다. 또 광물 중에서 색채와 광택이 아름다운 것은 보석이라고 하여 옛날부터 귀하게 여겼다.

광물은 서로 다른 결정 형태뿐만 아니라 서로 다른 물리적 성질을 가지고 있다. 광물마다 겉보기 색·조흔색·굳기·쪼개짐·광택 등 물리적 성질이 다르기 때문에 그를 이용하여 광물을 구분하기도 한다. 예를 들어 겉보기 색이 같은 광물일지라도 가루의 색깔인 조흔색은 서로 다를 수 있다.

조흔색은 광물을 가루로 만들어 흰 종이 위에서 관찰하거나 조흔판에 광물을 그어 나타나는 색깔로 알 수 있다. 금의 겉보기 색과 조흔색은 모두 노란색이지만, 겉보기 색이 노란색인 황동석의 조흔색은 검은 녹색이다. 굳기는 광물의 단단한 정도를 나타내는 것으로 독일의 광물학자인 모스가 정한 모스경도계를 많이 사용한다.

방해석

모스경도계

독일의 광물학자인 모스가 광물의 단단한 정도인 굳기를 구분하여 1에서 10까지 숫자로 나타낸 것이다. 숫자가 높을수록 더 단단해 낮은 굳기의 광물에 흠을 낼 수 있다.

1은 활석으로 가장 부드러우며, 2는 석고, 3은 방해석, 4는 형석, 5는 인회석, 6은 정장석, 7은 석영, 8은 황옥, 9는 강옥, 10은 다이아몬드로 가장 단단하다. 일상생활에서 쓰는 물질의 굳기를 모스경도계로 나타내면 손톱은 2.5, 동전은 3, 칼날이나 창문 유리는 5.5, 조흔판은 6.5, 줄은 6~7, 사포는 8이다.

모스경도계에 따른 광물의 굳기

각섬석

강옥

고령석

공작석

명반석

백연광

백운석

석고

자철석

중정석

구름

 땅 위에서 증발한 수증기나 대기 중의 작은 물방울, 얼음 알갱이 등이 모여 하늘에 떠 있는 것을 말한다. 햇볕을 받아 증발해 하늘로 올라간 수증기는 점점 식어서 작은 물방울이나 얼음 알갱이로 변하고, 그것들이 서로 모여서 구름을 만든다. 작은 알갱이들 중에는 물이나 얼음 알갱이 외에도 매연이나 먼지와 같은 고체 알갱이들도 들어 있다. 구름 속의 작은 물방울이나 얼음 알갱이들이 한 데 뭉쳐져서 점점 크고 무거워지면 떨어져 비나 눈이 된다.

햇볕을 받아 따뜻해진 공기 속의 수증기가 하늘로 올라간다.

수증기들이 모여서 작은 물방울이 된다. 물방울들이 모여서 구름을 만든다.

계속 더운 공기가 위로 올라가고 더 많은 수증기가 모여 더 많은 구름을 만든다.

구름의 모양

 구름은 모양에 따라 크게 세 가지로 나눌 수 있다. 높은 하늘에서 생기는 깃털 모양의 권운형 구름과 수직으로 발달하지 않고 옆으로 길게 퍼지는 층운형 구름과 뭉클뭉클하게 위아래로 솟아오르는 적운형 구름이다. 또 구름은 떠 있는 높이에 따라서도 상층운·중층운·하층운의 세 가지로 나눈다. 세계기상기구는 1956년에 국제기상회의를 열어 나라마다 다르게 나누는 구름을 모양과 높이에 따라 10가지 기본형으로 나누었다. 이후 세계 여러 나라들은 이 분류를 바탕으로 구름을 관측하고 기록하고 있다. 권운·권적운·권층운·고적운·고층운·난층운·층적운·층운·적운·적란운 등 10가지로 구름을 나눈 것이다.

구름의 종류

권운

 새털구름, 털구름, 견운이라고도 한다. 희고 섬세한 느낌을 주는 줄무늬 또는 명주실 모양의 구름이다. 상층운에 속하며, 보통 지표로부터 5~13킬로미터의 높이에 나타난다. 얼음 알갱이인 빙정으로 이루어져 있고 대부분 맑은 날씨에 나타난다. 보통 하늘의 일부분에만 나타나고 하늘 전체를 뒤덮는 경우는 드물다. 권운에도 가끔 햇무리나 달무리가 나타나는 경우가 있지만, 구름의 폭이 좁기 때문에 무리가 원으로 나타나지는 않는다.

권적운

 비늘구름, 털쌘구름, 조개구름, 견적운이라고도 한다. 물결 모양, 조개 모양 또는 생선비늘 모양의 조그마한 구름덩이들이 하늘에 촘촘히 흩어진 모습으로 나타난다. 구름을 통해서 해나 달의 위치를 알 수 있을 만큼 엷은 구름이다. 상층운에 속하며, 보통 지표로부터 5~13킬로미터의 높이에 나타난다. 얼음 알갱이인 빙정으로 이루어져 있다. 햇무리나 달무리, 무지갯빛 구름이 나타기도 한다.

권층운

 면사포구름, 무리구름, 털층구름, 견층운이라고도 한다. 엷은 천으로 하늘을 가린 것처럼 온 하늘을 뒤덮고, 구름 속에 줄무늬가 보일 때도 있다. 상층운에 속하며, 보통 지표로부터 5~13킬로미터의 높이에 나타난다. 얼음 알갱이로 이루어져 있고, 햇무리나 달무리를 나타내는 것이 특징이다. 아침노을이나 저녁노을로 황색이나 적색을 띠기도 한다. 온난선선과 저기압의 전면에 나타나 이 구름이 생기면 얼마 지나지 않아 비가 오는 경우가 많다. 권층운이 아주 얇아서 하늘에 구름이 있는지 없는지 알 수 없는 경우도 있다. 이때는 햇무리나 달무리가 생기는 것을 보고 권층운이 있음을 안다.

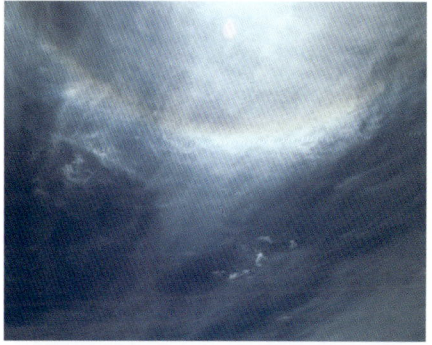

고적운

 양떼구름, 높쌘구름이라고도 한다. 엷은 판자나 둥그스름한 덩어리 모양의 구름 조각들이 모여서 된 백색이나 회색의 구름이다. 중층운에 속하며, 보통 지표로부터 2~7킬로미터의 높이에 나타난다. 이 구름은 거의 물방울로 되어 있으나 기온이 매우 낮을 때에는 일부가 얼음 알갱이로 되어 있는 경우도 있다. 고적운의 엷은 부분에는 햇무리나 달무리, 무지갯빛 구름이 잘 나타난다. 적운이나 적란운이 변하여 고적운이 되는 경우가 많다. 또 고적운은 권적운·고층운·난층운·층적운 등으로 변한다.

고층운

높층구름 또는 회색차일구름이라고도 한다. 줄무늬의 엷은 천 모양의 구름으로 하늘 전체를 덮는 경우가 많다. 옅은 회색 또는 옅은 흑색을 띤다. 중층운에 속하며, 보통 지표로부터 2~7킬로미터의 높이에 나타난다. 이 구름의 엷은 부분에서는 마치 우윳빛 유리를 통해서 해를 보는 것과 같이 해가 어렴풋이 드러나 보인다. 이 구름에서는 약한 비나 눈 등이 내리며, 햇무리나 달무리 현상은 나타나지 않는다. 물방울과 얼음 알갱이로 되어 있고, 보통 중층에서 나타나지만 상층까지 넓게 퍼져 있는 경우도 많다.

난층운

비층구름 또는 비구름이라고도 한다. 중층운에 속하며, 보통 지표로부터 2~7킬로미터의 높이에 나타난다. 그러나 구름의 층이 매우 두껍기 때문에, 이보다 낮은 대기 중에 나타나거나 구름 꼭대기가 7킬로미터 이상의 높이에 이르는 일도 종종 있다. 구름의 밑은 거의 암흑색으로 보이며, 대개 하늘 전체에 퍼진다. 저기압의 중심 부근이나 전선 부근 등에 널리 발달하며 비나 눈이 내릴 때가 많다. 보통 고층운이 차차 두꺼워지고 낮아지면서 난층운이 된다.

층적운

두루마리구름, 층쌘구름이라고도 한다. 하층운에 속하며, 보통 지표에서 2킬로미터 사이의 높이에 나타난다. 검은 회색의 긴 구름덩이가 옆으로 모여 있는 모양이다. 구름덩이가 두꺼울 때는 암흑색으로 보이기도 한다. 구름의 알갱이는 물방울로 되어 있다. 적운이나 적란운이 무너져서 층적운이 되기도 하고, 층적운이 변하여 난층운이나 층운이 되기도 한다.

탐구학습

비행운은 왜 생기나요?

비행기가 지나간 자리에 긴 줄 모양으로 흰 구름이 생기는 경우가 있다. 비행운 또는 비행기구름이라고 하는 이 구름은 비행기가 날아갈 때 엔진에서 나온 뜨거운 배기 가스가 찬 공기 속으로 들어가면서 생긴다. 배기 가스 속의 작은 물질들이 핵이 되어 물방울이나 얼음 알갱이가 생기고 그것이 긴 줄 모양의 구름으로 나타나는 것이다. 비행운은 보통 곧 없어지지만 1시간 이상 계속 보일 때도 있다. 비행운은 맑은 날 높은 하늘에서 많이 생긴다.

층운

층구름이라고도 한다. 하층운에 속하며, 보통 지표면에서 2킬로미터 사이의 높이에 나타난다. 구름의 알갱이는 작은 물방울로 되어 있으며 층 모양으로 나타난다. 구름이 아주 엷을 때에는 해나 달 주위에 무리가 나타나는 경우도 있다. 층운으로 가끔 안개비가 내리기도 하지만, 대개는 맑은 날씨일 때가 많다. 지형 때문에 생길 때가 많고, 좁은 지역에 나타나는 경우가 많다. 대체로 오랫동안 지속되지 않고 조각조각 나누어져 사라진다.

적운

뭉게구름 또는 쎈구름이라고도 한다. 태양에 비친 부분은 하얗게 빛나며, 구름 밑면은 어둡다. 수직으로 발달한 구름으로 구름 높이는 지표로부터 약 500미터에서 2킬로미터에 달하며, 때때로 구름 꼭대기까지 10킬로미터에 이르는 경우도 있다. 여름철에 땅의 온도가 올라가서 일어나는 상승 기류에 의해 생긴다. 구름은 대부분 물방울로 이루어져 있으나 눈송이가 포함되기도 한다. 또 얼음 알갱이가 포함되어 있을 때도 있으나 이 경우에는 곧 적란운으로 변한다.

적란운

쎈비구름, 소나기구름, 뇌운이라고도 한다. 구름 밑면은 지표 부근으로부터 2킬로미터 정도의 높이에 있지만, 구름 꼭대기는 종종 10킬로미터 이상에 이르기도 한다. 모양은 적운과 비슷하지만, 수직으로 발달된 구름덩이가 산이나 탑 모양을 이루기도 한다. 구름의 대부분은 물방울로 되어 있지만, 구름 꼭대기 부근은 얼음 알갱이로 되어 있다. 이 구름이 나타나면 주로 심한 소나기나 우박이 내린다. 여름철에 많이 생기며, 겨울철에도 전선을 따라서 생기는 경우가 있다.

탐구학습

햇무리나 달무리는 왜 생기나요?

가끔 해나 달 주위에 동그랗게 나타나는 빛의 띠를 볼 수 있다. 동그랗게 나타난 빛의 띠를 무리라고 하며, 해의 둘레에 나타난 것을 햇무리, 달의 둘레에 나타난 것을 달무리라고 한다. 흔히 무리는 동그란 원으로 나타나지만, 원이 완전하게 나타나지 않고 호나 기둥, 점 등의 모양으로 나타나기도 한다. 무리가 생기는 이유는 대기 중이나 구름 속에 떠 있는 작은 얼음 알갱이에 의해 빛이 굴절되거나 반사되기 때문이다. 굴절에 의해 생기는 무리는 굴절률에 따라 붉은색이나 노란색으로 물들어 보이고, 반사에 의해 생기는 무리는 희게 보인다. 그래서 무리는 얼음 알갱이로 이루어진 엷은 권층운이 끼어 있을 때 잘 나타난다. 권층운은 비가 오기 전에 나타나기 때문에 달무리가 생기면 다음 날 비가 오는 경우가 많다.

탐구학습

광합성은 어떻게 일어나는 것일까요?

광합성은 식물의 잎에서 일어난다. 잎에 있는 세포 안에는 엽록체가 많이 들어 있다. 엽록체 속에는 엽록소를 비롯한 여러 색소들이 있어서 태양 에너지를 흡수한다. 또 식물은 잎의 뒷면에 있는 기공이라는 작은 공기 구멍으로 공기 중의 이산화탄소를 끌어들이고, 뿌리를 통해 땅 속의 물을 흡수한다. 태양 에너지는 식물이 흡수한 이산화탄소와 물을 원료로 하여 포도당과 산소를 만들어 낸다. 식물은 이렇게 만든 포도당을 자라는 데 필요한 에너지원이나 다른 물질을 합성하는 재료로 사용한다. 광합성을 할 때 나온 산소와 물은 기공을 통해 다시 잎 밖으로 내보낸다. 식물이 내보낸 산소는 지구상의 모든 생물들이 살아가는 데 꼭 필요한 기체이다.

광합성

녹색 식물이 태양에서 얻은 에너지를 이용하여 살아가는 데 필요한 영양소를 만드는 일을 가리킨다. 광합성은 식물의 잎 속에 있는 엽록체라는 작은 기관에서 일어난다. 이곳에는 빛을 흡수하는 엽록소와 크산토필, 카로틴 같은 색소들이 있다. 식물은 엽록소에서 받아들인 태양 에너지와 뿌리에서 흡수한 물과 공기 중의 이산화탄소로 포도당을 만든다. 광합성으로 만들어진 포도당은 세포가 활동하거나 녹말 같은 다른 물질을 만드는 데 쓴다. 또 식물만이 광합성을 하는 것이 아니라 원생생물과 원핵생물 중에도 광합성을 하여 양분을 얻는 생물이 있다.

구리

적갈색의 금속으로 원소 기호는 Cu이다. 동이라고도 한다. 연하고 질기며 은 다음으로 전기나 열을 잘 전달한다. 구리는 자연 상태에서 금속으로 산출되고, 제련법도 비교적 간단해 금속 중 가장 먼저 이용되었다. 처음에는 구리만을 이용했으나, 나중에는 주석과 합한 금속인 청동을 많이 썼다. 구리는 전기와 열을 잘 전달하기 때문에 전선의 도선이나 난방용 파이프로 많이 쓴다.

구심력

어떤 물체가 원운동을 할 때 원의 중심 방향으로 운동하게 하는 힘이다. 구심력은 똑바로 가는 물체의 운동 방향을 계속 바꾸어 원 모양의 운동이 이루어지도록 운동 방향에 직각으로 힘을 가한다. 실에 추를 매달아서 손으로 돌리면, 추는 구심력 때문에 원을 그리며 돈다. 구심력은 물체의 질량이 클수록, 물체의 속력이 빠를수록, 원운동하는 반지름이 작을수록 크다.

구애 행동

동물의 암컷과 수컷이 짝짓기를 하기 위해 하는 행동이다. 넓은 공간 속에서 흩어져 생활하는 동물들은 서로 같은 종임을 확인하고 짝짓기가 가능한 상대를 찾아 내야만 종족을 보존할 수 있다. 종족 보존을 위해 동물들은 특이한 울음소리나 몸짓으로 상대의 관심을 끈 후 짝짓기를 한다. 일반적으로 수컷이 암컷 앞에서 구애 행동을 하는 경우가 많다.

큰 가시고기의 수컷은 짝짓기를 하기 위해 먼저 모래 바닥에 집을 짓는다. 집을 지은 후 수컷은 암컷 앞에서 춤을 추거나 빙글빙글 도는 등의 구애 행동으로 암컷을 집으로 유인하여 짝짓기를 한다. 백로의 수컷은 암컷의 관심을 끌기 위해 부리를 쳐서 소리를 내고 등과 목에 있는 장식깃을 펼쳐 보이는 구애 행동을 한다. 백로의 암컷은 마음에 드는 수컷을 만나면 날갯짓도 함께 하고 부리

백로의 구애 행동

를 맞대는 구애 행동을 하다가 짝짓기를 한다. 금관조의 수컷은 아름다운 노래를 부르면서 깃털을 높이 드는 구애 행동을 하고, 공작의 수컷은 아름다운 꼬리 깃털을 활짝 펴는 구애 행동으로 암컷을 불러 짝짓기를 한다. 청개구리의 수컷은 암컷 앞에서 크게 우는 방법으로 구애를 한다. 암컷이 가장 큰 소리로 가장 자주 노래하는 수컷을 좋아하기 때문이다. 이외에도 동물들은 짝짓기를 하기 위해 색깔, 동작, 소리, 냄새 등을 사용하여 여러 가지 방법으로 구애 행동을 한다.

국립중앙과학관

과학기술사와 자연사 및 기초 산업기술에 관한 자료를 수집하고 연구하며, 전시를 통해 과학 기술의 지식을 보급하고 생활의 과학화를 촉진하는 우리 나라의 종합 과학관이다. 대전의 대덕연구단지 안에 있다. 이 과학관이 하는 일은 크게 전시·교육·연구로 나눌 수 있다. 전시 부분에서는 과학기술사·자연사 및 기초 산업기술 분야에 대한 상설 전시와 주제에 따른 특별 전시를 연다. 교육 부분에서는 어린이와 청소년을 대상으로 과학 교육 프로그램을 운영한다. 연구 부분에서는 자연과학·산업기술·미래과학·과학기술사 및 인류학·동물학·식물학·지구과학 분야 등 자연사에 관한 전시 자료를 조사하고 연구한다.

국립중앙과학관에는 상설전시관, 야외전시장, 탐구관, 특별전시관, 자연학습원, 아마추어무선전신국 등이 있다. 상설전시관에는 자연사, 과학기술사, 자연의 이해, 자연의 이용 등 4분야에 걸쳐 4200여 점의 전시물이 있다. 야외 전시장에는 비행기, 프로펠러, 에어보트 등의 대형 전시물이 있다.

국제단위계

국제적으로 통일한 측정 단위 체계로, 에스아이(SI)라고도 한다. 1960년 제11차 국제도량형총회(CGPM)에서 국제단위계라는 공식 이름과 6개의 기본 단위를 정하였다. 1971년에 일곱 번째의 기본 단위인 몰을 추가하여 오늘날에는 7개의 기본 단위가 쓰이고 있다. 7개의 기본 단위는 길이의 단위인 미터(m), 질량의 단위인 킬로그램(kg), 시간의 단위인 초(s), 전류의 단위인 암페어(A), 열역학적 온도의 단위인 켈빈(K), 물질량의 단위인 몰(mol), 광도의 단위인 칸델라(cd)이다.

국제단위계는 전 세계가 공통으로 사용할 수 있도록 많은 나라들이 공동으로 노력하여 만든 것이다. 그래서 국제단위계는 오늘날 산업 활동과 과학기술 연구, 교육, 의료, 환경, 국방 등 모든 경제·사회 활동에서 이루어지는 수많은 측정의 표준으로 널리 쓰이고 있다.

굴절

파동이 하나의 매질에서 다른 매질로 들어갈 때 그 경계면에서 나아가는 방향이 바뀌는 현상이다. 공기 중을 지나던 빛이 렌즈나 프리즘으로 들어갈 때 그 경계면에서 빛이 꺾이는 것이 굴절의 대표적인 예이다. 매질은 파동을 전달해 주는 역할을 하는 물질이며, 매질마다 파동의 전파 속도가 다르다. 파동이 두 매질을 지나갈 때 매질 경계면에 수직한 직선과 들어오는 파동 방향이 이루는 각을 입사각이라 부르고, 매질 경계면에 수직한 직

굴절 법칙
물컵에 담긴 숟가락이 휘어져 보이는 것은 빛의 굴절 현상 때문이다. 빛의 전파 속도가 빠른 물질에서 느린 물질로 빛이 들어가면 굴절각이 작아지고, 전파 속도가 느린 매질에서 빠른 매질로 들어갈 때는 굴절각이 커진다.

선과 나아가는 파동의 방향이 이루는 각을 굴절각이라 부른다. 굴절이 일어날 때 파동의 입사각과 굴절각이 갖는 관계를 굴절 법칙이라 한다. 굴절 법칙에 따르면, 입사각이나 굴절각이 큰 쪽이 파동의 전파 속도가 빠른 매질이다.

귀

소리를 듣고 평형 감각을 느끼는 감각 기관이다. 사람의 귀는 약 20~2만 헤르츠인 소리를 들을 수 있다. 사람의 귀는 외이·중이·내이로 이루어져 있다. 외이는 소리를 모으는 귓바퀴와 소리의 통로인 외이도로 이루어져 있다. 외이도 둘레에는 피지선이 있어 끈끈한 지방 성분이 나와 먼지나 세균을 잡아 귀지를 만든다. 외이와 중이 사이에는 얇은 막으로 된 고막이 있다. 외이가 음파를 전하면 고막이 진동한다. 진동은 중이에 있는 3개의 뼈로 된 청소골을 거치면서 50배로 커져 달팽이관으로 전달된다. 달팽이관에는 액체가 들어 있으며, 털이 나 있는 세포들이 있다. 진동은 액체를 따라 움직이며 털들을 움직이게 하고 그것이 신경세포를 자극하여 두뇌로 신호를 전한다. 두뇌는 그 신호가 어떤 소리인지 분류한다. 중이에는 목구멍과 연결된 유스타키오 관이 있으며, 보통 때는 닫혀 있지만 음식을 먹거나 하품을 하면 열린다. 유스타키오 관은 귀의 내부 기압을 외부와 같게 조절하여 고막이 파열되는 것을 막는다. 달팽이관 위에 있는 세 개의 고리로 된 반고리관은 몸이 회전하는 것을 느끼며, 반고리관 밑에 두 개의 주머니로 된 전정 기관은 몸이 평형을 잡도록 도와 준다.

> **비행기가 이륙하거나 착륙할 때에 귀가 멍멍해지는 까닭은 무엇일까요?**
>
> 비행기가 이륙하거나 착륙할 때 귀가 멍멍해지는 것은 외부의 갑작스러운 기압 변화에 귀 속의 고막이 터지는 것을 막으려는 신체의 자연적 반응이다. 외부의 기압이 변하면 귀 속의 유스타키오 관이 열려 고막 안팎의 기압을 일정하게 해준다.
> 그러나 비행기가 이륙하거나 착륙할 때처럼 외부에 갑작스러운 기압 변화가 생길 때에는 유스타키오 관이 열릴 때까지 고막 안팎에 기압 차이가 생겨 고막이 바깥쪽으로 돌출한다. 이는 고막이 터지는 것을 막으려는 신체의 자연적인 반응인데, 이렇게 고막이 바깥쪽으로 돌출하면 귀가 멍멍해지고 소리가 잘 들리지 않는다.

귀화식물

원래는 그 지역에 없었는데 다른 곳에서 들어 와서 자리 잡은 식물을 말한다. 귀화식물은 생활력이 강하여 원래 있던 식물을 밀어 내고 널리 퍼져 나가며, 여러 세대를 살아가면서 그 땅에 뿌리를 내린다. 우리 나라에서 흔히 볼 수 있는 귀화식물로 서양민들레, 개망초 등이 있다. 사람이 따로 들여와 기르는 식물은 외래 식물이라고 한다.

규암

사암이나 규질암이 변성 작용을 받아 만들어진 변성암이다. 거의 석영 알갱이로 된 단단한 암석으로, 사암과 달리 틈이 없고 깨뜨렸을 때 표면이 매끈하다. 규암은 눈처럼 흰색을 띠지만 가끔 분홍색이나 회색을 띠는 것도 있다. 대개 미세하게 각이 생긴 절리가 있다. 규암은 얇고 매우 척박한 토양을 만들며, 매우 서서히 풍화되므로 구릉이나 산맥을 형성한다. 주로 도로 포장용 자갈, 벽돌, 부싯돌 등에 쓰인다.

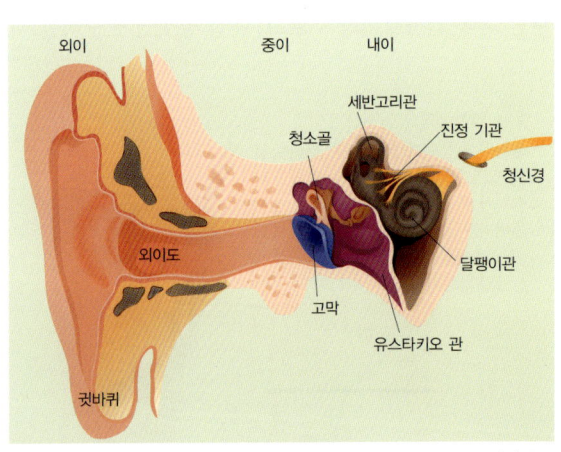

귀의 구조

귀화식물인 개망초

균류

동물처럼 움직이지도 못하고 식물처럼 광합성으로 양분을 생산하지도 못하는 생명체이다. 곰팡이와 버섯 종류 등이 여기에 속한다. 균류는 동물이나 식물과는 다른 특성을 지닌 독립된 생물계인 균계로 분류된다. 어둡고 습한 곳을 좋아하는 균류는 스스로 영양분을 만들지 못하기 때문에 균사로 죽은 생물이 만들어 놓은 화학 물질을 빨아들여 양분으로 삼는다. 균류는 키틴 성분의 세포벽이 있으며 몸은 많은 균사로 이루어져 있다. 균사는 균류의 몸을 이루는 가느다란 실 같은 구조이다. 습도나 온도가 맞으면 균사는 계속해서 자란다.

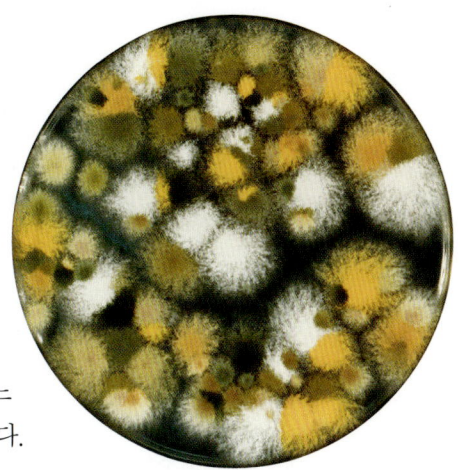

여러 가지 색깔의 곰팡이

균류의 종류

균류는 균사 사이에 격벽이 있는지와 생식 방법에 따라 크게 접합균류, 자낭균류, 담자균류로 나눈다. 접합균류는 서로 다른 포자들이 결합하여 새로운 포자인 접합포자를 만든다. 균사에 격벽이 없고 하나의 세포에 여러 개의 핵이 있으며, 유성생식을 하기도 한다. 털곰팡이, 거미줄곰팡이 등이 있다. 자낭균류는 균사에 격벽이 있으며, 분생포자로 번식하거나 균사가 접합하여 자낭을 만들고 그 안에서 포자를 만드는 유성생식을 하기도 한다. 푸른곰팡이, 붉은빵곰팡이, 누룩곰팡이, 효모 등이 있다. 담자균류는 균사에 격벽이 있고, 균사가 모여서 버섯의 몸인 자실체를 형성하며, 갓 안쪽의 주름에서 담자포자를 만들어 번식한다. 버섯류, 깜부기균, 녹병균 등이 있다.

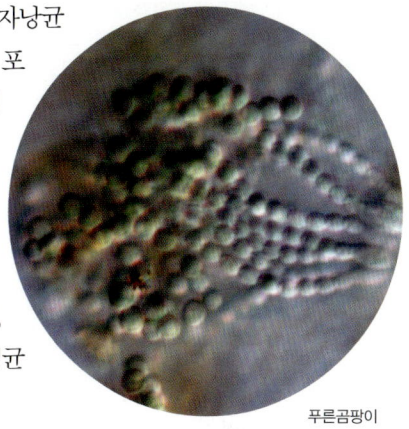

푸른곰팡이

균류의 역할

균류는 생태계 내에서 죽은 생물을 부패시키는 분해자로서 물질의 순환을 돕는다. 균류의 하나인 푸른곰팡이를 원료로 하여 만든 항생제 페니실린은 지금까지 수많은 사람의 생명을 구했다. 또 효모인 이스트는 치즈, 빵, 술 등을 만드는 데 쓰며, 송이버섯이나 표고버섯, 싸리버섯, 느타리버섯 같은 식용 버섯은 식품으로 쓰인다. 그러나 균류는 식품을 상하게 하고 농작물에 해를 입히며 가축이나 사람에게 병을 일으키게도 한다.

병을 일으키는 균류인 칸디다 알비칸스

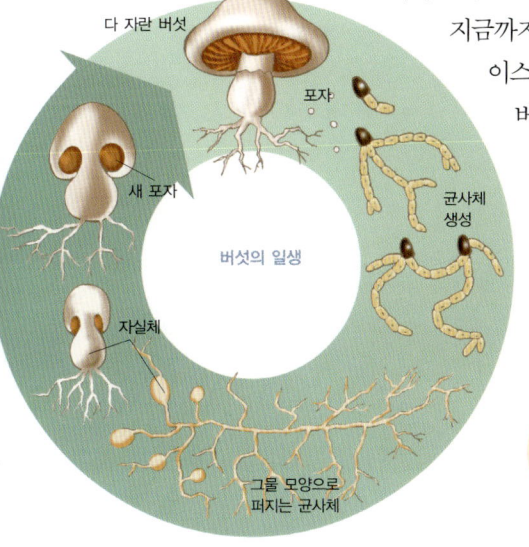

담자균류인 버섯의 한살이

식용 버섯

독버섯인 광대버섯

탐구학습

그림자의 모양과 크기가 달라지는 경우는 언제일까요?
빛과 물체의 위치와 거리 등에 따라 그림자의 모양과 크기가 달라진다. 물체의 위치에 따라 그림자의 크기가 변화하는 까닭은 빛이 곧게 나아가는 성질 때문이다.

그림자의 모양이 달라질 때
물체의 모양을 달리하였을 때와 빛의 위치를 달리하였을 때, 빛을 비치는 거리를 가까이 또는 멀리하였을 때 그림자의 모양이 달라진다. 물체를 전구 가까이 가져갔을 때는 그림자가 커지고 물체를 전구에서 멀리 했을 때는 그림자가 작아진다.

그림자의 크기가 달라질 때
빛과 물체 사이의 거리나 물체와 그림자가 생기는 막 사이의 거리에 따라 그림자의 크기가 달라진다. 하지만 광원이 태양이면 그림자의 크기는 달라지지 않는다. 다만, 태양이 비추는 각도에 따라 그림자의 크기가 달라진다. 태양의 고도가 높으면 그림자의 길이가 짧아지고, 태양의 고도가 낮으면 그림자의 길이는 길어진다.

그림자

빛이 물체를 만나 똑바로 나아가지 못해서 생기는 물체의 어두운 형상이다. 빛이 나아가는 길에 불투명한 물체가 있으면 빛을 흡수하거나 반사하기 때문에 물체 뒤에 그림자가 생긴다. 해시계는 막대가 만드는 해 그림자의 움직임으로 시간을 알아 내는 기구이다. 또 지구가 달과 태양 사이를 지날 때 월식이 일어나는데, 달 표면에 지구의 그림자가 지나가기 때문에 달이 가려지는 현상이다.

그림자로 시간을 알 수 있는 해시계

극미세 기술

물질을 극미세 단위인 나노미터 크기에서 다루어 아주 작은 크기의 소자를 만들고 제어하는 기술로, 나노 기술이라고도 한다. 나노(nano)란 10억 분의 1을 나타내는 단위로, 고대 그리스에서 난쟁이를 뜻하는 나노스(nanos)란 말에서 유래됐다. 1나노미터(nm)는 10억 분의 1미터로 원자 3~4개가 들어갈 정도의 크기다. 극미세 기술은 이 정도 크기에서 물질을 조작하고 제어함으로써 물리적·화학적·생물학적으로 새로운 특성을 갖는 소재나 소자를 만들어 내는 기술이다.

극미세 기술은 1990년대부터 마이크론(100만 분의 1) 수준의 반도체 미세 기술의 한계를 넘어서기 위한 방법으로 연구가 시작되었다. 그때까지의 반도체 기술로는 마이크론 크기 이하로 소자를 만들 수 없었다. 반도체 칩을 만들 때 자외선으로 그려 낼 수 있는 선폭의 한계가 0.1마이크로미터(μm)여서 그 이하로 선폭을 줄일 수 없었기 때문이다. 이러한 물리적 한계를 극복하기 위해 제시된 방법의 하나가 나노미터 크기의 회로에서도 자성을 갖는 소자를 개발하는 것이다.

오늘날 반도체의 개발뿐 아니라 많은 분야에서 극미세 기술이 사용되고 있다. 이를 응용 분야별로 나누면 나노 소재 기술, 나노 소자 기술, 환경·생명 공학, 기반 기술로 크게 분류할 수 있다. 나노 소재 기술은 나노 촉매, 나노 박막, 나노 탄소 물질 등 나노 소재를 만드는 기술이고, 나노 소자 기술은 나노 소재 및 구조를 이용하여 초고밀도 메모리 소자, 초고속 통신 소자, 초저소비 전력 소자 등 나노 기능 소자를 만드는 기술이다. 환경·생명 공학은 바이오 세라믹스, 생체 자기 물질 등의 생체 재료를 만들거나 분자 컴퓨터, 분자 모터, 고효율 태양 전지, 연료 전지 등을 만드는 기술이다. 기반 기술은 나노 소자 및 소재 측정과 평가 기술, 나노 구조체 제작을 위한 공정 기술 등이다.

극미세 기술이 대표적인 첨단 기술로 손꼽히면서 세계의 선진 여러 나라들은 이 기술의 개발에 힘을 쏟고 있다. 우리 나라도 2000년부터 극미세 기술을 국가 연구 과

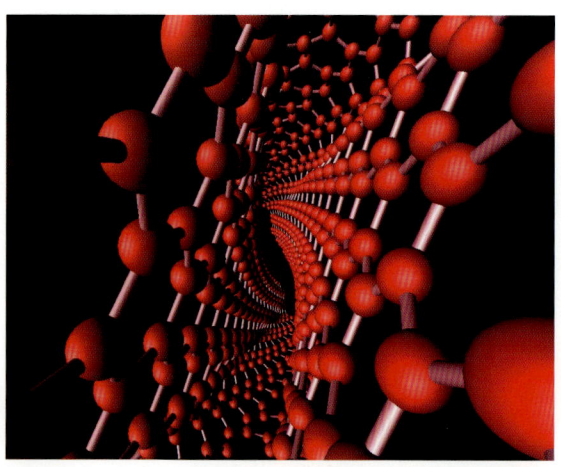
탄소 나노 튜브

극피동물인 성게와 불가사리와 해삼

제로 선정한 후 기술 개발에 힘쓰고 있다.

극피동물

가시가 몸 표면에 돋아난 동물로 무척추동물이다. 바다나리, 해삼, 성게, 불가사리, 거미불가사리 등이 여기에 속한다. 극피동물은 척추동물과 구조가 가장 비슷한 무척추동물이다. 몸의 기본 구조는 방사대칭형이다. 가시로 덮인 딱딱한 표피는 밖으로 드러나 있지만 실제로는 내골격이다. 유생 시절에는 몸이 좌우대칭이고 물에 떠다니며 생활한다. 성체가 되면 몸이 방사대칭을 이루며 별 모양이나 공 또는 원통 모양이 된다.

극피동물은 다른 동물에서 볼 수 없는 독특한 호흡 및 순환계인 수관계를 갖고 있다. 입 가까이에 환상수관이 있는데 여기에서 5개의 빙사수관이 나온다. 방사수관의 바깥쪽에는 수많은 관족이 있다. 관족의 바깥쪽은 빨판으로 되어 있어 수관 속의 수압을 조절하여 물체에 붙었다 떨어졌다 할 수 있다. 그래서 쉽게 옮겨다니거나 먹이를 잡을 수 있다.

극피동물의 하나인 불가사리는 몸의 일부가 떨어지면 새로운 개체로 자라나는 재생 능력이 뛰어나다. 불가사리는 전복이나 조개, 고둥, 굴 등을 닥치는 대로 먹어치워 연안의 수산 자원을 고갈시키기도 한다.

근육

동물의 운동을 맡고 있는 기관이며, 섬유 모양의 세포인 근섬유로 되어 있다. 사람의 근육은 몸무게의 거의 절반을 차지하며, 600개 이상의 근육들이 근육계를 구성한다. 근육은 걷기, 달리기, 글쓰기, 씹기처럼 우리 몸을 움직일 수 있게 한다. 사람의 근육은 평활근, 심장근 그리고 골격근으로 나눈다.

평활근은 대뇌의 의지와 상관없이 자율신경계의 지배를 받아 스스로 움직이므로 제대로근이라고도 한다. 소화관에서 음식물을 옮기는 내장근이 평활근이다. 다른 근육에 비해 모양이 부드럽고 무늬가 없으며 천천히 운동하나 지속적으로 움직이는 특성이 있다. 심장근은 심장을 구성하는 근육으로 자동으로 수축 운동을 한다. 심장근은 센 힘으로 움직이지만 지치지 않으며 대뇌의 지배를 받지 않는다. 심장근은 근육이 나뉘어 가지를 친 모습이며, 이들이 서로 연결되어 독특한 형태로 수축과 이완 운동을 하는데 이것이 바로 심장 박동이다. 골격근은 마음대로 펴거나 오므릴 수 있어 맘대로근이라고도 하며, 질긴 힘줄로 뼈에 붙어 있다. 골격근의 수축과 이완은 혈액의 흐름을 유지하게 하고, 많은 열을 생산하여 체온을 유지하게 한다. 또 몸의 자세를 유지하고 몸을 지탱하게 한다. 골격근은 무늬가 있어 가로무늬근이라고 하며 대뇌의 명령에 따라 수축·이완이 가능하기 때문에 수의근이라고도 한다. 빠르게 운동하지만 쉽게 피로를 느낀다.

글리세롤

빛깔이 없고 투명하며 단맛이 나는 끈기 있는 액체로 글리세린이라고도 한다. 공기 중의 습기를 흡수하는 흡습성이 강하다. 물과 알코올에 잘 녹으나 에테르에는 녹지 않는다. 지방산과 결합하여 유지나 지질 등의 형태로 동·식물계에 널리 분포한다. 글리세롤 3개가 지방산 1

개와 결합한 형태가 지방이다. 글리세롤은 피부가 건조해지는 것을 막기 위한 화장품의 건조방지제, 도료, 인쇄 잉크, 투명 비누의 원료로 사용된다. 또 변비를 해소하기 위한 관장제나 피부에 바르는 연고 같은 의약품의 원료로도 쓰인다.

금

황금빛 광택이 나는 대표적인 귀금속으로, 황금이라고도 한다. 원소 기호는 Au이다. 금은 자연에서 순수한 상태로 존재하기 때문에 얻기 쉬워 구리 다음으로 일찍이 인간이 사용해 온 금속이다. 금은 오랫동안 변하지 않고 양이 적어 귀하게 다뤄졌다. 금은 금속 가운데 전성과 연성이 가장 커서 0.00001센티미터의 얇은 금박으로 만들 수 있고, 1그램의 금으로 약 3000미터의 실을 뽑을 수 있다. 또 열과 전기가 매우 잘 통한다. 공기나 물에서 변하지 않으며, 빛깔의 변화도 없고 산이나 염기에도 녹지 않는다. 그러나 질산과 염산을 3 대 1로 혼합한 왕수에는 녹는다. 각종 장신구, 도금, 금박, 반도체의 극판, 치과 치료의 재료 등 금은 여러 곳에서 사용된다.

금성

태양에 두 번째로 가까이 있는 행성이고 지구와 가장 가까운 행성이다. 금성은 태양과 달 다음으로 밝은 천체로 해 뜨기 전에는 동쪽 하늘에서, 해가 진 후에는 서쪽 하늘에서 잠깐 동안 볼 수 있다. 옛날에 우리 나라 사람들은 새벽에 보이는 금성과 초저녁에 보이는 금성을 서로 다른 별이라 여겨 새벽에 보이는 것을 샛별이라 하고, 초저녁에 보이는 것을 태백성이라고 불렀다. 서양 사람들은 사랑과 미의 여신인 비너스 신의 이름을 따 비너스라고 불렀다.

> **? 금을 나타낼 때 쓰는 k는 무슨 뜻일까요?**
> 금은 무른 금속이기 때문에 다른 금속과 합금을 만들어 사용한다. 이때 금의 순도를 나타내는 단위로 캐럿을 사용하는데, 많이 사용되는 것으로 24k, 18k, 14k 등이 있다. 24k는 거의 100퍼센트 순수한 금을 나타낸다. 18k는 전체 무게의 24분의 18만큼이 금이 차지하는 무게이고, 나머지 24분의 6만큼의 무게는 다른 금속이 섞여 있다는 뜻이다. 그러므로 18k는 금이 24분의 18만큼인 75퍼센트, 14k는 금이 24분의 14만큼인 58퍼센트가 들어 있다는 말이다. 그런데 24k라 해도 실제로 100퍼센트인 금은 만들기 어렵기 때문에 99.99퍼센트라고 본다. 18k는 금 합금 중 색상과 강도가 가장 좋아 장신구에 주로 사용되는데, 순금 75퍼센트에 구리나 아연 25퍼센트를 섞은 것이다. 14k는 금과 구리가 섞인 합금으로 보석, 장식품, 치과용 재료로 많이 사용된다.

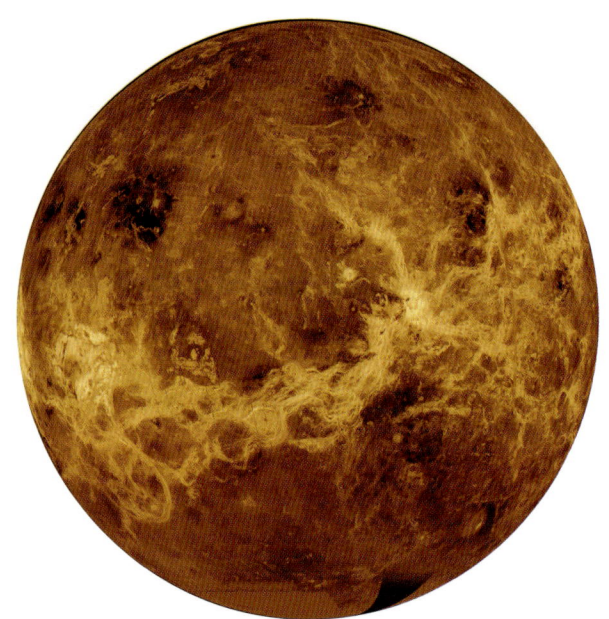

우주 탐사선 마젤란 호가 레이더로 기록한 지형도를 바탕으로 베네라 13호와 14호가 찍은 자료로 색을 입힌 금성의 모습

금성의 질량과 크기는 지구와 매우 비슷하다. 금성의 적도 반지름은 약 6052킬로미터로 지구의 반지름보다 320킬로미터 정도 작다. 질량은 지구 질량의 약 7분의 6 정도로 거의 비슷하다. 금성의 궤도는 태양계 여러 행성들의 궤도 중에서 가장 원에 가깝다. 금성은 평균 1억 750만 킬로미터의 거리에서 태양 주위를 공전하며, 공전 주기는 225일이다. 금성의 자전 주기는 243일로 매우 느리며, 자전 방향도 지구와 반대이다. 금성은 태양계에서 가장 뜨거운 행성이다. 금성의 대기 온도는 약 462도나 된다. 이렇게 온도가 높은 것은 대기의 대부분을 차지하는 이산화탄소가 금성의 표면에서 나오는 열을 우주 공간으로 빠져 나가지 못하게 붙잡아 두기 때문이다. 금성의 대기는 약 96퍼센트가 이산화탄소이다. 그 다음으로 질소가 3퍼센트, 아르곤과 수증기가 0.1~0.4퍼센트를 차지하고 있으며, 아주 적은 양의 산소, 염화수소, 불화수소, 황화수소, 이산화황, 헬륨, 일산화탄소로 이루어져 있다. 금성의 표면은 암석들로 뒤덮여 있다. 금성의 표면은 수성이나 달보다 크레이터의 수가 훨씬 적은데 그것은 수많은 화산에서 용암이 흘러나와 크레이터 부분을 메웠기 때문이다.

금속

특별한 광택을 지닌 결정형 고체이다. 열이나 전기를 잘 전달하고, 대부분 산소나 산과 쉽게 결합한다. 잡아당기면 가늘고 길게 늘어나는 연성과 두드리거나 얇게 펴지는 전성이 있다. 지금까지 알려진 화학 원소의 약 4분의 3인 80여 종이 금속이며, 알루미늄, 철, 칼슘, 나트륨, 칼륨, 마그네슘 등의 금속은 지각에 아주 많이 묻혀 있다. 금속은 대개 광석 중에 다른 원소와 결합한 화합물 상태로 있어서 순수한 금속을 얻기란 무척 힘들다. 그러나 금·은·구리는 자연 상태에서 다른 원소와 결합하지 않은 채로 있어 쉽게 얻을 수 있기 때문에 옛날부터 사람들이 사용해 왔다. 알루미늄의 경우에는 1880년대에 와서야 사용할 수 있었다.

금속은 경금속·중금속·귀금속·반금속 등으로 분류한다. 경금속은 비중이 작고 가벼우며 산소나 산과 잘 반응하는 금속으로 알루미늄, 티탄, 나트륨, 마그네슘 등이 있다. 중금속은 비중이 4~5 이상이 되는 금속으로 크롬, 철, 니켈, 구리, 아연, 카드뮴, 주석, 텅스텐, 수은, 납 등이 있다. 중금속 중에는 사람의 몸 안에 쌓이면 중독 증세를 보이는 것도 있다. 귀금속은 산소나 산과 거의 반응하지 않는 금속으로 금과 은 등이 있다. 반금속은 금속성과 비금속성의 중간 성질을 가진 원소들을 말한다. 어떻게 다루느냐에 따라 금속처럼 전기를 잘 통하기도 하고 비금속처럼 전기를 통하지 않기도 한다. 이런 특성 때문에 반금속은 컴퓨터나 전자 제품의 반도체로 사용된다. 반금속 원소는 흑연, 비소, 안티몬, 비스무트 등 8개가 있으며 그 중 대표적인 것이 반도체의 원료가 되는 규소이다.

요즘에는 한 가지 금속을 사용하기보다 여러 금속을 섞어서 만든 합금을 많이 사용한다. 합금은 두 가지 이상의 금속을 액체로 만들어 혼합한 후 다시 고체로 만든 것으로, 일상생활에서 사용하는 금속은 대개 합금이다. 망간, 몰리브덴, 티탄, 바나듐과 같은 금속이 합금에 많이 쓰인다.

기공

식물의 잎이나 줄기의 겉껍질에 있는 구멍이다. 기공을 통해 광합성의 원료인 이산화탄소와 수증기가 드나든다. 대체로 표피세포에는 엽록체가 없어 광합성을 하지 못하지만, 기공 양쪽의 공변세포에는 엽록체가 있다. 잎의 뒤쪽에 많으며 빛과 습도에 따라 여닫게 되어 있다.

기단

넓은 지역에 걸쳐서 수평 방향으로 기온·습도 등의 대기 상태가 거의 같은 공기 덩어리를 말한다. 기단은 수직 방향으로는 수 킬로미터 정도에 지나지 않지만 수평 방향으로는 수천 킬로미터에 이른다. 기단은 주로 넓은 대륙 위나 해양 위에서 발생한다.

기단은 발생한 곳에 따라 고유한 성질을 띤다. 대륙에서 발생한 것은 건조하고 해양에서 발생한 것은 습하다. 한대 지역에서 발생한 것은 차고, 열대 지역에서 발생한 것은 온도가 높다. 기단은 날씨의 변화에 많은 영향을 미친다.

유럽우주국의 금성탐사선이 금성을 탐사하는 모습을 상상하여 그린 그림

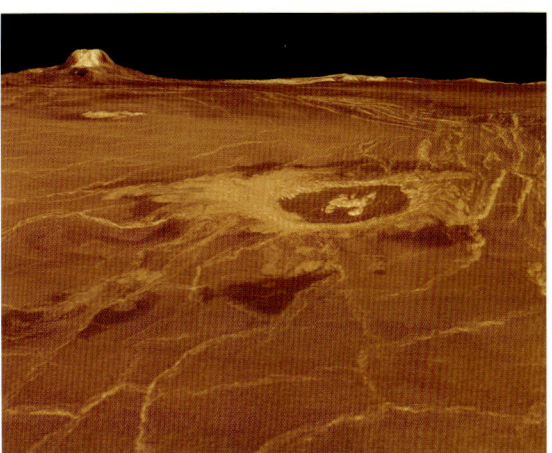
금성의 서부 에이스틀라 지역에 있는 굴라 몬즈 화산과 큐니츠 크레이터

탐구학습

우리 나라 부근의 기단

우리 나라에 영향을 주는 기단으로는 시베리아 기단, 오호츠크 해 기단, 북태평양 기단, 양쯔 강 기단, 적도 기단 등이 있다.

시베리아 기단
대륙성 한대 기단으로 겨울에 북쪽에서 오는 차가운 북서 계절풍을 따라 우리 나라에 오며, 몹시 차고 건조하다. 겨울의 한파와 삼한사온 현상, 꽃샘추위와 관계가 있다.

오호츠크 해 기단
해양성 한대 기단으로 대개 장마철에 오호츠크 해상에서 발생하며 우리 나라에 차고 습한 공기를 보낸다. 높새바람을 일으킨다.

북태평양 기단
해양성 열대 기단으로 여름에 남동 계절풍을 따라 태평양 방면에서 우리 나라 방면으로 확장되며 고온 다습하다. 이 기단권 안에 들면 무더위가 계속되고 가뭄이 일어난다. 오호츠크 해 기단과 장마전선을 이룬다.

양쯔 강 기단
대륙성 열대 기단으로 따뜻하고 건조하다. 주로 봄과 가을에 이동성 고기압을 타고 양쯔 강 방면에서 온다. 봄의 황사 현상과 가을의 청명한 날씨에 영향을 준다.

적도 기단
해양성 적도 기단으로 덥고 습하다. 태풍이 발생할 무렵인 7~8월에 태풍과 함께 우리 나라에 온다.

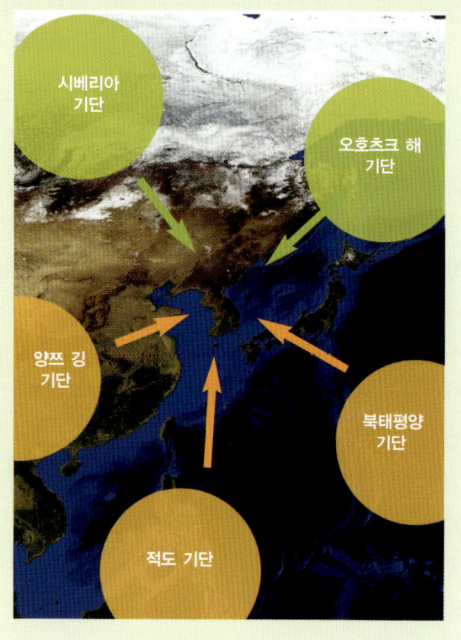

기상

바람·비·구름·눈·무지개 등 대기 중에서 자연적으로 일어나는 여러 가지 대기 현상을 말한다. 넓은 뜻으로는 대기 상태를 포함한 일기 또는 날씨의 뜻으로 쓰이기도 한다. 대기 현상의 대부분은 대기의 최하층부에 해당하는 대류권 내에 나타난다. 어느 시점의 기상은 기압·기온·습도·풍향·풍속·구름의 양·구름의 모양 등의 기상 요소로 나타낸다.

세계기상기구에서는 기상 관측에 따른 대기 현상을 크게 물 현상, 먼지 현상, 빛 현상, 전기 현상의 네 가지로 나눈다. 물 현상은 비·눈·우박·안개·서리 등과 같이 물이 액체 또는 고체 상태로 대기 중에 떨어지거나 떠 있는 현상을 말한다. 먼지 현상은 황사나 연무처럼 먼지와 연기 같은 미세한 고체 알갱이가 무수히 많이 떠 있거나 또는 지상에 있던 것이 바람 때문에 날려 올라가는 현상이다. 빛 현상은 무지개·햇무리·신기루·아침노을·저녁노을 등과 같이 해나 달의 빛의 반사·굴절·회절·간섭에 의하여 생기는 광학적 현상이다. 전기 현상은 번개·오로라 등과 같이 대기 중에 나타나는 전기 현상을 말한다.

기상 위성

우주에서 지구의 기상을 관측하는 인공 위성을 말한다. 최초의 기상 위성은 1960년에 미국이 발사한 타이러스 1호 위성이다. 이 위성은 저고도의 궤도 위성으로 싣고 간

높은 산에서 겨울 기상을 관측하는 모습

텔레비전 카메라를 이용하여 지구의 구름 분포와 해면 등을 촬영하였다. 오늘날 세계기상기구는 기상 위성 관측 자료를 얻기 위하여 5기의 정지 기상 위성과 2기의 극궤도 기상 위성으로 구성된 세계 기상 위성 관측망을 운영하고 있다. 우리 나라는 정지 궤도 위성 중에서 일본이 운영하는 지엠에스(GMS) 5호 위성과 미국의 극궤도 기상 위성인 노아(NOAA) 위성의 자료를 주로 이용하고 있다. 기상 위성은 넓은 영역을 동시에 관측하므로 수천 킬로미터에 이르는 장마전선에서 수십 킬로미터 규모의 작은 적란운까지 다양한 규모의 기상 현상을 모두 관측할 수 있다.

기상청

기상에 관한 일을 하는 중앙 행정 기관이다. 자연 재해를 예방하고 공공의 복리를 증진하기 위하여 기상·지상·수상에 대한 정보를 발표하고 이에 필요한 연구 개발과 기상에 관한 국제적 협력에 관한 일을 한다. 역사를 보면, 1948년 8월에 정부가 수립되면서 국립중앙관상대가 발족되었다. 1963년 2월에 중앙관상대로 이름을 바꾸었다. 이후 중앙기상대로 이름을 바꾸었고, 각 지대를 지방기상대로 이름을 바꾸었다. 1990년에 중앙기상대가 기상청으로 승격되었다. 1992년에는 지방기상대가 지방기상청으로, 측후소가 기상대로 이름이 바뀌었다. 전국 89기상관서와 460소의 자동기상관측소를 관리·운영하며 관할 지역의 기상 예보와 기상 감시 업무를 하고 있다.

기상 특보

기상청에서는 눈·비·바람 등 기상 때문에 재해가 일어날 우려가 있을 때는 주의보를 발표하고, 더욱 더 큰 재해가 예상될 때는 경보를 발표한다. 이 둘을 통틀어 기상 특보라고 한다. 기상 특보는 과거에 발생한 재해를 바탕으로 일정한 기준을 정해 놓고, 상황이 기준치에 도달할 것으로 예측되면 신속하게 발표하여 사람들이 미리 대비하게 한다. 기상청은 또 기상 특보 발표에 앞서 특보의 종류, 예상 구역, 예상 일시 및 내용 등의 정보를 미리

탐구학습

기상 관측 방법에는 무엇이 있을까요?

기상 관측은 기상대와 기상관측소에서 주로 이루어진다. 기온계, 습도계, 기압계, 풍향계, 풍속계 등으로 기온·기압·습도 등을 관측한다. 이런 관측 기기뿐만 아니라 기상 위성, 기상 관측선, 기상 레이너 등으로 관측하기도 한다.

라디오존데
공중의 기상 요소를 관측하여 그 자료를 소형 송신기를 통해 지상으로 보내는 장치이다. 관측 계기는 풍선 모양의 기구에 실려 20~30킬로미터의 상공까지 올라가 그곳의 기온·기압·습도·풍향·풍속 등의 수직 분포를 관측한다.

기상 레이더
비구름의 상태를 조사하기 위해 사용하는 레이더이다. 전파를 보낸 다음 그 전파가 비구름에 부딪혀 되돌아오는 것을 수신한다. 비구름의 분포 상태, 방향과 움직임, 어느 정도의 세기로 오는지를 쉽게 알아 낼 수 있다.

기상 위성
기상 관측 및 관측 자료를 전송하고, 중계할 수 있는 기능을 가진 인공 위성이다. 정지 위성과 극궤도 위성이 이용되며, 극궤도 위성은 정밀한 관측에 많이 사용된다.

해상 부이
넓은 바다 위에서 기상을 관측하고, 관측한 결과를 전파로 알려 주는 장치이다. 바다 밑의 갈고랑이에 연결된 부이에 관측 기계를 설치한 것으로 바람·기압·기온·해류·수온 등을 관측한다. 저기압, 장마전선 등의 움직임을 아는 데 중요하다.

탐구학습

기상 특보의 종류와 기준

종류		주의보	경보
강풍		육상에서 풍속 14m/s 이상 또는 순간풍속 20m/s 이상이 예상될 때. 다만, 산지는 풍속 17m/s 이상 또는 순간풍속 25m/s 이상이 예상될 때	육상에서 풍속 21m/s 이상 또는 순간풍속 26m/s 이상이 예상될 때. 다만, 산지는 풍속 24m/s 이상 또는 순간풍속 30m/s 이상이 예상될 때
풍랑		해상에서 풍속 14m/s 이상이 3시간 이상 지속되거나 유의파고가 3m를 초과할 것으로 예상될 때	해상에서 풍속 21m/s 이상이 3시간 이상 지속되거나 유의파고가 5m를 초과할 것으로 예상될 때
호우		12시간 강우량이 80mm 이상 예상될 때	12시간 강우량이 150mm 이상 예상될 때
대설		24시간 신적설이 5cm 이상 예상될 때	24시간 신적설이 20cm 이상 예상될 때. 다만, 산지는 24시간 신적설이 30cm 이상 예상될 때
건조		실효습도 35% 이하가 2일 이상 지속될 것이 예상될 때	실효습도 25% 이하가 2일 이상 지속될 것이 예상될 때
해일	폭풍	천문조, 폭풍, 저기압 등의 복합적인 영향으로 해수면이 상승하여 발효기준값 이상이 예상될 때. 다만, 발효기준값은 지역별로 별도 지정	천문조, 폭풍, 저기압 등의 복합적인 영향으로 해수면이 상승하여 발효기준값 이상이 예상될 때. 다만, 발효기준값은 지역별로 별도 지정
	지진	대규모 해저지진에 의한 해일의 발생이 우려될 때	대규모 해저지진에 의한 해일이 발생하여 해안 지대의 침수가 예상될 때
한파		11월~3월에 아침 최저기온이 전날보다 섭씨 10도 이하로 하강하여 발효기준값 이하로 예상될 때. 다만, 발효기준값은 아침최저기온 평년값에서 1/2표준편차를 감한 값의 정수값	10월~4월에 아침 최저기온이 전날보다 섭씨 15도 이하로 하강하여 발효기준값 이하로 예상될 때. 다만, 발효기준값은 아침최저기온 평년값에서 1/2표준편차를 감한 값의 정수값
태풍		태풍의 영향으로 강풍, 풍랑, 호우 또는 해일 현상 등이 주의보 기준에 도달할 것으로 예상될 때	태풍의 영향으로 강풍, 풍랑, 호우 또는 해일 현상 등이 경보 기준에 도달할 것으로 예상될 때
황사		황사로 인해 1시간 평균 미세먼지(PM_{10})농도 500㎍/㎥ 이상이 2시간 이상 지속될 것으로 예상될 때	황사로 인해 1시간 평균 미세먼지(PM_{10})농도 1000㎍/㎥ 이상이 2시간 이상 지속될 것으로 예상될 때

풍랑이 거친 바다

비가 너무 많이 와서 물에 잠긴 마을과 도로

알려 주는 예비 특보를 발표한다. 예비 특보는 기상 특보가 발표되기 몇 시간 전에 발표되므로 기상 재해 방지를 위한 중요한 정보로 이용된다. 또한 예비 특보가 발표되면 사람들은 이를 확인하고 미리 주의하여야 한다.

기생

어떤 생물이 다른 생물의 몸에 살면서 거기에서 영양을 얻어 살아가는 생활 방식을 말한다. 이때 영양을 얻는 다른 생물을 숙주라고 한다. 기생생물은 숙주가 죽으면 기생할 수 없기 때문에 숙주가 죽지 않을 정도로만 영양분을 빼앗아 함께 살아간다.

기생충

사람이나 가축, 가금 등 척추동물의 몸 표면이나 몸 속에서 영양물을 얻어 살아가는 동물을 말한다. 기생충은 몸 속에 들어가서 양분을 빼앗으면서 살아가는 내부 기생과 몸 표면에 붙어 피를 빨아먹는 외부 기생으로 나눈다. 내부 기생을 하는 동물로는 회충·폐흡충·간흡충·촌충·십이지장충·일본주혈흡충 등이 있으며, 외부 기생을 하는 동물로는 벼룩·이·진드기 등이 있다. 기생충은 대체로 원생동물·편형동물·선형동물·절지동물에 속한다. 숙주에 붙어살기 위해 갈고리나 발톱 또는 흡반 등이 발달하였지만, 감각 기관·운동 기관·소화 기관은 거의 퇴화되었다.

탐구학습

주사기 끝을 막고 피스톤을 밀 때와 끝을 막지 않고 밀 때의 공기 압력은 어떻게 다를까요?

주사기 끝을 막지 않았을 때는 밀고 당기는 것이 자유롭던 피스톤이 주사기 끝을 막고 밀거나 당기면 움직이지 않는다. 이것은 바로 공기의 압력 때문이다. 주사기 끝을 막으면 그 안은 밀폐되고, 안에 있던 공기들은 압력에 눌리지 않으려고 저항한다. 피스톤을 당길 때도 주사기 안의 공기 압력이 바깥보다 낮아지기 때문에 주사기 밖의 공기들이 미는 힘이 생긴다.

높은 산에서 밥을 하면 밥이 설익는 까닭은 무엇일까요?

기압의 크기는 물질이 끓는 데도 영향을 미친다. 기압이 커지면 물질의 끓는 온도가 높아지고, 반대로 기압이 낮아지면 낮은 온도에서도 물질이 끓기 시작한다. 그래서 높은 산에 올라가서 밥을 하면, 공기가 희박하고 기압이 낮아 물이 섭씨 100도보다 낮은 온도에서 끓는다. 그래서 밥이 익기도 전에 물이 증발해 버려 설익게 되는 것이다. 히말라야 산맥과 같은 고지대에서는 실제로 물이 섭씨 70도 부근에서 끓기도 한다.

기압

단위 면적에 작용하는 공기 기둥의 무게 즉 공기의 압력을 말하며, 대기압이라고도 한다. 기압은 물체의 위에서 아래로 누르는 방향뿐 아니라 모든 방향에서 작용한다. 높은 곳으로 올라갈수록 공기의 양이 적어져 기압이 낮아진다. 기압의 값은 수은주나 물 기둥의 높이로 나타낼 수 있는데, 물 10미터나 수은 기둥 76센티미터에 해당하는 압력이 1기압이다. 기압의 단위는 밀리바(mb), 토리첼리(Torr), 헥토파스칼(hPa) 등이 있는데 현재는 헥토파스칼을 널리 사용한다. 1기압은 1013.25헥토파스칼이다.

기압계

기압을 측정하는 장치이다. 일반적으로 수은 기압계와 아네로이드 기압계가 널리 쓰이며, 기압의 변화를 자동으로 기록하는 자기 기압계도 있다. 수은 기압계는 높이 약 1미터인 유리관에 수은을 넣고 거꾸로 세워 대기압과 수은주의 무게가 균형을 이루는 수은주의 높이를 보고 기압을 재는 장치이다. 아네로이드 기압계는 얇은 금속으로 만든 진공 상태의 용기가 기압이 높아지면 오므라들고, 기압이 낮아지면 부풀어 오르는 것을 이용해 기압을 재는 장치이다. 가지고 다니기에 편리하고 튼튼하기 때문에 선박이나 항공기 등에 널리 쓰인다.

자기 기압계

아네로이드 기압계

기온

대기의 온도를 말한다. 국제적으로는 지면으로부터 약 1.25~2.0미터의 높이에서 측정한 것이 기준이지만, 우리 나라에서는 1.5미터 높이에서 측정한 것을 기준으로 하고 있다. 백엽상에 설치된 온도계로 측정하며, 하루에 세 시간 간격으로 여덟 번 잰 기온을 평균한 것을 일 평균기온이라 한다. 또 어떤 기간 내의 가장 낮은 기온을 최저기온이라 하고, 가장 높은 기온을 최고기온이라 한다. 최

일 최고기온과 일 최저기온
우리 나라에서 관측하여 기록이 남아 있는 가장 높은 일 최고기온은 1942년 8월 1일 대구에서 관측된 40.0도이다. 일 최저기온 중 가장 낮은 기록은 1981년 1월 5일 양평에서 관측된 영하 32.6도이다.

저기온과 최고기온은 월 최저기온, 일 최고기온처럼 기간을 붙여서 사용한다. 기온의 단위는 보통 섭씨를 쓰며 화씨를 쓰는 곳도 있다.

기온은 하루 동안에도 낮과 밤이 각각 다르다. 낮에는 햇빛을 받아 기온이 높지만 밤에는 햇빛이 없어 기온이 낮아진다. 하루 동안의 기온 중에서 가장 높은 온도와 가장 낮은 온도와의 차를 일교차라고 한다. 일교차는 날씨가 맑은 날에 크고, 날씨가 흐린 날에 작다.

탐구학습

기온은 어떻게 달라질까요?

우리 나라의 기온은 중부 산간 지방을 제외하고, 대체로 연 평균기온이 10도에서 16도 안팎이다. 가장 무더운 달인 8월의 평균기온은 23도에서 27도 안팎이며, 가장 추운 달인 1월의 평균기온은 영하 6도에서 영하 7도 안팎이다. 아래의 표는 2005년 우리 나라 여러 도시의 월 평균기온과 일주일 간의 최고기온과 최저기온의 변화를 나타낸 것이다.

우리 나라 여러 도시의 연 평균기온 기간 2005년 1월 1일 ~ 12월 31일 단위 섭씨(℃)

	1월	2월	3월	4월	5월	6월	7월	8월	9월	10월	11월	12월
서울	-2.5	-1.9	4.1	13.2	17.7	22.7	25.3	25.1	21.8	14.7	8.6	-3.9
춘천	-4.0	-3.1	3.9	12.9	17.1	23.0	25.4	24.5	20.3	12.8	5.6	-6
속초	-0.1	-0.8	4.2	12.8	14.4	20.6	24.0	25.0	20.0	15.0	9.8	-1.4
대전	-1.4	-0.8	4.7	13.6	17.3	22.7	25.4	25.1	22.1	14.2	8.3	-2.9
대구	0.7	1.4	7.2	16.0	19.5	24.9	26.4	26.3	22.6	15.8	10.0	-0.3
광주	0.0	0.6	5.3	14.2	18.4	23.7	26.2	26.1	23.5	15.7	10.2	-0.6
제주	5.4	5.4	8.4	15.4	18.0	23.2	26.9	27.4	25.1	19.1	14.2	6.0

자료 기상청 / 기후 정보

우리 나라 여러 도시의 일 주일 간의 최고기온과 최저기온 기간 2005년 4월 1일 ~ 4월 7일 단위 섭씨(℃)

서울 일시	최고기온	최저기온	평균기온
2005년 4월 1일	16.1	6.3	11.2
2005년 4월 2일	15.8	6.5	10.4
2005년 4월 3일	14.5	5.6	10.4
2005년 4월 4일	14.3	4.1	9.3
2005년 4월 5일	19.0	7.3	13.3
2005년 4월 6일	17.7	9.6	13.8
2005년 4월 7일	16.1	10.5	12.9

춘천 일시	최고기온	최저기온	평균기온
2005년 4월 1일	17.2	3.0	9.6
2005년 4월 2일	17.2	0.1	9.1
2005년 4월 3일	14.7	2.2	8.2
2005년 4월 4일	16.1	-1.5	8.6
2005년 4월 5일	22.1	2.1	12.4
2005년 4월 6일	16.1	2.4	10.5
2005년 4월 7일	18.1	7.5	14.6

속초 일시	최고기온	최저기온	평균기온
2005년 4월 1일	9.6	3.6	6.5
2005년 4월 2일	9.4	2.7	6.5
2005년 4월 3일	10.5	1.4	6.2
2005년 4월 4일	18.7	0.4	11.7
2005년 4월 5일	24.9	13.2	19.4
2005년 4월 6일	20.4	15.2	18.1
2005년 4월 7일	23.6	13.6	19.1

대구 일시	최고기온	최저기온	평균기온
2005년 4월 1일	20.5	6.3	13.3
2005년 4월 2일	20.9	7.5	14.1
2005년 4월 3일	13.6	4.0	8.5
2005년 4월 4일	19.9	1.6	10.8
2005년 4월 5일	26.0	7.7	16.4
2005년 4월 6일	19.6	9.2	15.3
2005년 4월 7일	28.6	12.0	20.7

광주 일시	최고기온	최저기온	평균기온
2005년 4월 1일	21.4	5.1	13.1
2005년 4월 2일	19.5	7.4	12.3
2005년 4월 3일	10.8	4.6	7.4
2005년 4월 4일	16.6	1.8	9.1
2005년 4월 5일	22.8	4.3	12.9
2005년 4월 6일	18.8	8.3	14.2
2005년 4월 7일	25.2	11.2	16.9

제주 일시	최고기온	최저기온	평균기온
2005년 4월 1일	16.5	8.1	12.7
2005년 4월 2일	17.7	11.1	14.3
2005년 4월 3일	14.0	8.6	10.3
2005년 4월 4일	14.3	7.3	11.1
2005년 4월 5일	18.2	8.0	13.6
2005년 4월 6일	20.2	11.6	17.9
2005년 4월 7일	23.7	16.0	19.9

자료 기상청 / 기후 정보

기체

물질의 고체·액체·기체의 세 가지 상태 중의 하나이다. 기체는 고체나 액체와 달리 일정한 모양을 갖지 않지만, 일정한 부피를 가지며, 물처럼 공간을 차지하고 이동시킬 수 있다. 기체 상태에서는 물질을 이루는 작은 알갱이인 분자가 다른 분자들과 상관없이 활발하게 운동한다. 그래서 기체는 쉽게 그릇 전체에 퍼지고, 기체의 부피는 기체가 담긴 그릇의 부피와 같아지는 것이다. 기체 분자들은 서로 멀리 떨어져 있기 때문에 분자들끼리 잡아당기는 힘이 매우 약하다. 그래서 기체는 쉽게 압축해서 부피를 변화시킬 수 있다. 기체는 무게를 가지고 있다. 공기가 꽉찬 풍선과 공기가 덜 찬 풍선의 무게를 재 보면 두 풍선의 무게가 서로 다르다. 또한 기체는 물에 녹는다.

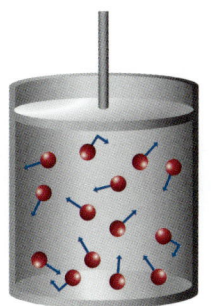 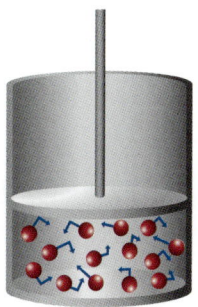

기체에 힘을 주면 쉽게 부피를 변화시킬 수 있다.

차가운 물에 넣은 풍선　　뜨거운 물에 넣은 풍선

온도가 높아지면 기체의 부피가 커진다.

탄산 음료수의 뚜껑을 열었을 때 기포가 나오는 것은 음료수 속에 이산화탄소 기체가 녹아 있기 때문이다.

풍선을 차가운 물에 넣으면 풍선은 찌그러진다. 하지만 다시 따뜻한 물에 넣으면 찌그러진 곳이 늘어나며 원래대로 돌아온다. 이것은 온도가 높아지면서 풍선 안에 들어 있던 기체 분자들의 운동이 활발해졌기 때문이다. 기체 분자들은 풍선 안쪽 벽에 충돌하면서 밀어 내는데, 이렇게 기체 분자가 그릇의 벽과 충돌하면서 밀어 내는 힘을 기체의 압력이라고 한다. 외부에서 압력을 가해 기체의 부피를 반으로 줄이면 그만큼 분자가 많이 충돌하여 압력은 처음의 2배가 된다. 반대로 바깥의 압력이 작아지면 팽창하여 부피는 늘어난다. 이런 현상을 1661년 영국의 과학자 보일이 발견하여 기체의 부피가 압력과 반비례한다는 보일 법칙을 발표하였다. 이후 프랑스의 과학자 샤를은 온도가 증가하면 기체의 부피도 증가한다는 샤를 법칙을 발표하였다.

여러 가지 기체

질소는 공기의 80퍼센트를 차지한다. 질소는 수소와 반응시켜 암모니아를 만드는 데 많이 쓰며, 과자를 포장할 때 봉지 안에 넣어서 과자가 부스러지거나 산화하는 것을 방지한다. 산소는 공기의 20퍼센트 정도를 차지하는데, 생물이 살아가는 데 꼭 필요한 기체이다. 화학 공업의 원료나 의학용으로 많이 쓰인다. 수소는 가장 가벼운 기체이다. 예전에는 공중을 날아오르는 기구에 사용하였지만 폭발의 위험이 있어 최근에는 사용하지 않는다. 지금은 아주 가벼운 기체인 헬륨을 기구에 사용한다. 이산화탄소는 생물이 호흡할 때 배출하는 기체이며, 식물이 살아가는 데 필요한 양분을 얻는 광합성의 원료이다. 수증기와 함께 온실 효과를 일으킨다. 이산화질소는 자동차 배기 가스에서 많이 나오며, 산성비와 스모그의 원인이 되는 물질이다. 이산화황은 석탄이나 석유 같은 화석 연료를 사용할 때 많이 발생하고, 산성비의 원인이 되는 물질이다.

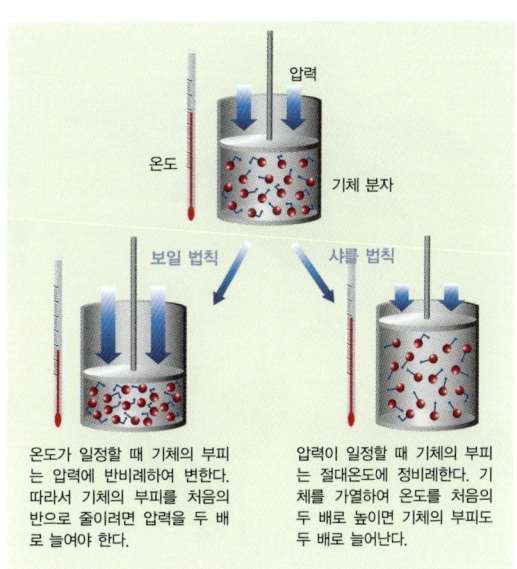

온도가 일정할 때 기체의 부피는 압력에 반비례하여 변한다. 따라서 기체의 부피를 처음의 반으로 줄이려면 압력을 두 배로 늘여야 한다.

압력이 일정할 때 기체의 부피는 절대온도에 정비례한다. 기체를 가열하여 온도를 처음의 두 배로 높이면 기체의 부피도 두 배로 늘어난다.

기후

 기온·비·눈·바람 등의 대기의 상태로, 1년을 주기로 어떤 지역에서 규칙적으로 되풀이되는 평균 기상 상태를 말한다. 일상생활에서는 '기후의 변화가 심하다', '기후가 서늘하다'는 식으로 날씨나 기상이라는 말과 비슷하게 쓰지만 엄밀하게는 기후와 기상은 다르다. 날씨나 기상은 특정 지역의 특정 시간에 나타나는 기상현상 그대로를 뜻하고, 기후는 어떤 곳에서 오랜 기간에 걸쳐 나타나는 날씨의 종합된 평균 상태를 일컫는다. 따라서 기후는 날씨나 짧은 기간에 나타나는 기상 요소와 그들의 변화를 오랜 기간에 걸쳐 모아 놓은 결과라고 할 수 있다. 기후는 기온·습도·강수량·바람·증발·일조·일사 등의 기후 요소와 위도·해발고도·바다와 육지의 배치·해류·지형 및 해안에서의 거리 등과 같은 기후 인자에 따라 지역마다 서로 다르게 나타난다. 기후는 지역마다 서로 다르지만 같은 지역에서는 대개 일정하다.

쾨펜의 기후 분류

 전 세계적으로 기후를 구분할 때는 쾨펜의 기후 분류를 널리 사용한다. 독일의 기후학자인 쾨펜은 1884년에 세계의 기후를 식생 분포에 따라 처음으로 분류하였다. 처음에는 기온·강수량·강수량의 계절 분포 등에 따라 6기후대 24기후구로 구분하였으나, 오늘날에는 그것을 개량해 간단하게 만든 기후 분류가 널리 사용되고 있다.

 쾨펜은 세계의 기후를 나무가 자랄 수 있는 수목기후와 나무가 자랄 수 없는 무수목기후로 크게 나누었다. 그 다음에 다시 수목기후는 열대·온대·아한대 기후로 나누고, 무수목기후를 기온과 강수량에 따라 건조·극대의 기후구로 나누었다. 비가 적어 나무가 자라지 않는 곳이 건조기후이고 온도가 너무 낮아 나무가 자랄 수 없는 기후가 극대기후이다. 열대, 온대, 아한대 및 극기후는 다음과 같은 온도 기준에 따라 나눈다. 온도 단위는 섭씨온도이다. 열대기후는 가장 추운 달의 평균기온이 18도 이상이며, 기호는 A이다. 온대기후는 가장 추운 달의 평균기온이 18도 이하, 영하 3도 이상이며 기호는 C이다. 아한대기후는 가장 추운 달의 평균기온이 영하 3도 이하, 가장 따뜻한 달의 평균기온이 10도 이상이며, 기호는 D이다. 극기후는 가장 따뜻한 달의 평균

기온이 10도 이하로 기호는 E이다. 열대, 온대, 아한대 및 건조 기후는 다시 계절마다 내리는 비에 따라 더 세밀하게 나누어 기호로 표시한다. 에프(f)는 일 년 내내 비가 많이 내리고 뚜렷한 건조기가 없다. 더블유(w)는 여름에 비가 많고, 겨울에 건조기가 나타난다. 에스(s)는 겨울에 비가 많고, 여름에 건조기가 나타난다.

쾨펜의 기후 분류 기본형

열대우림기후 Af

적도를 사이에 두고 저위도 지방에 나타나는 고온 다우 기후를 말한다. 뚜렷한 건기가 없는 것이 특징이다. 월 평균기온은 모든 달이 섭씨 26~28도로 연교차가 대단히 작고, 연 강수량은 2500밀리미터를 넘어 습도가 높다. 비는 오후부터 밤에 걸쳐서 강한 소나기로 내리는 경우가 많다. 열대우림으로 잎이나 가지가 많이 달려 있고, 비교적 작은 나무들이 빽빽이 자란다.

사막기후 Bw

건조기후 중에서도 특히 강수량이 적어 사막이 되어 있는 곳의 기후를 말한다. 쾨펜의 건조한계지수 10 이하의 지역으로 매우 건조하기 때문에 건조에 강한 식물들도 잘 자라지 못한다. 사막기후 지역 내에도 식물이 자라는 데에 충분한 물이 있는 오아시스나 인공으로 관개를 하고 있는 곳에서는 목축이나 경작이 가능하다.

사바나기후 Aw

열대보다 약간 위도가 높은 아열대에 가까운 지방에서 볼 수 있는 기후이다. 우기와 건기가 분명하게 나타난다. 기온은 열대우림기후 지역과 같거나 또는 그 이상으로 높지만 위도가 높아 태양 고도에 따른 계절의 변화가 있으며, 태양 고도가 낮은 계절에는 아열대고압대권 내에 들어 건기가 된다. 가장 건조한 달의 월 강수량은 60밀리미터 정도이다. 사바나 초원이 많으며 열대원야기후라고도 한다.

스텝기후 Bs

좁은 의미로는 유럽 남동부에서 중앙아시아를 지나 시베리아에 걸쳐 퍼져 있는 초원에 나타나는 기후를 말한다. 넓은 의미로는 다른 대륙의 초원에 나타나는 기후도 스텝기후라고 한다. 대체로 겨울에는 춥고 건조하며, 봄부터 초여름 사이에는 비가 내려 초원이 된다. 그러나 연 강수량이 250~500밀리미터로 매우 적어 토양 수분은 식물에 흡수되고 얼마 지나지 않아 풀은 말라 죽는다.

온대하우기후 Cw

겨울에는 비가 적게 내리고 여름에는 비가 많이 내리는 기후이다. 온대동계건조기후라고도 한다. 중국 대륙 남서부, 인도 북부, 에티오피아 고원, 남아프리카 대지, 멕시코 고원, 브라질 고원 남부, 오스트레일리아 북동부 등에 널리 나타난다. 농산물이 풍부하게 나며, 남쪽에서는 담배·목화·옥수수·밀·보리·귀리·감자 등을 재배한다.

온대동우기후 Cs

주로 겨울에 비가 내리고 여름은 고온건조한 기후이다. 지중해성기후라고도 한다. 지형적으로 나타나는 곳은 지중해 지방이고, 그밖에 북아메리카의 캘리포니아 지방, 남반구에서는 오스트레일리아의 서해안이나 남아프리카 대륙 등 주로 대륙의 서해안, 아열대 건조 지역의 바깥쪽에 면한 곳에서 나타난다. 계절에 따라 중위도 고압대가 남북으로 이동하여 여름철에는 고압대 밑의 건조역에 들고, 겨울철에는 그 바깥쪽의 편서풍역에 든다. 포도·올리브·무화과·레몬 등이 많이 재배된다.

온대다우기후 Cf

온대 기후 중에서 강수량이 일 년 내내 거의 같은 기후이다. 온대습윤기후라고도 한다. 우기가 여름인 경우에는 가장 비가 많이 내린 달의 강수량이 가장 비가 적게 내린 달의 10배 이내, 우기가 겨울인 경우에는 가장 비가 많이 내린 달의 강수량이 가장 비가 적게 내린 달의 3배 이내이다. 대륙 동쪽의 열대

다우기후에 이어지는 대륙적인 온대다우기후를 버지니아기후라 하고, 대륙 서쪽의 온대다우기후에 이어지는 해양성 온대다우기후를 부낫기후 또는 서안해양성기후라고 한다.

아한대다우기후 Df

아한대 고유의 한랭한 기후로 냉대습윤기후라고도 한다. 아한대다우기후는 연 강수량이 다소 많다. 특히 겨울에 눈이 많이 내리며 주로 시베리아 서반부·스칸디나비아·연해주·캄차카·북아메리카 대륙 북부 등에 널리 나타난다.

아한대하우기후 Dw

아한대 고유의 한랭한 기후로 냉대동계건조기후라고도 한다. 아한대하우기후는 아시아 대륙 동반부에만 나타나기 때문에 트랜스바이칼기후라고도 한다. 겨울에는 시베리아 고기압의 발원지가 되어 날씨가 좋고 바람이 약하여 매우 한랭한 기후가 된다.

툰드라기후 ET

툰드라 지방에 나타나는 독특한 기후이다. 극지방의 영구동결기후 지역의 주변, 특히 유라시아 대륙이나 캐나다 북부에 널리 나타난다. 아한대기후와 달리 여름에도 기온이 올라가지 않는 것이 특징이다. 가장 따뜻한 날의 평균기온이 0도 이상, 10도 이하이다. 겨울 내내 맹추위가 계속되고 기온이 영하 45도 이하가 되는 날도 있다.

영구동결기후 EF

남극과 북극 지방에서 볼 수 있는 지구에서 가장 추운 기후로, 가장 따뜻한 달의 평균기온이 얼음점 이하이다. 일 년 내내 눈과 얼음이 거의 녹지 않아 지표면은 두터운 얼음층으로 덮여 있다. 그린란드나 남극 대륙에서는 이 얼음이 두꺼운 대륙 빙하로 되어 있다. 히말라야나 알프스 등의 높은 산 산꼭대기 부근에도 이 기후가 나타난다. 연 평균기온은 대략 영하 30도 이하로 빙설기후라고도 부른다.

꽃

꽃이 피는 식물의 유성생식 기관으로 모양과 색채가 다양하다. 꽃의 바깥쪽에 꽃받침이 있고 안쪽에 꽃잎이 있다. 꽃잎 안쪽에는 여러 개의 수술과 암술이 있다.

꽃은 어떻게 생겼을까?

우선 꽃의 가운데에 있는 굵고 긴 암술은 꽃가루를 수분하는 암술머리, 씨방을 연결하는 암술대, 밑씨가 들어 있는 씨방으로 되어 있다. 밑씨는 자라서 씨앗이 되고 씨방은 자라서 열매가 된다. 대개 암술은 하나밖에 없다. 암술 둘레에 있는 여러 개의 수술은 꽃밥과 수술대로 되어 있으며, 꽃밥에서는 꽃가루를 만든다.

수술
꽃가루를 만드는 꽃밥과 수술대로 이루어져 있다.

암술머리
암술 꼭대기에 있는 꽃가루를 받는 부분이다.

꽃받침

꽃잎
생식을 위해 새나 곤충을 끌어들이고 암술과 수술을 보호한다.

암술과 수술을 보호하는 꽃잎은 식물마다 고유한 아름다운 색깔을 갖고, 꽃잎의 세포에 포함된 색소에 따라 색깔이 결정된다. 파랑·보라·빨강 계통의 꽃에는 안토시아닌 색소가 들어 있고, 노랑·주황 계통의 꽃에는 카로티노이드 색소가 있다. 흰 꽃은 색소 때문이 아니라 세포 사이에 들어 있는 공기 때문에 희게 보이는 것이다. 꽃잎은 나팔꽃처럼 붙어 있는 것도 있고, 코스모스처럼 서로 떨어져 있는 것도 있다. 꽃잎의 수는 외떡잎식물은 3장 또는 3의 배수이며, 쌍떡잎식물은 4~5장 또는 그 배수이다. 꽃잎은 생식을 위해 새나 곤충을 끌어들이는 역할을 하기도 한다. 꽃받침은 꽃잎의 가장자리에서 꽃잎을 보호하며, 대부분 두꺼워서 꽃잎과 쉽게 구별할 수 있다. 꽃받침이 없는 꽃도 있다.

꽃은 어떻게 나눌 수 있을까?

여러 기준에 따라 꽃의 종류를 나눌 수 있다. 꽃의 구조에 따라 꽃잎, 꽃받침, 암술, 수술 등을 다 가지고 있으면 갖춘꽃, 그 중에 하나라도 없으면 안갖춘꽃으로 나눈다. 갖춘꽃으로는 강낭콩, 나팔꽃, 벚꽃, 진달래 등이다. 안갖춘꽃 중에 꽃받침이 없는 꽃으로는 튤립, 둥글레, 창포, 앉은부채 등이 있으며, 꽃잎이 없는 꽃으로는 벼, 보리, 밀, 갈대, 억새, 강아지풀, 부들, 꿩의다리 등이 있다. 꽃잎이 붙어 있거나 떨어져 있는 것에 따라 갈래꽃과 통꽃으로 나눈다. 꽃잎이 떨어져 있는 것은 갈래꽃, 하나인 것은 통꽃이다. 갈래꽃으로는 닭의장풀, 냉이, 무, 배추, 딸기, 수세미, 배나무, 매화, 물옥잠, 토끼풀, 백일홍 등이 있고, 통꽃으로는 도라지, 가지, 초롱꽃, 백합, 오이, 완두, 호박꽃, 국화, 민들레, 개나리, 해바라기 등이 있다. 갈래꽃은 꽃마다 꽃잎의 갯수가 다른데 무꽃은 꽃잎이 4장이고 왕벚나무 꽃잎은 5장이다. 암술과 수술이 한 꽃 안에 함께 있으면 양성화이고 따로 떨어져 있으면 단성화이다. 양성화로는 튤립, 복숭아, 민들레 등이 있으며, 단성화로는 오이, 호박, 소나무, 구상나무, 은행나무, 소철 등이 있다.

또 꽃은 꽃가루를 전달하는 방법에 따라 풍매화, 충매화, 수매화, 조매화 등으로 나눈다. 풍매화는 바람에 의해 꽃가루가 전달되는 꽃으로 소나무, 벼, 보리, 밀, 강아지풀, 옥수수 등이 있다. 충매화는 벌, 나비, 나방, 파리, 등에류 등과 같은 곤충에 의해 꽃가루가 전달되는 꽃으로 분꽃, 호박꽃, 장미꽃, 무꽃, 봉숭아꽃, 개나리 등이 있다. 수매화는 물이 꽃가루를 전달하며, 나사말이 이에 속한다. 조매화는 새가 전달하는 것으로 동백나무는 동박새가, 바나나와 파인애플은 벌새가 전달한다.

벚꽃

모란  나리  달개비

매발톱  금계국  메밀꽃

OPENKID CHILDREN's ENCYCLOPEDIA

해바라기

목화  술패랭이  인동

봉선화  조롱박  자운영

65

꽃이 피는 식물

꽃을 피워 씨앗을 맺는 식물로 꽃식물 또는 종자식물이라고도 한다. 꽃이 피는 식물은 식물계에서 가장 발달한 식물군으로 식물의 대부분을 이루며 세계적으로 26여만 종이 알려져 있다. 또 꽃이 피는 식물은 영양 기관과 생식 기관으로 뚜렷하게 나뉘어져 있다. 뿌리, 줄기, 잎 같은 영양 기관이 분명하게 나뉘고 관다발도 잘 발달되어 있다. 생식 기관인 꽃은 줄기나 가지 같은 영양 기관의 끝에 붙어 있다. 꽃가루는 작고 가벼워 바람·물·곤충이나 새 같은 동물을 매개로 하여 암술의 암술머리에 쉽게 옮겨진다. 씨앗은 씨눈인 배와 저장성 양분과 견고한 껍질 등으로 이루어져 있다. 꽃이 피는 식물에는 복숭아, 개나리, 진달래, 벚나무, 목련, 장미, 강낭콩, 오이, 수박, 벼, 옥수수, 소나무 등이 있다.

속씨식물과 겉씨식물

꽃이 피는 식물은 밑씨가 씨방 안에 있는 속씨식물과 밑씨가 드러나 있는 겉씨식물로 나눈다. 속씨식물의 밑씨는 씨방 안에 싸여 있으며, 씨앗은 수분이나 온도, 빛 등의 조건이 맞으면 싹이 튼다. 떡잎은 꽃이 피는 식물이 싹을 틔운 후 처음으로 나오는 잎이다. 떡잎은 종과 속에 따라 일정하게 나타나며 떡잎이 하나인 외떡잎식물과 두 개인 쌍떡잎식물이 있다. 속씨식물은 식물 전체의 약 90퍼센트를 차지하고 있으며, 우리 주위에서 흔히 볼 수 있는 복숭아, 장미, 감나무, 등나무 등이 속씨식물이다. 겉씨식물의 밑씨는 씨방 안에 있지 않고 드러나 있어 가루받이 때 꽃가루가 밑씨 위에 바로 붙는다. 꽃잎은 없고 줄기에는 형성층이 발달하였으나 물관이 없고 헛물관을 갖는다. 겉씨식물에는 소나무, 소철, 은행나무 등이 속한다.

쌍떡잎식물과 외떡잎식물

속씨식물은 다시 씨앗 안에 준비되어 있는 떡잎의 수에 따라 쌍떡잎식물과 외떡잎식물로 나눈다. 쌍떡잎식물의 떡잎은 두 개이고, 외떡잎식물은 떡잎이 하나이다. 쌍떡잎식물의 꽃은 대체로 갖춘꽃이며, 잎은 그물맥, 뿌리는 원뿌리와 곁뿌리를 확실하게 구분할 수 있다. 국화나 도라지, 명아주, 호박, 봉숭아, 강낭콩, 철쭉, 당근 등이 속한다. 외떡잎식물의 꽃은 흔히 안갖춘꽃이며, 잎은 나란히맥, 뿌리는 원뿌리와 곁뿌리가 구분되지 않는 수염뿌리이다. 백합, 난초, 벼, 강아지풀, 옥수수, 보리, 밀, 수선화, 붓꽃 등이 속한다.

속씨식물인 감나무

겉씨식물인 소나무

쌍떡잎식물

쌍떡잎

대부분
갖춘꽃

원뿌리 곁뿌리가
분명하게
구별된다.

그물맥

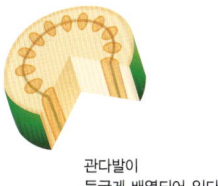
관다발이
둥글게 배열되어 있다.

외떡잎식물

외떡잎

대부분
안갖춘꽃

원뿌리 곁뿌리가
구별되지 않는
수염뿌리

나란히맥

관다발이
흩어져 있다.

쌍떡잎식물인 구절초

쌍떡잎식물인 배

외떡잎식물인 벼

외떡잎식물인 옥수수

꽃이 피지 않는 식물

꽃이 피지 않고 대신 홀씨로 번식하는 식물이다. 민꽃식물 또는 은화식물이라고도 한다. 양치식물, 이끼류 등이 여기에 속한다. 지구상에는 양치식물이 1만 5000여 종, 이끼류가 2만 5000여 종이 있는 것으로 알려져 있다.

양치식물에는 솔잎란류·석송류·속새류·고사리류 등이 있다. 꽃이 피는 식물처럼 세포에 핵이 있고 광합성을 하며 주로 육지에 산다. 뿌리·줄기·잎이 구별되며, 관다발이 있으나 물관 대신 헛물관이 있다. 땅속줄기로 겨울에도 살아 있는 여러해살이 풀이다. 무성생식을 하는 포자체와 유성생식을 하는 배우체가 번갈아 나타나면서 번식한다.

이끼류는 선태식물에 속하며, 우산이끼·솔이끼·뿔이끼 등이 있다. 홀씨로 번식하며, 엽록체가 있어 광합성을 하는 독립 영양 생물이다. 이끼의 몸은 배우체와 홀씨를 만드는 포자체와 헛뿌리로 되어 있다. 이끼는 뿌리로 수분을 흡수하는 것이 아니라 공기 속에 포함된 수증기 상태의 수분을 흡수하여 생활한다. 이끼는 배우체의 모양에 따라 크게 우산이끼와 솔이끼로 나눈다. 우산이끼는 편평하고 지면에 깔리는 모양으로, 헛뿌리가 있다. 솔이끼는 곧게 선 모습으로 잎은 비늘 조각 모양으로 빽빽이 난다.

고사리

쇠뜨기

우산이끼

솔이끼

증기 기관차

고속철

기차

중기 기관, 디젤 기관, 전기 기관 등의 동력을 이용하여 철로 위를 달리는 교통 수단이다. 동력을 제공하는 기관차 뒤에 화물과 사람을 실어 나르기 위한 여러 대의 기차 칸이 연결되어 있다. 1814년에 스티븐슨이 증기 기관차를 발명하면서 기차의 역사가 시작되었다. 1825년 영국이 처음으로 철도를 건설하였고, 모든 나라에서 뒤따라 철도를 건설하였다. 기차는 속도가 빠르고 한 번에 운반할 수 있는 화물의 양과 사람의 수가 많은 교통 수단으로 경제와 사회의 발전에 큰 영향을 끼쳤다.

기차는 움직이게 하는 동력에 따라 크게 증기 기관차, 디젤 기관차, 전기 기관차 등으로 나눈다. 증기 기관차가 움직이는 원리는 다음과 같다. 석탄을 태우면 열이 발생하고 공기가 뜨거워지면서 부피가 커진다. 이렇게 커진 공기의 부피는 주변의 물체들을 밀어 낼 수 있는 힘을 갖는다. 주전자에 담긴 물이 끓기 시작하면 주전자 속 공기의 부피가 커지면서 주전자의 뚜껑이 들썩거리는 것처럼 부피가 늘어난 공기의 힘으로 기차 바퀴를 움직인다. 디젤 기관차는 석탄 대신 디젤이라는 석유 연료를 이용하여 달리는 기차이다. 전기 기관차는 전기를 발전소에서 직접 공급받아 달리는 기차이다. 고속철은 전기 기관의 추진력을 높이고 전용 레일을 만들어 속도를 최대한 높인 것이다. 시속 300킬로미터 정도로 달릴 수 있다. 최근에 개발되고 있는 자기부상열차는 바퀴가 없는 기차로 자기력으로 달린다. 자기부상열차는 철로에서 약간 뜬 채로 움직이기 때문에 마찰력이 적다. 바퀴가 있는 기차는 미끄러짐 때문에 시속 300킬로미터 정도가 최고 속도이지만, 자기부상열차는 시속 400~500킬로미터 정도의 속도를 낼 수 있다.

기화

액체가 증발하거나 끓어서 기체가 되는 것이다. 컵에 물을 담아 두고 오랫동안 놔두면 물이 줄어드는 것을 볼 수 있는데 이것은 표면에 있던 물 분자가 공기 중으로 날아갔기 때문이다. 이렇게 표면에서 액체가 기체로 변하는 것을 증발이라고 한다. 끓음은 물이 끓는 것처럼 표면뿐 아니라 물 내부에서도 물 분자가 기체로 변하는 것을 말한다. 고체가 액체 상태를 거치지 않고 기체로 변하는 것은 승화라고 한다.

꽃가루

수꽃의 꽃밥 속에 들어 있으며, 암술머리에 붙어 꽃가루받이를 한다. 꽃가루받이를 할 때 곤충의 도움을 받는 충매화의 꽃가루는 크고 곤충의 몸에 달라붙기 쉬운 모양이다. 가루받이할 수 있는 가능성이 높아 꽃가루의 양이 적다. 하지만 바람의 도움을 받는 풍매화의 꽃가루는 바람을 타고 멀리 날아가야 하기 때문에 크기가 작다. 가루받이하기가 쉽지 않아 꽃가루의 양이 많다.

꽃가루받이

수술에 있는 꽃가루가 암술에 전달되는 것으로, 수분이라고 한다. 꽃가루받이가 되고 수정이 되어야 씨가 생긴다. 식물의 수정은 동물의 수정과 많이 다르다. 동물의

꽃받침

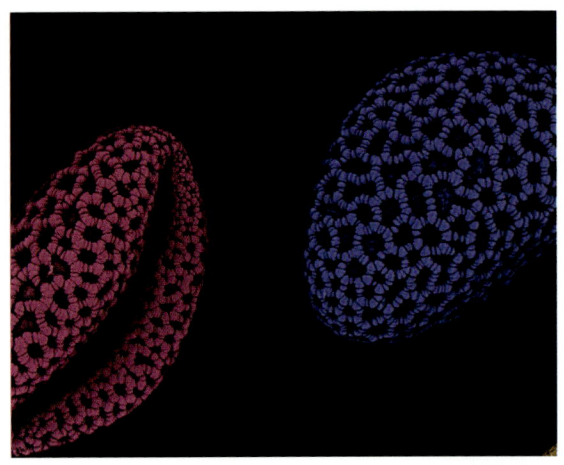
백합의 꽃가루

엉겅퀴의 꽃받침

경우에는 정자가 헤엄을 쳐서 난자와 만나 수정이 되지만, 식물의 꽃가루는 스스로 움직일 수 없다. 그래서 암술의 씨방과 만나기 위해서는 바람이나 곤충, 새, 물, 사람 같은 매개체의 도움을 받아야만 암술머리에 닿을 수 있다.

꽃가루받이가 되면 꽃가루는 발아하여 꽃가루관을 만든다. 꽃가루관은 씨방에 있는 밑씨와 만날 수 있는 통로가 되고, 만들어진 꽃가루관 속에서 꽃가루의 핵이 분열하여 생식핵과 꽃가루관핵이 되고, 생식핵은 다시 분열하여 2개의 정핵이 된다. 이때 속씨식물은 중복수정을 한다. 2개의 정핵 중 하나는 밑씨의 난세포와 수정하여 씨눈을 만들고 다른 정핵은 2개의 극핵과 만나 씨눈이 자랄 때 필요한 양분을 제공하는 배젖을 만든다. 이처럼 정핵 2개가 난세포와 극핵과 각각 수정하는 것을 중복수정이라고 한다. 하지만 씨방이 없어 밑씨가 겉으로 드러난 겉씨식물은 정핵 2개 중에서 1개만 난세포와 수정하여 씨눈을 만들고 다른 정핵은 퇴화하며, 수정되지 않은 극핵이 배젖을 만든다.

꽃받침

꽃잎의 가장자리에서 꽃잎을 보호하는 구실을 하는 기관이다. 보통은 꽃잎보다 두꺼워서 꽃잎과 쉽게 구별된다. 꽃받침은 대부분 초록색이지만 목련이나 백합처럼 꽃잎과 비슷한 색깔을 갖고 있는 것도 있다. 꽃받침은 하나로 된 것과 여러 조각으로 된 것이 있으며, 꽃이 피자마자 꽃받침이 떨어지는 것과 끝까지 붙어 있는 것이 있다. 꽃받침이 없는 꽃도 있다.

끓는점

액체가 끓을 때 더 이상 온도가 오르지 않고 일정하게 유지되는 온도이다. 물을 가열하면 처음에는 온도가 계속 올라가다가 섭씨 100도가 되면 온도가 더 이상 올라가지 않고 일정하게 유지된다. 이 온도에서 액체인 물이 기체인 수증기로 변한다. 액체 상태에서 기체로 변하는 데는 많은 열 에너지가 필요하다. 액체가 끓고 있는 동안 흡수한 열량은 액체 상태에서 기체 상태로 변화시키는 데 모두 쓰이기 때문에 끓는점 온도가 더 이상 오르지 않고 일정한 것이다. 끓는점에서는 액체와 기체가 함께 있다. 물질마다 끓는점이 달라 끓는점은 물질을 구분하는 특성이 된다. 메탄올은 섭씨 64.5도, 아세톤은 섭씨 56도, 나프탈렌은 섭씨 219도, 철은 섭씨 2750도가 끓는점이다.

나이테

나무의 줄기나 가지 등을 가로로 자른 면에 나타나는 둥근 테이다. 나무를 잘라보면 옅은 색깔의 둥근 테와 짙은 색깔의 둥근 테가 교대로 나타난다. 이것을 세어보면 그 나무의 나이를 알 수 있기 때문에 나이테라고 한다. 나무는 키가 커지는 길이생장과 줄기가 굵어지는 부피생장을 한다. 나이테는 계절에 따라 나무가 부피생장을 하는 것이 다르기 때문에 생긴다.

나무는 봄부터 늦여름까지는 빨리 자라고, 늦여름부터 가을까지는 느리게 자라며, 겨울에는 거의 자라지 않는다. 그래서 봄부터 늦여름까지 부피생장을 한 부분은 세포들의 지름이 크고 세포막이 얇아 색깔이 엷고 엉성해 보인다. 늦여름부터 가을까지 부피생장을 한 부분은 세포들의 지름이 작고 세포막이 두꺼워 색깔이 짙고 치밀해 보인다.

나이테로 나무의 나이뿐만 아니라 나무가 자라면서 겪은 기후의 변화도 알 수 있다. 나무가 자라기 좋은 기후에서 자랐을 때에는 나이테가 넓게 나타나고, 나쁜 기후에서는 나이테가 좁게 나타나기 때문이다. 또 나이테로 방향을 알 수도 있다. 산에서 길을 잃었을 때 잘려진 나무의 나이테를 보면 동서남북을 알 수 있다. 나이테의 폭이 좁은 쪽이 북쪽이고, 넓은 쪽이 남쪽이다. 최근에는 첨단 기술로 나이테를 비교하여 나무로 된 유물이 만들어진 때를 알아 내기도 한다.

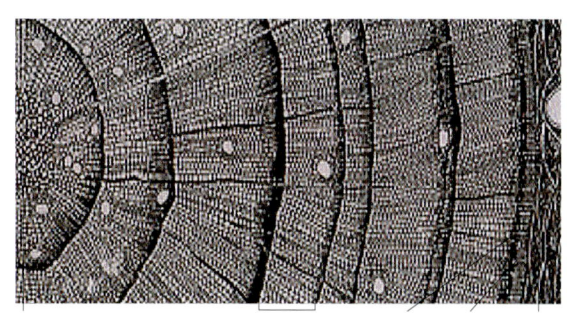

나이테

나무의 심인 고갱이　　나이테　　부름켜　체관부　나무껍질

나무

줄기나 가지가 목질로 된 여러해살이 식물이다. 목본 또는 수목이라고도 한다. 나무는 풀과 달리 줄기가 나무줄기로 되어 있다. 나무줄기에 있는 부름켜가 세포 분열을 하면서 부피성장을 하기 때문에 해가 갈수록 줄기나 가지가 굵어진다. 또 리그닌이라는 성분이 들어있어서 줄기가 단단하다.

나무는 다른 식물과 마찬가지로 이산화탄소를 흡수하고 산소를 내뿜어 우리가 숨쉴 수 있도록 해주고, 숲을 이루어 여러 가지 생물들이 살 수 있도록 해준다. 또 열매와 목재 등 여러 가지 임산 자원을 제공해 준다.

나무의 분류

나무는 높이와 자라는 모양에 따라 큰키나무, 떨기나무, 덩굴나무로 나눈다.

큰키나무는 교목이라고도 한다. 뿌리에서 굵은 줄기 하나가 올라와 곧고 높게 자라는 나무이다. 줄기와 가지가 뚜렷이 구분된다. 주변에서 볼 수 있는 대부분의 나무들은 큰키나무들이다. 은행나무, 소나무, 전나무, 잣나무, 왕벚나무, 백목련, 사과나무, 대추나무, 느티나무 등이 있다.

여름의 은행나무

떨기나무는 관목이라고도 한다. 뿌리에서 가는 줄기가 여러 개 올라오고, 잔가지가 많이 나오는 나무이다. 키는 3미터 이내로 큰키나무보다 작은 나무들이다. 해당화, 회양목, 갯버들, 키버들, 모란, 수국, 국수나무, 멍석딸기 등이 있다.

덩굴나무는 줄기가 덩굴이 지거나, 덩굴손이나 빨판으로 다른 나무나 바위를 감고 올라가는 나무이다. 청미래덩굴, 사위질빵, 으름덩굴, 댕댕이덩굴, 오미자, 칡, 개머루, 능소화 등이 있다.

나무는 일 년 내내 잎이 달려 있느냐 아니냐에 따라 상록수와 낙엽수로 나누기도 한다. 소나무와 구상나무처럼 일 년 내내 잎이 지지 않고 달려 있는 나무를 상록수 또는 늘 푸른 나무라고 한다. 은행나무나 느티나무처럼 겨울에 잎이 떨어지는 나무를 낙엽수 또는 잎 지는 나무라고 한다.

또 나무는 잎 모양에 따라 침엽수와 활엽수로 나누기도 한다. 침엽수는 소나무나 전나무처럼 가늘고 길며 단단한 잎을 갖고 있는 나무이다. 활엽수는 단풍나무나 참나무처럼 편평하고 폭이 넓은 잎을 갖고 있는 나무이다.

가을에 단풍이 든 은행나무

> **❓ 거리의 가로수 나무기둥 중간쯤에 짚으로 둘러싸 주는 이유는 무엇일까요?**
>
> 겨울이 시작되면 거리의 나무들이 짚이나 헝겊으로 옷을 입고 있는 것을 볼 수 있다. 이는 나무에 해충을 없애기 위해서이다. 나무 높이의 1~1.5미터 정도에 짚이나 헝겊으로 둘러싸 놓으면 해충이 겨울을 지내기 위해 땅으로 내려오다가 이곳으로 모여든다. 겨울이 지나고 봄이 되어 나무 기둥을 둘러싼 짚이나 헝겊을 정리하면 그곳으로 모여든 해충을 한꺼번에 처리할 수 있는 것이다. 이를 해충 포집기라고도 한다.

큰키나무인 느티나무

떨기나무인 좀작살나무

덩굴나무인 능소화

탐구학습

나무는 우리 생활에 어떻게 이용될까요?

나무는 옛날부터 우리 생활의 많은 부분에서 널리 쓰였다. 나무의 열매와 어린 순은 먹을거리로 쓰였고, 줄기로 만든 목재는 집이나 생활용품을 만드는 데 썼다. 태워서 숯을 만들기도 하고, 펄프로 만들어 종이의 원료로 쓰기도 한다. 또 아름다운 나무는 관상용으로 집에 심기도 하고, 공해에 강한 나무는 가로수로 심기도 한다. 오늘날 나무는 나무의 종류만큼이나 여러 가지로 쓰인다. 예를 들면 소나무는 통나무집을 짓거나 문짝이나 창틀 등을 만드는 데 쓰고, 오동나무는 장롱이나 가야금, 나무 상자를 만드는 데 쓴다. 또 상수리나무의 열매는 묵을 만드는 데 쓰고, 목재는 숯을 만들거나 가구를 만드는 데 쓰며, 단풍나무는 마룻바닥이나 가구를 만드는 데 많이 쓴다.

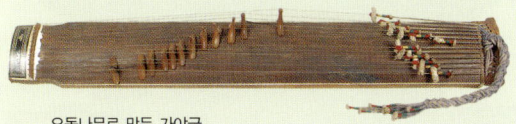
오동나무로 만든 가야금

가구를 만드는 데 쓰는 목재

덕수궁의 소나무

탐구학습

나무를 우리 생활에 사용하려면 몇 년이나 가꾸어야 할까요?

우리 주위에는 통나무집을 비롯하여 문짝이나 창틀, 마룻바닥, 책상, 의자, 장롱, 책장, 피아노, 북, 도마, 연필 등 나무로 만든 많은 물건들이 있다. 나무를 이런 물건들을 만드는 데 쓰기 위해서는 수십 년 동안 가꾸어야 한다. 책상을 만드는 데 쓰인 티크는 30년 이상 자란 것이고, 가구를 만드는 데 쓰인 단풍나무나 체리나무는 70년에서 100년 이상 자란 것이다. 또 우리 나라의 경복궁이나 창덕궁 등의 궁궐 건물의 기둥으로 쓰인 소나무나 느티나무는 150년 이상 자란 것이고, 서까래로 쓰인 소나무도 30년 이상 자란 것이다.

창덕궁의 인정전

오대산의 전나무

나침반

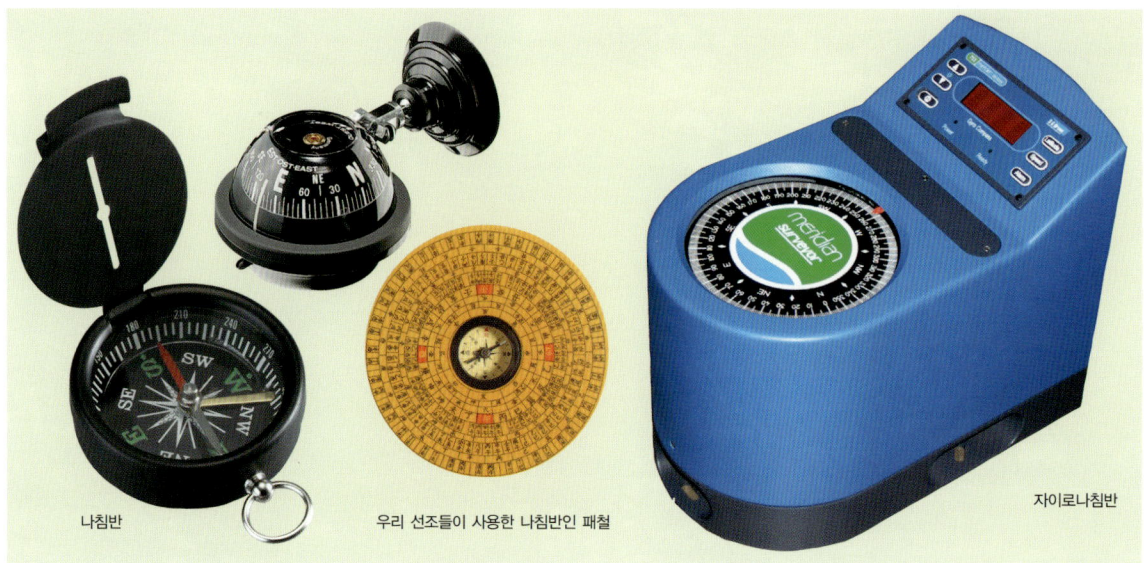

나침반 　 우리 선조들이 사용한 나침반인 패철 　 자이로나침반

나침반

지구의 남쪽과 북쪽의 방향을 아는 데 사용하는 도구이다. 나침의라고도 하며, 우리 선조들이 사용했던 나침반은 패철이라고 한다. 나침반의 종류에는 자석을 이용한 자기나침반과 자이로스코프 원리를 이용한 자이로나침반이 있다.

자기나침반은 자석의 성질을 띤 바늘 모양의 자침을 자유롭게 회전할 수 있게 중심을 잡아 핀 위에 올려놓거나, 자침 판을 액체 속에 띄워서 만든 것이다. 지구가 일종의 거대한 자석이어서 자침이 언제나 일정한 방향을 가리키는 것을 이용한 것이다. 그러나 자기나침반이 가르치는 북극과 지구의 자전축 상의 북극이 일치하지 않기 때문에 정확하지 못하다는 단점이 있다. 또 자기나침반은 극지방에 가까운 곳에서는 사용할 수 없고, 주변 환경에 영향을 받는다는 단점이 있다. 나침반 주변에 자석을 갖다 놓으면 자침이 움직이는 것처럼 주변의 땅속에 자석의 성질을 띤 광물이 묻혀 있거나 커다란 쇠붙이가 있으면 자침이 엉뚱한 방향을 가리킨다. 자이로나침반은 이런 단점이 없다. 자이로나침반은 빠르게 회전하는 자이로스코프의 축에 추를 달면 지구 자전의 영향을 받아 언제나 지구의 자전축인 북극을 가리키는 것을 이용한 것이다. 배나 비행기처럼 방향의 변화가 심할 때도 지구 자기의 영향을 받는 일 없이 항상 바른 방위를 알려 준다.

나트륨

은백색의 무른 금속이며, 원소 기호는 Na이다. 알칼리 금속에 속한다. 자연 상태에 많이 있는 원소로 암염에서 주로 나온다. 바닷물 속에 염화나트륨으로 약 3퍼센트가 들어 있다. 공기에 닿으면 바로 산화되어서 광택을 잃는다. 물과 격렬하게 반응하기 때문에 금속 나트륨은 석유 속에 넣어서 보관한다. 여러 가지 금속을 만들 때 환원제나 촉매로 많이 쓰이며, 원자로의 냉각재로도 쓰인다.

나프탈렌

결정은 흰색 비늘 모양이며, 특유한 냄새가 나는 탄화수소이다. 분자식은 $C_{10}H_8$이다. 휘발성이 강해 상온에서 승화하기 쉽다. 물에는 거의 녹지 않으나, 아세톤이나 벤젠 같은 용매에는 잘 녹는다. 방충제의 원료로 많이 쓰이며, 플라스틱을 무르게 하는 화합물인 가소제의 원료로도 많이 쓰인다.

난생

동물의 생식에서 수정란이 어미의 몸 안에 있지 않고 알이 되어 어미 몸 밖으로 나와서 새로운 개체가 되는 것을 말한다. 닭이나 오리처럼 알을 낳아 새끼를 번식시키는 것을 가리키며, 새끼를 낳는 태생에 대응하는 말이다. 태어나는 데 필요한 모든 양분을 알 속에 저장하기 때문에 난생하는 동물의 알은 태생으로 태어나는 동물의 새끼보다 훨씬 크다. 어류처럼 체외 수정을 하는 동물의 알

알에서 깨어난 콘도르의 새끼

은 미수정란의 형태로 배출되고, 곤충류나 파충류, 조류 등과 같이 체내 수정을 하는 동물의 알은 수정 직후나 배가 어느 정도 자란 상태에서 어미 몸 밖으로 나온다.

날씨

맑거나, 비가 오거나, 안개가 끼여 있거나, 강한 바람이 부는 것처럼 일정한 지역에서 어느 때에 나타나는 종합적인 기상 상태를 말한다. 일상생활에서는 '날씨가 따뜻하다', '날씨가 고르지 못하다' 고 하지만, 기상학에서는 기온·기압·습도·바람·구름의 양·구름의 형태·강수량·일조 등을 나열해서 날씨를 표시한다. 국제적으로 쓰이는 일기도에서는 세계기상기구에서 정한, 구름이 없는 '00' 상태부터 천둥이 치는 '99' 까지 100종류의 기호로 날씨를 표시한다.

남조류

엽록소와 남조소가 있어 광합성과 독립 영양 생활을 하는 원핵생물이다. 세균처럼 핵막은 없지만 세균보다 크다. 단세포이지만, 여러 세포들이 모여 군체를 이루기 때문에 다세포생물처럼 보인다. 남색짜리처럼 바닷물에서 사는 것도 있지만 대부분의 남조류는 연못이나 호수, 습지 등에 산다. 염주말, 흔들말 등이 남조류에 속한다.

납

푸른색을 약간 띤 은백색의 무겁고 무른 금속으로 원소 기호는 Pb이다. 녹는점이 낮다. 두드려 펴면 얇게 퍼지는 전성이 있어 가공하기 쉽다. 금속 상태의 납이나 화합물 모두 우리 몸에 해롭다. 축전지의 전극이나 케이블 선의 피복, 방사선을 막는 차폐재 등으로 쓰인다.

탐구학습

날씨를 조사할 때는 주로 무엇을 잴까요?

날씨를 알기 위해서는 기온, 구름의 양, 풍향, 풍속 등을 측정하여야 한다.

기온은 백엽상 내에 설치된 온도계로 측정한다. 백엽상이 없는 곳에서는 지표로부터 1.2미터~1.5미터 높이의 바람이 잘 통하고 햇빛이 직접 닿지 않는 곳에 온도계를 설치한 후 측정한다.

구름의 양은 관측하는 사람이 하늘을 보았을 때 구름이 하늘에 10분의 2 이하이면 맑음, 10분의 3에서 10분의 5이면 구름 조금, 10분의 6에서 10분의 7이면 구름 많음, 10분의 8 이상이면 흐림이다.

풍향은 바람이 불어오는 방위로 나타낸다. 풍향은 풍향계로 측정하며, 보통 16방위로 나누어서 나타낸다. 풍속이 1초에 1미터 이하로 약하게 불 때는 풍향계가 잘 작동하지 않는다. 이럴 때는 바람받이통이나 풍향기를 세워서 알아보기도 하고, 굴뚝에서 나오는 연기의 방향으로 알아보기도 한다.

풍속은 공기가 1초 동안에 이동한 거리로 나타낸다. 바람은 계속해서 같은 속도로 불지 않기 때문에 보통 지상 10미터에서 10분 동안 공기가 흘러간 거리를 재어, 1초 동안의 풍속을 미터로 나타낸다. 정확한 풍속은 풍속계를 이용하여 측정한다. 풍속계가 없을 때에는 굴뚝의 연기, 나무가 흔들리는 모양, 물결이 이는 정도, 깃발이 나부끼는 모양 등으로 알 수 있다.

기상청 홈페이지의 날씨 예보

남극

위성에서 찍은 남극 대륙.
얼음으로 덮여 있다.

남극점이 있는 거대한 남극 대륙과 그 주변을 고리처럼 감싸고 흐르는 남극해를 가리킨다. 남극의 넓이는 약 1400만 제곱킬로미터로 지구상의 육지 면적의 9.2퍼센트에 이른다. 남극 표면의 98퍼센트는 평균 약 2160미터에 이르는 두꺼운 얼음으로 덮여 있어 백색의 제7대륙이라고 부른다.

남극에는 태양빛이 비스듬히 비추기 때문에 단위 면적당 도달하는 햇빛의 양이 매우 적다. 또 햇빛이 얼음이나 눈에 다시 반사되어 나가기 때문에 남극의 기온은 매우 낮다. 남극에서 가장 추운 동남극 내륙 고원 지대의 연 평균기온은 영하 55도이다. 겨울에는 영하 70도 이하로 떨어지고, 여름에도 여전히 영하 30도 정도의 극심한 추위가 계속된다. 위도가 낮아 비교적 따뜻한 남극 반도의 북단도 가장 따뜻한 달의 월 평균기온이 영하 0.9도 밖에 되지 않는다. 남극은 이렇게 추울 뿐만 아니라 돌풍이 자주 분다. 돌풍은 강한 바람과 함께 얼음 위에 쌓여 있던 눈이 몰아치는 것으로, 한번 시작되면 며칠 동안 계속되기도 한다.

대륙 내부에는 거의 동식물을 찾아볼 수 없지만 남극해와 그 연안에 땅이 드러나 있는 지역에 펭귄·고래·바다표범·물개 등이 산다. 또 바다제비와 도둑갈매기 등 10여 종류의 조류가 연안 지역에 살고 있다. 남극해에는 식물 플랑크톤이 풍부해 그것을 먹고 사는 가재류가 많이 살고 있다.

빙산

아델리펭귄

탐구학습

남극의 세종과학기지

1998년에 세계 여러 나라들은 남극환경보호의정서를 맺어 남극에서 향후 50년 간 자원 개발은 하지 않고 과학 활동만 하기로 정하였다. 남극조약에 가입한 나라 가운데 우리 나라를 포함한 18나라의 연구 기지 36개가 남극 대륙과 근처의 섬에 있다. 우리 나라는 1988년에 세계에서 18번째로 남극에 기지를 세웠다. 남극의 자연 현상을 관측하고 여러 가지 연구를 하기 위해서 킹조지 섬에 세종과학기지를 세운 것이다. 기상 관측이나 오존층 연구 같은 대기 연구와 지진을 관측하는 지구물리 연구 그리고 기지 주변의 생물 생태와 자연 환경 변화에 따른 적응 과정을 다루는 생물학 연구를 하고 있다. 2011년쯤에 남극 대륙에 또 다른 기지를 세울 예정이다.

빙하

해표

남극에서 활동 중인 쇄빙선

고래

도둑갈매기

내행성

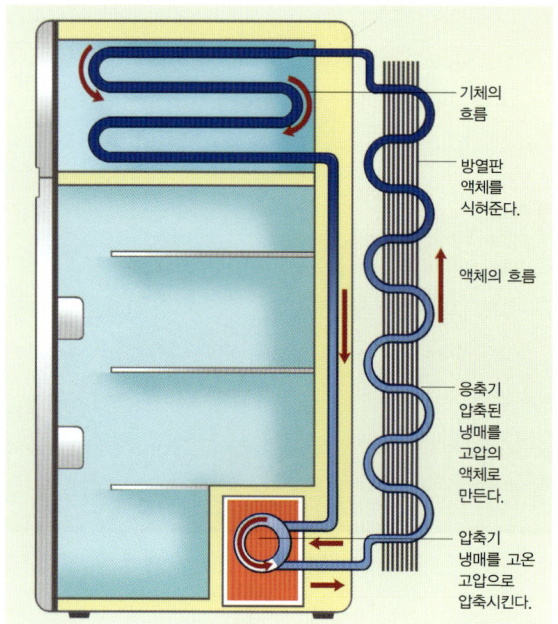

기체의 흐름
방열판 액체를 식혀준다.
액체의 흐름
응축기 압축된 냉매를 고압의 액체로 만든다.
압축기 냉매를 고온 고압으로 압축시킨다.

냉장고의 구조

노을

내행성

태양계의 행성 중 지구보다 안쪽 궤도에서 돌고 있는 행성들을 가리킨다. 수성과 금성이 내행성이며, 지구 바깥쪽을 도는 화성·목성·토성·천왕성·해왕성은 외행성이라고 한다. 지구에서 보면 내행성은 태양에서 일정한 각도 이상 떨어지지 않기 때문에 해가 진 직후와 해가 뜨기 전에 잠시 동안 볼 수 있다. 지구와 태양의 위치에 따라 달처럼 크기와 모양이 변한다.

냉장고

식품을 낮은 온도에서 보관하는 기기이다. 액체가 증발하여 기체가 될 때는 주위로부터 열을 흡수하고 반대로 기체가 액체가 될 때는 주변에 열을 내놓는 현상을 이용한 것이다. 온도를 낮추기 위해서 프레온이나 암모니아 같은 기체를 냉매로 사용한다.

차가운 액체 냉매가 냉장고 안에서 기체가 되면서 식품의 열을 흡수한다. 그러면 식품의 온도는 내려가고 냉매의 온도는 올라간다. 이렇게 온도가 올라간 냉매는 냉장고 밖의 압축기로 보내 압축한다. 냉장고 뒷면을 보면 아래쪽에 압축기가 있고 그 뒤로 가느다랗고 긴 관이 냉장고 뒷면에 가득 한 것을 볼 수 있다. 압축된 냉매는 이 가느다랗고 긴 관으로 지나가면서 공기 중으로 열을 내놓는다. 이 때문에 냉장고가 있는 곳 주변의 온도는 올라간다. 차갑게 식은 액체 냉매는 다시 냉장고 안으로 흘러들어간다. 이런 과정이 계속되어 냉장고 안의 온도가 차갑게 유지되는 것이다.

노을

해가 지거나 뜰 때 지평선 근처의 하늘이 붉게 물들어 보이는 현상이다. 노을은 태양의 고도가 낮을 때 생기는 빛의 산란 때문에 일어난다. 해가 지거나 뜰 때는 햇빛이 통과하는 공기층이 낮보다 두꺼워 빛의 산란이 잘 일어난다. 파장이 짧은 푸른색의 빛은 두꺼운 공기층에 산란되어 관측자가 있는 곳까지 이르지 못하지만, 파장이 긴 붉은색의 빛은 산란되지 않고 관측자가 있는 곳까지 이르러 하늘이 붉게 보이는 것이다.

녹는점

고체 상태의 물질이 녹아서 액체 상태로 바뀌는 온도이다. 녹는점은 액체 상태인 물질이 고체 상태로 될 때의 온도인 어는점과 같다. 순수한 물질은 그 양에 상관없이 녹는점이 항상 일정하다. 물질마다 녹는점이 다르기 때문에 녹는점은 물질의 특성이 된다. 물은 녹는점이 섭씨 0도이고, 에탄올은 섭씨 영하 117도이며, 철은 섭씨 1535도이다.

녹말

포도당이 여러 개 모여 만들어진 긴 사슬 모양의 거대한 분자이다. 식물의 잎에서 광합성으로 만들어져 식물의 씨·뿌리·줄기·알뿌리·열매 등에 저장되어 있다.

감자, 고구마, 물에 불린 녹두 따위를 갈아서 물에 가라앉히면 흰색의 앙금이 생긴다. 이 앙금을 말린 것이 녹말이다. 광합성으로 처음 만들어진 녹말은 지름 1마이크로미터 이하의 작은 크기이지만, 뿌리나 줄기 등에 저장되어 있는 녹말은 1~100마이크로미터 크기의 커다란 분자이다. 이런 녹말은 단일 물질로 이루어진 것이 아니라 아밀로오스와 아밀로펙틴이 섞여 있는 것이다. 아밀로오스는 단일 사슬 모양이고, 아밀로펙틴은 사슬에 가지를 친 모양이다. 그 비율은 녹말의 종류에 따라 대체로 일정하다. 보통 아밀로오스가 20~25퍼센트 정도 들어 있고, 아밀로펙틴이 75~80퍼센트 정도 들어 있다. 녹말은 물에 잘 녹지 않고 아무 맛도 냄새도 없다. 녹말에 요오드 용액을 떨어뜨리면 청색 또는 적갈색으로 색깔이 변한다. 이것을 요오드녹말반응이라 하며, 녹말이 많이 들어 있는 식품을 구별하기 위한 반응 실험으로 많이 한다.

녹말은 사람이나 동물에게 없어서는 안 될 영양소이다. 녹말은 섬유소와 달리 몸 속에서 소화 효소에 의해 쉽게 분해되어 사람들이 살아가는 데 필요한 에너지원으로 쓰인다. 그래서 옛날부터 농사를 지어 녹말이 많이 들어 있는 씨앗이나 뿌리를 거두어 식량으로 이용하였다. 오늘날에는 각종 식품이나 식품 첨가물 또는 화학 공업의 원료로도 쓴다.

녹음

소리를 기록하였다가 재생하는 것을 말한다. 녹음 방법에는 기계 녹음, 광 녹음, 자기 녹음의 세 가지가 있다. 기계 녹음은 소리를 바늘의 기계적 진동으로 바꾸어서 원판 모양의 레코드 판에 둥글게 홈을 파서 기록한다. 소리에 따라 바늘의 기계적 진동이 달라지고, 그에 따라 홈이 파지는 정도가 달라진다. 재생할 때도 바늘이 홈을 따라 움직이며 홈이 파인 정도를 읽어 소리로 바꾸어 낸다. 자기 녹음은 음성 신호를 전류로 바꾸고 전류를 자기 코일에 흘려 주면 소리에 따라 자기장에 변화가 생기는 것을 이용한 것이다. 자기 녹음은 자기장의 변화를 자기 테이프에 기록한 것이다. 재생할 때도 테이프를 자기장치에 접촉하여 흐르는 전류의 양을 읽어 소리로 바꾸어 낸다. 광 녹음은 소리를 전기 신호로 바꾼 뒤 그것을 빛의 강약으로 표현하여 기록하는 것이다. 이 신호는 디지털 신호로써 콤팩트디스크나 디지털 오디오디스크, 비디오디스크에 저장된다. 재생할 때도 레이저 빛을 이용해 신호를 읽어 소리로 바꾸어 낸다.

농도

용액이나 혼합 기체 속에 들어 있는 어떤 성분의 양을 나타낸 것이다. 용액의 경우는 용액의 진하기를 나타내며, 용액 중에 들어 있는 용질의 상대적인 양을 용액의 농도라고 한다. 농도를 나타내는 방법은 퍼센트농도, 몰농도 등이 있다. 퍼센트(%)농도는 용액 100그램 중에 녹아 있는 용질의 질량을 의미한다. 10퍼센트 설탕 용액은 설탕물 100그램 속에 물이 90그램, 설탕이 10그램 들어 있다는 뜻이다. 녹아 있는 용질의 양이 아주 적어 퍼센트 농도를 쓰기 어려울 때는 피피엠(ppm, 100만 분의 1)이

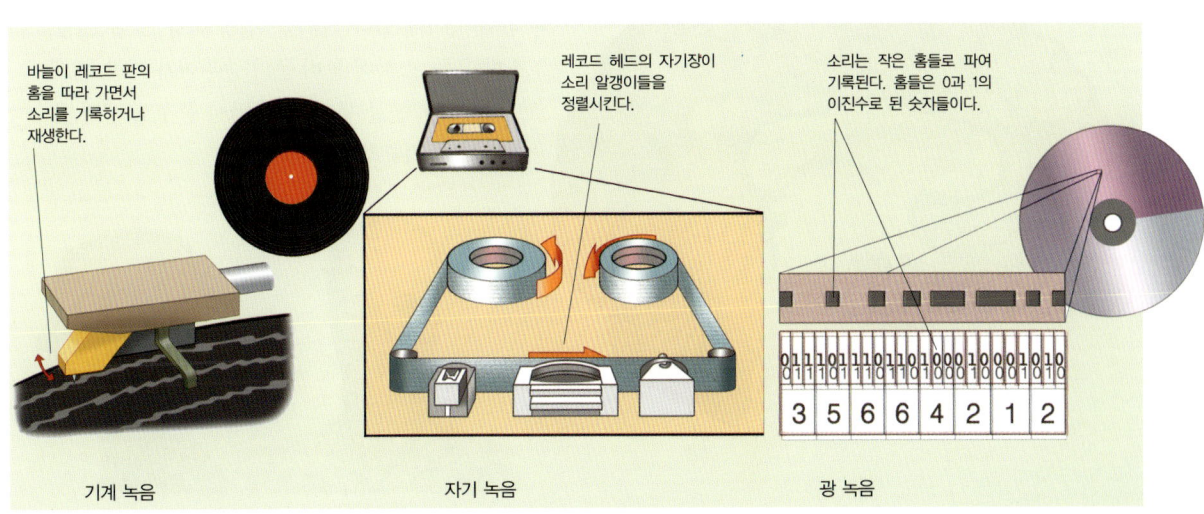

기계 녹음   자기 녹음   광 녹음

뇌

감각 기관에서 받아들인 정보를 분석·판단하여 반응하도록 처리하는 중추 기관이다. 뇌는 단단한 두개골과 세 겹으로 된 뇌막, 뇌척수액 등으로 둘러싸여 보호받고 있다. 사람 뇌의 무게는 약 1.4킬로그램이고, 부피는 약 1300~1500세제곱센티미터이며, 1000억 개 이상의 신경세포로 되어 있다. 뇌는 심장에서 나오는 혈액의 약 20퍼센트와 전체 산소의 약 20퍼센트를 사용한다. 또 뇌는 우리 몸이 섭취하는 포도당의 75퍼센트 정도를 에너지원으로 쓴다.

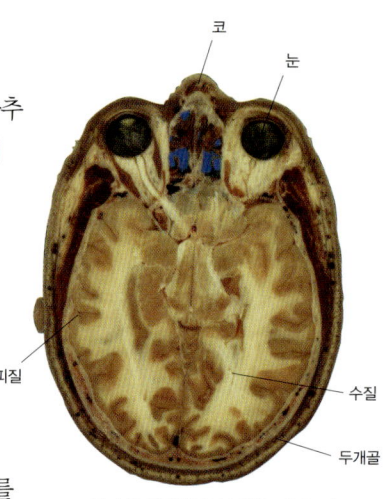

뇌 속을 위에서 잘라 보았을 때의 모습

뇌의 구조

뇌에는 대뇌·중뇌·소뇌·간뇌·연수가 있다. 이 중 간뇌·중뇌·연수를 뇌간이라고 한다.

대뇌는 좌우 두 개의 반구로 되어 있으며, 표면에 주름이 많다. 주름을 모두 펼쳐 놓으면 신문지 반 장 정도의 넓이이다. 대뇌는 회백질인 겉 부분의 얇은 피질과 백질인 안쪽의 수질로 되어 있다. 대뇌의 놀라운 기능은 대부분 피질에서 담당하는데 부위에 따라 기능이 나누어져 있다. 우반구는 우리 몸의 왼쪽을 지배하며 공간 파악과 감성, 예술적 감각, 창의적 사고, 직관적 사고와 관련이 있다. 좌반구는 우리 몸의 오른쪽을 지배하며 언어, 수리, 논리적인 사고를 담당한다. 또 대뇌 피질은 기능에 따라 감각령·연합령·운동령으로 나눈다. 감각령은 감각 기관으로부터 오는 정보를 받아들이고, 연합령은 감각령에 들어온 정보를 분석하고 판단하여 필요한 명령을 운동령에 전달하며, 운동령은 골격근의 수축과 이완을 통해 몸의 움직임을 조절한다. 위치에 따라서 전두엽·측두엽·후두엽·두정엽으로 나눈다. 소뇌는 대뇌의 뒤쪽 아래에 좌우 두 개의 반구로 나누어져 있으며, 대뇌와 함께 근육의 수의 운동을 조절하고 몸의 평형을 유지시킨다. 간뇌는 시상과 시상하부의 두 부분으로 되어 있다. 시상은 척수나 연수 등에서 오는 자극을 선별하여 대뇌의 각 부분으로 보내는 일종의 중개소 역할을 한다. 시상하부는 체온 조절, 혈당량 조절, 삼투압 조절 등 자율 신경의 조절 중추로, 체내의 항상성을 유지하는 데 중요한 역할을 한다. 중뇌는 안구 운동과 홍채 운동의 조절 중추이다. 연수는 중뇌와 척수 사이에 있다. 연수는 심장 박동, 호흡 운동, 소화 운동, 소화액 분비 등의 중추이자 기침, 재채기, 하품, 눈물 분비 등의 반사 중추로 생명 유지에 꼭 필요하다.

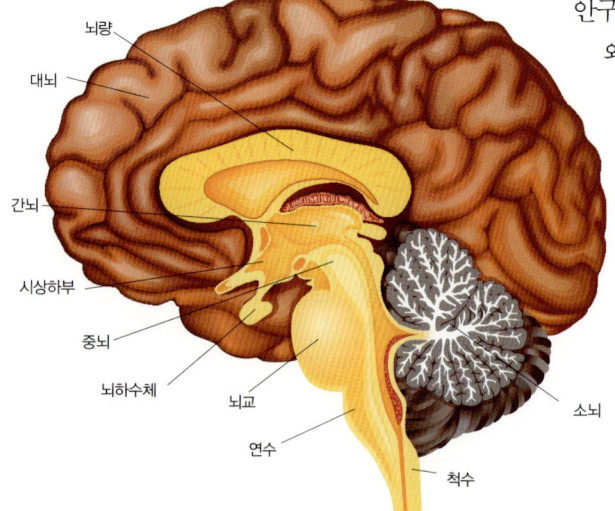

뇌의 구조

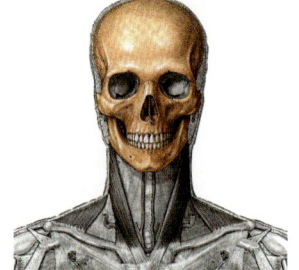

뇌를 둘러싼 머리뼈의 모습

뇌우

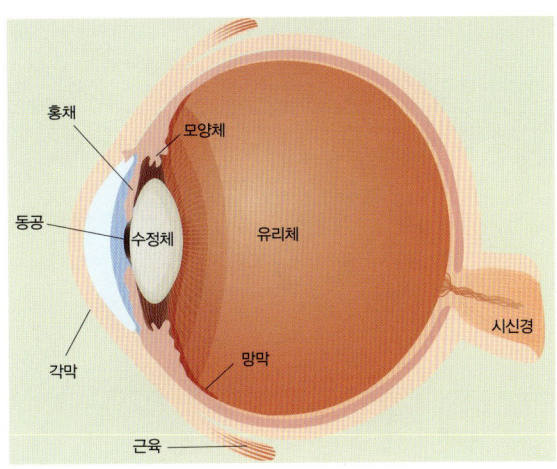
눈의 구조

나 비피엠(bpm, 10억만 분의 1)으로 나타낸다. 주로 수질 오염 물질이나 대기 중의 오존 등을 측정할 때 사용한다. 몰농도는 용액 1리터 속에 들어 있는 용질의 몰 수를 뜻한다. 몰농도의 단위는 mol/L이며, M으로 표시한다.

뇌우

천둥과 번개가 함께 오는 비바람이다. 적란운이나 거대한 적운에서 잘 발생한다. 갑자기 강한 바람이 불고, 몇 분 동안에 기온이 10도 이상 떨어지기도 한다. 뇌우가 내릴 때는 습도가 거의 100퍼센트에 이를 정도로 아주 습하다. 때로는 우박도 함께 온다. 우리 나라에서는 주로 여름철에, 특히 내륙 지방에서 뇌우가 자주 일어난다.

눈

시각 정보를 받아들이는 감각 기관이다. 단세포동물인 연두벌레는 빛을 느끼는 안점이 있고, 해파리는 색소와 표피세포로 된 안점이 있으며, 플라나리아는 색소세포와 시세포로 된 눈이 있다. 연체동물의 눈에는 각막·홍채·수정체·유리양액·망막 등이 있다. 절지동물의 눈은 홑눈과 겹눈으로 이루어져 있다. 홑눈은 작은 수정체·유리체·망막으로 되어 있고, 겹눈은 많은 낱눈이 모여 된 것으로 겹눈 전체로 물체를 본다.

사람의 눈은 머리뼈의 앞부분에 좌우 한 쌍이 있으며, 눈꺼풀로 보호받는다. 눈의 앞부분에는 투명한 조직의 각막이 있다. 각막은 수정체와 함께 초점을 맞추는 기능을 한다. 눈동자의 가운뎃부분에 있는 홍채는 카메라의 조리개처럼 빛의 양을 조절한다. 밝은 곳에서는 홍채가 커지면서 동공을 작게 만들어 망막에 도달하는 빛의 양을 적게 한다. 동공은 홍채에 의해 크기가 변하며 빛을 통과시킨다. 수정체는 눈의 초점을 섬세하게 조절하며

? 동물들 중 가장 눈이 좋은 동물은 누구일까요?

동물의 눈은 단순히 밝고 어두운 것만을 감지하는 것에서부터 빛의 방향을 알아 내는 것, 물체의 색깔이나 상을 정확하게 볼 수 있는 것 등 여러 가지이다. 하늘 높이 날다가 먹이를 보면 쏜살같이 내려와 먹이를 잡아먹는 매의 눈은 사람보다 4~8배나 멀리 볼 수 있다. 낮에는 멀리 있는 물체를 선명한 천연색 영상으로 보지만 밤에는 제대로 보지 못한다. 고양이의 눈은 눈동자가 사람처럼 동그랗지 않고 세로로 길쭉하다. 눈동자를 가늘게 수축시켜 빛을 모을 수 있어 어두운 곳에서도 미세한 빛만으로도 뚜렷이 볼 수 있다. 뱀은 사람이 볼 수 없는 적외선을 감지하여 어두운 밤에도 먹이를 알아 볼 수 있다. 개구리나 물고기는 눈동자가 한 곳에 고정되어 있어, 물체가 움직이지 않으면 알아차리지 못한다. 나비와 벌 같은 곤충의 눈은 홑눈이 수천 개 모인 겹눈으로 되어 있어서 아주 작은 움직임도 놓치지 않는다. 또한 곤충은 인간이 볼 수 없는 자외선을 볼 수 있다. 사람의 눈에는 한 색으로 보이는 꽃잎을 자외선으로 보면, 꿀이 있는 중앙으로 갈수록 색이 짙어지는 것을 볼 수 있다.

매

눈

나무에 쌓인 눈

잎눈

단백질로 이루어져 있다. 멀리 있는 것과 가까이 있는 것을 볼 때 수정체의 두께가 변하며 초점을 맞춘다. 눈의 안쪽 부분에 있는 유리체는 맑은 젤리 같은 물질이다. 망막은 카메라의 필름처럼 상이 맺히는 곳으로, 물체의 밝고 어두움을 구분하는 간상세포와 물체의 색을 구분하는 원추세포가 있다. 망막에 있는 시세포에서 뻗어 나온 시신경이 뇌로 연결되기 위해 한 곳으로 모여 나가는 곳에 맹점이 있다.

수정체의 두께가 제대로 조절되지 못하면 근시나 원시처럼 가깝거나 멀리 있는 것을 잘 볼 수 없다. 각막이 매끄럽지 않으면 망막에 맺히는 물체의 상이 뚜렷하지 않아 흐리게 보이는 난시가 된다. 간상세포의 이상이 생기면 야맹증이 나타나고, 원추세포에 이상이 생기면 색맹이 된다.

눈

구름 속의 수증기가 아주 작은 핵을 중심으로 얼음 결정을 이루고 있다가 땅으로 떨어져 내리는 것을 말한다.

> **왜 밝은 곳에서 어두운 곳으로 가면 바로 잘 보이지 않는걸까요?**
> 영화를 보러 영화관에 들어 갈 때처럼 밝은 곳에서 갑자기 어두운 곳으로 가면 처음에는 물체가 잘 보이지 않는다. 시간이 지나면서 차차 보이기 시작하는데 이런 현상을 암순응이라고 한다. 이런 현상이 나타나는 것은 눈의 간상세포 속에 있는 로돕신이라는 감광색소가 빛이 적은 곳에서 만들어지는 데 시간이 걸리기 때문이다. 어두운 곳에 들어간 후 약 7분쯤 지나면 로돕신이 만들어져 물체가 잘 보이기 시작한다. 빛이 거의 없는 아주 깜깜한 밤에도 약 45분 정도 지나면 로돕신이라는 감광색소가 많이 만들어져 물체가 잘 보인다.

내리는 도중에 녹아서 물방울이 되면 비가 된다. 눈의 결정은 크기가 보통 2밀리미터 정도이며, 모양은 판 모양, 각기둥 모양, 바늘 모양, 별 모양 등 여러 가지이다. 대체로 육각형 모양이 많다. 눈은 결정을 이룰 때의 기온에 따라 함박눈으로 내리기도 하고 가루눈으로 내리기도 한다. 기온이 높을 때는 여러 개의 결정이 서로 엉겨 붙어 보통 1센티미터 정도 크기의 함박눈이 내린다. 기온이 낮을 때는 눈송이를 제대로 이루지 못해 가루눈으로 내린다.

눈

자라서 잎·줄기·꽃이 되는 식물의 어린 기관이다. 줄기의 끝이나 곁에 붙어 있다. 생기는 시기에 따라서 여름눈과 겨울눈으로 나눈다. 여름눈은 봄과 여름에 생겨 그 해에 싹이 트며 눈을 보호하는 장치가 없다. 겨울눈은 여름에서 가을 사이에 생겨 이듬해 봄에 싹이 트며, 털이나 비늘 같은 보호 장치가 있다. 겨울의 추위와 해충으로부터 눈을 보호하기 위해 솜 같은 흰털, 비늘 모양의 조각, 진액 등이 눈의 내부를 감싸 보호한다. 눈은 성질에 따라서 꽃눈과 잎눈, 섞임눈으로 나눈다. 꽃눈은 싹이 트면 꽃이 되는 눈으로, 둥글고 크다. 잎눈은 잎이나 줄기가 되는 눈으로, 가늘고 길다. 섞임눈은 꽃눈과 잎눈이 함께 있는 눈이다. 또 눈이 나는 위치에 따라 줄기 좌우로 마주나 있는 마주나기, 눈이 어긋나 있는 어긋나기, 줄기를 돌아가면서 난 돌려나기의 세 가지로 나눈다.

다이아몬드
 탄소로 이루어진 홑원소 물질이다. 금강석이라고도 한다. 정사면체 결정으로 색깔이 없고 투명하다. 순수한 다이아몬드는 색깔이 없지만 질소, 알루미늄 등이 불순물로 들어 있는 것은 황색, 갈색, 녹색을 띠기도 한다. 광물 중에서 굳기가 가장 단단하다. 다이아몬드는 기원전 7세기경부터 인도에서 원석이 보석으로 사용되었다. 17세기말에 단단한 원석을 빛이 나게 가공하는 브릴리언트 컷 연마 방법이 개발된 이후부터 보석으로 널리 쓰였다. 오늘날 다이아몬드는 보석으로도 많이 쓰이지만, 선반용 공구날·유리 절단기·다이아몬드톱 등 공업용으로도 많이 쓰인다.

다이옥신
 두 개의 벤젠 핵이 산소로 이어진 구조의 유기화합물이다. 다이옥신은 쓰레기를 태울 때 가장 많이 나오며, 화학 공장이나 자동차의 배기 가스 등에서도 나온다. 베트남 전쟁 때 미군이 사용한 고엽제의 주 성분이며, 고엽제 때문에 기형아의 출생과 여러 가지 장애가 나타나면서 그 독성이 알려지게 되었다. 인간이 만든 가장 유독한 물질 중 하나인 다이옥신은 대부분 음식물을 통해 섭취된다. 물에 잘 녹지 않아 몸 안에 들어오면 오줌으로 잘 빠져 나가지 않는다. 환경 호르몬 물질로 내분비계의 정상적인 기능을 방해하고, 여러 가지 암을 일으킨다.

단세포생물
 몸이 하나의 세포로 이루어진 생물이다. 세포 하나로 유전과 생식 등을 하며 생명을 유지하고 독립적으로 살아간다. 세균류·남조류 등의 원핵생물과 아메바류·편모충류·섬모충류 등의 원생동물이 단세포생물이다. 원핵생물의 세포는 뚜렷한 핵과 염색체가 없는 원핵세포로 이루어져 있지만, 원생동물의 세포는 핵막으로 둘러싸인 핵과 한 개 이상의 염색체가 있는 진핵세포로 이루어져 있다.

단풍
 기후의 변화로 식물의 녹색 잎이 빨간색이나 갈색, 노란색 등 다른 색으로 변하는 것이다. 가을에 낙엽이 지기 전에 단풍이 든다. 잎에는 녹색의 엽록소 외에도 빛을 흡수하는 70여 종의 색소가 있다. 이 색소들은 잎이 왕성하게 광합성을 하는 여름에는 녹색의 엽록소 때문에 눈에 띄지 않는다. 하지만 가을이 되어 잎에 있던 엽록소가 분해돼 사라지면서 노란색이나 주황색, 빨간색을 띠는 색

달력

초록색에서 점점 붉은색으로 물드는 단풍

소들이 눈에 띄게 된다.

 잎에 있는 색소 중에서 카로틴이 많이 드러나면 잎이 노란색으로 물들고, 크산토필이 많이 드러나면 주황색으로 물든다. 단풍나무의 잎이 빨갛게 단풍이 드는 것은 붉은 색깔을 나타내는 색소인 안토시안이 가을이 되면서 많이 드러나기 때문이다. 낮에는 햇빛이 잘 들고 밤에는 차가운 날씨가 계속될 때 단풍이 더욱 짙게 든다.

달력

 일상생활이나 종교 의식 또는 역사적·과학적 목적에 따라 1년 중의 월, 일, 요일, 절기 등을 날짜에 따라 적어 놓은 것이다. 달력을 만들기 위해서는 먼저 어떤 기준에 따라 시간을 구분하고, 날짜의 순서를 매겨 나가야 한다. 달력을 정하는 방식을 역법이라고 하며, 지구의 자전 주기와 공전 주기, 달의 공전 주기가 역법의 기준이 된다. 지구의 자전 주기는 1태양일의 기준이 되고, 지구의 공전 주기는 1태양년의 기준이 되며, 달의 공전 주기는 1태음월의 기준이 된다. 역법은 지구와 달의 운행 주기 중에서 어떤 주기를 기준으로 하느냐에 따라 일반적으로 태음력·태양력·태음태양력으로 나눈다.

 태음력은 보름달이 다시 뜨는 주기인 달의 삭망월에 따라 단순히 12삭망월을 1태음년으로 한 역법이다. 역일이 달의 변화와는 일치하지만 계절의 변화와는 일치하지 않는다. 이슬람교를 믿는 나라에서 많이 쓰는 회회력이 대표적인 태음력이다. 태양력은 지구의 공전 주기인 1태양년을 기준으로 만든 역법이다. 계절의 변화와는 맞지만, 달의 변화와는 전혀 맞지 않는다. 태양력으로는 고대 이집트 력, 고대 로마 력, 율리우스 력과 그레고리 력 등이 있다. 태음태양력의 경우에 한 달의 길이를 1삭망월로 한 것은 태음력과 같으나, 계절의 변화와 맞추기 위해 윤달을 둔 것이 다르다. 오늘날 우리가 양력이라고 쓰고 있는 것은 태양력의 하나인 그레고리 력이며, 음력이라고 쓰고 있는 것은 태음태양력이다.

대기 오염

 지구를 덮고 있는 공기가 공장, 가정, 교통 기관 등에서 내뿜는 여러 가지 물질로 오염된 것을 말한다. 대기 오염 물질로는 분진·매연·검댕 등의 고체 물질과 황산화물·질소산화물·일산화탄소 등의 기체가 있다. 대기가 오염되면 산성비가 내리고 지구 온난화 현상이 일어나며 오존층이 파괴된다. 또 동물의 호흡기와 소화기 등에도 영향을 미쳐 건강에 큰 피해를 준다. 식물의 엽록소를 파괴하여 광합성을 방해하는 등 생태계를 파괴한다.

대류

액체나 기체가 열 때문에 위아래로 뒤바뀌며 움직이는 현상이다. 열이 전달되는 방법 중 하나이며, 열대류라고도 한다. 액체나 기체의 어떤 부분이 다른 부분보다 온도가 높으면 그 부분이 팽창하여 상대적으로 밀도가 낮아진다. 밀도가 낮아진 기체와 액체는 가벼워져서 위로 올라간다. 마찬가지로 온도가 낮은 부분은 밀도가 높아져 아래로 내려와 액체나 기체의 순환이 이루어진다. 이렇게 물질의 이동으로 열 전달이 이루어지는 것이 대류이다. 더운 여름날에 에어컨을 켰을 때 에어컨 앞뿐만 아니라 온 방 안이 시원해지고, 겨울에 난로를 켰을 때 난로 앞뿐만 아니라 온 방 안이 훈훈해지는 것이 공기의 대류 현상 때문이다. 대기의 순환인 바람이나 바닷물의 순환인 해류 등도 대류 현상 때문에 나타나는 것이다.

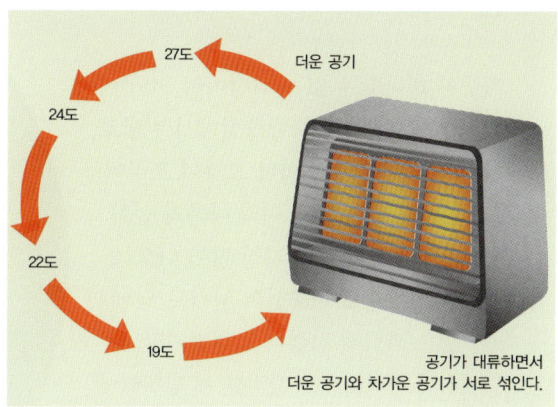

기체의 대류 현상

대륙

지구 표면에 있는 아주 넓은 땅으로 지구에는 일곱 개의 대륙이 있다. 대륙을 크기 순으로 나열하면 아시아 대륙·아프리카 대륙·북아메리카 대륙·남아메리카 대륙·남극 대륙·유럽 대륙·오세아니아 대륙 순이다. 유럽과 아시아는 하나의 대륙으로 보아 유라시아 대륙이라고도 한다. 대륙마다 크기가 많이 달라서 아시아의 면적은 오세아니아 대륙의 5배에 달한다. 세계에서 가장 큰 섬인 그린란드는 오세아니아 대륙의 4분의 1 정도의 크기이다. 또한 지구의 총 육지 넓이 가운데 약 3분의 2가 적도 북쪽에 자리잡고 있다. 대륙의 모양은 남극 대륙을 제외하면 모든 대륙이 남쪽보다 북쪽으로 넓게 벌어진 쐐기 모양이다.

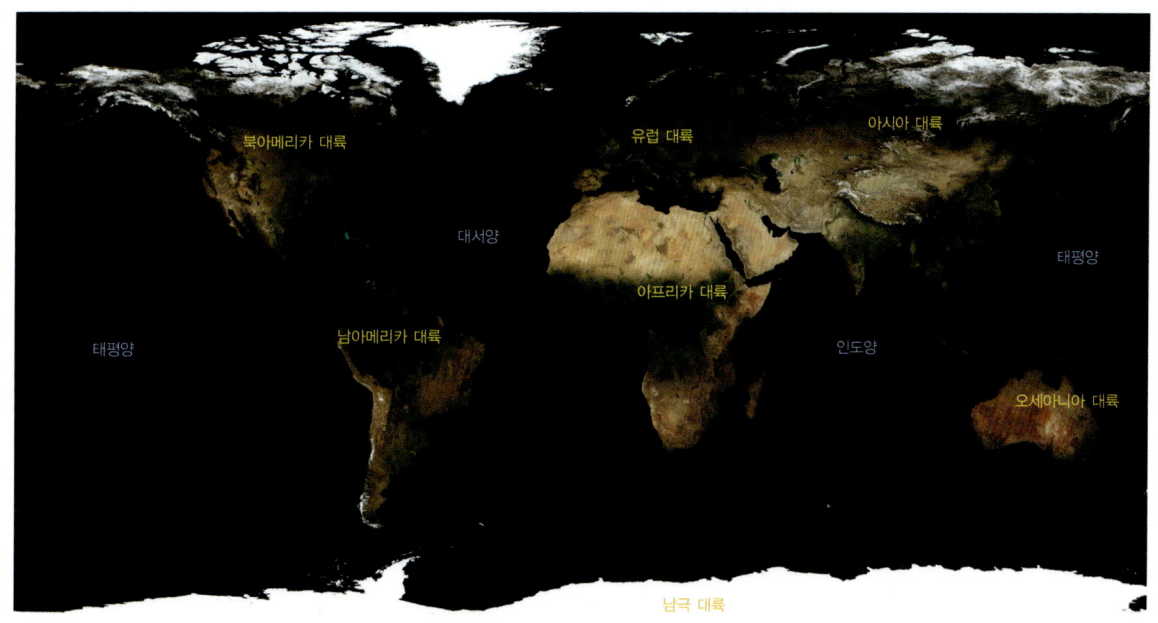

세계의 대륙

달

지구의 하나밖에 없는 위성이며, 지구에서 가장 가까운 천체이다. 초승달에서 반달로, 반달에서 보름달로 밤마다 모양이 조금씩 차고 기우는 달은 세계 여러 나라의 신화와 전설에서 해와 함께 가장 많이 나오는 천체이다. 아폴로 우주선의 탐사로 달에 대한 많은 과학적 사실이 밝혀졌지만, 달은 여전히 신비로움을 간직한 채 밤하늘에 떠오르고 있다.

밤하늘의 보름달은 태양과 거의 같은 크기로 보인다. 그러나 달의 지름은 태양 지름의 400분의 1밖에 되지 않는다. 해가 달보다 지구에서 400배나 멀리 떨어져 있기 때문에 해와 달이 비슷한 크기로 보이는 것이다. 달의 질량은 지구의 81분의 1에 불과하다. 질량은 작지만 지구와 가깝기 때문에 달의 중력이 지구의 바닷물을 달 쪽으로 끌어 당겨 지구에 밀물과 썰물이 생긴다.

우주탐사선 갈릴레오 호에서 본 달의 모습이다. 달의 모양은 약간 비대칭이다. 달은 거의 둥근 공 모양이지만 자전하기 때문에 적도 부분이 극지방보다 약간 부풀어 있다. 또한 적도 부분의 단면도 원이 아니라 타원형이다.

지구에서는 언제나 한 쪽 면만 보이는 달

달은 지구에서 평균 38만 4400킬로미터 떨어진 거리에서 지구 둘레를 서쪽에서 동쪽으로 돈다. 지구에 가장 가까워질 때는 36만 3300킬로미터 떨어져 있고, 가장 멀어질 때는 40만 5500킬로미터 떨어져 있다.

달의 공전 주기와 자전 주기는 똑같이 27.32일이다. 그래서 지구에서는 항상 달의 한 쪽 면만 볼 수밖에 없다. 공에 실을 매달아 돌릴 때 실이 매달린 쪽만 볼 수 있는 것처럼 달의 다른 쪽 면은 볼 수 없다.

날마다 모양이 조금씩 변하는 달

달은 밤마다 모양이 조금씩 변한다. 달은 언제나 둥근 공 모양 그대로인데 모양이 변하는 것처럼 보이는 것

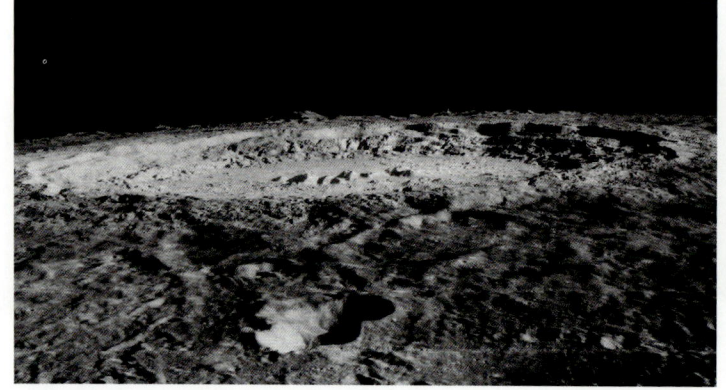

비의 바다 안에 있는 코페르니쿠스 크레이터의 모습이다. 비의 바다는 처음 달이 생겼을 때 만들어진 거대한 충돌 화구로 32억~39억 년 전에 용암으로 채워졌다.

달에서 이륙해 사령선으로 돌아오고 있는 달 착륙선 독수리호의 모습. 멀리 지구의 모습이 보인다.

은 태양과 지구, 달의 위치에 따라 달의 빛나 보이는 부분의 형태가 달라지기 때문이다. 달은 스스로 빛을 내지 못하고 햇빛을 반사해 빛을 낸다. 달이 지구 주위를 돌기 때문에 지구에서 볼 때 달이 햇빛을 반사하는 부분이 매일 조금씩 달라진다. 그래서 달은 우리에게 초승달, 반달, 보름달 등 다른 모습으로 보이는 것이다. 달은 29.53일을 주기로 모양이 변한다.

암석 조각과 먼지로 덮여 있는 달의 표면

달의 표면에는 수많은 크레이터가 있다. 지구에 있는 분화구와 비슷한 모양의 크레이터는 대부분 운석이 빠른 속도로 달 표면과 부딪쳐 생겨난 것이다. 크레이터는 만들어지고 나서 화산 활동으로 용암이 채워져 커다란 분지가 되기도 한다. 우리가 바다라고 부르는 달의 어두운 부분이 이런 분지이다. 크레이터, 바다, 고지대 등으로 이루어진 달 표면은 암석 조각과 먼지로 덮여 있다. 달 표면의 온도는 낮에는 섭씨 100도까지 올라가고, 밤에는 영하 150도까지 내려가 매우 춥다.

아폴로 11호의 착륙선 독수리호는 지구인 2명을 태우고 고요의 바다에 착륙하였다. 달 가운데에서 약간 왼쪽에 있는 고요의 바다는 물이 있는 바다가 아니라 먼지로 덮여 있는 분지이다. 17세기에 이탈리아의 천문학자 리치올리가 달 표면의 어두운 지역을 바다라고 이름 지은 것이다. 고요의 바다에서 걷고 있는 에드윈 올드린의 모습을 닐 암스트롱이 찍은 사진이다.

인류가 최초로 방문한 달

우주에 대한 탐사는 달에 대한 탐사로 시작되었다. 1959년에 구소련의 무인우주선 루나 2호가 처음으로 달을 탐사하였다. 1966년에는 미국의 무인 우주선 서베이어 1호가 최초로 달에 착륙하였으며, 1969년 7월 20일에 미국의 아폴로 11호의 선장인 닐 암스트롱이 마침내 달에 첫발을 내딛었다. 그 후 1972년 12월까지 아폴로 계획에 따라 인간은 여러 차례 달을 방문하였다. 달 탐사를 통해 모두 382킬로그램의 월석을 지구로 가져왔다. 월석을 분석하여 달에는 과거에도 지금도 생명의 흔적이 없고, 무생물이나 유기화합물조차 없음을 알게 되었다.

아폴로 17호의 선장인 유진 서난이 달 표면에서 월면차를 몰고 있다. 아폴로 15호 때부터 사용된 월면차는 최고 시속 16킬로미터의 속도를 낼 수 있다.

달의 위치에 따른 모양 변화

달은 스스로 빛을 내지 못하지만 햇빛을 반사해 밝게 빛난다. 태양과 지구, 달의 위치에 따라 햇빛을 반사하는 부분이 달라져 달의 모양이 바뀌는 것처럼 보인다.
보름달은 태양 – 지구 – 달의 순서로 있을 때 볼 수 있다. 상현달과 하현달은 지구와 달이 옆으로 나란히 태양을 향해 있을 때 볼 수 있다. 초승달과 그믐달은 태양과 지구 사이에 달이 비스듬히 있을 때 볼 수 있다. 태양 – 달 – 지구의 순서로 있어서, 햇빛을 반사하는 면이 지구에서 보이지 않을 때를 삭이라 한다.

날짜에 따른 달의 모양 변화

달은 우리에게 날마다 다른 모습으로 보인다. 달은 29.53일을 주기로 초승달, 상현달, 보름달, 하현달, 그믐달 등으로 모양이 변한다. 음력을 기준으로 해서 보면 매월 같은 날에 거의 비슷한 모양의 달이 뜬다. 매월 음력 1일에는 달이 뜨지 않고, 2일부터 달이 실눈 같은 초승달 모양으로 떠서, 5일 쯤에 초승달 모양으로, 9일 쯤에 상현달 모양으로 달이 점점 둥글게 된다. 음력 15일에 가장 둥근 보름달로 뜨고 다음날부터 달이 조금씩 기운다. 22일 쯤에 하현달 모양으로, 27일 쯤에 그믐달 모양으로 날이 갈수록 달이 점점 기울어 29일 쯤에 실눈 같은 그믐달로 보이다가 1일 날에는 보이지 않는다.

보름달이 하룻밤 동안에 움직이는 방향

보름달은 하룻밤 동안 동쪽 하늘에서 떠서 남쪽 하늘을 지나 서쪽 하늘에서 진다. 보름달이 하룻밤 동안에 이렇게 움직이는 것은 지구가 자전하기 때문이다. 지구는 24시간 동안 서쪽에서 동쪽으로 360도를 자전한다. 그래서 보름달은 한 시간에 약 15도씩 서쪽으로 움직인다. 보름달은 달이 뜬 지 6시간 정도 지난 밤 12시 무렵에 정남쪽 하늘에 이른다.

대기

지구 둘레를 둘러싸고 있는 기체를 말한다. 넓은 뜻으로는 행성이나 위성 등의 천체를 둘러싸고 있는 기체도 대기라고 한다. 지구의 대기는 여러 기체의 혼합물이다. 대기 속에는 질소가 약 78퍼센트 정도 들어 있고, 산소가 약 21퍼센트 정도 들어 있다. 그 외에 아르곤·네온·헬륨·메탄·크립톤·수소·산화질소·크세논 등의 기체가 아주 조금씩 들어 있다.

지구의 대기는 사람을 비롯한 생명체가 숨을 쉬며 살아갈 수 있게 해 준다. 또 외계에서 날아오는 해로운 전자기파나 방사선, 유성 등을 막아 주는 방패 역할도 한다. 지구의 대기는 지상에서 약 1000킬로미터 정도의 높이에 이르는 기권 또는 대기권이라는 한정된 공기층 내에 집중되어 있다. 또 대기 질량의 99퍼센트는 높이 32킬로미터 아래의 공기층에 모여 있다.

대기권은 온도에 따라서 아래에서부터 대류권·성층권·중간권·열권 순으로 나눈다. 대류권은 지표면으로부터 약 10킬로미터 높이까지이다. 지구에서 일어나는 대부분의 기상 현상이 나타나는 곳이다. 수증기가 많기 때문에 구름, 비, 눈 등이 만들어지고, 공기의 대류 현상이 일어난다. 성층권은 약 10~50킬로미터 정도 사이의 공기층이다. 성층권 내의 약 25~35킬로미터 사이에 오존층이 있다. 오존층은 계절에 따라 높이가 변하며, 태양으로부터 오는 자외선을 흡수하여 지상의 생명체를 보호하는 역할을 한다. 성층권 내에서는 높이 올라갈수록 기온이 높아진다. 성층권 위에는 중간권이 있다. 중간권은 지표면으로부터 약 50~80킬로미터에 걸쳐 있다. 중간권 내에서는 높이 올라 갈수록 기온이 낮아지며, 대기권에서 온도가 가장 낮다. 중간권 위에는 열권이 있다. 열권은 80킬로미터 이상의 대기권이다. 열권 내에서는 높이 올라갈수록 온도가 올라간다. 극지방에서는 오로라 현상이 나타나기도 한다.

금성이나 화성 같은 다른 행성들도 대기가 있지만, 대기를 이루고 있는 기체가 다르고 밀도 등이 다르다. 금성의 대기는 두껍고 아주 뜨거우며, 화성의 대기는 얇아서 태양열이 모두 빠져나가 몹시 춥기 때문에 생명체가 살 수 없다.

대륙붕

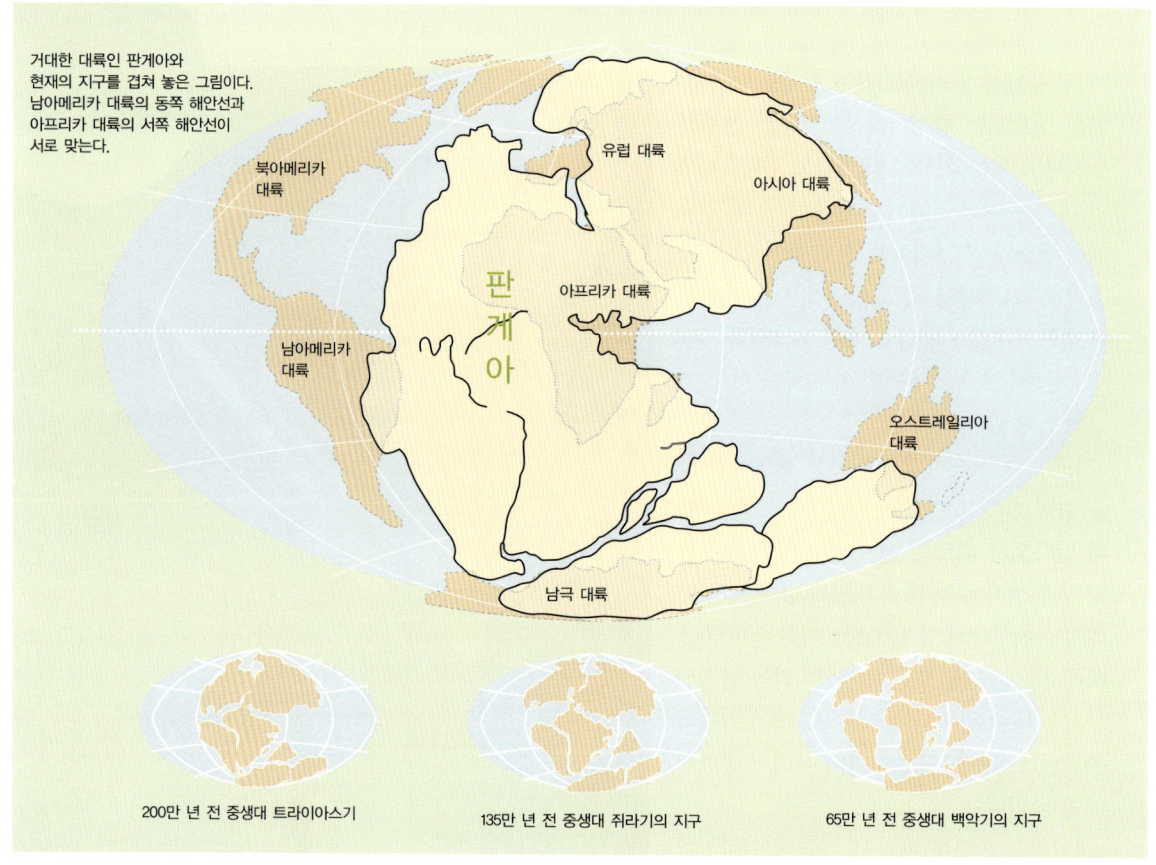

대륙붕
　대륙의 끝에 연이어 있는 얕은 바다 속의 평탄한 지형이다. 대륙붕은 해안에서부터 깊이 100~200미터 지점까지 넓게 펼쳐져 있으며, 갑자기 수심이 깊어지는 대륙 붕단에서 대부분 끝난다. 해양 전체 넓이의 7.5퍼센트를 차지한다. 수심이 낮고 햇빛이 바닷물 속까지 들어 와 다시마·미역·파래 등 조류들이 잘 자라고, 여러 가지 플랑크톤이 많이 살아 어족 자원이 풍부하다. 또 퇴적층이 발달하여 유전층이 형성되는 등 천연 자원이 많이 묻혀 있다. 우리 나라의 대륙붕은 우리 나라 넓이의 약 3.5배이며, 남해안과 황해안에 발달되어 있다.

대륙이동설
　지구상의 대륙들이 수평으로 이동하여 오늘날과 같은 대륙이 만들어졌다고 보는 이론이다. 독일의 지질학자인 베게너가 1915년에 『대륙과 대양의 기원』이라는 책에서 처음으로 주장하였다. 베게너는 브라질 동부 해안과 아프리카 서부의 해안선이 서로 맞는 것을 보고 대륙 이동에 대해 광범위하고 체계적인 연구를 하였다. 그는 지구의 역사에서 대부분의 시간 동안 대륙은 하나로 연결되어 있었다고 보았다. 이 거대한 대륙을 판게아라고 이름 지었다. 판게아 대륙은 약 1억 3600만~1억 9000만 년 전인 중생대 쥐라기에 나누어지기 시작했다. 이때 아메리카 대륙이 서쪽으로 옮겨가 대서양이 만들어지고, 인도는 적도를 가로질러 아시아 대륙과 합쳐졌다. 남아프리카의 지질학자 토이트는 베게너의 가정을 일부 수정해 두 개의 원시 대륙이 있었다고 생각했다. 그는 두 대륙 중 북쪽을 로라시아 대륙, 남쪽을 곤드와나 대륙이라고 불렀다.
　오늘날 대륙이동설은 다음과 같은 사실들이 밝혀지면서 대륙과 지각이 만들어진 이유를 설명하는 이론으로 널리 받아들여지고 있다. 첫째, 아메리카 대륙의 동해안과 아프리카 대륙 서해안의 해안선이 일치한다. 둘째, 남극 대륙, 오스트레일리아 대륙, 남아메리카 대륙 및 남아프리카 대륙에서 같은 종류의 식물 화석이 발견되었다. 셋째, 인도와 아프리카 대륙과 남아메리카 대륙 및 오스트레일리아 대륙은 지금은 대부분 열대나 온대 지방이지만 고생대 말에는 비슷한 방향의 빙하 작용이 있었다. 넷째, 보통 열대 지방에서 생성되는 석탄층이 남극 대륙에서 발견되었다. 이는 남극 대륙이 열대 지방에 있다가 남쪽으로 이동하였기 때문이다. 하지만 이런 여러 사실들이 밝혀졌음에도 불구하고 '이 무겁고 큰 대륙을 누가, 어떤 힘으로 옮겼을까? 하는 질문에 대륙이동설은 제대로 답을 하지 못했다. 오늘날에는 지구 내부에 있는 맨틀의 대류 현상으로 거대한 대륙이 이동했다고 생각하고 있다.

대리석

석회암이 높은 압력이나 열에 의해 변성되어 만들어진 변성암이다. 대리암이라고도 한다. 중국 윈난 성의 대리라는 지역에서 많이 나와 대리석이라는 이름이 붙었다. 주 성분은 석회암과 마찬가지로 탄산칼슘이다. 결이 곱고 딱딱하지 않아 가공하기 쉽다. 빛깔은 흰색·회색·검은색·푸른색 등 여러 가지가 있고, 무늬도 다양하다. 조각이나 장식, 건축 재료로 쓰인다. 대리석은 염산과 반응하면 이산화탄소를 발생하며 녹는다. 대기 오염에 의해 산성비가 내리면서 대리석으로 만든 많은 예술품과 건축물이 손상되고 있다.

도르래

바퀴에 줄을 걸어 힘의 방향이나 힘의 크기를 바꾸는 데 이용하는 도구이다. 옛날부터 적은 힘으로 무거운 물체를 들어 올리는 도구로 많이 사용했다. 도르래는 크게 움직도르래와 고정도르래로 나눌 수 있다.

고정도르래는 제자리에 고정되어 위치의 변화 없이 힘의 방향만 바꾸어 준다. 고정도르래로 물체를 들어 올릴 때 물체가 올라간 거리와 당긴 줄의 길이는 같다. 고정도르래는 단지 힘의 방향만 바꿔 주기 때문이다.

움직도르래는 도르래 자체가 움직이기 때문에 힘의 방향뿐만 아니라 힘의 크기도 바꾸어 준다. 움직도르래로 물체를 들어 올릴 때 당긴 줄의 길이는 물체가 올라간 거리의 두 배가 된다. 일의 원리에 따라 물체를 들어 올릴 때 드는 힘은 반으로 줄고, 거리는 두 배로 느는 것이다. 움직도르래와 고정도르래 여러 개를 연결하여 쓰면 적은 힘으로 무거운 물체를 들어 올리고, 힘을 가하는 방향을 마음대로 조정할 수 있다.

우리 주변에서 흔히 볼 수 있는 국기게양대나 엘리베이터, 사다리차 등은 도르래를 이용한 것이다. 국기게양대나 엘리베이터는 고정도르래를 사용하고, 사다리차는 고정도르래와 움직도르래를 함께 사용한다. 이 밖에도 크레인이나 체인블록 등 도르래를 이용한 많은 도구들이 공장이나 산업 현장에서 쓰이고 있다.

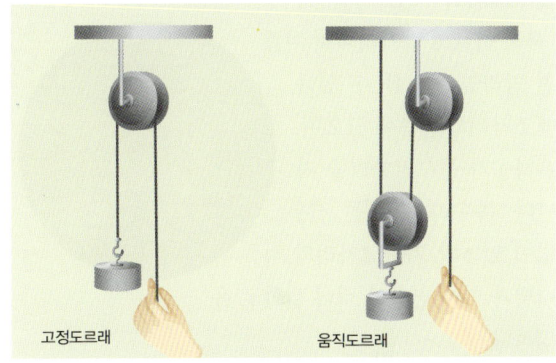

도르래의 종류

여러 도르래를 이용하여 무거운 물건을 들어 올리는 크레인

도체

전기나 열을 잘 전하는 물질을 가리킨다. 구리, 쇠, 금, 은, 알루미늄 같은 금속이나 흑연과 같은 물질이 도체에 속한다. 도체 내에는 전자의 일부가 자유롭게 돌아다닐 수 있는 상태로 있다. 전자의 일부가 자유롭게 돌아다닐 수 있기 때문에 전기나 열 같은 에너지를 쉽게 전달한다. 도체와 달리 전기나 열을 잘 전하지 못하는 물질을 부도체 또는 절연체라고 한다. 부도체 내에는 자유롭게 움직이는 전자가 없어 전기가 흐르지 못한다. 유리나 사기, 고무, 플라스틱 같은 물질이 부도체에 속한다.

독수리자리

북쪽 하늘의 별자리이며 여름철 밤하늘에서 볼 수 있다. 백조자리의 남쪽에 있으며, 은하수가 독수리자리를 지난다. 독수리자리에는 견우별이 있는데, 거문고자리의 직녀별과 함께 견우와 직녀 설화로 유명하다.

돌리

체세포로 복제된 최초의 포유동물인 양의 이름이다. 1996년 영국의 에든버러 로슬린 연구소에서 여섯 살짜리 암양의 젖샘 조직 체세포에서 채취한 유전자를 다른 암양의 핵을 제거한 미수정란에 이식하였다. 그 다음 대리모의 자궁에서 키워 태어난 것이 돌리이다. 돌리의 유전자는 체세포를 제공한 암양의 유전자와 똑같다. 돌리는 같은 품종의 수양과 짝짓기를 하여 암양 보니를 낳았다. 잘 자라던 돌리는 2003년 2월에 폐질환으로 복제된 지 6년 반 만에 죽었다.

돌리 이후 과학자들은 다른 여러 종류의 포유동물을 복제해 냈다. 생쥐를 5세대나 걸쳐 연속해서 복제했고,

복제양 돌리와 돌리가 낳은 보니

소의 체세포로 쌍둥이 송아지를 복제해 내기도 하였으며, 인간과 가장 가깝다는 영장류인 원숭이를 복제하는 데 성공하였다. 동물 복제 기술을 이용하면 사람의 난치병과 유전병을 치료할 수 있고, 새로운 의약품을 생산할 수 있으며, 나아가 장기 이식에 필요한 장기를 쉽게 얻을 수 있다. 그래서 많은 과학자들이 복제 기술을 실용화하기 위해 연구에 힘쓰고 있다. 하지만 한편에서는 생명을 지닌 수많은 개체들을 사람들이 복제하는 것에 대해 걱정하는 목소리도 높다.

동굴

자연적으로 생긴 넓고 깊은 굴이다. 사람이 만든 광산이나 터널, 지하 요새 같은 굴은 인공 동굴이라고 한다. 자연 동굴에는 석회동굴, 해식동굴, 용암동굴, 풍혈 등이 있다. 석회동굴은 석회암층의 안쪽에 빗물이 들어가 석회암이 녹아 만들어진 굴이다. 동굴 바닥이나 천장에 종유석이나 석순, 석주 등이 있다. 해식동굴은 해안에 생긴 동굴로 바위의 틈바구니로 바닷물이 계속 부딪혀 만들어진 굴이다. 용암동굴은 용암이 흘러가고 난 빈자리에 만들어진 동굴이고, 풍혈은 바위의 약한 부분이 바람의 풍화 작용에 깎여 만들어진 동굴이다. 동굴은 대부분 여러 개의 작은 동굴들이 서로 연결되어 하나의 동굴계를 이룬다. 제주도에 있는 만장굴, 협재굴 등의 용암동굴을 제외하고 우리 나라에 있는 대부분의 동굴은 석회동굴이다. 고수동굴, 고씨동굴, 환선동굴, 관음동굴 등이 석회동굴로 유명하다.

동물보호구역

멸종 위기에 빠진 동물을 보호하기 위해 정해 놓은 지역이다. 무분별한 경제 개발이나 환경 문제로 삶의 터전을 잃어버린 생물들이 많다. 이런 생물들은 수가 점점 줄어들어 특별히 보호하지 않으면 곧 멸종될지도 모른다. 이렇게 멸종 위기에 빠진 야생 동물을 보호하기 위해 각 나라의 정부나 정부의 권한을 위임받은 개인이나 단체가 이런 동물들이 사는 특정 지역을 정해서 보호하고 있다. 1992년에 열린 유엔환경개발회의 리우회의에서는 「생물다양성보존협약」을 채택했다. 이 협약으로 야생 생물의 보전과 보호에 관한 국제 기준이 마련되었다. 세계에서 가장 넓은 동물보호구역은 아프리카의 탄

동굴

세렝게티 야생동물보호구역

자니아에 있는 셀루스 동물보호구역이다. 이외에도 아프리카의 오만에 있는 오릭스 보호구역, 오스트레일리아의 클릴랜드 야생동물 보호구역, 아프리카의 탄자니아에 있는 세렝게티 국립공원 등이 동물보호구역으로 유명하다.

드라이아이스

고체 상태의 이산화탄소이다. 기체 이산화탄소를 낮은 온도에서 압축해서 고체로 만든 것이다. 드라이아이스는 대기압에서 액체 상태를 거치지 않고 바로 기체 이산화탄소가 된다. 드라이아이스가 기체로 변할 때는 주변의 열을 빼앗아 공기 중의 수증기가 작은 물방울로 응결되어 하얀 안개처럼 보인다. 드라이아이스는 식품이나 여러 물질을 냉동 보관하는 데 사용된다. 드라이아이스를 만질 때는 동상을 입을 수 있으므로 주의한다.

! 우리 나라의 멸종 위기 야생동식물

우리 나라는 멸종 위기에 빠진 야생동식물과 보호해야 할 야생동식물을 「자연환경보전법」으로 정하여 보호하고 있다. 또 위기 상태를 1급과 2급으로 나누었으며, 2005년 말 현재 229종의 동물과 식물이 멸종 위기 야생동식물로 지정되어 보호되고 있다.

멸종 위기 야생동물로 지정된 동물 중 포유류는 붉은박쥐·늑대·여우·표범·호랑이·수달 등이 있고, 조류로는 노랑부리백로·황새·노랑부리저어새·흑고니·참수리·매 등이 있다. 파충류로는 구렁이가 있고, 어류로는 감돌고기·흰수마자·미호종개·꼬치동자개·퉁사리 등이 있다.

무척추동물 중에서 나팔고둥·귀이빨대칭이·두드럭조개 등이 멸종 위기 야생동물로 지정되어 있다. 곤충 중에는 장수하늘소·두점박이사슴벌레·수염풍뎅이·상제나비·산굴뚝나비 등이 멸종 위기 야생동물로 지정되어 있다.

멸종 위기 야생식물로는 한란·나도풍란·광릉요강꽃·매화마름·섬개야광나무·돌매화나무 등이 지정되어 있다.

나도풍란

시베리아호랑이

노랑부리저어새

장수하늘소

동물

 일반적으로는 이름 그대로 살아 움직이는 생물을 가리킨다. 생물분류학적으로는 원핵생물계, 원생생물계, 균계, 식물계, 동물계의 5계 중에서 동물계에 속하는 생물을 통틀어 동물이라고 한다. 개, 고양이, 소, 말, 코끼리, 호랑이, 갈매기, 기러기 등 살아 움직이는 고등 동물뿐만 아니라 멍게, 산호, 해면, 회충, 지렁이, 달팽이, 딱정벌레, 파리, 나비, 개구리, 두꺼비, 뱀, 붕어, 오징어, 갈치 등 동물계에 속하는 모든 생물을 동물이라고 한다.

 동물은 다른 계에 속하는 생물과 많은 차이가 있다. 즉 동물은 세포가 하나뿐인 원생생물과 달리 몸이 수많은 세포로 이루어져 있다. 동물은 살아가는 데 필요한 영양분을 자기 몸에서 스스로 만드는 식물과 달리 다른 생물이 만든 영양분을 먹이로 먹는다. 동물은 살아가기 위해 먹이를 찾아 움직여야 하기 때문에 식물이나 균계의 생물과 달리 근육이 있다. 또 돌아다니면서 주변을 살피고 먹이를 찾기 위해 대부분의 동물들은 눈·코·귀를 비롯한 여러 감각 기관이 발달하였다.

분홍잎달팽이

호랑이

동물의 몸

 동물의 몸은 운동 기관·감각 기관·소화 기관·호흡 기관·순환 기관·배설 기관·내분비 기관 등으로 이루어져 있다. 고등 동물들은 자극에 효과적으로 대응하기 위해 운동 기관·감각 기관·신경계가 발달하였다.

 운동 기관은 몸을 움직이는 데 사용하는 기관이다. 동물에 따라 섬모, 빨판, 지느러미, 날개, 팔다리 등 생김새가 여러 가지이다. 감각 기관은 외부의 다양한 자극을 받아들이는 기관으로, 온몸이나 특정한 기관에서 각각의 자극을 받아들인다. 동물들은 사람의 눈·코·귀 등과 비슷한 기능을 하는 여러 가지 감각 기관을 갖고 있다. 소화 기관은 영양분을 소화·흡수하는 기관이다. 동물에 따

청개구리

> **❓ 동물들은 어떻게 겨울을 지낼까요?**
> 동물들이 겨울을 나는 방법에는 크게 세 가지가 있다. 첫번째 방법은 따뜻한 곳으로 이동해 겨울을 나는 것이다. 새들은 추운 겨울이 오기 전에 따뜻한 남쪽을 찾아 이동한다. 두 번째 방법은 추위를 견디기 위해 털갈이를 하고 두꺼운 지방층으로 몸을 감싸는 것이다. 텃새와 대부분의 젖먹이동물들의 겨울나기 방법이다. 가을 동안에 부지런히 먹이를 먹어 두꺼운 지방층으로 바꾸거나, 먹이를 주변의 여러 장소에 숨겨 놓았다가 눈 덮인 겨울이 되면 찾아 먹는다. 세 번째는 겨울잠을 자는 것이다. 개구리·뱀·도마뱀 등 양서류나 파충류의 대부분이 겨울잠을 자고, 포유류 중에서는 박쥐·고슴도치·다람쥐·곰 등 일부가 겨울잠을 잔다. 모든 활동을 중단하고 물 밑이나 땅 속에서 겨울을 보낸다.

라 세포 내에서 영양분을 소화하는 것과 세포 밖에서 소화 효소를 분비하여 영양분을 소화하여 흡수하는 것이 있다. 호흡 기관은 숨을 쉬는 기관이다. 단순한 동물은 몸의 표면에서 기체 교환을 하지만 발달한 동물은 호흡 기관에서 호흡이 이루어진다. 순환 기관은 혈관을 통해 영양분과 노폐물, 산소와 이산화탄소를 교환하는 곳이다. 혈액을 효율적으로 운반하기 위해 심장이 발달되어 있다. 배설 기관은 물과 노폐물을 배출하는 기관으로 체액의 삼투압을 조절한다. 내분비 기관은 생존에 필요한 호르몬이 나오는 곳이다. 척추동물의 경우에 뇌하수체·갑상선·부신·생식선 등의 내분비 기관에서 나오는 여러 가지 호르몬은 에너지의 생산과 조절, 성장과 변태 촉진, 생식 활동 및 체내 환경을 조절하여 항상성을 유지한다.

물수리

동물의 분류

오랫동안 동물들은 진화를 거듭해 오늘날 지구에는 수많은 종류의 동물들이 살고 있다. 동물은 지금까지 발견된 종류만 해도 200만 종이 넘지만, 오늘날에도 거의 매일 새로운 종류의 동물이 발견되고 있다. 이렇게 수많은 동물들을 모두 그 생김새나 몸의 크기, 사는 곳 등이 다르다. 동물들을 관찰하고 연구하기 위해 여러 가지 기준에 따라 동물을 나누는데 가장 흔히 쓰이는 것이 등뼈가 있고 없음에 따라 척추동물과 무척추동물로 나누는 것이다.

무척추동물은 등뼈가 없는 동물로 다시 여러 가지 특징에 따라 강장동물, 연체동물, 환형동물, 절지동물 등으로 나뉜다.

젠투펭귄

코뿔소

척추동물은 몸의 내부에 뼈가 있으며, 등에는 몸을 지탱해 주는 등뼈가 있다. 척추동물은 다시 여러 가지 특징에 따라 어류·양서류·파충류·조류·포유류에 등으로 나뉜다.

동물분류학적으로 좀 더 세밀한 기준으로 동물을 분류하며, 강장동물·편형동물·연체동물·환형동물·극피동물·절지동물·척색동물·척추동물 등 여러 가지 문으로 나뉜다. 하나 하나의 문은 다시 각각 여러 개의 강·목·과·속·종으로 나뉜다. 이 중에서 종은 동물의 분류에서 기본이 되는 것으로, 야생 상태에서 함께 짝을 지어 새끼를 낳을 수 있는 집단이다. 학술적으로 종의 이름은 라틴어로 쓰고, 속명 다음에 종명을 써서 생물의 한 종을 나타내는 이명법을 쓴다.

무척추동물

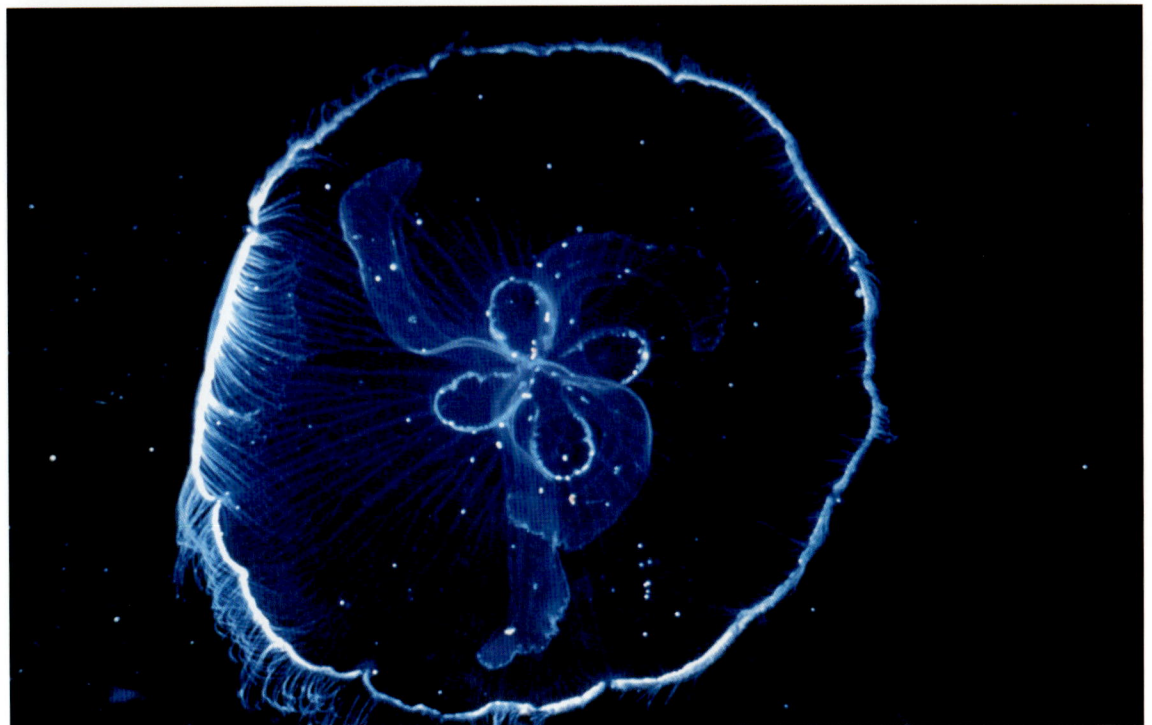
해파리

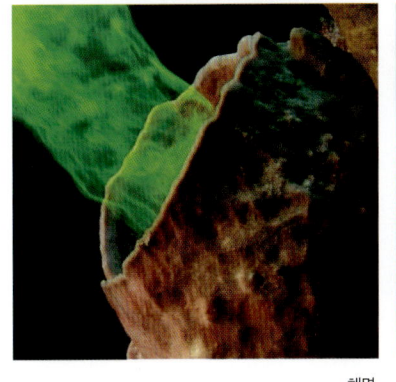
해면

산호

불가사리

가리비

전갈

거미

척추동물

펜더

펠리컨

사자

해표

거북이

미국너구리

다람쥐

OPENKID CHILDREN's ENCYCLOPEDIA

돌고래

도롱뇽   에인절피시   북극여우

올빼미   담비   바다사자

101

우리 나라에서 해가 가장 먼저 뜨는 간절곶의 등대

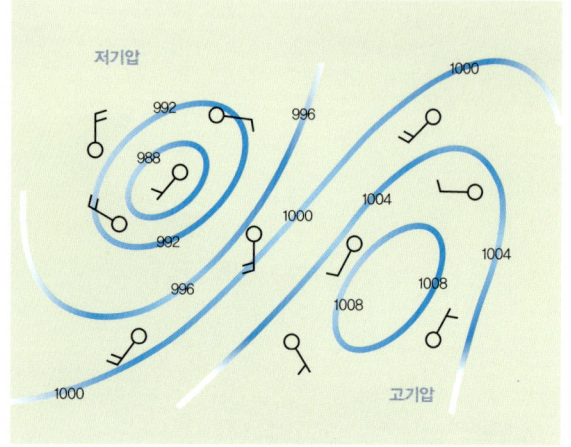
등압선

등대

바닷가나 섬 같은 곳에 탑 모양으로 높이 세워 불빛을 비춰 주는 시설이다. 지나가는 배에게 뱃길이나 위험한 곳 등을 알려 주려고 세워 놓은 항로 표지의 하나이다. 배가 많이 다니는 항로나 항구·만·해협 그리고 암초가 많은 곳에 배가 안전하게 다닐 수 있도록 만들어 놓은 시설을 항로 표지라 한다. 등대는 대표적인 항로 표지이며, 이 외에도 등표·등부표·등주·레이더반사기 등이 있다.

등대는 낮에는 등대의 독특한 색깔로, 밤에는 등대 불빛의 빛깔이나 점멸등의 깜박거리는 섬광으로 알아 볼 수 있다. 날씨가 나빠 등대와 그 불빛이 잘 보이지 않을 경우에는 소리로 경고 신호를 전달한다. 소리 신호로는 수세기 동안 대포나 종이 이용되었고, 최근에는 사이렌이나 경적을 이용하고 있다. 소리는 멀리 나아가지 않기 때문에 대부분의 등대에는 사이렌이나 경적과 함께 라디오 비컨이나 레이더 비컨을 설치해 지나가는 배에게 레이더로 고유한 신호를 보낸다.

세계 최초의 등대로 알려진 것은 기원전 280년에 세워진 팔로스 등대이다. 이 등대는 지중해의 알렉산드리아 항 입구의 팔로스 섬에 세워진 것으로 높이가 110미터였다. 이 등대가 세워진 후 16세기 말엽까지 유럽의 해안 주변에는 30여 개의 등대가 세워졌다. 등대에 불을 밝히기 위해 나무나 양초, 기름, 석탄 등을 썼으며 1920년대 이후에 비로소 전기등을 썼다. 전기등은 이전의 다른 어떤 등보다도 훨씬 강력한 빛을 냈다. 전기등 가운데 가장 강력한 아크 등은 1개가 무려 5억 촉광의 빛을 낸다. 오늘날에는 순간적으로 터지면서 강렬한 빛을 내는 크세논 플래시진공관이 널리 사용되고 있다. 우리 나라에서는 1902년에 해안등대국이 만들어지면서부터 등대가 세워졌다. 1962년에는 국제등대협회에 가입하여 A멤버 회원국이 되었다. 2005년 말 현재 우리 나라에는 유인등대 43기와 무인등대 519기가 있다.

등압선

일기도에서 기압이 같은 점을 서로 연결한 선이다. 기압의 차이로 고기압에서 저기압으로 바람이 불기 때문에 일기도에 그려진 등압선으로 바람의 방향을 알 수 있다. 또 등압선의 간격으로 바람의 세기를 알 수 있다. 등압선의 간격이 좁은 곳은 기압 차가 큰 곳이므로 바람이 강한 지역이며, 넓은 곳은 바람이 약한 지역이다. 등압선은 여러 관측소에서 측정한 기압 값을 지도 위의 각 관측소의 위치에 표시하고, 기압이 같은 지점끼리 연결하여 그린다. 등압선을 그릴 때는 한 등압선이 갈려지게 그려서는 안 되며, 다른 등압선과 만나거나 겹치게 그려서도 안 된다. 또 전체적으로 부드러운 곡선이 되게 그려야 하며, 2헥토파스칼이나 4헥토파스칼 간격으로 그린다.

등유

원유를 분별·증류할 때 휘발유와 경유 사이의 끓는점 부분에서 나오는 기름이다. 끓는점은 섭씨 175~275도이다. 보통 석유라고 하면 등유를 가리킬 정도로 석유 제품

중에서 가장 오래 전부터 사용되었다. 가정에서 석유난로의 연료로 쓰는 것이 바로 등유이다. 주로 가정용이나 산업용 보일러용 연료로 많이 쓰이며, 기계 세척액, 페인트 용제로도 많이 쓰인다.

디엔에이

핵산의 일종으로 생물 특유의 유전 형질을 나타내게 하는 중요한 유전 물질이다. 디옥시리보핵산(deoxyribonucleic acid)을 줄여 디엔에이(DNA)라고 한다. 디엔에이는 세포의 핵과 미토콘드리아 속에 들어 있다.

디엔에이는 당의 일종인 디옥시리보스와 산성을 띠는 인산이 서로 번갈아 연결되어 있고, 각각의 당에는 반드시 염기 1개가 결합되어 있다. 인산, 당, 염기가 1개씩 결합되어 있는 것을 뉴클레오티드라고 하며, 이것들로 구성된 긴 사슬을 폴리뉴클레오티드라고 한다. 염기는 아데닌(A)·티민(T)·구아닌(G)·시토신(C) 등 4종류가 있다. 아데닌은 티민, 구아닌은 시토신과 수소 결합을 하여 이중 나선을 형성한다.

고분자 유기물인 디엔에이의 분자 구조는 1953년에 미국의 J. D. 왓슨과 영국의 F. C. 크릭에 의해 밝혀졌다. 디엔에이의 분자 구조는 이중 나선 모양으로, 사다리가 꼬여 있는 모양과 비슷하다. 사다리의 두 기둥에 많은 다리가 연결되어 있듯이 디엔에이에도 뉴클레오티드의 기다란 사슬로 이루어진 두 개의 골격에 수많은 다리가 연결되어 있다. 골격은 나선 모양으로 당과 인산이 바깥쪽을 따라 달리고 있다. 골격 안쪽에는 두 사슬로부터 나온 수많은 염기 사이에 수소 결합이 이루어져 다리 역할을 한다. 사다리와 다른 점은 디엔에이에서는 골격의 방향이 서로 반대이며, 염기쌍으로 된 다리가 단단하게 연결된 구조가 아니라 약한 수소 결합으로 되어 있어 디엔에이가 복제될 때 쉽게 분리된다는 점이다. 사슬을 구성하는 폴리뉴클레오티드의 염기 서열 순서가 바로 유전자이며, 이 염기가 디엔에이 상에서 어떻게 결합되어 있는가를 밝히는 것이 게놈 지도이다.

땀샘

땀을 만들어 몸 밖으로 내보내는 배설 기관으로, 포유동물에서만 볼 수 있다. 땀샘 주위를 그물처럼 감싼 모세

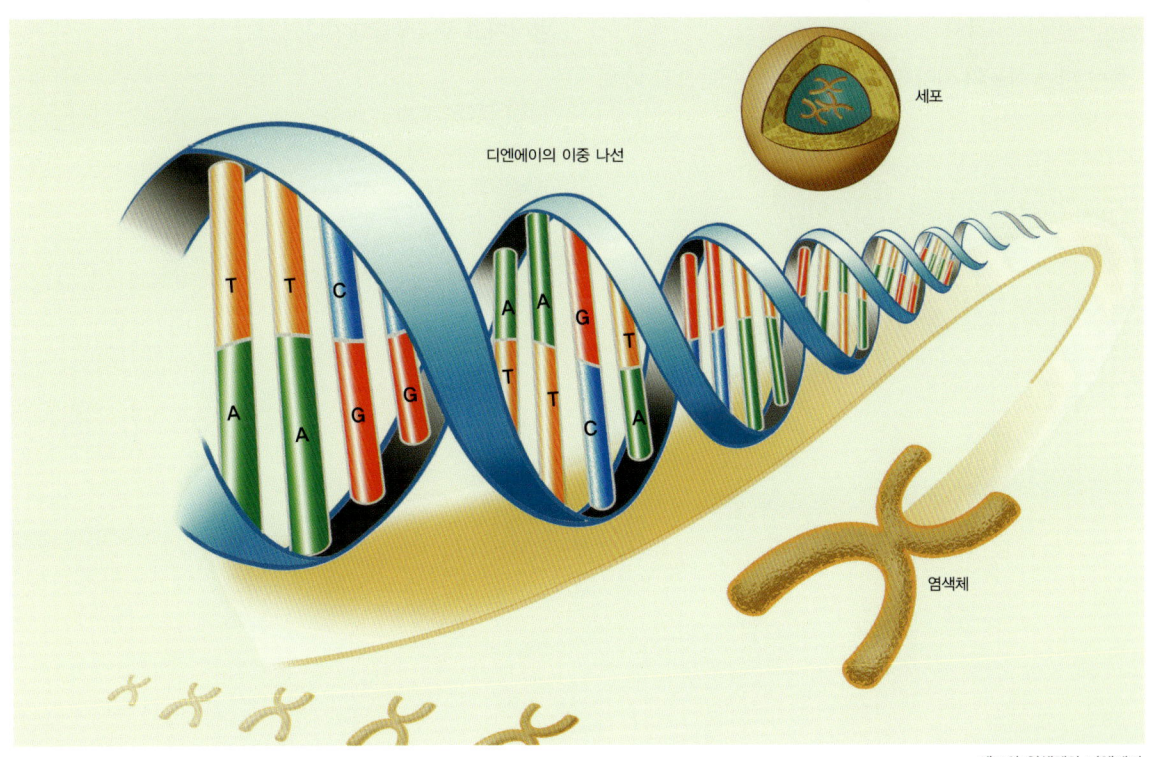

세포와 염색체와 디엔에이

떡잎

떡잎이 난 모습

떡잎 다음으로 본 잎이 나온 모습

혈관의 피가 땀샘을 지나가면서 물과 노폐물이 걸러진다. 땀샘에서 만들어진 땀의 99퍼센트는 물이다. 물 이외에 소금·칼륨·질소함유물·젖산 등이 아주 조금 들어 있다. 땀은 땀샘관을 지나 피부에 나 있는 땀구멍을 통해 몸 밖으로 나간다. 땀샘은 땀을 만들어 물과 노폐물을 걸러 낼 뿐 아니라 체온을 조절하는 역할도 한다. 피부에서 땀이 증발하면서 열을 빼앗아 체온이 오르는 것을 막아 준다.

떡잎

꽃이 피는 식물의 씨앗에서 움이 트면서 처음으로 나오는 잎이다. 보통의 잎에 비하여 떡잎은 잎맥의 모양이나 세포 배열이 단순하다. 겉씨식물의 떡잎은 은행나무처럼 2개가 마주나거나, 곰솔처럼 여러 개가 돌려난다. 속씨식물의 떡잎은 나팔꽃처럼 2개가 마주나거나, 벼나 강아지풀처럼 1개만 나온다. 속씨식물은 떡잎의 수에 따라 쌍떡잎식물과 외떡잎식물로 나뉜다. 씨눈은 떡잎에 저장된 양분을 흡수하면서 자란다. 씨눈이 자라면서 떡잎의 색은 엷어진다. 줄기가 나오기 시작하면 떡잎은 크게 벌어지고 쭈글쭈글해진다.

라니냐

동태평양의 해수 온도가 평년보다 2도 이상 낮은 현상이 6개월 이상 계속되는 것을 말한다. 라니냐는 엘니뇨가 시작되기 전이나 끝난 뒤에 찾아오는 경우가 많다. 주변 지역의 해수면 온도보다 높아지는 엘니뇨와 마찬가지로 라니냐는 폭우와 가뭄 등의 이상 기온 현상을 일으킨다. 그러나 라니냐는 엘니뇨와는 반대의 기온 현상을 일으킨다. 엘니뇨로 극심한 가뭄 피해를 입었던 지역에는 라니냐로 폭우가 쏟아지고, 엘니뇨로 물난리를 겪은 지역에는 라니냐로 가뭄이 든다. 라니냐는 여자아이라는 뜻의 에스파냐어이며, 엘니뇨는 남자아이라는 뜻이다.

라듐

은백색의 천연 방사성 원소이다. 원소 기호는 Ra이다. 칼슘·스트론튬·바륨 등과 함께 알칼리토금속에 속한다. 1898년에 퀴리 부부가 우라늄 광석인 피치블렌드 속에서 발견한 최초의 방사성 원소이다. 피치블렌드 1톤 속에는 약 200밀리그램이 들어 있다. 라듐은 다른 방사선 원소와 마찬가지로 알파선·베타선·감마선의 세 가지 방사선을 내뿜는다. 은백색의 금속이지만 공기와 만나면 표면이 바로 검은색으로 변한다. 의료용이나 야광 도료를 만들 때 사용하였으나, 1950년경부터는 인공 방사선 원소가 대신 쓰이면서 라듐의 사용이 줄어들었다.

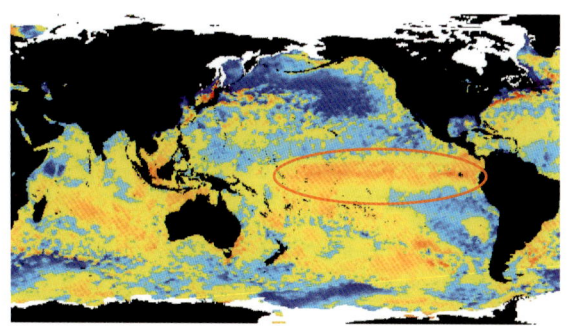

바닷물의 온도가 올라가는 엘니뇨 현상

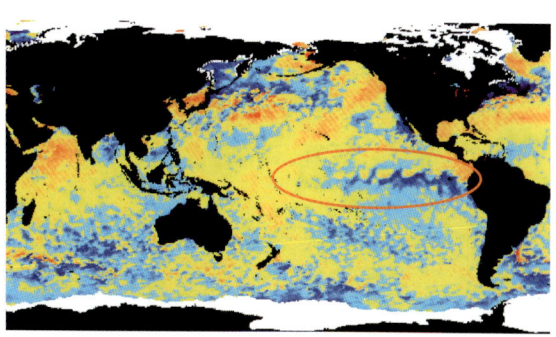

바닷물의 온도가 내려가는 라니냐 현상

라디오

라디오 스튜디오

라디오 조정실

라디오

  방송국에서 보낸 전파를 받아들여 소리로 바꿔 주는 기계 장치이다. 넓은 뜻으로는 라디오 방송국에서 음성 신호를 전기 신호로 바꾸고 그것을 다시 전파로 바꾸어 공중으로 방송해 수신 장치를 갖추고 있는 청취자들이 듣게 하는 일을 가리킨다.
  라디오는 변조 방식에 따라 에이엠(AM)과 에프엠(FM)으로 나눈다. 변조란 라디오전파에 소리나 다른 신호를 실어 나르게 만드는 것이다. 에이엠은 진폭 변조라고 한다. 서로 다른 소리에 따라 파동의 크기인 진폭을 변화시켜 방송하는 것이다. 에프엠은 주파수 변조라고 한다. 소리에 따라 전파의 진동수를 변화시켜 방송하는 것이다.
  또 라디오는 사용 주파수대에 따라서 중파 방송·단파 방송·초단파 방송으로 나뉜다. 중파 방송은 535~1605킬로헤르츠대의 주파수를 사용하고 변조 방식은 에이엠 방식을 사용한다. 신호가 깨끗하지 못하지만 파장이 길어 넓은 지역에서 들을 수 있어서 라디오 방송에 가장 많이 쓰인다. 단파 방송은 3~30메가헤르츠대의 주파수를 사용하고 변조 방식은 에이엠 방식을 사용한다. 파장이 짧아 전파가 멀리까지 나가기 때문에 주로 해외로 내보내는 방송에 주로 쓰인다. 초단파 방송은 30~300메가헤르츠대의 주파수를 사용하고 변조 방식은 에프엠 방식을 사용한다. 초단파는 반사가 잘 되어 산이나 빌딩으로 가로 막힌 곳에서는 수신하기 힘들지만, 신호가 깨끗해서 하이파이 방송이나 스테레오 방송에 널리 쓰인다.

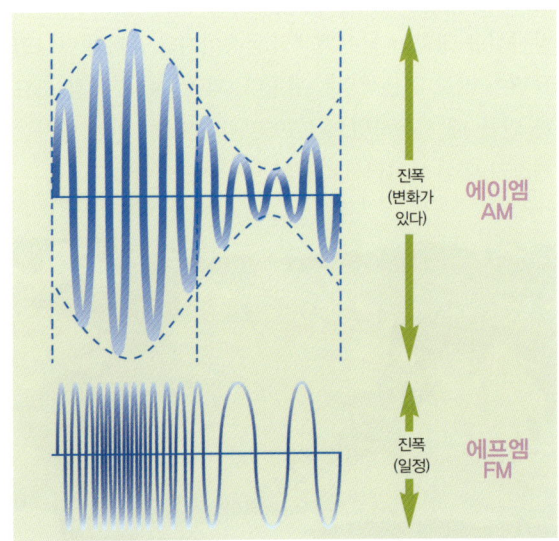
라디오 전파의 변조 방식

렌즈

  유리처럼 빛에 투명한 물질의 한 면 또는 양면을 둥글게 깎고 다듬어, 그 면을 지나가는 빛을 한 곳에 모으거나 퍼지게 하는 물체를 말한다. 렌즈는 안경, 망원경, 쌍안경, 현미경, 카메라 등의 광학 기기에 사용된다.
  렌즈에는 볼록렌즈와 오목렌즈가 있다. 볼록렌즈는 빛을 모아 주는 렌즈로 가운데가 볼록하다. 공기 중의 빛이 렌즈를 지나가면서 휘어져서 가운데로 모인다. 오목렌즈는 빛을 퍼뜨리는 렌즈로 가운데가 오목하다. 공기 중의 빛이 렌즈를 지나가면서 휘어져 퍼진다. 물체에서 반사되거나 직접 나온 빛이 렌즈를 지나가면 반대편에 똑

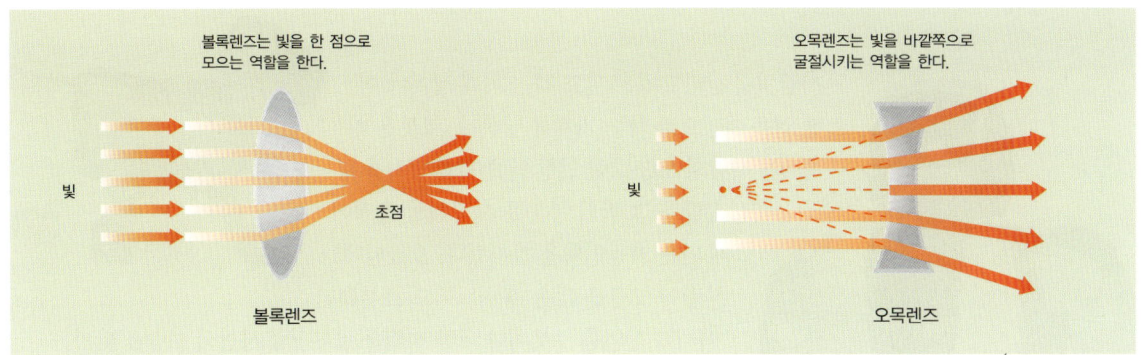

같은 모양으로 빛이 모이는데 이것을 '상'이라고 부른다. 이렇게 렌즈가 상을 축소하거나 확대하는 원리를 이용하여 여러 광학 기기가 만들어졌다.

사람의 눈도 렌즈라고 할 수 있다. 눈의 구조는 카메라와 거의 똑같다. 눈에서 렌즈 역할을 하는 부분은 각막과 수정체이다. 각막의 두께가 너무 두껍거나 얇을 경우에 안경이나 콘택트렌즈를 쓴다. 가까운 곳은 잘 보이지만 멀면 상이 흐려지는 근시에는 오목렌즈를 쓰고, 그 반대의 경우인 원시에는 볼록렌즈인 돋보기안경을 사용한다. 수정체도 물체의 거리에 따라 초점을 조절한다. 하지만 사람이 나이가 들면 수정체의 두께가 잘 조절되지 않는데, 이를 노안이라 부른다.

리모트컨트롤

먼 곳에서 신호를 보내 기계 장치를 조종하거나 조작하는 일 또는 기기를 뜻하며, 줄여서 리모콘이라고 한다. 텔레비전이나 오디오 같은 가전 기기를 조종하는 무선 장비도 리모트컨트롤이다. 리모트컨트롤로 원적외선을 쏘아 가전 기기에 신호를 보내면 신호를 받은 가전 기기가 작동한다. 리모트컨트롤은 가정에서뿐만 아니라 우주 공간에 이르기까지 폭넓게 사용되고 있다. 우주 공간에 올려진 화성 탐사선에 신호를 쏘아 보내 화성 탐사선을 조종하는 것 역시 리모트컨트롤이다.

리트머스 종이

용액이 산성인지 알칼리성인지를 확인하는 종이로 붉은색과 푸른색이 있다. 리트머스는 리트머스 이끼 같은 몇 가지 지의류에서 얻어지는 색소이다. 리트머스 알코올 용액에 산성 용액인 염산을 조금 넣고, 그것을 여과지에 바른 후 말린 것이 붉은색 리트머스 종이이다. 붉은색 리트머스 종이에 알칼리성 용액을 적시면 푸른색으로 변한다. 산성 용액에서는 색깔이 변하지 않는다. 리트머스 알코올 용액에 알칼리성 용액인 암모니아를 넣어 만든 것이 푸른색 리트머스 종이이다. 푸른색 리트머스 종이는 산성 용액에서는 붉은색으로 변하고, 알칼리성 용액에서는 변하지 않는다.

림프

사람을 비롯한 고등 동물의 림프관에 들어 있는 조직액이다. 조직세포 사이에 있는 액체를 조직액이라 하는데, 이것이 림프관에 들어가면 림프가 된다. 혈관과 조직을 연결하고 면역 항체를 운반하며 장에서는 지방을 흡수해서 운반한다. 성분은 피 속에 들어 있는 혈장과 비슷하지만 혈장보다 단백질량이 적다. 또 혈장단백질보다 저분자의 것이 많다. 림프는 혈관계처럼 온몸에 퍼져 있는 림프계를 통해 몸 구석구석을 옮겨 다닌다. 혈액은 심장의 박동으로 흐르지만 림프는 근육의 움직임에 따른 압력으로 흐른다.

탐구학습

여러 가지 용액을 분류하는 방법

묽은 염산 용액이나 묽은 수산화나트륨 용액, 식초 등의 용액을 분류할 때는 리트머스 종이나 페놀프탈레인 용액을 이용한다. 색깔이 변하는 것을 보고 무슨 용액인지 알 수 있다.

용액	붉은색 리트머스 종이	푸른색 리트머스 종이	페놀프탈레인 용액
묽은 염산	아무 변화 없다.	붉게 변한다.	아무 변화 없다.
묽은 수산화나트륨 용액	푸르게 변한다.	아무 변화 없다.	붉게 변한다.
식초	아무 변화 없다.	붉게 변한다.	아무 변화 없다.
사이다	아무 변화 없다.	붉게 변한다.	아무 변화 없다.
비눗물	푸르게 변한다.	아무 변화 없다.	붉게 변한다.
묽은 암모니아수	푸르게 변한다.	아무 변화 없다.	붉게 변한다.

로봇

사람처럼 걷기도 하고 말도 하는 기계 장치나 어떤 일을 자동으로 하는 기계를 말한다. 로봇은 처음에는 사람의 모습을 한 인형 안에 기계 장치를 넣고, 손발과 그 밖의 부분을 사람처럼 움직이게 만든 자동인형을 가리켰다. 오늘날에는 사람의 모습을 닮은 휴머노이드 로봇뿐만 아니라 산업용 로봇이나 극한 작업용 로봇처럼 사람의 모습을 닮지는 않았지만 사람처럼 움직여 일을 하는 기계도 로봇이라고 한다.

산업용 로봇이 쓰이기 시작한 것은 1956년에 데볼이 사람이 하던 단순 작업을 대신할 수 있는 로봇팔을 개발하면서부터이다. 1960년대부터는 다관절 로봇이 만들어져 단순하고 반복되는 일뿐만 아니라 복잡하고 세밀한 작업도 할 수 있게 되었다.

로봇의 움직임뿐만 아니라 로봇을 제어하는 기술이 발달하면서 인간이 일할 수 없는 환경에서 작업하는 극한 작업용 로봇도 개발되었다. 원자로 안에서 일을 하는 로봇이나 지뢰를 제거하는 로봇 등 많은 극한 작업용 로봇이 개발되었으며, 화성탐사로봇 스피릿처럼 화성에서 탐사 활동을 하는 로봇이 만들어지기도 하였다. 그 외에 장난감이나 애완용 로봇, 의료용 로봇, 청소용 로봇, 장애인 재활 도우미 로봇 등 다양한 로봇이 개발되어 우리 생활에 이용되고 있다. 오늘날에는 사람의 명령을 이해하고 사람처럼 움직이는 인공 지능 로봇을 개발하기 위해 많은 과학자들이 연구를 계속하고 있다.

애완용 로봇 개

우리 나라 로봇 휴보

실제 전투에 배치된 우리 나라의 롭해즈 로봇

로봇이란 이름은 누가 만들었을까요?

실제 로봇이 만들어지기 훨씬 전인 1920년, 체코슬로바키아의 극작가 차페크가 자신의 희곡 『로섬의 만능 로봇들』에서 처음 쓴 말이다. 로봇은 체코어인 로보타(robota)에서 온 것이며, 일하다 또는 노예 노동자라는 뜻이다. 이 희곡에서 로봇은 인간 대신 노동하는 기계로 만들어지지만 나중에는 인간에 대항하여 반란을 일으킨다.

로봇이 지켜야 할 세 가지 원칙

1950년에 미국의 과학자 아시모프는 로봇을 만들 때, 로봇이 지켜야 할 3원칙을 제안했다. 제1원칙은 로봇은 인간에게 상처를 주어서는 안 된다는 것이다. 또 아무런 조치를 취하지 않아 인간이 피해를 입어서도 안 된다. 제2원칙은 로봇은 인간의 명령에 따르지 않으면 안 된다는 것이다. 제3원칙은 로봇은 스스로의 존재를 지키지 않으면 안 된다는 것이다.

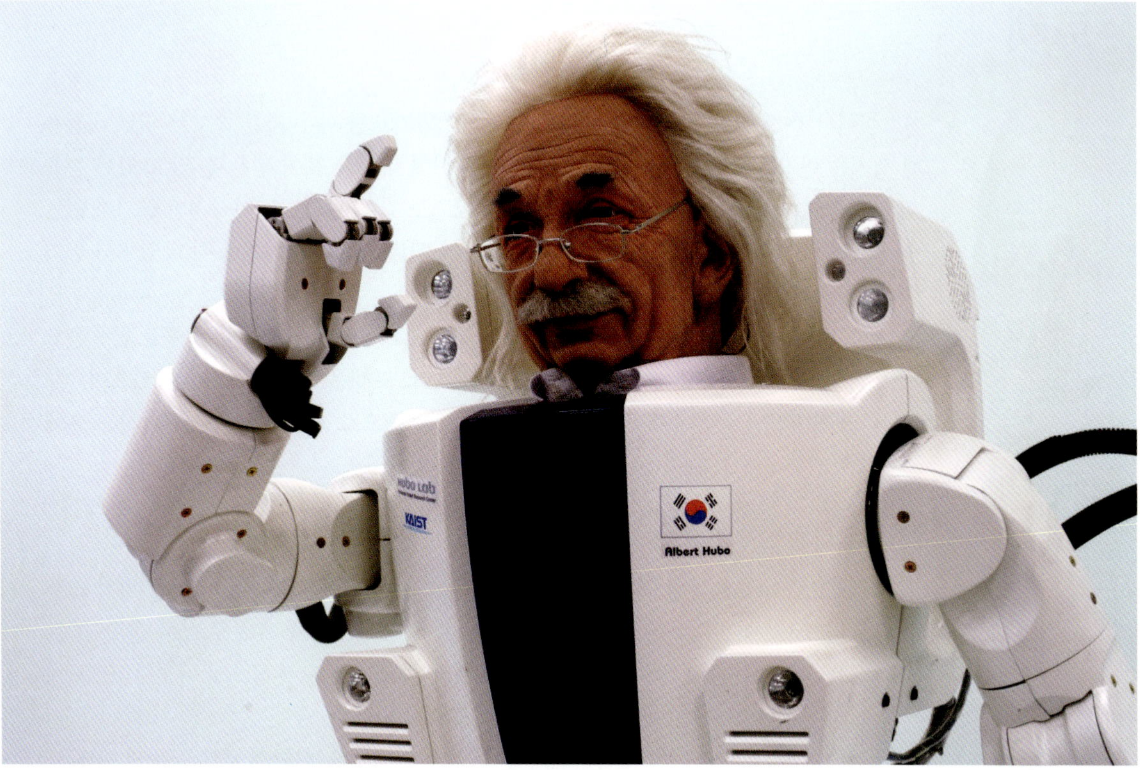

알버트 휴보

우주 정거장에서 일하는 우주인과 로봇팔

청소하는 로봇

로켓

연소실에서 추진 연료를 태워서 생긴 고온·고압의 가스를 매우 빠른 속도로 뒤로 내뿜을 때 생기는 반작용으로 날아가는 비행체이다. 풍선에 바람을 불어 넣은 후 막고 있던 손을 떼면 풍선이 날아가는 것과 같은 원리이다. 제트기도 같은 원리로 날아가지만 공기가 없는 곳에서는 날아 갈 수 없다. 로켓은 제트기와 달리 연료와 함께 산화제를 갖고 있어서 공기가 없는 우주 공간에서도 비행할 수 있다.

13세기경에 화약을 이용한 원시적인 로켓이 무기로 사용된 이후 로켓은 주로 군사용으로 개발되었다. 1940년대에 독일에서 개발된 브이2 로켓은 엄청난 위력을 가졌으며, 제2차 세계대전이 끝난 후에 그 기술이 미국과 옛 소련으로 전해져 로켓을 개발하는 데에 많은 영향을 주었다.

로켓의 종류

옛 소련이 1957년에 대륙간 탄도 미사일을 변형한 로켓으로 최초의 인공 위성 스푸트니크 1호를 발사한 후 세계 여러 나라는 수천 개의 로켓을 우주로 쏘아 올렸다. 로켓은 사용하는 연료에 따라 고체 연료 로켓과 액체 연료 로켓 등으로 나눈다. 또 포개어진 단수에 따라 2단계 로켓, 3단계 로켓 등으로 나눈다.

현재 우주로 발사하는 로켓은 대부분 다단계 로켓이다. 다단계 로켓은 두세 개의 로켓을 차례로 포개어 만든 로켓이다. 다단계 로켓은 가장 낮은 1단계 로켓으로 발사된다. 발사된 후 1단계 로켓의 추진 연료를 다 쓸 때까지 날아가다가 무게를 줄이기 위해 1단계 로켓을 본체에서 분리시킨다. 바로 2단계 로켓을 점화하여 속도를 더욱 높이고 같은 방식으로 3단계 로켓을 점화하여 지구의 대기권을 벗어난다.

아리안 5호가 남아메리카 기아나에 있는 유럽우주국 우주 발사 기지에서 1999년 12월 10일에 인공 위성 XMM을 쏘아 올리고 있다. 아리안 로켓은 유럽우주국이 개발한 인공 위성 발사용 로켓이다. 아리안 5호는 2단계 로켓으로, 아래의 2단 로켓에는 2개의 부스터가 붙어 있다. 부스터와 2단 로켓이 떨어져 나가면 인공 위성을 실은 1단 로켓이 궤도로 들어간다.

미국 캘리포니아에 있는 반덴버그 공군 기지에서 2004년 7월 15일에 지구의 대기 및 오존층 연구를 위한 오라 인공 위성을 실은 델타2 로켓이 발사되고 있다. 보잉 사에서 개발한 델타2 로켓은 다단계 로켓으로 인공 위성을 쏘아 올릴 때는 2단 로켓을 사용하고, 우주 탐사선을 쏘아 올릴 때는 3단 로켓을 사용한다.

마

마그네슘

은백색의 가벼운 금속으로 원소 기호는 Mg이다. 마그네사이트 · 카널라이트 · 활석 · 휘석 · 각섬석 등의 광물에 많이 들어 있다. 공기 중에서 표면은 얇은 산화마그네슘 막으로 덮여 있다. 넓게 퍼지는 성질인 연성이 있다. 산에는 쉽게 녹지만, 알칼리에는 녹지 않는다. 분말을 물 속에서 끓이면 수산화마그네슘과 수소를 발생한다. 알루미늄, 아연 등과 섞어 합금을 만들어 많이 쓴다. 마그네슘 합금은 가볍고 잘 녹슬지 않아 자동차나 항공기의 재료로 쓰인다.

마그마

땅 속 깊은 곳에서 뜨거운 열 때문에 반액체 상태로 녹아 있는 암석을 가리킨다. 주 성분은 산소 · 규소 · 알루미늄 · 철 · 마그네슘 · 칼슘 · 나트륨 등이며, 수증기 · 이산화탄소 · 수소 · 질소 · 황 등의 휘발성 기체가 들어 있다. 마그마는 이산화규소의 함유량에 따라 크게 현무암질 마그마, 안산암질 마그마, 유문암질 마그마로 나눈다. 땅 속에 있는 마그마의 온도는 약 섭씨 1100도 정도이다. 마그마는 땅 속에서 천천히 식어서 굳지만 화산의 활동으로 땅 위로 터져 나오기도 한다. 땅 위로 터져 나온 마그마를 용암이라고 하는데, 용암은 마그마에서 휘발성 기체 성분이 빠져 나간 것이다. 마그마나 용암이 식어서 굳으면 화성암이 된다. 대표적인 화성암으로는 화강암, 현무암, 안산암, 섬록암, 유문암 등이 있다.

마차부자리

겨울의 초저녁에 천정 부근에서 보이는 별자리이다. 쌍둥이자리의 동북쪽에 있다. 마차부자리에서 가장 밝은 알파별 카펠라는 북극성에서 가장 가까운 1등성이기 때문에 쉽게 찾을 수 있다. 카펠라 주위에 2 · 3등성의 별이 일그러진 오각형 모양을 이루고 있다.

만유인력

질량을 가진 물체끼리 서로 끌어당기는 힘이다. 뉴턴이 1665년에 케플러가 발견한 행성운동에 관한 3가지 법칙을 연구하다가 발견했다. 그에 따르면 사과가 나무에서 떨어지는 힘이나 지구를 태양 주위로 돌게 하는 힘들은 모두 같은 종류의 힘이다. 모든 물체들 사이에서 나타나는 힘이어서 '어디에나 있는 힘'이라는 뜻으로 만유인력

만화경

만화경으로 본 모습

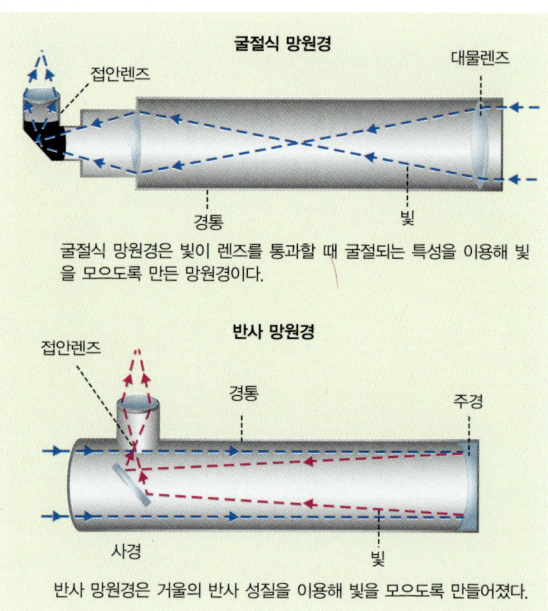

굴절식 망원경은 빛이 렌즈를 통과할 때 굴절되는 특성을 이용해 빛을 모으도록 만든 망원경이다.

반사 망원경은 거울의 반사 성질을 이용해 빛을 모으도록 만들어졌다.

이라고 한다. 우주에서 별과 행성 등 천체의 운동을 지배하는 가장 중요한 힘이다. 중력은 그 대부분이 지구와 물체 사이에 작용하는 만유인력이다. 중력은 만유인력과 지구 자전에 따르는 원심력이 더해져 나타나는 것이다.

만화경

거울의 반사를 이용하여 여러 색깔의 무늬를 볼 수 있게 만든 놀이 기구이다. 직사각형의 거울 조각 세 개를 삼각기둥 형태로 붙인 다음, 반대편에 빛이 많이 들어오는 종이나 비닐로 막은 후에 색종이 등을 넣어 만든 것이다. 눈을 대고 보면 예쁜 모양들이 여러 방향으로 반복되어 나타난다.

망원경

렌즈 또는 반사경을 여러 개 조립하여 멀리 있는 물체를 확대하여 보는 광학 기기이다. 천리경, 만리경, 축원경이라고도 한다. 1608년에 네덜란드의 안경 제조업자인 리프세이는 우연히 렌즈 두 개를 적당한 간격으로 두면 멀리 있는 물체가 가깝고 크게 보인다는 사실을 발견하였다. 그는 기다란 통에 두 개의 렌즈를 넣어 처음으로 망원경을 만들었다. 망원경의 기다란 통을 경통이라 하고, 경통 끝에 있는 물체에서 나온 빛을 모으는 렌즈는 대물렌즈라고 하며, 대물렌즈의 초점에 모인 빛을 확대하여 눈으로 볼 수 있게 해 주는 렌즈는 접안렌즈라고 한다. 망원경의 성능은 배율로 나타낸다. 배율은 물체의 상과 그 물체의 실제 크기와의 비이다. 배율은 렌즈의 지름이 클수록, 빛을 받아들이는 대물렌즈의 초점 거리가 길수록, 눈으로 들여다 보는 접안렌즈의 초점 거리가 짧을수록 커진다.

망원경은 빛을 모으는 방식에 따라 크게 굴절식 망원경, 반사 망원경, 반사굴절식 망원경으로 나눈다. 굴절식 망원경은 빛이 렌즈를 통과할 때 굴절되는 특성을 이용해 빛을 모을 수 있게 만든 망원경이다. 반사 망원경은 거울의 반사 성질을 이용해 빛을 모을 수 있게 만든 망원경이다. 반사굴절식 망원경은 반사 망원경의 경통 앞에 각종 수차를 보정하기 위해 적당한 보정렌즈를 설치한 망원경이다. 굴절식 망원경은 접안렌즈로 오목렌즈를 사용하는 갈릴레이 식 망원경과 볼록렌즈를 사용하는 케플러 식 망원경으로 다시 나뉜다.

망원경은 군사용과 천문 관측용 등으로 많이 사용된다. 천문 관측용 망원경은 천체 망원경이라고 하며, 높은 산 위에 있는 천문대에 많이 설치되어 있다. 천체 망원경 중에는 빛 대신 다른 전자기파를 모아 천체를 관측하는 전파 망원경도 있고, 우주에서 천체를 관측하는 우주 망원경도 있다. 군사용으로는 2개의 망원경을 평행으로 연결하여 두 눈으로 볼 수 있게 한 쌍안경을 많이 사용한다.

맥놀이

진동수가 약간 다른 두 개의 소리가 간섭을 일으켜 주기적으로 커졌다 작아졌다 하는 현상을 말한다. 진동수

미국의 뉴멕시코 주 사막에 건설된 브이엘에이(VLA) 전파 천문대는 지름이 25미터나 되는 접시형 안테나 27개를 하나로 연결하여 사용하고 있다. 접시형 안테나는 Y 자형으로 펼쳐지며, 펼쳐졌을 때 한쪽 팔의 길이는 21킬로미터나 된다.

가 비슷한 두 개의 소리굽쇠를 쳐서 울리면 소리가 주기적으로 커지고 작아진다. 진동수가 약간 다른 두 파동이 겹쳐져서 두 진동수의 차이에 해당하는 만큼 진폭 변화의 강약이 반복되기 때문이다. 두 파동체뿐만 아니라 한 파동체에서도 진동수가 부분적으로 다를 때에는 맥놀이 현상이 일어난다. 종 소리의 은은한 여운은 맥놀이의 일종이다.

맨틀

지구의 지각과 내부의 핵 사이에 있는 부분이다. 지각 아래 약 30킬로미터 깊이에서 외핵 위의 약 2900킬로미터 깊이에 이르는 부분이다. 맨틀은 외투라는 뜻으로, 외투처럼 지구 중심부의 핵을 두껍게 둘러싸고 있다. 맨틀은 지구 부피의 약 83퍼센트, 질량의 약 68퍼센트를 차지한다. 맨틀은 상부 맨틀과 하부 맨틀로 구분된다. 상부 맨틀은 밀도가 낮은 감람암질 암석으로 되어 있고, 하부 맨틀은 좀더 무거운 물질로 되어 있다. 맨틀 층에는 지진파의 속도가 느려지는 저속도층이 있다. 맨틀은 지각과 같이 딱딱하게 굳은 고체가 아니라 약간의 움직임이 가능한 고체 물질로 되어 있어 서서히 대류 현상을 일으키고 있는 것으로 짐작하고 있다.

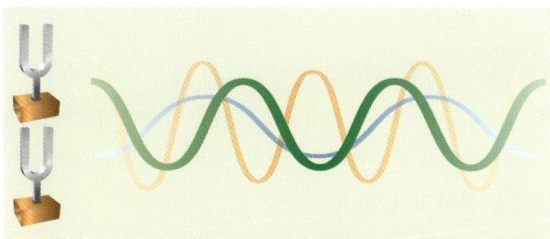

진동수가 약간 다른 두 파동이 동시에 있으면 두 파동의 합성파가 생기고, 그 결과 진폭이 주기적으로 변하는 맥놀이 현상이 일어난다.

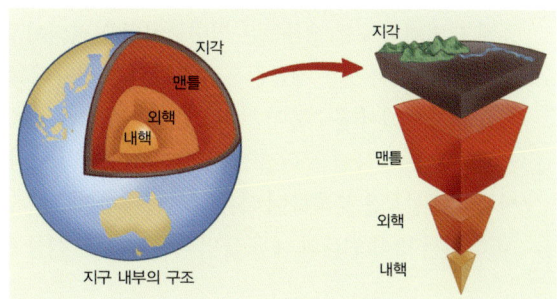

지구 내부의 구조

먹이 연쇄

생태계 안에서 생물들 사이에 사슬처럼 연결된 먹고 먹히는 관계를 말하며, 먹이 사슬이라고도 한다.

먹이 연쇄의 중요성을 처음으로 주장한 사람은 영국의 동물학자인 엘톤이다. 그는 모피 회사에 다니면서 수집한 북극여우의 모피 수를 조사하다가 4년을 주기로 규칙 있게 변하는 것을 알아냈다. 그 이유는 북극여우의 먹이인 나그네쥐의 개체 수가 4년을 주기로 크게 변하기 때문이었다. 풀이 풍부한 들판에 사는 나그네쥐는 4년 동안 엄청나게 늘어나다가 바다에 뛰어들어 빠져죽는 일을 반복하는 동물이다. 풀이 풍부하여 나그네쥐가 늘어나면 북극여우의 수도 덩달아 늘어나고, 수많은 나그네쥐가 바다에 빠져 죽어 개체수가 크게 줄면 북극여우의 수도 줄어드는 일이 주기적으로 반복된 것이다. 엘톤은 이 분야의 지속적인 연구를 통해 생물들 사이에 이루어지는 먹이 연쇄를 밝혀내는 데 크게 기여하였다.

생태계와 먹이 연쇄

생태계는 빛, 공기, 물, 토양, 기후 같은 환경 속에서 사람을 비롯한 생물들이 모여 사는 커다란 집과 같다. 생태계 안에서 무기물인 물과 이산화탄소는 녹색 식물의 광합성으로 유기물로 바뀌고, 녹색 식물은 초식 동물의 먹이가 되며, 초식 동물은 다시 육식 동물에게 먹히고, 또 육식 동물들은 서로의 먹이가 된다. 이러한 과정을 통해 생태계의 모든 생물들은 거미줄처럼 연결되어 있다.

먹이 연쇄에서 모든 생물들은 생산자와 소비자, 분해자로 나눌 수 있다. 식물은 생산자로서 태양의 빛 에너지를 엽록체에서 흡수하여 무기물인 물과 이산화탄소를 포도당과 같은 유기물로 만들어 낸다. 엽록소가 없는 균류나 모든 동물들은 직접 또는 간접적으로 녹색 식물을 먹이로 삼아 양분을 얻는 소비자이다. 또 동식물의 시체나 배설물을 분해하여 다른 생산자에게 필요한 양분을 주는 분해자가 있다.

바다에서 먹이 연쇄의 예를 들면 녹조류 같은 식물 플랑크톤은 생산자이고, 이를 먹는 동물 플랑크톤이나 작

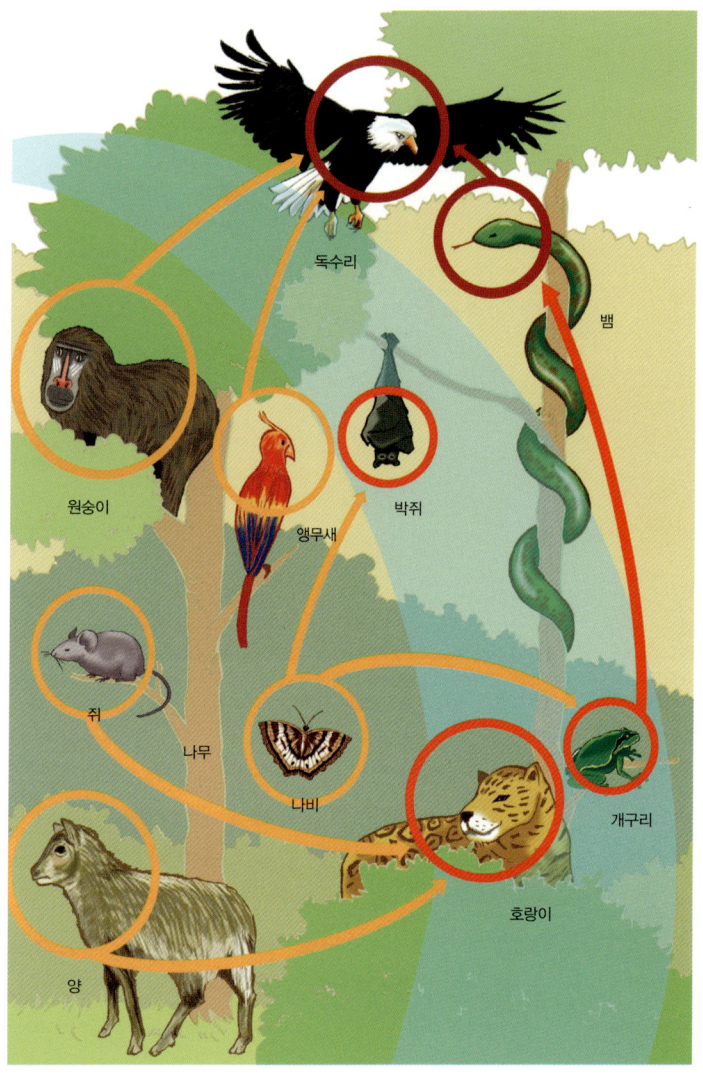

숲의 먹이 연쇄

은 수생 생물이 1차 소비자이다. 1차 소비자를 먹고 사는 정어리나 멸치 같은 작은 물고기는 2차 소비자이며, 2차 소비자를 먹고 사는 다랑어나 상어 같은 큰 물고기는 3차 소비자이다.

하천에서는 식물 플랑크톤을 동물 플랑크톤이 먹고, 송사리나 붕어 같은 작은 물고기가 다시 동물 플랑크톤을 먹고, 큰 물고기인 메기와 가물치가 다시 작은 물고기를 잡아먹는 먹이 연쇄가 이루어진다.

숲에서는 생산자인 풀이나 나뭇가지의 연약한 부위에서 수액을 빨아먹는 진딧물이 거미의 먹이가 되고, 거미는 박새 같은 작은 새에 잡아먹힌다. 다시 박새는 매와 같은 큰 새에게 잡아먹힌다. 그리고 나뭇잎이 떨어져 썩으면 지렁이의 먹이가 되고, 지렁이는 개똥지빠귀와 같은 작은 새의 먹이가 된다. 개똥지빠귀는 다시 매에 잡아먹힌다.

먹이 피라미드

먹이 연쇄의 단계에 따라 아래쪽에 생산자를 두고 위로 1차, 2차, 3차와 최고 단계의 소비자를 두는 표를 만들어 보면, 생산자인 식물의 수는 많고 위로 올라 갈수록 개체수가 적어져 피라미드 모양이 된다. 이처럼 먹이 연쇄의 단계에 따라 생물의 수를 표시한 것을 먹이 피라미드라고 한다. 먹이 피라미드에서 밑에 있는 생물일수록 그 수가 많아야 생물 전체의 먹이 관계가 유지된다. 생산자인 식물이 많아야 식물을 먹고 사는 1차 소비자가 살 수 있고, 1차 소비자의 수가 많을수록 2차 소비자의 수도 많아지며, 또 2차 소비자의 수가 늘어나면 3차 소비가의 수도 많아지기 때문이다.

숲의 먹이 피라미드에서는 생산자의 역할을 하는 식물이 줄어들어 수가 갑자기 줄면 식물을 먹고 사는 1차 소비자인 메뚜기의 수도 줄어든다. 메뚜기의 수가 줄면 메뚜기를 먹이로 하는 2차 소비자인 개구리의 수도 줄어든다. 개구리의 수가 줄면 3차 소비자인 매의 수도 자연스럽게 줄어든다.

바다의 먹이 피라미드에서도 마찬가지이다. 생산자인 물풀이나 플랑크톤이 줄어들면, 이를 먹고 사는 고둥이나 물벼룩 같은 작은 수생 생물들이 줄어든다. 이렇게 1차 소비자의 수가 줄면, 이를 먹고 사는 2차 소비자인 물고기들의 수도 줄게 되고, 결국은 3차 소비자인 큰 물고기도 줄어든다.

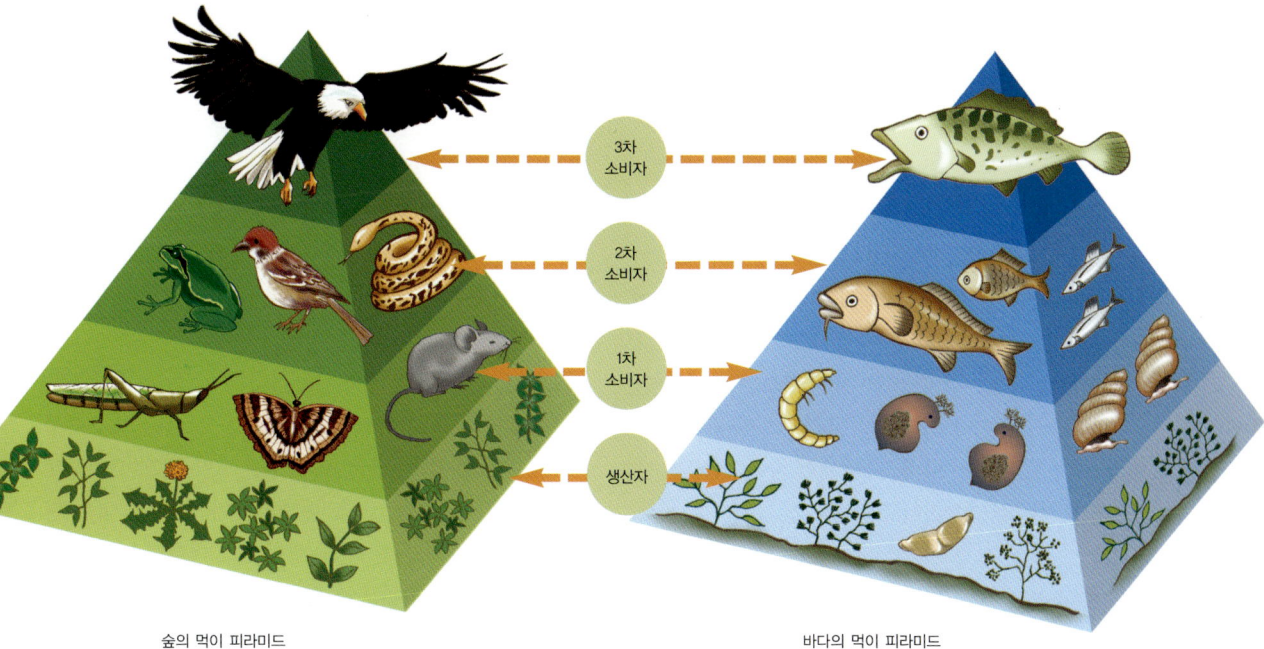

숲의 먹이 피라미드   바다의 먹이 피라미드

멀티미디어

문자·소리·그림·동영상 등 서로 다른 형식의 정보가 혼합되어 있는 소프트웨어의 형태나 그것을 한꺼번에 보거나 듣는 장치를 가리킨다. 예를 들어 전화를 걸고 화상회의를 할 수 있는 컴퓨터나 인터넷을 할 수 있는 휴대용 전화기 등이 멀티미디어이다. 또 이런 일을 할 수 있게 해 주는 소프트웨어의 형태를 멀티미디어라고 한다. 예전에는 전화, 라디오, 텔레비전, 컴퓨터 등의 각각 다른 매체들은 한두 가지 형식의 정보만 처리할 수 있었다. 즉 전화나 라디오는 소리만 전하고, 컴퓨터는 문자만 전하고, 텔레비전은 소리와 동영상만을 전했다. 컴퓨터를 중심으로 정보의 저장 방식이나 전달 방식을 통합할 수 있는 멀티미디어 기술이 발달하면서 오늘날에는 하나의 매체로 여러 가지 형식의 정보를 전하고 표현할 수 있게 되었다.

메모리

컴퓨터에서 필요한 정보의 저장 기능을 담당하는 기억 장치이다. 컴퓨터가 자료를 처리하려면 자료와 자료를 처리할 수 있는 프로그램을 저장할 곳이 필요하다. 또 계산을 위한 일시적인 저장 장치와 결과 및 자료 보존을 위한 저장 장치가 모두 필요하다. 이런 저장을 위한 장치를 모두 메모리라고 한다. 컴퓨터가 처음 만들어졌을 때는 전선을 이용한 자기코어 메모리가 쓰였지만 1970년대부터 반도체 집적 회로를 사용한 IC메모리가 쓰이고 있다.

메탄

탄소 원자 1개와 수소 원자 4개로 이루어진 기체이다. 탄소와 수소의 가장 단순한 화합물로 분자식은 CH_4이다. 녹는점은 영하 182.7도, 끓는점은 영하 161.58도이다. 상온에서는 아무 빛깔과 냄새가 없는 기체이며, 불에 타기 쉬운 성질인 가연성이 높다. 물에는 잘 녹지 않으나 에탄올과 에테르에는 잘 녹는다. 천연 가스의 주 성분이며, 도시 가스로 많이 쓰이는 액화천연가스 속에 88퍼센트 이상 들어 있다. 호수나 늪 바닥에서 죽은 식물 등 유기물이 발효하여 만들어지기도 한다.

메탄올

가장 간단한 알코올로 화학식은 CH_3OH이며, 메틸알코올이라고도 한다. 녹는점은 영하 97.8도, 끓는점은 섭씨 64.7도이다. 메탄올은 독성이 강해 마시면 급성 중독을 일으키고 심하면 혼수상태가 된다. 포름알데히드의 합성 원료, 분석용 시약 등으로 사용되며, 알코올 램프의 연료로도 사용된다.

메틸오렌지

산과 염기를 구별하는 지시약의 하나이다. 오렌지색을 띤 결정으로 물과 에탄올에 녹는다. 지시약으로 사용할 때는 메틸오렌지 1그램을 증류수 100밀리리터에 녹인 수용액으로 만든다. 산성 용액에서는 붉은색, 중성 용액에서는 주황색, 염기성 용액에서는 노란색을 띤다.

멸종

생물의 한 종류가 아주 없어지는 것을 말한다. 생물이 멸종되는 것은 환경의 변화에 생물들이 적응하지 못하기 때문이다. 공룡이 멸종된 것처럼 예전에는 자연적인 환경 변화에 적응하지 못해 생물들이 사라졌지만, 오늘날에는 자연적인 환경 변화보다 사람에 의한 인위적인 환경 변화에 의해 생물들이 사라지고 있다. 인간들의 무분별한 개발로 숲이 파괴되고 강이 오염되면서 그곳에 사는 생물의 수가 점점 줄다가 마침내 전 지구상에서 사라져 버리는 것이다. 또 뿔이나 가죽 등을 얻기 위해 마구 동물을 사냥하고, 사람들의 필요에 따라 새로운 종을 들여와 먹이 연쇄를 흐트러뜨리는 것 등도 생물의 멸종을 부추기고 있다.

사람들에 의한 생물의 멸종이 심각해지면서 세계 여러 나라 정부는 1992년에 '생물다양성보존협약'을 맺어 멸종 위기에 처한 생물 종을 보호하고 있다. 또 우리 나라에서는 호랑이·수달·노랑부리백로·참수리·구렁이·나도풍란·광릉요강꽃·매화마름·돌매화나무 등 멸종 위기에 처한 생물을 「자연환경보전법」으로 정해 보호하고 있다.

명왕성

태양계의 해왕성 밖에서 태양을 돌고 있는 왜소행성(dwarf planet)이다. 미국 로웰 천문대의 클라이드 톰보가 1930년 1월에 처음으로 발견하였다. 발견된 이후 명왕성은 태양계의 아홉 번째 행성으로 여겨졌으나, 2006년 8월 24일에 국제천문연맹이 태양계 내의 행성에 대한 정의를 새롭게 하면서 태양계의 행성에서 제외되었다.

허블우주망원경으로 찍은 사진을 컴퓨터로 분석하여 그린 명왕성의 표면 모습. 밝고 어두운 차이는 표면의 분지나 크레이터 때문인 것으로 추측된다.

2006년 1월에 발사된 뉴호라이즌 호. 무인 우주선으로 10년 뒤 명왕성에 도착할 예정이다.

국제천문연맹의 새로운 정의에 따르면 행성은 태양계의 천체로 태양을 중심으로 공전하며, 충분한 질량을 갖고 있어 자체 중력으로 유체역학적 평형을 이루며 구형에 가까운 형태를 유지해야 한다. 또 주변 궤도에서 지배적인 위치를 차지하는 천체이어야 한다. 명왕성은 궤도가 해왕성의 궤도와 겹치고 주변에 비슷한 크기의 행성들이 있어 '주변 궤도에서 지배적인' 위치를 갖지 못하기 때문에 행성에서 제외되었다. 그 대신 명왕성은 소행성 세레스와 에리스(일명 제나) 등과 함께 왜소행성으로 분류되었다. 왜소행성은 태양을 중심으로 공전하고 구형에 가까운 형태를 유지하지만 주변 궤도에서 지배적인 위치를 갖지 못하는 천체이다. 태양계에서 발견되는 소행성에 번호를 붙이는 국제천문연맹의 소행성센터는 2006년 9월에 명왕성에도 이름 대신 번호를 붙였다. 그 번호는 134340번이다.

명왕성은 태양으로부터 가장 멀리 떨어져 있을 때는 73억 킬로미터 가량 떨어진 거리에서, 가장 가까이 있을 때는 44억 킬로미터 가량 떨어진 거리에서 태양 둘레를 돈다. 이처럼 명왕성은 심하게 찌그러진 타원 궤도를 돌기 때문에 한번 공전하는 248년 중에서 20년은 해왕성의 궤도 안쪽에서 태양 주위를 돈다. 명왕성의 공전 궤도면의 경사는 다른 행성의 궤도 평면에 대하여 17도나 기울어져 있다. 명왕성의 자전 주기는 6일 9시간 17분이다. 적도반지름은 약 1,151킬로미터로 달의 반지름의 3분의 2 정도이다. 평균밀도는 지구 밀도의 3분의 1 정도이다. 명왕성은 질량도 아주 작아 지구의 1만 분의 22 정도밖에 되지 않는다. 명왕성의 표면은 메탄과 질소의 얼음으로 덮여 있다. 명왕성은 카론이라는 커다란 위성을 거느리고 있다. 카론은 반지름이 약 600킬로미터로 크기가 명왕성의 절반이 넘는 위성이다. 최근에 위성 2개가 새로 발견되어 각각 닉스와 히드라고 이름이 붙여졌다.

모래

알갱이의 지름이 작은 돌 부스러기를 말한다. 한국공업규격(KS)에서는 지름이 4.76밀리미터보다 큰 것은 자갈, 0.2밀리미터에서 4.76밀리미터까지는 굵은 모래, 0.005밀리미터에서 0.25밀리미터까지는 잔모래라고 한다. 보통은 지름 2밀리미터 안팎의 돌 부스러기를 가리킨다. 강의 하류나 바닷가, 사막 등에 많이 쌓여 있다. 사막의 모래처럼 바람의 풍화 작용으로 만들어지기도 하지만 대부분의 모래는 물의 침식 작용으로 만들어진다. 즉 지각 표면의 암석이 바람과 물, 식물 등에 의해 커다란 바위나 작은 돌 조각들로 부서지고, 그것이 강을 따라 내려오면서 깎이고, 점점 작아져 모래가 된다. 모래는 지역에 따라 장석, 석회질 물질, 철광석 등이 들어 있기도 하지만 주 성분은 대부분 석영이다. 강에서 나는 모래는 시멘트, 자갈 등과 함께 건축 재료로 중요하게 쓰인다. 또 순수하게 석영으로만 된 모래는 유리 제조의 원료나 용광로의 내벽을 만드는 재료로도 사용된다.

목동자리

봄에 북두칠성의 동쪽 하늘에서 볼 수 있는 별자리이다. 북두칠성의 손잡이를 따라 그 곡선을 연장하면 오렌지색의 밝은 별이 보이는데, 이것이 목동자리의 가장 밝은 별인 아크투루스이다. 아크투루스는 봄철의 밤하늘에서 가장 밝게 빛나기 때문에 이를 이용해 목동자리를 쉽게 찾을 수 있다.

목성

태양계의 다섯 번째 궤도를 돌고 있는 행성으로 태양계에서 가장 큰 행성이다. 서양에서는 그리스 로마 신화에 나오는 올림포스 최고의 신인 제우스의 이름을 따 주피터라 부른다. 지름은 지구의 약 11배나 되고 부피는 1316배, 질량은 318배나 된다. 목성의 질량은 태양계의 아홉 행성을 모두 합쳐 놓은 질량의 3분의 2 이상을 차지한다. 목성은 이처럼 크기가 크기 때문에 지구보다 태양에서 5배나 멀리 떨어져 있어도 밤하늘에서 밝게 빛나 맨눈으로도 쉽게 찾아 볼 수 있다.

목성은 태양에서 평균 7억 7830만 킬로미터의 거리에서 태양 주위를 공전하며, 공전 주기는 약 12년이다. 위도에 따라 자전 속도가 달라 적도의 자전 주기는 9시간 50분이고 극지방의 자전 주기는 9시간 55분이다. 자전 속도가 매우 빠르고 위도에 따라 다른 속도로 자전하기 때문에 목성의 모양은 아래 위가 약간 납작하다. 목성은 90퍼센트가 수소로 이루어졌다. 강한 중력에 의한 압력으로 수소는 액체나 금속 상태이다. 목성의 대기도 주로 수소와 헬륨으로 이루어져 있다. 이 외에 약간의 암모니아와 메탄이 있다. 목성 대기층의 평균온도는 영하 140도 정도이며, 대부분의 기체가 얼음 알갱이로 변하여 구름처럼 상공에 떠 있다. 망원경으로 목성을 관측하면 표면에 흰색이나 적갈색을 띤 띠가 평행하게 줄무늬를 이루고 있는 것이 잘 보인다. 목성이 빠른 속도로 자전하기 때문에 대기의 흐름이 이처럼 줄무늬로 나타나는 것이다. 목성의 표면에는 이런 줄무늬 외에 커다란 타원형의 붉은 점을 볼 수 있다. 적도 아래 남반구에 있는 이 붉

보이저 2호에서 본 목성의 모습과 위성들. 목성은 흰색과 적갈색을 띤 줄무늬와 대적점이 잘 나타나 있다. 위성들은 갈릴레이가 발견하였으며, 위에서부터 시계 반대 방향으로 이오, 유로파, 가니메데, 칼리스토 위성이다. 가니메데는 태양계에서 가장 큰 위성으로 지름이 5268킬로미터이며, 수성보다 크다. 칼리스토와 유로파는 얼음으로 덮여 있으며, 이오는 활화산으로 뒤덮여 있다.

목성을 탐사하는 갈릴레이 호를 상상하여 그린 그림

은 점을 대적점이라 하는데, 대적점의 색과 크기와 위치는 조금씩 변한다. 대적점은 대기의 흐름이 교차하는 곳에서 나타나는 대기의 소용돌이이다.

목성은 태양계의 행성 중에서 가장 많은 63개의 위성을 거느리고 있다. 1610년에 갈릴레이는 자신이 만든 굴절식 망원경으로 목성의 위성을 처음으로 발견하였다. 갈릴레이가 발견한 네 개의 위성 이오, 유로파, 가니메데, 칼리스토를 갈릴레이 위성이라고 부른다.

목성에는 커다란 4개의 갈릴레이 위성 외에도 메티스, 테베, 시노페 등 다양한 크기와 모양을 가진 작은 위성이 59개나 더 있다. 그 중 23개는 2003년에 새롭게 발견된 위성들이다.

목재

건축을 하거나 가구를 만들 때 등에 쓰이는 나무로 된 재료를 통틀어 이르는 말이다. 나무의 줄기 부분이 주로 목재로 이용된다. 목재는 가볍고 부드러우며 따뜻한 느낌을 주고, 아름다운 무늬를 지니고 있다. 또 가공하기가 쉽고 튼튼해서 옛날부터 집이나 사찰 등을 짓는 재료로 많이 썼다. 그러나 목재는 불에 타기 쉽고, 습기가 많으면 쉽게 썩으며, 건조되면 수축하여 모양이 변하는 단점이 있다.

목재는 크게 침엽수 목재와 활엽수 목재로 나눈다. 침엽수 목재는 소나무·전나무·잣나무·삼나무 등의 침엽수를 베어 내 만든 것으로 목질이 연해서 연목재라고도 한다. 나뭇결이 곧고 무르므로 가공하기 쉬워 건축이나 토목 시설의 구조 재료로 많이 사용한다. 활엽수 목재는 느티나무·단풍나무·오동나무·감나무·밤나무·아카시아나무 등의 활엽수를 베어 내 만든 것으로 목질이 단단해서 경목재라고 한다. 활엽수의 목재는 마르지 않은 생나무일 때는 재질이 물러 가공하기가 쉬우나 마르면 단단해진다. 무늬가 아름다워 가구나 건축 장식용으로 많이 사용된다.

목재가 주로 나는 지역은 아한대 지역과 열대 지역이다. 아한대 지역의 대표적인 산림은 북유럽·시베리아·알래스카·캐나다 등에 넓게 펼쳐져 있다. 브라질·인도네시아 등은 대표적인 열대림 지역이다.

무게

물체에 작용하는 지구 중력의 크기를 말한다. 저울로 재서 물체의 가볍고 무거운 정도를 나타낸다. 중력이 일정한 장소에서 물체의 무게는 질량에 비례하기 때문에 일상생활에서는 흔히 물체의 질량과 무게를 혼동해서 사용하는 경우가 많다. 어떤 물체에 포함되어 있는 물질의 양인 질량은 중력에 상관없이 일정하지만 무게는 중력에 따라 변한다. 예를 들어 같은 물체를 지구상에 두었을 때와 달에 두었을 때를 비교해 보면, 물체의 질량은 변함이 없지만 달에서의 무게는 지구에 있을 때 무게의 약 6분의 1 밖에 안 된다. 달의 중력이 지구 중력의 6분의 1이기 때문이다. 무게의 단위는 보통 질량의 단위인 그

탐구학습

물 속에서 물체의 무게는 어떻게 변할까요?
공기 중에서 물체의 무게를 잰 다음, 물이 가득 찬 그릇에 끈을 달아 넣어 무게를 재 보면 무게가 줄어드는 것을 알 수 있다. 이는 물 속에 물체를 넣으면 자신의 무게에 해당하는 만큼의 물을 밀어 내고, 이 밀어 낸 무게만큼 가벼워지기 때문이다. 이처럼 물체가 기체나 액체 등 유체 속에서 부력을 받고 있을 때의 무게를 겉보기무게라 한다.

램(g)이나 킬로그램(kg)을 함께 쓰지만, 질량과 구분하여 정확하게 표시해야 할 필요가 있을 때에는 힘의 단위인 킬로그램힘(kgf)이나 뉴튼(N)을 쓰기도 한다.

무게 중심

물체의 각 부분에 작용하는 중력의 합력이 작용하는 점이다. 어떤 물체의 무게 중심은 그 물체의 질량 중심이다. 물체를 작은 부분들로 나누면 각각의 부분에 중력이 작용한다. 물체를 다시 하나의 덩어리로 보면 각 부분에 작용하던 중력을 다 더한 만큼의 중력이 이 물체에 작용한다. 이 중력이 작용하는 점이 바로 이 물체의 무게 중심이다. 물체의 무게 중심을 지나는 직선을 받침대로 받치면 물체의 수평이 잡힌다. 원·구·직사각형처럼 대칭적인 물체들은 대칭선이 만나는 한가운데에 무게 중심이 있고, 삼각형의 무게 중심은 세 중선이 만나는 점이다.

무궁화위성

우리 나라 최초의 상업용 통신 위성이다. 1호에서 3호

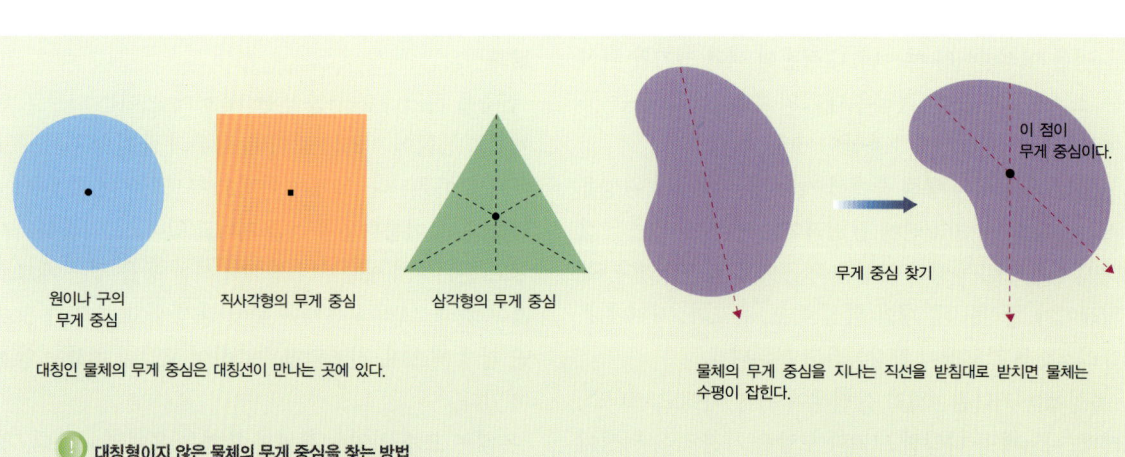

원이나 구의 무게 중심
직사각형의 무게 중심
삼각형의 무게 중심
무게 중심 찾기
이 점이 무게 중심이다.

대칭인 물체의 무게 중심은 대칭선이 만나는 곳에 있다.
물체의 무게 중심을 지나는 직선을 받침대로 받치면 물체는 수평이 잡힌다.

대칭형이지 않은 물체의 무게 중심을 찾는 방법
물체의 한 점을 실에 매어 벽에 압정이나 못으로 꽂아 놓으면 실은 반드시 무게 중심을 지나간다. 우선 실을 따라 선을 그려 놓자. 이번엔 다른 한 점을 다시 실에 매어 똑같이 벽에 걸고 실을 따라 선을 그려 보면 미리 그려 놓은 선과 만나는 점이 생긴다. 이 점이 바로 이 물체의 무게 중심이다.

까지 발사되었으며, 현재 5호를 준비중이다. 무궁화위성 사업은 우리 나라의 독자적인 위성 통신망 체계를 갖추기 위해 시작되었다. 위성 방송, 케이블 TV 중계, 비상 재해 통신 등 첨단 위성 통신과 방송 서비스를 제공하고, 위성 관련 첨단 기술 산업을 발전시키며, 위성 궤도와 주파수 자원을 확보하여 우주 개발 경쟁에 대비하려는 목적에서 추진되고 있다. 무궁화위성 1호는 1995년 8월 5일에 발사되었고, 8월 30일에 적도 상공 약 3만 6000킬로미터, 동경 116도의 정지 궤도에 진입하였다. 1호는 목표 궤도에 미치지 못해 위성의 수명이 10년에서 2년 4개월로 줄었다. 무궁화위성 2호는 1996년 1월에 발사되어 궤도 진입에 성공하였다. 무궁화위성 3호는 1999년 9월 5일에 발사되어 초고속 위성 멀티미디어 인터넷, 다채널 디지털 위성 방송, 기업 통신 네트워크 등에 이용되고 있다. 현재 무궁화위성 2호의 임무를 대체할 무궁화위성 5호가 제작되고 있다. 상용 통신 중계기와 함께 군용 통신 중계기를 실어 우리 나라 최초의 군사 목적 위성으로도 이용될 예정이다.

무기화합물

탄소를 함유하지 않은 화합물과 일산화탄소, 이산화탄소처럼 비교적 간단한 탄소 화합물을 가리킨다. 유기화합물 이외의 화합물로 무기물이라고도 한다. 석회 비료, 탄산, 일산화탄소, 이산화탄소 등이 무기화합물에 속한다.

무지개

공중에 떠 있는 물방울이 햇빛을 받아 일곱 빛깔의 줄이 반원 모양으로 나타나는 현상이다. 흔히 비가 그친 뒤 태양의 반대쪽에 나타난다. 무지개는 바깥쪽에서부터 빨강, 주황, 노랑, 초록, 파랑, 남, 보라의 차례로 빛깔이 나타난다. 무지개는 빛의 분산 원리 때문에 일어난다. 공중에 떠 있는 수천 개의 작은 물방울들이 프리즘처럼 햇빛을 분산시켜 아름다운 무지개 색깔이 나타나는 것이다.

물시계

물의 양으로 시간을 아는 기구이다. 아랫부분에 구멍이 난 용기에 물을 담아 놓으면 구멍으로 물이 일정하게 빠져 나가고 시간에 따라 남아 있는 물의 양이 다르다. 이 원리를 이용하여 각 시간별로 남아 있는 물의 높이에 따라 시각을 표시해 놓은 시계가 물시계이다. 해시계는 태양이 구름에 가려 있거나 비가 오면 시계로 사용할 수 없지만, 물시계는 날씨의 변화에 상관없이 사용할 수 있다. 우리 나라는 삼국 시대부터 각루 또는 누각이라고 하는 물시계를 만들어 사용하였다. 1434년에 세종의 명으로 장영실, 김조, 이천 등이 만든 자격루는 자동으로 시간을 알려 주는 물시계였다.

미각

맛을 느끼는 감각이다. 맛을 느끼는 감각 기관인 혀에는 유두라는 작은 돌기가 있다. 이 돌기 옆 부분에 많은 미세포들로 이루어진 미뢰가 있어 맛을 느낀다. 혀는 쓴맛·짠맛·단맛·신맛의 네 가지 기본 맛을 느낀다. 이 맛들이 조화되어 다양한 맛을 느끼는 것이다.

일곱 빛깔이 선명한 무지개

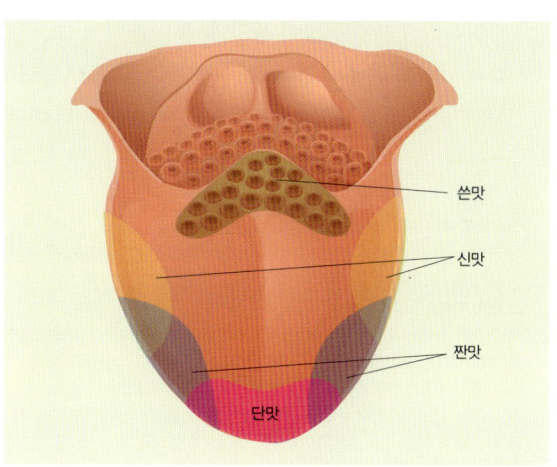

혀에서 맛을 느끼는 위치

물

자연계에 강, 호수, 바다, 지하수 등의 형태로 있는 액체이다. 순수한 것은 빛깔, 냄새, 맛이 없고 투명하다. 수소와 산소의 화합물이며, 화학식은 H_2O이다. 끓는점은 섭씨 100도이며 녹는점은 섭씨 0도이다. 물은 지구상의 물질 중 매우 드물게 얼음인 고체, 물인 액체, 수증기인 기체의 3가지 형태로 존재한다. 고체인 얼음에 열을 가하면 액체인 물이 되고, 이 액체인 물에 열을 가하면 수증기인 기체가 된다. 반대로 기체인 수증기를 냉각시키면 다시 액체인 물이 되고, 이 물을 다시 냉각시키면 고체인 얼음이 된다. 이렇듯 물은 온도에 따라 기체·액체·고체로 상태가 변한다.

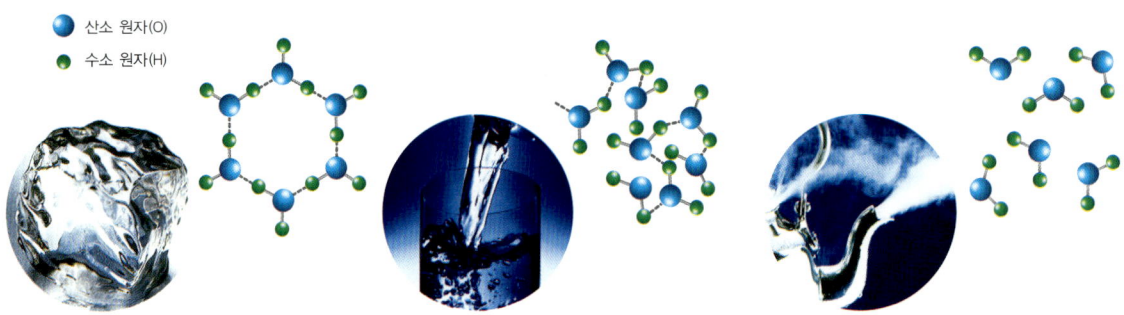

● 산소 원자(O)
● 수소 원자(H)

고체 상태의 얼음과 분자 구조 / 액체 상태의 물과 분자 구조 / 기체 상태의 수증기와 분자 구조

물의 성질

물은 몇 가지 특이한 성질을 가지고 있다. 물 분자는 수소 원자(H) 2개와 산소 원자(O) 1개가 결합한 형태로, 간단히 H_2O로 표시한다. 물 분자를 구성하는 수소와 산소 원자는 자석과 같아서 산소는 S극(-극, 음전기), 수소는 N극(+극, 양전기) 성질을 갖는다. 자석처럼 다른 극끼리 서로 당기기 때문에 다른 물 분자들과 함께 큰 무리를 이룬다. 그래서 물은 응집력이 크며, 이런 성질 때문에 표면장력이나 모세관 현상이 생긴다. 물방울이 동그란 모양을 유지할 수 있고, 소금쟁이 같은 가벼운 곤충이 물에 뜰 수 있는 것도 표면장력 때문이다. 또 물은 다른 물질을 잘 녹이고, 농도 차이가 있을 때 이동을 잘한다. 특히 어떤 물질이 녹아 있으면 다른 물질을 더 잘 녹인다. 물의 온도가 높으면 고체와 액체가 잘 녹고, 온도가 낮으면 기체가 잘 녹는다. 물의 이런 성질 때문에 많은 화학 반응이 일어나며, 식물은 양분을 빨아들일 수 있고, 사람은 음식물을 통해 에너지를 얻을 수 있다. 모든 물질은 온도가 내려가면 부피가 줄어든다. 그러나 물은 섭씨 4도에서 부피가 가장 작고 수온이 더 낮아지면 부피가 커지는데, 얼음이 되면 물보다 부피가 더 커진다. 물은 빛을 흡수하며, 흙에 비해 열을 잘 흡수하고 보존한다.

표면장력 때문에 동그란 모양으로 풀잎에 붙어 있는 물방울

물에 대한 여러 생각들

옛날부터 사람들은 물을 중요한 물질로 여겼다. 그리스 철학자 탈레스는 물이 우주의 모든 것을 이루는 기본 원소라고 생각했다. 또 다른 그리스 철학자 엠페도클레스는 흙·공기·물·불이 모든 물질을 이루는 기본 원소가 된다는 4원소설을 주장했다. 4원소설은 18세기까지 이어졌는데, 18세기 중엽 프랑스 화학자 라부아지에는 이러한 4원소설을 부정하고 물이 원소가 아님을 확인했다. 이후 프리스틀리·캐번디시 등 여러 과학자가 실험을 통해 수소와 산소가 반응하여 물이 만들어지는 것을 확인했고, 프랑스 화학자 게이뤼삭은 물이 수소와 산소가 2 대 1로 결합하여 만들어짐을 증명했다.

물의 순환

지구 표면적의 약 75퍼센트는 물로 덮여 있다. 그 중 97퍼센트가 바닷물이며, 빙하·지하수·호수 순이다. 공기와 더불어 생물이 살아가는 데 없어서는 안 될 중요한 물질인 물은 끊임없이 모습을 바꾸면서 자연계를 순환한다. 강이나 바다의 물은 태양열을 받아 증발하여 수증기가 된다. 공기 중의 수증기는 기온이 내려가면 먼지 같은 작은 알갱이에 붙어 작은 물방울로 변하여 구름을 이룬다. 구름이 찬 공기를 만나면 작은 물방울들이 모여서 더 큰 물방울이 되고, 무거워진 물방울은 비나 눈이 되어 땅에 떨어진다. 이렇게 내린 비나 눈은 다시 강이 되어 바다로 흘러들거나 땅 속에 스며들어 지하수가 되고, 생물체에 흡수되기도 하며, 일부는 수증기가 되어 공기 중으로 되돌아간다. 바다로 모인 물은 다시 태양열을 받아 수증기가 되고, 다시 비나 눈이 되어 내리는 순환을 끊임없이 되풀이한다.

나이아가라 폭포

물의 순환

물고기

물 속에 살면서 아가미로 호흡하고 지느러미로 운동하는 척추동물이다. 어류라고도 한다. 전 세계에 약 1만 3000종의 물고기가 있으며, 우리 나라에는 약 2000종의 물고기가 있다. 강이나 호수 등의 민물에 사는 것보다 바닷물에 사는 물고기가 훨씬 많다.

물고기의 몸은 물살을 잘 헤쳐 나가기 위해 중앙 부분은 굵고 머리와 꼬리 끝으로 가면서 차츰 가늘어지는 방추형이다. 빗살 모양으로 생긴 아가미로 물에 녹은 산소를 받아들이고 몸속에서 생긴 이산화탄소를 물 속으로 내보낸다. 지느러미로 몸의 균형을 유지하고 물속에서 헤엄쳐 다닌다. 등지느러미, 꼬리지느러미, 뒷지느러미 등이 있다. 비늘은 몸을 보호하고 헤엄칠 때 물의 저항을 줄여 준다. 대부분의 물고기에는 부레라는 공기 주머니가 있다. 소화관의 일부가 부풀어서 된 부레는 물고기가 몸의 비중을 조절하여 뜨고 가라앉는 것을 돕는다. 물고기는 독특한 감각 기관인 옆줄을 갖고 있다. 몸 양쪽에 머리에서 꼬리까지 선 모양으로 배열되어 있는 옆줄은 다른 생물을 감지하거나, 물 흐름의 변화를 느끼는 촉각 기관이다.

물고기는 대부분 알을 낳는다. 암컷이 수초 등에 알을 낳으면 수컷이 정액을 뿌려 몸 밖에서 수정이 이루어진다. 알의 크기는 대개 지름 1밀리미터 안팎이다. 먹장어나 상어, 가오리의 알은 비교적 크고, 단단한 껍질에 싸여 있다.

물고기의 분류

물고기는 사는 곳에 따라 민물고기와 바닷고기로 많이 나누지만, 동물분류학적으로는 골격의 형태와 구조에 따라 원구류, 연골어류, 경골어류로 나눈다. 원구류는 골격이 연골이며, 동그란 빨판 모양의 입을 갖고 있다. 비늘이 없는 대신 끈적끈적한 피부로 덮여 있다. 먹장어, 칠성장어 등이 속한다. 연골어류는 골격이 연골이며, 피부가 질기고 뼈대가 가볍다. 상어와 가오리 등이 속한다. 경골어류는 골격이 단단한 경골이며, 몸이 비늘로 덮여 있다. 붕어, 잉어, 조기, 다랑어 등 대부분의 물고기가 경골어류에 속한다.

연어의 한살이이다. 알과 알에서 깨어난 치어와 좀더 자란 연어의 모습

창꼬치

볼락  각시붕어  노랑꼬리통돔

갈겨니  가오리  에인절피시

물질

어떤 물체를 이루는 재료나 성분이다. 책상·의자·연필·유리컵·공처럼 일정한 모양이나 크기를 가진 것은 물체라고 하며, 이런 물체를 만드는 재료가 바로 물질이다. 책상과 의자는 다른 물체이지만 둘 다 나무로 만들어져 있다. 물체는 다르지만 물체를 이루는 물질은 나무로 같다.

> **물체와 물질**
> 물체는 구체적인 모양과 크기를 지녔으며, 어떤 용도로 사용하기 위해 만든 물건들을 말한다. 책상·연필·유리병·풍선 등은 물체이며, 책상을 만드는 재료인 나무, 연필의 재료인 나무와 흑연, 유리병의 재료인 유리, 풍선의 재료인 고무는 물질이다. 이처럼 물질은 물체를 이루는 재료이다.

나무는 물질이지만, 나무로 만든 의자는 물체이다.

물질의 세 가지 상태

물질은 압력이나 온도에 따라서 고체·액체·기체 중 하나로 존재한다. 이때 고체·액체·기체를 물질의 3가지 상태, 즉 삼태라고 한다. 대개 물질은 온도가 변하면 상태가 변하는데 이것을 물질의 상태 변화라고 한다. 고체인 얼음을 가열하면 액체인 물이 되고, 물을 가열하면 기체인 수증기가 되는 것이 바로 물질의 상태 변화이다.

고체 상태에서는 물질을 이루는 알갱이인 원자나 분자가 규칙적으로 배열되어 있고, 서로의 거리가 가까워서 제자리에서 흔드는 정도밖에 움직이지 못한다. 여기에 압력을 낮추거나 온도를 올리면, 원자나 분자들이 활발하게 운동해서 배열이 흩어지고 어느 정도 움직일 수 있게 되는데, 이 상태를 액체 상태라고 한다. 압력을 더 낮추거나 온도를 더 올리면 원자나 분자의 운동이 더 활발해져서 다른 알갱이들과 상관없이 자유롭게 움직이면서 알갱이들 사이의 거리가 더 멀어진다. 이런 상태를 기체 상태라고 한다.

탐구학습

우리 생활에 사용되는 여러 가지 물질과 쓰임새

우리 생활에서는 쓰임새에 따라 여러 가지 물질로 물체를 만들어 쓴다. 금속은 못, 클립, 철사 등에 사용되며, 단단하고 매끄러우며 무겁다. 나무는 책상이나 연필 등에 사용되며, 만지면 매끄럽고 무늬가 있는 것도 있다. 고무는 공, 지우개, 고무줄 등에 사용되며, 부드럽고 잘 구부러지며 누르면 약간 물렁하다. 유리는 유리컵, 거울 등에 사용되며 단단하고 투명하지만 잘 깨진다. 플라스틱은 컵, 병 등에 사용되며, 가볍고 매끄럽다.
같은 물체라도 다양한 물질로 만들 수 있다. 컵은 유리와 플라스틱, 종이 등으로 만들 수 있으며, 장난감 비행기는 플라스틱, 종이, 나무 등으로 만들 수 있다. 또 자전거처럼 여러 가지 물질로 하나의 물체를 만들어 쓰기도 한다.

의자 가죽으로 되어 있어 부드럽고 따뜻하며 질기다.

몸체 금속으로 되어 있어 잘 부러지지 않고 튼튼하다.

핸들 손잡이가 플라스틱으로 되어 있어 부드럽고 매끄럽다.

발판 금속과 플라스틱으로 되어 있으며, 거칠어서 신발 바닥이 미끄러지지 않는다.

바퀴 고무 타이어와 금속으로 되어 있어 충격을 적게 해 주고 튼튼하다.

물질의 상태 변화

 고체에 열을 가해 액체로 되는 과정을 융해라고 하며, 눈이나 얼음이 녹는 것이 해당된다. 반대로 액체가 얼어서 고체가 되는 것을 응고라고 한다. 물이 얼어서 얼음이 되는 것, 마그마가 식어서 굳는 것이 응고이다. 융해와 응고는 같은 온도에서 일어나는데 순수한 물질일 경우에 온도는 항상 일정하다. 물의 경우는 섭씨 0도이다.

 액체가 기체로 변하는 것은 기화라고 하며, 빨래가 마르는 것이나 물이 끓는 것 등이 해당된다. 반대로 기체가 액체로 변하는 것은 액화라고 하며, 새벽 풀잎에 이슬이 맺히는 것이나 추운 겨울에 안경에 김이 생기는 것 등이 있다. 순수한 물질인 경우에 기화와 액화도 항상 같은 온도에서 일어나며, 이 온도를 끓는점이라고 한다.

 나프탈렌이나 드라이아이스 같은 물질은 고체에서 액체로 변하지 않고 바로 기체로 변하는데 이런 과정을 승화라고 한다. 승화는 고체에서 기체로 되는 것, 기체에서 고체로 되는 것 모두를 말한다.

 물질이 고체에서 액체로, 액체에서 기체로 변하는 것은 물질을 이루는 알갱이인 원자나 분자 간의 거리만 변하는 것이다. 원자나 분자는 변하지 않고 그대로이기 때문에 물질의 특성은 변하지 않는다.

> **탐구학습**
>
> **물질의 3가지 상태에서 부피가 가장 큰 것은 무엇일까요?**
> 물질은 고체일 때 부피가 가장 작고 기체 상태일 때 부피가 가장 크다. 액체 상태일 때는 온도가 올라갈수록 부피가 늘어난다. 그러나 물은 섭씨 0도에서 얼면서 액체에서 고체가 되고 부피가 늘어난다. 겨울철 항아리에 담긴 물이 얼어서 항아리가 깨지거나, 냉동실에 넣어 둔 물병에 담긴 물이 얼면서 물병이 깨지는 것은 모두 부피가 늘어났기 때문이다.

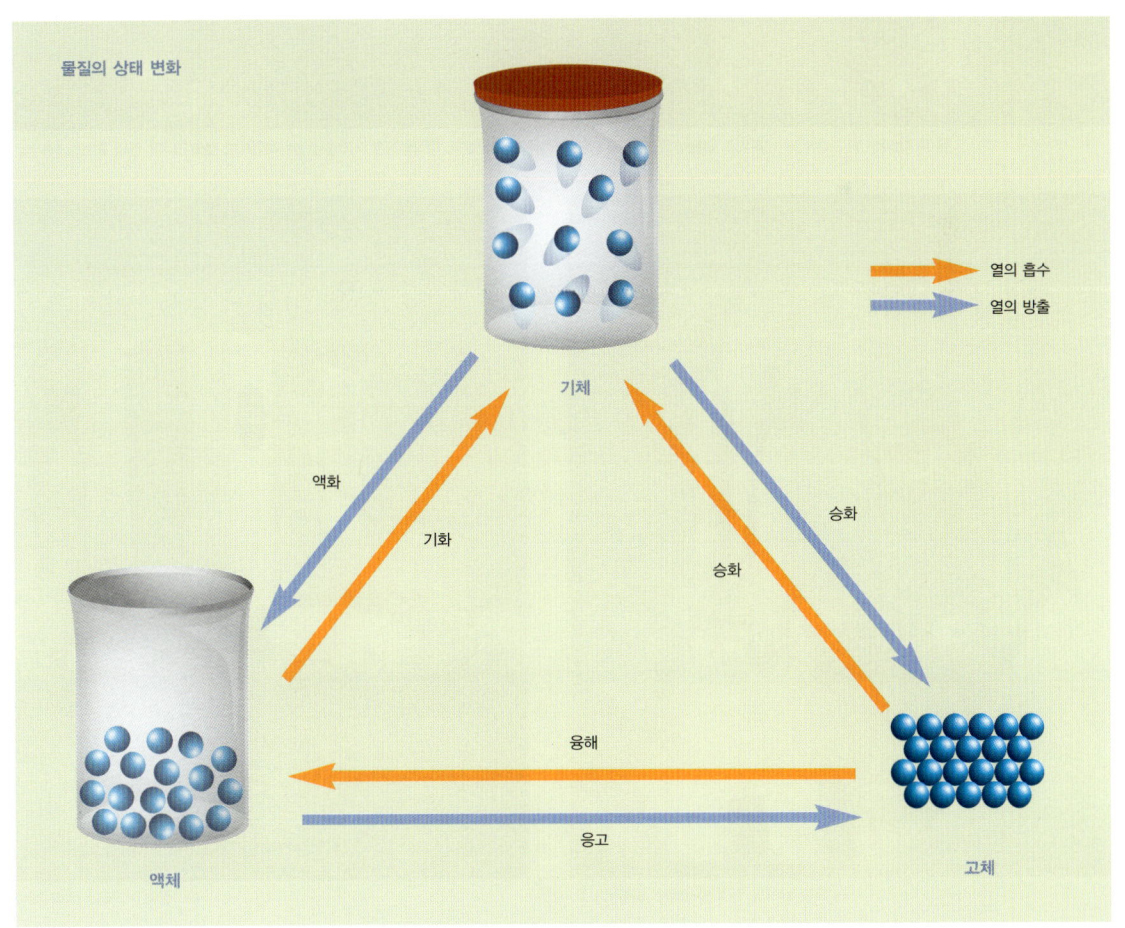

물질의 상태 변화

지름이 7미터인 딥 스페이스 네트워크 안테나로, 우주로 보낸 위성들과 통신한다. 미국항공우주국에서 설치하였으며 캘리포니아 주의 모하비 사막에 있다.

우주 탐사를 위해 발사되는 콜롬비아 호

미국항공우주국의 케네디우주센터

미국항공우주국

미국의 우주 개발 활동의 중심이 되는 정부 기관이다. 줄여서 나사(NASA)라고도 부른다. 1957년에 옛 소련이 스푸트니크 호를 발사하자 이에 대응하기 위해 1958년에 미국항공자문위원회를 개편하여 만들었다. 대통령의 직속 기관이며, 본부는 워싱턴에 있다. 장비의 개발을 담당하는 항공우주기술부, 우주와 태양계 및 지구의 기원·구조·진화를 다루는 우주과학 및 응용부, 유인·무인 우주 수송과 우주 왕복선에 관련된 우주비행부, 추적·자료 수집과 관련된 우주 추적 및 자료부, 유인 우주 정거장 건설에 대한 장기 계획을 수행하는 우주정거장부 등 다섯 부서로 되어 있다. 또 미국항공우주국은 플로리다 주 케이프커내버럴의 케네디우주센터를 비롯해 고다드우주비행센터, 제트추진연구소, 존슨우주센터, 랭글리연구센터 등 여러 기관을 거느리고 있다.

미국항공우주국은 1960년대에 우주비행사를 달에 착륙시켰다가 지구로 안전하게 돌아오게 하는 아폴로 계획을 추진하였다. 이 계획에 의해 1969년에 아폴로 11호의 우주 비행사 닐 암스트롱이 달에 첫발을 내딛었다. 이후 1972년의 아폴로 17호까지 모두 6회에 걸쳐 달에 착륙하는 데 성공하였다. 그 뒤 유인 우주선인 스카이랩을 쏘아 올리고, 태양계 탐사를 위한 많은 무인 우주선을 쏘아 올렸다. 바이킹 호가 화성, 매리너 호가 수성, 보이저 호가 목성·토성·천왕성 등의 태양계 행성을 탐사했다. 또 지구에 대한 과학적 정보를 얻기 위해 많은 인공 위성을 개발하고 발사했다. 현재 미국항공우주국은 우주 왕복선을 중심으로 우주 개발에 힘쓰고 있다.

미나마타 병

수은을 포함한 폐수가 바다로 흘러 들어가 바다에 사는 물고기와 조개의 몸 안에 쌓이고, 이 조개와 물고기를 먹은 사람들의 몸에도 수은이 쌓여서 나타난 병이다. 1953년에 일본의 미나마타라는 작은 어촌 마을에서 처음으로 나타난 병이어서 미나마타 병이라고 한다.

미나마타 마을 근처에 있는 신일본질소주식회사가 메틸수은이 포함된 폐수를 바다로 흘러 보냈다. 바닷물로 흘러 들어간 수은이 물고기와 조개의 몸에 쌓였고, 마을 사람들은 이 사실을 모르고 오염된 물고기와 조개를 오랫동안 먹었다. 섭취한 수은은 몸 밖으로 빠져 나가지 않고 몸 속에 쌓여 손발이 저리고 말을 하지 못하거나 정신 이상 등 여러 증상을 일으켰고, 끝내 40여 명이 목숨을 잃었다. 물고기 몸 속의 수은 농도는 바닷물 속의 수은 농도보다 무려 1만 배가 높았다. 이후부터 미나마타 마을에서와 같이 몸에 해로운 수은이 먹이 연쇄를 거치면서 점점 농도가 높아져서 나타나는 질병을 모두 미나마타 병이라고 한다.

미생물

맨눈으로는 볼 수 없는 아주 작은 크기의 생물들을 가리킨다. 미생물에 속하는 생물로는 남조류, 세균 같은 원핵생물과 원생동물, 식물 플랑크톤을 비롯한 단세포성 조류, 곰팡이, 효모 등의 진핵생물이다. 지구상 어디에서나 습기가 있는 곳에는 미생물이 살고 있다. 미생물은 물질을 썩게 하여 사람을 비롯한 동식물에게 여러 가지 병을 일으키기도 하지만, 그런 성질 때문에 생태계에서 아주 중요한 역할을 한다. 미생물은 생태계에서 생산자·소비자·분해자의 역할을 모두 하지만, 그 중에서 분해자의 역할이 가장 중요하다. 미생물의 활동으로 죽은 생명체들이 땅에 쌓이지 않고 분해되어 생태계의 순환이 이루어지기 때문이다.

미생물은 옛날부터 식품을 발효시키는 데 많이 쓰였다. 오늘날에는 다른 생물보다 배양하는 것이 간단하여 유전학 연구나 생리·생화학 연구에도 많이 쓰인다.

밀도

단위 부피 안에 들어 있는 어떤 물질의 질량을 말한다. 예를 들어 물의 밀도는 $1g/cm^3$인데, 이는 가로·세로·높이가 각각 1센티미터인 부피 안에 들어 있는 물의 질

> **탐구학습**
>
> **부피가 같은 액체는 무게도 같을까요?**
>
> 액체의 밀도가 다르면 같은 부피 안에 들어 있는 질량이 다르기 때문에 부피가 같아도 무게는 서로 다르다. 이는 간단한 실험으로 확인할 수 있다. 눈금실린더에 물, 알코올, 식용유를 각각 50밀리리터씩 넣은 다음, 이를 다시 빼내 전자저울로 무게를 재보면 서로 다른 것을 알 수 있다. 물은 약 50그램, 알코올은 37~40그램, 식용유는 42~48그램이다. 부피는 같지만 액체마다 밀도가 다르기 때문에 물, 식용유, 알코올 순으로 무게가 무겁다.

밀물과 썰물

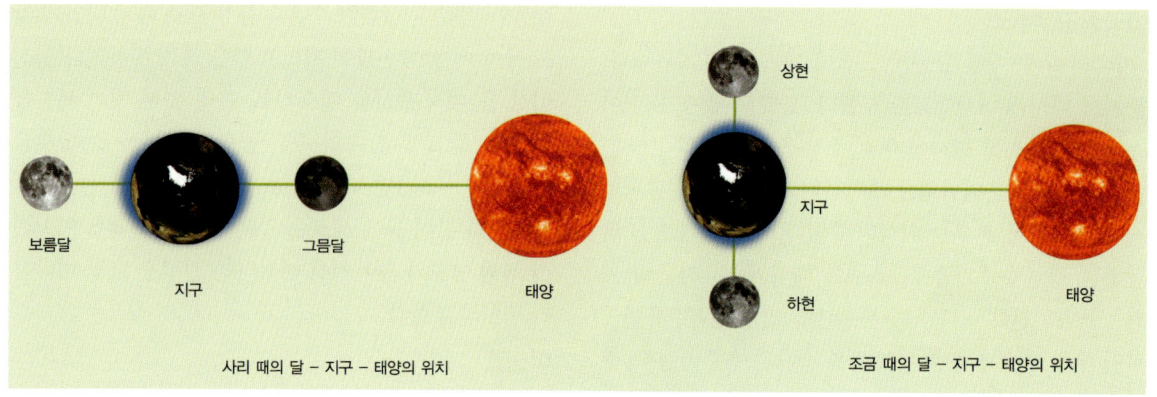

사리 때의 달 - 지구 - 태양의 위치   조금 때의 달 - 지구 - 태양의 위치

량이 1그램이라는 것이다. 물질의 밀도를 구하려면 물질의 상태에 관계없이 부피와 질량을 측정한 후 질량을 부피로 나누면 된다. 같은 물질의 밀도는 같은 조건 아래에서는 물질의 부피나 질량에 관계없이 항상 일정하기 때문에 물질의 고유한 성질이라 할 수 있다. 그러나 같은 물질이라도 온도와 압력이 변하면 밀도가 변한다. 밀도는 kg/m^3(킬로그램 매 세제곱미터) 또는 g/cm^3(그램 매 세제곱센티미터)로 나타낸다.

밀물과 썰물

바닷물의 수위가 높아져 육지 쪽으로 밀려 들어오는 것을 밀물, 바닷물의 수위가 낮아져 바다 쪽으로 빠져 나가는 것을 썰물이라고 한다. 밀물과 썰물은 하루에 두 번씩 찾아온다. 바닷물이 완전히 들어온 상태를 만조라 하고, 완전히 빠진 상태를 간조라고 한다. 만조 상태에서 간조 상태로 바뀌는 데는 6시간 정도 걸린다.

밀물과 썰물이 나타나는 이유는 바닷물에 달의 인력과 지구의 원심력이 서로 작용하기 때문이다. 달을 향한 쪽의 바닷물은 달이 끌어당기는 힘 때문에 밀물이 되며, 지구 반대편의 바닷물도 달이 끌어당기는 힘에서 벗어나려는 힘 때문에 밀물이 된다. 그래서 우리 나라의 바다가 밀물이면 지구 반대편에 있는 우루과이의 바다도 밀물이 된다. 즉 지구가 하루에 한 번 자전하는 동안 한 번은 달이 끌어당기는 힘인 인력 때문에, 한 번은 지구의 원심력 때문에 두 번의 밀물이 생긴다. 태양이나 다른 천체도 밀물과 썰물에 영향을 주지만 멀리 떨어져 있어 달이 미치는 힘보다는 영향을 훨씬 적게 미친다. 보름과 그믐에는 태양·지구·달이 일직선 위에 있다. 이때는 태양의 인력이 합쳐지면서 밀물과 썰물의 차이가 가장 커진다. 이것을 사리라고 한다. 한편 태양·지구·달이 직각으로 있는 상현과 하현에는 인력이 나누어져 밀물과 썰물의 차이가 가장 작다. 이때를 조금이라고 한다.

밀물과 썰물은 해안선이나 바다 밑의 모양과 크기에도 영향을 받는다. 우리 나라의 황해는 동해나 남해보다 밀물과 썰물의 차이가 훨씬 크다. 황해는 평균수심이 얕고, 바다 밑의 지형이 완만하며, 해안선이 복잡해 바다가 육지 깊숙이 들어와 출입구가 막혀 있는 모양이어서 밀물과 썰물 때에 차이가 매우 크다. 반면에 동해는 평균수심이 깊고, 바다 밑의 지형이 급경사를 이루고 있으며, 해안선의 굴곡이 적어 밀물과 썰물의 차이가 크게 나지 않는다.

밑씨

꽃이 피는 식물의 꽃의 암꽃술에 있는 기관으로 꽃가루받이한 후에 자라서 씨가 된다. 겉씨식물의 경우에는 밑씨가 밖으로 드러나 있어 볼 수 있지만, 속씨식물의 밑씨는 씨방 안에 들어 있어 겉에서 보이지 않는다.

바늘구멍 사진기

렌즈 대신 바늘구멍으로 사진을 찍는 사진기이다. 안쪽을 검게 칠한 통의 한쪽에 바늘구멍만한 작은 구멍을 내고 반대쪽에 필름을 넣어 사진을 찍는다. 렌즈를 사용하는 일반 사진기와 달리 작은 구멍을 이용하므로 가까운 곳의 피사체나 먼 곳의 피사체 모두 초점이 잘 맞는다. 빛이 작은 구멍으로 들어오기 때문에 오랫동안 빛을 받아야 사진이 찍힌다. 따라서 움직이는 물체를 찍는 데는 적당하지 않다. 구멍을 크게 하면 빛을 받는 시간은 줄일 수 있지만 초점이 잘 맞지 않아 영상이 흐릿하다. 바늘구멍 사진기로 물체를 보면 원래의 모습에서 위·아래·좌·우가 바뀌어 보인다. 빛이 바늘구멍을 통과하면서 꺾이지 않고 곧게 나아가기 때문이다.

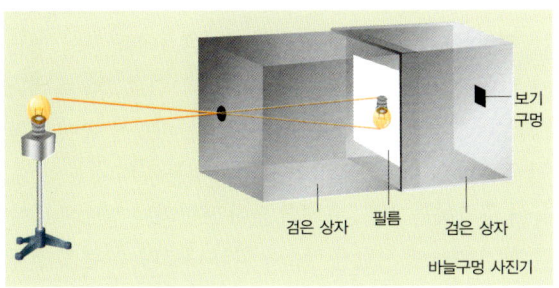

바늘구멍 사진기

바다

지구 위에서 육지를 뺀 부분으로, 지각 위의 낮은 부분에 짠물이 모여 있는 곳이다. 전체가 하나로 이어져 있으며 해양이라고도 한다. 바다 전체의 넓이는 3억 6200만 제곱킬로미터이다. 이는 전체 지구 겉넓이의 71퍼센트에 해당하고, 육지 넓이의 2.43배이다. 바다의 평균깊이는 4000미터이다. 바다가 차지하는 넓이는 북반구보다 남반구가 훨씬 넓다.

바다는 여러 개의 대양과 작은 부속해로 나뉜다. 육지와 바다 밑 지형의 경계에 따라 대양은 크게 태평양·대서양·인도양으로 나눈다. 이 세 대양은 남극해 또는 남빙양이라 부르는 남극 대륙 주변의 바다와 연결되어 있다. 남극해도 편의상 세 부분으로 나누어 세 대양에 각각 포함시킨다. 이렇게 했을 때 태평양은 전체 바다 넓이의 46퍼센트를 차지하며, 대서양은 24퍼센트, 인도양은 20퍼센트를 차지한다. 부속해는 대양에 딸린 바다로 대양보다 작다. 부속해는 다시 지중해와 연해로 나뉜다. 지중해는 북극해와 유럽 지중해처럼 둘 이상의 대륙에 둘러싸인 바다를 말한다. 연해는 대륙에 인접하여 있는 바다로 오호츠크 해, 베링 해, 아라비아 해, 카리브 해 등이 있

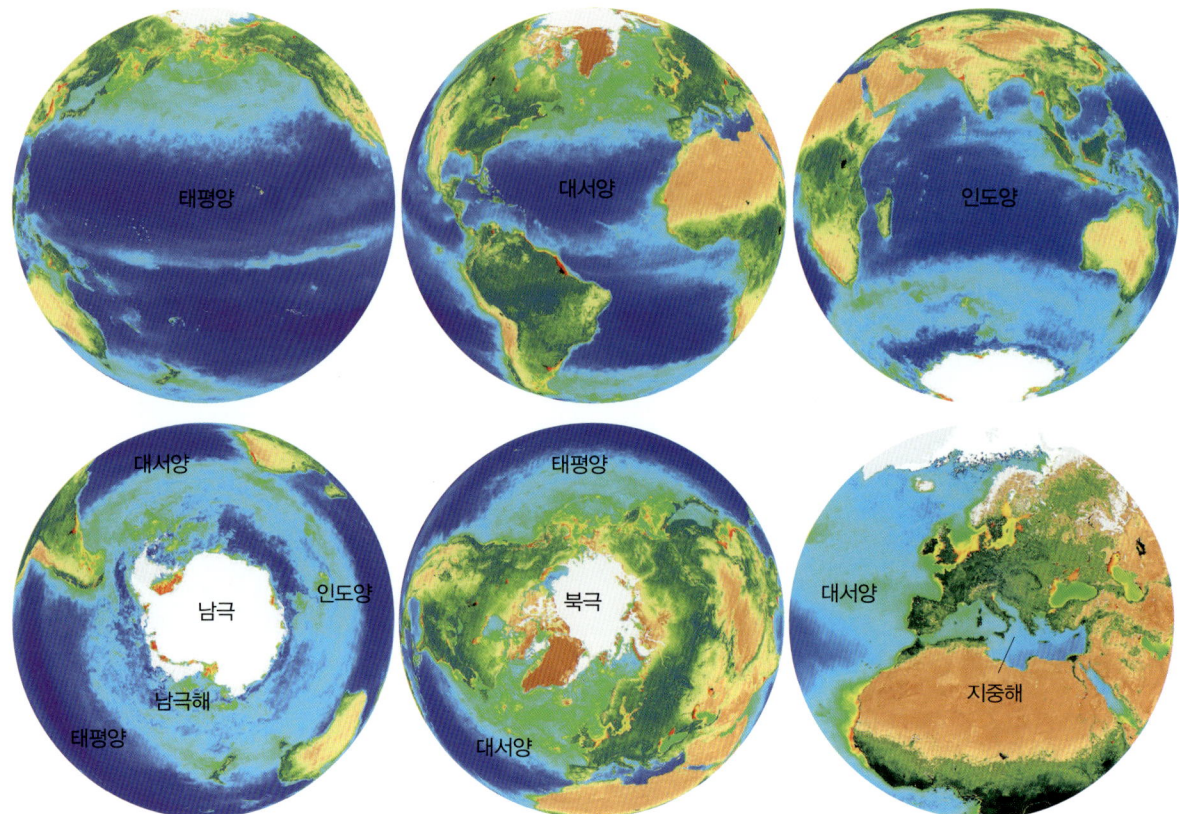

다. 우리 나라의 동해도 한반도와 러시아의 연해주, 일본 열도 사이에 있는 태평양의 연해이다.

바다 밑 땅 모양은 대륙붕, 대륙사면, 대양저, 해구, 해령 등으로 나눈다. 대륙붕은 해안선으로부터 깊이가 200미터 정도 되는 곳까지 비교적 평탄한 곳이다. 대륙사면은 대륙붕의 끝에서 가파르게 기울어진 바다 밑 땅으로 수심이 약 2000~3000미터 깊이다. 대양저는 경사가 완만하고, 깊이가 약 4000~6000미터에 이르는 평탄하고 넓은 곳이다. 해구는 대양 밑바닥에 좁고 길게 도랑 모양으로 움푹 들어간 곳으로 가장 깊은 곳의 수심이 6000미터 이상인 지형을 가리킨다. 해구 중에서 그 지형이 정확히 밝혀진 곳은 해연이라고 부른다. 해령은 4000~6000미터 깊이의 바다 밑에 산맥 모양으로 솟은 지형으로 해저 산맥이라고도 한다.

바닷물에는 암석권과 대기권의 영향으로 여러 종류의 물질이 녹아 있다. 바닷물에 녹아 있는 주요 원소들은 주로 지각의 물질이 녹아들어 간 것이다. 바닷물이 짠 이유는 염화나트륨, 염화마그네슘, 황산마그네슘 등의 염류가 많이 녹아 있기 때문이다. 바닷물 1킬로그램 속에는 평균 35그램 정도의 염류가 녹아 있다. 바닷물 속에 포함된 염류의 양을 염분이라고 하는데 염분은 비나 눈의 양, 물이 증발하는 정도, 육지의 물이 포함되는 정도에 영향을 받기 때문에 시간과 장소에 따라 다르다. 그런데 전체

탐구학습

바다는 우리에게 어떤 도움을 줄까요?

바다는 옛날부터 우리에게 많은 도움을 주었다. 사람들은 바다에서 오랜 옛날부터 많은 먹을거리를 얻었다. 바다에서 잡은 물고기와 조개류 등 많은 해산물은 우리의 식탁을 풍성하게 해 준다. 오늘날에는 단순하게 고기를 잡는 것을 넘어서, 바다에 양식장을 만들어 고기나 굴, 미역, 김 등을 기르기도 한다. 먹을거리뿐만 아니라 바닷물을 증발시켜 소금을 얻기도 하고, 바닷물 속에 포함된 마그네슘, 칼륨, 우라늄 등을 이용하기도 한다. 바다 밑에 묻혀 있는 석유와 천연 가스를 캐내기도 하고, 망간과 다이아몬드, 금, 백금, 구리, 철 등 많은 천연 자원을 캐내기도 한다. 또 바다의 조류를 이용하여 조력 발전소를 만들어 전기를 생산하기도 한다.

염류의 양은 변하더라도 염류의 비율은 늘 일정한데 이를 염분비 일정의 법칙이라고 한다. 바닷물 속의 기체는 바닷물의 표면을 통해 녹아들어 간 것으로 해양 생물의 생활에 중요한 역할을 한다. 바다 속에는 물고기를 비롯해 산호, 말미잘, 미역, 다시마 등 많은 해양 생물이 살고 있다. 지금까지 알려진 해양 식물은 약 1만 7000종이고 해양 동물은 약 15만 2000종이다. 따뜻한 바다일수록 많은 종류의 동식물이 살고, 바닷물이 차가워질수록 사는 생물의 종류가 적어진다. 바닷물은 한 곳에 머물러 있지 않고 해류를 따라 이동한다. 물의 온도와 염분의 차이, 바람 등에 따라 바닷물은 일정한 방향과 속도를 갖고 이동한다. 해류는 바닷물의 온도에 따라 난류와 한류로 구분한다. 또 바닷물은 달의 인력과 지구의 원심력에 의해 하루에 두 번씩 육지 쪽으로 밀려 들어왔다가 밀려 나간다. 밀려 들어오는 것을 밀물, 빠져 나가는 것을 썰물이라고 한다. 이 밖에도 바다는 태양 에너지를 저축하는 거대한 은행으로, 지구의 온도를 일정하게 유지하고 지구상의 열을 고루 섞어 주는 역할을 한다.

바이러스

유전 물질과 단백질로만 구성되어 있으며, 동물·식물·세균 등 살아 있는 세포에 기생하는 생물이다. 생명체가 아닌 곳에서는 결정 상태로 오랫동안 지내는 독특한 특성이 있다. 바이러스의 크기는 20나노미터에서 300나노미터까지 다양하다. 바이러스는 사람에게 여러 가지 질병을 일으킨다. 감기, 천연두, 소아마비, 풍진, 독감, 에이즈 같은 질병들이 모두 바이러스 때문이다.

바이메탈

열에 의한 팽창 정도가 다른 두 가지 금속을 얇게 잘라 맞붙여 만든 장치이다. 바이메탈이 열을 받으면 두 금속판 중 더 적게 늘어나는 금속판 쪽으로 휘게 되고, 그에 따라 붙어 있던 전원이 끊어진다. 보온 밥솥처럼 온도를 일정하게 유지해야 하는 가정용 전기 기구의 온도 조절 장치나 전류제한기·자동개폐기 등에 널리 쓰인다.

바코드

데이터를 빠르고 쉽게 컴퓨터에 입력하고 확인하기 위해 물건에 붙이는 표식이다. 문자나 숫자를 까만 막대 모양의 기호로 조합하여 만들었다. 레이저를 이용한 판독 장치로 읽어 컴퓨터에 입력된다. 바코드를 읽어 제조 회사, 제품 가격, 종류 등의 정보를 쉽게 확인한다. 물건이나 책의 뒷면에 인쇄되어 있다.

반도체

도체와 부도체의 중간 성질을 가진 물질을 가리킨다. 반도체는 평상시에는 부도체처럼 전류가 흐르지 않지만 열을 가하거나 빛을 쪼이는 등 주위 환경을 변화시키면 도체로 변해 전류가 흐른다. 또 원하는 대로 저항의 크기를 조절하거나, 교류 전기를 직류 전기로 바꿀 수도 있고, 전류가 흐르면 빛을 내기도 한다. 이런 특징 때문에 정류기, 다이오드, 집적 회로, 트랜지스터 등의 전자 소자에 쓰이며, 오늘날 모든 전자 제품에는 반도체로 만든 부품들이 들어 있을 정도로 널리 쓰이고 있다. 규소(Si)나 게르마늄(Ge)을 주 원료로 하고, 거기에 알루미늄·붕소·갈륨·인·비소·안티몬 등을 넣어 만든다.

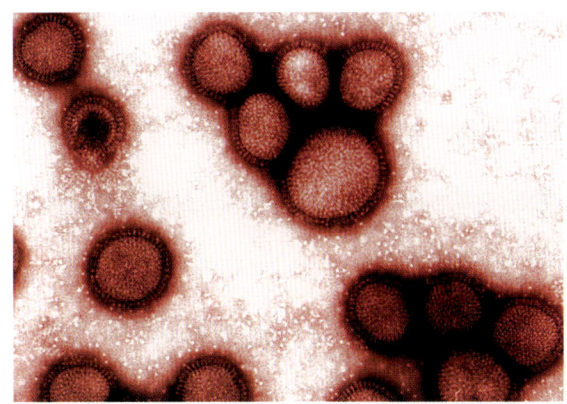

유행성 감기 바이러스의 현미경 사진

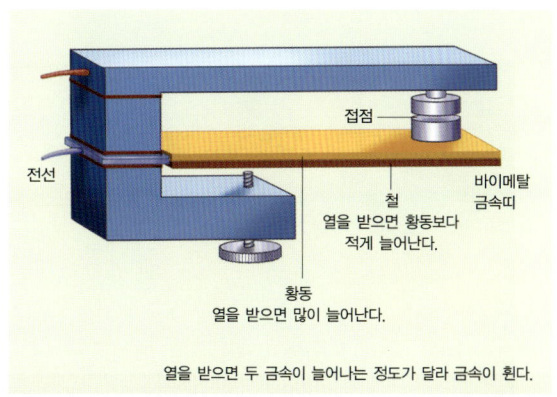

바이메탈의 원리

바람

공기의 움직임을 말한다. 일반적으로 공기가 지표면에서 수평 방향으로 움직이는 것을 바람이라고 하고, 수직 방향으로 움직이는 것은 기류라고 한다. 나뭇가지가 흔들리거나 깃발이 휘날리는 것은 그 주위의 공기가 움직이기 때문이다. 이렇게 공기가 움직이는 것, 즉 바람이 부는 것은 지역에 따라 기압의 차이가 있기 때문이다. 지구 전체에서 언제나 불고 있는 바람은 날씨와 기후의 변화에 큰 영향을 미치며, 지구상의 물질을 서로 교환하고 온도를 일정하게 유지하는 역할을 한다.

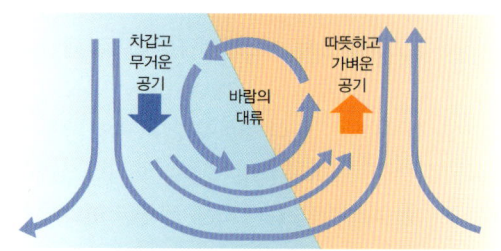

바람이 부는 에너지의 원천은 태양이다. 태양에 의해 지표면이 가열되거나 냉각되는 정도가 달라 온도 차가 생기고, 온도 차가 클수록 공기의 대류 현상도 크다.

바람이 부는 원인

지구상의 여러 지역은 지역마다 태양으로부터 받는 에너지가 서로 다르다. 같은 양의 햇볕을 받더라도 곳에 따라 지표면이 가열되거나 냉각되는 정도가 서로 다르다. 그래서 공기의 온도 차이가 생기고, 그에 따라 공기의 밀도가 달라진다. 공기의 온도가 높은 곳은 공기가 적어 밀도가 낮고, 온도가 낮은 곳은 공기가 많아 밀도가 높다. 또 공기의 밀도가 높은 지역은 기압이 높고, 공기의 밀도가 낮은 지역은 기압이 낮다. 물이 높은 곳에서 낮은 곳으로 흘러가듯이, 지구를 둘러싼 공기도 많은 곳에서 적은 곳으로, 즉 기압이 높은 곳에서 낮은 곳으로 움직인다. 이런 공기의 움직임이 바로 바람이며, 기온과 기압의 차이가 있는 곳에서는 언제나 바람이 분다. 또 바람은 공기의 온도 차와 기압 차가 클수록 빠르고 강하게 분다. 기압의 차이에 따라 부는 바람은 지구의 자전, 지표면의 차이, 지역적인 특성 등의 영향을 받아 곳에 따라 다양한 방향에서 다양한 속도로 분다.

풍속과 풍향

기상학에서는 바람을 풍향과 풍속으로 나타낸다. 풍향은 바람이 불어오는 방향을 말한다. 즉 바람이 서쪽에서 불어오면 서풍이라고 하고 남쪽에서 불어오면 남풍이라고 한다. 풍향계가 있을 경우에는 360도를 10도 간격으로 구분하여 단위로 나타내고, 풍향계가 없을 경우에는 연기나 깃발 등이 날리는 방향을 보고 관측하여 8방위나 16방위, 32방위로 나타낸다. 풍향이 자주 바뀔 때는 측정한 시간 동안 풍향계가 가리킨 방향의 횟수가 가장 많은 것으로 정한다. 풍속은 바람의 수평 이동 속도를 말한다. 풍속이 초속 50미터라고 할 때는 바람이 1

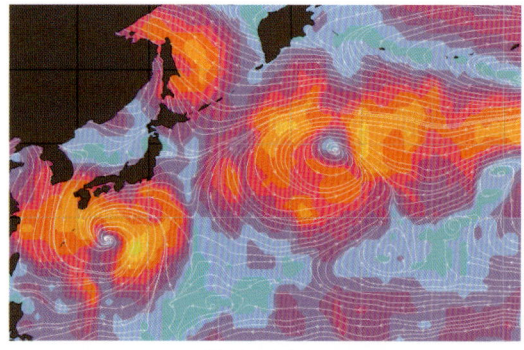

태풍이 불 때의 바람의 이동과 세기를 나타낸 지도. 파란색에서 붉은색, 노란색 쪽으로 갈수록 바람이 세다.

토네이도로 부서진 집과 나무. 지붕의 일부분이 벗겨지고, 나무가 뿌리째 뽑혔다.

탐구학습

보퍼트의 풍력 계급

영국의 제독 보퍼트가 생각해 낸 것으로, 바람의 세기를 0에서 12까지의 13계급으로 나눈 것이다. 바람의 속도와 나무의 흔들림, 파도의 상태 등을 눈어림으로 정한 것으로 육상용과 해상용이 있다.

풍력 계급	명칭	지상의 상태	지상 10m의 풍속(m/s)
0	고요	연기가 똑바로 올라간다.	0.0~0.2
1	실바람	풍향계에는 기록되지 않지만 연기가 날리는 모양으로 알 수 있다.	0.3~1.5
2	남실바람	얼굴에 바람을 느낄 수 있고 나뭇잎이 살랑인다.	1.6~3.3
3	산들바람	나뭇잎과 가느다란 가지가 흔들리고 깃발이 가볍게 날린다.	3.4~5.4
4	건들바람	먼지가 일고 작은 가지가 흔들린다.	5.5~7.9
5	흔들바람	잎이 무성한 작은 나무 전체가 흔들리고, 강이나 호수에 잔물결이 일어난다.	8.0~10.7
6	된바람	큰 가지가 흔들리고 전깃줄이 울리며 우산 받기가 힘들다.	10.8~13.8
7	센바람	나무 전체가 흔들리고 바람을 향하여 걸어갈 수 없다.	13.9~17.1
8	큰바람	가느다란 가지가 부러지고 바람을 향하여 걸어갈 수 없다.	17.2~20.7
9	큰센바람	굴뚝이 넘어지고 기와가 벗겨진다.	20.8~24.4
10	노대바람	나무가 뿌리째 뽑히고 주택에 큰 피해를 입힌다.	24.5~28.4
11	왕바람	경험하기 매우 힘들며 많은 것이 파괴된다.	28.5~32.6
12	싹쓸바람	육지에서 관측된 예는 없다.	32.7 이상

초 동안에 50미터를 나아갔다는 뜻이다. 풍속의 단위는 보통 초속 즉 m/s를 사용하지만, 바람을 속도에 따라 0부터 12까지 13계급으로 나눈 보퍼트 풍력 계급으로 나타내기도 한다. 기상학에서는 지면으로부터 10미터 높이에서 측정한 풍향과 풍속을 표준으로 하고 있다.

바람의 종류

바람은 이러한 풍향과 풍속에 따라 남풍, 북동풍, 흔들바람, 왕바람 등으로 나누지만, 영향을 미치는 지역의 크기에 따라 소규모, 중규모, 대규모 바람으로 나누기도 한다. 소규모 바람은 풍향과 풍속이 수시로 변하는 바람으로 실내에 부는 미풍이나 도시 지역의 건물과 건물 사이에서 부는 틈새바람 등을 말한다. 중규모 바람은 지형의 영향으로 어떤 특정한 지역에만 부는 바람으로 해륙풍·산곡풍·푄바람 등이 있다. 해륙풍과 산곡풍은 낮과 밤에 따라 바람의 방향이 바뀌는 바람이고, 푄바람은 산의 사면을 불어 내려오는 고온 건조한 바람이다. 대규모 바람은 바람의 흐름이 지구 전체에 미치는 것으로 무역풍·계절풍·편서풍 등이 있다. 무역풍은 중위도 고압대에서 적도 저압대를 향해 부는 바람을 가리키고, 편서풍은 중위도 지방에서 서쪽에서 동쪽으로 부는 바람을 가리킨다. 계절풍은 일 년 동안 계절에 따라 풍향이 바뀌는 바람을 말한다.

반사

일정한 방향으로 나아가던 파동이 다른 물체의 표면에 부딪혀서 나아가던 방향을 반대로 바꾸는 현상이다. 거울은 빛의 반사를 이용한 대표적인 물체이다. 거울은 유리의 뒷면에 수은을 바른 것이다. 빛은 유리는 통과하지만 뒷면의 수은을 만나면 대부분 반사된다. 거울처럼 매끄러운 면에서는 빛이 어느 한 쪽으로 일정하게 반사된다. 이를 정반사라고 한다. 울퉁불퉁한 면에서는 빛이 모든 방향으로 반사된다. 이를 난반사라고 한다. 우리가 사물을 볼 수 있는 것도 물체에 부딪혀 사방으로 반사된 빛 중 일부가 눈으로 들어오기 때문이다.

발

동물의 운동 기관인 다리의 맨 끝 부분이다. 일반적으로 사람이나 짐승의 다리에서 발목뼈 아래의 땅에 닿는 부분을 가리킨다. 다리와 함께 몸을 떠받치고 운동이나 이동을 위하여 사용되는 기관이며, 동물에 따라 모양이 다르다. 즉 오리나 거위처럼 헤엄을 치기 좋게 발가락 사이에 물갈퀴가 있는 것도 있고, 소나 말처럼 달리기 편하게 발톱이 발굽으로 변한 것도 있다. 사람의 발은 발뒤꿈치·발바닥·발등·발가락으로 나뉜다.

발생

대부분의 동물에서 수컷의 정자와 암컷의 난자가 수정된 다음에 체세포 분열로 조직과 기관으로 분화되는 과정을 가리킨다. 수정 후 만들어진 수정란은 난할이라는 왕성한 세포 분열을 거쳐 여러 조직과 기관으로 분화되면서 하나의 개체로 자란다. 수정란 속에는 한 개체로 온전히 자라는 데 필요한 모든 유전 정보가 들어 있다.

발암 물질

동물에게 암을 일으키게 하는 물질이다. 담배에 들어 있는 타르나 벤조피렌 같은 화학 물질, 헬리코박터 파일로리균 같은 세균, 바이러스, 비소·카드뮴 같은 중금속, 자외선이나 방사선 등이 발암 물질이다. 식품에 들어 있는 방부제나 인공 감미료 같은 첨가물에도 여러 종류의 발암 물질이 들어 있다.

발효

효모나 세균, 곰팡이 등의 미생물이 유기물을 분해하거나 변화시켜 알코올류, 유기산류, 탄산가스 등을 만들어 내는 현상이다. 좁은 뜻으로는 산소가 없는 상태에서 미생물이 탄수화물을 분해하여 에너지를 얻는 작용을 뜻한다. 발효와 부패는 비슷하지만, 결과로 생기는 물질이 다르다. 발효된 음식은 먹을 수 있지만, 부패된 음식은 먹으면 배탈이 난다. 부패 과정에서 아민이나 황화수소라는 물질이 생기기 때문이다. 자연 상태에서 모든 유기 화합물은 썩지만 특정한 조건과 환경을 갖추어 주면 발효하여 사람에게 유용한 물질을 만든다. 배추를 그냥 버려 두면 썩지만 소금에 절여 양념을 한 후 항아리에 담아 온도를 맞춰 보관하면 미생물이 발효를 일으켜 맛있는 김치가 된다. 또 우유를 그냥 놔두면 부패되어 썩지만, 어떤 효소를 함께 넣어 두면 발효되어 치즈가 만들어진다. 발효를 이용한 식품으로 간장, 된장, 요구르트, 치즈,

잔잔한 호수의 표면에 비친 사람들의 모습. 빛의 반사 현상을 볼 수 있다.

발효를 이용한 식품인 간장

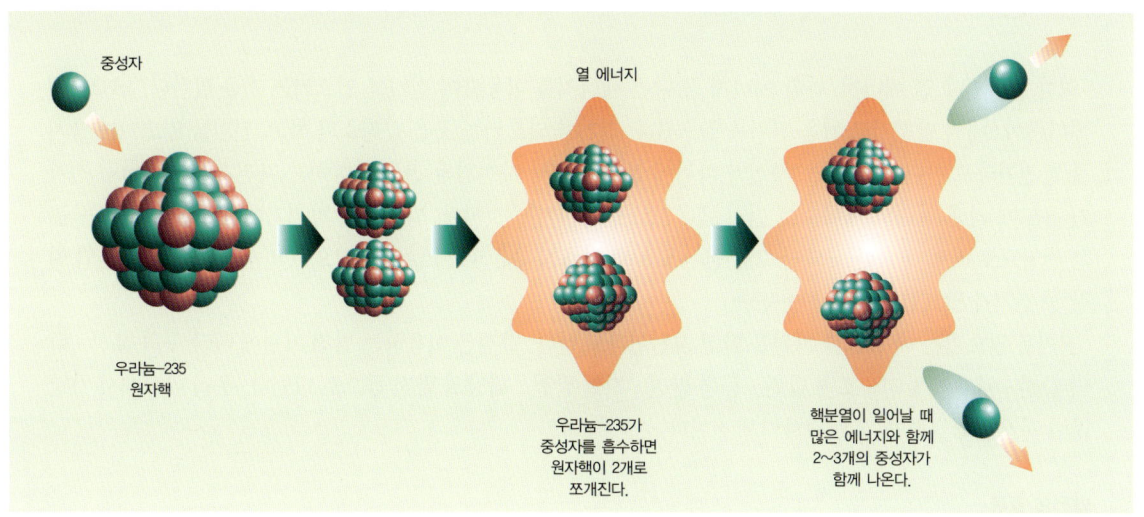

방사성 원소의 핵분열 과정

김치, 맥주나 과일주 등이 있다.

방광

콩팥에서 만들어진 오줌을 모아 놓았다가 요도를 통해 밖으로 내보내는 주머니 모양의 배설 기관이다. 남자는 직장 앞에, 여자는 자궁과 질 윗부분 앞에 방광이 있다. 방광은 오줌이 없을 때는 쪼그라져 있다가 조금씩 채워지면서 부풀어 오른다. 방광은 약 600밀리리터의 오줌을 모을 수 있으며, 참고 견디면 700~800밀리리터까지 모을 수 있다. 사람에 따라 차이가 있지만 대개 방광에 오줌이 200밀리리터 정도 차면 오줌이 마려운 것을 느낀다. 방광의 두께는 1.5센티미터 정도로 두껍지만 부풀어 오르면 3밀리미터까지 얇아질 정도로 신축성이 좋다. 오줌을 오래 참으면 노폐물을 몸 안에 두게 되어 요도의 기능이 떨어지고 방광염과 같은 병에 걸릴 수도 있다.

방사선

방사성 원소가 붕괴할 때 내놓는 입자선과 복사선을 말한다. 방사선은 알파(α)선·베타(β)선·감마(γ)선의 세 종류가 있다. 넓은 뜻으로는 핵반응에서 나오는 각종 입자선과 전자기파를 포함하기도 한다.

방사성 원소는 원자핵이 너무 무겁거나, 원자핵을 이루는 양성자와 중성자의 비율이 균형을 이루지 못해 매우 불안정해서 원자핵이 보다 안정된 원소로 나뉘어지는 원소이다. 방사성 원소로는 우라늄, 라듐, 폴로늄 등이 있다. 이렇게 원자핵이 쪼개져서 안정한 원자핵으로 변하는 것을 핵붕괴라고 하고, 이때 방출되는 것이 방사선이다. 알파선과 베타선은 방사성 붕괴로 원자핵이 붕괴될 때 나오는 입자선이고, 감마선은 붕괴하면서 알파선이나 베타선을 방출한 원자핵이 안정한 상태로 돌아오면서 방출하는 전자기파이다. 알파선은 알파 입자들이 방출되는 것이다. 알파 입자는 헬륨이 전자를 잃은 상태와 같다. 따라서 알파 입자는 중성자 2개와 양성자 2개가 결합한 것으로 질량과 전하가 비교적 크기 때문에 물질 속에서 에너지가 빨리 감소하여 투과력이 약하다. 베타선은 음전하를 띤 베타 입자들이 방출되는 것이며, 베타 입자는 전자의 모임이다. 베타 입자는 알파 입자보다 투과력이 100배 정도 크다. 감마선은 파장이 짧은 전자기파로 높은 에너지를 지녔으며, 투과력이 알파선의 1000배이다. 종이와 알루미늄은 통과하지만 납은 얇아도 통과하지 못하고, 두꺼운 콘크리트 벽도 통과하지 못한다.

방사선은 물질의 물리적 특성을 연구하거나 질병의 치료 등에 사용되고, 물리학·생물학·의학·공학 등 여러 분야에서 널리 쓰이고 있다. 그러나 방사선이 널리 사용되면서 방사성 물질에 의한 환경 오염과 유전적인 변이가 나타나기도 한다. 방사선의 측정 단위로는 뢴트겐(R)·래드(rd)·렘(rem) 등이 있다. 이 중 뢴트겐은 엑스(X)선과 감마선의 국제단위이다.

발전

역학 에너지나 열 에너지, 화학 에너지 등 다른 에너지를 이용하여 전기를 일으키는 것을 말한다. 1882년에 에디슨이 6대의 발전기로 처음 전기를 일으켰다. 전기를 일으키는 곳을 발전소라 하고, 전기를 일으키는 장치를 발전기라고 한다. 발전기는 자전거 바퀴에 붙어 돌면서 자전거의 전구를 밝히는 자전거 발전기처럼 전자기 유도에 의해 원래의 에너지를 전기 에너지로 변환시키는 것이다. 발전소의 발전기에서 생산된 전기는 높은 전압으로 바꿔 필요한 곳까지 고압 전선을 통해 전해진 다음, 다시 낮은 전압으로 바꾸어 가정이나 산업 현장 등 전기가 필요한 곳에서 사용된다.

전기를 일으키는 데 필요한 자원을 발전 자원이라고 한다. 발전은 이용하는 발전 자원에 따라 수력 발전·화력 발전·원자력 발전·조력 발전·풍력 발전·지열 발전·태양열 발전 등으로 나뉜다. 우리 나라에서 가장 많이 전기를 공급하는 것은 원자력 발전이다.

발전의 종류

수력 발전소에서는 댐에서 떨어지는 물의 힘으로 발전기를 돌린다. 물의 힘으로 물레방아가 돌아가는 것처럼 수차를 회전시켜 물의 운동 에너지를 전기 에너지로 변환시킨다. 풍력 발전소에서는 강하게 부는 바람을 이용해서 풍차를 돌리고 그 힘으로 발전기를 돌린다. 조력 발전소에서는 바닷물의 높이가 높아졌다가 다시 낮아지는 것을 이용해서 발전기를 돌려 전기를 일으킨다. 화력 발전소에서는 석탄·석유·가스 등의 화석 연료로 물을 끓여 고온 고압의 수증기를 만들어 발전기를 돌린다. 석탄은 오염 물질이 많아서 오늘날에는 석유나 가스를 많이 쓴다. 원자력 발전소에서는 우라늄이라는 방사성 물질을 연료로 사용해 발전기를 돌려 전기를 일으킨다. 지열 발전소에서는 땅 속에서 나오는 증기나 더운 물을 이용하여 발전기를 돌린다. 태양열 발전소는 태양의 열 에너지를 흡수하여 열기관과 발전기를 돌려 전기를 일으킨다. 태양 빛을 받으면 직접 전기를 일으키는 태양전지를 이용하는 태양광 발전소도 소규모로 쓰이고 있다.

삼천포 화력 발전소

대청 수력 발전소

제주 풍력 발전소

월성 원자력 발전소

태양열 발전소

지열 발전소

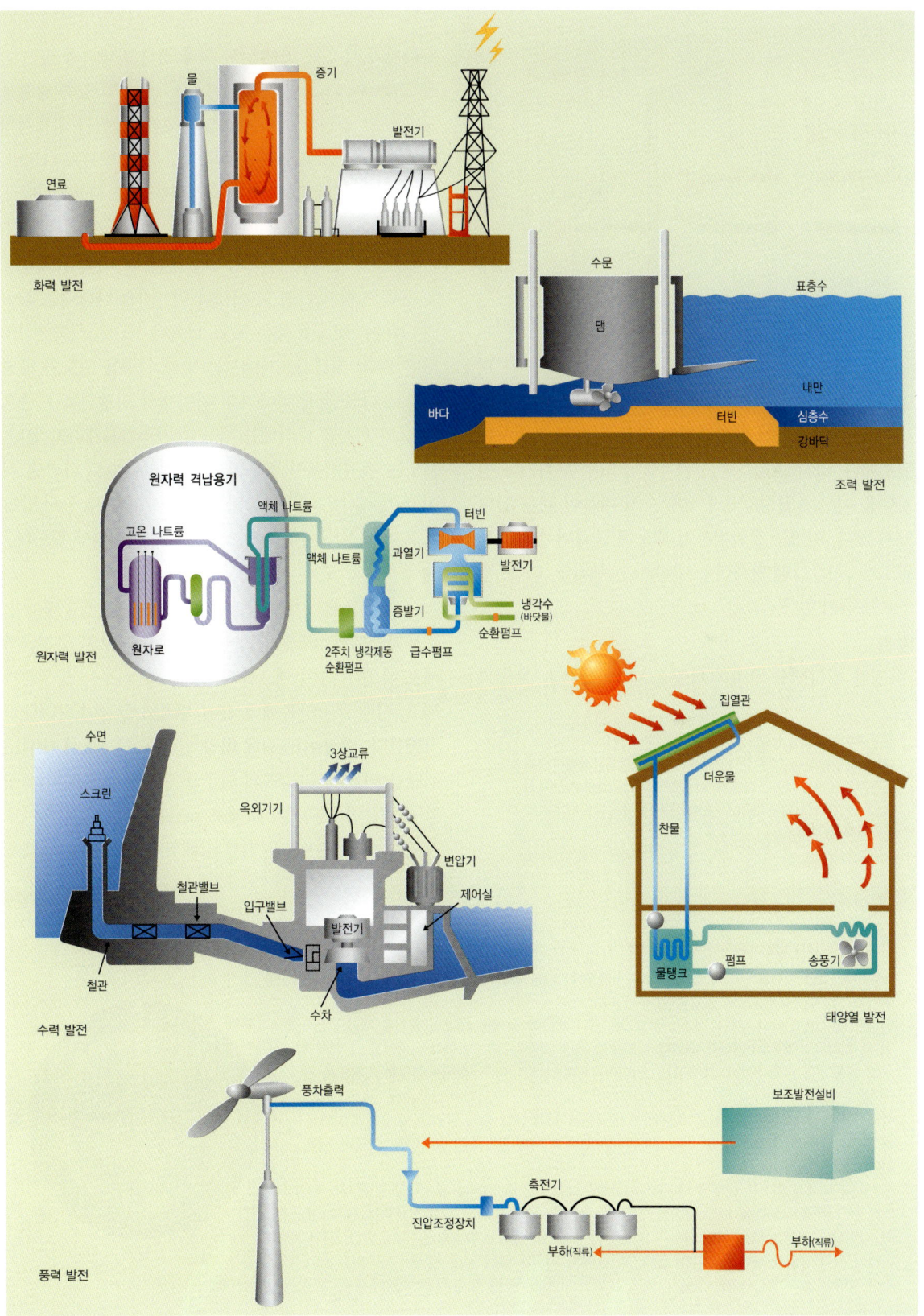

방사성 원소

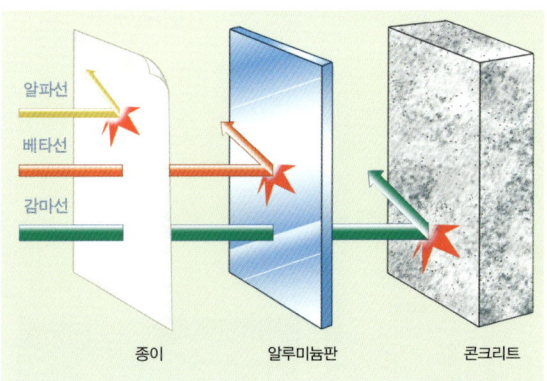

방사선의 종류

방사성 원소
원자핵에서 방사선을 방출하고 작은 원자로 붕괴하는 원소이다. 방사성 원소들은 원자핵이 너무 무겁거나 원자핵을 이루는 양성자와 중성자 수의 비율이 균형 잡혀 있지 않다. 이렇듯 불안정하기 때문에 붕괴되어 안정된 원소가 되고, 그때 방사선을 내뿜는다. 우라늄, 라듐, 플루토늄 등이 있다.

방위
특정한 위치에서 주변의 방향을 나눈 것이다. 보통은 관측자가 서 있는 곳에 남과 북을 정하고 남북을 잇는 선을 그은 후, 그 선과 수직으로 만나는 선의 양쪽 방향을 동과 서로 정한다. 동·서·남·북의 4방위가 대표적이며, 이를 기준으로 다시 8방위, 16방위, 32방위로 나눈다. 방위는 임의로 공간의 위치를 정하는 데도 사용된다.

방위각
어떤 점에서 다른 점의 방향을 정할 때, 북쪽을 기준으로 동쪽 방향으로 몇 도 어긋나 있는가를 나타내는 값이다. 북쪽은 0도, 동쪽은 90도, 남쪽은 180도, 서쪽은 270도가 된다. 지평좌표계에서는 별의 위치를 고도와 방위각으로 나타낸다. 관측자의 위치에서 지평면을 기준으로 별의 위치를 나타내는 좌표를 지평좌표계라고 한다. 고도는 지평면에서 별까지의 높이를 각도로 나타낸 것이고, 방위각은 지평선상의 한 점을 기준으로 동서 방향으로 어느 정도 치우쳐 있느냐를 각도로 나타낸 것이다.

배
다세포생물에서 발생의 초기 단계에 있는 생물체이다. 동물의 경우에 배가 만들어지는 과정을 보면 수정란이 세포 분열을 하여 세포들이 덩어리를 이루는 상실배가 되고, 이때부터 안쪽에 공간이 생겨서 할강이 나타나기 시작한다. 할강이 커짐에 따라 안쪽의 할구들이 내세포 집단을 이룬다. 바깥쪽의 할구들은 주위를 둘러싸는 영양 세포층이 된다. 이 내세포 집단은 배가 되어 태아로 자라며, 영양 세포층은 태반과 배막을 형성한다. 내세포

방사성 원소를 이용한 연대 추정

유적이나 유물이 만들어진 연대를 측정하기 위해 방사성 물질의 반감기를 이용한다. 방사성 물질은 불안정하기 때문에 어느 일정한 시간이 지나면 붕괴되어 양이 점점 줄어든다. 그래서 붕괴되어 남아 있는 양으로 연대를 추정해 볼 수 있다.

탐구학습

방위를 알아 내는 방법에는 무엇이 있을까요?

나침반을 보면 방위를 정확히 알 수 있다. 나침반이 없을 때는 낮에는 태양이 있는 위치로 방위를 알 수 있고, 밤에는 북극성으로 방위를 알 수 있다.

태양은 동쪽에서 떠서 남쪽을 지나 서쪽으로 지기 때문에 낮에는 태양의 위치로 대강의 방위를 알 수 있다. 낮 열두 시 반쯤에 태양을 바라보고 서면 태양이 있는 방향이 남쪽이고 그 반대 방향이 북쪽이다. 이때 왼쪽이 동쪽이고, 오른쪽이 서쪽이다. 나머지 방위는 이것을 기본으로 알아 낼 수 있다.

북극성은 항상 북쪽에 있기 때문에 밤에는 북극성을 찾아 내면 쉽게 방위를 알 수 있다. 북극성이 있는 방향이 북쪽이고 그 반대 방향이 남쪽이다. 이때 오른쪽이 동쪽이고, 왼쪽이 서쪽이다.

태양이나 북극성 외에도 나무의 나이테나 이끼를 보고 대강의 방위를 알 수 있다. 둥지가 잘려 있는 큰 나무의 나이테를 보면 나이테의 간격이 한쪽은 넓게 나타나고 그 반대편은 좁게 나타난다. 나이테의 간격이 넓은 쪽이 남쪽이다. 나무가 자랄 때 남쪽은 햇빛을 잘 받아 빨리 자라므로 나이테의 간격이 넓고 북쪽은 간격이 좁다. 또 숲에서 이끼가 많이 자란 지역이 북쪽이고 상대적으로 덜 자란 지역이 남쪽이다. 이끼는 햇빛이 있고 건조한 지역보다 어둡고 습기 찬 지역에서 더 잘 자라기 때문이다.

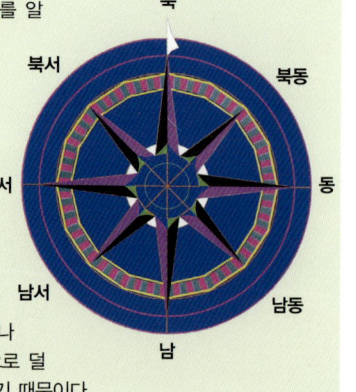

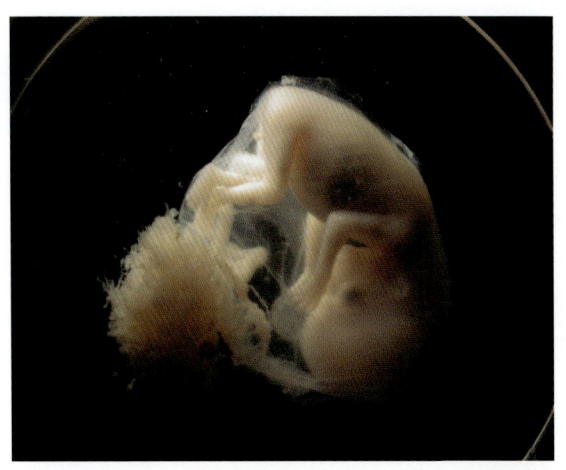
사람의 태아

전나무의 배

집단으로부터 내배엽·중배엽·외배엽이 나타나고 다음으로 태반 형성의 근원이 되는 여러 가지 조직화 과정이 일어난다. 외배엽에서는 표피·눈의 수정체·털·손톱·뇌·척수·신경 같은 기관이, 중배엽에서는 근육·뼈·순환 기관·신장 같은 기관이, 내배엽에서는 소화관·호흡 기관 등이 분화되어 하나의 개체로 커 나간다.

속씨식물의 경우에 배낭 안에 있는 수정된 난세포가 세포 분열을 하여 배가 된다. 씨앗 속의 배는 배젖에 둘러싸여 있고, 발아할 때는 배젖의 양분을 흡수하여 성장한다. 콩과와 국화과는 배의 떡잎 속에 양분을 저장하므로 배젖이 없다.

배

물 위에 떠서 움직이는 교통 수단이다. 물보다 밀도가 낮은 물체가 물 위에 뜨는 원리를 이용하여 나무, 쇠 등으로 만들며 노, 돛, 디젤 기관 등으로 움직인다.

인류 문화의 발상지인 고대 이집트와 메소포타미아 및 인도·중국 등은 모두 큰 강의 유역에 있고 바다와 가까이 있어 일찍부터 배를 교통 수단으로 썼다. 최초의 배는 기원전 5000년경에 이집트의 나일 강 하구에서 파피루스라는 풀을 엮어 만든 갈대배라고 전한다. 인류는 갈대뿐만 아니라 여러 가지 재료를 이용하여 물에 뜨는 다양한 형태의 배를 만들었다. 나무나 풀을 엮어 물에 뜨게 만든 배, 통나무의 중앙을 파내고 밑 부분을 둥글게 만들어 물에 띄운 배, 짐승의 가죽으로 만든 배들이 가장 오래 된 배의 형태들이다. 나무 재료를 견고하게 짜 맞추어서 배의 골격을 만들고 이 위에 외판과 갑판을 붙이는 다소 복잡한 구조를 갖춘 배는 기원전 15세기경에 처음으로 만들었다. 이 후 나무로 만든 배가 널리 쓰였으며, 1818년에 영국에서 처음으로 쇠로 배를 만든 후 많은 배들이 철선으로 바뀌었다. 배는 오랫동안 사람이 노를 저어 움직이거나, 돛을 달아 바람의 힘으로 움직였다. 1801년에 증기 기관으로 움직이는 배가 나온 이후 점차 증기

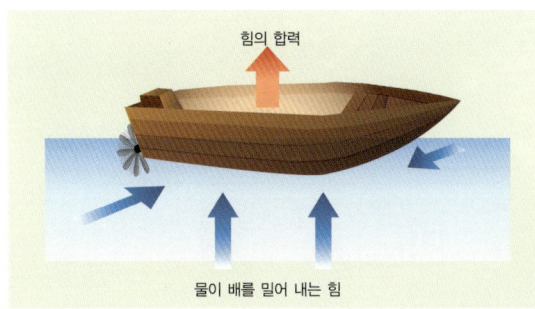
힘의 합력

물이 배를 밀어 내는 힘

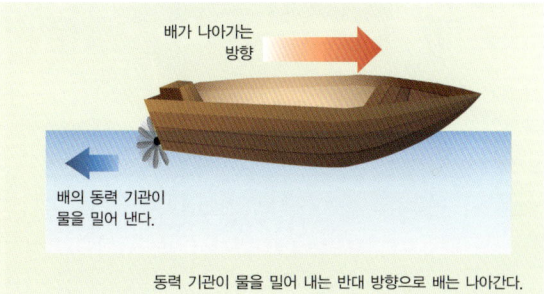
배가 나아가는 방향

배의 동력 기관이 물을 밀어 낸다.

동력 기관이 물을 밀어 내는 반대 방향으로 배는 나아간다.

배가 물에 떠 있는 원리와 나아가는 원리

범선

여객선

항공모함

터빈 기관이나 디젤 기관이 배의 추진 장치로 쓰이게 되었다. 오늘날 대부분의 배는 디젤 기관으로 스크루를 돌려 움직인다. 항공모함처럼 원자력으로 움직이는 배도 있다.

배기 가스

교통 수단의 가솔린 엔진이나 디젤 엔진 등의 기관에서 운전 중에 대기 속으로 내뿜는 가스이다. 자동차의 배기 가스 중에 80퍼센트 이상은 무해하지만 일산화탄소·탄화수소·질소산화물 등은 두통이나 구토, 호흡기 장애를 일으킨다. 배기 가스는 대기 오염을 일으키는 주요 원인 중 하나로 우리 나라는 1978년 6월부터「대기환경보전법」으로 이를 규제하고 있다.

배설 기관

몸 속의 노폐물을 처리하고 수분의 양을 일정하게 유지시키는 기관이다. 오줌을 만드는 콩팥과 방광, 요도, 요관, 땀샘 등으로 이루어져 있다. 활동에 필요한 에너지원인 탄수화물, 지방, 단백질 같은 영양분을 섭취하고 나면 물과 이산화탄소, 암모니아 같은 물질이 생긴다. 물은 다시 흡수되거나 땀이나 오줌이 되어 몸 밖으로 내보내진다. 이산화탄소는 허파꽈리와 모세혈관 사이의 기체 교환으로 몸 밖으로 배출된다. 단백질처럼 구성 원소에 질소를 포함하고 있으면 몸속에서 분해되어 물과 이산화탄소 외에 암모니아·요소·요산 같은 물질로 배출된다. 암모니아는 냄새가 고약할 뿐 아니라 독성도 강하여 몸속에 쌓이지 않게 바로 배설하거나 요소나 요산처럼 독성이 거의 없는 물질로 바뀌어 오줌으로 내보낸다.

백반

물에 잘 녹는 흰색의 결정으로 명반이라고도 한다. 온도에 따라 녹는 양의 차이가 많이 나서 결정을 만들기가 쉽다. 백반은 섭씨 0도의 물에는 100그램에 3그램 정도 녹고, 섭씨 100도의 물에는 100그램에 361그램 정도 녹는다. 손톱에 봉숭아물을 들일 때 사용하고, 섬유를 염색하거나 사진을 인화할 때, 알루미늄을 만들 때도 사용된다.

백색왜성

스스로 빛을 내는 별이 시간이 지남에 따라 마지막 단계에서 나타나는 형태이다. 별의 질량이 태양 질량의 3배 이하인 별은 핵융합 반응이 더 이상 일어나지 않으면 적색거성이 된다. 적색거성의 중심핵은 계속해서 수축하고, 별의 바깥층은 점점 팽창한다. 적색거성의 바깥층이 우주 공간으로 계속 빠져 나가면서 별은 질량의 대부분을 잃고 중심핵만이 남아 백색왜성이 된다. 지름이 겨우 몇십 킬로미터 밖에 되지 않는 백색왜성은 남아 있던 열과 빛을 모두 우주 공간으로 내뿜으며 서서히 빛을 잃는다.

백신

몸에 투여하는 항원의 하나이다. 백신은 면역의 원리를 이용한다. 우선 병을 일으키지 않을 정도의 병균을 몸에 집어 넣어 일부러 약한 병균에 감염되게 한다. 그러면 두 번째 감염으로 독성이 강한 병균이 우리 몸 속에 들어왔을 때 곧바로 항체를 만들어 병균을 물리치는 것이다. 병의 종류에 따라 다른 백신을 쓴다. 대표적인 백신으로 종두·유행성독감·광견병·디프테리아·파상풍 백신 등이 있다. 또 컴퓨터에서는 컴퓨터 바이러스를 찾아 내고 손상된 디스크를 복구하는 프로그램을 백신이라고 한다.

백엽상

기온이나 습도 등을 재기 위해 최고 온도계, 최저 온도계, 자기 온도계, 습도계 등을 달아 실외에 설치한 작은 집 모양의 나무 상자이다. 직접 햇빛을 받지 않고 비나 눈을 맞지 않으며, 바람이 잘 통하게 사방의 벽을 겹비늘 모양으로 만들고, 겉에는 햇볕을 흡수하지 않도록 흰색 페인트를 칠한다. 백엽상은 보통 노장이라는 편평

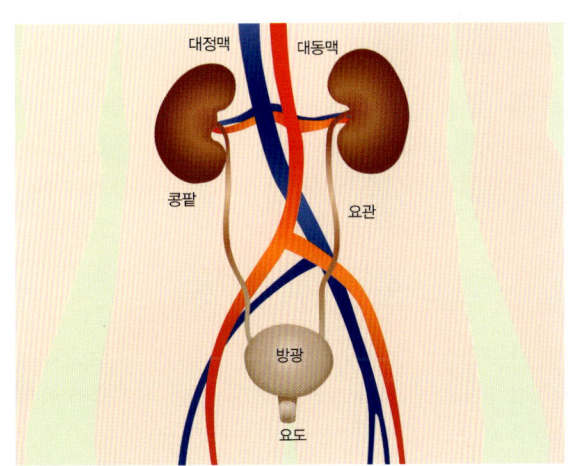

배설 기관

백조자리

기상청 관측 노장에 놓여 있는 백엽상

온도계와 습도계가 들어 있는 백엽상의 내부

한 잔디밭의 중앙에 세운다. 온도계는 그 눈금이 땅에서 약 1.5미터 위에 놓이게 설치하고 북쪽 창문을 이용하여 관측할 수 있게 만든다. 잔디밭의 넓이는 적어도 600제곱미터 정도는 되어야 한다. 잔디밭 주위에는 통풍이나 백엽상에 그림자가 지지 않을 정도의 높이로 철책을 세운다.

백조자리

여름철 밤하늘의 천정 부근에서 볼 수 있는 별자리이다. 은하수가 지나는 곳에 놓여 있으며, 페가수스자리와 헤라클레스자리의 사이에 있다. 가장 밝은 별은 백조 꼬리 부근에 있는 데네브이다. 데네브는 견우별과 직녀별과 함께 커다란 삼각형을 그리고 있으며, 이를 여름철의 대삼각형이라 한다.

번개

대기 중에서 전기가 흘러 번쩍이는 강한 불꽃을 말한다. 적란운이 발달하는 동안 구름의 위쪽에는 양전하가, 아래쪽에는 음전하가 분리되어 쌓이고, 이렇게 축적된 전하의 밀도가 어느 한계를 넘으면 방전 현상을 일으킨다. 자석의 N극과 S극이 서로 달라붙으려고 하듯이 전기도 늘 양전하와 음전하 사이를 흐르려 하기 때문에 방전이 일어나는 것이다. 방전이 일어나기 직전의 양쪽 전하 중심 사이의 전위 차는 1억~10억 볼트 정도이며, 방전은 1000분의 1초 이하의 아주 짧은 시간에 일어난다. 방전 현상이 구름 속이나 구름 사이에서 발생하는 것을 구름 방전이라 하고, 구름과 땅 사이에서 발생하는 방전 현상을 대지 방전 또는 벼락이라고 한다. 구름 방전이 전체 방전 현상의 약 80~90퍼센트를 차지한다. 번개는 이런 방전이 일어날 때 나타나는 번쩍거리는 불꽃을 말하며, 방전이 일어날 때 나는 소리를 천둥이라고 한다. 우리 나라에서 천둥·번개가 주로 발생하는 시기는 4~11월 사이이며, 특히 여름철에 집중적으로 나타난다. 매우 드물지만 겨울에도 번개가 친다.

벼락

구름과 땅 사이에서 일어나는 방전 현상을 말한다. 대기 중의 방전 현상은 대부분 구름 속이나 구름 사이에서 일어나지만, 때로는 구름과 땅 사이에서 방전 현상이 일어나기도 한다. 이것을 벼락 또는 대지 방전이라고 한다. 전기는 조금이라도 거리가 가까운 쪽으로 흐르려고 하기 때문에 뾰족한 탑이나 나무, 건물 꼭대기에 주로 벼락이 친다. 벼락은 매우 높은 전기를 띠고 있어 아주 위험하다. 우리 나라에서는 4~11월 사이에 벼락이 치며, 특히 여름철에 많이 나타난다.

탐구학습

벼락에 맞지 않으려면 어떻게 해야 할까요?

천둥, 번개가 칠 때는 벼락을 맞을 수도 있기 때문에 조심하여야 한다. 여름철에 천둥이나 번개가 칠 때는 가능하면 피뢰침이 설치된 건물 안으로 대피하는 것이 좋으며, 그렇게 할 수 없을 때는 다음과 같이 하는 것이 안전하다.

1. 평지나 산 위에서 번개가 칠 때는 몸을 가능하면 낮추고 우묵한 곳이나 동굴 속으로 피한다.
2. 들판에 있는 나무나 산 속의 키가 큰 나무에는 벼락이 떨어질 가능성 높기 때문에 피해야 한다.
3. 낚싯대나 골프채처럼 키가 큰 물건은 땅에 내려 놓고 자세를 낮춘다.
4. 자동차에 타고 있을 때는 차를 세우고 차 안에 그대로 있는 것이 안전하다. 차에 벼락이 치면 전류는 도체인 차의 표면을 따라 타이어를 통해 지면으로 흘러가기 때문에 차 안은 안전하다.
5. 집에 있을 때 번개가 치면 텔레비전 안테나나 전선을 따라 전류가 흐를 수 있으므로 주의하여야 한다. 전화기나 전기 제품 등의 플러그를 빼고, 전등이나 전기 제품으로부터 1미터 이상 떨어져 있는 것이 좋다.

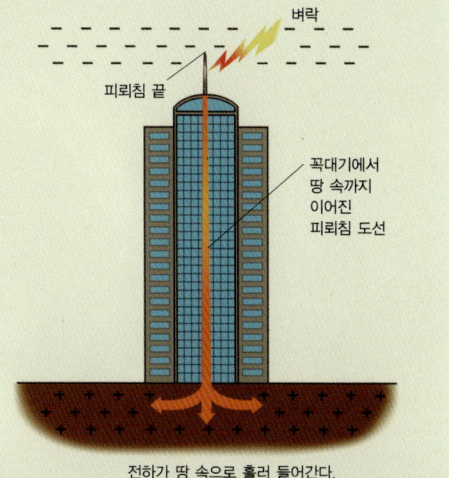

전하가 땅 속으로 흘러 들어간다.

번개

별

지구에서 2만 광년 떨어져 있는 외뿔소자리의 V838 모노체로티스. 가운데 있는 적색초거성은 짧은 기간 내에 은하계에서 가장 밝은 별로 변했고, 태양보다 약 60만 배나 밝다.

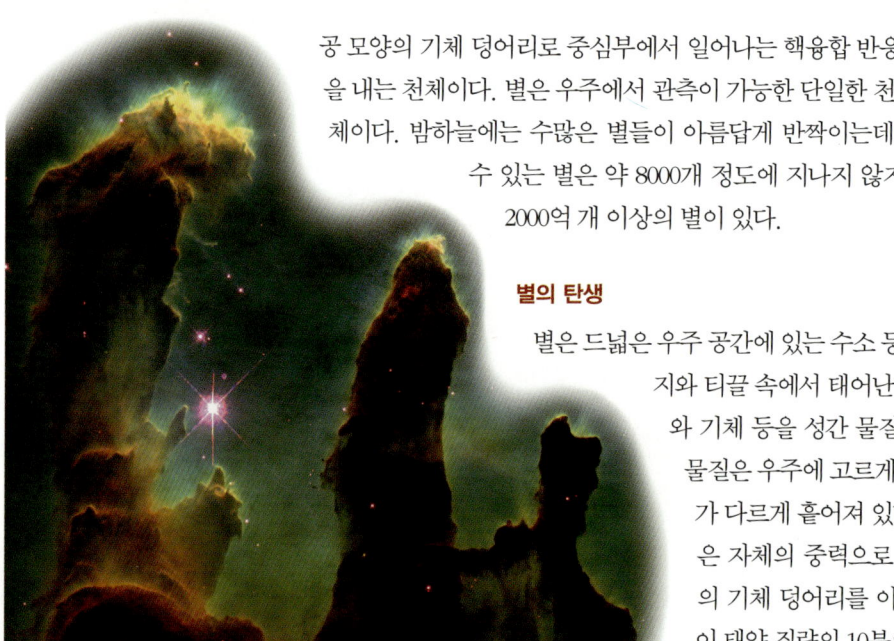

지구에서 7000광년 떨어져 있는 독수리 성운의 차가운 가스 기둥에서 별들이 무더기로 태어나고 있다.

공 모양의 기체 덩어리로 중심부에서 일어나는 핵융합 반응으로 스스로 열과 빛을 내는 천체이다. 별은 우주에서 관측이 가능한 단일한 천체 중에서 가장 큰 천체이다. 밤하늘에는 수많은 별들이 아름답게 반짝이는데 우리가 맨눈으로 볼 수 있는 별은 약 8000개 정도에 지나지 않지만 우리 은하에만도 2000억 개 이상의 별이 있다.

별의 탄생

별은 드넓은 우주 공간에 있는 수소 등의 기체와 미세한 먼지와 티끌 속에서 태어난다. 우주에 있는 먼지와 기체 등을 성간 물질이라고 하는데, 성간 물질은 우주에 고르게 퍼져 있지 않고 밀도가 다르게 흩어져 있다. 밀도가 높은 부분은 자체의 중력으로 수축하여 구름 모양의 기체 덩어리를 이룬다. 덩어리의 질량이 태양 질량의 10분의 1 이상이면 중심부에서 수소가 헬륨으로 바뀌는 핵융합 반응이 일어난다. 기체 덩어리는 핵융합 반응으로 인한 열팽창 힘과 중력이 평형 상태를 이루어 둥근 공 모양이 된다. 핵융합 반응에서 나오는 엄청난 에너지로 별은 수십억 년 동안이나 계속 빛을 낸다.

별의 밝기

별은 엄청난 빛을 내지만 지구에서 아주 멀리 떨어져 있어 작고 어둡게 보인다. 모든 별들은 자신만의 고유한 밝기를 가지고 있다. 별의 밝기는 겉보기 등급과 절대 등급으로 나타낸다. 맨눈으로 측정했을 때의 별의 밝기를 등급으로 표시한 것을 겉보기 등급이라 하고, 별들이 지구에서 모두 같은 거리에 있다고 가정하고 별의 밝기를 정한 등급을 절대 등급이라 한다. 태양의 겉보기 등급은 대략 -28.6등급 정도로 매우 밝지만, 절대 등급은 4.7등급 정도 밖에 되지 않는다.

별의 색깔

별은 맨눈으로 보아도 제각기 색깔이 다르지만 망원경으로 자세히 들여다 보면 색깔이 다른 것을 잘 알 수 있다. 별의 색깔이 서로 다른 것은 별마다 표면 온도가 다르기 때문이다. 표면 온도가 높은 뜨거운 별에서는 주로 파란색 빛이 나오고, 차가운 별에서는 빨간색 빛이 나온다. 별은 색깔에 따라 청백색, 백색, 황백색, 황색, 주황색, 적색 별로 나뉜다.

별의 진화와 죽음

영원히 빛을 낼 것처럼 보이는 별들도 우리처럼 태어나고 자라고 또 죽는다. 우주의 탄생과 함께 태어난 별들 중에 일부는 죽고, 그 죽은 별의 먼지 속에서 또 다른 별이 태어난다. 별이 태어나고 죽는 과정을 별의 진화라고 하는데 별의 진화는 수십억 년에 걸쳐 일어난다. 핵융합 반응으로 빛을 내는 별을 주계열성이라 하며, 별은 일생의 대부분을 주계열성으로 보낸다. 핵융합 반응을 일으키는 핵연료가 떨어지면 평형 상태가 무너지고 진화하는데, 별의 진화에 가장 큰 영향을 미치는 것은 별이 태어날 때 가지고 있던 질량이다. 별은 질량에 따라 주계열성에서 적색거성, 백색왜성으로 진화하기도 하고, 주계열성에서 적색초거성으로 진화해 초신성 폭발을 일으키고 중성자별이나 블랙홀이 되기도 한다.

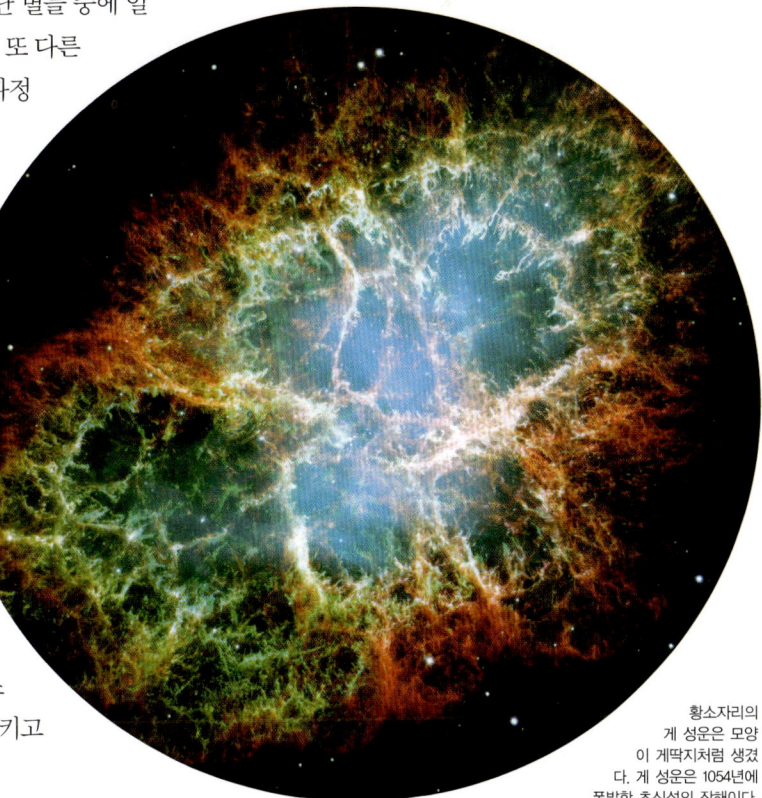

황소자리의 게 성운은 모양이 게딱지처럼 생겼다. 게 성운은 1054년에 폭발한 초신성의 잔해이다. 이 성운의 중심에는 펄서를 발생하는 중성자별이 있다.

別자리

겨울밤 남쪽 하늘에서 쉽게 찾아 볼 수 있는 황소자리에는 플레이아데스 성단과 히아데스 성단과 같은 유명한 산개 성단이 있다. 플레이아데스 성단은 서양에서는 7자매별이라 하고 우리 나라에서는 28수의 여덟 번째인 묘성 또는 좀생이별이라고 부른다. 눈이 좋은 사람들은 맨눈으로 성단 속에서 6, 7개의 별들을 셀 수 있다.

하늘의 별들을 몇 개씩 이어서 가상의 그림을 그리고, 모양에 따라 이름을 붙인 것이다. 밤하늘의 수많은 별을 보면서 사람들은 옛날부터 그 별들이 특별한 모양을 하고 있다고 생각해 모양에 따라 동물이나 신화 속의 인물 또는 물건의 이름을 따 큰곰자리, 쌍둥이자리, 오리온자리, 독수리자리 같은 이름을 붙였다. 이런 별자리는 옛날부터 밤길을 걷는 사람이나 밤바다를 항해하는 선원들의 길잡이가 되었으며, 오늘날에도 천문학자나 천체를 관측하는 사람들에게 별을 찾는 밤하늘의 지도로 널리 이용되고 있다.

별자리의 유래

별자리를 처음 만든 사람들은 약 5000년 전 바빌로니아 지역에 살았던 칼데아인들이다. 유목민들이었던 칼데아인들은 양떼를 지키면서 밤하늘의 별들을 서로 이어서 여러 동물의 이름을 붙였다. 그 후 지중해 무역을 하던 페니키아인들에 의해 그리스로 전해져 그리스 신화에 나오는 신과 동물, 도구 등의 이름이 별자리의 이름으로 더해졌다. 이렇게 해서 48개의 별자리가 정해졌고, 이 별자리들은 유럽에서 15세기까지 널리 쓰였다. 15세기 이후에 원양 항해술이 발달하면서 남반구의 별들도 관찰할 수 있게 되자 새로운 별자리들이 생겼다. 또 망원경이 발달하면서 어두운 별들을 관측할 수 있게 되자 옛날부터 있었던 밝은 별자리 사이를 메우기 위한 작은 별자리들이 새로 만들어졌다. 한편 우리 나라와 동양의 여러 나라들은 오랫동안 이런 별자리들과는 전혀 다른 별자리를 사용하였다. 우리 나라와 중국 등은 태양의 궤도 주변에 28개의 별자리를 만들어 그것을 28수(二十八宿)라 하였다. 28수는 성수(星宿)라고도 하였는데 이는 달이 매일 머무는 곳이라는 뜻에서 나온 말이다.

오늘날의 별자리

20세기 초까지 별자리 이름은 나라와 지역에 따라 다르게 사용되었으며, 그 경계도 달랐다. 그래서 천문 관

황도의 별두 별자리

측을 하는 데 혼란이 생기고 불편한 일이 많았다. 이런 혼란을 피하기 위해 세계 여러 나라 천문학자들이 모여서 만든 국제천문연맹에서 별자리의 이름을 통일하였다. 1922년에 국제천문연맹에서 별자리의 통일안에 대해 처음으로 토론한 후, 1928년의 총회에서 하늘의 천체를 88개의 별자리로 나누고 이름과 경계를 정했다. 태양의 궤도인 황도를 따라서 12개, 북반구 하늘에 28개, 남반구 하늘에 48개로 모두 88개의 별자리를 정한 것이다. 이것이 오늘날 세계 여러 나라에서 공통으로 쓰고 있는 별자리이다.

계절별 별자리

지구가 자전과 공전을 하기 때문에 별도 움직이는 것처럼 보이고 그에 따라 별자리도 움직인다. 그래서 같은 날에도 초저녁과 새벽하늘에 보이는 별자리가 다르고, 계절마다 별자리가 달라진다. 우리가 흔히 계절별 별자리라고 부르는 것은 그 계절의 저녁 9시~0시 무렵에 남쪽 하늘에서 가장 잘 보이는 별자리를 가리킨다. 계절별 별자리가 보이는 정확한 날짜나 시간이 학술적으로 정해져 있는 것은 아니다. 편의상 어느 계절에 밤하늘에 잘 보이는 별자리를 정한 것이다.

별자리를 쉽게 찾으려면 우선 밝은 별과, 그 형태가 뚜렷하여 찾기 쉬운 별자리를 먼저 찾는다. 그런 다음 성도나 별자리 판을 보고 그 별을 길잡이로 삼아 다른 별이나 별자리를 찾으면 된다. 성도나 별자리 판에는 별자리를 이루는 별들에게 기호를 붙여 놓았다. 별자리 내에서 가장 밝은 별부터 알파별, 베타별, 감마별 등 그리스 문자의 순서대로 기호를 붙여 놓았다.

오리온자리

탐구학습

별자리 판

들고 다니면서 아무 때나 별자리를 한눈에 알아 볼 수 있게 만든 판이다. 두 개의 둥근판이 겹쳐져 있는데, 위의 판을 돌려 월과 일, 시각 눈금을 맞추면 아래의 타원형으로 나타나는 부분에 그 날의 별자리가 보인다. 아래 판의 중심에 북극성이 있고 그 둘레에 우리 나라에서 보이는 4계절의 별자리가 모두 그려져 있다. 별자리 판에 나타난 그 날의 별자리에서 찾고자 하는 별자리의 위치와 방위를 확인한 다음, 실제로 별자리를 찾으면 된다. 이때 밝고 모양이 뚜렷한 별이나 별자리를 길잡이 삼아 찾으면 쉽게 찾을 수 있다.

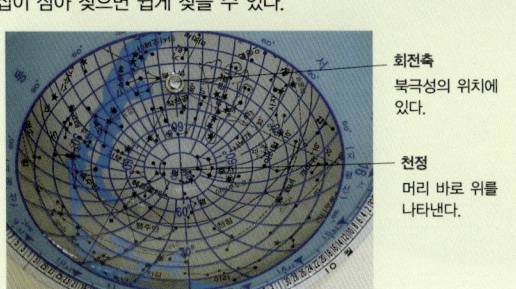

회전축
북극성의 위치에 있다.

천정
머리 바로 위를 나타낸다.

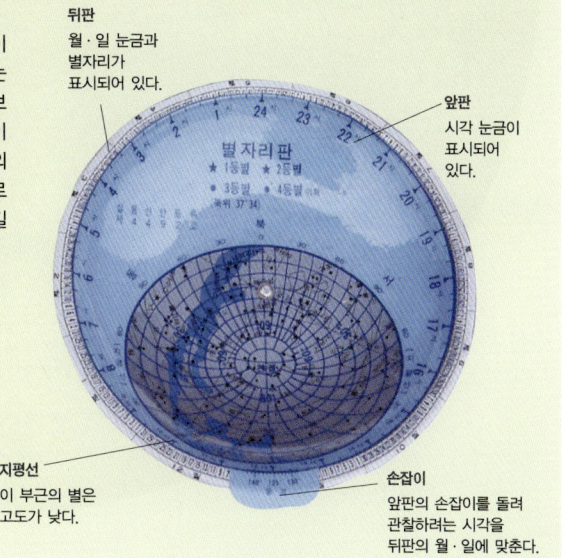

뒤판
월·일 눈금과 별자리가 표시되어 있다.

앞판
시각 눈금이 표시되어 있다.

지평선
이 부근의 별은 고도가 낮다.

손잡이
앞판의 손잡이를 돌려 관찰하려는 시각을 뒤판의 월·일에 맞춘다.

봄철 별자리

 봄 하늘에서 별자리들을 찾기 위해서는 먼저 사자자리, 처녀자리 그리고 목동자리를 찾아서 다른 별자리들을 찾는 길잡이로 삼는 것이 좋다. 이 세 개의 별자리는 일등성이 많지 않은 봄 하늘에서 길잡이 역할을 하기에 충분하다. 봄 하늘의 길잡이가 되는 이 세 개의 별자리들은 하늘의 별자리들 중에서 우리에게 가장 잘 알려진 북두칠성에서 출발하면 쉽게 찾을 수 있다.

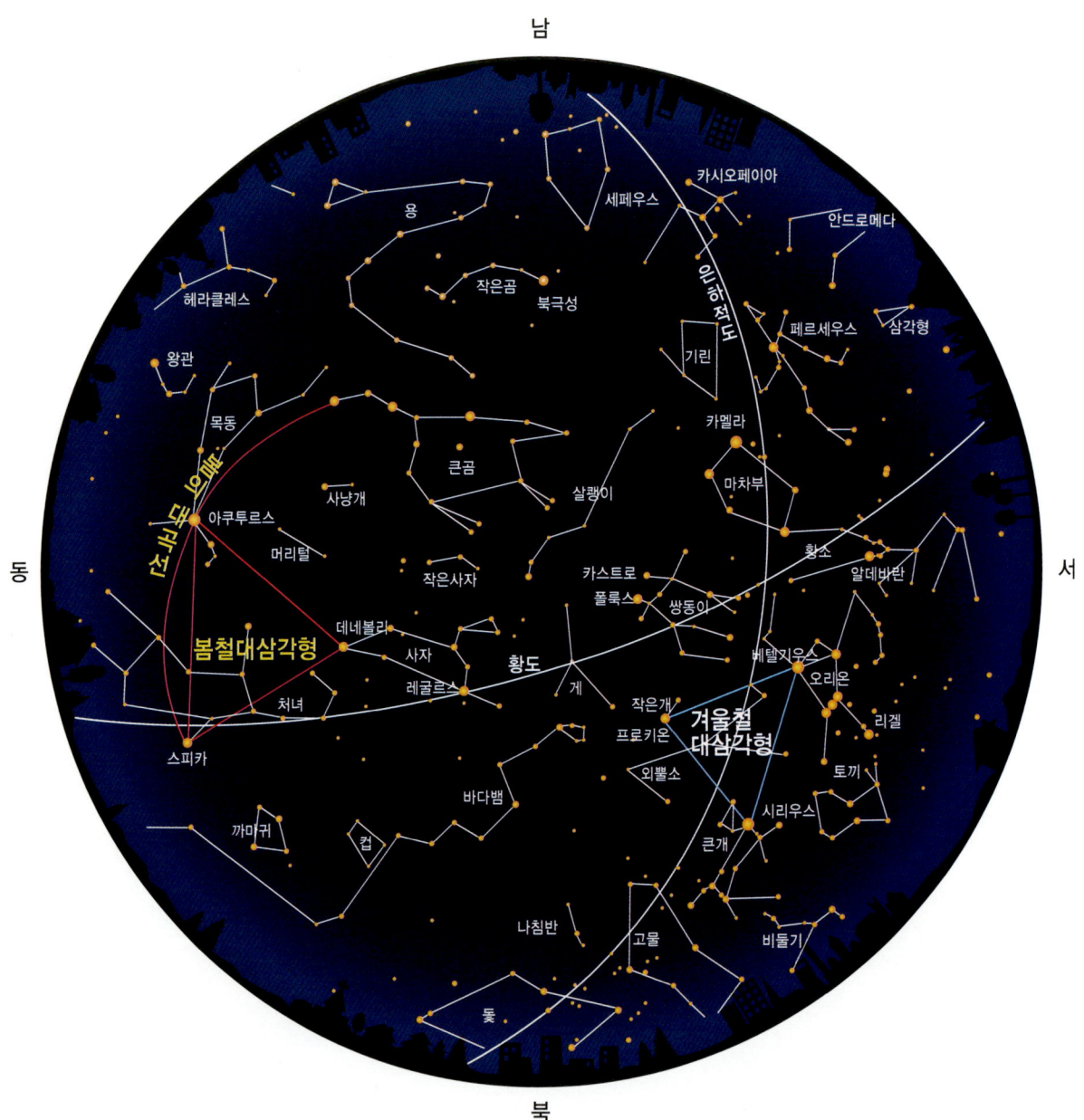

여름철 별자리

여름밤 하늘의 별들 중에서 가장 눈에 잘 띄는 것은 거문고자리의 직녀별과 독수리자리의 견우별 그리고 백조자리의 데네브이다. 여름철의 별자리를 찾기 위해서는 우선 이 세 별부터 찾아야 한다. 이 세 별을 이으면 커다란 삼각형 모양이 되기 때문에 이것을 여름밤의 대 삼각형이라고 부른다. 여름밤의 대 삼각형은 매우 뚜렷한 이등변 삼각형이 밑변을 위로하고, 꼭짓점을 아래쪽으로 하여 배열되어 있다.

7월 1일 오후 9시

0등성 1등성 2등성 3등성 4등성

가을철 별자리

　가을밤에는 하늘의 별들 중에서 페가수스자리부터 찾는 것이 좋다. 페가수스는 가을 하늘에 가장 뚜렷한 사각형을 중심으로 배열되어 있다. 가을철의 사각형이라고도 불리는 페가수스의 사각형이 2등성의 별들로 이루어져서 크게 눈에 띄지는 않지만 일등성이 없는 가을 하늘에서는 조금만 관심을 가지고 보면 하늘의 중앙 부근에서 쉽게 찾아 낼 수 있다. 안드로메다자리는 페가수스 사각형의 서쪽 변을 이루는 두 별 중에서 위쪽에 있는 귀퉁이별에서부터 시작하여 뒤로 길게 연결되어 있는 별자리이다.

겨울철 별자리

　겨울철의 별자리 중에서 가장 눈에 띄는 것은 마차부자리, 쌍둥이자리, 작은개자리, 큰개자리, 오리온자리, 황소자리 등이다. 이 별자리들은 다른 별들보다 훨씬 밝은 별들이어서 오리온자리를 길잡이 삼아 찾으면 쉽게 찾을 수 있다. 오리온자리의 베텔게우스와 큰개자리의 시리우스, 작은개자리의 프로키온을 연결하면 큰 정삼각형을 이루며, 겨울철 별자리를 찾는 데 길잡이 역할을 한다.

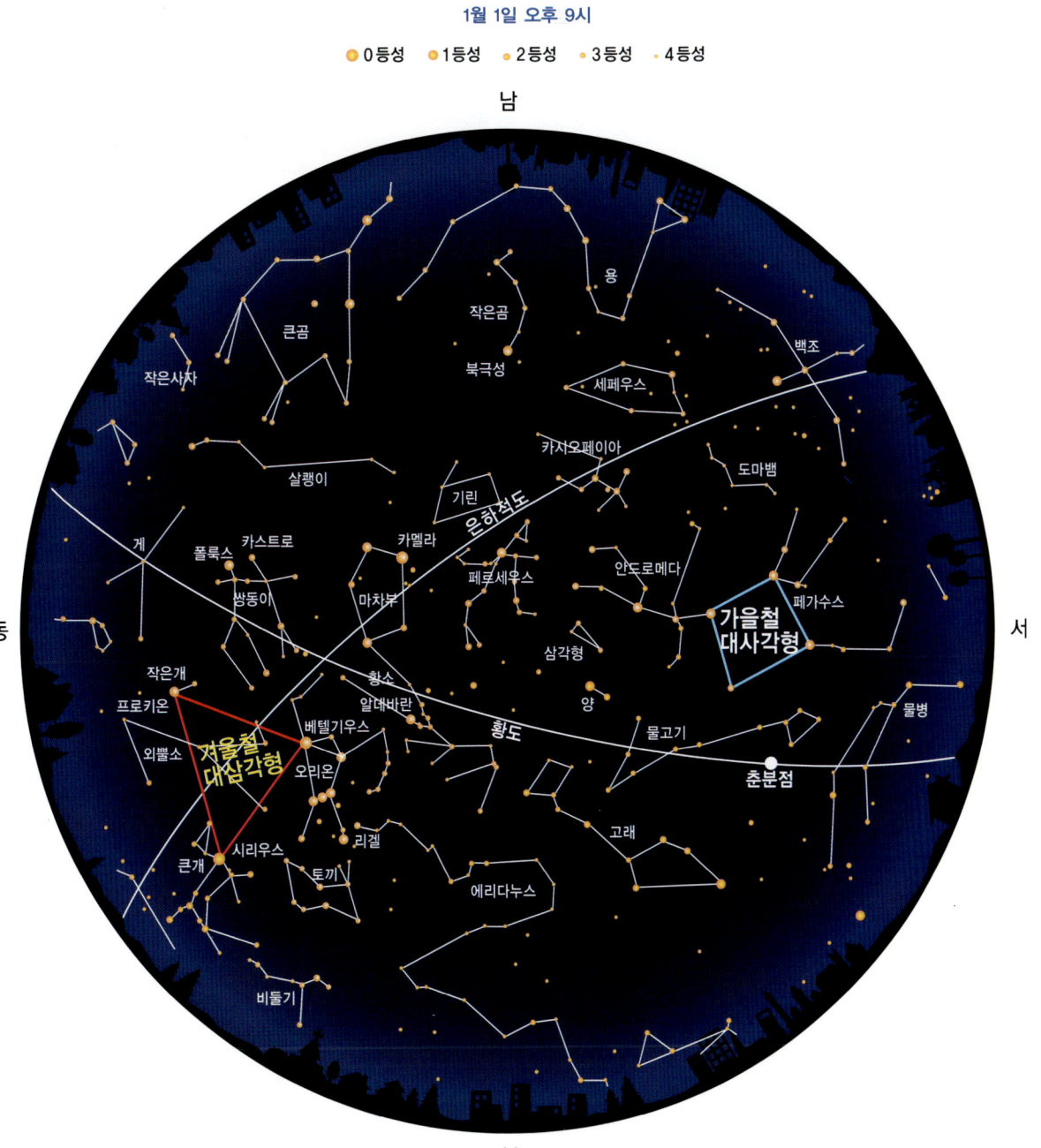

변성암

암석이 처음 만들어진 당시와 다른 성분이나 조직으로 변한 암석이다. 변성암이 되는 원인은 높은 열과 큰 압력 때문이다. 약 섭씨 200도~700도 정도의 열을 받거나, 약 5000~1만 5000기압의 압력을 받으면 암석의 변성 작용이 일어난다.

변성 작용은 접촉 변성 작용과 광역 변성 작용으로 나눌 수 있다. 접촉 변성 작용은 이미 있던 암석이 마그마로부터 뜨거운 열과 물 그리고 여러 성분을 받아서 새로운 광물이 생겨나거나 알갱이의 크기가 커지는 것이다. 비교적 좁은 범위에서 일어난다. 마그마의 온도와 지속 시간 또는 암석이 열에 견디는 정도에 따라 변성 정도가 달라진다. 접촉 변성 작용으로 셰일은 혼펠스가 되며, 사암과 석회암은 각각 규암과 대리암이 된다. 광역 변성 작용은 높은 열과 더불어 압력의 영향으로 암석의 변성이 비교적 넓은 범위에 걸쳐서 일어나는 것이다. 암석에 편리나 편마 구조 같은 변성 구조가 나타난다. 광역 변성 작용으로 셰일은 점판암이나 편암 또는 편마암이 된다.

변온 동물

체온을 조절하는 능력이 없어서 바깥 온도에 따라 체온이 변하는 동물이다. 에너지를 가장 적게 쓰기 위해 바깥 온도에 자신의 체온을 맞추는 것이다. 몸 내부에서 생기는 열로 체온을 유지하는 것이 아니기 때문에 밤이나 추운 계절에는 활동을 할 수 없어 둔해진다. 추운 겨울에는 겨울잠을 자기도 한다. 포유류나 조류를 제외한 대부분의 동물들은 변온 동물이다.

변온 동물인 악어

변태

동물의 일생에서 모습이 여러 가지로 변하는 현상으로 탈바꿈이라고도 한다. 곤충에게서 흔히 볼 수 있으며, 개구리와 해파리, 새우 같은 동물에서도 볼 수 있다. 곤충의 변태에는 알·애벌레·번데기·어른벌레의 4단계를 거치는 완전변태와 알·애벌레·어른벌레의 3단계를 거치는 불완전변태가 있다. 딱정벌레, 파리, 모기, 벌, 나비 등 대부분의 곤충은 완전변태를 한다. 불완전변태를 하는 곤충에는 잠자리, 메뚜기, 매미, 하루살이 등이 있다. 식물의 줄기·잎·뿌리가 다른 모습으로 바뀌어 본래 기능 외의 다른 일을 하는 것도 변태라고 한다.

보온병

물이나 음료 등 음식물의 온도를 오랜 시간 같은 온도로 유지시켜 주는 용기이다. 유리나 스테인리스강의 이

탐구학습

변성암의 분류

퇴적암이나 화성암이 높은 열과 압력을 받으면 원래와는 다른 조직이나 성분을 가진 변성암으로 변한다.

원암		접촉변성암	광역변성암
퇴적암	셰일	혼펠스	점판암, 천매암, 편암, 편마암
	사암	규암	규암, 규질편마암
	석회암	대리암	대리암
화성암	현무암		녹색편암, 각섬석편암, 편마암
	유문암		흑운모편암, 편마암
	화강암		화강편마암, 편암

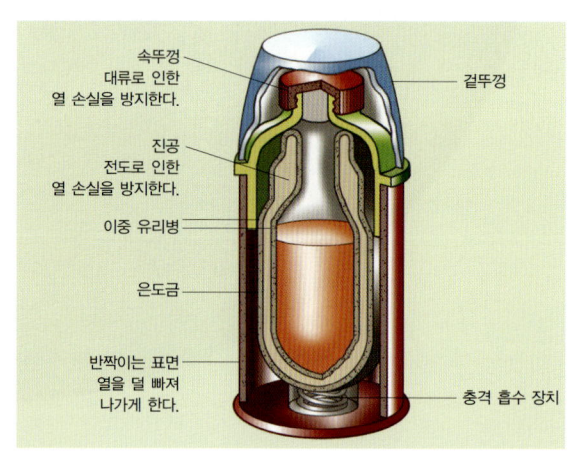

탐구학습

암석의 변성 전과 변성 후의 모습

사암
모래가 뭉쳐진 단단해진 암석으로 알맹이의 경계가 뚜렷하고 그 경계를 따라 깨진다. 밝고 줄무늬가 없다.

규암
매우 단단하며, 틈이 없고, 어두우며 알갱이의 경계가 뚜렷하지 않다. 사암과 마찬가지로 줄무늬가 없다.

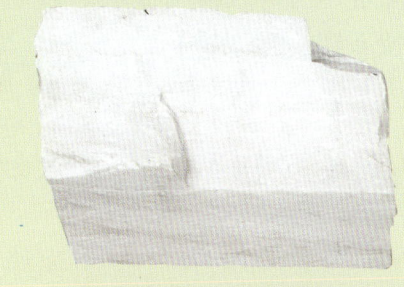

석회암
탄산칼슘이 주 성분이며 섞여 있는 광물의 종류에 따라 여러 색깔을 띤다. 대리암보다 작고 묽은 염산에 거품을 내며 녹는다.

대리암
석회암보다 크고 묽은 염산에 거품을 내며 녹는다. 대개 흰색을 띠고 색깔이 고우며 물러서 다루기 쉽다.

화강암
줄무늬가 없고, 흰색이나 엷은 회색을 띠며 까만 점이 찍혀 있는 것 같다. 또 열과 화학 변화에 강하고 단단하며 갈면 윤이 난다.

편마암
줄무늬가 있다. 단단하며 검고 흰 줄무늬가 아름다워 정원석으로 많이 쓰인다.

셰일
고운 모래나 점토 크기의 작은 알갱이로 구성된 퇴적암으로 포함한 물질에 따라 색이 다르다.

편암
눈으로 광물의 알갱이를 알 수 있을 정도로 거친 암석이다. 석영이나 운모 등이 층을 이룬다.

중벽으로 되어 있으며, 이중벽 사이의 공기를 빼내어 진공으로 만들고 이중벽의 안쪽 면을 도금해 놓았다. 진공으로 공기에 의한 열전도를 막고, 안쪽 면을 도금해 빛의 형태로 열이 빠져 나가는 것을 막는다. 보온병은 열의 이동 자체를 막아 따뜻한 것은 따뜻한 채로, 차가운 것은 차가운 채로 유지한다.

보일러

석유나 석탄, 가스 등으로 물을 끓여서 증기나 온수를 만드는 장치이다. 보일러는 초기의 자동차, 기차 등의 동력 기관으로 사용했던 증기 기관의 일부로 만들어졌다. 지금도 화력 발전소나 공장, 가정에서 널리 쓰인다. 화력 발전소에서는 보일러로 고온 고압의 증기를 만들어 증기 터빈을 돌려 전기를 만들어 낸다. 집에서는 보일러로 온수를 만들어 주로 난방용으로 쓴다. 가정용 보일러로 물을 뜨겁게 한 다음 방열기로 흘러 보내거나, 난방 파이프를 따라 방바닥 아래로 흘러 보내 방을 따뜻하게 한다.

보호색

주변의 환경과 몸의 색을 비슷하게 하여 자신을 보호하는 동물의 몸 색깔이다. 연약한 동물이 자신을 잡아먹으려는 동물의 공격을 피하고 스스로를 보호하기 위해 주변의 색깔과 비슷한 보호색을 가진다. 또 문어처럼 잡아먹으려는 동물들에게 들키지 않기 위해 보호색으로 자기의 몸을 위장하기도 한다. 청개구리나 모래무지, 넙치, 곤충의 애벌레, 메뚜기, 송충이 등의 몸 색깔이 보호색이다.

개구리의 몸 색깔도 주변의 색깔과 비슷한 보호색이다.

복사

물체에서 빛이나 열이 방출되는 현상으로, 방사라고도 한다. 태양에서 빛이 나오거나 방사성 원소에서 방사선이 나오는 것 등이 복사의 예이다. 물체에서 열이 방출되는 현상은 열복사라고 하여 복사와 구분하기도 한다. 열복사는 전도와 대류와 함께 열 에너지가 전달되는 세 가지 방법 중 하나이다.

봄

한 해의 네 계절 중 겨울과 여름 사이에 있는 계절이다. 태양의 남중 고도가 갈수록 높아지고 낮이 점점 길어져 기온이 점차 따뜻해지는 계절이다. 북반구에서의 봄은 천문학에서는 3월 20일경의 춘분부터 6월 23일경의 하지 전날까지를 말한다. 24절기로는 2월 4일경의 입춘부터 5월 6일경인 입하 전날까지를 말하고, 기상학에서는 이보다 조금 늦추어서 보통 3월에서 5월까지를 봄이라고 한다. 계절이 반대로 나타나는 남반구에서는 9월에서 11월까지가 봄이다.

봄이 되어 날씨가 따뜻해지면 겨울잠을 자던 동물들이 깨어나고, 식물들의 새싹이 돋아나며, 진달래·개나리·벚꽃 등의 봄꽃들이 피어난다. 우리 나라의 봄 날씨는 이동성 고기압의 영향으로 맑고 건조하다. 전국에 봄 가뭄이 나타나거나 경기 및 충청 지방에 푄 현상으로 고온 건조한 날씨가 나타나기도 한다. 3월에는 월 평균기온이 4도 안팎으로 쌀쌀하지만, 4월부터 기온이 급격하게 올라가 5월에는 월 평균기온이 16도에서 19도 정도이다. 가끔 상층 기류가 남북으로 크게 발달해 갑자기 꽃샘추위가 나타나기도 하고, 중국 대륙의 황사가 바람에 날아와 황사 현상이 나타나기도 한다.

부도체

열이나 전기가 잘 통하지 않는 물체로 절연체라 부르기도 한다. 보통은 전기 비저항이 커서 전류가 잘 흐르지 않는 전기적 부도체를 말한다. 부도체에 전류가 잘 흐르지 못하는 이유는 자유전자나 이온 등이 거의 없기 때문이다. 나무, 유리 등이 부도체에 속한다.

부력

액체나 기체 속에 있는 물체가 그 부피에 해당하는 무게의 크기로 뜨는 힘이다. 보통은 물 속에 있는 물체가 떠오르는 힘을 가리킨다. 부력의 원리는 기원전 3세기에 그리스의 학자인 아르키메데스가 발견했기 때문에 아르키메데스의 원리라고도 한다. 아르키메데스는 물이 가득 담긴 욕조에 들어가면 물이 밖으로 흘러넘친다는 사실에서 부력과 밀어 낸 액체 사이의 관계를 설명하였다. 기체나 액체 속에 잠긴 물체는 밀어 낸 기체나 액체의 무게와 같은 크기의 부력을 받는다는 원리이다.

부탄

탄소와 수소의 화합물인 기체이다. 사슬 모양으로 생긴 탄화수소의 하나이며, 화학식은 C_4H_{10}이다. 천연 가스나 석유 분해 가스에 주로 들어 있다. 상온에서 색이 없고 공기 중에서 잘 타며 발열량이 크다. 끓는점이 영하 0.5도로 액화가 잘 되기 때문에 액화시켜 산업용이나 가정용 연료로 많이 쓴다. 가스라이터나 휴대용 가스 버너의 연료로도 쓰인다.

북극성

작은곰자리의 국자 모양 부분의 손잡이 끝에 있는 별이다. 지구의 자전축과 거의 일치하는 방향에 있기 때문에,

북두칠성

밤하늘의 북쪽에 고정되어 있는 것처럼 보인다. 항상 북쪽에 있어서 밤에 방향을 알려 주는 길잡이 역할을 한다. 태양에서 약 800광년 떨어져 있는 아주 큰 별이며, 4일에 한 번씩 밝아졌다 어두워졌다 한다.

북두칠성

북쪽 하늘에 국자 모양을 이루는 일곱 개의 별들을 말한다. 서양에서는 큰곰자리의 일부분으로 여긴다. 북반구에서는 사계절 어느 때나 볼 수 있다. 일곱 개의 별 모두가 밝고 뚜렷한 모양이어서 항해를 하거나 여행을 할 때 길잡이로 이용되었다. 북두칠성은 북극성을 중심으로 회전 운동을 하기 때문에 그 위치를 보면 밤에도 시간을 알 수 있다.

분동

양팔저울이나 윗접시저울로 물체의 무게를 측정할 때 사용하는 질량의 표준이 되는 추이다. 분동은 국제킬로그램원기와 비교하여 만들며, 질량이 다른 여러 개의 분동을 함께 사용한다. 보통 1그램, 2그램, 5그램, 10그램, 50그램, 100그램 등 10의 배수의 것들이 있고 분동의 표면에 질량이 새겨져 있다.

탐구학습

물에 뜨는 물체의 특징은 무엇일까요?

못, 동전 등은 물에 가라앉지만 양초, 나무토막, 스티로폼, 고무공 등은 물에 뜬다. 물에 뜨는 물체의 특징은 무게에 비해 부피가 크다. 조금 더 정확하게 말하면 물에 뜨는 물체는 밀도가 물의 밀도보다 작다. 고무보트나 구명조끼, 튜브 등은 공기를 넣지 않으면 부피가 작아서 가라앉지만, 공기를 넣으면 부피가 커져서 물 위에 뜬다.

물 속에 잠긴 물체의 무게는 어떻게 달라질까요?

물체의 무게는 공기 중에서보다 물 속에서 더 가벼워진다. 물체가 물 속에 완전히 잠기면 물에 잠긴 방향이나 깊이에 관계없이 물체의 무게가 똑같이 줄어든다. 또 물체가 물 속에 반만 잠길 때보다 전체가 잠길 때에 물 속에서 물체의 무게가 더 많이 가벼워진다. 물에 잠기는 부피가 클수록 부력을 더 많이 받기 때문에 물체의 무게는 더 가벼워진다.

물에 잠긴 물체는 물에 잠긴 부피에 해당하는 물 무게만큼 가벼워진다. 이는 간단한 실험으로 확인할 수 있다. 빈 수조 안에 물이 가득 담긴 비커를 놓은 다음 용수철저울에 돌멩이를 매달아 물 속에 완전히 넣으면 무게가 줄어드는 것을 알 수 있다. 이때 비커에서 흘러 넘쳐 수조에 고여 있는 물의 무게를 재보면 돌멩이가 물 속에서 가벼워졌던 만큼의 무게와 같음을 알 수 있다. 물에 잠긴 물체는 물 속에서 흘러넘친 물의 무게만큼 부력을 받아 가벼워진다.

> **⚠ 분동을 사용하는 방법**
> 분동은 주로 양팔저울이나 윗접시저울을 이용하여 물체의 무게를 잴 때 사용한다. 사용할 때는 양팔저울 한쪽에 무게를 달 물체를 올려 놓고 다른 한쪽에는 분동을 올린다. 분동을 올려 놓을 때는 큰 것부터 작은 것 순으로 올려 놓는다. 큰 분동으로 무게를 대충 맞추고 미세한 무게의 차이는 작은 분동으로 조절하는 것이 편리하고 효율적이기 때문이다.

보석

아주 단단하고 빛깔과 광택이 아름다운 희귀한 광물을 가리킨다. 광물 중에서 100여 종이 보석으로 쓰이며, 다이아몬드·에메랄드·사파이어·루비·비취·오팔 등이 대표적이다. 진주나 산호처럼 광물은 아니지만 장신구로 귀하게 쓰이는 것도 흔히 보석이라고 한다.

보석으로 만들기 전의 돌을 원석이라고 한다. 원석을 적당히 잘라 연마하여 장식품으로 사용한다. 원석을 자르는 방법과 형태는 여러 가지이며, 보석의 종류에 따라 그 아름다움이 가장 잘 드러나는 방법을 쓴다. 빛깔과 광택을 아름답게 하고 필요한 모양으로 만들기 위해 연마하며, 연마제로는 보통 탄화규소를 쓴다. 아주 단단한 보석은 다이아몬드 가루로 연마하고, 단단하지 않은 보석은 산화크롬의 가루를 써서 갈아 낸다.

여러 가지 보석의 원석들

자수정 원석

다이아몬드 원석

에메랄드 원석

아콰마린 원석

루비 원석

감람석 원석

사파이어 원석

석류석 원석

오팔 원석

토파즈 원석

터키옥 원석

탄생석이란 무엇일까요?

보석 중에 1년의 12달을 상징하는 보석 12가지를 탄생석이라고 한다. 서양의 폴란드와 중부 유럽에서 자기가 탄생한 달에 해당하는 탄생석으로 반지 · 팔찌 · 목걸이 등 장식용품을 만들어 가지던 풍습에서 유래되었다. 오늘날 나라마다 정해 놓은 탄생석은 조금씩 다르다. 우리 나라에서는 일반적으로 아래와 같은 보석을 그 달의 탄생석이라고 한다.

1월 석류석
마그네슘, 철, 망간, 칼슘, 알루미늄 등을 함유한 규산염 광물이며, 가루 모양이거나 덩어리 모양이다. 갈색과 붉은색, 검은색, 흰색 등 여러 가지 색깔을 띠며, 투명하거나 반투명하다. 가닛이라고도 한다.

2월 자수정
수정 중에서도 자색을 띠는 것을 말한다. 주 성분은 이산화규소이다. 수정은 원래 색깔이 없지만 불순물의 혼합 정도에 따라 자색 · 흑색 · 황색 · 홍색 등의 빛을 띤다. 이 중에서 자색은 동서양에서 귀한 색으로 여겨져 보석으로 많이 쓰인다.

3월 아쿠아마린
짙은 푸른색을 띠는 규산염 광물로 베릴륨과 알루미늄이 함유되어 있다. 적은 양의 철 성분 때문에 짙은 푸른색을 띠며, 황색이나 녹색을 띠기도 한다.

4월 다이아몬드
순수한 탄소로 이루어진 광물이며, 결정은 팔면체이다. 색깔이 없고 투명하다. 천연의 광물 중에서 제일 단단하고 광택이 매우 아름다우며, 광선의 굴절률이 커서 반짝거린다.

5월 에메랄드

크롬을 함유하여 비취색을 띤 투명하고 아름다운 규산염 광물이다. 에메랄드의 맑은 비취색은 눈의 피로를 가시게 하여 눈병과 시력 보호에 좋다는 속설이 전해지고 있다.

6월 진주
탄산칼슘이 주 성분이며, 우아하고 아름다운 빛깔의 광택이 나는 보석이다. 진주조개 · 대합 · 전복 등의 조가비나 살 속에 생기는 딱딱한 물질이다.

7월 루비

붉은빛을 띤 단단한 보석이다. 홍옥이라고도 한다. 산화알루미늄으로 이루어진 산화 광물인 강옥의 하나이다.

8월 감람석
감람색 · 흰색 · 회색 등을 띠며, 빛깔이 곱고 맑다. 올리빈이라고도 한다. 마그네슘과 철 등을 함유한 규산염 광물이다.

9월 사파이어

다이아몬드 다음으로 단단한 보석으로 푸르고 투명하다. 강옥의 하나로 청옥이라고도 한다.
사파이어는 푸른색으로부터 초록색 · 분홍색 · 옅은 자주색 · 흰색 · 회색 · 남색 · 노란색 그리고 주황색까지 그 색이 무척 많다. 그 중에서 푸른색 사파이어를 보통 사파이어라고 하며, 다른 색 사파이어는 옐로 사파이어처럼 앞에 색상 명을 붙여 부른다.

10월 오팔

붉은 남색을 띤 규산염 광물로, 표면은 콩팥 또는 종 모양이고 진주 광택을 낸다. 단백석이라고도 한다.

11월 토파즈
플루오르와 알루미늄을 함유한 규산염 광물로, 투명 또는 반투명하고 붉은색, 푸른색, 초록색, 누런색 등을 띤다. 황옥이라고도 한다.

12월 터키옥

구리, 알루미늄, 인 등을 함유한 아름다운 보석의 하나로, 하늘색이나 푸른 녹색을 띤다. 주로 이란에서 나지만 페르시아에서 터키를 거쳐 서구에 전파되었기 때문에 터키라는 이름이 붙었다.

북극

북극점이 있는 북극해와 그 둘레에 있는 북아메리카 대륙과 유라시아 대륙의 고위도 지역을 가리킨다. 북극 지방의 범위는 기준에 따라 다르지만 대체로 7월 평균기온이 섭씨 10도인 등온선 이북 지역을 뜻한다. 북극의 넓이는 약 2500만~3000만 제곱킬로미터이다.

북극해 중앙부나 그린란드는 겨울의 기온이 영하 35도에서 영하 40도 안팎으로 매우 춥다. 여름에도 평균기온이 0도 안팎이다. 북극해는 넓이가 1257만 제곱킬로미터로 지중해의 4배이며, 전 세계 바다의 3퍼센트를 차지한다. 평균수심은 약 1205미터이고 일 년 내내 두꺼운 얼음으로 덮여 있다. 북극해의 바다 얼음은 중심의 두께가 평균 3~4미터이고 가장자리로 가면서 얇아지는 렌즈 모양이다. 북극해 전체 넓이의 70퍼센트를 차지하는 대륙붕에는 광물 자원이 풍부하다. 주변 그린란드 남부와 베링 해, 바렌츠 해 등에는 세계적인 어장이 발달되어 있다. 북극해 둘레의 육지는 툰드라 기후로 선태류나 지의류 식물들이 자라고, 순록·사향소·북극곰·북극여우 등의 동물이 산다. 바다에는 바다표범·바다코끼리·고래 등이 산다. 북극에는 에스키모 비롯해 라프, 야쿠트, 퉁구스 등의 원주민이 유목 생활을 하고 있다.

우리 나라는 북극권의 기상과 고층 대기, 해양 생물 분포 상태 등을 연구하기 위해 2002년 4월 29일에 대한민국 북극 다산과학기지를 세웠다. 기지는 북위 78도의 노르웨이 스발바드 군도 니알슨에 있다.

북극곰

북극의 니알슨 기지

북극의 빙벽

북극의 오로라

분자

물질의 화학적 성질을 지니는 가장 작은 알갱이이다. 분자는 원소의 원자들이 모여서 이루어진 것이다. 아르곤·헬륨·네온처럼 1원자의 분자도 있지만, 보통은 두 개 이상의 원자가 모여서 이루어진다. 분자는 구성하는 원소의 종류, 원자의 개수에 따라서 달라진다. 예를 들어, 물은 수소 원자 2개와 산소 원자 1개가 결합한 물 분자를 단위로 하여 이루어져 있으며, 산소는 산소 원자 2개가 결합한 산소 분자를 단위로 하여 이루어져 있다. 분자라는 단위에 화학적 변화가 일어나지 않는 한 물질은 안정된 상태로 존재한다.

분자의 개념을 처음으로 설명한 사람은 이탈리아의 화학자인 아보가드로이다. 아보가드로는 기체의 반응을 연구하던 중, 그 당시 물질을 구성하는 가장 작은 알갱이로 알려져 있던 원자의 개념만으로는 설명할 수 없어서 분자라는 개념을 만들어 냈다. 아보가드로는 기체를 구성하는 작은 알갱이를 분자라 하고, 같은 기체의 분자는 모양과 크기와 질량이 같다고 보았다. 분자는 몇 개의 원자가 모여서 이루어진 것이며, 같은 온도와 같은 압력과 같은 부피의 기체는 항상 같은 수의 분자를 가진다고 생각하였다. 이후 여러 과학자들이 기체뿐만 아니라 고체나 액체도 분자로 이루어져 있음을 밝혀 냈다.

분자 모형

분자는 흔히 분자식과 분자 모형으로 나타낸다. 분자식은 분자를 구성하는 원자의 수를 원소기호를 써서 식으로 나타낸 것이며, 분자 모형은 분자를 구성하는 원자들이 어떻게 결합하고 있는지를 모형으로 나타낸 것이다. 분자 모형에서는 원자는 공으로 나타내고 원자 간의 화학 결합은 막대로 나타낸다.

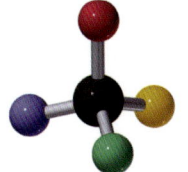

막대 분자 모형

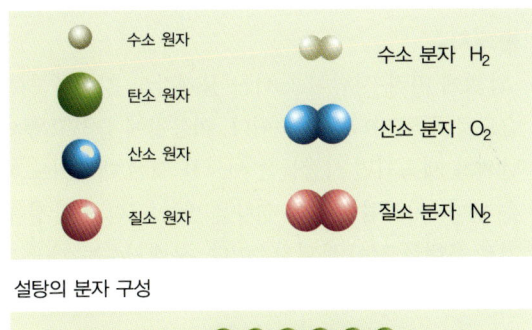

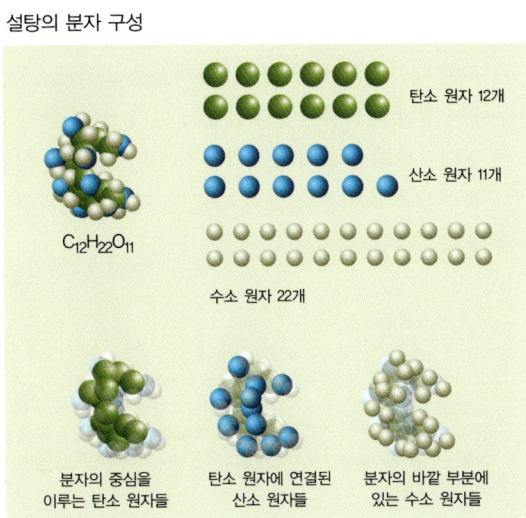

설탕의 분자 구성

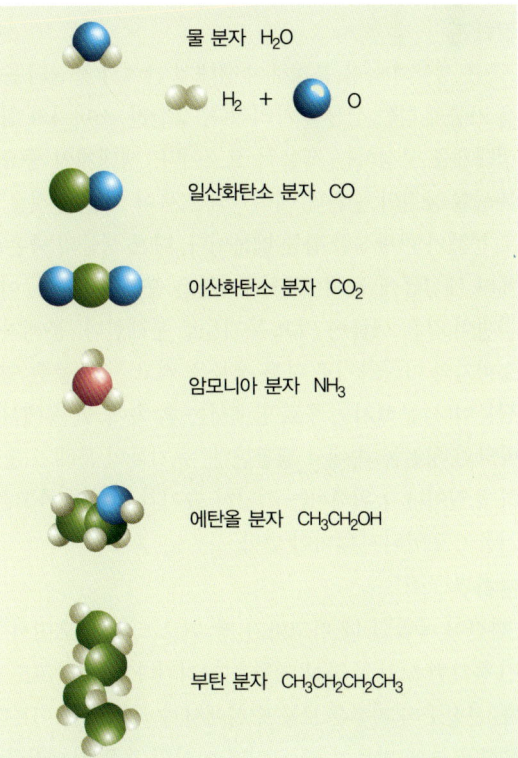

분자생물학

생명 현상을 분자 수준에서 연구하는 생물학 분야이다. 생명 현상을 생명체를 구성하는 핵산과 단백질 같은 거대한 분자들의 입체 구조를 통해 밝혀 내고, 생체 분자가 세포 내의 수많은 대사 활동과 유전 현상에서 어떻게 작용하는지를 연구한다. 분자생물학은 생물학의 여러 분야와 발달된 과학 기술과 발맞추어 20세기 중엽부터 급속하게 발전하였다. 디엔에이의 이중 나선, 헤모글로빈, 미오글로빈 같은 단백질의 구조를 밝혀 내는 데 크게 기여하였다.

분해

화합물이 좀 더 간단한 몇 개의 화합물이나 홑원소물질로 나뉘는 현상을 가리킨다. 화합물을 분해하려면 에너지가 필요하다. 분해에 사용하는 에너지에 따라 전기 분해, 열 분해, 광 분해 등으로 나누어진다. 물은 전기 분해를 통해 수소 기체와 산소 기체로 나뉜다. 탄산수소나트륨은 열 분해로 탄산나트륨과 이산화탄소와 물로 분해된다. 또 염화은은 태양빛을 받으면 광 분해하여 은을 만드는데, 이것은 필름에 이용된다.

분해자

죽은 생물의 몸을 분해하여 생태계 안에서 물질의 순환을 가능케 하는 생물을 가리킨다. 생산자, 소비자와 함께 생태계를 구성하는 생물적 요소이다. 생태계의 중요한 특성인 물질의 순환과 에너지의 흐름이 가능한 것은 바로 분해자의 왕성한 활동 때문이다. 다른 생물의 죽은 시체나 배설물에 들어 있는 유기물은 분해자인 세균이나 곰팡이 같은 생물이 먹고 무기물로 분해한다. 분해자는 소비자와 마찬가지로 다른 생물을 먹고 사는 종속 영양 생물이다. 분해자는 주로 땅에서는 흙 속에, 물 속에서는 바닥의 침전물 속에서 생활한다. 유기물의 분해가 활발하게 일어나기 위해서는 적당한 습기가 있어야 하고, 유기물이 오염되지 않아야 한다.

분화구

화산이 폭발할 때 마그마가 땅 위로 터져 나오면서 생긴 둥그런 모양의 화산 지형을 가리킨다. 화구라고도 한다. 분화구의 지름은 보통 수십에서 수백 미터에 이른다. 분화구 중에 지름이 3킬로미터 이상인 것은 칼데라라고

알래스카에 있는 코로빈 화산의 분화구

한다. 칼데라는 에스파냐어로 냄비라는 뜻이며, 대폭발에 의해 만들어지거나 분화구 둘레가 무너져 내려서 만들어지기도 한다. 칼데라는 대부분 둥그런 모양이며, 주위에 경사가 급한 언덕이 둘러쳐 있다. 분화구에 빗물이 고여 호수가 생기면 화구호라고 하고, 칼데라에 호수가 생기면 칼데라 호라고 한다. 우리 나라 한라산의 백록담은 화구호이고, 백두산의 천지는 칼데라 호이다.

불쾌지수

날씨에 따라 사람이 느끼는 불쾌감의 정도를 기온과 습도로 구해 나타낸 지수이다. 여름철에 습하고 무더운 날씨가 계속되면 사람들은 사소한 것에 대해서도 짜증을 낸다. 이처럼 날씨에 영향을 받는 사람의 감정을 수치로 표현한 것이 불쾌지수이다. 불쾌지수는 건구 온도계와 습구 온도계의 온도를 측정하여 구한다. 불쾌지수가 70일 때는 10명 중에 1명이 불쾌감을 느끼고, 75인 경우에는 절반의 사람이 불쾌감을 느끼며, 80 이상인 경우에는 대부분의 사람이 불쾌감을 느낀다고 한다. 사람마다 불쾌감을 느끼는 정도가 다르기 때문에 정확하지는 않다.

> **우리 몸과 기온**
> 우리 몸은 주로 기온이 높고 낮음에 따라 더위와 추위를 느낀다. 그러나 우리 몸이 느끼는 더위와 추위는 기온 외에도 바람의 속도나 습도에도 영향을 받는다. 예를 들면 같은 기온이라도 찬바람이 불면 바람의 속도가 매 초당 1미터 증가함에 따라 기온도 섭씨 1도씩 낮아지는 것처럼 느낀다. 또 여름에 더울 때는 습도가 10퍼센트 높아지면 기온도 섭씨 1도만큼 높아진 것처럼 느낀다.

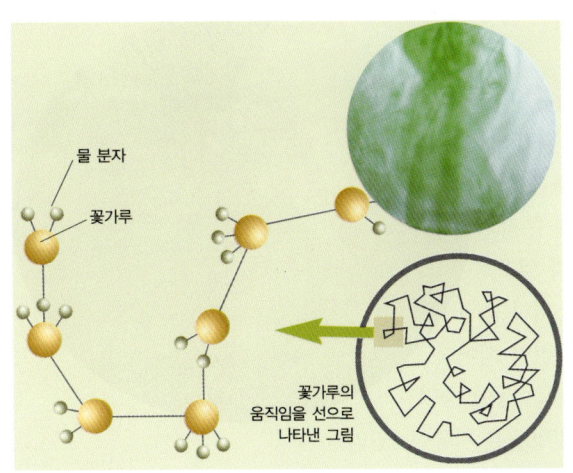
브라운 운동

불포화 용액
포화에 필요한 양보다 적은 양의 용질이 녹아 있는 용액을 말한다. 일정한 온도에서 일정한 양의 용매에 녹을 수 있는 용질의 양에는 한계가 있다. 예를 들어 섭씨 20도에서 물 100그램에는 소금이 36그램까지 녹는다. 소금의 양이 이보다 많을 경우에 나머지는 물에 녹지 않고 바닥에 그대로 가라앉는다. 이때 소금 36그램이 완전히 녹은 용액은 포화 용액이고, 소금이 36그램보다 적게 녹아 있는 용액은 불포화 용액이다.

붕산
오르토붕산·메타붕산·사붕산을 모두 가리키며, 보통은 오르토붕산을 가리킨다. 오르토붕산의 화학식은 H_3BO_3이다. 붕산은 자연에서 나는 붕사에 산성 용액을 넣어서 만든다. 색깔과 냄새가 없고 광택을 지닌 판 모양의 결정으로 독특한 맛이 난다. 붕산은 물과 알코올에 녹으며, 수용액은 약한 산성을 띤다. 약한 살균력이 있으며 수용액은 세안제로도 쓰지만, 몸 안에 많은 양이 들어가면 위험하다. 독성을 이용하여 바퀴벌레를 잡는 살충제로도 사용되며, 도자기의 유약이나 붕규산유리를 만들 때에도 사용된다.

뷰렛 반응
어떤 물질에 단백질이 들어 있는지를 검사하는 방법이다. 단백질이 녹아 있는 용액에 수산화나트륨이나 수산화칼륨을 잘 섞는다. 그 다음 황산구리 용액을 몇 방울 떨어뜨려 잘 섞어 둔다. 용액의 색깔은 단백질의 종류에 따라 청색이나 청자색, 자주색 등으로 변한다.

브라운 운동
수 마이크로미터 정도 되는 아주 작은 알갱이들의 불규칙한 운동이다. 꽃가루에서 나온 작은 알갱이가 물 위에서 제멋대로 움직이는 것을 현미경으로 처음 발견한 영국의 식물학자 브라운의 이름을 딴 것이다. 브라운 운동은 기체나 액체 분자들이 아주 작은 알갱이들에 불규칙적으로 이리 저리 부딪히면서 나타나는 현상이다.

블랙박스
비행 중에 있었던 운동이나 외부에서 받은 충격 등을 자동으로 기록하는 비행기의 전자 회로 장치이다. 조종실 음성 녹음 장치와 비행 자료 기록 장치 두 가지로 되어 있다. 블랙박스는 비행기에 사고가 일어났을 때의 비행 상태를 밝힐 때 주로 사용한다. 비행기가 추락할 때 가장 충격을 적게 받는 비행기 꼬리 밑 부분에 대부분 설치된다. 블랙박스는 형광 빛이 나는 오렌지색의 상자 모양이어서 사고 현장에서 눈에 잘 띈다. 또 블랙박스의 손잡이 옆에는 주파수 발신 장치가 되어 있어 깊은 물 속에 빠져도 찾을 수 있다.

블랙홀
강한 중력장 때문에 빛도 빠져나갈 수 없는 천체이다. 미국의 과학자 존 휠러가 1969년에 처음으로 사용한 용어이다. 아인슈타인의 일반 상대성이론에 근거를 둔 것으로 직접 관측할 수 없는 암흑의 공간이라는 뜻에서 블랙홀이라 부르게 되었다. 물질이 극단적인 수축을 일으키면 그 안의 중력이 무한대가 되어 블랙홀이 된다. 질량이 태양의 30배 이상인 별이 초신성 폭발 후에 블랙홀이 된다. 블랙홀에서는 빛도 빠져 나오지 못해 직접 관측을 할 수 없지만, 블랙홀 주변의 천체에 중력을 미치는 것을 관측하여 블랙홀이 있을 것이라고 짐작하고 있다.

비금속
금속의 성질을 가지지 않은 물질을 통틀어 이르는 말이다. 광택이 없고 전기 저항이 크며, 길게 늘어나거나 얇게 퍼지는 금속의 성질을 가지지 않는 물질이다. 비금속 원소는 수소·붕소·탄소·규소·질소·인·비소 등이다. 일반적으로 비금속 원소의 산화물 또는 수산화물은 대개 산성을 띤다. 광물 자원 중에서는 석회석, 규사,

비

대기 중의 수증기가 물방울이 되어 땅에 떨어지는 것이다. 비는 물이 지구상에서 순환하는 하나의 과정이다. 땅이나 바다에서 증발한 수증기는 하늘 높이 올라가 구름이 된다. 수증기들은 서로 엉겨 붙어 아주 작은 물방울이 되기도 하고, 얼어서 아주 작은 얼음 알갱이가 되기도 한다. 구름 속의 작은 물방울과 얼음 알갱이가 모여서 크기가 커지면 무거워져 땅 위로 떨어져 비나 눈이 된다. 물방울의 지름이 0.2밀리미터 정도가 되면 이슬비가 되어 내린다. 물방울의 크기가 0.2밀리미터보다 작으면 떨어지는 동안 증발해 사라져 버리므로 빗방울이 될 수 없다. 보통 크기의 빗방울은 지름이 1밀리미터 정도이다. 일정한 기간에 내린 비의 양을 강수량이라고 하며, 우량계로 재어 밀리미터로 나타낸다. 우량계는 위아래의 넓이가 같은 원통형의 그릇으로, 보통 지름 20센티미터 정도이다. 계속해서 내리는 비의 연속 강수량과 강우강도를 분석하기 위해서는 자기우량계로 기록한다.

비의 종류

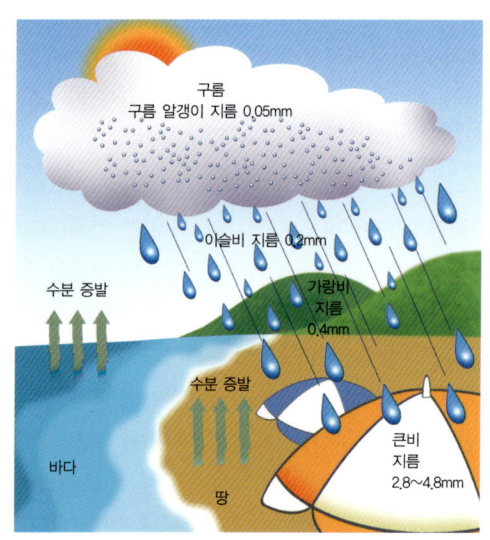

비는 내리는 빗방울의 크기에 따라 이슬비, 가랑비, 안개비, 큰비로 나누기도 한다. 정확한 기준이 있는 것은 아니지만 보통 빗방울의 지름이 0.2밀리미터 정도 되면 이슬비라 하고, 지름이 0.4밀리미터 정도 되면 가랑비라 하며, 지름이 0.5밀리미터 정도 되면 안개비라고 한다. 큰비는 빗방울의 지름이 2.8~4.8밀리미터 정도이다.

또 비는 내리는 형태에 따라 소나기, 장맛비, 큰비 등으로 나눈다. 소나기는 한여름에 짧은 기간에 걸쳐 한바탕 많이 내리는 비이고, 장맛비는 장마철에 지루하게 오랫동안 내리는 비이다. 큰비는 집중호우라고도 하며 여름철의 장마 때나 태풍이 불어올 때 내린다. 큰비는 세찬 바람과 함께 일부 지역에 집중적으로 많이 내려 산사태를 일으키거나 강물이 넘쳐나게 해 사람과 농작물에 큰 피해를 입히기도 한다.

일기예보를 할 때는 시간당 내리는 비의 양에 따라 비를 약한 비, 중간 비, 강한 비로 나누기도 한다. 시간당 2.5밀리미터 이하로 비가 내릴 때는 약한 비, 2.8~7.6밀리미터일 때는 중간 비, 7.6밀리미터 이상일 때는 강한 비라고 한다.

❓ 빗방울이나 눈송이가 생기는 원리는 무엇일까요?

구름 속에서 빗방울이나 눈송이가 생기는 원리를 설명하는 이론을 강수이론이라고 한다. 대표적인 강수이론으로는 빙정설과 병합설이 있다. 빙정설은 중위도와 고위도 지방에서 내리는 비와 눈을 설명하는 이론이다. 빙정설에 따르면 구름 꼭대기의 기온이 섭씨 0도보다 낮을 때 구름 속에는 과냉각물방울과 얼음 알갱이인 빙정이 함께 있게 된다. 과냉각물방울은 대기 중에서 어는점인 섭씨 0도 이하로 냉각되어도 얼지 않고 액체 상태를 유지하고 있는 물방울을 말한다. 구름 속에 함께 있던 과냉각물방울과 빙정은 포화증기압의 차이에 의하여 변한다. 물방울은 증발하고 증발된 수증기가 빙정의 표면에 붙어 눈의 결정이 된다. 이것이 떨어지는 동안에 서로 달라붙어서 눈송이가 된다. 지상 부근의 기온이 높을 때에는 내리던 눈이 녹아서 비가 된다. 병합설은 구름의 가장 윗부분 기온이 섭씨 0도보다 높은 열대 지방이나 여름철의 중위도 지방에서 내리는 비를 설명하는 이론이다. 병합설에 따르면 구름 속에 비교적 큰 구름 알갱이가 있으면 이것이 떨어지면서 다른 작은 구름 알갱이들과 서로 합쳐져 빗방울이 된다.

고령토, 형석, 석고. 황. 흑연, 활석 등 석탄·석유·금속 광물이 아닌 것을 통틀어 비금속 광물이라고 한다.

비누

때를 없앨 때 쓰는 물건이다. 기원전 3000년경에 고대 바빌로니아에서 산양의 기름과 재를 섞어서 비누를 만들었다는 기록이 있을 정도로 아주 오래 전부터 비누를 사용해 왔다. 비누는 동물성 지방이나 식물성 기름에 수산화나트륨이나 수산화칼륨을 넣고 가열해 만든다. 비누의 분자 구조를 보면 물에 잘 녹는 친수성 부분과 기름에 잘 녹는 친유성 부분이 있다. 비누 분자의 친수성 부분은 물과 잘 섞이고, 친유성 부분은 기름 성분의 때와 잘 섞인다. 비누 분자들은 기름때를 작은 조직으로 나누어 표면을 둘러싼 뒤 작은 공 모양으로 떼어 내 용액에 퍼지게 한다. 비누의 이런 특이한 구조는 표면장력을 작게 하는데 이런 현상을 계면활성이라 하고, 표면장력을 작게 하는 물질을 계면활성제라고 한다. 요즘 사용되는 비누는 계면활성제에 염료, 향수 등의 물질을 더 넣어서 만든 것이다.

비누는 칼슘 이온이나 마그네슘 이온이 녹아 있는 센물에서는 앙금이 생겨서 거품도 잘 안 생기고 때가 잘 빠지지도 않는다. 이런 단점을 보완한 것이 합성 세제이다. 합성 세제는 비누와 분자 구조가 비슷하나 센물에서도 앙금이 만들어지지 않아 세탁이 잘 된다. 그러나 합성 세제는 분해 속도가 느려서 하천을 오염시키고, 피부를 통해 직접 흡수되거나 야채·식기 등을 통해 사람의 몸속으로 들어와 우리 몸에 해로운 영향을 끼친다.

비중

어떤 물질의 질량과 이것과 같은 부피를 가진 표준 물질의 질량과의 비를 말한다. 표준 물질은 고체나 액체는 보통 1기압 섭씨 4도일 때의 물을, 기체는 1기압 섭씨 0도일 때의 공기이다. 비중은 온도와 압력에 따라 달라진다. 비중계로 측정하며 대체로 밀도와 값이 같다.

비타민

식품이나 몸 속에는 아주 적은 양이 들어 있지만, 고등 동물이 성장하고 생명을 유지하는 데 꼭 필요한 물질이다. 고등 동물의 체내에서 전혀 합성되지 않거나 필요한 만큼 합성되지 않기 때문에 음식물로 섭취해야 한다.

비타민은 크게 기름에 녹는 지용성 비타민과 물에 녹는 수용성 비타민으로 나뉜다. 지용성 비타민으로는 비타민 A·D·E·F·K가 있다. 이들은 수용성 비타민보다 열에 강하여 식품을 조리하거나 가공할 때 비교적 덜 손실되며, 장 속에서 지방과 함께 흡수된다. 지방의 흡수율이 떨어지면 지용성 비타민도 잘 흡수되지 않는다. 수용성 비타민에는 비타민 B 복합체와 비타민 C 등이 있다. 비타민 B 복합체들은 모두 분자 내에 질소가 들어 있다.

몸에서 필요한 비타민의 양이 부족하면 여러 가지 질병에 걸린다. 비타민 A가 부족하면 밤눈이 어두운 야맹증에 걸린다. 비타민 B_1이 부족하면 뼈와 관절이 약해지는 각기병, 비타민 C가 부족하면 잇몸에서 피가 나는 괴혈병에 걸린다. 비타민 D가 부족하면 뼈가 굽는 구루병에 걸리고, 비타민 E가 부족하면 생식 장애, 비타민 K가 부족하면 상처가 났을 때 혈액이 잘 응고되지 않는다.

비타민 A는 생선 간유와 토마토·당근 같은 주황색 채소에 많이 들어 있다. 비타민 B_1은 현미나 보리 등에 많이 들어 있고, 비타민 B_2는 우유·치즈·간·달걀·돼지고기·녹색 채소 등에 많이 들어 있으며, 비타민 B_6는 동물의 간이나 효모·밀·옥수수 등에 풍부하게 들어 있다. 비타민 C는 신선한 채소와 과일에 많이 들어 있다. 비타민 D는 간유·버터 등에 많이 들어 있고, 비타민 E는 식물성 기름이나 녹황색 채소·간유 등에 많다. 비타민 K는 녹황색 채소나 해초 등에 많이 들어 있다.

비트

컴퓨터는 0과 1의 두 가지 전기 신호로 모든 것을 표현하는데 전기 흐름이 있을 때는 1, 없을 때는 0이다. 이처럼 0이나 1을 나타내는 한 자리 수를 비트(bit)라고 부른다. 한편 8자리의 비트를 묶어 바이트(byte)라고 하는데, 컴퓨터의 모든 자료는 바이트를 기본 단위로 삼는다. 1바이트로 256가지의 정보를 나타낼 수 있어서 숫자, 영문자, 특수문자 등을 모두 표현할 수 있다. 한글의 경우는 한 글자 당 2바이트를 사용해야 표현할 수 있고, 기타 다른 문자들이나 여러 부호들은 2, 4 또는 8바이트의 신호를 묶어서 표현한다.

비행기

추진 장치를 갖추고 양쪽 날개가 공기가 밀어 내는 힘

을 이용하여 하늘을 날아다니는 교통 수단이다.

인류는 아주 오랜 옛날부터 하늘을 날아다니고 싶어 했다. 연을 타고 하늘을 날았다는 이야기가 전해지기도 하지만, 공기보다 가벼운 기체를 이용한 기구를 타고 비행에 성공한 것이 인류 최초의 비행일 것이다. 지금의 비행기 모양을 갖추기 시작한 것은 1800년대 후반부터이다. 1891년에 독일의 릴리엔탈은 날개의 양력을 이용하여 비행하는 글라이더를 최초로 만들어 비행에 성공하였다. 그 후 여러 사람이 글라이더에 추진 장치를 달아 만든 비행기로 하늘을 날아보려 하였으나 모두 실패하였다. 세계 최초로 비행에 성공한 비행기는 미국의 라이트 형제가 만든 플라이어 호이다. 이 비행기는 1903년 12월 17일에 미국 키티호크에서 동생 오빌의 조종으로 12초 동안에 36미터를 비행하였다. 라이트 형제의 성공 이후, 제1·2차 세계대전을 겪으면서 비행기의 기술은 놀라울 정도로 발전하였다. 현대에는 제트기와 초음속기 등 속도가 매우 빠른 비행기들이 만들어졌다.

비행기가 하늘을 날 수 있는 원리는 다음과 같다. 비행기의 날개의 윗면은 밑면보다 더 많이 휘어져 있다. 비행기가 앞으로 나아가면 날개 윗면과 밑면에 공기의 흐름이 생기는데, 더 많이 휘어져 있는 윗면은 공기 흐름의 속도가 빠르고 밑면은 공기의 흐름이 느리다. 공기의 흐름이 빠른 쪽은 공기의 두께가 작아져서 기압이 낮아지므로 비행기의 날개를 들어올리게 된다. 반대로 공기의 흐름이 느린 쪽은 공기의 두께가 두꺼워지므로 기압이 높아지고, 따라서 비행기의 날개를 밀어 올리게 된다. 이와 같이 공기의 흐름으로 비행기 날개에 작용하는 힘을 양력이라고 하며, 양력 때문에 비행기는 공기 중으로 날아오를 수 있다. 한편 이와 같이 날개의 위아래 면에 공기의 흐름이 생기기 위해서는 비행기가 어느 정도의 속도를 가져야만 한다. 그래서 땅 위에서 미리 달려서 어느 정도의 속도에 도달한 후에야 날아오른다.

비행기는 추진 장치에 따라 프로펠러기와 제트기로 크게 나뉜다. 프로펠러기는 피스톤 기관이나 가스터빈으로 프로펠러를 돌려 날아가는 비행기이다. 제트기는 다량의 가스를 고속으로 뒤쪽으로 내뿜어 그 반동으로 날아가는 비행기이다. 오늘날 큰 비행기는 거의 제트기이다. 또 비행기는 쓰임새에 따라 민간기와 군용기로 크게 나뉜다. 민간기에는 사람이나 화물을 고속으로 나르기 위한 여객기와 화물기가 있다. 또 공중사진측량에 사용되는 측량기, 농약살포에 사용되는 농업기, 스포츠용 경비행기, 어군탐지기, 조종 훈련에 사용되는 연습기 등이 있다. 군용기는 군사용으로 쓰는 비행기로 전투기·폭격기·공격기·정찰기 등이 있다.

최초로 비행에 성공한 라이트 형제의 비행기

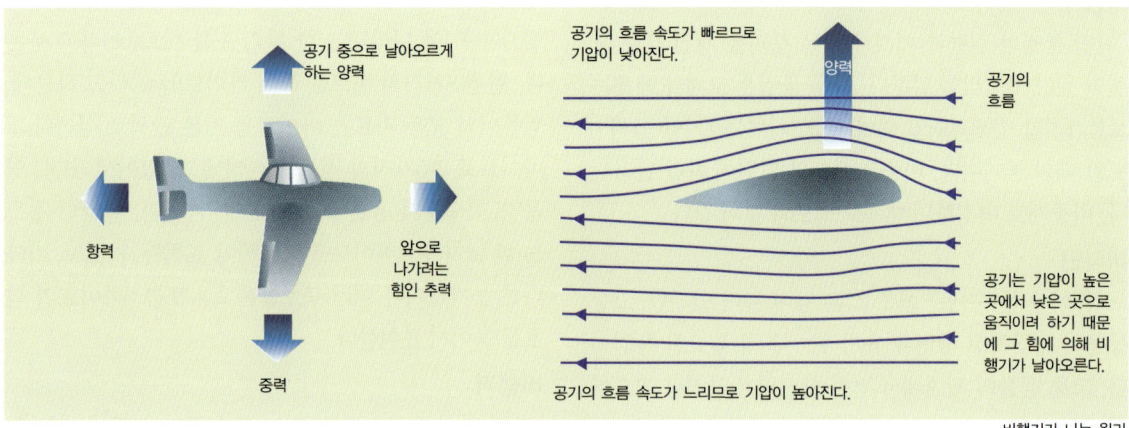

비행기가 나는 원리

화물 비행기

전투기

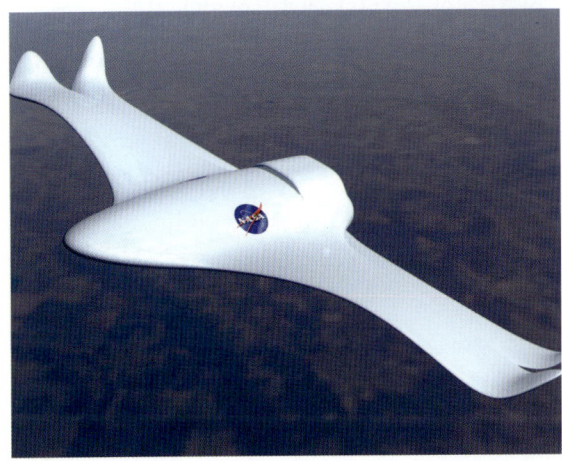
스마트 무인 비행기

SR 71비행기

국내 최초의 초음속 항공기인 T-50 고등훈련기

빛

좁은 뜻으로는 사람의 눈에 보이는 가시광선을 말하고, 넓은 뜻으로는 적외선, 자외선, 엑스선, 감마선을 비롯한 전자기파 전체를 말한다.

가시광선은 시신경을 자극하여 사물을 알아볼 수 있게 한다. 가시광선은 파장에 따라 보랏빛에서 붉은빛까지 무지갯빛으로 나뉜다. 붉은빛으로부터 보랏빛으로 갈수록 파장이 짧아진다. 가시광선은 전자기파 전체에서 보면 아주 좁은 범위의 빛에 지나지 않는다. 전자기파의 스펙트럼에서 사람의 눈에 보이는 붉은빛 바로 바깥의 눈에 보이지 않는 전자기파를 적외선이라고 한다. 적외선은 붉은빛보다 파장이 길다. 적외선보다 파장이 더 긴 전자기파로 마이크로파와 극초단파, 전파 등이 있다. 사람의 눈에 보이는 보랏빛 바로 바깥의 눈에 보이지 않는 전자기파를 자외선이라고 한다. 자외선은 보랏빛보다 파장이 짧다. 자외선보다 파장이 더 짧은 전자기파로 엑스선과 감마선 등이 있다.

빛은 태양이나 별과 같은 천체나 전구, 가로등, 네온사인 등 빛을 내는 물체인 광원에서 나와 공간 속으로 나아간다. 빛은 우주에서 가장 빠른 속도로 나아간다. 빛은 진공 속에서 1초 동안 약 30만 킬로미터를 나아간다. 빛은 나아갈 때 파동의 형태로 움직이는 것처럼 보이기도 하고, 알갱이 즉 입자의 형태로 움직이는 것처럼 보이기도 한다. 그래서 오랫동안 많은 과학자들이 빛이 파동이냐 입자이냐를 가지고 논쟁하였다. 오늘날에는 빛은 파동과 입자의 두 가지 성질을 모두 갖고 있다고 본다.

빛은 에너지의 한 형태이다. 태양에서 오는 빛은 지구의 모든 생명체에게 생활에 필요한 에너지를 준다. 빛을 내뿜는 광원에서 단위 시간에 내뿜는 빛 에너지의 양을 광도라 하며, 단위로 칸델라(Cd)를 사용한다.

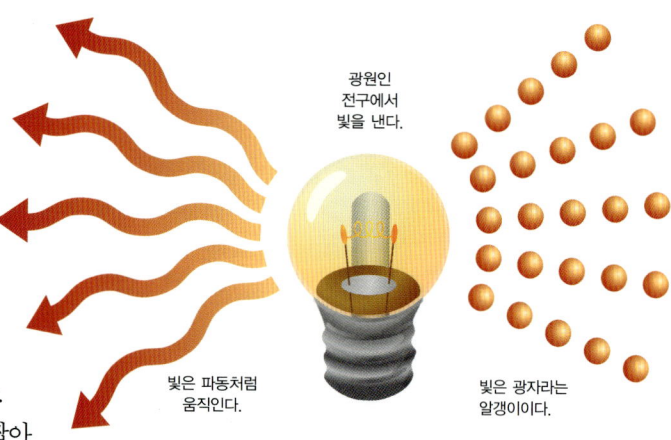

빛은 파동처럼 움직인다.
광원인 전구에서 빛을 낸다.
빛은 광자라는 알갱이이다.

전자기파의 다양한 스펙트럼과 각각이 사용되는 곳

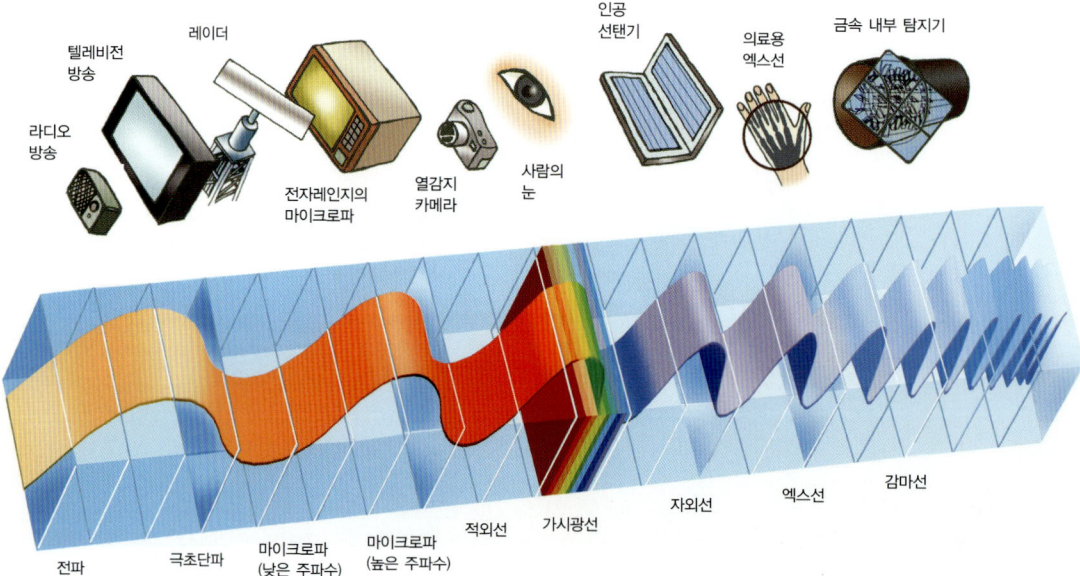

빛의 특징

빛이 공간 속으로 나아가면서 직진·반사·굴절·분산·간섭·회절 등의 현상을 나타낸다.

빛의 직진이란 손전등에서 나온 빛이 공기 중에서 똑바로 나아가듯이, 빛이 하나의 매질 내에서 휘어지지 않고 똑바로 나아가는 현상이다.

빛의 반사란 일정한 방향으로 나아가던 빛이 다른 물체의 표면에 부딪혀서 나아가던 방향을 반대로 바꾸는 현상이다. 거울처럼 매끄러운 면에서는 빛은 어느 한 쪽으로 일정하게 반사되고, 울퉁불퉁한 면에서는 모든 방향으로 반사된다. 거울에 반사될 때 빛이 들어오는 방향과 나가는 방향이 거울 정면과 이루는 각도는 일정하다.

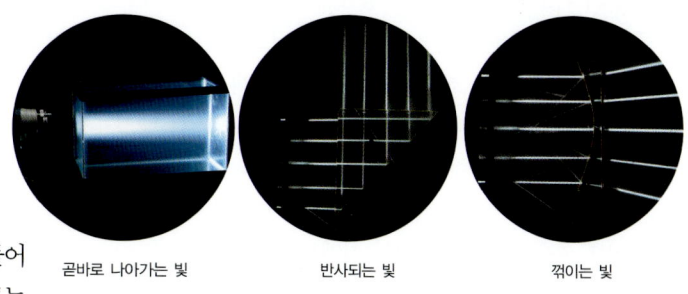

곧바로 나아가는 빛　　　반사되는 빛　　　꺾이는 빛

빛의 굴절이란 빛이 하나의 매질로부터 다른 매질로 들어갈 때 그 경계면에서 나가는 방향을 바꾸는 현상이다. 공기 중을 지나던 빛이 유리나 렌즈처럼 투명한 물질로 들어갈 때 표면에서 꺾이는 것이 대표적인 예이다.

빛의 분산은 파장에 따라 굴절률이 달라져 빛이 나뉘는 현상이다. 프리즘을 통과한 빛이 색깔별로 나뉜 빛의 스펙트럼으로 나타나는 것은 분산의 대표적인 예이다. 우리가 비 온 뒤에 보는 무지개도 빛의 분산에 의해 생긴다.

빛의 간섭은 서로 다른 길을 지나온 빛이 동시에 한 점에 이르렀을 때, 그 점에서 파동이 서로 강해지거나 약해지는 현상이다. 평면 유리 위에 볼록렌즈를 올려 놓고 빛을 비추면 밝고 어두운 무늬가 반복되어 나타난다. 이 무늬를 뉴턴의 원 무늬라고 하며, 빛의 간섭 때문에 생기는 것이다. 비누방울처럼 얇은 막의 표면에 알록달록한 무늬가 나타내는 것도 간섭 현상 때문이다.

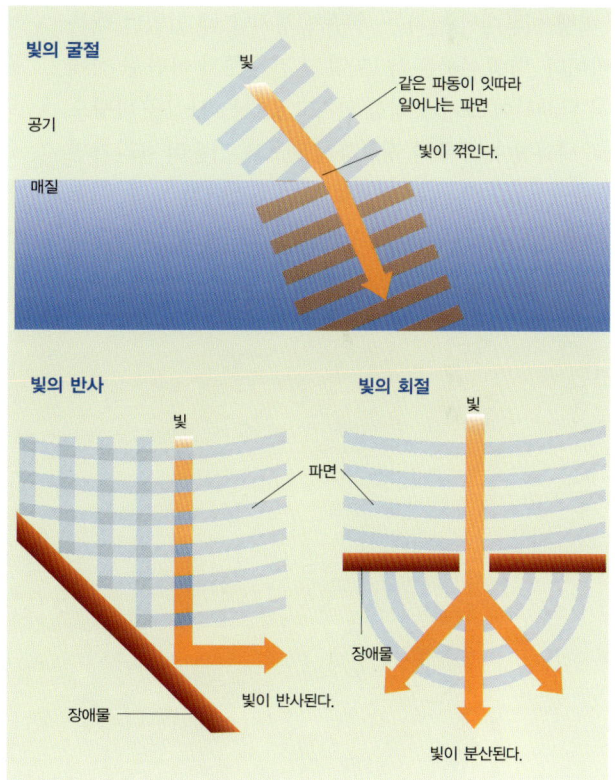

빛의 회절이란 빛이 물체의 날카로운 모서리나 좁은 곳을 나아갈 때 퍼지거나 간섭을 일으키는 현상이다. 바늘 끝으로 뚫은 작은 구멍에 빛을 비추면 빛의 회절 때문에 반대편에 동심원 모양의 띠무늬가 생긴다.

탐구학습

빛을 이용하여 어떻게 신호를 보낼 수 있을까요?

빛을 이용하여 신호를 보내면 밤에도 먼 곳까지 신호를 보낼 수 있다. 또 빛은 속도가 무척 빠르기 때문에 보낸 신호를 금방 받을 수 있다. 빛을 이용하여 신호를 보내는 방법에는 여러 가지가 있다. 등대에서는 불빛으로 밤바다를 지나가는 배에게 신호를 보낸다. 공항에서는 밤에 활주로에 불을 켜 비행기가 착륙할 수 있도록 한다. 건물의 높은 곳에는 빨간 전등을 켜서 건물의 위치를 표시한다. 건널목이나 교차로에서는 신호등 불빛의 색깔로 차와 사람이 교대로 건널 수 있게 정해 준다. 상품에 표시된 바코드에 레이저 빛을 반사시켜 상품과 관련된 정보를 읽는다. 광통신은 구리선 대신 광섬유로 빛을 이용해 신호를 보내는 것으로, 초고속 인터넷 망이나 전화선 등에 사용되고 있다.

비행선

비행선
　헬륨이나 수소 등 공기보다 가벼운 기체를 주머니에 담아 공기 위로 떠오르게 하는 항공기의 일종이다. 선체는 공기 저항이 적은 유선형의 가스 주머니로 되어 있으며, 뼈대·추진 장치·조종 장치·조종실·객실·화물실 등으로 구성되어 있다. 가스 주머니에는 밸러스트 탱크가 있으며, 가스 방출 밸브가 설치되어 있다. 올라갈 때는 밸러스트 탱크에 공기보다 가벼운 기체를 넣어서 공기 위로 올라가고 내려올 때는 기체를 빼낸다.

빅뱅
　빅뱅 이론에서 말하는, 우주가 생겨날 때 있었던 대폭발이다. 빅뱅 이론은 약 150억 년 전 우주가 어떤 한 점에서 탄생하여 크기가 점점 커지고 있다는 사실을 바탕으로 세워졌다. 우주가 팽창하기 전으로 거슬러 올라가면 우주는 아주 작은 한 점으로 모여 있었다고 보며, 어떤 힘에 의해 대폭발 즉 빅뱅이 일어났고, 지금도 그 힘으로 우주는 계속 팽창하고 있다고 본다. 물리학자 가모프는 만약 우주가 과거에 뜨겁고 빽빽한 상태에서 시작되었다면, 폭발이 있기 전부터 나온 빛의 일부가 남아 있을 것이라고 생각했다. 이 예측은 1965년에 사실로 확인되어 많은 과학자들이 이 이론을 받아들이게 되었다.

빙산
　빙하에서 떨어져 나와 바다 위로 떠다니는 얼음 덩어리를 가리킨다. 바다 위로 올라와 있는 부분의 높이가 5미터 이상 되는 얼음 덩어리이다. 빙하가 무게 때문에 지형이 낮은 곳으로 서서히 이동하여 바닷가에 도달하면 끝부분에서 얼음이 바다로 떨어져 나가는데 이것이 바로 빙산이다. 빙산은 대부분 그린란드와 남극 근처에서 따뜻한 봄과 여름에 생긴다. 빙산은 따뜻한 해수와 기온으로 얼음이 완전히 녹기까지 몇 년 동안 떠다닌다. 바닷물 위로 보이는 빙산은 전체의 일부분으로, 대부분은 물 밑에 잠겨 있어서 지나가는 배에 큰 위험을 준다.

빙하
　극지방이나 높은 고산 지대에 수백 수천 년 동안 내린

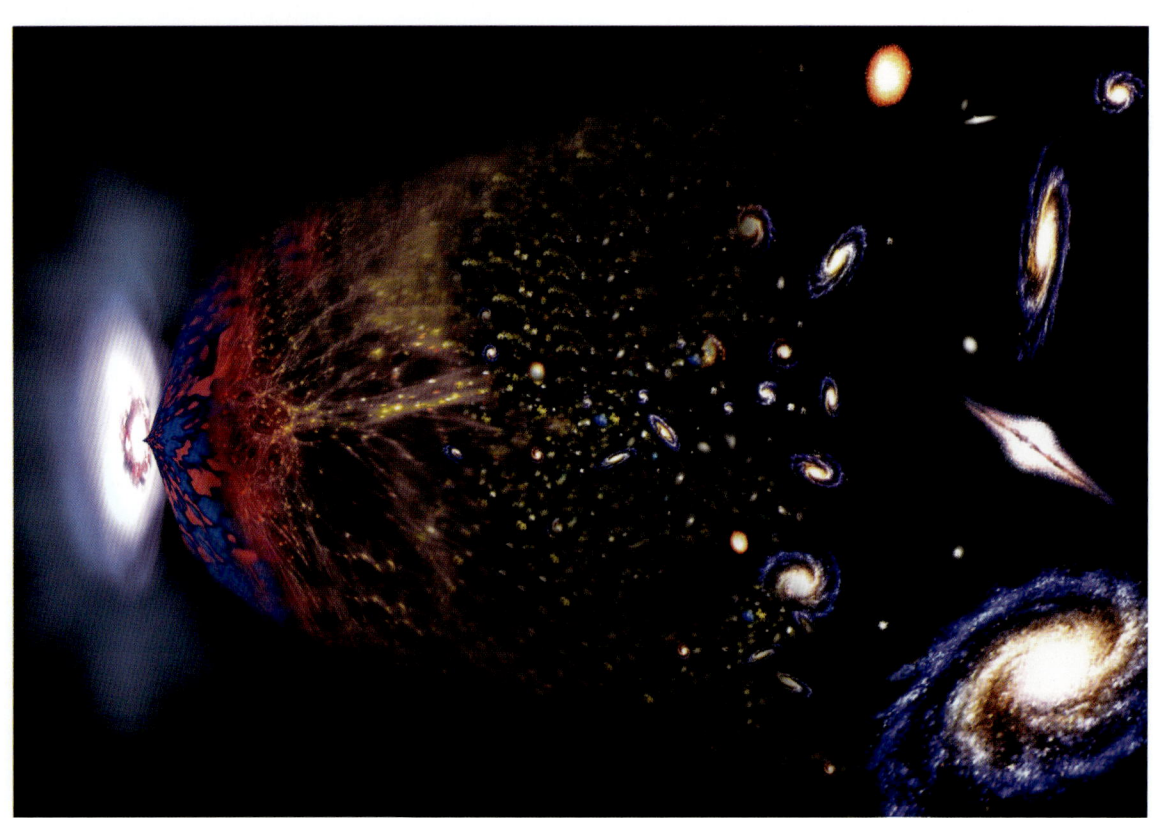

빅뱅에서 시작되어 우주가 탄생한 것을 보여 주는 그림

눈이 쌓여서 단단한 얼음으로 바뀐 것이다. 지구 육지 넓이의 약 11퍼센트 정도가 빙하로 덮여 있다. 육지에 있는 물의 약 75퍼센트가 빙하이다. 빙하의 99퍼센트 정도는 남극 대륙과 그린란드에 집중되어 있으며, 나머지는 오스트레일리아를 제외한 각 대륙의 고위도 지역과 북극의 여러 섬에서 볼 수 있다. 지구상에는 대략 7만~20만 개의 빙하가 있다.

빨판

다른 동물이나 물체에 달라붙거나 빨아먹는 데 쓰는 기관이다. 다른 동물에 붙어사는 동물의 빨판은 중앙이 열려 있는 구조이지만, 낙지나 오징어는 컵 모양의 빨판 내부에 키틴질의 고리가 있다. 물방개의 빨판은 암컷을 보호하고 먹이를 잡을 때 사용한다. 파충류인 도마뱀붙이는 앞발가락의 발바닥에 주름이 있어 그 사이의 공간을 넓혀서 대기압보다 압력을 낮게 만들어 몸을 물체에 고정시킨다.

뼈

척추동물의 내골격을 이루며, 몸을 지탱하고 장기를 보호하거나 피를 만드는 단단한 조직이다. 뼈는 연골과 경골로 나눌 수 있지만 보통은 단단한 경골을 뼈라고 한다. 척추동물은 대부분 먼저 연골이 생기고 조골세포에 의하여 연골이 석회화되어서 인산칼슘을 주 성분으로 하는 경골이 된다. 그러나 머리뼈의 일부는 섬유성의 결합 조직에서 직접 경골을 만든다.

사람의 뼈는 태아일 때는 350개쯤 되지만 성장하면서 서로 합쳐지고 사라져 성인이 되면 206개가 된다. 뼈는 유기물 35퍼센트와 칼슘과 인 등의 무기물 45퍼센트, 물 20퍼센트로 되어 있다. 뼈에 있는 성장판은 성장 호르몬의 영향을 받아 키를 자라게 한다. 뼈는 몸의 길이뿐 아

탐구학습

무중력 상태에 있는 우주인의 뼈가 약해지는 까닭은 무엇일까요?

뼈가 단단한 것은 중력으로부터 인체를 지탱하기 위해서이다. 무중력 상태에서 오랫동안 있으면 뼈의 역할과 중요성이 상대적으로 줄어 뼈 속에 있는 칼슘이 오줌으로 빠져 나간다. 뼈를 단단하게 해주던 칼슘이 줄어 뼈가 약해지는 것이다. 우주인들은 무중력 상태에서도 끊임없이 움직이고 운동을 하는데, 이는 뼈가 약해지는 것을 막기 위해서이다.

흘러내리고 있는 뉴질랜드의 빙하

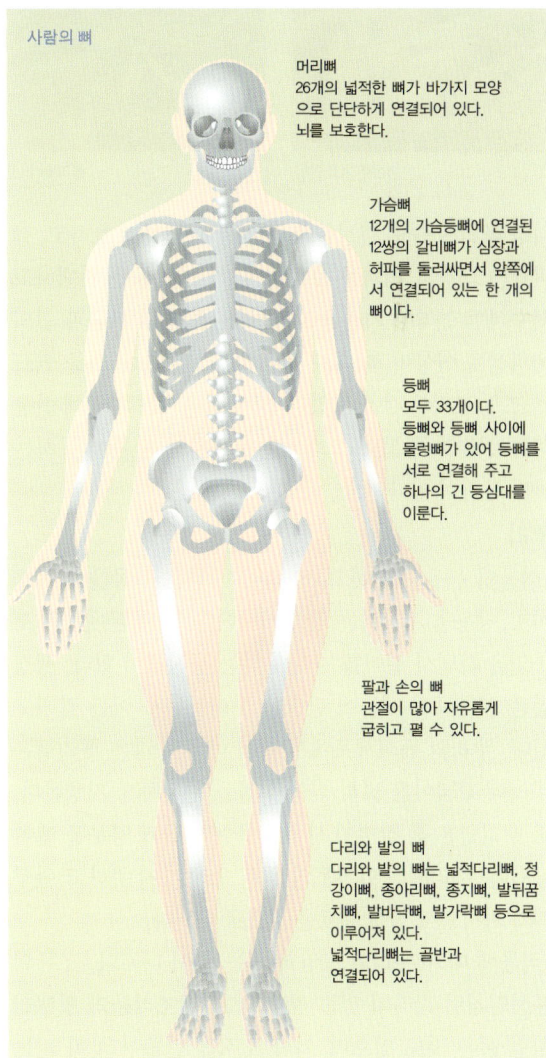

사람의 뼈

머리뼈
26개의 넓적한 뼈가 바가지 모양으로 단단하게 연결되어 있다. 뇌를 보호한다.

가슴뼈
12개의 가슴등뼈에 연결된 12쌍의 갈비뼈가 심장과 허파를 둘러싸면서 앞쪽에서 연결되어 있는 한 개의 뼈이다.

등뼈
모두 33개이다. 등뼈와 등뼈 사이에 물렁뼈가 있어 등뼈를 서로 연결해 주고 하나의 긴 등심대를 이룬다.

팔과 손의 뼈
관절이 많아 자유롭게 굽히고 펼 수 있다.

다리와 발의 뼈
다리와 발의 뼈는 넓적다리뼈, 정강이뼈, 종아리뼈, 종지뼈, 발뒤꿈치뼈, 발바닥뼈, 발가락뼈 등으로 이루어져 있다. 넓적다리뼈는 골반과 연결되어 있다.

뿌리

쌍떡잎식물인 명아주의 뿌리

외떡잎식물인 파 뿌리

수생 식물인 부레옥잠의 뿌리

저장뿌리(고구마)

공기뿌리(난)

몸을 지탱해 주는 뿌리(개구리밥)

기생뿌리(겨우살이)

니라 몸의 모습도 결정한다. 두개골은 뇌를 보호하고, 갈비뼈는 심장과 허파를 보호하며, 척추는 몸을 지탱하고 척수처럼 연약한 기관을 보호한다. 몸 속의 칼슘과 인의 90퍼센트 이상이 뼈 속에 들어 있다. 뼈 속에 피를 만드는 조혈 조직인 갈수가 있다. 뼈의 가운데는 자극에 반응하는 신경과 양분과 노폐물을 운반하는 혈관이 통하는 하버스 관이 있다.

뿌리

식물의 몸을 지탱하고, 땅 속에서 양분과 물을 빨아들이며, 양분을 저장하는 영양 기관이다. 뿌리 끝에는 세포분열을 하면서 길이를 자라게 하는 생장점이 있다. 생장점은 연약하기 때문에 단단한 뿌리골무가 이를 감싸고 있다. 뿌리의 표피세포에서 뻗어 나온 수많은 뿌리털은 뿌리의 겉넓이를 넓혀 식물의 몸을 튼튼하게 지탱한다. 또 뿌리털은 흙 알갱이 사이로 들어가 물과 양분을 빨아들인다. 뿌리털은 단세포의 털로 오래 가지 못하고 원뿌리가 자라면서 항상 새로운 것으로 바뀐다.

식물에 따라 뿌리의 모양과 하는 일이 다르다. 조류의 풍선말처럼 갈라져 있는 것도 있고, 갈조식물의 헛뿌리처럼 굵은 것도 있으며, 가짜 조직을 만들어 꽃이 피는 식물의 뿌리처럼 보이기도 한다. 속씨식물은 쌍떡잎식물과 외떡잎식물의 뿌리 모양이 확실히 다르다. 쌍떡잎식물은 가운데 굵은 뿌리인 원뿌리가 있고 여기에서 갈라져 나온 뿌리인 곁뿌리가 있다. 원뿌리는 땅 속으로 곧게 들어가기 때문에 곧은 뿌리라고도 한다. 명아주, 봉숭아, 민들레, 달맞이꽃, 호박, 강낭콩 등의 뿌리에서 볼 수 있다. 외떡잎식물은 원뿌리가 없고 대신 많은 잔뿌리로 이루어진 수염뿌리가 있다. 강아지풀, 벼, 잔디, 붓꽃, 보리, 억새 등의 뿌리에서 볼 수 있다.

균류에서는 고착 작용을 하는 균사를 헛뿌리라고 한다. 우산이끼나 솔이끼처럼 관다발이 발달하지 못한 식물은 단지 바위나 고정된 물체에 몸을 고정시키는 헛뿌리를 갖고 있다.

뿌리는 환경에 적응하기 위해 모양과 역할이 다양하게 변형되었다. 당근이나 고구마, 인삼처럼 양분을 저장하는 저장뿌리, 난처럼 공기 중에 나와 공기를 받아들이는 공기뿌리, 옥수수처럼 원줄기를 받쳐 주는 받침뿌리, 겨우살이처럼 다른 식물의 조직 속에 들어가 양분을 빨아들이는 기생뿌리, 개구리밥과 부레옥잠처럼 물 속에서 몸을 지탱해 주는 뿌리 등 여러 가지 변형뿌리가 있다.

사구

바람에 날린 모래가 쌓여서 만들어진 언덕 모양의 지형으로, 모래 언덕이라고도 한다. 주변에 모래가 많고 바람이 일정한 방향으로 계속 부는 사막이나 바닷가, 호숫가 등에서 볼 수 있다. 사구는 바람의 세기나 모래의 양, 주변 지형 등에 따라 크기와 모양이 달라진다. 사구는 모양에 따라 바르한 사구·종사구·횡사구 등으로 나눈다. 바르한 사구는 초승달 모양이고, 종사구는 바람의 방향과 나란하게 늘어선 봉우리 모양이며, 횡사구는 바람의 방향과 직각으로 길게 뻗은 언덕 모양이다. 또 사구는 만들어진 장소에 따라 해안 사구, 내륙 사구, 호반 사구, 하안 사구 등으로 나뉜다. 해안 사구는 바닷가에 만들어진 사구이며, 내륙 사구는 사막에서 볼 수 있다. 호반 사구는 호수 주위에서, 하안 사구는 강가에서 볼 수 있다. 우리 나라의 사구는 모래톱의 모래가 바람에 밀려 바닷가에 쌓여 있는 해안 사구가 대부분이다. 주로 황해안과 남해안에서 볼 수 있다.

사막

강수량이 적어서 풀이나 나무가 거의 자라지 않는 건조한 땅이다. 전 육지의 10분의 1 이상을 차지하며, 총 넓이는 1500만 킬로미터 정도이다. 대표적인 사막으로는 아프리카의 사하라 사막과 나미브 사막, 중앙아시아의 타클라마칸 사막과 고비 사막, 페루와 칠레의 아타카마 사막 등이 있다. 사막은 크게 추워서 식물이 자랄 수 없는 한랭 사막과 덥고 건조하여 생물이 살기 힘든 건조 사막으로 나눈다. 한랭 사막은 다시 영구 빙설 사막과 툰드라 사막으로 나뉘고, 건조 사막은 열대 사막과 중위도 사막으로 나뉜다. 또 사막을 형성하는 물질에 따라 암석 사막과 모래 사막으로 나눈다. 암석 사막은 강한 바람의 침식 작용으로 암석이 드러나 있으며, 모래를 거의 볼 수 없다. 모래 사막은 바람에 날린 모래가 쌓여서 만들어진 사구로 뒤덮여 있다. 대부분의 사막은 암석 사막이며, 모래 사막은 북아메리카 사막의 2퍼센트, 사하라 사막의 11퍼센트, 아라비아 사막의 30퍼센트 정도를 차지하고 있다.

사암

지름이 0.0625~2밀리미터인 모래 알갱이들이 뭉쳐서 단단하게 굳어진 암석이다. 보통 석영·장석·운모 등의 광물과 암석 조각으로 이루어져 있다. 셰일 다음으로 흔한 퇴적암이며, 전체 퇴적암의 약 10~20퍼센트를 차지한다. 사암은 모든 지질 시대의 퇴적암 층에서 볼 수 있으며, 침식과 퇴적 과정을 살펴 볼 수 있는 중요한 연구 자료이다.

사이펀

높은 곳에 있는 액체를 낮은 곳으로 옮기는 데 쓰는 관이다. 관의 양쪽 길이를 서로 다르게 하여 구부려 놓았다. 높이가 서로 다른 곳에 있는 두 액체를 사이펀으로 연결하면 높은 곳의 액체를 위로 빨아 올려 낮은 곳으로 내려 보낸다.

사자자리

봄철 밤에 동쪽 하늘에서 볼 수 있는 별자리이다. 황도십이궁의 하나이며, 북두칠성의 남쪽에 있다. 북두칠성의 국자 손잡이가 시작되는 두 별을 연결하여 계속 나아가면 사자자리의 두 별과 만나게 되며, 이 두 별이 사자의 머리 부분에 해당된다.

산

주위의 땅보다 높게 솟아오른 지형을 말한다. 대체로 높이가 수백 미터 이상으로 높낮이의 차가 심하고 급경사면과 좁은 봉우리가 있는 지형을 산이라 부른다. 높낮이의 차가 심하지 않은 100미터에서 600미터 이내의 지형은 구릉이라 한다. 대부분의 산은 일정한 범위 안에 모여 있으며 그 전체를 가리켜 산지라고 한다. 또 산이 띠 모양으로 계속 이어져 있는 지형을 산맥이라 한다.

산은 화산 활동이나 습곡 운동, 단층 운동 등으로 만들어진다. 대부분의 높은 산은 지층이 옆으로부터 압력을 받아 솟아오르는 습곡 운동으로 만들어진 후 침식과 풍화 작용을 받아 오늘날의 모습이 되었다. 히말라야 산맥에 있는 에베레스트 산이나 로체 산, 로키 산맥의 엘버트 산, 알프스 산맥에 있는 몽블랑 산이나 마터호른 산 등은 산맥 안에 있는 다른 많은 산들과 함께 지질 시대에 일어난 습곡 운동으로 만들어졌다. 또 에트나 산, 디디카스 산, 후지 산, 백두산, 한라산 등처럼 화산 활동으로 산이 만들어지기도 하고, 휘트니 산을 비롯한 시에라네바다 산맥의 많은 산들처럼 단층 운동으로 만들어지기도 한다.

우리 나라는 국토 면적의 3분의 2가 산지로 덮여 있다. 북부 지방은 신생대 이후의 지층으로 험하고 높은 고산이 많으며, 남부 지방은 지질이 오래 된 중생대 이전의 지층으로 2000미터 이상의 높은 산이 없다. 전체적으로 1500미터 내외의 개마고원과 1000미터 안팎의 태백산지와 소백산지를 제외하면 대체로 500미터 안팎의 낮은 산지가 대부분이다. 한반도에서 가장 높은 산은 백두산으로 높이가 2744미터이고, 남한에서 가장 높은 산은 한라산으로 높이가 1950미터이다.

탐구학습

산의 숲은 우리에게 어떤 이로움을 줄까요?

산의 숲은 지구에서 가장 완벽한 자연 생태계 중 하나이다. 산은 우리에게 목재나 버섯, 산나물 등 여러 가지 자원을 제공한다. 산의 숲은 산소를 공급하고, 대기를 깨끗하게 해 준다. 수자원을 보전하고, 흙이 쓸려 나가는 것을 막아 주며, 야생 동식물이 살 수 있도록 해 준다. 또 사람들이 쉬고 즐길 수 있도록 하는 등 삶의 질을 높이는 데 크게 기여한다.

숲의 식물들은 이산화탄소를 흡수하고 산소를 내뿜어 대기를 깨끗하게 해 준다. 산림청의 연구에 따르면 우리 나라의 산림은 대략 연간 3567만 6000톤에 달하는 산소를 내뿜는다. 이 양은 1억 3000만 명이 호흡할 수 있는 양이다. 산의 숲은 빗물을 머금었다가 서서히 흘려보내 인공 댐과 같은 기능을 한다. 그래서 산의 숲을 녹색 댐이라고도 한다. 많은 비가 올 때는 빗물을 머금어 홍수 피해를 줄이고, 비가 오랫동안 오지 않을 때는 머금어 두었던 물을 서서히 흘려보내 계곡의 물이 마르지 않게 한다. 산의 토양 표면에는 낙엽, 죽은 가지, 나무 뿌리, 풀 등이 많다. 따라서 물이 지표면으로 흐르지 않게 하여 흙이 쓸려 나가는 것을 막아 준다. 또한 산의 울창한 숲은 쾌적한 산림 휴양지를 제공하여 사람들이 쉴 수 있게 해 준다.

산의 계곡

히말라야 산맥의 에베레스트 산

알프스 산맥의 몽블랑 산

산

물에 녹아서 수소 이온(H+)을 많이 내놓는 물질이다. 신맛이 나고, 푸른색 리트머스 종이를 붉은색으로 변화시킨다. 염기와의 중화 반응으로 물과 염을 만들고, 마그네슘·철·아연 등의 금속과 반응해 수소 기체를 발생시킨다. 수소이온농도지수가 7보다 작다. 수소 원자를 이온화하는 힘이 크고 작음에 따라 강산과 약산으로 나눈다. 강산으로는 황산(H_2SO_4)·염산(HCl)·질산(HNO_3)이 있고, 약산으로는 탄산(H_2CO_3)·아세트산(CH_3COOH)·젖산 등이 있다. 산이 물에 녹아 있을 때는 전류를 흐르게 한다.

황산은 냄새와 색깔이 없는 투명한 액체로 묽은 황산도 강한 산성을 띤다. 염산은 색깔이 없는 투명한 액체로 화학 약품이나 의약품, 염료를 만들 때 사용된다. 질산은 색깔이 없는 액체로 냄새가 심하며, 비료나 화학 약품을 만들 때 사용된다. 탄산은 사이다나 콜라처럼 이산화탄소가 녹아 있는 청량 음료 속에 들어 있다. 빗물도 약한 산성을 띤다. 이는 공기 중의 이산화탄소가 빗물에 녹아 탄산이 만들어지기 때문이다. 아세트산은 초산이라고도 하며, 식초에 들어 있다. 젖산은 요구르트나 신 김치 속에 있다. 과일 속에도 산성 물질이 들어 있으며, 레몬이나 에는 시트르산, 포도에는 타르타르산이 들어 있다.

산곡풍

산악 지대에서 낮과 밤에 따라 방향이 바뀌는 바람을 말한다. 낮에 햇볕이 내리쬐면 산의 정상 부근과 산등성이가 평지나 골짜기보다 더 빨리 가열되어 산의 정상 부근의 공기가 위로 올라간다. 그 자리를 메우기 위해 골짜기에서 산등성이쪽으로 바람이 분다. 이것을 곡풍 또는 골바람이라고 한다. 반대로 밤에는 산의 정상 부근과 산

탐구학습

산과 염기의 성질

산성 용액은 식초처럼 신맛이 나고 수소 이온이 들어 있다. 식초, 사이다, 묽은 염산 등이 있다. 염기성 용액은 쓴맛이 나고 수산화 이온이 들어 있다. 알칼리성이라고도 한다. 묽은 수산화 나트륨 용액, 비눗물, 묽은 암모니아수 등이 있다. 음료수를 광고할 때 알칼리성 이온 음료라고 하는데, 이때의 알칼리성이 바로 염기성이다. 산성 용액과 염기성 용액에 금속을 넣으면 산성 용액에서는 반응이 일어나 기포와 열이 생기면서 금속이 녹는다. 염기성 용액에서는 반응이 일어나지 않는다. 산성 용액과 염기성 용액을 알맞게 섞으면 중성 용액이 된다.

산의 공통적인 성질
- 신맛이 난다.
- 푸른색 리트머스 종이를 붉게 변화시킨다.
- BTB 용액을 떨어뜨리면 노란색을 나타낸다.
- 메틸오렌지 용액을 떨어뜨리면 붉은색을 나타낸다.
- 수용액 상태에서 전류를 흐르게 한다.
- (수소보다 이온화 경향이 큰) 금속과 반응하여 수소 기체를 발생한다.

염기의 공통적인 성질
- 쓴맛이 나고 미끈미끈하다.
- 붉은색 리트머스 종이를 푸르게 변화시킨다.
- 페놀프탈레인 용액을 떨어뜨리면 붉은색을 나타낸다.
- BTB 용액을 떨어뜨리면 푸른색을 나타낸다.
- 메틸오렌지 용액을 떨어뜨리면 노란색을 나타낸다.
- 수용액 상태에서 전류를 흐르게 한다.

등성이가 골짜기보다 빨리 식어 산등성이에서 골짜기로 산비탈을 따라 바람이 불어 내려온다. 이것을 산풍 또는 산바람이라 한다. 산풍과 곡풍은 낮과 밤에 따라 규칙적으로 바뀐다.

산맥

산지에서 산봉우리가 계속 길게 이어져 있는 지형을 가리킨다. 산맥은 만들어진 원인에 따라 크게 습곡 산맥과 단층 산맥으로 나눈다. 습곡 산맥은 습곡 운동 중심의 지각 운동으로 만들어진 산맥이고, 단층 산맥은 단층 운동으로 생긴 절벽이 여러 개 이어져 만들어진 산맥이다. 또 화산이 줄지어 나타나 산맥을 이루기도 한다.

세계의 대산맥은 거의 습곡 산맥이다. 습곡으로 생긴 산등성이를 배사, 골짜기를 향사라고 하며, 지표에서는 끊임없이 침식 작용이 일어나기 때문에 습곡 구조가 완전히 드러나 있는 산맥은 없다. 또 산맥은 모양과 위치에 따라 호상 산맥, 척량 산맥 등으로 나누기도 한다. 호상 산맥은 지도 위에서 본 산맥의 모양이 원의 일부처럼 보이는 산맥이다. 척량 산맥은 특정한 대륙이나 나라에서 등뼈처럼 가로지르는 산맥으로, 등뼈 산맥 또는 등줄 산맥이라고도 한다. 북아메리카 대륙의 로키 산맥이나 남아메리카 대륙의 안데스 산맥, 유럽의 알프스 산맥, 한반도의 태백산맥과 낭림산맥 등이 그 예이다.

세계의 대표 산맥들은 대부분 환태평양 조산대와 알프스히말라야 조산대에 있다. 조산대란 과거에 산과 산맥이 만들어지는 조산 운동이 있었던 지역이나 현재 조산 운동이 진행되고 있는 지역을 말한다. 태평양 주위를 둘러싸고 있는 환태평양 조산대는 뉴질랜드에서 솔로몬 제도를 지나 파푸아뉴기니 섬을 거쳐, 필리핀 군도, 타이완, 일본 열도, 알류샨 열도를 지나 로키 산맥, 유카탄 반도, 서인도제도, 안데스 산맥을 거쳐 남극 대륙으로 연결된다. 알프스히말라야 조산대는 뉴기니 섬에서 인도네시아, 앤다만, 니코바르 제도를 지나 히말라야 산맥에 이르고, 다시 서쪽으로 뻗어 엘부르즈 산맥, 발칸 산맥, 카르파티아 산맥, 알프스 산맥을 거쳐 코르시카 섬, 아틀라스 산맥으로 이어지는 조산대이다. 이 조산대들에는 로키 산맥, 안데스 산맥, 히말라야 산맥, 알프스 산맥 등 험준한 산맥이 뻗어 있다.

산성비

산성이 강한 비이다. 엄밀하게는 산성과 염기성의 정도를 나타내는 수소이온농도지수가 5.6 이하인 비를 말한다. 순수한 물은 수소이온농도지수가 7로 중성이고, 자연의 빗물은 공기 속에 있는 이산화탄소가 녹아들어 수

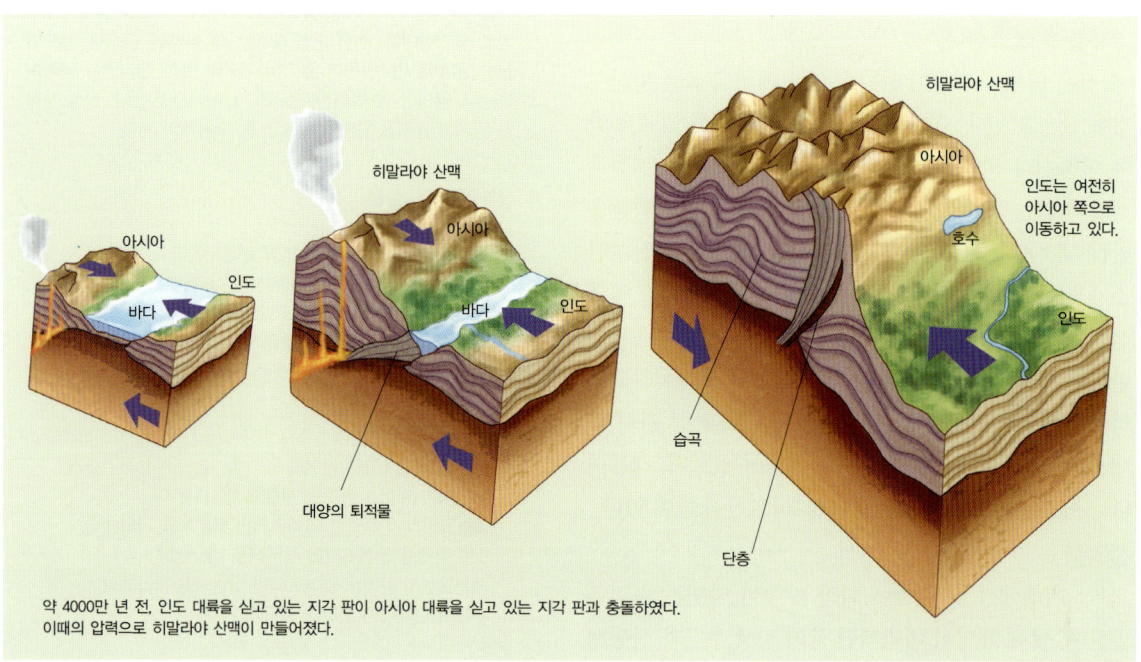

약 4000만 년 전, 인도 대륙을 싣고 있는 지각 판이 아시아 대륙을 싣고 있는 지각 판과 충돌하였다. 이때의 압력으로 히말라야 산맥이 만들어졌다.

탐구학습

산성비의 피해를 줄일 수 있는 방법에는 무엇이 있을까요?

산성비의 피해를 줄이기 위해서는 대기 오염 물질을 줄여야 한다. 대기 오염 물질은 대부분 석유와 석탄 같은 화석 연료를 태울 때 나온다. 그렇기 때문에 근본적으로는 현재 사용하는 석유와 석탄 같은 화석 연료 대신 사용할 청정 연료를 개발해야 한다. 새로운 청정 원료가 개발되기 이전에는 공장이나 발전소와 같이 화석 연료를 많이 사용하는 곳에서는 황산과 같은 오염 물질을 없앨 수 있는 기기를 설치하여야 한다. 또 자동차의 배기 가스를 줄이고, 가스 속의 유해 성분을 무해 성분으로 변화시키는 방법을 개발해야 한다. 우리 나라에서는 1978년에 「대기환경보전법」을 만들어 대기를 오염시키는 물질을 줄이기 위해 애쓰고 있다.

산성비로 죽은 나무

소이온농도지수가 5.6 정도의 약한 산성을 띤다. 그러나 도시화와 산업화로 대기 중의 오염 물질이 늘어나면서 점점 산성이 강한 비가 내린다. 대기 중으로 뿜어 낸 아황산가스나 질산화물 같은 오염 물질이 습기와 화학 반응을 일으켜 황산·질산·염산 등의 강산이 된 후 비가 내릴 때 함께 녹아 내리기 때문이다. 이런 오염 물질은 공장과 교통 기관에서 주로 나오고, 석유나 석탄 등의 연료를 태울 때도 나온다.

산성비는 토양을 산성으로 만들어 땅 속에 사는 유익한 미생물을 죽게 하거나 식물이 잘 자라지 못하게 한다. 그에 따라 삼림이 황폐해지고 농작물의 수확이 줄어든다. 또 강이나 호수로 흘러든 산성비 때문에 물고기들이 떼죽음을 당하는 등 생태계에 많은 피해를 준다. 산성비는 대리석이나 화강암으로 만든 건물이나 조각품, 금속 등을 부식시키기도 한다.

> **? 외딴 섬이나 산간 지역에도 산성비가 내리는 까닭은 무엇일까요?**
> 대기 오염 물질을 내놓는 공장이나 자동차가 없는 외딴 섬이나 산간 지역에도 산성비가 내린다. 그 까닭은 공장이나 자동차에서 나온 오염 물질이 공기나 구름에 들어 있다가 바람이 불 때 이동하여 멀리까지 날아가기 때문이다. 따라서 대기 중의 오염 물질이 많아지면, 오염 물질을 많이 내놓은 지역뿐만 아니라 그렇지 않은 지역까지 산성비의 피해를 입게 된다.

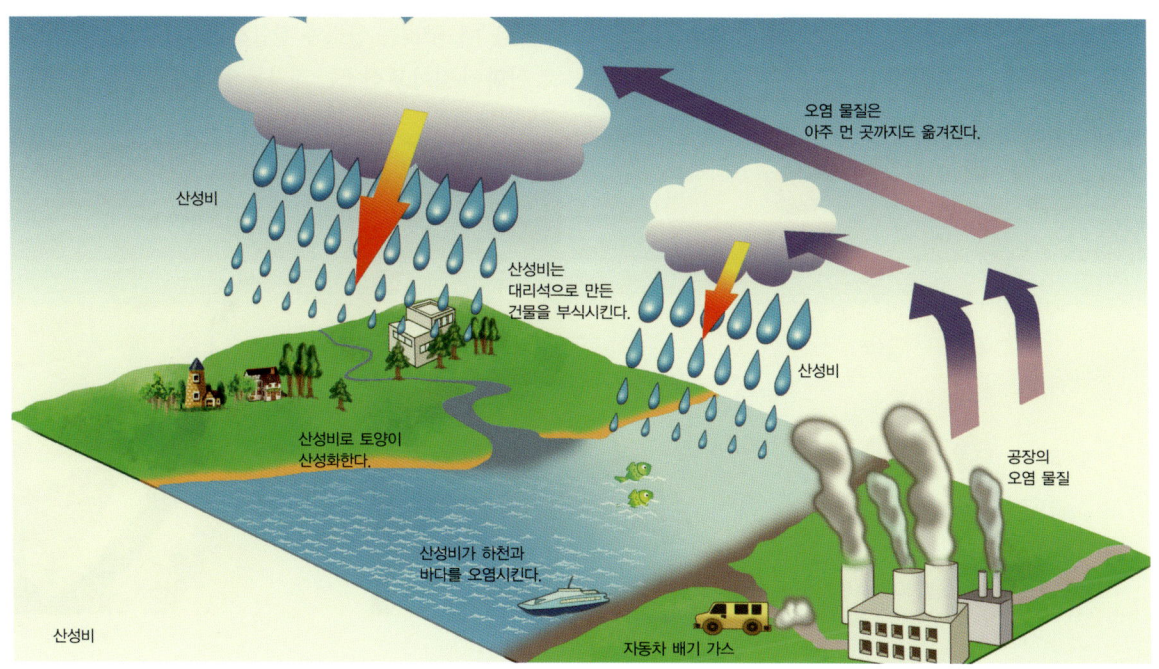

산소

색깔과 냄새가 없는 기체이며, 원소 기호는 O이다. 산소는 지구에 가장 많은 원소이며 물의 90퍼센트, 우리 몸의 50퍼센트 이상을 차지하고 있다. 상온에서는 산소 원자 두 개가 결합한 산소 분자(O_2)로 존재한다. 다른 물질이 잘 타게 도와 주고, 물에 잘 녹지 않는다. 산소는 공기의 약 20퍼센트를 차지하며 생물체가 호흡하는 데 꼭 필요하다. 지구상에서는 공기 중의 산소로 충분히 숨을 쉴 수 있어 따로 산소를 공급받을 필요가 없다. 하지만 산소가 거의 없는 우주에서 움직이는 우주 비행사와 물 속에서 활동하는 잠수부, 높은 산을 오르는 등산가, 탄광에서 석탄을 캐는 광부, 중병을 앓아 호흡하기 힘든 환자에게는 따로 용기에 담아 공급해 준다. 산소는 높은 온도를 얻는 데도 이용한다. 산수소불꽃이나 산소-아세틸렌 불꽃은 아주 높은 열을 내기 때문에 공장에서 금속을 용접하거나 절단하는 데 이용한다. 로켓을 발사할 때도 연료를 연소시켜 추진력을 얻기 위해 이용한다.

산화물

산소와 결합하여 만든 화합물을 통틀어 말하며, 산소 화합물이라고도 한다. 분자 속에 함유된 산소의 수에 따라 일산화물·이산화물·삼산화물로 나누고, 그 성질에 따라 산성·중성·염기성으로 나눈다. 지구상에 매우 흔한 물(H_2O)은 수소의 화합물이고, 암석의 주요 성분인 이산화규소(SiO_2)는 규소의 산화물이며, 붉은 녹의 성분인 산화 철(III)(Fe_2O_3)은 철의 산화물이다.

산화와 환원

어떤 물질이 산소나 수소 또는 전자를 잃거나 얻을 때 일어나는 반응이다. 산화는 어떤 물질이 산소와 결합한 것 또는 수소를 잃거나 전자를 잃는 것을 말한다. 환원은 산화와 반대로 산화물에서 산소를 잃거나, 산화물이 수소나 전자를 얻는 것을 말한다. 산화와 환원은 서로 반대 작용을 하며, 한쪽 물질에서 산화가 일어나면 반대쪽에서는 환원이 일어난다. 이러한 산화와 환원 반응은 따로 일어나는 것이 아니라 언제나 동시에 함께 일어난다. 또 산화될 때 잃어버린 전자의 수와 환원될 때 얻은 전자의 수는 항상 같다.

산화와 환원 반응의 예로 연소 반응을 들 수 있다. 어떤 물질이 탈 때 연소 반응이 일어난다. 타는 물질은 산소를 얻어 산화하며, 동시에 이산화탄소와 물이 생기고 열과 빛을 내는데, 산소가 수소를 얻어 물이 되면서 환원 반응을 일으킨 것이다. 또 구리와 산소가 반응해 산화구리가 되었을 때, 구리는 산소와 결합하면서 전자를 잃었으므로 산화된 것이고 산소는 전자를 얻어서 환원된 것이다.

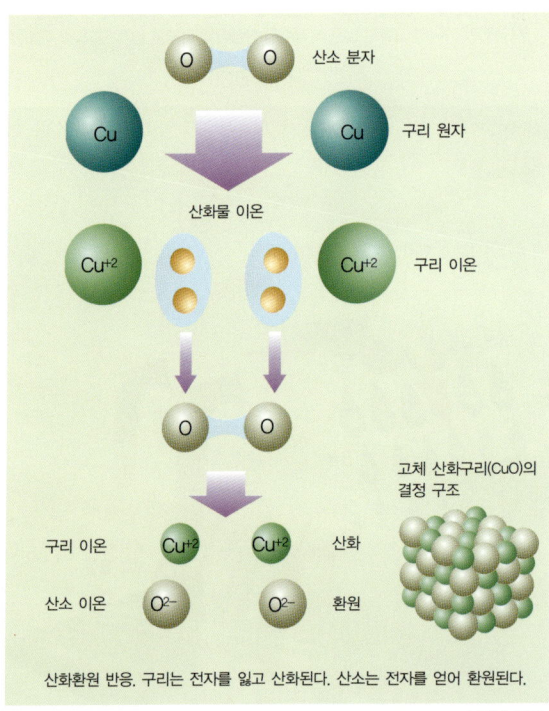

산화환원 반응. 구리는 전자를 잃고 산화된다. 산소는 전자를 얻어 환원된다.

산화와 환원

이집트 나일 강의 삼각주

삼각주

강과 바다가 만나는 곳에 만들어진 삼각형 모양의 낮은 평지이다. 강물을 따라 실려 온 모래나 흙 같은 퇴적물이 쌓여서 된 지형이다. 흙이 비옥해서 농사가 잘 된다. 델타라고도 한다. 약 2500년 전 그리스의 철학자 헤로도토스는 나일 강의 지류들이 운반한 모래와 흙에 의해 해안선이 바다 쪽으로 넓어지는 것을 알았다. 그는 땅의 모습이 삼각형인 것을 보고 모양이 비슷한 그리스 문자인 델타(Δ)라고 이름을 붙였다. 오늘날에는 삼각형 모양의 삼각주뿐만 아니라 강물을 따라 실려 온 물질이 하구에 쌓여 만들어진 충적 지형도 삼각주라고 한다.

우리 나라는 밀물과 썰물 때의 바닷물의 높이 차이가 커서 강물을 따라 실려 온 모래가 바다로 쓸려 나가 삼각주가 많이 발달하지 않았다. 우리 나라에서 가장 큰 삼각주는 낙동강 하구의 김해 삼각주이다. 김해 삼각주는 넓이가 약 130제곱킬로미터이다.

삼엽충

고생대의 캄브리아기에서 페름기에 걸쳐 얕은 바다나 바다 밑의 진흙 등에서 살았던 생물이다. 몸은 타원형으로 납작하고, 몸 길이

는 1~10센티미터인 것이 보통이지만 큰 것은 70센티미터에 달하는 것도 있었다. 등은 딱딱한 껍질로 되어 있고 몸 양쪽으로 가슴에 딸린 다리가 있다. 머리부터 꼬리 끝까지 두 개의 팬 골이 있어 몸이 세 부분으로 나누어져 있다. 대부분의 삼엽충은 얕은 바다에서 살았으며, 바닥을 걷거나 표면을 떠다니며 퇴적물 속의 물질들을 먹었다. 삼엽충은 먹이 조각을 발로 휘저어 입 쪽으로 띄워 먹었다. 입에 부리나 집게가 없는 것으로 미루어 보아 다른 생물을 잡아먹지 않고, 연한 먹이만을 먹었던 것으로 보인다. 어떤 종류는 맨 앞발에 긴 가시가 있는데 이를 이용해서 큰 먹이를 찢어 먹었다. 구멍을 파거나 기어 다닌 흔적들이 삼엽충의 몸체와 일치하는 것으로 보아 삼엽충은 먹이를 찾거나 적을 피할 때 퇴적물 속으로 파고 들어갔음을 알 수 있다. 초기의 삼엽충은 얕은 곳에서 살았지만, 후기에는 좀 더 깊은 바다에서 살았다.

삼엽충은 화석이 나온 지층의 지질 시대를 알려 주는 중요한 표준화석이기도 하다. 약 2억 5000만 년을 살았던 생물이지만, 계속 진화하여 시대에 따라 다른 특징을 지닌 삼엽충들이 나타났기 때문이다.

상대성이론

20세기 초에 아인슈타인이 발표한 현대 물리학 이론이다. 상대성이론은 1905년에 발표된 특수 상대성이론과 1916년에 발표된 일반 상대성이론으로 이루어져 있다. 특수 상대성이론은 등속 운동을 하는 물체 사이의 시간과 공간에 관한 이론이다. 이 이론에 따르면 빛의 속도는 관찰자의 운동과는 상관없이 일정하고, 등속도 운동을 하는 관찰자가 바라보는 물리 법칙은 서로 같다. 우주의 어디에도 관찰자와 전혀 상관없는 '절대공간'과 '절대시간'이란 개념은 존재하지 않으며, 시간과 공간은 각각 관찰자에 따라 상대적인 의미를 가진다. 또 특수 상대성이론은 질량과 에너지의 관계도 밝혔다. 유명한 공식인 질량 에너지 등식 $E = mc^2$(에너지 = 질량 × 빛의 속도의 제곱)이 바로 그것이다. 이 식으로 핵분열 또는 핵융합 때 발생하는 에너지의 근원과 그 양을 알 수 있게 되었다.

일반 상대성이론은 등속도 운동에 적용되는 특수 상대성이론을 가속도 운동에까지 적용한 것이다. 즉 일정한 가속도를 가진 어떤 좌표계에 대해서도 물리 법칙이 같은 형식으로 표현되도록 한 이론이다. 이 이론에 따르면 물질의 존재는 그 주위의 공간이나 시간에 변형을 주어 시공간을 휘게 만든다. 물질의 분포와 운동 상태는 시공간의 휨을 결정하고 시공간의 휨은 물체의 운동에 영향을 미친다. 예를 들면 큰 별 주위에서 시공간은 별의 중력 때문에 휘게 되고, 직진하던 빛도 별 주위를 지날 때 굽은 시공간을 따라 휘어진다.

상대성이론은 발표된 후 오랫동안 과학자들 사이에서 논란이 되었다. 그러나 1919년에 영국의 천문학자 에딩턴이 일식 때 별빛이 태양의 중력에 끌려 정말 휜다는 사실을 관측한 이후 다른 여러 가지 천문학적 관측에 의해 이론적으로 옳다는 것이 밝혀졌다. 오늘날 이 이론은 천체물리학, 핵물리학, 고체물리학 등 물리학 분야뿐만 아니라 현대 우주론의 형성에도 큰 기여를 하고 있다.

새

몸에 깃털이 있고 날개로 하늘을 날아다니는 동물들을 가리킨다. 분류학적으로는 척추동물문 조류강에 속하는 동물이다. 전 세계적으로 약 8600종이 있고, 우리 나라에는 약 430여 종의 새가 산다.

새의 몸은 날기에 알맞게 되어 있다. 새는 다른 동물들과 달리 나는 데 쓰는 날개가 있다. 날개는 진화 과정에서 앞다리가 변한 것으로 날개를 퍼덕여 하늘을 날아다닌다. 날개의 모양은 생활 방식과 날아다니는 방식에 따라 새마다 다르다. 타조처럼 날개의 기능이 퇴화하여 흔적만 남아 있는 것도 있고, 물 속에 사는 펭귄처럼 지느러미 모양으로 변형된 것도 있다. 날개와 몸은 공기의 저항을 줄이기 위해 부드러운 깃털로 덮여 있다. 깃털의 뼈대는 비어 있어서 가볍고, 지방 성분의 물질이 깃털을 감싸기 때문에 물 속에서 헤엄을 칠 때도 젖지 않는다. 깃털 밑에는 부드러운 솜털이 있어 하늘을 날아다닐 때 체온이 떨어지지 않게 보호해 준다. 새의 입은 부리로 되어 있어, 손을 대신하는 구실을 한다. 새의 부리는 먹는 음식에 따라 크기와 모양이 여러 가지이다. 이빨이 없는 대신 모래나 잔돌이 들어 있는 모래주머니가 음식을 잘게 부수어 작은창자로 보내 소화시킨다. 방광이 없어서 요산을 똥과 함께 내보내 물똥을 눈다. 새의 다리는 두 개이고 대체로 발가락이 네 개이다. 발의 모양은 생활 방식에 따라 다르다. 독수리나 부엉이 같이 나무 위에서 살면서 다른 동물을 잡아먹는 새는 발가락이 움켜지게 쉽게 되어 있고 발톱이 날카롭다. 오리와 같이 물에서 생활하는 새는 발가락 사이에 물갈퀴가 있다.

새는 암놈과 수놈이 짝짓기를 한 후에 알을 낳아 새끼를 키운다. 수풀 속이나 나무 위에 둥지를 틀고 하나 이상의 알을 낳아 어미가 오랫동안 품어 준다. 알에서 깨어 난 새끼는 어미가 다 자랄 때까지 돌보아 준다.

사는 곳에 따른 새의 분류

새는 사는 곳에 따라 크게 철새와 텃새로 나눈다. 철새는 번식지와 겨울을 나는 곳 사이를 규칙적으로 오가

갈매기

는 새로 겨울 철새와 여름 철새, 나그네새로 나눈다. 여름 철새는 새끼를 기르기 위해 봄부터 초여름까지 우리 나라로 건너오는 새이다. 겨울 철새는 매서운 겨울 추위를 피하여 가을부터 겨울까지 북쪽 지방에서 찾아오는 새이다. 나그네새는 봄과 가을에 다른 곳으로 옮겨 가는 길에 우리 나라를 지나는 철새이다. 철새들은 남쪽과 북쪽을 오고갈 때 매년 같은 길로 다니고, 같은 지방의 같은 장소로 돌아오는 특성이 있다. 텃새는 일 년 내내 다른 곳으로 가지 않고 같은 지역에 사는 새이다. 또 텃새 중에서 번식하는 곳과 겨울을 나는 곳이 다르지만 정해진 지역을 벗어나지 않는 새를 떠돌이새라고 한다.

우리 나라의 철새 중 여름 철새로는 뻐꾸기·두견이·꾀꼬리·백로·뜸부기·제비·후투티·파랑새·물총새·솔부엉이 등이 있으며, 겨울 철새로는 고니·기러기·독수리·콩새·칡부엉이·논병아리·두루미·발종다리·쑥새·양진이 등이 있다. 나그네새는 도요·물떼새·꼬까참새·흰배멧새·제비갈매기 등이 있다. 우리 나라의 텃새로는 까마귀·까치·꿩·멧비둘기·박새·수리부엉이·올빼미·참새·크낙새 등이며, 떠돌이새로는 말똥가리·새매·물까마귀·굴뚝새 등이 있다.

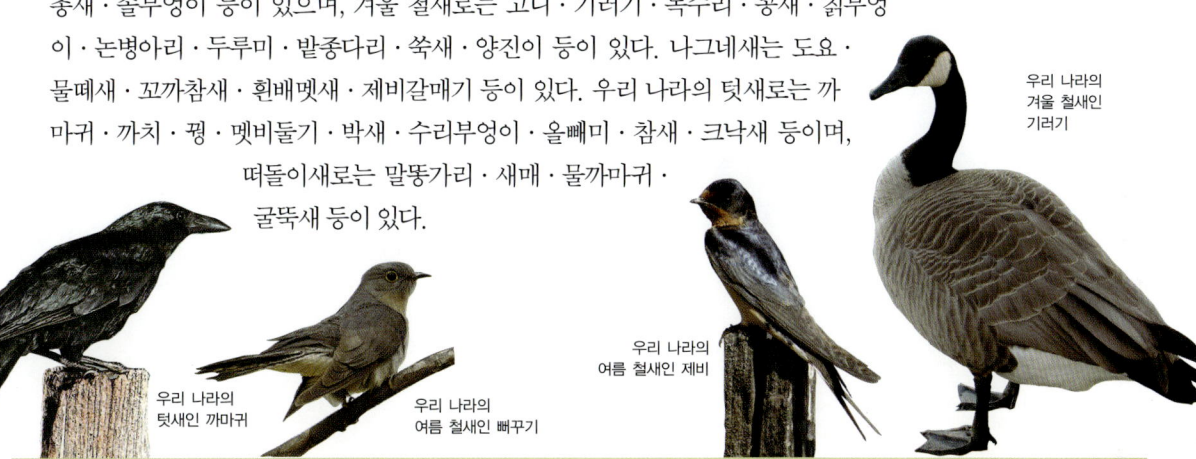

우리 나라의 텃새인 까마귀
우리 나라의 여름 철새인 뻐꾸기
우리 나라의 여름 철새인 제비
우리 나라의 겨울 철새인 기러기

탐구학습

새의 부리 모양이 다른 까닭은 무엇일까요?

새는 주로 먹는 먹이에 따라 부리의 모양이 각각 다르다.
독수리의 부리는 튼튼하고 끝이 갈고리처럼 휘어져 고기를 찢기에 알맞게 생겼다. 참새의 부리는 짧고 뾰족하게 생겨 곡식 낟알이나 곤충 등을 먹기에 알맞다. 쏙독새는 부리가 넓어 나방, 매미, 메뚜기 등의 곤충을 쓸어 담듯이 잡아먹는다. 왜가리의 부리는 가늘고 길며 뾰족하다. 물가에 살면서 개구리나 새우, 물고기 등을 먹으며, 부리가 길어서 머리를 물 속에 넣지 않아도 먹이를 잡을 수 있다. 마도요는 부리가 길고 뾰족하며 아래쪽으로 활 모양처럼 굽어 있다. 갯벌 속의 게나 새우, 조개 등을 먹기에 좋다. 오리는 부리가 넓적하고 양쪽 가장자리가 빗살 모양이다. 물을 걸러서 그 속의 낟알이나 물풀, 곤충 등을 먹는다. 딱따구리는 부리가 날카롭고 곧게 생겼으며 무척 튼튼하다. 나무 속에 구멍을 뚫어서 둥지를 만들고, 나무 속에 숨어 있는 곤충을 잡아먹는다.

오리 왜가리 독수리
참새 마도요 딱따구리

물수리

흉내지빠귀

갈기퍼핀

오리와 새끼들

바다앵무새

벌새

투칸

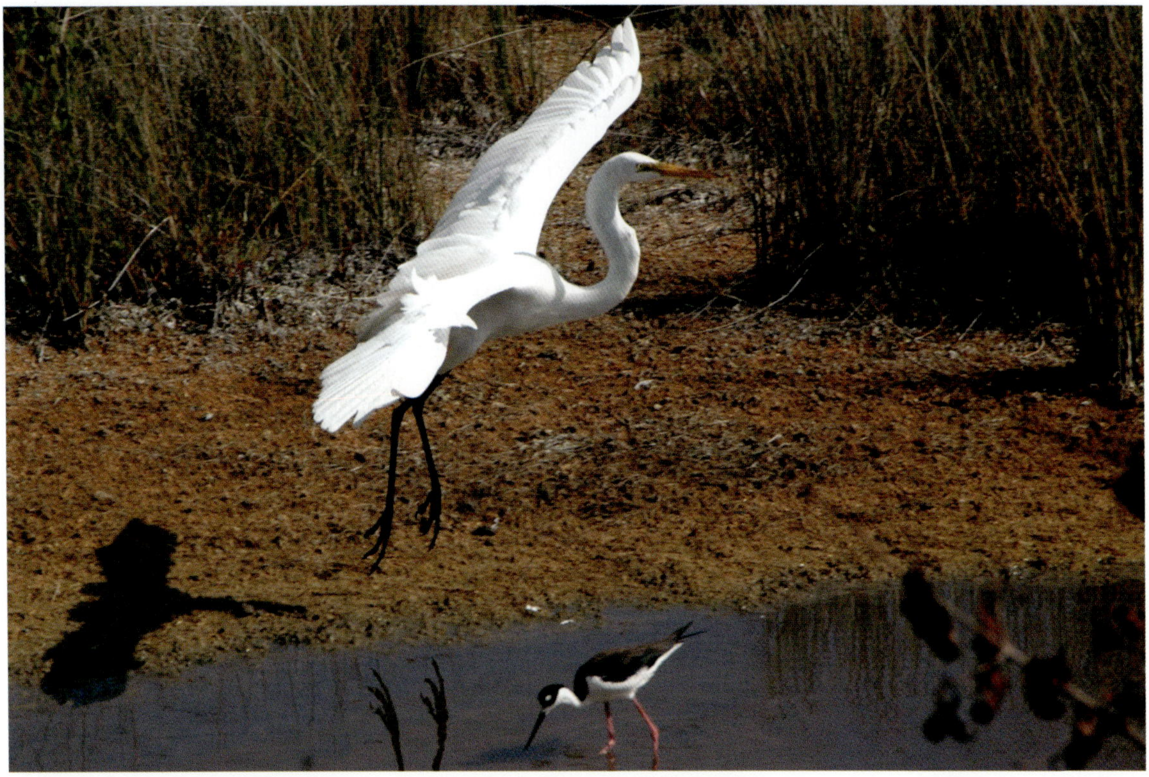
백로와 물떼새

공작

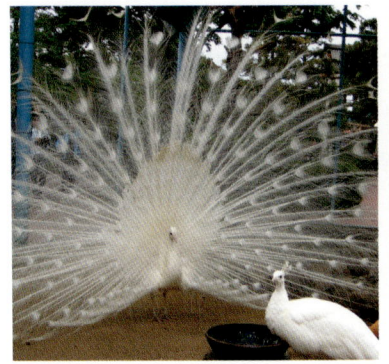

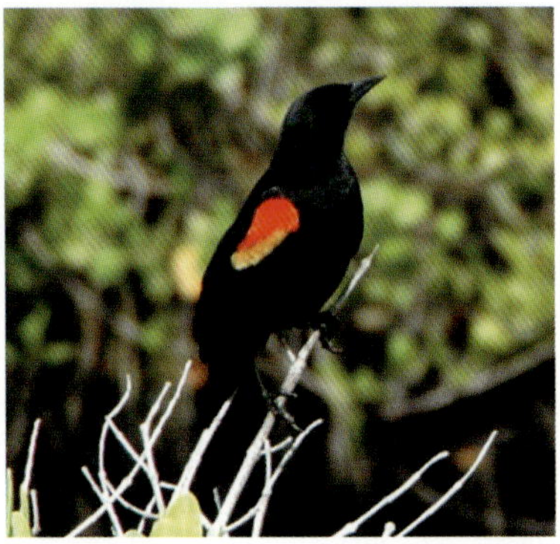
찌르레기

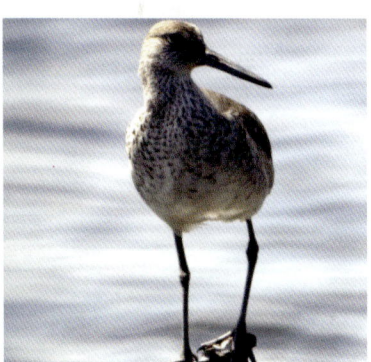

큰부리도요

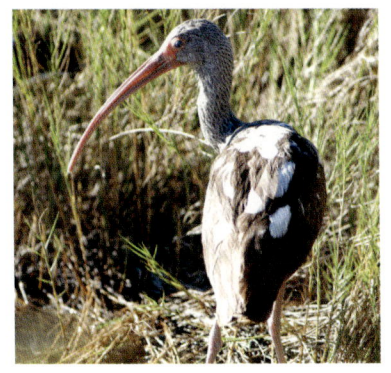

따오기

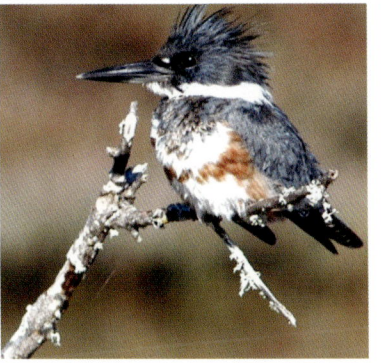

물총새

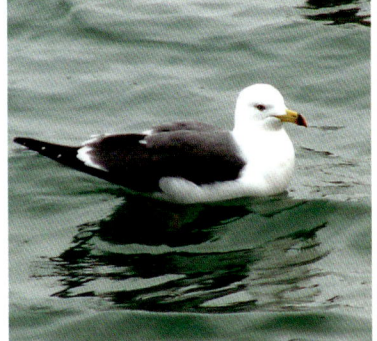

괭이갈매기

생물

영양·운동·생장·번식 등의 생명 활동을 하는 물체로 생명이 없는 무생물과 구별된다. 단세포생물 같은 하등 생물부터 발달한 조직과 기관을 가진 고등 생물까지 다양한 개체들이 있다. 생물은 살아가는 데 필요한 에너지를 얻기 위하여 물질을 합성하거나 다른 생물이 만들어 놓은 영양분을 분해하여 생활에 필요한 에너지를 얻는 물질 대사를 한다. 모든 생물은 자신과 닮은 자손을 남겨 종족을 보존한다. 생물은 외부 환경의 변화에 적절히 대응하여 몸의 상태를 언제나 일정하게 유지하는 항상성이 있다. 또한 환경에 알맞게 몸의 구조나 형태, 생활 습성 등을 변화시키는 적응력이 있다. 오랜 세월에 걸쳐 변화하는 환경에 적응해 오면서 새로운 특징을 지닌 종이 나왔으며, 이런 과정을 통해 종의 다양성이 나타났다.

생물의 분류

생물을 일정한 기준에 따라 무리 짓는 것을 생물의 분류라고 한다. 생물을 분류하는 목적은 생물들 사이의 멀고 가까운 관계를 밝히고, 생물을 조사하고 연구하기 편리하게 하려는 것이다. 분류 방법으로는 인위 분류와 자연 분류가 있다. 인위 분류는 사람이 이용하기 편리한 대로 나누는 것으로, 예를 들면 식물을 약용식물·식용식물로 나누는 것이다. 자연 분류는 생물을 특성에 따라 나누는 방법이다. 예를 들면 동물을 척추가 있고 없음에 따라 척추동물과 무척추동물로 나누는 것이다. 따라서 자연 분류로 생물들 사이의 멀고 가까운 관계

탐구학습

생물의 분류 체계

계(界, kingdom)
생물 분류 단계 중 가장 큰 단위이다. 현재는 생물을 크게 다섯 개의 계인 동물계·식물계·원핵생물계·원생생물계·균계로 나눈다.

문(門, phylum)
동물에서는 배엽의 형성 방법을 포함한 발생에 따라 구분하며, 식물에서는 핵의 유무 또는 클로로필의 유무, 체제의 양식 등을 기준으로 구별한다. 척색동물문·환형동물문·절지동물문·극피동물문 등이 있으며, 사람은 척색동물문에 해당한다.

강(綱, class)
공통된 뚜렷한 특징을 가진 생물군들을 분류한 것이다. 척색동물문 속에 포유류·조류·양서류·파충류 등이 바로 강이다. 학자들끼리 서로 일치하지 않은 부분도 있으며, 연구에 따라 분류가 달라지기도 한다.

목(目, order)
몸의 기본 구조가 같은 것끼리 모아 분류한 것이다. 강에 비해 자연적으로 이루어진 군이 훨씬 많다.

과(科, family)
생태학적으로 비슷한 성격을 가진 몇 개의 속끼리 묶은 것이다.

속(屬, genus)
서로 매우 가까워서 친척 관계에 있는 생물들이다. 생물을 분류할 때 사용하는 집합 단위로, 때로는 한 종이 하나의 속을 이루는 경우도 있다.

종(種, species)
생물 분류의 기본 단위이다. 개체 사이에서 짝짓기가 가능한 한 무리의 생물로, 다른 생물과 생식적으로 같은 것끼리 모아 분류한 것이다. 형태와 특징에 따라 아종·변종·품종 등으로 나눈다.

무궁화와 사람의 생물학적 분류

무궁화		사람
식물계	계	동물계
피자식물문	문	척색동물문
쌍자엽식물강	강	포유강
운향목	목	영장목
아욱과	과	사람과
무궁화속	속	사람속
무궁화	종	사람

사람에 대한 여러 종명

나라별	종명
한국	사람
미국	human
독일	Mensch
린네의 이명법에 의한 학명	Homo sapiens Linne

와 진화 과정에서 그 생물이 어떤 자리에 있는지를 찾아 내 생물의 계통을 만들 수 있다.

전통적으로는 생물의 생김새의 특징을 기준으로 분류했지만, 현대에는 이 외에도 생태적·생리적·유전적·발생적·생화학적 특징 등을 기준으로 분류한다. 생물을 분류할 때는 먼저 동물계, 식물계 등으로 크게 나눈 다음 그것을 여러 분류 기준에 따라 다시 나눈다. 예를 들면 식물은 구조, 생활 방식, 번식 방법, 꽃의 구조 등에 따라 겉씨식물, 속씨식물 등으로 다시 나뉜다. 또 동물은 척추의 유무, 몸의 생김새, 내부 구조, 생활 방식, 번식 방법 등에 따라 절지동물, 환형동물 연체동물, 척추동물 등으로 다시 나뉜다. 이처럼 모든 생물은 여러 가지 분류 기준에 따라 종·속·과·목·강·문·계의 체계로 분류할 수 있다. 종은 가장 좁은 범주이고, 계는 가장 넓은 범주이다. 이와 같은 체계의 기초를 세운 사람은 스웨덴의 박물학자 린네이다.

생물의 5분류군

생물계는 일반적으로 동물계, 식물계, 원생생물계, 균계, 원핵생물계의 5분류군으로 나눈다. 핵막이나 세포 소기관, 광합성 색소가 있는지 없는지 또 단세포인지 다세포인지에 따라 다섯 가지로 나눈 것이다.

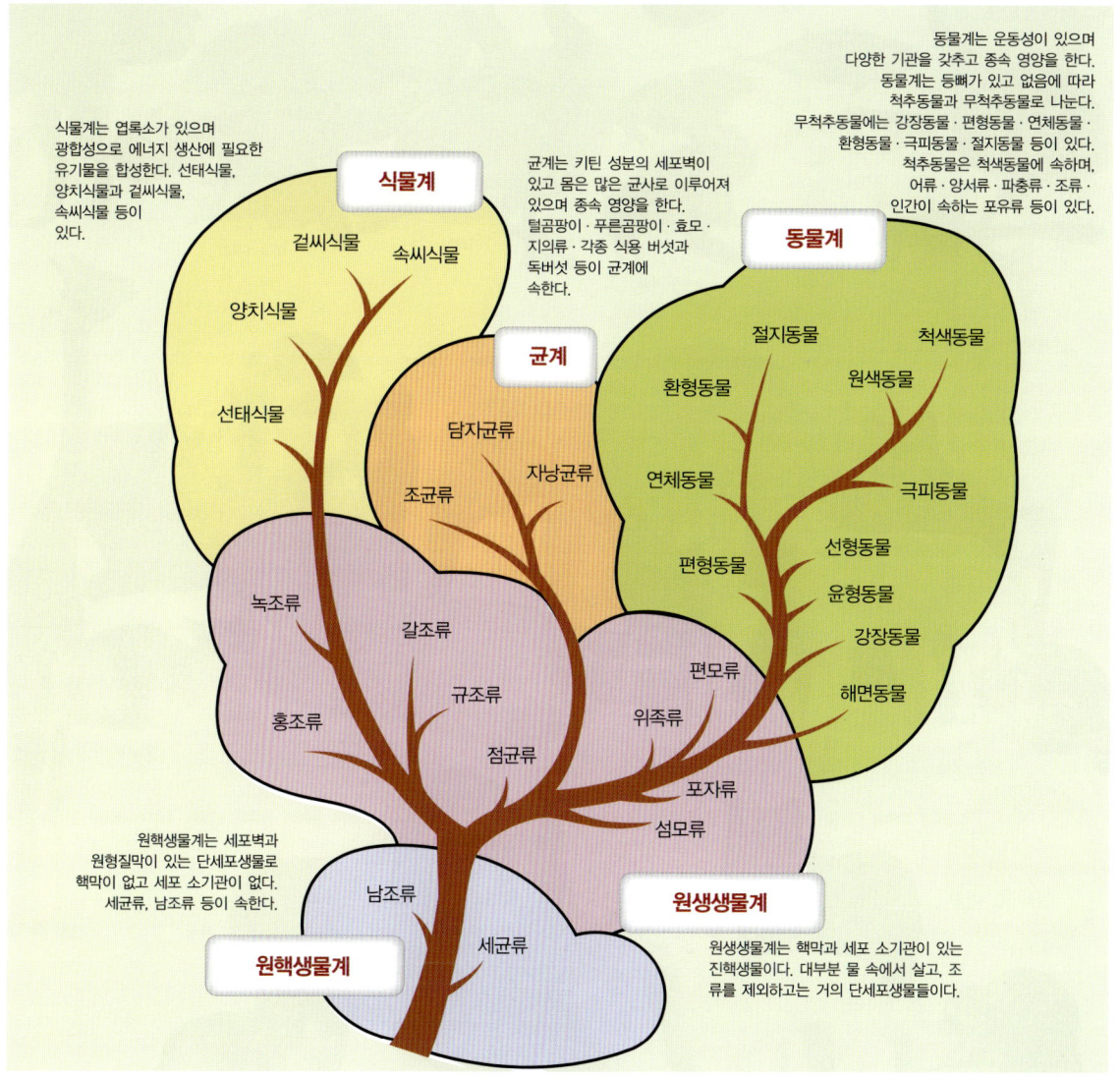

생식 기관

생물의 생식을 담당하는 기관이다. 동물의 생식 기관으로는 정자와 난자와 같은 생식세포를 만드는 정소와 난소, 생식세포를 운반하는 관과 교미에 필요한 외부 생식 기관 등이 있다. 동물의 외부 생식 기관은 체내 수정과 체외 수정, 난생과 태생 등에 따라서 생김새가 각각 다르다. 꽃이 피는 식물의 생식 기관은 꽃의 암술과 수술이고, 선태식물이나 양치식물의 생식 기관으로는 조란기나 조정기가 있다.

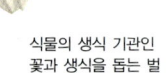

식물의 생식 기관인 꽃과 생식을 돕는 벌

사람의 생식 기관

사람의 생식 기관의 구조와 기능은 남성과 여성이 서로 다르다. 남성의 생식 기관은 외부 생식 기관인 음낭과 음경으로 되어 있다. 음낭 속에는 정자를 만드는 한 쌍의 정소가 있으며, 이곳에는 구불구불하게 꼬인 가느다란 세정관이 20개 정도 있다. 정자들은 부정소로 옮겨가 자란 다음 수정 능력을 갖추게 되고, 수정관으로 이동한다. 수정관에서는 정자의 활동에 필요한 영양 물질이 나와 정자와 섞여 정액을 만들며, 정액은 요도를 통해 몸 밖으로 나온다.

여성의 생식 기관은 난소와 자궁, 질, 수란관 등으로 되어 있다. 난소는 난자를 생산하고 여성 호르몬을 내놓는 곳으로, 좌우에 한 쌍이 있으며 타원형이다. 수란관은 자궁과 난소를 연결하는 가늘고 긴 관으로, 난소에서 배란된 난자를 받아들여 수정이 일어나고, 수정란을 자궁으로 옮기는 역할을 한다. 질은 여성의 외부 생식 기관으로 정자가 처음 도달하는 곳이다. 자궁은 임신하였을 때 태아가 자라는 곳으로, 크기는 달걀만 하며 두꺼운 근육으로 된 탄력성이 좋은 주머니이다.

태아의 성은 수정되는 순간 이루어지는 성염색체의 종류에 따라 결정되지만 생식 기관의 발달은 생식소에서 분비되는 성호르몬의 영향을 많이 받는다. 임신 8주 후부터 나오는 성호르몬의 영향으로 남녀의 생식 기관이 만들어지는 것을 1차 성징이라고 한다.

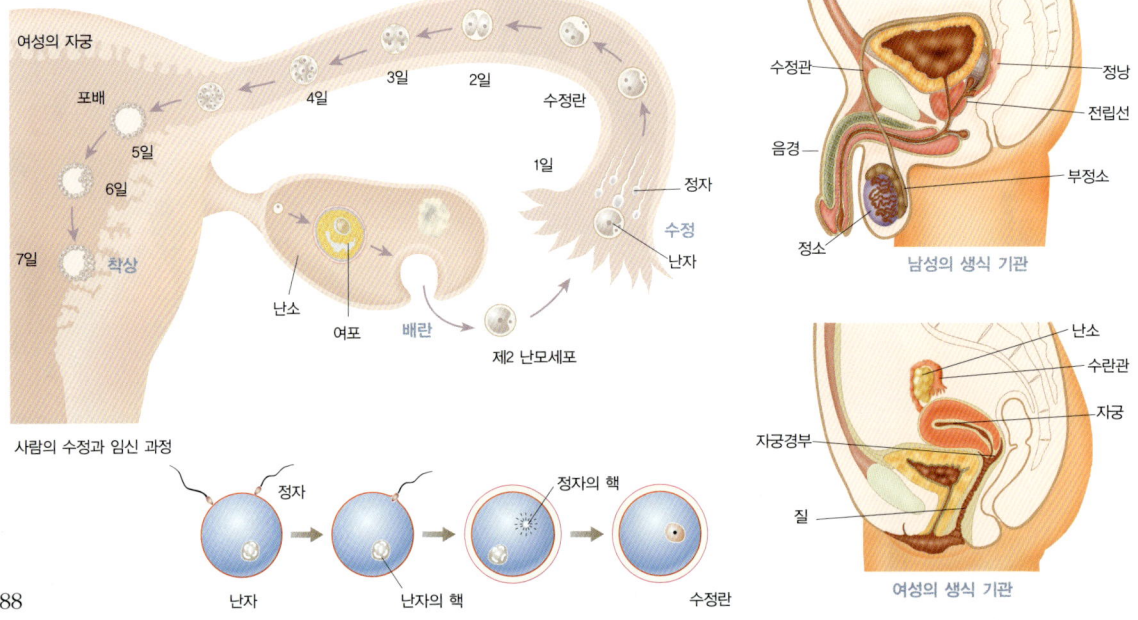

생태계

 사람을 포함한 동물과 식물 등의 생물과 햇빛, 공기, 물, 흙과 같은 무생물이 어떤 장소에서 상호 작용하면서 균형과 조화를 이루고 있는 것을 말한다. 생태계란 1935년에 영국의 식물생태학자 탠슬리가 처음으로 사용한 말이다. 그는 생물들과 생물들을 둘러싼 물·공기·토양 같은 환경이 밀접한 관계를 유지하면서 서로 작용하는 것을 생태계라고 하였다. 그에 따르면 생태계는 물질이 순환하고 에너지의 흐름이 일어나는 하나의 기능적인 체계이다. 생태계는 작은 수족관의 생태계에서 크게는 지구 생태계까지 규모가 다양하다. 연구나 보호를 위해 해양생태계, 사막생태계, 극지생태계, 삼림생태계, 초지생태계, 도시생태계 등으로 나누기도 한다.

 생태계는 생물과 무생물의 두 가지 요소로 구성되어 있다. 생물 요소에는 생산자인 녹색 식물과 소비자인 동물 그리고 분해자인 세균과 미생물 등이 있다. 무생물 요소에는 햇빛·물·공기·토양 등이 있으며 이를 통틀어 무기 환경이라고도 한다. 생태계 내에서 생물은 무기 환경과 끊임없이 물질을 주고받으며 생활한다. 식물과 같은 생산자는 무기 환경에서 탄소·질소·인과 같은 무기물을 받아들여 유기물을 합성하고, 이 유기물은 먹이 연쇄를 따라 생태계 안에서 돌게 된다. 생물이 죽으면 미생물 같은 분해자들이 죽은 생물을 분해하여 다시 무기 환경으로 돌아가게 한다.

 생태계를 구성하는 생물의 수는 먹고 먹히는 관계인 먹이 연쇄를 통하여 늘어나기도 하고 줄어들기도 한다. 하나의 생태계 내에서 생물의 종류와 수가 일정하게 유지되는 것을 생태계의 평형이라고 한다. 생태계의 평형은 가뭄이나 홍수·화산 폭발·산불 등의 자연 재해 때문에 깨지기도 하고, 공장의 폐수·대기 오염·농약 사용·토목 공사·벌채·무분별한 사냥 등 인간이 벌인 일 때문에 깨지기도 한다.

> **? 어항 속의 생태계는 어떻게 유지될까요?**
> 어항 속에는 송사리와 붕어 같은 물고기와 물벼룩, 해캄, 식물 플랑크톤이 함께 살아가고 있다. 어항 속 생태계를 유지하는 데는 물과 햇빛과 생물들의 상호 작용이 필요하다. 물고기는 해캄이나 식물 플랑크톤을 먹고, 물벼룩은 송사리나 붕어가 먹는다. 송사리와 붕어의 배설물이나 시체는 어항 속 박테리아가 분해하여 물과 식물 플랑크톤의 먹이가 된다.
> 이렇게 생물들 사이에 먹고 먹히는 관계가 먹이 연쇄이며, 이러한 먹이 연쇄에 의해 어항 속의 생태계가 유지된다.

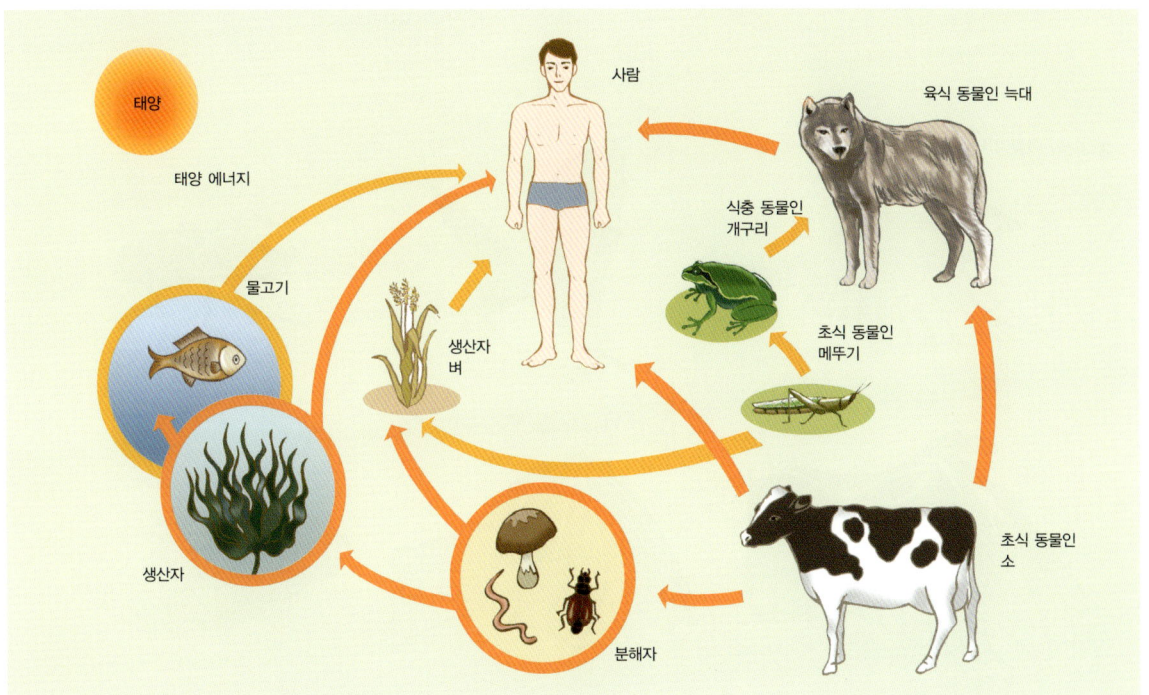

상동 기관

상동 기관

발생과 구조는 같지만 환경에 적응하면서 생김새와 기능이 달라진 생물의 기관이다. 사람의 팔, 척추동물의 앞다리, 새의 날개, 고래의 가슴지느러미, 박쥐의 날개는 겉모습과 기능은 다르지만 몸에서의 위치나 뼈의 구조 등은 근본적으로 거의 같은 기관이다. 이런 상동 기관들은 생물체가 살아가는 환경에 맞게 생김새와 기능이 바뀐 것이다.

상사 기관

생김새와 기능은 비슷하지만 발생과 구조가 다른 기관

이다. 새의 날개와 곤충의 날개는 생김새와 역할은 비슷하지만, 새의 날개는 앞다리가 변하여 된 것으로 발생과 구조는 다르다. 선인장의 가시는 잎이, 장미의 가시는 줄기가 변형된 것으로 형태는 같지만 근원이 다르다. 둘 다 진화하면서 같은 역할을 해 비슷해진 상사 기관들이다. 바다에서 헤엄치는 펭귄과 돌고래, 화석 파충류인 어룡, 물고기의 몸이 유선형인 것처럼 몸 전체가 진화하면서 비슷해진 경우도 상사라고 한다.

색맹

태어날 때부터 눈의 망막에 있는 원추세포에 이상이 있어 색을 잘 구별하지 못하는 상태나 사람을 말한다. 아예 색을 구별하지 못하고, 밝고 어두움만을 분간하는 전색맹과 일정한 빛깔만을 구별하지 못하는 부분 색맹이 있다. 부분 색맹에는 적록 색맹과 청황 색맹이 있다. 적록 색맹은 붉은색과 녹색을 잘 구별하지 못하고, 청황 색맹은 청색과 황색·회색을 잘 구별하지 못한다. 색맹은 여자보다 남자에게 더 많다. 여자는 X염색체에 색맹 유전자가 동시에 두 개 있어야 색맹이 되지만, 남자는 X염색체 하나에만 색맹 유전자가 있어도 색맹이 되기 때문이다.

생명공학

생물이 갖는 유전·번식·성장·자기 제어·물질 대사·정보 처리 등의 기능을 인간 생활에 유익하게 사용하는 첨단 기술이다. 자연에 있는 생물뿐 아니라 유전자공학 기술로 인간이 변화시키거나 만들어 낸 새로운 생물을 이용하는 것도 포함된다.

생명공학은 계속 빠르게 발전하며, 그 범위가 점점 넓어지고 있다. 디엔에이 재조합과 같은 유전자공학과 세포 융합·핵과 미토콘드리아 이식 등의 세포공학 기술로 생물의 특성을 변화시켜 좀더 인간에게 유용한 농산물이나 원예 작물을 생산하고, 미생물을 이용하여 새로운 의약품과 식품을 만들고 있다. 또 바이오 센서나 바이오 세라믹을 만들어 내고, 극미세 기술을 응용하여 분자 컴퓨터를 개발할 정도로 빠르게 발전하고 있다. 복제 양을 탄생시키고, 인간의 배아 복제가 가능할 정도로 기술이 발달하면서 생명공학은 21세기의 첨단 기술로 주목을 받고 있다. 하지만 한편에서는 인간과 생태계 그리고 환경에 미치는 영향과 윤리 문제 등에 대해 걱정하는 목

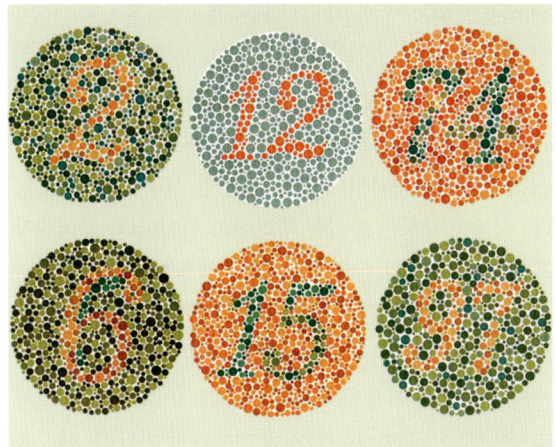

색맹 검사 표. 2, 12, 74, 6, 15, 97의 숫자가 제대로 보이지 않으면 색맹이다.

소리도 높다.

생식

생물이 자신과 같거나 비슷한 자손을 만드는 과정을 말한다. 생식은 크게 암수의 생식세포에 의해 일어나는 유성생식과 암수의 성과 관계없이 일어나는 무성생식으로 나눌 수 있다. 유성생식은 어버이에게서 각각 50퍼센트의 유전자를 받아 다음 세대에게 전달하며, 무성생식은 자손에게 자신의 유전자를 모두 넘겨 준다. 유성생식은 생식세포를 만들고, 서로 배우자를 찾아야 하며, 수정할 때를 기다려야 하는 등 에너지와 시간이 많이 필요하다. 이에 비해 무성생식은 배우자를 찾거나 수정하는 노력을 하지 않고도 짧은 시간에 많은 자손을 번식시킨다.

지구상에 사는 동물과 식물 등 많은 생물들은 대부분 유성생식으로 생식하고 있다. 유성생식의 장점은 수정을 통해 암수 배우자가 갖고 있는 유전자의 조합으로 다양한 자손이 생긴다는 점이다. 이렇게 다양한 유전적 특성을 지닌 개체를 많이 가진 생명체는 환경의 변화 속에서 살아남을 가능성이 높다. 이에 반해 무성생식으로는 자신의 유전자를 그대로 물려받은 자손이 생긴다. 따라서 환경이 변화하면 대처하는 능력이 부족하여 멸종할 위험성이 크다.

생장

생물체의 세포 수가 늘어나고 성숙해져 생물 종으로서의 특징이 나타나는 것을 가리킨다. 동물의 생장은 온몸에서 일어나며, 처음에는 느리게 생장하다가 어느 시기

에 이르면 빠르게 생장하고 나중에는 생장을 멈추는 S자형 생장 곡선을 그린다. 사람은 보통 사춘기를 전후하여 생장 속도가 빨라지다가 스무 살 전후로 생장을 멈춘다. 곤충처럼 알에서 애벌레, 어른벌레 등으로 모습이 달라지는 경우에는 S자형이 아닌 계단형 생장 곡선을 보인다. 식물의 생장은 줄기와 뿌리에서 일어난다. 길이생장을 담당하는 줄기 끝과 뿌리 끝의 생장점에서만 왕성하게 세포 분열하여 평생 동안 줄기와 뿌리가 자란다. 나무처럼 관다발에 있는 부름켜의 세포가 분열하면서 부피 생장을 하여 줄기가 굵어지기도 한다. 또 계절에 따라 생장 속도가 달라 줄기나 가지에 나이테를 만든다. 생장을 하기 위해서는 영양과 호르몬 등이 필요하다. 척추동물에서는 뇌하수체 전엽에서 생장 호르몬이 나오고, 식물에서는 옥신이란 생장 호르몬이 나와 길이생장을 한다.

생존 경쟁

생물들 사이에서 생활에 필요한 자원인 먹이나 서식지 등 좀 더 좋은 환경 조건을 얻기 위해서 하는 다툼이다. 일반적으로 생존 경쟁은 생물에게 필요한 먹이나 생활 공간 등이 생물의 수보다 적을 때 나타난다.

샬레

유리나 플라스틱으로 만든 동그란 모양의 평평한 접시로, 과학실험기구로 쓰인다. 뚜껑이 있으며 페트리 접시라고도 한다. 미생물을 기르거나 작은 생물을 관찰할 때, 약솜이나 거름종이로 미생물이나 광물의 표본인 프레파라트를 만들 때, 재료를 보관할 때 사용한다. 절대로 뜨거운 물을 붓거나 가열하면 안 된다.

서리

기온이 어는점 아래로 내려가 대기 중의 수증기가 액체 상태를 거치지 않고 그대로 얼어 땅 표면이나 주변 물체에 하얗게 엉겨 붙은 얼음 결정을 말한다. 서리는 날씨가 맑고 바람이 약할 때 잘 생기며, 땅 표면이 냉각되어 지표 온도가 0도 이하일 때 내린다. 이때 대기의 온도는 보통 영상 3도 이하이다. 서리는 늦가을에서 초봄까지 내리며 특히 겨울에 많이 내린다. 서리가 내리면 식물의 잎이나 줄기 등의 세포조직이 얼거나 손상되어 농작물에 많은 피해를 준다. 늦가을에 처음 내리는 묽은 서리를 무서리, 늦가을에 되게 내리는 서리를 된서리라고 한다.

서리

석탄

식물이 땅 속 깊이 묻힌 채 오랫동안 열과 압력을 받아 변질되어서 만들어진 것이다. 검은색이나 검은 갈색을 띤다. 탄소·수소·산소가 주 성분이고, 황과 질소 등이 약간 포함되어 있다. 잘 타고 발열량이 높아 연탄이나 조개탄 등으로 만들어 가정용 연료나 발전용 연료로 많이 썼다. 화학 공업의 원료로도 쓰인다.

석탄은 오랫동안 높은 압력을 받으면서 수분과 휘발 성분이 줄어들고 탄소의 양이 많아진다. 포함하고 있는 탄소의 양에 따라 토탄·갈탄·역청탄·무연탄으로 나누며, 종류마다 열량이나 타는 성질도 다르다. 석탄은 고생대에서 신생대에 걸쳐서 생성되었다. 유럽·북아메리카·아시아 대륙의 석탄은 고생대에 생성된 것으로 전체의 3분의 1을 차지한다. 우리 나라에서 생산되는 석탄은 주로 무연탄이며, 강원도 삼척·정선, 경상북도 문경 등에서 많이 난다.

석회

흰색의 결정성 분말로, 화학식은 CaO이다. 생석회라고도 한다. 공기 중의 습기를 빨아들이는 흡습성이 있어 공기 중에 두면 물과 이산화탄소를 흡수하여 수산화칼슘($Ca(OH)_2$)과 탄산칼슘($CaCO_3$)이 된다. 표백분·시멘트·유리 등의 원료로 많이 쓰이며, 비료나 토질 안정제 등으로도 쓰인다.

설탕

단맛이 나는 흰색이나 짙은 갈색의 결정이다. 설탕에는

수크로오스라는 당류가 가장 많이 들어 있다. 사탕수수·사탕무·사탕단풍나무 등에서 짜낸 즙을 정제해 불순물을 없앤 후에 결정으로 만든 것이다. 우리가 흔히 먹는 설탕은 정제 과정에서 당밀을 원심분리기로 제거한 것으로 빛깔이 흰 것이 대부분이다. 당밀이 들어 있는 설탕은 흑설탕이라고 하며 빛깔이 짙은 갈색이다. 설탕은 물에 잘 녹고, 섭씨 160도에서 녹아 엿처럼 된다. 섭씨 200도에서는 갈색으로 변해 캐러멜이 된다.

설탕을 생산할 때 가장 많이 쓰이는 원료인 사탕수수는 벼과에 속하는 여러해살이 풀이다. 쿠바, 타이 등 연 평균기온이 섭씨 20도 이상인 열대·아열대 지역에서 재배되며, 줄기에 10~20퍼센트의 당분이 들어 있다. 사탕수수 다음으로 원료로 많이 이용되는 사탕무는 명아주과에 속하는 한해살이 또는 두해살이풀이다. 독일·프랑스·네덜란드·폴란드 등 유럽에서 주로 재배되며, 뿌리에 15~20퍼센트의 당분이 들어 있다. 사탕무는 18세기에 독일에서 처음으로 설탕의 원료로 쓰이기 시작했다.

성단

수백 개에서 수백만 개의 별들이 서로의 중력에 의해 집단으로 모여 있는 천체이다. 별들은 성간 구름에서 거의 동시에 태어나기 때문에 대부분의 별들은 드넓은 우주 공간에 고르게 퍼져 있기보다는 군데군데 모여 성단을 이룬다. 하나의 성단 안에 있는 별들은 같은 환경에서 같은 시기에 태어났기 때문에 구성 물질이나 운동 등이 거의 같다.

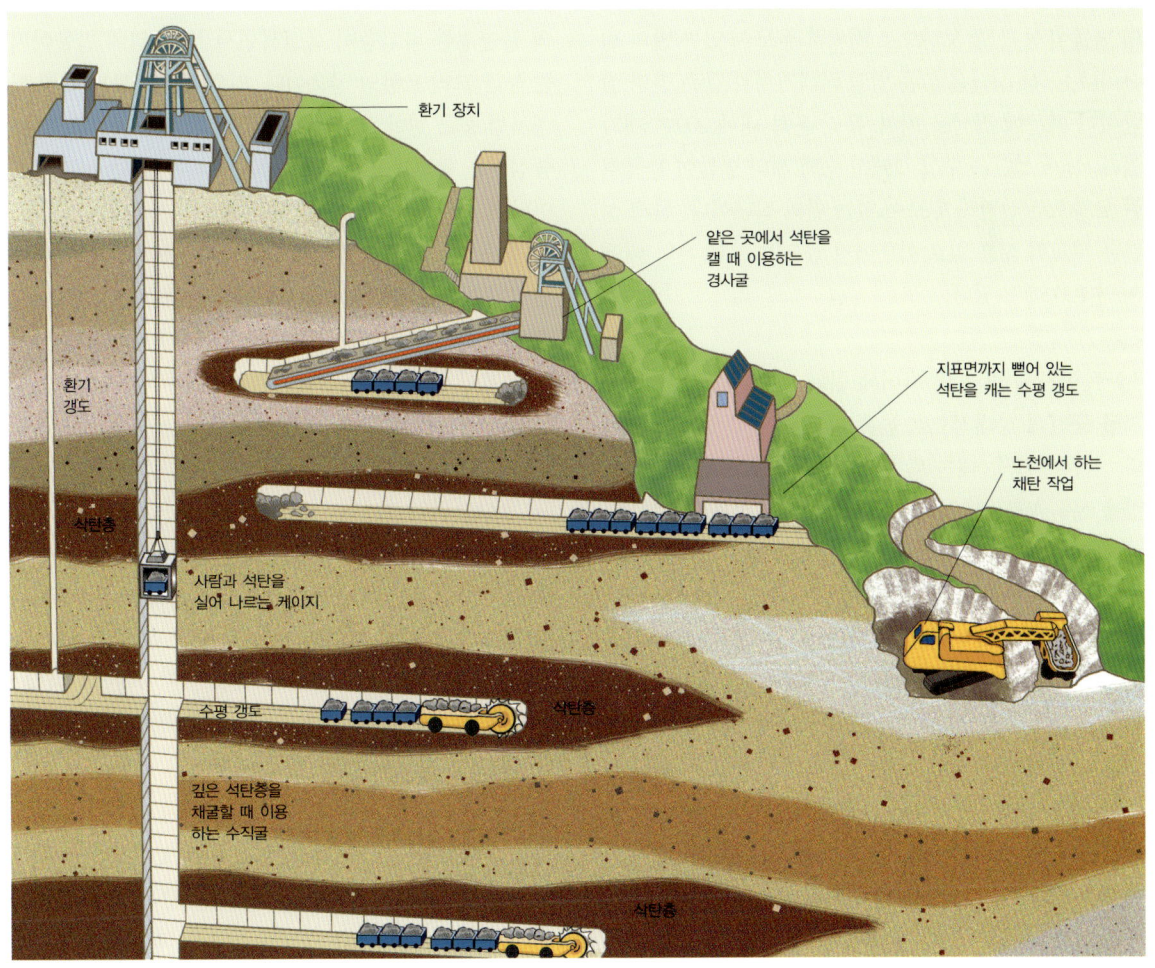

석탄의 채굴

성운

암흑 성운인 말머리 성운

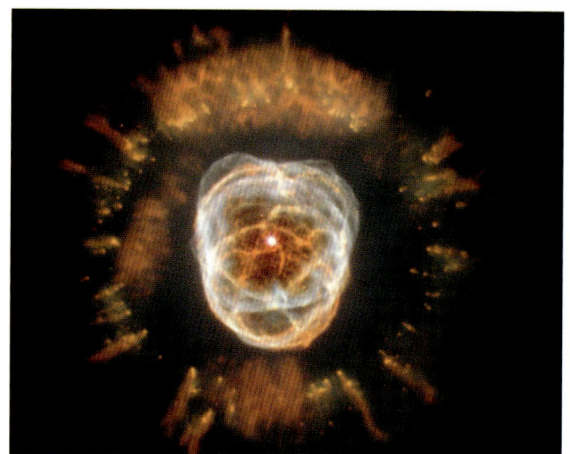
행성상 성운인 에스키모 성운

성단은 별들이 모여 있는 모양에 따라 산개 성단과 구상 성단으로 나눈다. 구상 성단은 수만 개에서 수백만 개의 별들이 둥근 공 모양으로 빽빽하게 모여 있는 별의 집단이다. 구상 성단은 늙은 별인 적색거성과 같은 별의 집단이기 때문에 적색을 띠며, 우리 은하 내에 200여 개가 있다. 산개 성단은 수십 개에서 수백 개의 별들이 불규칙한 모양으로 산만하게 모여 있는 별의 집단이다. 산개 성단은 비교적 젊은 별로 이루어져 있으며, 우리 은하 내에는 약 1200개가 있다.

성운

우주 공간에 별과 별 사이에 있는 기체나 티끌들이 특정한 공간에 상대적으로 높은 밀도로 모여 있는 천체이다. 성운은 빛을 내는 방법과 그 모양이나 특성에 따라 방출 성운, 반사 성운, 암흑 성운, 행성상 성운, 초신성 잔해 등으로 나눈다.

방출 성운은 성운의 가운데에 매우 뜨겁고 밝은 별이 있어서 이 별에서 나온 강한 자외선이 주변의 기체를 자극하여 빛을 내는 성운이다. 대표적인 방출 성운으로 오리온자리의 오리온 대성운이 있다. 반사 성운은 스스로 빛을 내지 않으나 주위의 밝은 별에서 받은 빛을 성간 티끌이 산란시켜 마치 스스로 빛을 내는 것처럼 보이는 성운이다. 성간 티끌에 의한 산란은 파장이 짧은 푸른빛에 대해서 잘 일어나기 때문에 대부분 푸른색 성운으로 관측된다. 암흑 성운은 성간 티끌이 성운 뒤편에 있는 밝은 성운이나 별에서 오는 빛을 가려 어둡게 보이는 성운이다. 오리온자리의 말머리 성운, 백조자리의 북아메리카 성운 등이 대표적인 암흑 성운이다. 행성상 성운은 거성의 불안정한 바깥층이 폭발하면서 별 주위에 만들어지는 둥근 고리 모양의 성운이다. 망원경으로 보면 마치 행성처럼 둥근 원반 모양이어서 이런 이름이 붙었다. 성운 중심에는 백색왜성이 있고, 성운 자체는 초속 수십 킬로미터에 이르는 속도로 팽창하고 있다. 거문고자리의 고리 성운이 대표적인 행성상 성운이다. 초신성 잔해는 초신성이 폭발한 후 그 잔해로 이루어진 가스 성운이다. 방출 성운처럼 보이지만 방출 성운과 달리 성운의 중심에 밝은 별이 없다. 초신성 폭발이 있은 이후에 수만 년 이상이 지날 때까지 보이는 초신성 잔해는 초속 1000킬로미터에서 1만 킬로미터에 이르는 맹렬한 속도로 팽창한다. 황소자리의 게 성운이 대표적인 초신성 잔해이다.

성인병

동맥 경화, 고혈압, 당뇨병, 백내장, 심근 경색증 등 40대 이후의 중년에 생기는 병을 통틀어 이르는 말이다. 사람이 나이가 들면서 노화되어 생기는 질병들이며, 40대 중반 이후에 특히 많이 생기는 병들이기 때문에 성인병이라고 한다. 몸에 필요한 영양분보다 훨씬 많은 양의 음식을 섭취하고, 운동 부족으로 혈관이 막히거나 피의 흐름이 원활하지 못할 경우에는 훨씬 일찍부터 생기기도 한다. 성인병은 오랫동안 서서히 진행되기 때문에 균형 있게 음식물을 먹고 적절한 운동을 하면서 예방해야 한다.

방출 성운 M17의 조그마한 지역에서 사나운 가스 폭풍이 부는 모습이다. 지구에서 5500광년 떨어져 있는 M17은 오메가 성운 또는 백조 성운이라고도 한다.

지구에서 2만 8000광년 거리에 있는 구상 성단 NGC6093

석유

땅 속에서 천연으로 나는, 탄화수소를 주 성분으로 하는 물질이다. 석유는 대체로 원유를 뜻하나, 원유를 가공한 액체만을 가리키기도 한다. 석유는 흑갈색의 끈적끈적한 액체로 대부분 탄화수소로 이루어져 있고 황·질소·산소 등도 조금 포함되어 있다.

석유는 고생대부터 신생대에 걸쳐 만들어진 여러 지층에서 나온다. 특히 중생대 백악기 지층과 신생대 제3기 지층에서 많이 나온다. 석유는 대체로 플랑크톤이나 육상 생물이 죽어 땅 속에 묻힌 후 높은 열과 압력을 받아서 만들어진 것으로 보고 있다. 그래서 석유를 석탄, 천연 가스와 함께 화석 연료라고 한다.

석유는 메소포타미아·터키 등에서 기원전부터 사용되었다. 이때는 땅 위로 스며 나온 것을 모아서 썼지만 오늘날에는 유전에서 기계 장치로 퍼올려 정유 공장에서 정제 과정을 거쳐 여러 석유 제품으로 만들어 쓴다. 석유는 개발에서 사용까지 다루기가 간편하다. 휘발유, 등유, 경유, 중유 등의 석유 제품은 열량이 높고 불순물이 적어 내연 기관의 연료나 난방용 등으로 아주 많이 쓰인다.

또 석유는 화학 공업의 원료로도 아주 중요하게 쓰인다. 플라스틱과 같은 합성수지나 나일론·폴리에스테르 같은 합성 섬유뿐만 아니라 합성 세제, 합성 고무, 염료 등 우리의 일상생활 용품 중에서 석유가 들어가지 않은 것이 거의 없을 정도로 중요하게 쓰인다.

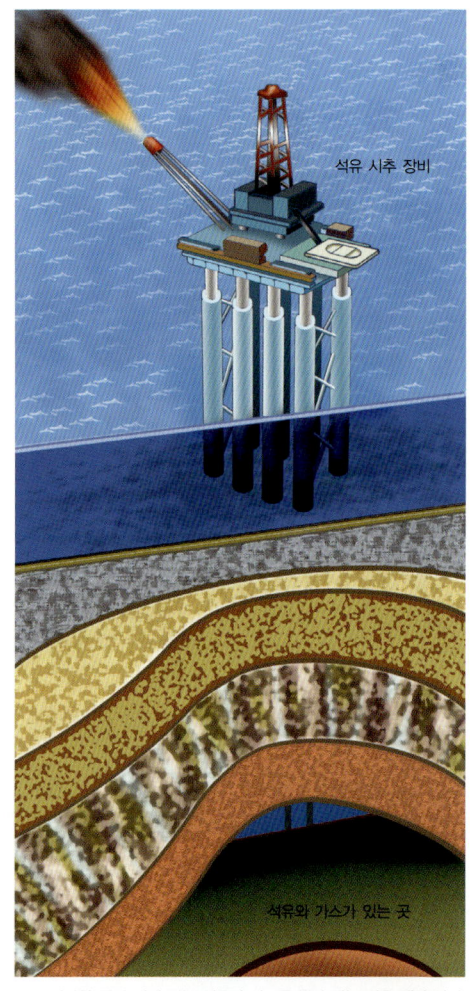

석유 시추 장비

석유와 가스가 있는 곳

단단한 암석 밑에 있는 석유와 가스를 뽑아 내는 석유 생산 장비

우리 나라 동해안의 석유 시추 장비

석유 화학 공장

석유의 시추와 탐사

석유는 탐사·시추·개발의 단계를 거쳐 생산된다. 탐사는 땅 속에 있는 석유층을 찾는 작업을 말한다. 땅 속 깊이 묻혀 있는 석유를 찾기 위해서 항공기나 인공 위성 등을 이용해 탐사한다. 탐사가 끝나면 구멍을 뚫어서 지하에 석유가 있는지 확인하는 시추 작업을 한다. 이때 비트라 불리는 회전용 굴삭기가 땅 속을 뚫고 들어간다. 시추 작업 과정에서 석유가 발견되면 개발·생산 단계에 들어간다. 유전에 석유 생산 장치를 설치해 지상으로 석유를 뽑아 내 송유관이나 유조선을 통해 정유 공장으로 보낸다.

석유의 정제 과정

정유 공장에서는 여러 액체가 섞인 석유를 분별 증류해 여러 가지 석유 제품을 얻는다. 분별 증류는 두 종류 이상의 액체가 섞인 혼합물을 끓는점의 차를 이용하여 증류에 의해서 나누는 방법이다. 석유를 정제할 때는 먼저 물과 불순물을 제거한 후 섭씨 350도로 가열한 다음 증류탑으로 보내 분별 증류를 한다. 증류탑에서는 연속적으로 분별 증류가 이루어진다. 위쪽으로 갈수록 끓는점이 낮은 휘발유 성분이 먼저 분리되고, 아래쪽으로 갈수록 끓는점이 높은 등유·경유·중유 등의 순으로 분리된다. 분리되고 남은 아스팔트는 도로 포장용이나 건축 재료로 쓴다.

탐구학습 | 석유의 분별 증류

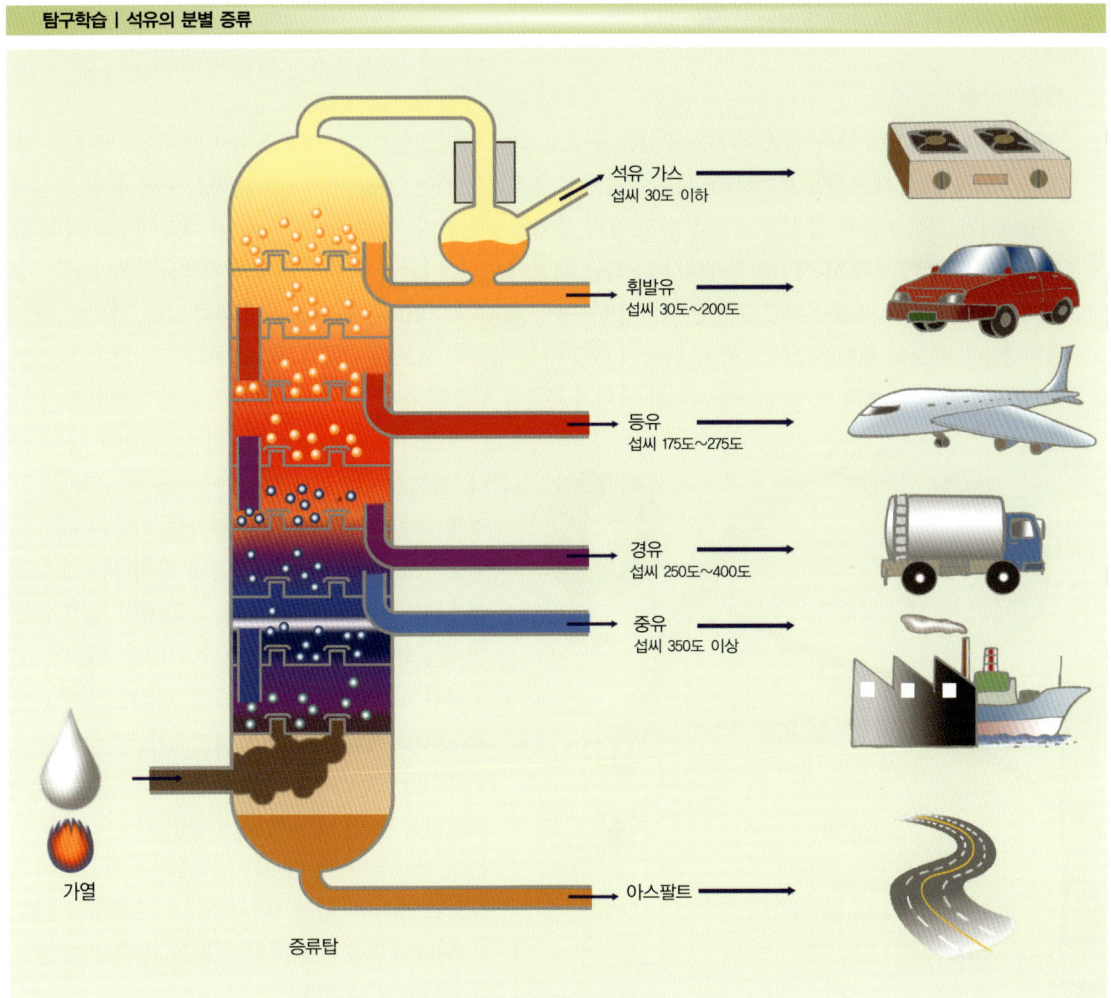

세포

생물의 몸을 구성하는 가장 작은 단위이며, 생명 활동이 일어나는 단위이다. 세포는 핵과 미토콘드리아, 소포체, 리보솜, 골지체 등의 다양한 기관으로 이루어져 있다. 아메바나 짚신벌레처럼 하나의 세포로 이루어진 단세포생물도 있지만, 대부분의 생물은 수많은 세포로 이루어져 있다. 수정란이 세포 분열을 하여 수많은 세포로 자라 하나의 생명체가 되는 것이다. 세포는 목화의 섬유세포처럼 맨눈으로 볼 수 있는 것도 있지만 대부분은 현미경으로 확대해 보아야 보일 정도로 아주 작다. 세포의 모양은 공 모양·실 모양·통 모양 등 여러 가지이다. 세포의 모양과 크기는 생물의 종류에 따라 다르고, 한 종의 생물체 내에서도 세포의 위치와 기능에 따라 다르다. 예를 들면 동물의 근육세포는 길고 가는 실 모양이고, 신경세포는 돌기가 나 있는 모양으로 서로 다르다. 세포의 모양과 기능이 다른 것은 세포의 환경과 유전자에 따라 다른 단백질이 생성되기 때문이다.

> **세포는 어떻게 발견되었을까요?**
> 세포는 1665년에 영국인 훅이 처음으로 발견하였다. 그는 포도주 병의 마개로 사용하는 코르크가 왜 물에 뜨는지 궁금해하며 광학 현미경으로 코르크를 관찰하였다. 현미경으로 본 코르크에는 미세한 작은 방들이 엄청나게 많이 있었다. 훅은 이 작은 방들이 코르크를 가볍게 하는 것임을 알게 되었고, 세포라고 이름을 붙였다. 그 후 1838년에 독일의 슐라이덴이 식물체가 세포로 이루어져 있다는 사실을 밝혔고, 1939년에는 독일의 슈반이 동물체도 세포로 이루어져 있다는 사실을 밝혔다. 세포는 우리 눈에 보이지 않을 정도로 작지만 오늘날 광학 기술의 발달로 세포를 몇십만 배까지 확대하여 세포 안의 다양한 기관과 구성 성분의 구조를 알 수 있게 되었다.

세포의 구조

세포는 세포막 안에 핵과 세포질이 들어 있는 구조로 되어 있다. 세포막은 세포를 외부 세계와 구분하는 울타리 역할을 하여 세포질을 보호하며, 세포 안팎으로 물질이 오가는 것을 막거나 조절한다. 핵은 유전 물질인 디엔에이가 있어 세포의 증식과 유전을 맡고 생명 활동을 조절한다. 핵은 이중막으로 된 핵막에 둘러싸여 있으며, 막에는 세포질과 핵 사이의 물질이 이동하는 핵공이 있다. 세균류와 남조류 등 원핵생물계에 속하는 생물의 세포에는 막으로 둘러싸인 뚜렷한 핵이 없다. 유전 물질인 디엔에이는 세포질에 퍼져 있다. 핵막이 없는 원핵생물의 세포를 원핵세포라고 하고, 핵막이 있는 다른 생물의 세포를 진핵세포라고 한다.

세포막 안에 있는 물질 중에서 핵을 제외한 나머지 부분을 세포질이라고 한다. 세포질의 화학적 성분은 주로 단백질이며 탄수화물과 지질 등이 조금 들어 있다. 세포질에는 미토콘드리아, 소포체, 리보솜, 골지체 등이 있다. 미토콘드리아는 외막과 내막의 이중막으로 되어 있다. 호흡에 관여하는 효소들이 있고, 유기물인 포도당을 산화시켜 생명 활동에 필요한 에너지인 에이티피(ATP)를 만든다. 소포체와 리보솜은 세포에 필요한 다양한 단백질을 합성하여 저장한다. 소포체는 그물막처럼 생긴 구조이다. 소포체에 붙어 있는 리보솜은 핵에서 전달받은 유전 정보로 단백질을 만들어 소포체 안에 보관한다. 골지체는 납작한 주머니가 여러 층으로 포개져 있는 모양으로, 소포체에서 전달받은 단백질을 이용하기 편리한 형태로 만들어 세포 밖으로 보낸다.

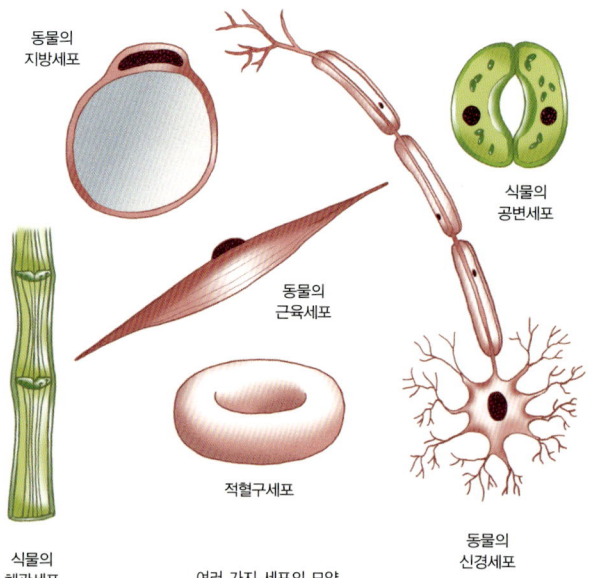

여러 가지 세포의 모양

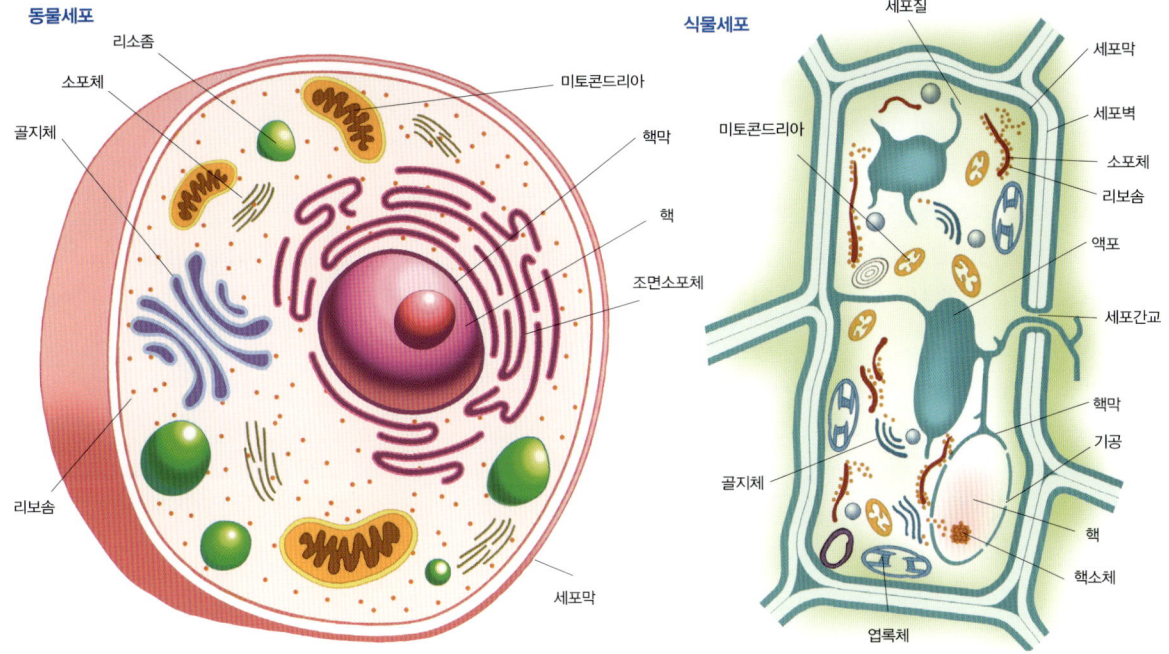

동물세포와 식물세포

 일반적으로 동물세포는 공 모양이고, 식물세포는 다면체 모양으로 모양은 다르지만 세포의 기본적인 구조는 같다. 즉 세포막 안에 핵과 세포질이 들어있고, 세포질에 미토콘드리아, 소포체, 리보솜, 골지체 등이 있다. 이처럼 기본적인 것은 같지만 동물세포와 식물세포는 조금씩 다른 부분이 있다.

 식물세포에는 동물세포에 없는 세포벽, 엽록체, 액포 등이 있고, 동물세포에는 식물세포에 없는 중심체가 있다. 세포벽은 세포막 밖에 있으며 섬유소가 주 성분이다. 딱딱한 세포벽은 식물이 큰 키로 자라게 하는 지지대 역할을 한다. 엽록체는 식물의 잎을 이루는 세포에 들어 있다. 이중막으로 되어 있으며, 안에 들어 있는 엽록소가 빛을 흡수하여 물과 이산화탄소로 포도당을 만든다. 액포는 성숙한 식물세포에 많이 있다. 액포 안에는 당류·무기염류·유기산·색소 등이 물에 녹아 있으며, 삼투압 유지에 중요한 역할을 한다. 동물세포에만 있는 중심체는 핵 가까이에 있으며 세포가 분열할 때 중심적인 역할을 한다. 핵분열이 시작되면 1개의 중심체가 분열하여 2개로 되어 각각 핵의 양극으로 이동하고, 2개의 중심체 사이에 방추체가 발달하여 핵분열이 이루어진다.

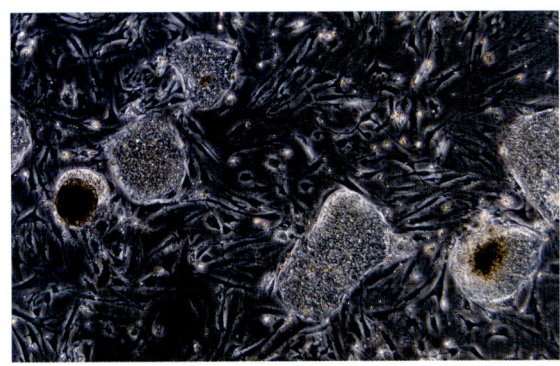

현미경으로 본 배아 줄기세포

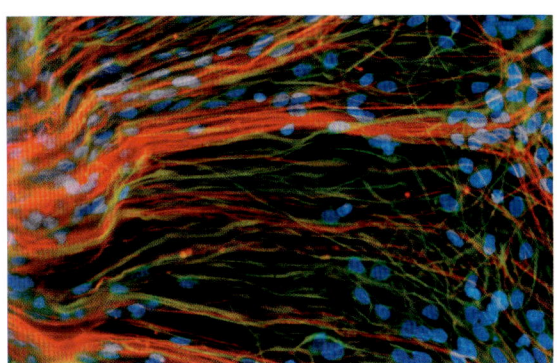

배아 줄기세포에서 나온 신경세포

성장통

성장통

성장기에 있는 어린이가 몸에 특별한 이상이 없는 데도 양쪽 무릎·정강이·허벅지·팔 등의 근육이 아픈 증세이다. 원인은 확실하게 밝혀지지 않았지만 갑자기 몸이 자라면서 뼈가 자라는 것만큼 근육이 빨리 자라지 못해 통증이 나타나는 것으로 알려져 있다. 성장통은 주로 밤에 나타나고, 시간이 지나면 자연스럽게 없어진다.

성장 호르몬

사람이나 포유류 동물의 성장을 도와 주는 호르몬이다. 이 호르몬은 대뇌 밑에 있는 뇌하수체 전엽에서 나온다. 몸속에서 뼈와 연골 등을 자라게 하고, 지방 분해와 단백질 합성을 촉진시키는 작용을 하는 호르몬이다. 자랄 때 성장 호르몬이 너무 많이 나오면 거인증이란 질병을 앓게 되고, 유전 요인으로 너무 적게 나오면 난쟁이가 된다. 성인이 되어서 성장이 멈춘 후에도 성장 호르몬이 계속 나오면 몸의 끝부분인 손, 귀 등이 커지는 말단 비대증이 나타난다.

세계기상기구

세계의 여러 나라가 함께 기상에 관한 일을 협력해서 하기 위해 만든 국제연합의 전문 기구이다. WMO라고도 한다. 1873년에 만들어진 국제기상기구가 확대되어 만들어진 기구로, 1951년에 설립되었다. 기상 관측망 확립을 위한 세계 협력, 기상 정보의 신속한 교환, 기상 관측의 표준화와 기상통계 간행물의 통일, 항공·항해·농업 및 인류 활동에 대한 기상학 응용, 기상학 연구 및 교육의 장려와 국제 조정 등을 목적으로 한다. 조직은 세계기상회의·집행위원회·지구협회·전문위원회·사무국으로 구성되어 있으며, 본부는 스위스의 제네바에 있다. 우리 나라는 1956년도에 68번째로 가입하였다.

탐구학습

소아성인병은 무엇일까요?

40대 이후의 어른들에게 나타나는 성인병이 어린이에게 생겼을 때 소아성인병이라고 한다. 과자나 즉석 식품 등을 많이 먹고 운동을 많이 하지 않아 살이 찐 어린이에게 주로 생긴다. 소아성인병뿐만 아니라 병을 예방하고 건강하게 자라기 위해서는 균형 있게 음식물을 먹고, 규칙적으로 생활을 하며, 운동을 많이 하는 것이 좋다.

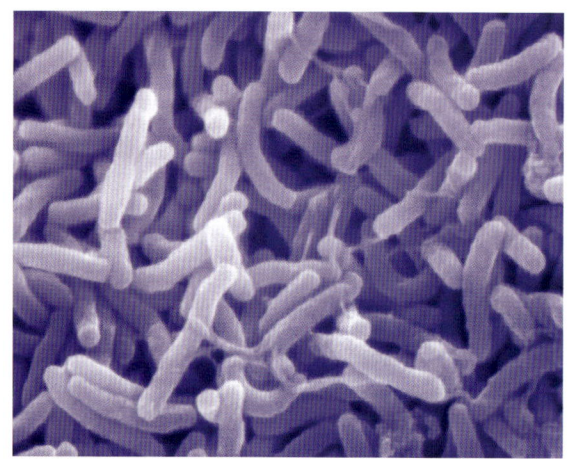

막대 모양의 콜레라 균

세균

몸이 하나의 세포로 이루어진 가장 작은 미생물이다. 박테리아라고도 한다. 현재까지 2000여 종이 알려져 있으며, 남조류와 함께 원핵생물계에 속한다. 맨눈으로는 볼 수 없지만 공 모양·막대 모양·나선 모양 등이 있다. 세포막과 원형질만으로 이루어져 있으며, 분열법으로 번식한다. 땅, 물, 공기, 식물, 동물, 사람의 몸 속 등 어느 곳에나 양분이 있으면 기생한다. 세균은 동식물이나 사람에게 병을 일으키기도 하고, 음식물 등을 썩게 한다.

사람의 몸에 병원성 세균이 침입하면 기본적인 면역계에서 방어하지만, 효과적으로 병원성 세균을 물리치지 못할 경우에는 몸에 병이 나타난다. 콜레라, 디프테리아, 결핵, 백일해, 장티푸스, 파상풍, 세균성 식중독 등의 병은 세균 때문에 나타난다. 사람의 몸에 기생하는 세균 중에는 병을 일으키지 않는 것도 있다. 예를 들면 대장·피부·입 속에 상재균이 있는데, 이 세균은 병을 일으키지 않을 뿐 아니라 사람의 몸 안에서 이로운 작용을 한다.

세균은 생태계에서 분해자의 역할을 한다. 효소를 분비하여 죽은 생물이나 노폐물 속에 있는 유기물을 분해하여 질산이나 인산 같은 물질을 식물이 이용할 수 있게 한다. 그렇게 해서 생태계 내의 물질을 순환시킨다.

세탁기

기계와 전기의 힘으로 옷이나 섬유의 더러움을 없애는 기기이다. 세탁통과 모터로 구성되어 있다. 세탁통은 모터에 의해 좌우로 회전하면서 옷의 때를 효과적으로 없앤다. 세탁기는 사람이 방망이로 빨래를 두드리는 것처럼 전기의 힘으로 세탁통을 돌려 빨래에 기계적인 충격을 준다. 빨래가 충격을 받으면 순간적으로 위치가 조금 바뀌고, 때는 관성에 의해 그 자리에 그대로 있으려고 하므로 빨래와 때가 서로 떨어진다. 빨래에서 떨어진 때는 세제와 결합하여 물에 녹아 빠져 나온다. 세탁기에는 드럼식 세탁기, 진동식 세탁기, 초음파 세탁기, 세탁소에서 사용되는 드라이클리닝용 세탁기 등이 있다.

세포 분열

성장하거나 자손을 이어가기 위해 하나의 세포가 둘로 나뉘는 것을 가리킨다. 단세포생물의 세포나 다세포생물의 몸을 이루는 하나하나의 세포는 일정한 크기 이상으로 자랄 수 없기 때문에 어느 정도 자란 후에는 분열할 수밖에 없다. 몸을 구성하는 세포가 둘로 나뉘어 새로운 세포를 만듦으로써 세포의 수가 늘어나는 과정을 체세포 분열이라고 하며, 그 결과로 생물은 생장한다.

셰일

고운 모래나 점토 크기의 작은 알갱이로 구성된 퇴적암이다. 셰일은 퇴적암 중에서 가장 흔하며, 지각을 구성하는 암석의 약 70퍼센트를 차지한다. 진흙이나 고운 모래 및 다른 퇴적물을 포함하며, 흐르는 물을 따라 옮겨져 쌓이고 단단하게 굳어져서 생긴다.

셰일은 포함한 물질에 따라 색이 달라진다. 적철석이나 갈철석을 포함하면 붉은색이나 자색을 띠고, 산화철(II)이 많은 셰일은 청색, 녹색, 검은색을 띤다. 방해석이 많은 석회질 셰일은 밝은 회색이나 연한 황색을 띤다. 셰일은 도자기를 만드는 요업에서 많이 이용한다.

소금

짠맛이 나는 흰색 결정으로 염화나트륨(NaCl)이 주 성분이다. 소금은 주로 바닷물에서 얻는다. 바닷물 속에는 소금이 약 3퍼센트 정도 들어 있다. 바닷물에서 소금을 얻는 방법으로는 천일제염법, 전기제염법 등이 있다. 천일제염법은 아주 오랜 옛날부터 사용된 방법으로 바닷물을 염전으로 끌어들여 햇볕과 바람만으로 증발·농축시켜 소금의 결정을 분리해 내는 방법이다. 전기제염법은 바닷물을 여과조에 담아 전기 분해를 한 후 증발시켜 소금을 만드는 방법이다. 바닷물 외에 암염으로 소금을 만들기도 한다. 암염은 바닷물이나 짠 호수 물이 마르고 굳어져서 생긴 소금의 결정 덩어리이다. 독일·러시아·미국 등에서는 암염으로도 소금을 많이 만든다.

소금은 우리 몸에 생리적으로 꼭 필요한 물질이다. 소금은 우리 몸속에서 삼투압을 유지시켜 주는 역할을 한다. 소금 속의 나트륨은 쓸개즙·이자액·장액 등 소화액을 만드는 데 없어서는 안 되며, 염소는 위액의 염산을 만드는 데 없어서는 안 되는 물질이다. 우리 몸이 하루에 필요로 하는 소금은 보통 12~13그램이며 음식물을 통해 섭취한다. 소금은 음식물의 짠맛을 내고 다른 맛을 더욱 돋우는 구실을 한다. 소금은 조미료로뿐만 아니라 식품을 염장할 때도 쓰인다. 염장이란 식품을 소금에 절여 보관하는 것으로 식품의 부패를 방지하고 발효를 돕는다. 소금은 공업용으로도 많이 사용한다. 수산화나트륨·염소·염산 같은 시약을 제조하는 등 화학 공업의 여러 분야에서 중요한 원료로 사용된다. 소금을 용해시킨 수용액인 생리 식염수는 의료용으로 사용된다.

탐구학습

소금을 가열하면 왜 톡톡 튈까요?

소금은 소금 결정들이 엉겨 붙은 덩어리 상태이다. 덩어리의 크기에 따라 굵은 소금, 고운 소금 등으로 나눈다. 소금 덩어리는 수분을 어느 정도 포함하고 있으며, 소금을 가열하면 덩어리 표면의 수분이 증발한다. 그러면 소금 결정 속의 기체가 팽창하여 결정들이 떨어져 나가면서 튀는 것이다. 콩이나 옥수수 등을 가열하면 표면의 수분이 줄어들며 수축되었다가 껍질이 터지면서 튀는 것과 마찬가지이다.

염전에서 소금을 나르는 모습

소리

물체가 진동하여 생긴 파동이 귀청을 울리어 들리는 것을 말한다. 넓은 뜻으로는 사람이 들을 수 없는 진동일지라도 물질을 통해 전파되는 파동을 모두 소리라고 한다. 소리는 진동수에 따라 높낮이가 달라지고, 진폭에 따라 세기가 달라진다. 사람이 귀로 느낄 수 있는 소리의 범위는 20~2만 헤르츠 정도이다. 사람은 지나치게 진동수가 적은 저음이나 진동수가 높은 고음을 들으면 거북해한다. 사람이 들을 수 있는 진동수보다 높은 소리를 초음파라 한다. 박쥐나 돌고래 같은 동물은 사람이 듣지 못하는 초음파를 듣는다. 사람은 여러 진동수의 소리를 동시에 들을 수 있다. 그 덕분에 화음의 아름다움을 느끼는 것이다.

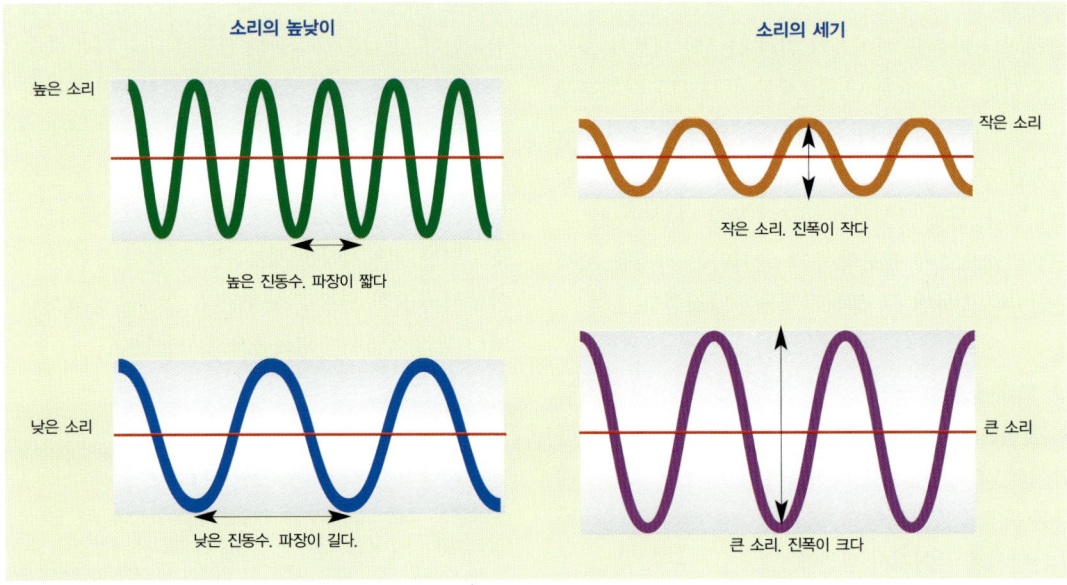

소리의 구분

여러 소리들은 서로 다른 세기, 높낮이, 음색을 갖고 있으며, 그에 따라 소리를 구분할 수 있다.

소리의 세기는 소리가 지니는 에너지이다. 소리의 세기는 진폭에 따라 달라진다. 일상생활에서는 소리의 세기를 큰 소리나 작은 소리로 나누지만, 정확하게 나타낼 때는 데시벨 단위를 사용해 나타낸다.

소리의 높낮이는 파동의 진동수에 따라 달라진다. 소리를 내는 물체가 굵고 길이가 짧으며 팽팽할수록 진동수가 커져 높은 소리를 낸다.

같은 높이, 같은 크기의 소리라도 소리를 내는 물체가 다르면 다르게 들린다. 음색은 맑은 소리나 고운 소리라고 표현하는 것처럼 같은 음들을 구별할 수 있게 하는 소리의 독특한 성질이다. 음색은 소리를 내는 물체나 진동시키는 방법에 따라 다르다. 피아노의 도와 바이올린의 도는 같은 높이이지만 음색은 다르다.

> **ℹ 소리의 단위**
> 소리의 세기는 데시벨(dB) 단위로 나타낸다. 20데시벨은 10데시벨보다 소리를 전달하는 에너지의 세기가 10배이고, 30데시벨은 10데시벨의 100배, 40데시벨은 10데시벨의 1000배로 세기가 늘어난다. 듣는 소리의 세기를 크게 하는 도구로는 의사들이 진료할 때 쓰는 청진기와 귀가 잘 들리지 않는 사람들이 사용하는 보청기 등이 있다.

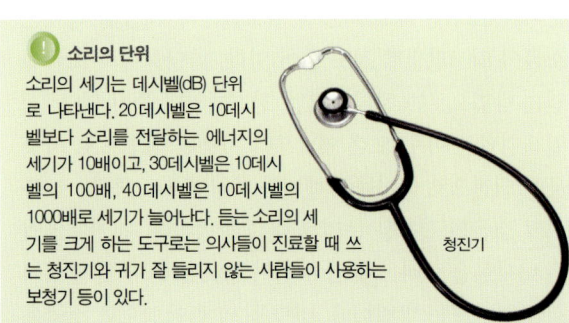

소리의 전달

소리는 매질을 통해 전달된다. 파동을 전달하는 물질을 매질이라고 한다. 파동은 매질이 없으면 전달되지 않기 때문에 진공 속에서는 소리가 전해지지 않는다. 액체인 물이나 기체인 공기, 고체인 철이나 나무는 모두 소리를 전달하는 매질이다. 소리를 전달하는 속도는 고체인 물체가 가장 빠르고 그 다음이 액체와 기체 순이다. 또 소리가 전달되는 속도는 물질과 온도에 따라 다르다. 소리를 전달하는 매질이 팽팽할수록 매질의 밀도가 낮을수록 전달 속도가 빨라진다. 보통 1기압, 섭씨 0도의 공기 중에서 소리는 초속 331.5미터로 전달된다. 온도가 1도 높아질 때마다 초속 0.6미터씩 속도가 빨라진다. 온도가 높을수록 매질인 공기의 밀도가 낮아지기 때문이다.

소리의 성질

소리는 빛과 마찬가지로 두 물질의 경계면에 반사되거나 굴절된다. 빛보다 소리는 훨씬 긴 파장을 갖고 있다. 그래서 큰 반사면이 아니면 충분히 반사되지 않는다. 소리는 장애물에 부딪혔을 때 그 뒤쪽으로 돌아 들어가는 회절 현상이 빛보다 뚜렷하게 나타난다. 같은 진동수를 지닌 소리는 간섭을 일으킨다. 간섭에 의해 어떤 때는 소리가 강해지고, 어떤 때는 약해진다. 이밖에 소리는 공명을 일으키기도 한다.

탐구학습

임금님은 근정전의 넓은 뜰에서 마이크 없이 어떻게 신하들에게 이야기를 전할 수 있었을까요?
경복궁의 근정전은 사방으로 행각들에 둘러싸여 있다. 이 행각들이 소리를 반사하기 때문에 울타리가 없는 운동장과 달리 음파가 밖으로 퍼져 나가지 않는다. 그래서 임금님은 마이크가 없어도 근정전 앞뜰의 품석에 줄지어 서 있는 신하들에게 이야기를 전할 수 있었다. 근정전 앞뜰에 들어서면 마치 실내로 들어간 것처럼 주위가 조용해지는 것을 느낄 수 있다.

수중 발레를 하는 사람은 물 속에서 어떻게 음악을 들으면서 춤을 출 수 있을까요?
소리는 물 속에서도 전달된다. 따라서 수중 발레를 할 때도 물 속에 스피커를 설치하여 음악을 들을 수 있다. 돌고래들도 물 속에서 소리를 내서 서로 의사를 전달한다.

밤에 먼 곳의 소리가 잘 들리는 이유는 무엇일까요?
소리는 기압이 일정할 때 온도가 높으면 속도가 빨라진다. 따라서 낮에는 태양열로 지면의 온도가 높아지고 공기가 더워지기 때문에 높은 곳보다 낮은 곳에서 소리의 전달 속도가 빨라진다. 이때 위쪽 공기와 아래쪽 공기의 온도와 밀도가 달라 소리가 전달될 때 굴절되어 하늘 쪽으로 구부러진다. 하지만 높은 곳이나 낮은 곳의 온도 차이가 거의 없는 밤이나 흐린 날에는 굴절이 별로 일어나지 않아 먼 곳까지 소리가 나아가 잘 들린다.

소행성

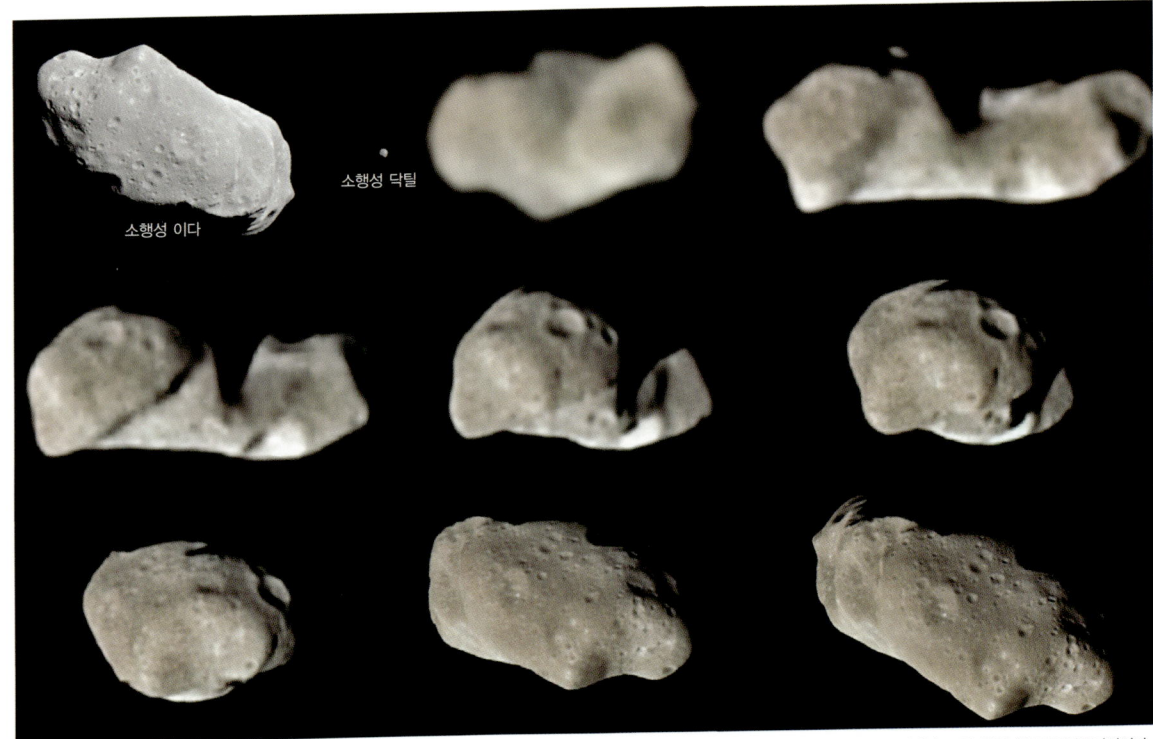

우주 탐사선 갈릴레이 호에서 본 소행성 243 이다의 여러 모습이다. 감자 모양으로 생긴 소행성 이다는 긴 쪽의 길이가 58킬로미터이고 긴 쪽의 폭이 23킬로미터이다.

소행성

주로 화성과 목성 사이에서 태양 주위를 돌고 있는 작은 천체들이다. 이 천체들은 태양 주위를 공전하고는 있지만 태양계의 다른 행성들에 비해 크기가 아주 작기 때문에 소행성이라 부른다. 소행성은 19세기에 들어와서 처음으로 발견되었다. 1801년에 이탈리아의 수도사이자 천문학자인 피아치가 세레스를 처음 발견하였다. 세레스의 발견 이후 현재까지 궤도가 정확하게 알려진 소행성의 수는 약 3,300여 개이다. 과학자들은 화성과 목성 사이에 수십만 개의 소행성이 있을 것으로 짐작하고 있으며, 국제천문연맹의 소행성센터는 새롭게 발견되는 소행성에 번호를 붙여 구분한다. 크기가 큰 소행성은 자체 중력으로 둥근 공 모양을 하고 있지만, 대부분의 소행성들은 크기와 질량이 작아 공 모양이 되지 못하고 감자 모양이나 바위 모양 등 불규칙한 모양을 하고 있다. 2006년 8월에 국제천문연맹은 태양계 내의 행성에 대한 정의를 새롭게 하면서 소행성을 혜성과 함께 태양계 소천체 (small solar system bodies)로 분류하였다. 새로운 정의에 따라 지금까지 가장 큰 소행성으로 불리워지던 세레스는 명왕성, 에리스 등과 함께 왜소행성으로 분류되었다.

소화

동물이 먹은 양분을 몸 안에 흡수되기 쉬운 형태로 바꾸는 과정이다. 동물들은 살아가기 위해 끊임없이 여러 가지 음식을 먹고 그것을 소화시켜 필요한 에너지를 얻는다. 음식물들은 덩어리가 크고 고분자로 이루어져 있어서 곧바로 흡수할 수 없다. 소화의 과정을 거쳐 우리 몸이 흡수할 수 있도록 음식물을 잘게 부수고 저분자 물질로 만들어야 한다. 소화 과정은 크게 기계적 소화 과정과 화학적 소화 과정으로 나눌 수 있다. 기계적 소화는 음식물을 잘게 부수어 주고 음식물과 소화액을 골고루 섞어 주며 음식물을 이동시키는 작용이다. 사람의 치아나 식도 등에서 이루어진다. 화학적 소화는 소화액 속의 소화 효소로 분자의 덩어리가 큰 고분자 물질을 덩어리가 작은 저분자 물질로 분해하는 작용이다. 십이지장이나 작은창자 등에서 주로 이루어진다. 위에서는 기계적 소화와 화학적 소화가 함께 이루어진다.

소화기

 불이 났을 때 불을 끄는 기구이다. 소화기에 들어 있는 소화 약제의 종류에 따라 크게 분말 소화기, 할론 소화기, 이산화탄소 소화기, 금속 화재용 소화기 등으로 나눈다. 또 화재의 종류에 따라 사용하는 소화기가 다르다. 화재는 타는 물질에 따라 A급 화재, B급 화재, C급 화재, D급 화재 등으로 나눈다. A급 화재는 나무나 옷, 종이, 플라스틱 등 고체 물질에 불이 붙은 것으로 보통 화재라고도 한다. B급 화재는 알코올과 아세톤, 휘발유와 경유 등의 석유 제품이나 동물이나 식물 기름 등의 액체에 붙은 불로, 유류 화재라고도 한다. C급 화재는 전기와 관련된 불로, 물로 끄면 전기에 감전될 위험이 있는 불로, 전기 화재라고도 한다. D급 화재는 금속에 붙은 불로 금속 합금가루로 끌 수 있으며, 금속 화재라고 한다. 소화기에는 사용할 수 있는 화재의 종류에 따라 A, B, C 등의 표시가 되어 있다. ABC가 모두 표시되어 있는 것은 D급 화재가 아닌 모든 불을 끌 수 있다는 뜻이다.

 분말 소화기 속에는 압축 가스와 함께 중탄산나트륨, 중탄산칼슘, 제1인산암모늄, 요소 등의 소화 약제가 들어 있다. 화재가 난 곳에 뿌리면 소화 약제가 불에 닿아 열을 받으면 분해하여 수증기와 이산화탄소가 생겨난다. 수증기가 열을 빼앗고 이산화탄소가 산소의 농도를 떨어뜨려 불을 끈다. 보통 화재나 유류 화재, 전기 화재 모두에 사용할 수 있다.

 이산화탄소 소화기는 이산화탄소를 높은 압력으로 압축·액화시켜 단단한 철제 용기에 넣은 것이다. 이산화탄소 소화기는 냉각 효과가 있으며, 물을 뿌리면 안 되는 유류 화재에 사용하면 효과가 크다. 밀폐된 공간에서 사용하면 질식할 염려가 있으니 주의해야 한다.

 할론 소화기는 할로겐 화합물을 소화 약제로 사용한다. 소화 약제가 뿜어져 나갈 때 물체에 손상을 입히지 않고 불을 끌 수 있고, 사용 후 흔적이 남지 않는다. 하지만 소화 약제의 성분이 오존층을 파괴하는 물질로 지정되어 오늘날에는 사용이 금지되었다.

소화 기관

 섭취한 음식을 몸 안에서 흡수하기 쉬운 형태로 바꾸고 양분을 흡수하는 기관이다. 사람의 소화 기관으로는 입·식도·위·십이지장·작은창자·큰창자 등이 있

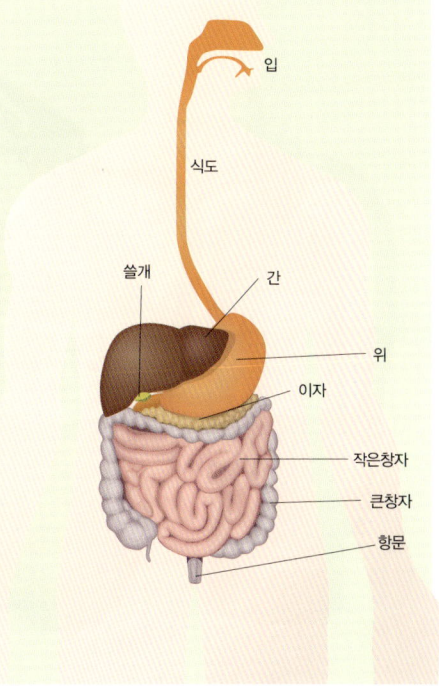

탐구학습

우리가 먹은 음식물은 어떻게 소화될까요?

 우리가 먹은 음식물의 소화는 입에서부터 시작한다. 입 안에 있는 치아는 음식 덩어리를 잘게 부수어 소화액과 잘 섞이게 해 소화의 속도를 빠르게 한다. 침 속에 포함된 효소인 아밀라아제는 녹말을 포도당으로 분해한다.

 입에서 잘게 부수어지고 부드럽게 된 음식물은 식도를 타고 위로 들어간다. 위에서는 위벽으로부터 위액이 나온다. 위액 속에는 염산과 펩시노겐이라는 소화 효소가 들어 있다. 펩시노겐은 염산의 작용을 받아 펩신이라는 물질로 전환되고, 이 펩신이 단백질을 가수분해한다. 또 염산은 음식물에 묻어서 함께 들어온 많은 박테리아를 죽이는 살균 작용도 한다.

 위에서 더욱 잘게 부서져서 죽처럼 된 음식물은 십이지장을 지나 작은창자로 들어간다. 십이지장과 작은창자에서는 이자액과 쓸개즙, 장액 등이 나온다. 이자액 속에는 스테압신, 트립신, 아밀롭신 등의 소화 효소가 들어 있다. 쓸개즙 속에는 소화 효소가 없으나 지방의 분해를 돕는 유기산염이 들어 있어서 물에 안 녹는 지방을 잘 분해한다. 장액 속에는 펩티디아제, 말타제, 수크라아제, 리파아제 등의 소화 효소가 들어 있다. 이러한 소화 효소들은 주기적으로 꿈틀꿈틀하는 작은창자의 연동 운동에 의해 음식물과 섞인다. 소화 효소들은 단백질을 아미노산으로, 녹말과 같은 고분자 탄수화물을 포도당으로, 그리고 지방을 지방산과 글리세롤로 각각 분해한다. 작은창자는 길이가 7미터나 되고 내벽은 무수히 많은 주름이 잡혀 있어서 그 표면적이 대단히 넓다. 작은창자의 내벽에는 수많은 융털돌기가 있으며, 분해된 아미노산과 포도당 등이 융털돌기에서 흡수된다. 작은창자에서 소화가 다 되고 난 뒤의 찌꺼기는 큰창자로 내려간다. 큰창자에서는 주로 물이 흡수된다. 물이 흡수되고 남은 찌꺼기는 점점 굳어져 똥이 된다. 똥은 항문을 통해 몸 밖으로 내보내진다.

탐구학습

화재의 종류

화재는 불이 난 물질의 종류에 따라 A급 화재, B급 화재, C급 화재, D급 화재 등으로 나눈다. 또 화재의 종류에 따라 사용하는 소화기의 종류도 달라진다.

A급 화재는 목재, 섬유, 종이, 플라스틱처럼 타고 나서 재를 남기는 일반 화재이다. 목재, 종이, 섬유에 불이 난 것이다. 물을 뿌려 온도를 낮추거나, 물에 적신 담요나 카펫 등으로 덮는다. 소화기는 물과 이산화탄소의 혼합물이 거품으로 분출되는 분말 소화기나 물 소화기를 사용한다.

B급 화재는 석유와 알코올 등과 같이 불에 타기 쉬운 유류 액체와 프로판과 같은 불에 잘 타는 가스 등에 의한 화재를 말한다. 연소 후 아무것도 남기지 않는다. 공기를 차단하여 불을 끄는데, 이산화탄소 소화기나 분말 소화기를 사용한다.

C급 화재는 전기 설비 또는 전기 기구에서 일어나는 전기 화재이다. 전기 코드를 뽑거나 두꺼비집을 내린 후 이산화탄소 소화기나 분말 소화기 등을 사용하여 불을 끈다. 물을 뿌려서는 안 된다.

D급 화재는 마그네슘과 같은 금속과 화공 약품에 의한 화재이다. 공기보다 무겁고 불이 붙지 않는 액체가 들어 있는 금속 화재용 소화기를 사용하거나 마른 모래를 뿌려 불을 끈다.

소화기의 사용법

소화기 사용법은 우선 불이 난 곳에 가까이 가서 안전핀을 뽑는다. 소화기를 바로 세우고 한 손으로 소화 약제가 나오는 호스를 잡고 불이 난 방향으로 향하게 한 다음, 다른 손으로 손잡이를 힘껏 움켜쥐면 소화 약제가 나온다. 이때 바람이 불면 바람을 등지고 서서 빗자루로 마당을 쓸듯이 앞에서부터 소화 약제를 뿌려 불을 끈다. 소화기를 보관할 때에는 직사광선을 피하고 서늘한 곳에 두어야 한다. 또 안전한 장소에 설치하여 파손되거나 부식되지 않게 하여야 한다. 사용 후에는 소화 약제를 다시 넣어 두고, 한 달에 한 번 이상 소화기를 흔들어 주어 소화 약제가 굳는 것을 막는다.

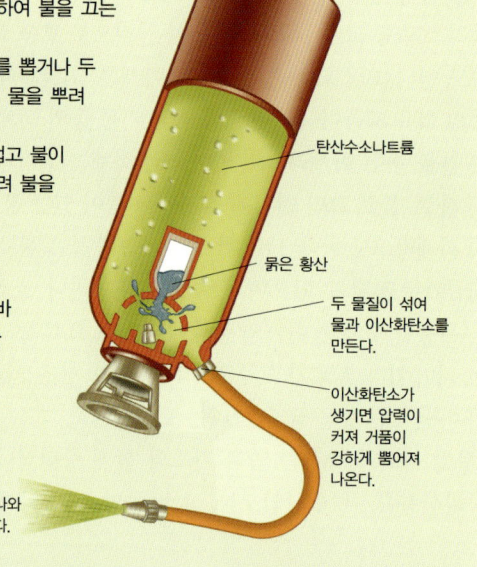

탄산수소나트륨

묽은 황산

두 물질이 섞여 물과 이산화탄소를 만든다.

이산화탄소가 생기면 압력이 커져 거품이 강하게 뿜어져 나온다.

거품이 세차게 나와 불을 끈다.

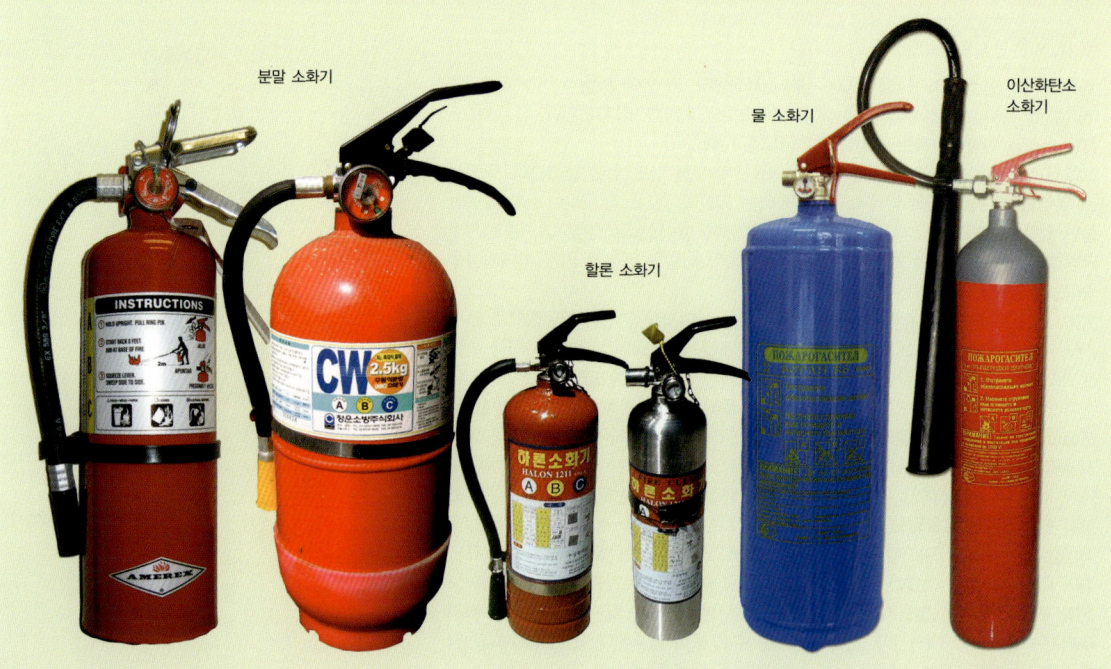

분말 소화기

할론 소화기

물 소화기

이산화탄소 소화기

여러 가지 소화기

다. 입 속으로 들어간 음식은 치아가 씹어서 잘게 부수고, 침샘에서 나오는 효소의 작용으로 분해된다. 입 속의 혀는 효소와 음식물을 고루 섞이게 하여 목구멍 쪽으로 운반하고, 식도는 이것을 위로 보낸다. 위는 꿈틀꿈틀 움직여서 음식물이 위액과 잘 섞이게 하고, 위와 작은창자를 연결하는 십이지장은 쓸개즙과 이자액으로 음식물을 소화시킨다. 작은창자는 길고 가는 관으로 소화된 양분이 흡수되는 장소이다. 큰창자에서는 주로 물을 흡수하고 남은 찌꺼기를 항문을 통해 내보낸다. 이처럼 음식물이 직접 지나는 입과 소화관 외에도 간, 쓸개, 이자 등 소화 효소를 만드는 기관도 소화 기관이라 한다. 간은 흡수된 양분을 저장하고 몸에 해로운 독성 성분을 해독하는 작용을 할 뿐만 아니라 지방의 소화를 도와 주는 쓸개즙을 만들어 낸다. 쓸개는 간에 파묻혀 있는 주머니로, 쓸개즙을 저장하였다가 십이지장으로 내보내 지방의 소화를 돕는다. 이자는 탄수화물, 지방, 단백질을 모두 분해하는 효소인 이자액을 만든다.

속도

물체가 단위 시간 동안 놓여 있는 위치가 변하는 정도이다. 일상생활에서는 빠르기 즉 속력과 같은 뜻으로 많이 쓴다. 일상생활에서는 초속 몇 미터, 시속 몇 킬로미터라는 식으로 나타내 물체의 속력과 같은 뜻으로 쓰지만 물리학에서는 다른 뜻으로 쓴다. 속도는 빠르기와 방향이 모두 포함된 것이고, 속력은 방향과 상관없이 빠르기만을 나타낸 것이다. 예를 들어 두 물체가 각각 동쪽과 서쪽을 향해 시속 100킬로미터로 달리고 있는 경우, 두 물체의 속력은 같지만 속도는 다르다. 물체는 외부에서 힘을 가하지 않는 한 속도가 변함없이 유지되어 정지해 있든지, 같은 속도로 움직인다. 여기에 힘이 작용하면 속도의 크기나 방향이 바뀐다. 속도의 빠르기와 방향이 변하지 않는 운동은 등속운동이라고 하고, 속도의 빠르기와 방향 중에서 하나라도 변하는 운동은 가속도 운동이라고 한다.

속력

운동하는 물체의 빠르기로 물체가 단위 시간당 움직인 거리로 나타낸다. 일상생활에서는 속도와 같은 뜻으로 많이 쓰지만, 물리학에서는 방향과 상관없이 빠르기만을 나타내는 양으로 쓴다. 버스의 속력이 시속 80킬로미터라는 것은 1시간 동안 80킬로미터를 달린다는 뜻이다. 속력을 나타낼 때 사용되는 단위 시간은 1초가 될 수도 있고 1분, 1시간 등 사용 목적에 따라 여러 가지 단위를 쓴다. 속력의 단위는 시간이나 거리에 따라 m/s, km/h 등으로 쓰이며, 10m/s는 초속 10미터, 80km/h는 시속 80킬로미터라고 읽는다.

수도

먹는 물이나 생활에 필요한 물, 공업용으로 쓰는 물을 관을 통하여 보내 주는 시설이다. 하수도와 구별하기 위해 상수도라고도 한다. 옛날에는 강물을 길어 나르거나

탐구학습

하늘과 바다, 땅에서 가장 빠른 것은 무엇일까요?

하늘을 날아다니는 새들은 동물 중에서 가장 빠르다. 새들 중에서도 군함새와 송골매가 아주 빠르다. 군함새가 먹이를 찾아 순간적으로 내려가는 속도는 시속 400킬로미터이고, 송골매는 최고로 시속 320킬로미터까지 낼 수 있다. 이밖에 칼새는 시속 200킬로미터 이상, 제비도 시속 100킬로미터 이상의 속도를 낸다.
바다에서 헤엄치는 물고기 중에서는 참치가 가장 빠르다. 참치는 보통 때는 시속 60킬로미터 정도의 속도로 헤엄쳐 다니지만, 도망갈 때는 시속 160킬로미터까지 속도를 낸다. 칼치나 날치류는 시속 80~90킬로미터로 헤엄치고, 범고래는 시속 59~65킬로미터로 헤엄친다.
땅에서는 치타가 시속 110킬로미터로 제일 빨리 달린다. 치타는 100미터 달리기 선수로 치면 100미터를 3초에 달리는 것과 같다. 치타가 이렇게 빨리 달릴 수 있는 것은 용수철처럼 늘어났다 오므라들었다 하는 등뼈 때문이다. 하지만 이렇게 빠른 속도로 10분 이상 계속 달릴 수는 없다. 계속 달렸다가는 심장이 터져 죽을 수 있기 때문이다. 가장 느린 동물은 나무늘보로 급하지 않으면 시속 4~5미터, 나무 위에서는 거꾸로 매달려 시속 400미터까지 움직이기도 한다.

송골매	1시간에 320km	제비	1시간에 100km	범고래	1시간에 약 59~65km
치타	1시간에 100~114km	나무늘보	1시간에 4~5m	자전거	1시간에 18km
비행기	1분에 30km	말	1분에 1200m	개미	1분에 60cm
사람	1시간에 4km				

샘이나 우물 등에서 필요한 물을 얻었다. 이때는 빨래하는 물 등 생활에 쓰는 물과 먹는 물을 구별하지 않았고, 먹는 물을 제대로 관리하지 않아 물을 통해 전염병균이 빠른 속도로 옮겨지기도 했다. 특히 도시가 생기면서 도시의 많은 사람들이 필요로 하는 물이 부족해지고, 먹는 물이 더러워져 많은 위생상의 문제가 생겼다. 이런 문제를 해결하기 위해 16세기 말에 런던에 처음으로 수도가 만들어졌다. 이후 세계 여러 나라는 맑고 깨끗한 물을 편리하게 쓸 수 있도록 하기 위해 수도를 만들었다. 수도가 보급되면서 전염병의 발병률이 눈에 띄게 줄어들었고, 도시가 더 빨리 발전할 수 있었으며, 공업 생산에도 큰 도움을 주었다. 오늘날에는 강물이나 호숫물, 지하수 등을 취수장에서 끌어들인 후, 정수장에서 불순물을 거르고 소독하여 수도관을 통해 수돗물을 공급한다.

수력 발전

물의 힘을 이용하여 발전기를 돌려서 전기를 일으키는 발전 방식이다. 물의 힘으로 물레방아를 돌려 방아를 찧는 것처럼 물 높이의 차를 이용하거나 물의 흐름을 이용해 발전기를 돌려 전기 에너지를 얻는다. 수로식·댐식·저낙차식·양수식·유역변경식 등 여러 가지 수력 발전 방식이 있다. 강에 거대한 댐을 건설하여 물을 가둔 다음 인공적인 물높이의 차이를 이용하는 댐식 수력 발전이 가장 많이 쓰인다.

수산화나트륨

흰색의 반투명한 고체로 화학식은 NaOH이다. 가성소다 또는 양잿물이라고도 한다. 공기 중에 두면 습기와 이산화탄소를 흡수하여 탄산나트륨으로 변한다. 녹을 때 많은 양의 열을 내고 수용액은 강한 염기성을 띤다. 비누, 레이온, 제지 공업의 원료로 널리 쓰인다. 비누가 미끈거리는 것은 수산화나트륨 때문이며, 수산화나트륨은 단백질을 녹이는 성질이 있어 비누나 세제에 이용된다.

수산화칼슘

흰색의 분말로 화학식은 $Ca(OH)_2$이며, 소석회라고도 한다. 수산화칼슘을 물에 녹인 용액이 석회수이다. 석회수는 공기 중의 이산화탄소를 흡수하여 탄산칼슘이 된다. 수산화칼슘은 건축용·공업용 등으로 많이 사용된다. 알칼리이므로 산을 중화시키는 데 쓰이고, 농약·고무 공업·제지·비료 등에도 사용된다.

수생 생물

물에 사는 생물들을 통틀어 가리키는 말이다. 물 속에는 플랑크톤과 같은 매우 작은 생물체부터 고래나 상어처럼 매우 거대한 생물까지 많은 생물들이 살고 있다. 이런 수생 생물들은 하나의 생태계를 이루고 산다. 호수에 사는 수생 생물의 생태계를 예로 들어 보면, 우선 햇빛이 녹조류를 자라게 한다. 그러면 물벼룩을 비롯한 작은 생물들이 녹조류를 먹고, 우렁이와 붕어는 물벼룩을 먹으며, 물새는 붕어를 먹는다. 물풀이나 모래, 돌 등은 수생 생물들이 알을 낳고 살 수 있는 환경을 제공한다. 호수의 밑바닥에는 분해자들이 아래로 죽어 떨어지는 유기체를 먹고 살아간다. 우리 주변에 있는 늪이나 연못가에서 흔히 볼 수 있는 수생 생물로는 창포·부들·개구리밥·부레옥잠·검정말·수련 같은 수생 식물, 잠자리나 하루살이 같은 곤충의 애벌레와 장구애비·물방개 같은 수서 곤충들과 올챙이, 짚신벌레·아메바·유글레나 같은 원생생물 등이 있다.

수생 식물

물에 사는 식물들을 통틀어 가리키는 말이다. 보통 수초 또는 수중 식물이라고도 한다. 수생 식물은 물에서 자라기 때문에 뿌리, 줄기, 잎, 꽃 등의 형태가 독특하다. 줄기에 공기가 이동할 수 있는 통기 조직이 있어 물 속에 뿌리가 있어도 썩지 않고 자란다. 수생 식물은 물 속의 질산염, 인산염 같은 영양염류를 없애 물을 깨끗하게 만드는 탁월한 능력이 있고, 물고기나 물 속에 사는 각종 동물의 산란을 도우며, 서식 공간을 제공한다. 물 속에서 광합성을 하여 산소를 공급함으로써 물 속에 사는 다른

> **? 수돗물은 어떤 과정을 거쳐 각 가정에 공급될까요?**
> 우리가 사용하는 수돗물은 강이나 호수, 지하에서 끌어 올린 물을 깨끗하게 만들어 수도관으로 운반한 것이다. 취수장에서 끌어 올린 강물이나 호수의 물은 바로 마실 수 없기 때문에 정수장에서 침전·여과·소독 등의 여러 과정을 거쳐 깨끗하게 만든 후 수도관을 통해 각 가정에 공급된다.
> 다음은 정수장에서 수돗물이 만들어지는 과정이다.
> 침사지 : 물에 섞여 있는 이물질이나 모래를 가라앉힌다.
> 혼화지 : 물에 약품을 고루 섞는다.
> 응집지 : 물 속 불순물이 서로 뭉쳐지게 한다.
> 침전지 : 불순물들을 가라앉힌다.
> 여과지 : 남아 있는 이물질을 걸러 낸다.
> 정수지 : 여과지를 지난 물을 살균하여 저장한다.

바다에 사는 수생 동물인 고래

민물에 사는 수생 생물인 연꽃과 잉어

바다에 사는 물고기 얼개돔

정수식물인 부들

부수식물인 부레옥잠

부엽식물인 마름

동물에게 도움을 준다.

수생 식물은 자라는 상태에 따라 고착성 수생 식물과 부표성 수생 식물로 나눈다. 고착성 수생 식물은 한 곳에 뿌리를 내리고 사는 식물로, 다시 정수식물·부엽식물·침수식물로 나눈다. 부표성 수생 식물은 물 위를 이리저리 떠다니는 식물로, 부수식물·부유식물로 나눈다. 정수식물은 물가에 자라는 식물로, 습지의 가장자리에 살며 뿌리는 물 속 바닥에 내리고 줄기와 잎을 물 속에서 뻗치고 있는 갈대·줄·부들·연 같은 식물이다. 부엽식물은 물 위에 잎을 내는 식물로, 뿌리는 물 밑에 내리고 잎은 수면에 떠 있는 노랑어리연꽃·어리연꽃·마름·수련·가시연 같은 식물이다. 침수식물은 물 속에 잠겨 사는 식물로, 물 밑에 뿌리를 내리고 잎도 수면 아래에 있는 물수세미·붕어마름·검정말·말즘 등이 속한다. 부수식물은 물 위에 떠서 사는 식물로 줄기와 잎이 물 위에 있고 뿌리가 물 속에 드리워져 있는 개구리밥·부레옥잠·생이가래 같은 식물이다. 부유식물은 줄기와 잎이 물 속에 있고, 뿌리가 없거나 아주 빈약한 통발·벌레먹이말 등이 속한다. 잎은 해면 조직이 발달되어 있고, 숨구멍이 잎의 위쪽에만 있으며, 잎 위에 잔털이 있어서 물을 겉돌게 한다.

수성

태양계에서 태양과 가장 가까이에 있는 행성이다. 수성은 항상 태양 가까이에서 돌고 있기 때문에 해 뜨기 직전이나 해가 진 직후에 지평선 근처에서 잠깐 볼 수 있다. 고대 그리스에서는 저녁에 보일 때에는 헤르메스, 새벽에 보일 때에는 아폴로라 하여 서로 다른 별로 생각한 적도 있다. 우리 나라와 중국에서는 진성이라 하고, 서양에서는 신들의 전령으로서 빠른 발을 가진 머큐리 신의 이름을 따서 머큐리라고 부른다.

수성은 태양계에서 두 번째로 작은 행성이다. 반지름은 지구 반지름의 3분의 1이 조금 넘고 질량은 지구의 5.5퍼

수성 탐사선 메신저 호가 수성을 탐사하는 모습을 상상하여 그린 그림

센트밖에 되지 않는다. 수성은 심하게 찌그러진 타원 모양의 궤도로 태양 둘레를 돈다. 태양과 가장 가까운 근일점일 때의 거리는 4600만 킬로미터이고, 가장 먼 원일점일 때의 거리는 6982만 킬로미터이며, 평균거리는 5790만 킬로미터 정도이다. 수성은 궤도가 작고 공전 속도가 빠르기 때문에 공전 주기가 88일밖에 되지 않는다. 즉 수성에서는 88일이면 1년이 지나가는 것이다. 자전 주기는 58.65일이다. 수성은 행성 중에서 기온의 일교차가 가장 큰 행성이다. 태양 빛을 수직으로 받는 지점의 온도는 섭씨 427도나 되고, 태양 빛이 비춰지지 않는 밤에는 영하 173도까지 기온이 내려간다. 이는 수성에는 대기층이 거의 없고, 낮과 밤이 길기 때문이다. 수성의 대기는 무척 희박하고, 주로 나트륨으로 이루어져 있으며, 헬륨·수소·네온의 엷은 층이 있다. 아주 적지만 대기 중에 아르곤·이산화탄소·크립톤·크세논 등도 있다. 수성의 표면은 달의 표면과 마찬가지로 운석이 충돌하여 생긴 크레이터로 뒤덮여 있다.

수소

상온에서 색깔과 냄새가 없는 기체로, 원소 기호는 H이다. 수소 원자 두 개가 결합한 수소 분자(H_2)로 존재한다.

탐구학습

산성 식품과 알칼리성 식품

대부분의 과일은 신맛이 나고, 과일즙은 푸른색 리트머스 종이를 붉게 변화시킨다. 따라서 과일은 산을 포함하고 있어서 산성 식품인 것 같지만, 이것이 몸 속으로 들어가면 알칼리성으로 바뀌기 때문에 알칼리성 식품이다. 이와 같이 식품이 산성 식품인가 알칼리성 식품인가를 구별할 때에는 식품의 겉보기 성질에 따라 구별하는 것이 아니라, 식품이 몸 안에 들어가 소화된 후 만들어진 물질이 물에 녹아 산성을 나타내는가 알칼리성을 나타내는가에 따라 나눈다. 따라서 우리 몸 속에 들어온 식품은 소화된 후 만들어진 물질이 산성을 나타내면 산성 식품, 염기성을 나타내면 알칼리성 식품이다.

산성 식품은 황·인·질소 등과 같이 산성을 지니고 있는 무기질이 많이 함유되어 있는 식품이다. 쇠고기·돼지고기·생선·달걀 등의 동물성 식품과 쌀 등의 곡류가 여기에 속한다. 알칼리성 식품은 칼슘·나트륨·칼륨 등의 알칼리성을 지니고 있는 무기질이 많이 함유되어 있는 식품이다. 채소나 과일 등의 식물성 식품과 우유나 굴 등이 여기에 속한다.

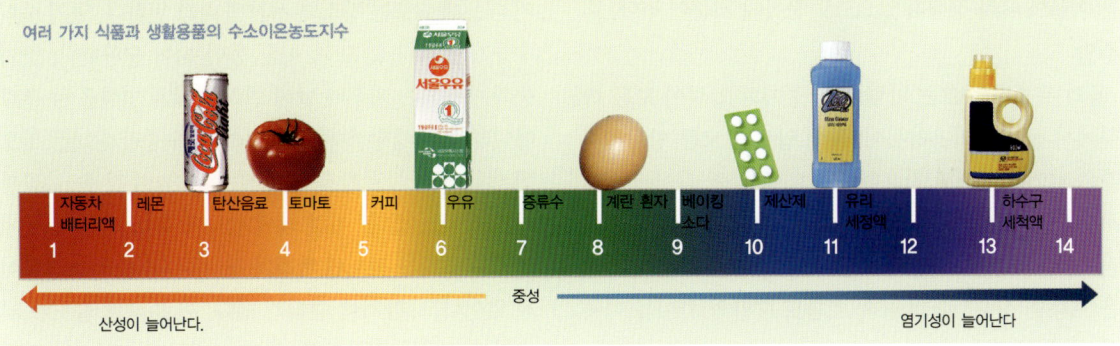

여러 가지 식품과 생활용품의 수소이온농도지수

물을 비롯해 많은 화합물의 성분으로 우주에 가장 많은 원소이며, 가장 가벼운 물질이다. 불에 잘 타며, 환원 작용을 일으킨다. 수소는 암모니아의 합성과 연료 전지 등에 사용되며, 최근에는 화석 연료를 대체할 청정에너지로 주목받고 있다.

수소이온농도지수

용액의 산성도를 나타내며, 페하(pH)로 표시한다. 1909년에 덴마크의 쇠렌센이 수소 이온의 농도를 숫자로 나타내기 위해 만들었다. 용액의 산성도를 0에서 14까지의 14단계로 나누어 나타낸다. 순수한 물의 수소이온농도지수는 7이고 이를 중성이라고 한다. 산성은 수소이온농도지수가 7보다 작으며 숫자가 작아질수록 강한 산성을 띤다. 염기성은 수소이온농도지수가 7보다 크고 숫자가 클수록 강한 염기성을 띤다.

수소 폭탄

수소의 원자핵이 융합하여 헬륨의 원자핵을 만들 때 나오는 에너지를 이용한 폭탄이다. 열핵폭탄이라고도 한다. 1952년에 미국에서 처음 만들었으며, 원자 폭탄의 수천 배에 이르는 폭발력을 갖고 있다. 자연에 존재하는 원자들 중에서 가장 가벼운 원자는 수소이고 두 번째로 가벼운 원자는 헬륨으로, 수소 원자 두 개를 결합시키면 헬륨 원자를 만들 수 있다. 이 과정에서 막대한 에너지가 만들어지며, 이를 이용하여 만든 폭탄이 수소 폭탄이다. 수소 원자를 결합시켜 헬륨 원자를 만들려면 매우 높은 온도로 열을 가해야만 한다. 이를 위해 수소 폭탄은 안에 작은 원자 폭탄을 가지고 있으며, 그것을 먼저 터뜨려 높은 열을 얻고 그 열로 수소 원자들을 결합하여 헬륨 원자로 만들어 막대한 에너지를 만들어 낸다.

수소 폭탄 실험

수술

꽃가루를 만드는 식물의 생식 기관이다. 수술은 꽃을 이루는 중요한 요소로, 꽃가루를 만드는 꽃밥과 이것을 지탱하는 수술대로 이루어진다. 꽃밥의 형태와 크기는 식물의 종류마다 다르다. 보통 다 자라면 꽃밥이 터지거나 구멍이 뚫려 꽃가루가 나온다. 수술은 한 꽃에 2개 이상 여러 개가 암술 둘레에 모여 있지만 드물게 수술이 한 꽃에 1개만 있는 것도 있다. 수술의 수나 배열한 모양 등은 식물에 따라 정해져 있으므로 분류의 기준이 된다.

수압

물의 무게가 누르는 압력이다. 공기의 압력이 모든 방향에서 물체에 작용하듯이, 물의 압력도 모든 방향에서 같은 크기의 힘으로 작용한다. 수압은 물의 깊이에 비례하여 커진다. 물의 무게 때문에 물 속으로 10미터 들어갈 때마다 대략 1기압씩 수압이 증가한다. 가정으로 물을 보내는 상수도관의 물의 흐름도 수압의 차이를 이용한 것이다.

수용액

용액 중에서 물을 용매로 사용한 것이다. 두 가지 이상의 순수한 물질이 균일하게 섞여 있는 액체 혼합물을 용액이라고 하고, 용액 속에 녹아서 골고루 섞인 물질을 용질, 용질을 녹이는 물질을 용매라고 한다. 수용액은 용매가 물인 용액이다. 설탕물이나 소금물은 용질인 설탕이나 소금이 물에 녹아 있는 수용액이다.

수은

상온에서 유일하게 액체 상태인 금속으로, 원소 기호는 Hg이다. 온도계, 기압계, 수은 전지, 각종 의약품과 치과용 재료 등으로 이용된다. 수은은 몸에 무척 해로운 금속으로 적은 양이라도 오랜 기간 들이마시면 중독 증상이 나타난다. 특히 염화수은이나 메틸수은 같은 수은 화합물은 몸에 해롭고 생물의 몸 속으로 들어가면 잘 빠져 나가지 않고 쌓여 수은 중독증을 일으킨다. 대표적인 수은 중독증은 일본에서 발생한 미나마타 병이다.

> **온도계가 깨져서 흘러나온 수은을 안전하게 없애는 방법**
> 수은은 사람의 몸에 무척 해로운 금속이다. 따라서 실험실에서 온도계나 기압계가 깨져 수은이 흘러나오면, 절대로 손으로 만져서는 안 된다. 선생님에게 즉시 이야기하면 선생님이 수은에 황을 뿌려 안전하게 수은을 없앤다. 수은은 표면장력이 커서 방울 모양으로 흩어진다. 이때 황가루를 넓게 뿌리면 수은과 황이 반응하여 고체인 황화수은이 만들어진다. 얼마간 시간이 지난 후에 이를 쓸어 모으면 수은을 안전하게 없앨 수 있다.

수증기

기체 상태의 물로 냄새와 색이 없고 투명하다. 자연 상태에서 육지나 바다의 표면에서 물이 증발하여 수증기가 된다. 그래서 우리 눈에는 보이지 않지만 공기 중에는 항상 얼마간의 수증기가 들어 있다. 공기 중에 있는 수증기 양을 습도라고 하며, 기온에 따라 수증기의 양이 다르기 때문에 습도는 장소와 시간에 따라 변한다. 공기 중의 수증기는 비나 눈 또는 이슬 등이 되어 순환한다. 공기 중의 수증기는 기후나 날씨 변화에 많은 영향을 줄 뿐만 아니라 우리 생활과 매우 밀접하다. 수증기가 너무 많으면 빨래가 잘 마르지 않는다. 또 쇠에 녹이 잘 슬고, 곰팡이가 생기기 쉽다. 이럴 때에 습도가 높다고 한다. 공기 중에 수증기가 적으면 빨래가 잘 마른다. 하지만 산불이 잘 일어나고, 감기에 걸리기 쉽다. 이럴 때에 습도가 낮으며 건조하다고 말한다. 공기가 너무 건조하거나 반대로 너무 습한 것 모두 일상생활과 건강에 좋지 않다. 일

> **김과 수증기는 어떻게 다른가요?**
> 주전자에 물을 넣고 끓이면 주전자 입구 부분에 하얀 김이 나온다. 이 하얀 김을 수증기라고 생각하는 사람이 많은데, 김은 기체가 아니라 아주 작은 물방울이다. 주전자 입구 부분과 김이 생기는 부분 사이를 자세히 보면 약간의 틈이 있는 것을 볼 수 있다. 바로 그 틈에 있는 것이 수증기이다. 김은 뜨거운 수증기가 20도 안팎의 공기와 만나 갑자기 냉각되어 만들어진 아주 작은 물방울이다. 작은 물방울이 공기 중의 빛을 산란시켜 우리 눈에 하얗게 보인다.

땅 속 온천수에서 나오는 김과 수증기

상생활에서 적당한 습도는 온도에 따라 다르지만, 대체로 40~70퍼센트 정도이다.

수질 오염
인위적인 원인으로 물이 오염되어 더 이상 이용할 수 없거나 피해를 주는 현상을 말한다. 수질 오염의 원인으로는 농촌에서 사용하는 농약과 비료, 가축의 분뇨, 각 가정에서 나오는 하수와 음식물 찌꺼기, 공장의 폐수 등이 있다. 수질 오염 발생량의 약 60퍼센트가 생활 하수 때문이며, 산업 폐수가 약 39퍼센트, 축산 폐수가 약 1퍼센트를 차지한다.

수표
조선 세종 때에 청계천의 물 높이를 재기 위해 마전교 서쪽에 세웠던 기구이다. 육각형 모양의 돌기둥이다. 초기에는 나무로 만들었다가 나중에는 화강암으로 만들었다. 수표의 양면에는 눈금이 표시되어 있다. 1자부터 10자까지 1자마다 새겨져 있는데, 1자는 대략 30센티미터 정도의 길이이다. 1959년 청계천 복개 공사 때에 장충단 공원으로 옮겼다가 1973년부터는 세종대왕기념관에 두었으며, 1985년에 보물 제838호로 지정되었다.

수표교
조선 세종 때에 청계천에 흐르는 강물의 양을 재기 위해 만든 돌다리이다. 영조 때에 다리를 수리하면서 돌기둥에 경(庚)·진(辰)·지(地)·평(平)이란 글자를 높이에 따라 새겨 놓아 네 단계로 물의 깊이를 잴 수 있게 하였다. 이때부터 수중주석표(水中柱石標)라는 말이 생겨나 수표교라고 부르게 되었다. 수표교는 육각형으로 된 큰 다리 기둥에 길게 모진 도리를 얹고 그 사이에 판석을 깔아 만들었다. 아래의 돌기둥은 2단으로 되어 있다.

순환 기관
혈액이나 림프를 온몸으로 흐르게 하는 기관으로, 심장과 혈관과 림프관을 말한다. 심장은 혈액을 몸 전체로 내보내는 순환 기관의 중심이다. 혈관은 혈액이 흐르는 관으로 동맥, 정맥, 모세혈관이 있다. 혈관은 온몸에 퍼져 있어 허파를 통해 들이마신 산소와 작은창자에서 흡수한 양분을 몸의 구석구석까지 운반한다. 림프관은 림프가 흐르는 관으로, 혈관과 조직을 연결하고 면역 항체를 운반하며 장에서는 지방을 흡수해서 운반한다. 혈액은 심장의 박동으로 흐르지만 림프는 근육의 움직임에 따른 압력으로 흐른다.

혈액의 순환은 크게 체순환과 폐순환으로 구분된다. 체순환은 산소가 많이 들어 있는 혈액을 온몸으로 순환시키는 것이다. 심장 좌심실의 수축으로 밀려나온 깨끗한 혈액은 대동맥을 통해 머리와 손과 발, 몸의 아래쪽으로 이동한다. 심장에서 멀어질수록 혈관의 지름은 작아지고 몸 구석구석까지 모세혈관이 퍼져 있다. 모세혈관은 양분과 산소를 주변의 조직세포에 주고 대신 노폐물과 이산화탄소를 받는다. 이렇게 모아진 노폐물이 많은 혈액은 대정맥을 통해 우심방으로 들어간다. 폐순환은 이산화탄소가 많이 들어 있는 혈액을 허파로 보내 깨끗하게 만드는 순환이다. 우선 대정맥을 통해 우심방으로 들

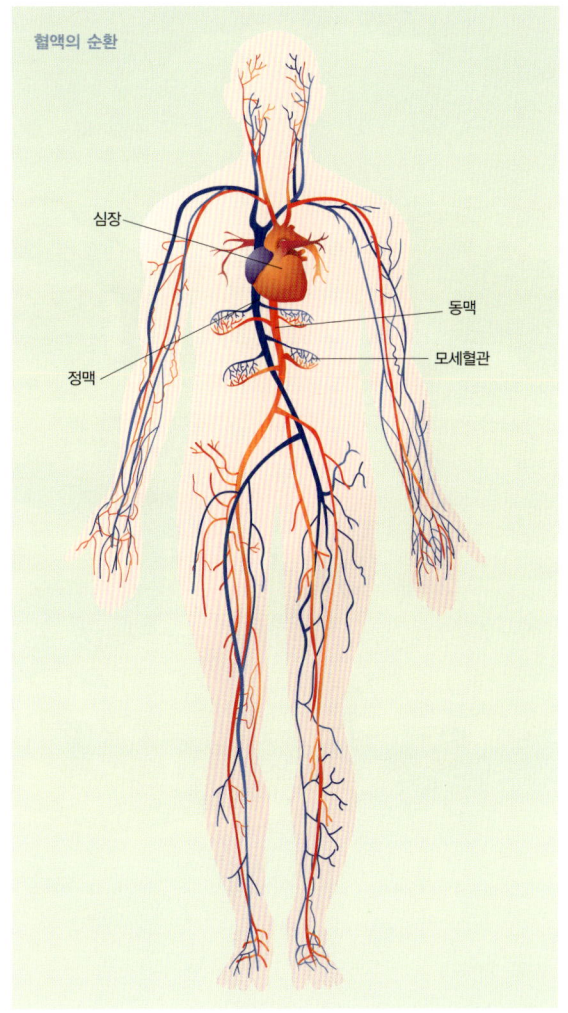

혈액의 순환

탐구학습

수질 오염의 측정

수질이 오염된 정도는 생물학적 산소 요구량·화학적 산소 요구량·부유 물질량·용존 산소량 등을 재는 방법으로 알아 낸다. 단위는 mg/L나 ppm을 쓴다. 물 1리터에 오염 물질이 1밀리그램 들어 있으면 이 물의 오염 정도는 1mg/L 또는 1ppm이다.

생물학적 산소 요구량(BOD)

유기물이 미생물에 의해 안정된 물질로 산화·분해하는 과정에서 소비하는 산소량이다. 이 값이 클수록 물은 오염되어 있다. 주로 하천의 수질 오염을 측정할 때 이용하며, 단위로는 mg/L 또는 ppm을 쓴다.

화학적 산소 요구량(COD)

물 속의 유기물을 화학제로 산화시킬 때 화학적으로 소비되는 산소량을 ppm 단위로 나타낸 것이다. 주로 호수나 바다, 늪의 수질 오염을 측정할 때 이용한다.

부유 물질량(SS)

물에 떠다니는 물질인 부유물의 양을 나타내는 지표이다. 단위는 mg/L 또는 ppm이다.

용존 산소량(DO)

물 속에 녹아 있는 산소량을 나타내는 지표이다. 단위는 mg/L 또는 ppm이다. 이 값이 클수록 오염되지 않은 깨끗한 물이다.

탐구학습

물이 오염되는 여러 가지 경로

어온 혈액은 우심실로 이동한다. 이곳의 혈액은 우심실의 수축으로 폐동맥을 통해 심장 뒤쪽에 있는 허파로 이동한다. 허파꽈리의 모세혈관을 지나면서 허파꽈리 속에 있는 산소가 들어오고 대신 이산화탄소가 허파꽈리 속으로 빠져나간다. 이 과정에서 깨끗해진 혈액은 폐정맥을 통해 좌심방으로 이동해 다시 온몸으로 흐른다.

숯

나무를 숯가마에 넣어 구워 낸 검은색의 덩어리이다. 숯가마에 나무를 태우면서 공기의 공급을 막거나 약간만 공급하고 태워 만든다. 목탄이라고도 한다. 숯을 만들 때는 재질이 단단한 나무를 사용한다. 우리 나라에서는 갈참나무·굴참나무 같은 참나무를 많이 썼다. 숯은 만드는 방법에 따라 백탄, 검탄, 활성탄 등으로 나눈다. 또 숯은 만드는 재료에 따라 참나무로 만든 참숯, 대나무로 만든 대나무 숯 등으로 나누기도 한다.

숯은 불이 잘 붙고 발열량이 높으며 연기가 나지 않아 가정용 연료로 많이 쓰였다. 오늘날에는 석유·전기·가스 등이 연료로 많이 쓰임에 따라 가정용으로는 거의 쓰이지 않고 있다. 숯을 자세히 살펴보면 작은 구멍들이 수없이 많이 나 있다. 여기에 미생물들이 살고 있어 세균이나 냄새를 빨아들인다. 이 때문에 옛날부터 숯은 간장이나 된장에 넣어서 각종 이물질과 독소를 없애는 데 많이 쓰였다. 숯은 마시는 물에 띄워 물을 깨끗하게 하는데도 썼으며, 습기를 없애는 데도 썼다.

슈퍼컴퓨터

많은 양의 데이터를 초고속으로 처리할 수 있게 만든 컴퓨터이다. 연산 속도가 빨라 복잡한 계산을 해야 하는 경우나 방대한 자료를 이용해야 하는 경우 등에 쓰인다. 일기예보, 지상 및 우주 관측, 물리학 연구 등에 주로 쓰이며 기상청과 연구소, 대학 등에 설치되어 있다.

스모그

대기 오염으로 도시의 공기가 더러워져 눈앞이 잘 보이지 않는 현상을 말한다. 원래는 안개와 연기가 섞인 것 또는 안개가 연기로 더러워진 것을 뜻했지만, 지금은 안개에 관계없이 사용하는 말이다. 스모그는 크게 유황 스모그와 광화학 스모그로 나눈다. 유황 스모그는 런던형 스모그라고 하며, 공기 중에 아황산가스의 함량이 많을 때 생긴다. 유황이 들어 있는 연료를 사용할 때 주로 생기며 유럽과 미국 동부 지역의 도시들에서 많이 발생한다. 공기 중에 습기와 먼지가 많을 경우에 더욱 심하며, 호흡 기관에 나쁜 영향을 미친다. 광화학 스모그는 미국의 로스앤젤레스에서 특히 많이 발생해 로스앤젤레스형 스모그라고도 한다. 주로 자동차의 배기 가스에서 많이 나오는 질소산화물·탄화수소 등이 햇빛과 작용하여 오존이나 알데히드 등과 같은 여러 산화성 물질을 만들어 내는 것이다. 광화학 스모그가 발생하면 맑은 날에도 안개가 낀 것과 같이 하늘이 희뿌옇게 보인다. 앞도 잘 보이지 않고 식물이 해를 입으며 눈병과 호흡기 장애가 생긴다. 대기 오염이 심해지면서 최근 우리 나라의 대도시에서도 광화학 스모그가 많이 발생하고 있다.

스트레스

적응하기 어려운 환경에 처할 때 느끼는 몸과 마음의 긴장 상태를 이르는 말이다. 캐나다의 내분비학자인 셀리에가 처음으로 이름 붙였다. 생물에게 영향을 주는 자극 중에서 해로운 자극을 스트레서(stressor)라 하고, 이 때의 긴장 상태를 스트레스라고 하였다. 사람은 시끄러운 소음이나 닫힌 공간, 인간 관계의 갈등처럼 적응하기 어려운 환경에 놓이면 마음과 몸이 긴장하게 된다. 이러한 긴장이 오랜 시간 계속 되면 심장병이나 위장병과 같은 여러 가지 질병에 걸리게 되고, 불면증이나 우울증과 같은 마음의 병도 얻게 된다.

슈퍼컴퓨터

스펙트럼

프리즘 같은 분광기를 통과한 빛이 파장에 따라 나뉘어 순서대로 늘어선 것을 가리킨다. 모양에 따라 연속 스펙트럼, 띠 스펙트럼, 흡수 스펙트럼 등으로 구분한다. 무지개처럼 이어진 모양을 연속 스펙트럼이라 부르고, 띄엄띄엄 나누어진 모양을 띠 스펙트럼 또는 선 스펙트럼이라 부른다. 흡수 스펙트럼은 연속 스펙트럼을 갖는 빛이 기체와 같은 물질을 지나면서 몇몇 파장의 빛이 흡수되어 어두운 선으로 나타난 것을 말한다. 원자나 분자에서 나오는 빛이나 엑스선은 고유의 스펙트럼을 갖고 있어서, 원자나 분자의 구조를 밝히는 데 이용한다.

스포이트

위쪽에 고무주머니가 달린 유리관이다. 적은 양의 액체 시약이나 용액을 정확하게 옮겨 넣을 때 사용하는 과학 실험기구이다. 사용할 때는 엄지와 검지로 고무 부분을 쥐고 나머지 손가락으로 유리관 부분을 쥔다. 고무 부분을 엄지와 검지로 꼭 쥐어서 공기를 뺀 후 유리 부분의 끝을 용액 속에 넣어 고무 부분을 살짝 놓아 필요한 양만큼 빨아들인다. 용액을 떨어뜨릴 때는 고무 부분을 살짝 눌러서 필요한 양만큼 떨어뜨린다. 스포이트를 사용할 때 용액을 빨아들인 채로 뒤집으면 고무가 상할 수 있으므로 주의해야 한다.

스푸트니크 호

1957년 10월 4일에 옛 소련에서 발사한 인류 최초의 인공 위성이다. 스푸트니크는 동반자라는 뜻이다. 스푸트니크 호는 둥근 공에 4개의 안테나가 달린 모양이었다. 둥근 알루미늄 공의 지름은 58센티미터였으며, 총 무게는 83.6킬로그램이었다. 지구에서 가장 멀 때는 942킬로미터, 가장 가까울 때에는 230킬로미터인 지구 궤도를 96분마다 한 바퀴씩 돌면서 지구에 신호를 보냈다. 1958년 1월 4일에 지구 대기로 들어와 타버렸다. 옛 소련은 1957년 11월에 스푸트니크 2호를 발사하고, 1958년 5월에는 스푸트니크 3호를 발사하기도 하였다. 스푸트니크 2호는 자외선 측정 장치와 함께 개 라이카를 태우고 발사되어 우주 공간에서도 생명체가 살 수 있음을 보여 주었다.

진공 상태에서 찍은 여러 가지 빛의 스펙트럼

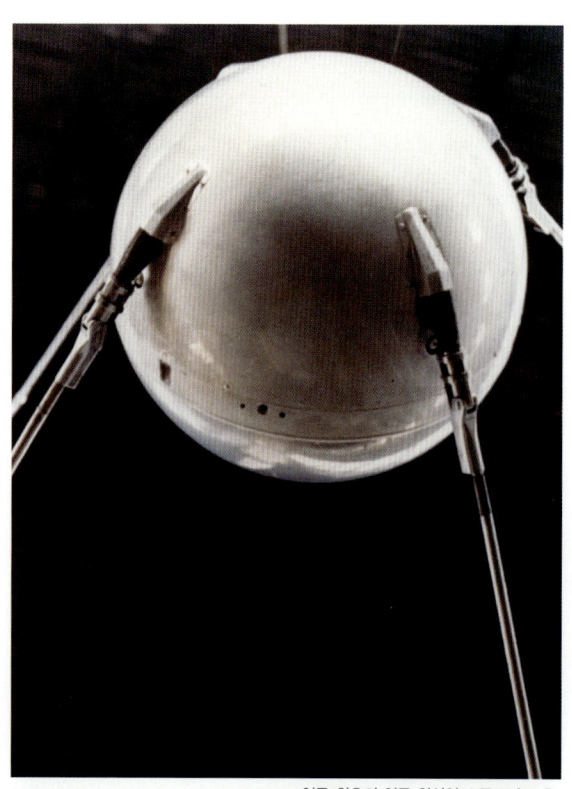

인류 최초의 인공 위성인 스푸트니크 호

탐구학습

우리 나라에서 가장 정확한 시계는 무엇일까요?

1967년에 국제도량형총회에서 특정한 상태에서 세슘원자가 진동하는 것을 기준으로 1초를 정하고, 세슘원자시계를 국제표준시계로 채택하였다. 세슘원자시계는 3000년에 1초 정도의 오차밖에 생기지 않는 정확도를 가지고 있다. 그래서 오늘날에는 전 세계적으로 세슘원자시계를 기준으로 시간을 정한다. 우리 나라에는 대전의 한국표준과학연구원에 세슘원자시계가 설치되어 있다. 이 시계는 한국 표준 시간의 기준이 되는 시계로 우리 나라에서 가장 정확한 시계이다. 한국표준과학연구원은 1980년 8월 15일부터 표준시보제를 실시해 표준 시각 정보를 24시간 내내 방송하고 있다. 5메가헤르츠 단파를 수신하는 라디오가 있으면 이 방송을 직접 들을 수 있다.

습도

공기 중에 있는 수증기의 양이다. 건조한 공기는 습도가 낮고, 습한 공기는 습도가 높다. 공기 중에 포함된 수증기의 양은 기온과 장소와 시간에 따라서 변한다. 주어진 온도에서 공기가 수증기를 최대한 가지고 있을 때, 그 공기는 포화되었다고 한다. 현재 온도에서 최대한 포함될 수 있는 수증기의 양에 대한 현재의 수증기 양의 비율은 상대습도이다. 상대습도의 단위는 퍼센트이며, 포화된 공기는 상대습도가 100퍼센트이다. 지표면 부근의 상대습도는 30퍼센트 이하로 거의 떨어지지 않는다.

승화

고체 상태의 물질이 액체 상태를 거치지 않고 바로 기체로 변하거나 기체 상태의 물질이 액체 상태를 거치지 않고 고체로 변하는 현상을 말한다. 드라이아이스·나프탈렌·장뇌 같은 고체 물질은 상온에서 액체 상태를 거치지 않고 바로 기체가 된다. 또 보라색 요오드 결정을 가열하면 보라색 기체로 변하고 이것을 냉각시키면 보라색 요오드 결정이 된다. 이러한 과정이 모두 승화이다. 상온에서 승화하는 물질을 승화성 물질이라고 한다.

시각

눈으로 빛의 자극을 받아들이는 감각 작용이다. 시각으로 물체의 크기·형태·빛·밝기 등과 공간에서의 위치와 운동을 알 수 있다. 동물에 따라 빛을 감지하는 감각 기관이 각기 다르다. 사람은 망막에 있는 시세포로 가시광선에 해당하는 빛을 감지한다.

시간

어떤 시각에서 어떤 시각까지의 사이나 그 단위를 말한다. 초·분·시 등의 단위를 사용한다. 하루는 24시간이고, 1시간은 60분이며, 1분은 60초이다. 일상생활에서는 시계를 보고 시간을 안다. 때의 흐름이나 하루의 변화 등을 알기 위해 쓰고, 과학적으로는 길이 및 질량과 함께 다른 물리 단위를 나타내는 기본 단위로 쓰인다. 시간의 단위나 길이는 나라와 시대마다 달랐다. 나라와 시대에 따라 달의 변화나 해가 뜨고 지는 것을 기준으로 시간을 정하기도 하였으며, 지구의 자전 주기나 공전 주기를 기준으로 시간을 정하기도 하였다. 오늘날에는 전 세계적으로 세슘원자시계를 기준으로 시간을 정한다. 즉 1967년에 국제도량형총회에서 특정한 상태에서 세슘원자가 진동하는 것을 기준으로 1초를 정한 후 그것을 기준으로 시간을 나타낸다.

시계

현재 시각을 알려 주거나 시간을 재는 기계이다. 옛날에는 태양을 이용한 해시계나 물을 이용한 물시계, 모래를 이용한 모래시계, 초나 기름이 타 들어간 정도를 시간으로 표시한 초시계와 램프시계 등을 썼다. 기술이 발달하면서 흔들이, 태엽, 톱니바퀴 등의 기계 장치를 이용한 괘종시계, 휴대용 시계 등이 나왔다. 오늘날에 쓰는 시계는 대부분 수정 진동자를 이용한 것이다. 인공 수정의 결정으로 만든 수정 진동자에 일정한 전압을 가하면 매우 정확하고 안정된 진동 운동을 한다. 그것을 전기 신호로 바꾸어 시각 표시 장치를 움직여 정확한 시각을 알려준다. 시계의 시각 표시 방법은 일반적으로 디지털 방식과 아날로그 방식으로 나뉜다. 디지털 방식은 시·분·초 등의 시각을 숫자로 나타내는 방법이고, 아날로그 방식은 둥근 숫자판에 시를 나타내는 시침과 분을 나타내는 분침으로 시각을 나타낸다.

식물

꽃

잎

줄기

뿌리

식물의 구조

일반적으로 풀이나 나무처럼 광합성으로 스스로 양분을 생산하고, 옮겨 다니지 않고 한 자리에서 자라는 생물을 가리킨다. 생물분류학적으로는 원핵생물계, 원생생물계, 균계, 식물계, 동물계의 5계 중에서 식물계에 속하는 생물을 통틀어 식물이라고 한다. 현재 지구상에는 약 35만여 종의 식물이 살고 있다.

식물은 다른 계에 속하는 생물과 많은 차이가 있다. 즉 식물은 세포가 하나뿐인 원생생물과 달리 몸이 수많은 세포로 이루어져 있다. 식물은 원핵생물과 달리 세포에 핵이 있고, 동물과 달리 세포에 세포벽과 엽록체 등이 있다. 식물은 다른 생물이 만든 영양분을 먹이로 먹는 균계의 생물이나 동물과 달리 살아가는 데 필요한 영양분을 자기 몸에서 스스로 만든다. 또 먹이를 찾아 움직이는 동물과 달리 식물은 옮겨 다니지 않고 한 자리에서 자란다.

식물은 생물계 전체에서 생물이 살아가는 데에 꼭 필요한 유기물을 만드는 생산자의 역할을 한다. 지구상의 다른 생물들은 식물이 만든 유기물을 먹어 에너지를 얻고, 식물이 광합성을 하면서 내놓는 산소로 숨을 쉬며 살아간다.

식물의 기관

식물은 땅 위쪽으로 뻗는 줄기와 광합성을 하는 잎, 양분을 흡수하고 식물체를 지탱하는 뿌리로 되어 있다.

줄기는 줄기 끝에 있는 생장점에서 일어나는 세포 분열로 길이 생장을 하고, 또한 잎을 낸다. 줄기는 땅 위로 나와 있는 부분을 지탱하고 물과 양분을 운반 및 저장하는 일을 한다. 하지만 감자처럼 땅속줄기나 양파의 비늘줄기처럼 변형된 줄기도 있다. 부피생장을 담당하는 부름켜가 있는 식물은 자라면서 줄기가 굵어지고, 부름켜가 없는 식물은 처음의 굵기를 그대로 유지한다.

잎에서는 광합성이 이루어진다. 잎 속에 있는 엽록체가 빛을 흡수하여 물과 이산화탄소로 포도당을 만든다. 잎의 표면에는 기공이 퍼져 있는데, 이곳을 통해 이산화탄소와 산소가 교환되며, 증산 작용으로 수증기를 내보낸다. 잎은 잎새·잎자루·턱잎으로 나뉜다. 선인장의 가시, 생이가래의 뿌리 모양의 잎 등도 잎이 변해서 된 것이다.

뿌리는 흙에서 광합성에 필요한 물을 빨아들이고, 바람이 불어도 식물이 쉽게 뽑히지 않게 지탱하는 역할을 한다. 뿌리는 잎에서 만든 양분을 체관을 통해 공급받아 저장하는 역할을 하기도 한다. 뿌리 끝에는 단단한 뿌리골무가 있어 연약한 뿌리의 생장점을 보호하면서 땅 속으로 뿌리를 뻗게 만든다. 뿌리의 형태는 외떡잎식물처럼 수염뿌리로 되어 있거나 쌍떡잎식물처럼 원뿌리에 잔 곁뿌리가 있기도 하다.

식물 중 꽃이 피는 식물의 생식 기관은 꽃으로 가루받이를 통해 번식한다. 꽃이 피지 않는 식물은 홀씨로 번식한다. 씨앗이나 홀씨는 바람, 물, 동물들에 의해 다른 곳으로 옮겨져 싹이 나고 자란다.

엽록체

기공

식물의 분류

오늘날 지구에는 수많은 종류의 식물들이 살고 있다. 수많은 식물들을 관찰하고 연구하기 위해 여러 가지 기준에 따라 식물을 나눈다. 즉 뿌리·줄기·잎·꽃·관다발·엽록소 등의 종류와 모양 등에 따라 여러 가지로 나눈다. 식물은 크게 꽃이 피는 식물과 꽃이 피지 않는 식물로 나눈다. 꽃이 피는 식물은 다시 겉씨식물과 속씨식물로 나누고, 속씨식물은 다시 쌍떡잎식물과 외떡잎식물로 나눈다. 꽃이 피지 않는 식물은 다시 양치식물, 선태식물 등으로 나눈다.

오늘날 지구상에는 꽃이 피지 않는 식물 중에서 솔이끼와 우산이끼 같은 선태식물은 2만 2500여 종, 고사리나 쇠뜨기 같은 양치식물은 1만 500여 종이 살고 있다. 꽃이 피는 식물 중에서 겉씨식물은 800여 종이 살고 있고, 속씨식물은 25만여 종이 살고 있다. 대부분의 식물은 꽃이 피는 식물이며, 식물계에서 가장 진화한 식물이다.

? 식물이 자라는 데 필요한 것은 무엇일까요?

풀이나 나무 같은 식물의 씨앗이 싹트려면 물과 공기가 있고 온도가 알맞아야 한다. 씨앗에는 새로운 식물로 자랄 배와 싹이 틀 때 필요한 영양분을 간직한 배젖이 있어서 물과 공기가 있고 온도가 알맞으면 싹이 나고 떡잎이 나온다. 싹이 난 다음에는 물, 공기, 온도뿐 아니라 햇빛이 반드시 있어야 한다. 식물은 햇빛으로 광합성을 해서 필요한 영양분을 스스로 만들어 자라기 때문에 빛이 없으면 자라지 못한다. 풀이나 나무 같은 식물은 비가 오지 않는 사막이나 일년 내내 추운 극지방에서는 자라지 못한다.

탐구학습 | 식물의 분류

상수리나무

솔이끼

석송

선인장

파

부레옥잠

쑥부쟁이

탐구학습

강낭콩의 한살이

씨앗 속에서 싹이 튼 모양

강낭콩의 열매

흙 속에 뿌리를 내린 모양

강낭콩 씨앗

강낭콩의 꽃

떡잎이 난 모양

강낭콩의 잎과 줄기

탐구학습

식물은 우리에게 어떤 도움을 줄까요?

식물은 아주 오랜 옛날부터 사람에게 먹을 음식과 입을 옷 등을 제공해 주었다. 쌀, 보리, 밀 등은 매일 먹는 주식으로 쓰인다. 콩, 수수 등의 잡곡이나 과일, 채소, 산나물 등은 주식과 함께 우리 몸에 필요한 영양분을 주는 음식으로 쓰인다. 면을 만드는 목화나 삼베, 닥나무 등은 옷을 만드는 데 쓰인다. 산삼·구기자·감초 등은 한약의 재료로 이용되고, 소나무·삼나무·전나무·느티나무 등은 집을 짓는 데 이용된다. 식물은 공업 분야에서도 많이 쓰인다. 여러 나무의 섬유질은 종이를 만드는 데 쓰이고, 꽃이나 식물의 수액은 화장품이나 향수의 원료로 사용되기도 한다. 또 사탕수수와 사탕무는 설탕의 원료로 쓰이고, 쪽이나 꼭두서니, 잇꽃은 물감의 원료로 쓰인다. 참깨와 유채, 옻나무에서는 기름을, 고무나무에서는 고무의 원료인 라텍스를 얻는다.

식물은 환경 변화에 어떻게 대처할까요?

식물은 동물처럼 외부의 자극에 재빠르게 반응하지는 못한다. 하지만 환경이 변화할 때 식물도 자신을 지키기 위해 적극적으로 방어한다. 우선, 식물은 광합성을 효율적으로 하기 위해 빛을 받는 양과 위치에 따라 잎의 위치와 크기를 변화시킨다. 또 필요없는 가지는 물과 양분의 공급을 막아 떨어뜨려 양양분의 낭비를 줄인다. 추워지면 사람이 털옷을 입는 것처럼 털이 있는 잎이나 겨울눈을 가진다. 또 활엽수처럼 잎을 떨어뜨리거나 상록수처럼 잎 세포 내부의 당분의 농도를 높여 쉽게 얼지 않고 겨울을 견딜 수 있게 한다.

시디롬

글이나 그림, 영상 데이터를 빛의 신호로 바꾸어 저장하는 기록 매체이다. Compact Disc Read-Only-Memory의 약자로 CD-ROM이라고도 쓴다. 얇은 콤팩트디스크의 한쪽 면에 데이터를 기록하고, 레이저 빛을 이용해 이를 읽어 낸다. 많은 양의 데이터를 정확하고 오래 보관할 수 있어서 많이 이용한다. 음악·문서·동영상 정보 등을 저장할 수 있다.

시트르산

레몬이나 귤 등의 과일에 많이 들어 있는 새콤한 맛이 나는 산성 물질이다. 구연산이라고도 한다. 물이나 에탄올에 잘 녹는다. 청량 음료수를 만들 때 새콤한 맛을 내기 위해 많이 쓴다. 의료 부분에서 혈액이 응고되는 것을 막는 혈액응고저지제로도 쓰인다.

식도

인두와 위 사이에 있는 관으로 음식이 이동하는 통로이다. 목구멍에는 두 개의 관이 있다. 하나는 공기가 이동하는 기관이고, 다른 하나는 음식이 이동하는 식도이다. 식도는 목뼈와 기관 사이에 있어서 손으로 직접 만져 볼 수는 없다. 식도는 소화 기능은 하지 않으며, 다만 음식물을 축축하게 하여 위로 넘겨주는 일을 한다.

식중독

썩거나 상한 음식, 독성이 있는 음식 등을 먹었을 때 생기는 질병이다. 식중독에 걸리면 배가 아프고, 열이 나며, 온 몸에 식은땀이 나고, 토하거나 설사를 한다. 식중독을 일으킨 물질에 따라 세균성 식중독, 화학성 식중독, 자연독 식중독 등으로 나눈다.

식초

신맛이 나는 액체이다. 아세트산이 3~5퍼센트 정도 들어 있어 산성을 띤다. 식초는 사과나 포도, 귀리, 공업용 알코올, 쌀 등을 발효시켜 만든다. 만든 재료에 따라 사과 식초, 포도 식초, 맥아 식초, 합성 식초 등으로 구별하기도 한다. 식초는 음식의 맛을 내는 조미료로 사용되며, 식품을 저장하거나 절이는 데도 사용한다.

식충 식물

곤충 같은 동물을 잡아먹음으로써 살아가는 데 필요한 양분을 얻는 식물이다. 포충 식물 또는 벌레잡이 식물이라고도 한다. 식충 식물은 대체로 일반 식물이 살기 힘든 지역인 산성 토양과 습지에 산다. 이런 지역에서는 성장에 필요한 질소 성분을 섭취하는 것이 쉽지 않다. 그래서 식충 식물은 곤충, 거미, 갑각류, 진드기 같은 동물을 잡아먹음으로써 자신에게 필요한 양분을 얻는다. 식충 식물은 잎이 변형된 주머니 모양의 포충낭이나 열리고 닫히는 포충엽 등으로 곤충들을 유인해 잡는다. 먹이를 잡으면, 소화 효소를 분비하여 먹이의 몸을 녹인 후에 필요한 양분을 흡수한다. 식충 식물에는 파리지옥풀, 끈끈이주걱, 끈끈이귀이개, 통발 등이 있다.

신경

생물이 자신의 몸과 주변에서 일어나는 각종 변화에 대해 적절한 반응을 일으키게 하는 기관이다. 위험한 자극

끈끈이주걱

파리지옥풀

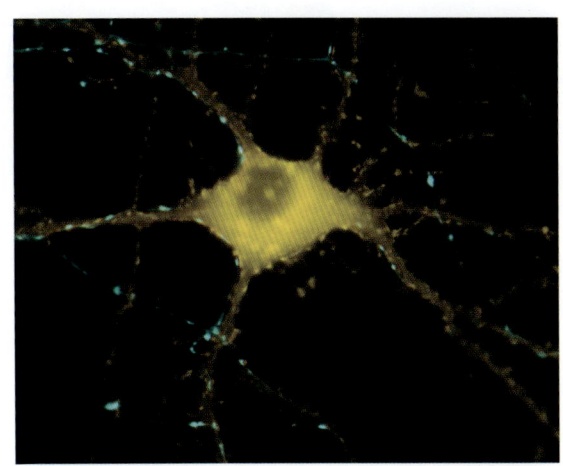
현미경으로 찍은 뉴런의 모습

을 받았을 때 재빨리 반응하는 것은 생명체가 생존하는 데에 꼭 필요하다. 이처럼 생명체가 짧은 시간 안에 반응하기 위해서는 감각 기관을 통해 들어온 정보를 가장 빠르게 전달할 수 있는 통로가 필요한데, 그것이 바로 신경이다. 신경은 뉴런이라는 수많은 신경세포로 이루어져 있다. 뉴런은 아주 가늘고 긴 모양으로 핵과 미토콘드리아 등이 들어 있으며, 하나의 축색돌기와 여러 개의 짧은 수상돌기가 있다. 뉴런에는 감각세포에서 받은 정보를 중추로 전하는 감각 뉴런, 중추에서 받은 정보를 몸의 말단으로 전하는 운동 뉴런, 감각 뉴런과 운동 뉴런 사이를 연결하는 연합 뉴런 등이 있다.

신기루

빛이 밀도가 서로 다른 매질을 통과할 때 굴절하여 나타나는 현상으로, 실제로는 그곳에 없는 물체가 거짓으로 보이는 것을 말한다. 대기에 온도가 다른 공기층이 만들어져 있을 때 주로 나타난다. 이 공기층들은 렌즈와 비슷한 역할을 하여 빛을 굴절시킨다. 멀리 있는 물체를 가까이 있는 것처럼 보이게 하고, 실제 물체를 심하게 변형되거나 과장시켜 이상하게 보이게 한다. 또 반복해서 나타나거나 위쪽 방향으로 반복해서 쌓여 있는 것처럼 보이게도 한다. 사막에서 앞쪽에 호수가 있는 것처럼 보이거나 바다에서 수평선 쪽에 건물이 있는 것처럼 보이는 것 등이 모두 신기루 현상이다.

신기전

조선 시대에 사용했던 로켓 추진 장치를 갖춘 화살이다. 고려 시대 말기에 최무선이 처음으로 만든 것을 조선 세종 때 개량하여 신기전이라고 이름 붙였다. 신기전에는 대신기전·산화신기전·중신기전 등 여러 가지가 있었다. 신기전은 대나무로 만들어진 화살대와 그 끝 부분에 달린 화약통, 화약통 위에 폭탄에 해당하는 방화통으로 이루어져 있다. 화약에 불을 붙이면 가스가 발생하고 이 가스가 화약통 밑면에 뚫린 구멍으로 분출되면서 화살이 날아갔다. 이는 로켓이 날아가는 것과 같은 원리이다. 화약통과 방화통은 도화선으로 연결되어 목표 지점에 도달할 즈음에 방화통의 폭탄이 터지게 되어 있다. 처음에는 빈 화살통에 한 개씩 꽂아 발사하였으나, 1451년 무렵부터 신기전기라는 화차에서 발사되었다. 신기전기는 둥근 나무통 100개를 나무상자 속에 7층으로 쌓은 것이다. 이 나무 구멍에 중·소 신기전 100개를 꽂고 화차의 발사 각도를 조절한 후 각 줄의 신기전 점화 줄을 모아 불을 붙이면 동시에 15발씩 발사되었다.

신소재

어떤 재료를 대신할 목적으로 새로 개발된 재료 또는 없었던 기능을 가지게 된 새로운 재료를 말한다. 액정이나 형상 기억 합금, 광섬유, 뉴세라믹스 등이 대표적인 신소재이다. 액정은 액체와 고체의 중간 상태의 물질이다. 압력이나 온도 등에 민감하게 반응하여 시계·계산기·핸드폰·텔레비전 등의 화면으로 사용된다. 형상 기억 합금은 금속 합금으로, 모양이 달라졌다가도 열을 가하면 원래의 모양으로 되돌아가는 성질을 가졌다. 티

신기전을 실은 화차

심장

동물의 몸에서 주기적인 수축에 의하여 혈액을 몸 전체로 보내는 기관이다. 혈관 계통의 중추 기관으로 동물이 생명을 유지하게 하는 중요한 기관 중 하나이다. 심장은 심실과 심방으로 되어 있다. 심실은 동맥과 연결되어 있고, 심방은 정맥과 연결되어 있다.

척추동물은 모두 심장이 있다. 어류는 심방과 심실이 각각 하나씩 있으며, 아가미로 산소를 얻은 동맥피가 온몸을 돈 후 심장으로 돌아온다. 양서류는 심방이 두 개이고 심실은 하나이며, 허파에서 산소를 얻은 동맥피와 온몸을 돈 정맥피가 심실에서 섞인다. 파충류는 심방과 심실이 두 개이지만 심실이 확실히 구분되지 않는 불완전 심실로, 동맥피와 정맥피가 조금 섞인다. 조류와 포유류는 심방과 심실이 각각 두 개씩으로 포유동물에서 가장 발달하였다. 허파에서 산소를 얻은 동맥피와 온몸을 돈 정맥피가 완전히 구분되며, 심장에서 섞이지 않는다.

사람을 비롯한 척추동물과 환형동물의 피는 언제나 혈관 속을 따라서 돌기 때문에, 폐쇄 혈관계를 가지고 있다. 그러나 절지동물이나 연체동물의 피는 좁은 혈관을 흐르는 것이 아니라 몸속의 넓은 공간을 따라 흐르는 개방 혈관계를 가지고 있다.

사람의 심장

사람의 심장은 어른의 주먹만한 크기로 가슴 왼쪽에 있으며, 매일 10만 번 정도 뛴다. 어떤 사람이 일흔 살까지 산다면 심장은 무려 25억 번을 쉬지 않고 뛰게 되는 셈이다. 그 덕분에 피가 온몸에 있는 혈관을 따라 구석구석 돌 수 있다. 심장이 뛰면서 높은 압력으로 피를 혈관으로 밀어 낸다. 그래서 손목이나 목에서 맥박을 느낄 수 있다. 피가 온몸을 한 바퀴 도는 데는 1분 정도밖에 걸리지 않는다. 심장을 움직이게 하는 중추는 연수이며, 자율 신경계에 의해 조절되고 있다. 심장은 4개의 방으로 되어 있다. 우심방과 좌심방, 우심실과 좌심실로 심방과 심실이 각각 2개이다. 심장이 뛸 때면 심방이 수축하여 심실로 피를 보낸다. 그러면 심실이 곧바로 수축하여 피를 동맥을 통해 심장 밖으로 내보낸다. 심장의 오른쪽은 몸에서 허파로 피를 보내 산소를 얻게 하며, 왼쪽은 허파에서 돌아온 산소가 풍부한 피를 몸의 여러 곳으로 보내 준다. 또 심방과 심실 사이, 심실과 폐동맥 사이 또 심실과 대동맥 사이에는 판막이 있어서 심방이나 심실이 수축하였을 때 혈액이 거꾸로 도는 것을 막아 준다. 그래서 심장으로 들어온 이산화탄소를 많이 포함한 정맥피와 산소를 많이 포함한 동맥피가 서로 섞이지 않는다.

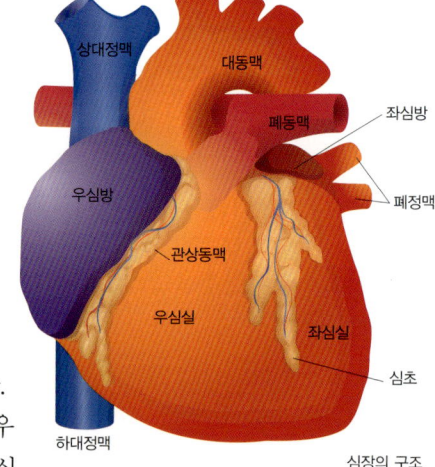
심장의 구조

혈액의 흐름

탄과 니켈 합금이 대표적이며, 파이프 이음새·치아 교정용 금속줄·파라볼라 안테나·온도센서 등에 사용된다. 광섬유는 빛을 전달하는 가는 유리 섬유이며, 초고속 정보 통신망을 구축하는 데 사용되고 있다. 뉴세라믹스는 화학 물질이나 인공 광물을 원료로 만들어 낸 물질로, 열에 잘 견디고 단단하며 녹이 슬지 않는다. 유리 섬유나 인조 보석, 인공 관절, 로켓 부품 등으로 사용되고 있다. 지금도 새로운 기능을 가진 새로운 신소재가 계속 개발되고 있다.

심성암

땅 속 깊은 곳에서 마그마가 천천히 식어서 된 화성암이다. 심성암을 이루는 광물에는 석영·장석과 같은 무색 광물과 운모·각섬석·감람석과 같은 유색 광물이 있다. 심성암은 색깔이 있는 유색 광물이 포함된 양에 따라 화강암·섬록암·반려암 등으로 나눈다.

쌍둥이자리

겨울철 북쪽 하늘에서 볼 수 있는 별자리이다. 달이 없는 맑은 밤에는 맨눈으로도 볼 수 있으며, 황도십이궁 중 하나이다. 제우스 신의 쌍둥이 아들인 카스토르와 폴룩스를 기념하기 위해 별자리의 이름이 붙여졌다. 형을 나타내는 카스토르는 2등성이고, 아우를 나타내는 폴룩스는 1등성이다. 12월 중순에 이 별자리를 중심으로 많은 유성을 볼 수 있다.

쓸개

간에서 만들어진 쓸개즙을 저장하는 주머니이다. 담낭이라고도 한다. 쓸개는 간의 좌우엽 사이에 붙어 있다. 쓸개즙은 하루에 1리터 정도 나오며, 지방의 흡수를 돕는다. 수명을 다한 적혈구의 헤모글로빈이 파괴되어 만들어진 빌리루빈 때문에 쓸개즙은 녹색을 띤다.

씨방

속씨식물의 암술의 일부로, 암술대 밑에 붙은 통통한 주머니 모양의 부분이다. 그 속에 밑씨가 들어 있다. 씨방은 수정 후에 발달하여 과실이 되고 밑씨는 씨앗이 된다. 씨방과 수술·꽃잎·꽃받침과의 위치는 속씨식물을 분류할 때 중요한 기준이 된다. 씨방이 수술보다 위에 있는 것은 씨방 상위라고 한다. 백합꽃이나 유채꽃 등에서 볼 수 있다. 씨방이 꽃잎이나 수술보다 아래에 있거나 꽃받침에 들어가 있는 것은 씨방 하위라고 한다. 수박꽃이나 호박꽃 등에서 볼 수 있다. 씨방 하위의 식물이 씨방 상위의 식물보다 진화된 것이라고 본다.

씨앗

꽃이 피는 식물에서 수정 후에 밑씨가 발달하여 만들어진 것이다. 씨 또는 종자라고도 한다. 식물은 수정을 통해 씨앗을 만들어 다음 세대로 유전 정보를 전달한다. 그래서 씨앗을 심으면 싹이 터서 같은 식물이 나온다. 씨앗은 새로운 식물로 자랄 배와 싹이 틀 때 필요한 영양분을 간직한 배젖과 바깥을 둘러싼 종피로 이루어져 있다. 씨앗에서 싹이 트려면 적당한 물과 온도 그리고 공기가 필요하다.

헛열매인 사과의 씨앗 참열매인 귤의 씨앗

튀어 나와 퍼지는 씨앗
콩, 앵초, 봉선화, 유채, 이질풀, 참깨

바람에 날리는 씨앗
무궁화, 제라늄, 단풍나무, 주걱댕강나무, 참억새, 민들레, 벽오동, 낙엽송, 보리수, 마

동물에 붙어 퍼지는 씨앗
수크령, 도둑놈의갈고리, 쇠무릎, 도꼬마리, 주름조개풀, 멸가치

여러 가지 방법으로 퍼지는 씨앗
알밤동사니, 여주, 회향, 돌참나무, 병아리콩, 하늘타리, 가시연꽃

씨앗을 널리 퍼뜨리는 여러 가지 방법

민들레 씨앗

식물은 스스로 움직일 수 없기 때문에 바람이나 물 또는 다른 동물에 의존하여 씨앗을 널리 퍼뜨린다. 콩, 팥, 봉숭아, 나팔꽃, 무궁화, 제비꽃 등은 꼬투리가 건조해지면 껍질이 비틀리면서 터져서 씨가 퍼져 나간다. 단풍나무나 민들레, 소나무, 억새, 망초, 플라타너스의 씨앗은 날개나 털이 있어 바람에 잘 날려 널리 퍼진다. 도꼬마리나 도둑놈갈고리의 씨앗은 갈고리나 끈끈한 물질이 있어서 동물의 몸이나 털에 붙어 퍼져 나간다. 연꽃이나 수련, 야자나무 씨앗은 물 위에 떠서 퍼져 나간다. 또 열매 안에 들어 있는 씨앗은 새나 짐승이 열매를 먹고 배설할 때 몸 밖으로 나와 널리 퍼진다.

아가미
물 속에서 사는 동물의 호흡 기관이다. 특히 물고기의 호흡 기관으로 잘 발달해 있다. 애벌레의 시기를 물속에서 보내는 곤충, 양서류의 유생에서도 볼 수 있다. 물고기는 입 옆의 양쪽에 있는 빗살 모양의 아가미로 물이 지나갈 때에 필요한 산소를 얻고 불필요한 이산화탄소를 내보낸다.

아르곤
색깔과 냄새가 없는 기체로 원소 기호는 Ar이다. 자연 상태의 공기 중에 0.9퍼센트 정도 포함되어 있다. 아르곤은 매우 안정되어 다른 원소와 잘 반응하지 않는다. 아르곤은 주로 백열전구나 형광등 등에 채워 넣는 가스로 사용되며, 금속을 제련할 때도 이용한다.

아리랑위성
우리 나라의 다목적 실용 위성이다. 아리랑위성 1호는 1999년 12월 21에 발사되었다. 이 위성은 정부와 한국항공우주연구원이 함께 개발한 국내 최초의 실용 원격 탐사 위성이다. 전자 광학 카메라, 해양 관측 카메라, 이온층 측정기 등의 관측 기기를 싣고 있다. 이 위성의 임무는 한반도의 지도 제작을 위한 자료 수집, 해양 관측 자료 수집, 우주 환경에 대한 연구 등이다. 2006년 7월 28일에는 아리랑위성 2호가 발사되었다. 2호에 실려 있는 카메라는 해상도가 높아 지상의 자동차는 물론 도로의 차선까지도 구별이 가능하다. 주요 임무는 한반도 지역에서 일어나는 자연재해를 감시하고, 여러 종류의 자원을 어떻게 이용하는지 파악하며, 지리정보시스템에 활용할 수 있는 고해상도의 지구관측영상을 제공하는 것이다.

아밀라아제
녹말을 분해하여 포도당이나 엿당으로 만드는 효소이다. 사람이나 고등 동물의 침 속에 들어 있다. 미생물과 식물에도 들어 있으며, 인공적으로 만들 수도 있다. 식료품이나 소화제로 쓰이고, 식품을 발효시킬 때도 쓴다.

아세톤
독특한 냄새가 나며 색깔이 없는 액체이다. 프로파논이라고도 한다. 화학식은 CH_3COCH_3이다. 상온에서 기체로 변하는 휘발성이 있다. 아세트산에 산화아연 등을 촉매로 넣고 가열하면 얻을 수 있다. 아세톤은 물이나 알코올에 잘 녹기 때문에 화학 실험이나 화학 공업의 용매로 많이 쓰인다. 불이 잘 붙는 물질이므로 사용할 때 조심해야 한다.

달에 인류가 내딛은 첫 발자국

아폴로 15호의 달에서의 활동

아연

청색이 도는 은백색의 금속으로 원소 기호는 Zn이다. 섬아연석, 능아연석, 홍아연석 등의 광물에 많이 들어 있다. 상온에서는 무른 금속이며, 염산이나 묽은 황산에서는 녹아 수소를 발생시킨다. 아연은 습기에 닿으면 표면에 얇은 회백색 막이 생겨 내부를 보호한다. 이 성질을 이용하여 철판이나 강철에 얇은 아연 막을 입힌 함석을 만든다. 함석 표면의 아연 막이 철이 녹스는 것을 막아 주어 건축 재료로 많이 쓰인다. 또 구리와 아연을 합금한 놋쇠는 색깔이 아름답고 주조와 가공이 쉬워 기계나 공예품 등에 널리 사용된다.

아이엠티-2000

유선과 무선을 통합한 미래의 통신 서비스를 가리킨다. International Mobile Telecommunication-2000을 줄여 IMT-2000이라고 한다. 지상의 유선 통신과 무선 통신뿐 아니라 인공 위성을 이용하여 전 세계 어디서나 빠르게 통신할 수 있다. 사용자는 지구상의 어떤 곳에서건 자신의 단말기를 아이엠티-2000에 연결하면 전화·동영상·그래픽·방송 등 여러 서비스를 빠르게 이용할 수 있다. 현재 아이엠티-2000을 실생활에 사용하기 위해 세계 여러 나라가 모여 표준화 기구인 3GPP와 3GPP2를 만들고, 표준화된 기술을 개발하기 위해 애쓰고 있다.

아폴로 계획

1960~70년대에 미국항공우주국이 수행한 달 착륙 계획이다. 아폴로 계획은 우주비행사를 달에 착륙시켰다가 지구로 안전하게 귀환시키는 것을 목적으로 하였다. 1961년 5월에 시작하여 1972년 12월에 아폴로 17호의 비행을 마지막으로 아폴로 계획을 마쳤다.

아폴로 계획의 첫 유인우주선이었던 아폴로 1호는 1967년 1월 훈련 도중 우주선 안에 화재가 발생하여 우주비행사 3명이 죽는 비극으로 끝났다. 이 사고로 아폴로 계획은 1년 반 이상 중단되었다. 그 후 몇 번의 무인 지구 궤도 비행을 하였으며, 1968년 10월에 아폴로 7호가 우주비행사 세 명을 태우고 쏘아 올려져서 지구 궤도 비행에 성공했다. 아폴로 8호는 지구 궤도에서 달의 공전 궤도로 들어가 달의 궤도를 완전히 돈 다음 지구로 무사히 돌아와 유인 달 탐사의 첫 단계를 수행했다. 아폴로 9호는 지구 궤도에서 달착륙선의 성능을 검사했다. 아폴로 10호는 달 궤도로 비행하여 달착륙선이 달 표면 15킬로미터 이내까지 가까이 다가가는 시험을 했다. 마침내 1969년 7월 21일에 아폴로 11호의 착륙선이 달 착륙에

탐구학습

아세톤과 물에는 어떤 물질들이 녹을까요?

각 액체마다 녹일 수 있는 물질이 서로 다르다. 물에 녹는 물질이라도 아세톤에는 녹지 않을 수 있으며, 물에 녹지 않는 물질이라도 아세톤에는 녹을 수 있다. 물에 녹는 물질에는 소금, 설탕, 탄산칼슘 등이 있다. 아세톤에는 물에 녹지 않는 유성잉크, 시트르산, 나프탈렌 등의 물질이 녹는다. 손톱에 바른 매니큐어를 지울 때도 아세톤을 사용한다. 매니큐어의 주 성분은 에나멜과 다양한 색깔을 내는 여러 가지 안료로, 물에는 녹지 않지만 아세톤에는 녹기 때문이다.

성공하였으며, 우주비행사 닐 암스트롱은 달 표면에 발자국을 남긴 최초의 인간이 되었다. 이후 1969년 11월에 아폴로 12호가 달에 갔다 오고, 1970년 4월에 아폴로 13호가 발사되었다. 아폴로 13호는 우주선의 산소 탱크가 파손되는 사고로 달 착륙을 포기하고 지구로 되돌아 왔다. 1971년 1월에 아폴로 14호가, 1971년 7월에 아폴로 15호가, 1972년 4월에 아폴로 16호가, 1972년 12월에 아폴로 17호가 달에 갔다 왔다. 아폴로 계획에 사용된 아폴로 우주선은 전체의 중량이 약 45톤이었으며, 높이가 25.25미터였다. 우주선은 사령선, 기계선, 달착륙선의 3부분으로 되어 있다.

아폴로 계획으로 아폴로 11호에서 17호까지 여섯 차례나 인간이 달에 갔다 왔으며, 달에서 총 385킬로그램의 월석을 가지고 왔다. 또 아폴로 15호부터는 로버라는 월면주행차를 싣고 가 차로 달 표면을 탐사하기도 하였으며, 태양풍 실험과 달 표면의 지진 측정과 같은 많은 과학적인 탐사가 이루어졌다.

안갖춘꽃

꽃의 기본 요소인 꽃잎, 꽃받침, 암술, 수술 중에서 하나라도 없는 꽃을 가리킨다. 꽃받침이 없는 꽃으로는 튤립, 창포 등이 있으며, 꽃잎이 없는 꽃으로는 벼, 보리, 갈대, 부들, 옥수수, 수수 등이 있다. 꽃 안에 암술과 수술 중 한 가지만 있는 안갖춘꽃은 특별히 단성화라고 한다. 은행나무와 소철, 밤나무, 뽕나무, 소나무, 호박 등의 꽃이 단성화이다. 이런 식물들은 암그루와 수그루가 따로 있어 암그루에서는 암꽃만, 수그루에서는 수꽃만 핀다.

> **? 안개는 어떤 날 잘 낄까요?**
> 안개는 바람이 없는 맑은 날 아침에 잘 낀다. 바람이 불지 않는 맑은 날 밤에는 구름이 없어 열이 공기 속으로 쉽게 빠져 나가 지표면이 빨리 식는다. 따라서 공기가 습해지고 차가워지면서 안개가 생긴다. 안개는 대도시 주변이나 공장 지대에 잘 생기는데, 공기 중에 먼지나 오염 물질이 많을 때 수증기가 이 물질들에 달라붙어 잘 응결되기 때문이다.
> 특히 밤낮의 기온차가 심한 가을과 봄에 안개를 많이 볼 수 있다. 이때는 지표면이 냉각되어 생기는 것이며, 안개가 생기는 날은 지표 부근의 기온이 위의 기온보다 더 낮아 공기의 대류가 일어나지 않는다. 따라서 대도시나 공장 지대에 안개가 심하면 공기 오염 물질이 위로 퍼지지 못하고 지표 부근에 쌓이므로 아침 운동을 삼가는 것이 좋다.

안개

수증기가 지면에 가까운 공기 중에 응결되어 떠 있는 기상 현상이다. 습기가 많아 축축하고 차갑게 느껴진다. 상대습도는 100퍼센트에 가깝다. 안개는 수증기가 많은 강이나 호수, 바다 등에 잘 생기며, 비가 온 후에도 많이 일어난다. 또 대기의 온도가 내려가는 밤에 많이 생기며, 해가 뜨면 공기의 온도가 올라가면서 물방울이 증발하여 서서히 없어진다. 안개가 끼면 공기가 흰색을 띠며, 앞이 잘 보이지 않아 보이는 거리가 1킬로미터 미만이다. 공장 지대나 도심 등에서는 연기나 먼지 등의 대기 오염 물질이 합쳐져 회색이나 황색을 띠며, 이를 스모그라고 한다. 안개와 구름은 생기게 되는 과정은 비슷하지만, 구름은 안개처럼 밑 부분이 땅과 맞닿아 있지 않다. 따라서 산허리에 낀 안개는 산기슭에서 보면 구름이지만, 등산하는 사람에게는 안개가 된다.

안경

시력을 교정하거나 눈을 보호하기 위해 눈에 쓰는 광학

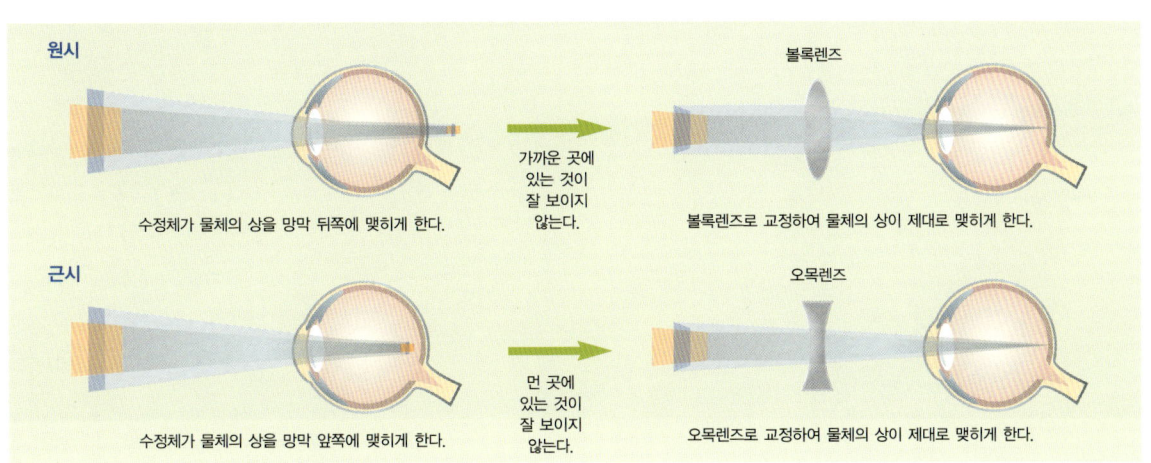

기기이다. 안경의 렌즈는 유리나 플라스틱으로 만들고, 안경테는 금속이나 플라스틱으로 만든다. 사람의 눈은 빛을 받아들여 망막에 상을 맺게 하여 물체를 본다. 그런데 눈의 각막이나 수정체 등에 이상이 생기면 물체가 뚜렷하게 보이지 않는다. 눈의 이상은 상태에 따라 근시·난시·원시 등으로 나눈다. 근시는 멀리 있는 것이 잘 보이지 않고 흐릿하게 보이는 것이고, 원시는 가까이 있는 것이 흐릿하게 보이는 것이며, 난시는 물체의 모양이 여러 개로 겹쳐 보이는 것이다. 안경은 오목렌즈나 볼록렌즈 등으로 이러한 눈의 이상 상태를 보정해 준다. 즉 빛이 안경을 통과하여 사람의 눈에 들어갈 때 물체의 뚜렷한 상이 맺히도록 도와 주는 것이다. 이 외에 자외선을 막기 위해 쓰는 선글라스도 있다.

안드로메다은하

안드로메다자리에 있는 거대한 나선은하이다. 우리 은하에서 가장 가까운 은하로 지구에서 220광년 정도 떨어

우리 은하와 가장 가까운 은하인 안드로메다은하

져 있다. M31 또는 NGC224라고도 한다. 안드로메다은하는 북반구에서 가장 밝은 나선은하로 맨눈으로도 쉽게 볼 수 있다. 지름은 약 20만 광년으로 우리 은하의 지름인 약 10만 광년보다 훨씬 크며 생김새가 우리 은하와 닮았다. 우리 은하와 시속 50만 킬로미터의 속도로 마주 보고 다가오는 중이다. 약 30억 년 뒤에 두 은하는 충돌하게 될 것이다.

알루미늄

은백색의 아름다운 광택을 내는 금속으로, 원소 기호는 Al이다. 산소와 규소에 이어 지구에서 세 번째로 많은 원소로 암석이나 토양에 많다. 매우 가볍고, 은이나 구리 다음으로 열과 전기를 잘 전한다. 공기 중에서는 산소와 결합해 표면에 얇은 산화알루미늄 막을 형성한다. 그래서 광택은 사라지지만 내부를 보호해 녹이 스는 것을 막는다. 알루미늄은 가벼워서 비행기·선박·기차·자동차 등을 만들 때 많이 쓴다. 식기나 건축의 재료로도 많이 쓴다.

알칼리

물에 녹는 염기를 가리킨다. 알칼리라는 말은 식물의 재를 뜻하는 말로, 식물에 있던 나트륨이나 칼륨 등이 타면서 만들어진 물질이 염기성을 띠기 때문에 붙은 이름이다. 모든 알칼리는 물에 녹았을 때 수산화이온(OH^-)을 내놓는다. 이때 수산화이온의 수가 많으면 염기의 세기가 강한 것이고, 수가 적으면 염기의 세기가 약한 것이다. 염기의 세기는 수소이온농도지수인 pH척도로 나타낸다. 수산화이온은 산성 물질 속의 수소 이온(H^+)과 결합하여 물을 만들고, 산성 물질은 산의 성질을 잃어버리고 중화된다. 붉은색 리트머스 종이에 알칼리를 묻히면 푸른색으로 변한다. 대표적인 알칼리로 수산화나트륨(NaOH)과 수산화칼륨(KOH) 등이 있다.

알칼리성

염기의 용액이 갖는 성질로 염기성이라고도 한다. 쓴맛이 나고 붉은색 리트머스 종이를 푸른색으로 변화시킨다. 피부에 닿으면 미끈거리며, 단백질을 녹이는 성질이 있다. 알칼리성 물질로는 식물의 잿물이나 수산화나트륨(NaOH), 탄산나트륨(Na_2CO_3), 암모니아수, 비눗물, 탄산수소나트륨($NaHCO_3$) 등이 있다.

알코올

색깔이 없으며, 상온에서 기체로 변하는 성질인 휘발성을 가진 액체이다. 탄화수소의 수소를 수산기(-OH)로 치환한 화합물이다. 메탄올(CH_3OH), 에탄올(C_2H_5OH) 등으로 나뉘며, 보통 알코올이라고 하면 에탄올을 말할 때가 많다. 물과 잘 섞이며, 유기 용매에도 쉽게 섞인다. 술의 원료나 의약품의 원료, 포름알데히드의 합성 원료, 유기합성의 원료나 용제, 분석용 시약 등으로 쓰인다. 또

탐구학습

알코올 램프 사용법

알코올 램프는 가열할 때 사용하는 과학실험기구이다. 알코올 램프는 삼발이, 쇠그물, 비커 등과 함께 사용한다. 삼발이는 둥근 쇠테에 발이 3개 달려 있는 받침대로 아래에 알코올 램프를 두고 위에 쇠그물을 얹고 그 위에 시험용 비커를 올려 놓는다. 쇠그물은 알코올 램프의 열이 골고루 전달되게 열 전도율이 큰 금속으로 만든다. 램프의 심지는 흡수력이 좋은 무명실이나 약솜 등으로 만든다. 애자 위로 올라온 심지로 불꽃의 크기를 조절한다.

알코올 램프를 켜고 끄는 방법
1. 알코올 램프의 뚜껑을 연 다음, 뚜껑은 옆에 엎어 놓는다.
2. 성냥불을 알코올 램프의 심지 가까이에 스치듯이 지나며 불을 붙인다.
3. 알코올 램프의 불꽃이 쇠그물에 적당히 닿도록 받침대의 높낮이를 조절한다.
4. 더 사용할 필요가 없으면 삼발이의 받침대를 내린 후, 알코올 램프의 뚜껑을 덮어 불을 끈다.
5. 뚜껑을 다시 열어 기체를 날려 보낸 다음, 다시 뚜껑을 덮어 보관한다.

알코올 램프를 사용할 때 알아 두어야 할 점
1. 알코올 램프에 알코올을 넣을 때에는 깔때기를 사용한다.
2. 알코올 램프에 알코올은 반 정도 채우는 것이 좋다.
3. 알코올 램프의 알코올이 모자랄 경우에는 불을 끈 다음에 알코올을 붓는다.
4. 성냥불을 켤 때에는 사람이 없는 쪽을 향한다.
5. 알코올 램프를 옮길 때는 반드시 불을 끄고 옮긴다.
6. 알코올 램프를 사용할 때에는 알코올 램프가 넘어지지 않게 조심하고, 주변의 물건을 치운다.
7. 불이 났을 때에는 걸레나 모래로 덮거나 소화기를 이용하여 불을 끈다.

자동차의 내한연료나 알코올 램프의 연료로도 쓰인다.

알코올 램프

알코올을 연료로 쓰는 가열 기구이다. 유리용기 안에 알코올을 넣고, 무명으로 만든 끈 모양의 심지를 담그고, 심지로 알코올을 빨아올려 연소시킨다. 사용하기 편하고, 비교적 높은 온도를 얻을 수 있어서 실험실에서 많이 쓴다.

암모나이트

고생대의 데본기에 나타나서 중생대 말기에 멸종한 동물이다. 암몬조개라고도 한다. 암모나이트는 연체동물 두족류에 속하며 중생대 전 기간에 걸쳐 바다 속에서 크게 번성하였다. 모양은 오늘날의 앵무조개와 비슷하다. 껍데기가 나선 모양으로 생겼고, 다리는 여러 개이다. 화석으로 많이 발견되며, 공룡 화석과 함께 중생대를 대표하는 화석이다.

암모니아

질소와 수소의 화합물인 기체로 화학식은 NH_3이다. 색깔이 없고 지독한 냄새가 난다. 물에 쉽게 녹아 암모니아수가 되며, 염기성을 띤다. 황산암모니아나 요소로 만들어 비료로 많이 쓴다. 또 질산을 만들 때 사용하며, 냉매제로도 사용된다. 암모니아는 몸에 해롭다. 냄새를 맡다가 코나 눈의 점막이 상할 수 있다.

암모니아수

암모니아를 물에 녹인 용액으로 약한 염기성을 띤다. 색깔이 없고 투명하며, 냄새가 심하게 난다. 암모니아를 물에 녹일 때에 열이 나므로 냉각시키면서 녹인다. 실험실에서 시약으로 사용하며, 의류 세척제나 제산제, 중화제 등의 의약품 원료로 쓰인다.

암술

꽃의 한가운데에 있는 생식 기관이다. 굵고 긴 모양으로 대부분 한 개밖에 없다. 보리처럼 두 갈래지기도 하고, 백합처럼 끈적끈적한 물질이 나와 꽃가루가 잘 붙는 것도 있다. 암술은 암술머리·암술대·씨방으로 되어 있다. 암술머리는 수술의 꽃밥에서 만든 꽃가루를 받는다. 암술대는 암술머리와 씨방을 연결하는 부분이다. 씨방은 밑씨가 들어 있는 방으로 암술의 밑 부분에 있다. 씨방 안에는 밑씨 한 개가 들어 있으며, 수정이 된 다음 자라서 씨가 된다. 암그루와 수그루가 따로 있는 식물에서는 암그루에만 암술이 있다.

압력

두 물체가 맞닿은 면의 경계에서 서로 그 면에 수직으로 누르는 힘이다. 맞닿은 면 전체에 작용하는 힘은 전압력이라고 한다. 우리가 어깨에 메는 배낭으로도 압력을 알 수 있다. 같은 무게의 배낭이라도 어깨 끈의 폭에 따라 어깨에 작용하는 압력이 다르다. 끈의 폭이 좁으면 더 많은 압력이 작용하고, 끈의 폭이 넓으면 압력이 줄어든다. 따라서 끈의 폭이 넓은 것일수록 어깨가 덜 아프다. 공기의 무게 때문에 생기는 기압도 압력의 한 예이다. 땅

암모나이트

암술과 씨방

탐구학습

앙부일구로 시간을 보는 법

앙부일구로 시간을 보는 법은 매우 쉽고 간단하다. 시반에 비친 영침의 그림자 끝을 세로로 따라 가서 거기에 새겨진 시각을 읽으면 된다. 시반에는 묘·진·사·오·미·신·유 7개의 시각선이 그어져 있다. 예를 들어 영침의 그림자 끝이 오시와 미시 사이에 있으면 오시이다. 오시는 오늘날의 시간으로 오전 11시에서 오후 1시 사이이다. 정확하게 시각을 보기 위해서는 오시와 미시 사이의 작은 눈금 수를 세어보면 된다. 그림자의 끝이 7번째에 있으면 시각은 오시 7각이다. 작은 눈금은 각이라고 하며, 오늘날의 시간으로 15분 간격으로 그어져 있다. 그래서 오시 7각이면 오늘날의 시간으로는 12시 45분이 된다. 오시가 오전 11시부터 시작되고 7각은 7x15분으로 105분이므로 11시에 105분을 더해 12시 45분이 되는 것이다. 앙부일구로는 시간뿐만 아니라 24절기도 알 수 있다. 시반에 비친 영침의 그림자 끝을 가로로 따라 가서 거기에 새겨진 절기를 읽으면 된다. 시반의 테두리 부분에서 왼쪽에는 여름에서 겨울로 갈 때의 절기가 새겨져 있고, 오른쪽에는 겨울에서 여름으로 올 때의 절기가 새겨져 있다.

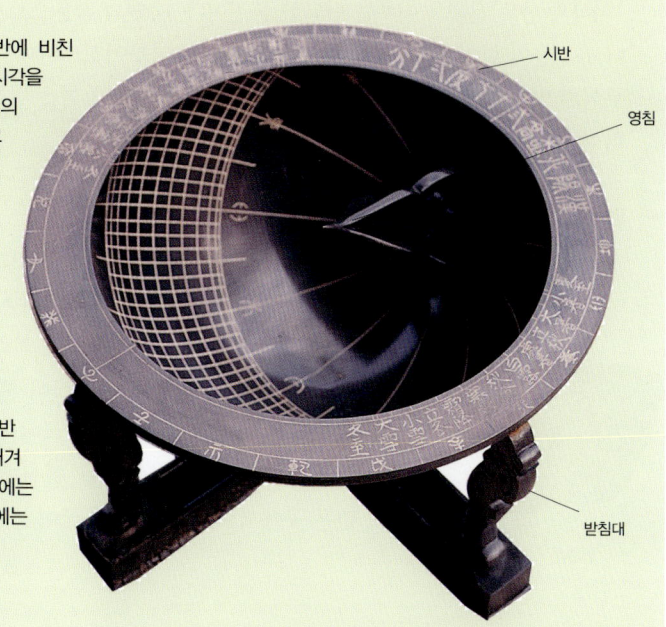

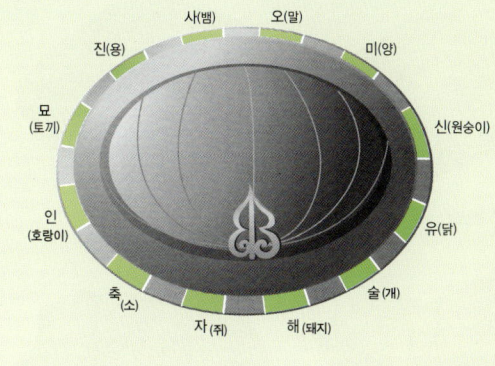

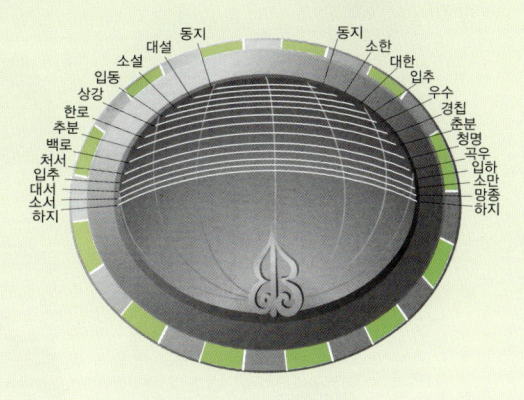

위의 모든 물체는 지구를 둘러싼 대기가 누르는 힘을 받는다. 1기압은 수은 기둥 76센티미터가 누르는 힘 또는 10미터 높이의 물기둥이 누르는 힘과 같다.

앙부일구

조선 시대에 만들어진 오목한 반구 모양의 해시계이다. 조선 시대 세종대왕 때인 1434년에 장영실, 이천, 김조 등이 처음으로 만들었다. 앙부일구란 하늘을 쳐다보는 솥 모양의 해시계라는 뜻이다.

앙부일구는 시반·영침·받침대 세 부분으로 되어 있다. 시반은 동그란 공을 반으로 자른 모양으로 둥근 하늘을 나타낸다. 오목한 시반 안에는 세로선 7줄과 가로선 13줄이 그어져 있다. 세로선은 시각을 가리키는 선이고, 가로선은 24절기를 가리키는 선이다. 영침은 뾰족한 침 모양으로 생겼으며, 시계의 바늘에 해당하는 부분이다. 받침대는 시계를 든든하게 받쳐 준다. 시반에 비친 영침 그림자로 시간과 24절기를 알 수 있다.

앙부일구는 대궐에 두었을 뿐만 아니라 종로의 혜정교와 종묘 앞에도 두어 많은 사람이 시간을 알 수 있게 하였다. 또 대리석이나 상아로 작게 만들어 휴대용 해시계로도 썼다.

암석

지각과 상부 맨틀을 이루는 단단한 물질이다. 자연의 작용으로 한 가지 이상의 광물이나 유기물이 섞여 있다. 암석은 어떤 광물들로 이루어졌느냐에 따라, 또 같은 광물로 이루어져 있어도 조직의 구성에 따라 이름이 달라진다. 암석은 만들어진 과정에 따라 크게 화성암·퇴적암·변성암으로 나뉜다.

역암

암석의 종류

화성암은 마그마가 냉각되고 응고되어 만들어진 암석이다. 지각의 깊은 곳이나 맨틀 상부에서 생성된 마그마가 지각의 약한 부분이나 틈을 따라서 나오거나 지각 안에서 서서히 식어서 굳어진 암석이다. 불이 돌을 만들었다는 뜻으로 화성암이라고 한다. 화성암은 다시 화산암과 심성암으로 나뉜다. 화산암은 마그마나 화산이 분출할 때 땅 위로 터져 나온 마그마인 용암이 지표나 그 부근에서 빨리 식어서 굳어진 암석이다. 광물의 결정이 없거나 작다. 화산암으로는 유문암, 안산암, 현무암 등이 있다. 심성암은 마그마가 지하 깊은 곳에서 서서히 식어서 굳어진 암석이다. 서서히 식어서 만들어졌기 때문에

현무암

화성암
화강암  / 안산암  / 반려암 

퇴적암
이암  / 역암  / 적색 셰일 

변성암
각섬석편암  / 편마암  / 대리암

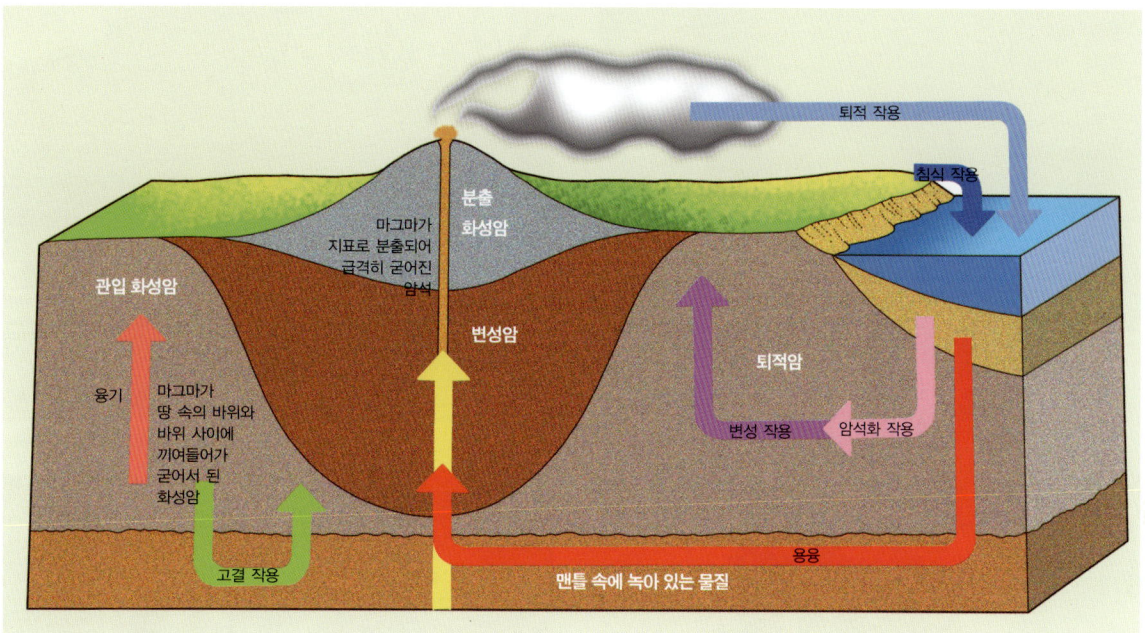

광물의 결정이 크다. 심성암으로는 화강암, 섬록암, 반려암 등이 있다.

퇴적암은 작은 암석 부스러기들이 쌓여 굳어서 만들어진 암석이다. 흐르는 물·바람·빙하 또는 생물들 때문에 작은 암석 부스러기들이 지표면에 쌓이고 굳어져서 생긴 것이다. 퇴적암에는 흙이나 모래, 자갈과 같은 작은 알갱이가 섞여 있으며, 층리라는 가로줄무늬가 나타난다. 퇴적암에서는 화석이 발견되며, 퇴적될 때의 지질 환경을 알 수 있다. 퇴적암에는 자갈이 쌓여서 된 역암, 모래가 쌓여서 된 사암, 점토가 쌓여서 된 이암 등이 있다.

변성암은 변성 작용으로 생긴 암석이다. 퇴적암이나 화성암이 땅 밑 깊은 곳에서 높은 온도 또는 큰 압력을 받거나 화학적 작용으로 처음 만들어진 당시와 다른 성분이나 조직으로 변한 암석이다. 약 섭씨 200도~700도 정도의 열을 받거나 약 5000~1만 5000기압의 압력을 받으면 암석의 변성 작용이 일어난다. 변성 작용의 종류에 따라 광역변성암, 접촉변성암 등으로 나눈다. 편암·편마암·규암·대리암 등이 있다.

편암

암석의 순환

지구상의 암석은 처음 만들어진 그대로 있는 것이 아니다. 지표에 있는 암석은 풍화 작용과 흐르는 물이나 바닷물 또는 바람과 빙하 등에 의해 침식되거나 운반되고 퇴적되어 결국 퇴적암으로 변한다. 또 지구 내부의 에너지 때문에 일어나는 지각 변동으로 지표에 형성된 퇴적암이 지하에 묻혀서 새로운 환경에 놓이면, 높은 열과 압력 때문에 변성암으로 변한다. 이것이 더욱 더 깊은 곳에 묻히면 마그마가 만들어지고, 마그마는 화산 활동으로 화성암을 형성한다. 지하에서 주로 만들어진 변성암이나 화성암이 땅 위로 드러나면 땅 위에서 일어나는 풍화·침식·운반·퇴적 작용으로 다시 퇴적암으로 변한다. 이렇게 돌고 도는 과정을 암석의 순환이라고 한다.

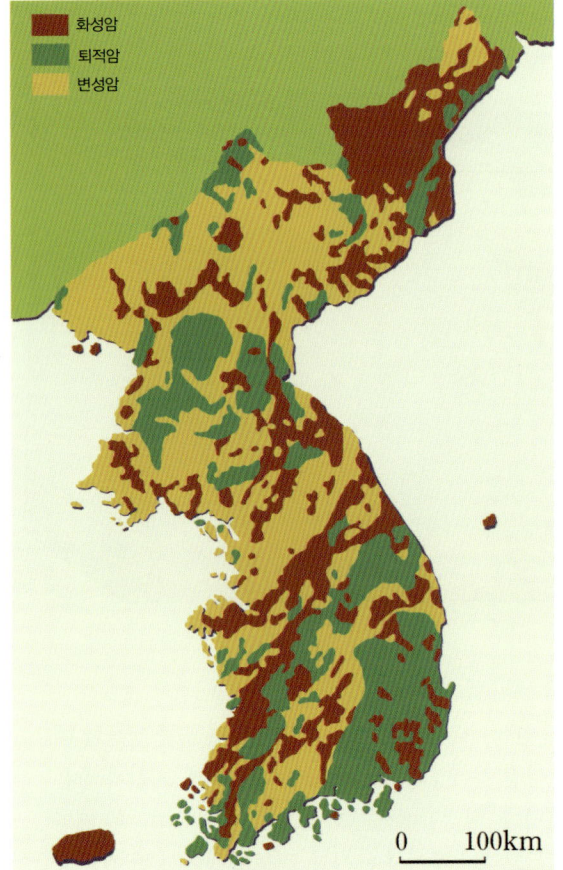
우리 나라의 암석 분포

화성암인 제주도의 현무암

변성암인 백령도 두무진의 규암층

화강암으로 이루어진 서울의 북한산

탐구학습

암석은 주로 어디에 이용될까요?

암석은 아주 오랫동안 사람에게 유용하게 쓰였다. 암석은 맷돌이나 돌절구, 돌침대 같은 생활용품이나 도로·건물 등의 건축재, 비석이나 동상 등의 장식재로 쓰인다. 화강암은 열과 화학 변화에 강하고 단단하며, 갈면 윤이 나서 축대·비석·건축 자재용으로 쓰인다. 대리암은 색깔이 곱고 성질이 무르기 때문에 고급 장식재나 조각용으로 쓰인다. 현무암은 단단하고 열에 강하여 맷돌, 주춧돌, 축대 등에 쓰인다. 편마암은 검고 흰 줄무늬가 아름다워 정원을 장식하는 데 많이 쓰인다. 석회암은 공업용으로 쓰이며, 시멘트의 제조 원료 및 제철소에서 원료로 이용된다. 자갈과 모래는 콘크리트 제조와 도로 포장에 이용되며, 모래는 유리의 원료로 쓰인다. 모래의 주 성분인 석영은 반도체와 광섬유의 원료로 쓰인다.

연자방아 맷돌

액체

물질의 세 가지 상태 중 하나이다. 액체는 일정한 공간을 차지하지만 담는 그릇에 따라 형태가 달라진다. 액체를 이루는 원자나 분자는 고체 상태일 때보다는 서로 잡아당기는 힘이 약하고 많이 움직일 수 있지만, 기체 상태일 때보다는 잡아당기는 힘이 크다. 액체마다 색깔·냄새·흔들림이 다르며, 증발하는 속도도 다르다.

액체에서는 분자 간에 응집력이 작용하고 있어서, 표면장력이나 모세관 현상 등 액체 특유의 현상이 나타난다. 자연계에는 순수한 액체, 즉 화학적으로 단일한 물질로 되어 있는 것은 극히 드물며, 대개의 경우 다른 물질이 고르게 섞여 있는 용액이나 콜로이드 등과 같은 혼합 액체로 존재한다. 액체의 이와 같은 성질은 자연계의 물질 순환에서도 중요한 역할을 한다.

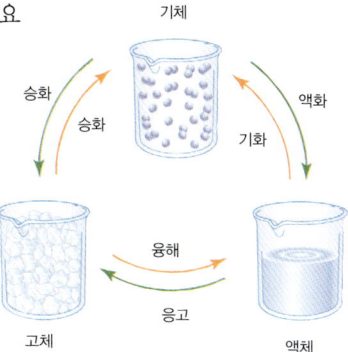
표면장력에 의해 둥글게 맺혀 있는 물방울

액체의 상태 변화

액체인 물질은 고체나 기체로 상태가 변할 수 있다. 액체가 기체로 변하는 현상은 기화라고 한다. 액체가 기체로 변하기 위해서는 어느 정도 열을 받아야 하며, 이때 필요한 열을 기화열이라고 한다. 아세톤이나 물과 같은 액체가 증발할 때 시원한 느낌이 드는 것은 바로 이 기화열 때문이다. 아세톤이나 물 분자들이 주위의 열을 빼앗아 기체로 변하기 때문에 주위의 온도가 낮아지는 것이다. 반대로 기체가 액체로 변하는 현상을 액화라고 한다. 이때는 반대로 열을 내놓아야 액체가 될 수 있으며, 이렇게 내놓는 열을 액화열이라고 한다. 안경에 김이 서리는 것이나 얼음물이 든 컵에 물방울이 맺히는 것 또는 새벽 풀잎에 이슬이 맺히는 것 등이 액화 현상이다. 또 고체가 액체로 변하는 현상은 융해이며, 반대로 액체가 고체로 변하는 현상은 응고이다.

탐구학습

액체 한 방울의 크기는 어떻게 알 수 있을까요?

액체 한 방울의 크기를 잴 때는 스포이트나 눈금실린더와 같은 실험 도구를 이용하여 잰다. 일정한 양의 액체를 떨어뜨린 다음 방울 수를 세어 나누는 방법과 일정한 방울 수를 떨어뜨린 다음 그 부피를 재 나누는 방법이 있다.

1. **일정한 양의 액체를 떨어뜨리고 방울 수를 세어 나누는 방법**
   눈금이 있는 스포이트에 재려는 액체 10밀리리터를 빨아들인다. 스포이트의 고무를 살며시 눌러 한 방울씩 떨어뜨려 모두 몇 방울이 나오는지 세어 본다. 그 다음, 액체 한 방울의 부피를 계산한다.
   10밀리리터 ÷ 총 물방울 수 = 물 한 방울의 부피(mL)

2. **일정한 방울 수를 그릇에 떨어뜨리고 그 부피를 잰 다음 나누는 방법**
   눈금이 없는 스포이트로 물을 약간 빨아들인다. 눈금실린더에 스포이트 안의 물방울을 한 방울씩 떨어뜨린다. 10방울을 떨어뜨린 후 멈추고 눈금 실린더의 눈금을 읽는다.
   눈금에 나타난 물의 부피(mL) ÷ 10(떨어뜨릴 물방울 수) = 물 한 방울의 부피(mL)

일상생활에서 액체가 증발하는 현상으로는 어떤 것들이 있을까요?

액체가 끓지 않고서도 기체 상태로 변하는 것을 증발이라고 한다. 물뿐만이 아니라 아세톤·알코올 등도 증발하며, 증발할 때는 주위의 열을 빼앗기 때문에 시원하다. 젖은 빨래를 말리는 것이나 생선과 오징어 말리기, 어항 속의 물이 줄어드는 것, 바닷물을 끌어들인 염전에서 소금을 만드는 것, 나물 말리거나 곶감 만들기 등이 모두 액체가 증발하는 예이다. 액체의 증발 속도는 액체마다 다르다. 증발이 빨리 일어나게 하려면 온도를 올려 주거나 바람을 불게 하거나 표면적을 넓혀 주면 된다.

애벌레

애벌레는 어떻게 자신을 보호할까요?

알을 깨고 나온 곤충의 애벌레는 아주 작고 연약하다. 애벌레는 다른 동물의 먹이가 되기 때문에 천적으로부터 자신을 보호하기 위해 보호색을 띤다. 애벌레는 풀숲이나 나무에 많이 살기 때문에 몸이 천적의 눈에 잘 띄지 않게 보호색으로 초록색을 띠는 경우가 많다. 이와는 반대로 자신의 몸을 천적의 눈에 잘 띄게 하는 방법으로 자신을 보호하는 애벌레도 있다. 이런 애벌레는 천적에게 해로운 물질을 자신의 몸에 지니고 있는 경우이다. 애벌레는 주위 환경과 같은 색으로 자신의 몸 색깔을 변화시켜 자신을 보호할 뿐만 아니라 맑은 계곡에 사는 날도래 애벌레처럼 주변에 있는 재료로 집을 지어 자신을 보호하기도 한다. 또 자벌레나 대벌레처럼 색깔이나 무늬뿐 아니라 형태까지도 주변에 있는 나무 가지와 비슷한 형태를 하고 있어 천적의 눈을 피하기도 한다.

산누에나방의 애벌레　　잠자리 애벌레

애벌레

곤충이 알에서 나온 후 번데기나 어른벌레가 되기 전까지를 말한다. 곤충은 알에서 어른벌레가 될 때까지 여러 가지로 모습을 바꾼다. 곤충의 모습이 바뀌는 것을 변태라고 하며, 변태는 완전변태와 불완전변태의 두 가지로 나뉜다. 완전변태는 알 → 애벌레 → 번데기 → 어른벌레로 변하는 것이다. 모기·파리·나비·벌 등에서 볼 수 있다. 불완전변태는 알 → 애벌레 → 어른벌레로 변하는 것이다. 잠자리·메뚜기·매미·하루살이 등에서 볼 수 있다. 곤충의 애벌레 기간은 완전변태에서는 알에서 부화하여 번데기가 되기 전까지, 불완전변태에서는 알에서 부화하여 어른벌레가 되기 전까지를 말한다.

액화 가스

기체 상태의 화합물이나 혼합물을 식히거나 압축하여 액체로 만든 가스를 말한다. 대표적인 액화 가스로 액화석유가스(LPG)와 액화천연가스(LNG), 액체 산소, 액체 암모니아 등이 있다. 액화 가스는 기체 상태일 때보다 부피가 작아 저장하거나 수송하기 편리하다. 액화석유가스는 집이나 공장, 자동차의 연료 등으로 쓰이고, 액화천연가스는 도시 가스나 발전소의 연료로 쓰인다. 액화 산소는 로켓의 연료나 산소 용접 등에 쓰이고, 액화 암모니아는 비료의 원료나 냉동 공업 등에 쓰인다.

액화석유가스

석유와 함께 나오는 프로판과 부탄을 주 성분으로 한 가스를 상온에서 압축하여 액체로 만든 것이다. LPG 또는 LP가스라고도 한다. 공기 중에서는 강한 불꽃을 내면서 타고, 발열량도 매우 크다. 휴대용 용기에 담아 난방용이나 취사용으로 많이 쓴다. 자동차용 연료로도 많이 쓴다.

액화천연가스

천연 가스를 정제하여 얻은 메탄을 냉각 액화한 것이다. LNG라고도 한다. 천연 가스를 영하 162도에서 약 600배로 압축하여 액화시킨 것으로, 순수 메탄의 성분이 매우 높은 청정 연료이다. 도시 가스나 발전소의 연료로 많이 쓰이고, 자동차용 연료로도 쓰인다. 또 식품의 냉동 등에도 쓰인다.

야행성 동물

낮에는 나무 그늘이나 동굴에서 지내다가 어두워지면 먹이를 찾아 돌아다니는 동물들이다. 어두운 밤에도 쉽게 먹이를 잡을 수 있게 시각이 발달하였고, 후각과 청각도 발달하였다. 올빼미 같은 야행성 동물의 망막에는 간상세포가 많아 희미한 불빛에서도 먹이를 쉽게 찾는다. 야행성 동물의 눈은 깜깜한 곳에서도 반짝인다. 망막 뒤에 발광 기관이 있어 빛을 반사하기 때문이다.

양서류

어린 시절에는 물 속에서 아가미로 호흡하면서 살다가 완전히 자라면 뭍으로 올라와서 허파와 피부로 호흡하면서 살아가는 척추동물이다. 물과 땅, 양쪽에서 살기 때문에 양서류라고 한다. 동물분류학적으로는 척추동

탐구학습

밤에 활동하는 동물의 종류와 특징은 무엇일까요?

밤에 활동하는 동물로는 나방, 반딧불이, 올빼미, 부엉이, 쥐 등이 있다. 나방은 천적의 위협을 피하기 위해 밤에 활동하는 종류가 많으며, 반딧불이는 짝을 찾거나 교신을 위해 밤에 빛을 내며 활동한다. 밤에 활동하면서 먹이를 잡아먹는 올빼미나 부엉이는 눈이 매우 크고 발달하였다. 빛이 조금만 있어도 볼 수 있다. 쥐는 시각은 약하지만 청각·후각·촉각이 발달하였다. 야행성 동물은 아니지만 박쥐는 어두운 동굴에서 살면서 퇴화한 눈 대신에 귀가 발달하였고, 초음파를 통해 앞에 있는 물체의 모양과 거리를 안다.

야행성 동물인 흰올빼미

양서류인 꼬리치레도롱뇽

물문 양서강에 속하는 동물들이다. 양서류는 변온 동물이며, 전 세계에서 4000여 종이 알려져 있다. 개구리나 두꺼비와 같이 꼬리가 없는 무미류와 도롱뇽이나 영원처럼 꼬리가 긴 유미류, 무지영원처럼 다리가 없는 무족류가 있다.

양서류의 몸 표면은 매끈하고 피부는 항상 축축하다. 다른 척추동물과 달리 허파의 겉넓이가 작다. 그래서 허파뿐만 아니라 피부에서도 이산화탄소와 산소의 순환이 이루어진다. 양서류는 피부가 마르면 죽기 때문에 다 자라도 항상 물가에서 생활한다. 완전히 자란 양서류의 다리는 대부분 네 개이다. 많은 종이 뒷다리에 물갈퀴가 있어 육지에서 움직이는 것보다 물 속에서 헤엄치기에 알맞다. 심장은 2심방과 불완전한 1심실이며, 판과 판막이 있어서 심실에서 산소를 얻은 혈액과 산소가 부족한 혈액이 섞이는 것을 막는다. 양서류는 알을 낳는다. 유미류는 대부분 체내 수정을 한 후 알을 낳고, 무미류는 알을 낳은 후 체외 수정을 한다. 알은 투명한 젤리 같은 막으로 싸여 있어 체온을 유지하고 양분을 공급받는다.

양성자

원자를 구성하는 알갱이들 중 하나이다. 수소 이외의 원소의 원자핵은 양성자와 중성자로 이루어져 있다. 영국의 물리학자인 러더퍼드가 1910년 무렵에 알파선 산란 실험을 하다가 발견했다. 양성자 하나의 질량은 1.6×10^{-27}킬로그램이고 +1의 양전하를 가지고 있다. 원자핵 속의 양성자의 수는 원소의 화학적 성질을 결정한다. 양성자의 수는 그 원소의 원자번호가 된다.

양자역학

입자와 입자 집단과 같은 미시 세계를 다루는 현대 물리학 이론이다. 오스트리아의 이론물리학자인 슈뢰딩거와 독일의 이론물리학자인 하이젠베르크에 의하여 20세기에 발전된 이론이다. 뉴턴이 체계를 세운 고전역학은 물체에 작용하는 힘과 물체의 운동을 훌륭하게 설명할 수 있었다. 크게는 태양과 지구의 운동이나 작게는 야구공의 운동에 대해서도 설명하였다. 하지만 더 작은 세계인 원자와 원자핵, 전자가 발견되면서 그것들의 운동을 설명하는 데는 충분하지 않았다. 이런 미시 세계를 설명하기 위해 발전된 물리학 이론이 바로 양자역학이다. 현재 양자역학은 원자, 분자, 소립자 등의 미시 세계에 적용되는 역학으로서 가장 타당성을 지닌 이론으로 여겨지고 있다.

양지 식물

햇빛이 많이 쬐는 곳에서 잘 자라는 식물을 가리킨다. 반대로 그늘진 곳에서도 잘 자라는 식물은 음지 식물이라고 한다. 양지 식물은 대부분 잎의 색깔이 짙은 녹색이며, 잎의 모양은 좁거나 작고 두껍다. 양지 식물은 음지 식물보다 더 많은 빛이 필요하기 때문에 약한 빛에서는 자라기 힘들다. 하지만 강한 빛에서는 광합성도 활발하게 일어나고 잘 자란다. 양지 식물에는 소나무·향나무·소철 등 잎이 작은 침엽수류와 백일홍·코스모스 같은 한해살이풀 등이 있다.

에너지

물체가 물리적인 일을 할 수 있는 능력이나, 일을 할 수 있는 능력을 지닌 모든 것을 통틀어 가리키는 말이다. 에너지는 눈에 보이지도 않고 손에 쥘 수도 없다. 그러나 우리 주변에서 다양한 에너지를 찾아볼 수 있다. 우선 태양으로부터 오는 빛, 텔레비전이나 냉장고 등을 사용할 때 필요한 전기, 휴대용 가열 기구에 넣는 부탄 가스, 요트를 움직이게 하는 바람 등이 모두 에너지이다.

에너지의 종류

에너지는 기본적으로 운동 에너지와 위치 에너지로 나눌 수 있다. 운동 에너지란 운동하는 물체가 가지고 있는 에너지이다. 움직이는 물체는 다른 물체를 쳐서 움직이게 할 수 있는데 이것이 바로 일을 할 수 있는 능력이다. 고속도로를 달리는 트럭의 경우, 트럭이 빠를수록 그리고 무거울수록 운동 에너지가 크다.

위치 에너지란 물체가 위치에 따라 잠재적으로 가지고 있는 에너지이다. 잠재된 에너지라고도 한다. 댐의 물의 경우에는 물이 높은 곳에 있을수록, 물의 양이 많을수록 더 많은 에너지를 숨기고 있다. 물을 떨어뜨리면 물은 운동 에너지를 갖게 되고, 발전기를 움직일 수 있는 능력 즉 일을 할 수 있는 능력을 갖게 된다. 높은 곳에 댐을 지어 물을 가두어 놓았다가 떨어뜨려 위치 에너지를 운동 에너지로 바꾸고 그것을 다시 전기 에너지로 만들어 내는 곳이 수력 발전소이다.

운동 에너지와 위치 에너지 외에도 우리 주변에는 여러 가지 에너지가 있다. 그런 에너지들은 쓰임새나 형태에 따라 열 에너지, 화학 에너지, 전기 에너지, 빛 에너지, 소리 에너지, 원자력 에너지 등으로 나뉜다. 열 에너지는 온도가 높은 물체가 갖는 에너지이다. 화학 에너지는 건전지나 석유 등이 갖고 있는 에너지이다. 소리 에너지는 공기나 물체의 떨림이 전달될 때의 에너지를 말한다. 전기 에너지는 발전소나 전지를 통해 얻는 에너지이다. 빛 에너지는 태양에서 오는 빛이 갖고 있는 에너지이며, 원자력 에너지는 원자력 발전을 통해 얻는 에너지이다.

에너지의 전환

에너지는 다른 종류의 에너지로 바뀌어 사용되는 경우가 많다. 에너지끼리 서로 종류를 바꾸는 현상을 에너지의 전환이라고 한다. 물에 열 에너지를 가하여 수증기를 만들면, 수증기는 주전자 뚜껑을 움직이게 하는 운동 에너지로 바꾼다. 화학 에너지를 가진 석유를 자동차의 연료로 사용하면, 석유를 연소하여 얻는 에너지의

석탄이나 석유 같은 화석 연료는 빛 에너지를 이용하여 자란 생물에서 만들어진다. 화석 연료를 태워 에너지를 만든다.

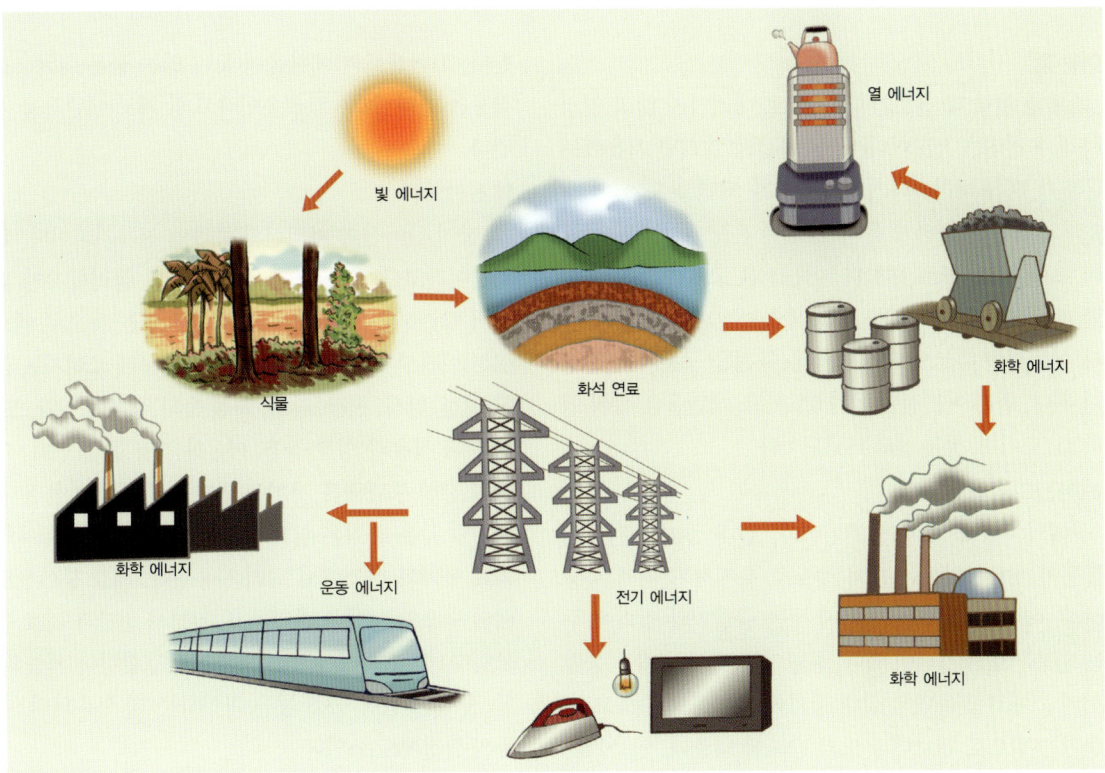

일부는 자동차의 바퀴를 굴리는 운동 에너지로 바뀌고, 일부는 열 에너지로 바뀌어 자동차가 뜨거워진다. 이 열 에너지는 자동차가 식으면서 다시 공기 중으로 빠져 나간다. 건전지가 가진 전기 에너지는 라디오를 작동시켜 음악을 들을 수 있는데, 이것은 전기 에너지가 소리 에너지를 만들어 낸 것이다. 전기 에너지로 전구를 켰다면 전기 에너지는 빛 에너지로 바뀐 것이다. 원자력 발전소에서는 우라늄이라는 방사성 연료를 이용하여 발전기를 돌리는데, 이는 원자 에너지가 전기 에너지로 바뀐 것이다.

운동을 할 때도 에너지의 전환을 쉽게 찾아볼 수 있다. 높이뛰기 선수들은 높이 날아오르기 위해, 즉 많은 위치 에너지를 가지기 위해 도움닫기 달리기를 한다. 이것은 많은 운동 에너지를 위치 에너지로 바꾸려는 것이다. 스키를 탈 때 더 높은 곳으로 올라가서 내려올수록 더 빠른 속도감을 느낄 수 있다. 높은 곳일수록 위치 에너지가 많아 그것이 운동 에너지로 바뀌면서 속도가 빨라지는 것이다.

탐구학습

에너지 자원의 종류와 장단점은 무엇일까요?

전기 에너지
빛을 내거나 열을 얻거나 물체를 움직이는 데 이용한다. 발전소에서 가정까지 쉽게 전달되며 다른 에너지로 쉽게 전환된다.

화석 에너지 - 석탄, 석유, 천연 가스
열을 일으키는 연료이다. 석유와 석탄, 천연 가스는 가정과 공장에서 많이 사용된다. 쉽게 채굴해 사용하지만 매장량이 한정되어 있고 이산화탄소를 배출한다.

위치 에너지
수력 발전과 물체를 움직이거나 변형시키는 데 이용한다. 오염은 없지만 사용할 수 있는 경우가 제한되어 있다.

열 에너지
온도를 높이거나 상태를 변하게 하는 데 이용한다. 사용하는 곳은 많지만 열 에너지를 얻기 위해 화석 연료를 태우는 과정에서 오염이 생길 수 있다.

태양 에너지
오염 물질을 배출하지 않고 무한히 사용할 수 있지만 사용할 수 있는 조건이 제한되고 효율도 낮다. 저장하기도 어렵다. 전기 에너지나 열 에너지로 전환된다.

풍력 에너지
오염 물질을 배출하지 않고 무한히 사용할 수 있지만, 사용할 수 있는 조건이 제한되고 효율도 낮다. 저장하기도 어렵다.

어는점

액체를 얼릴 때 온도가 더 이하로 내려가지 않고 일정하게 유지되는 온도이다. 물을 차갑게 얼리면 처음에는 온도가 계속 내려가다가 섭씨 0도가 되면 온도가 더 내려가지 않고 일정하게 유지된다. 이 온도에서 액체인 물이 고체인 얼음으로 변한다. 어는점은 고체가 액체로 변할 때 일정하게 유지되는 온도인 녹는점과 같다. 물질마다 어는점이 다르므로, 어는점은 물질을 구분하는 특성이 된다. 물은 어는점이 섭씨 0도이고, 에탄올은 섭씨 영하 117도이며, 철은 섭씨 1535도이다.

에어컨디셔너

실내의 온도를 낮추는 기기이다. 실내 공기를 사람이 활동하기에 알맞은 온도와 습도로 유지하기 위해 사용한다. 에어컨디셔너는 실내에 두는 증발기와 실외에 두는 압축기로 구성되어 있다. 증발기는 액체 냉매를 증발시켜 기체로 만들면서 실내 공기에서 열을 흡수하고 수증기는 밖으로 내보내 온도와 습도를 낮춘다. 압축기는 따뜻해진 기체 냉매를 압축시켜 액체로 만든 다음 바깥의 공기 중으로 열을 내놓는다. 이때 물도 함께 흘러나온다. 이 과정을 반복하며 실내 공기의 온도와 습도를 조절한다.

에탄올

색깔이 없고 투명한 휘발성 액체이다. 특유의 향기와 맛을 지닌 액체로, 물과 매우 잘 섞인다. 화학식은 C_2H_5OH이다. 술을 만들 때 쓰며, 에틸알코올이라고도 한다. 70퍼센트의 에탄올이 들어 있는 물은 살균·소독 작용을 한다. 보통 알코올이라고 할 때도 에탄올을 가리킨다.

엑스선

파장이 감마선과 자외선의 중간인 전자기파이다. 뢴트겐선이라고도 한다. 1895년에 독일의 물리학자인 뢴트겐이 발견하였는데, 정체를 알 수 없다는 뜻으로 엑스선(X선)이라고 이름 붙였다. 엑스선은 눈에 보이지는 않지만 굴절, 반사, 편광, 간섭, 회절 등의 성질이 있다. 또 강한 투과 작용과 형광 작용, 이온화 작용 등을 한다. 엑스선의 강한 투과력은 가벼운 원자로 만들어진 물질과 피부처럼 얇은 조직은 쉽게 통과한다. 그 성질을 이용하여 의료 분야와 산업에서 널리 사용된다. 의료 분야에서는 뼈의 구조와 이상을 판단하고, 질병의 진단과 치료 등에 쓰인다. 산업 분야에서는 항공기의 결함이나 제품의 결함, 물질의 결정 구조 등을 확인하는 데 사용되며, 미술품의 감정에도 쓰인다.

엘니뇨

태평양의 적도 부근의 동태평양으로부터 중태평양에 이르는 넓은 범위에 걸쳐 해수면 온도가 평년보다 2도에서 10도 정도 높은 상태로 지속되는 현상이다. 반대로 동태평양의 해수면 온도가 평년보다 낮아지는 현상은 라니냐라고 한다. 엘니뇨는 처음에는 남아메리카 태평양 해안의 어부들이 크리스마스 무렵에 바닷물이 따뜻해지는 것을 가리키는 말이었다. 엘니뇨는 에스파냐어로 남

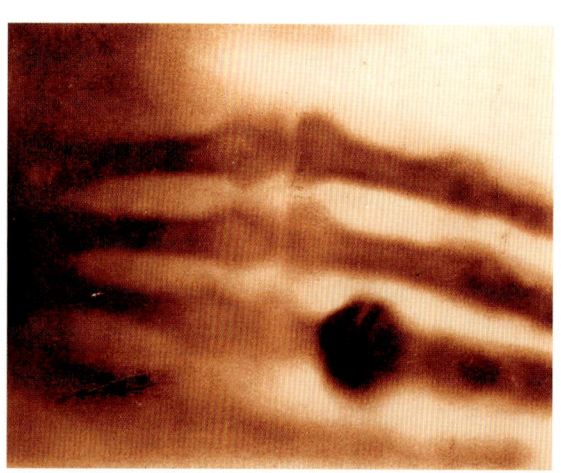

뢴트겐이 찍은 첫 엑스선 사진. 반지를 낀 손

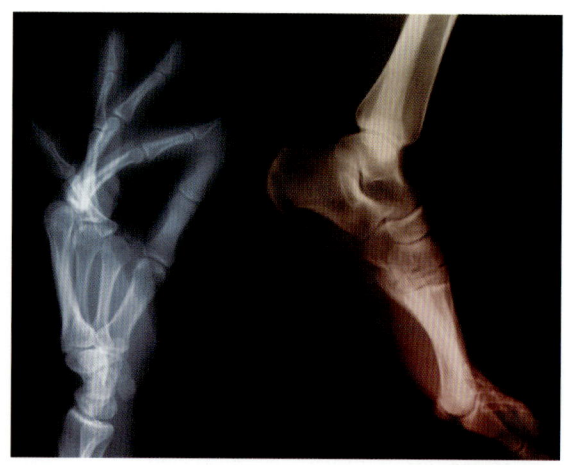

손과 발의 엑스선 사진

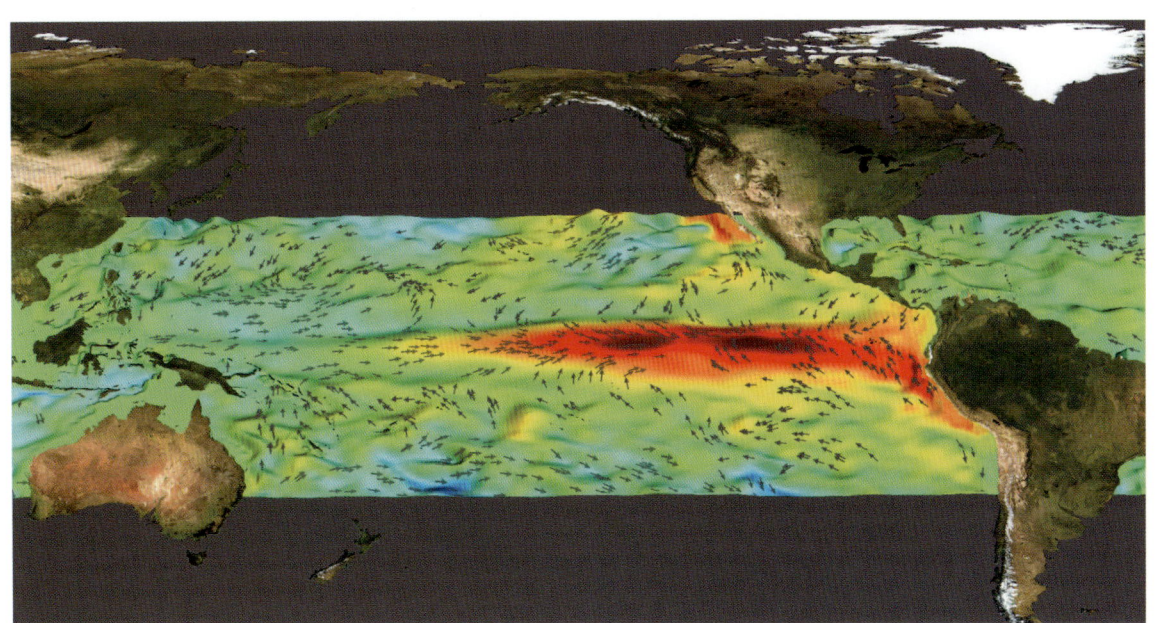
전 세계에 영향을 미친 1997년의 엘니뇨 현상. 붉은 부분이 해수면의 온도가 높은 곳이다.

자아이 또는 아기 예수를 뜻한다. 보통 적도 부근의 태평양의 해수면 온도는 서부가 높고, 동부 연안이 낮다. 동부 연안에는 남쪽으로부터 한류인 페루 해류가 흘러 들어오고, 깊은 바다 속에서 찬물이 올라오는 용승 현상에 의해 다른 지역보다 해수면 온도가 낮다. 그런데 몇 년에 한 번씩 무역풍이 약화되는 9월에서 다음 해 3월 사이에 남아메리카 서해안을 따라 흐르는 페루 해류 속에 이상 난류가 흘러 들어오고 용승이 약화되어 해수면 온도가 평년보다 높아지는 현상이 생긴다. 이런 엘니뇨는 2년에서 7년 정도에 한 번씩 불규칙하게 발생한다.

엘니뇨는 에콰도르와 칠레 연안의 어업에 직접적인 피해를 주고, 세계 각 지역에 이상 기후 현상을 일으킨다. 엘니뇨 현상이 나타나면 페루와 남아메리카 지역에 비가 많이 내려 홍수가 나고, 서태평양의 인도네시아와 오스트레일리아 등에는 이와 반대로 가뭄이 든다. 엘니뇨는 이 지역뿐만 아니라 아시아 및 북아메리카에도 광범위한 기상 이상 현상을 일으킨다.

여름

한 해의 네 계절 중 봄과 가을 사이에 있는 계절이다. 태양의 남중 고도가 가장 높고 낮의 길이가 가장 길어 기온이 가장 무더운 계절이다. 북반구에서의 여름은 천문학에서는 6월 23일경의 하지부터 9월 23일경의 추분 전날까지를 말한다. 24절기로는 5월 6일경의 입하부터 8월 7일경인 입추 전날까지를 말하고, 기상학에서는 이보다 조금 늦추어서 보통 6월에서 8월까지를 여름이라고 한다. 남반구에서는 12월에서 2월까지가 여름이다.

우리 나라의 여름 날씨는 고온 다습한 북태평양 고기압의 영향으로 비가 많이 오고 무덥다. 6월부터 기온이 20도 이상으로 올라가 식물들의 잎이 무성해지고 무럭무럭 자란다. 6월 중순 후반에 제주도에서부터 장마 전선이 서서히 북상하면서 전국이 장마철로 접어든다. 2~3개의 태풍이 우리 나라를 찾아와 큰 피해를 주기도 하며, 장마와 태풍으로 연 강수량의 50~60퍼센트가 여름에 내린다. 장마가 끝난 다음부터 무더위가 시작되어 삼복 무렵에 가장 덥다. 8월은 월 평균기온이 23도에서 27도 안팎으로 일 년 중 가장 더운 달이다. 여름에는 밤의 최저 기온이 25도를 넘는 열대야 현상이 나타나기도 한다.

역암

자갈 사이에 모래·진흙·탄산칼슘 등이 채워져 굳어진 퇴적암이다. 자갈이 전체의 30퍼센트 이상 포함되어 있어야 한다. 주요 구성물인 자갈의 크기에 따라 세력암, 중력암, 대력암으로 나뉜다.

열

물체의 온도나 상태가 변하는 동안 이동하는 에너지를 가리킨다. 열 에너지란 물질에 저장된 에너지를 말하는 것이 아니라 오고가는 에너지의 양을 말한다. 물체가 가지는 내부 에너지가 변할 때 그 변화량의 일부 또는 전부가 열로 나온다. 일반적으로 물체의 내부 에너지 변화는 온도가 서로 다른 물체 간의 접촉, 물질의 화학적 변화, 전자기적 과정, 외부와 역학적인 일을 주고받는 과정에서 생긴다.

열과 온도

일반적으로 물질이 얻은 열은 그 물체의 온도를 높이고 반대로 어떤 물체가 열을 빼앗기면 온도는 내려간다. 이 때 온도의 변화는 물체가 얻거나 빼앗긴 열량에 비례하고 질량에 반비례한다. 이동하는 에너지의 양을 열량이라고 하는데, 단위로는 칼로리(Cal)나 일의 단위인 줄(J)을 함께 사용한다. 1칼로리는 1그램의 물을 섭씨 1도 올리는 데 필요한 열량이며, 대략 4.2줄에 해당한다.

열과 열팽창

금속·물·공기 등 모든 물체는 열을 받으면 온도가 높아지고 더불어 부피가 늘어난다. 고체의 경우에는 길이도 늘어난다. 이와 같은 현상을 열팽창이라고 한다. 물체에 따라 부피가 늘어나는 정도가 다르다. 물체를 식힐 때도 부피가 변하는데, 가열할 때와는 반대로 부피가 줄어든다. 열팽창의 정도는 일반적으로 고체보다는 액체, 액체보다는 기체가 크다.

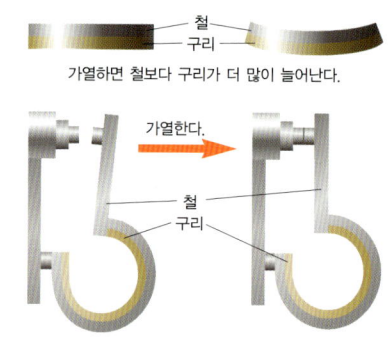

열과 상태 변화

끓는 물을 계속 가열해도 물의 온도는 끓는점 이상으로 올라가지 않는다. 또 얼음을 녹일 때 얼음이 다 녹기 전까지는 외부에서 열을 가해도 녹는점 이상으로 온도가 올라가지 않는다. 그 이유는 열이 액체를 기체로, 고체를 액체로 상태 변화를 시키는 데에 소모되기 때문이다. 이와 같이 물질의 상태를 바꾸는 데 사용되는 열을 숨은열이라 한다. 고체가 액체로 변할 때 물질 1그램당 소모되는 열의 양을 그 물질의 융해열이라 하고, 1그램의 액체가 기화할 때 필요로 하는 열량을 기화열이라 한다. 이 값은 물질에 따라 일정한 값을 갖는다.

탐구학습

열에 의한 물체의 부피 변화를 이용한 것들에는 무엇이 있을까요?

고체인 금속이나 액체인 물, 기체인 공기 등은 열을 가하면 부피가 변한다. 금속은 길이와 부피가 늘어나고, 물과 공기는 부피가 늘어난다. 철로의 틈새를 벌려 놓는 것, 전신주에 전선을 말아 놓거나 늘어뜨려 놓은 것, 콘크리트 도로의 이음매 사이를 벌려 놓은 것, 비탈진 경사면의 콘크리트 옹벽에 일정한 간격으로 틈이 있는 것 등은 겨울과 여름의 온도 차이로 생기는 부피의 변화를 고려한 것이다. 여름이 되어 기온이 올라가면 철로나 전선, 콘크리트 등의 부피가 늘어나기 때문이다. 또한 온도계나 자동 온도 조절 장치인 바이메탈도 열에 의한 물체의 부피 변화를 이용한 것이다.

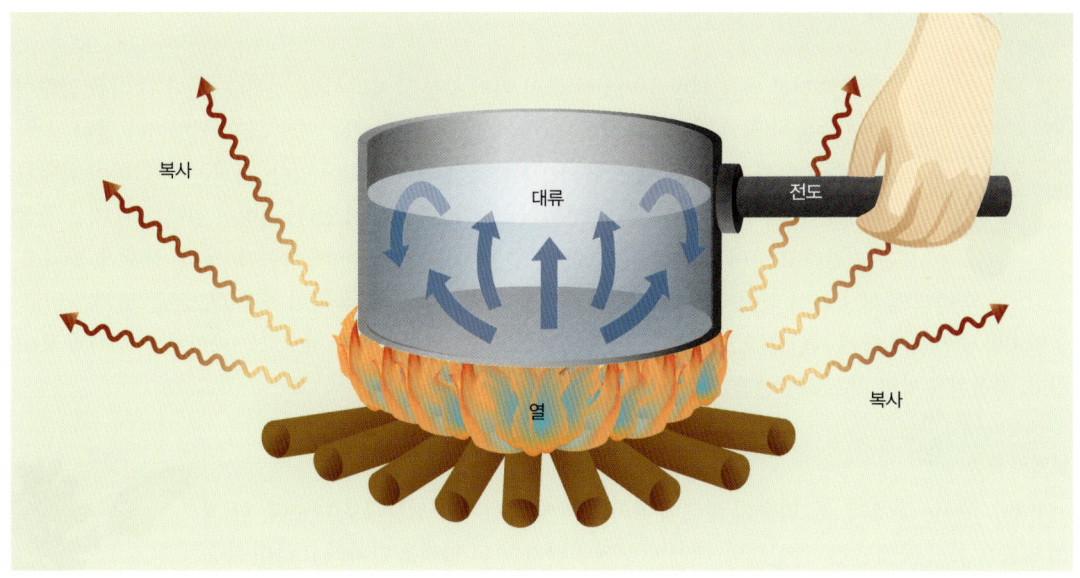

열이 이동하는 세 가지 방법

열의 이동

열은 온도가 높은 곳에서 낮은 곳으로 이동한다. 열이 이동하는 방법은 복사와 전도, 대류의 세 가지가 있다. 직접 빛 에너지의 형태로 전달되는 방법은 복사이고, 서로 맞닿은 두 물체 사이에서 물질을 통해 열이 이동하는 현상은 전도, 기체나 액체가 직접 이동해서 섞이는 현상은 대류이다.

복사

빛 에너지의 형태로 열이 이동하는 방법이다. 햇빛을 받으면 따뜻해지는 것은 바로 복사열 때문이다. 온도에 상관없이 모든 물체는 복사열을 내놓는다. 온도가 높으면, 복사열을 더 많이 내놓을 수 있다. 검은색은 복사열을 가장 잘 흡수하기도 하고 가장 잘 내놓기도 한다. 반짝거리거나 흰색인 표면은 복사열을 잘 흡수하지 못하지만 잘 내놓지도 않는다. 그래서 더운 지방의 건물에는 흰색이 많다. 또 물을 끓이는 냄비나 주전자의 바닥은 복사열을 잘 흡수하는 검은색이 좋다.

전도

온도가 다른 물체끼리 맞닿았을 때에 열이 이동하는 것이다. 액체나 기체 내부의 열은 주로 대류로 이동하지만 고체는 대부분 전도로 열이 이동한다. 고체 분자를 가열하면 늘어난 진동 에너지를 옆의 분자에게 전달하여 뜨겁게 만든다. 물질이 진동 에너지를 옆의 분자에 얼마나 잘 전달하느냐에 따라 열전도율이 높거나 낮다고 한다. 냄비는 열전도가 잘 되는 금속으로 만들어 쉽게 가열되지만, 손잡이 부분은 열전도가 잘 안 되는 플라스틱으로 만들어 쉽게 뜨거워지지 않는다.

대류

직접 물질이 움직이면서 열이 이동하는 방법으로 기체나 액체에서 일어난다. 뜨거운 부분은 부피가 늘어나면서 가벼워지므로 위로 올라가고 차가운 부분은 아래로 가라앉는다. 뜨거운 부분과 차가운 부분이 이렇게 돌고 돌면서 섞인다. 더운 여름날에 에어컨을 켰을 때 에어컨 앞뿐만 아니라 온 방 안이 시원해지고, 겨울에 난로를 켰을 때 난로 앞뿐만 아니라 온 방 안이 훈훈해지는 것은 공기의 대류가 일어나기 때문이다.

열매

꽃이 수정한 다음 씨방을 비롯한 꽃의 여러 부분이 자라서 된 것이다. 꽃이 핀 다음 암술머리에 수술의 꽃가루가 붙어서 수정이 이루어지면 밑씨는 씨가 되고, 씨방이나 꽃턱, 꽃받침 등은 열매가 된다. 열매는 씨와 씨를 둘러싼 과피로 되어 있다. 과피는 씨방 벽이 발달하여 된 것으로, 외과피·중과피·내과피의 세 부분으로 되어 있다. 씨방이 열매가 된 것을 참열매 또는 진과라고 하며 감, 복숭아, 호박, 완두, 콩, 팥 등이 여기에 속한다. 꽃턱, 꽃받기, 꽃자루, 꽃받침 등이 자라서 열매가 된 것은 헛열매 또는 가과라고 한다. 꽃턱이 자란 것으로는 딸기가 있고, 꽃받기와 꽃받침이 함께 자란 것으로는 배, 사과 등이 있으며, 꽃자루가 자란 것으로는 파인애플, 무화과 등이 있고, 꽃받기가 자란 것으로는 양딸기, 석류 등이 있다.

열매의 종류

열매의 종류는 꽃차례, 꽃, 암술의 형태에 따라 단과와 복합과 집합과로 나눈다. 한 개의 암술을 가진 꽃에서 볼 수 있으며, 대개 씨방이 발달하여 된 열매를 단과라고 하며 복숭아, 콩, 토마토, 피망 등이 속한다. 두 개 이상의 암술을 가져서 하나의 꽃에 여러 개의 열매가 맺히는 것을 복합과라고 하며 목련, 으름덩굴, 포도, 딸기 등이 속한다. 겉으로는 하나의 열매처럼 보이지만, 여러 개의 꽃에서 생겨난 열매가 뭉쳐 있는 것을 복합과라고 하며 버즘나무, 파인애플, 뽕나무 등이 속한다.

열매의 쓰임새

식물의 열매는 우리의 식탁을 풍성하게 해 주며, 약재로도 사용된다. 밥으로 먹는 벼, 보리, 콩, 조와 반찬으로 먹는 오이, 가지, 고추와 간식으로 먹는 배, 사과, 포도, 참외 그리고 기름으로 사용하는 동백나무, 해바라기, 살구, 옥수수와 약재로 쓰는 주목, 대추, 산수유, 은행 등 열매마다 각기 다른 목적에 맞게 쓰인다.

딸기 씨는 왜 속에 없고 밖에 있을까요?
식물의 열매 중에서 먹을 수 있는 것을 과일이라고 한다. 과일은 대부분 꽃의 씨방이 변해서 된 것이다. 하지만 딸기는 다른 과일과 달리 꽃턱이 발달해서 과일이 된 열매이다. 딸기 표면에 있는 작은 알갱이들은 씨방이 변한 것으로 씨가 하나씩 들어 있다.

사과

바나나

조

수세미

은행나무

밤

고추

연금술

고대의 원시적인 화학 기술을 가리킨다. 구리·철·납 같은 흔한 금속으로 금·은 같은 귀금속을 만들고, 나아가서는 늙지 않는 약을 만들고자 했던 원시적인 화학 기술이다. 연금술의 기본 원리는 그리스의 4원소설에 근거한다. 4원소설은 모든 물질이 물·공기·불·흙으로 이루어져 있다고 보았다. 따라서 귀금속의 4원소 구성비만 알면 다른 금속도 금으로 바꿀 수 있다고 생각하였다. 뉴턴도 연금술에 많은 시간을 들였을 만큼 연금술은 과학자나 기술자들의 꿈이었다. 이러한 연금술로부터 현재의 화학이 발전했다고도 한다.

연소

어떤 물질이 산소와 화합하여 타면서 새로운 물질과 열과 빛을 내는 현상을 말한다. 연소가 계속 이루어지려면 탈 수 있는 물질과 산소와 발화점 이상의 온도가 필요하다. 산소는 대부분 공기 중에서 공급받지만, 화약을 만들 때는 산소를 공급하는 산화제를 함께 넣기도 한다.

대부분의 물질은 연소하고 난 뒤에 연소하기 전과는 다른 물질이 생긴다. 나무를 태웠을 때는 재와 이산화탄소 등이 생기고, 초를 태운 후에는 물이나 이산화탄소, 그을림 등이 생긴다.

연체동물

물 속에 사는 뼈가 없는 무척추동물이다. 몸은 머리·내장·다리·외투막의 네 부분으로 되어 있다. 두족류·복족류·부족류 등으로 나뉜다. 두족류에는 문어· 오징어 등이 속하고, 복족류에는 소라·골뱅이·달팽이 등이 속하며, 부족류에는 백합·바지락 등이 속한다. 절지동물 다음으로 많은 종을 포함하는데, 현재 11만 2000여 종이 있으며 화석도 약 3만 5000여 종이 있다.

연체동물의 몸은 좌우대칭이며 마디를 가진 부속지가 전혀 없다. 물 속에서 아가미로 호흡하고 모두 유성생식을 한다. 배설 기관으로는 신관이 발달하였다. 두족류를 제외한 모든 종은 모세 혈관이 없는 개방 혈관으로 심방

탐구학습

물질이 타기 시작하는 온도는 모두 같을까요?
어떤 물질이 탈 수 있는 가장 낮은 온도를 발화점이라고 한다. 물질에 따라 열을 받아 타기 시작하는 온도가 다르다.
프로판은 섭씨 525도, 알코올은 482도, 나무는 400~470도, 석탄은 330~450도, 숯은 360도, 붉은인은 260도, 흰인은 60도 등이다.

초가 탈 때에는 어떤 변화가 있을까요?
초의 심지에 처음 불을 붙이면 그 열 때문에 고체 상태의 초가 액체로 변하고, 액체는 다시 기체로 변하여 탄다. 초의 주 성분은 파라핀 계열의 탄화수소로 탄소와 수소로 되어 있다. 이 탄화수소가 타면서 산소와 결합하여 물과 이산화탄소라는 새로운 화합물이 생긴다.
촛불의 부분마다 내는 빛과 온도는 조금씩 다르다. 촛불의 가장 밝은 부분은 속불꽃이며, 가장 어두운 부분은 불꽃심이다. 속불꽃이 가장 밝은 이유는 미처 연소되지 못한 탄소 알갱이가 가열되어 빛을 내기 때문이다. 온도가 가장 높은 부분은 겉불꽃으로 약 섭씨 1400도이며, 이 부분에서 기체의 연소에 필요한 산소가 공급된다. 속불꽃의 온도는 1200도, 불꽃심의 온도는 400~900도이다.

연체동물인 굴

연체동물인 달팽이

과 심실을 갖춘 심장이 있다. 혀 같이 생긴 치설로 먹이를 훑어 먹는다.

열기구
커다란 공기 주머니에 뜨거운 공기를 채워 하늘을 나는 기구이다. 주로 버너로 공기를 뜨겁게 가열한다. 열기구는 1783년에 몽골피에 형제가 처음으로 발명하였다. 현대의 열기구는 천으로 된 풍선 부분과 프로판으로 공기를 가열하는 버너와 사람이 타는 바구니로 이루어져 있다.

염기
물에 녹아서 수산화이온(OH^-)을 많이 내놓는 물질이다. 쓴맛이 나고, 피부에 닿으면 미끈거리며, 단백질과 유지를 녹인다. 염기는 붉은색 리트머스 종이를 푸른색으로 변화시킨다. 수소이온농도지수가 7보다 크다. 수산화이온의 수가 많으면 염기의 세기가 강한 것이고, 그 수가 적으면 염기의 세기가 약한 것이다. 우리 주변에서 볼 수 있는 약한 염기로는 침과 비눗물, 탄산수소나트륨, 재 등이 있다. 공업용이나 화학 약품으로 이용되는 강한 염기에는 수산화나트륨($NaOH$), 수산화칼슘($Ca(OH)_2$), 암모니아(NH_3) 등이 있다.

염산
염소와 수소의 화합물인 염화수소 기체를 물에 녹인 것으로 보통 색깔이 없다. 화학식은 HCl이다. 염화수소의 농도가 35퍼센트 이상인 것을 진한 염산이라고 한다. 진한염산은 지독한 냄새가 나고 뚜껑을 열면 바로 기체로 변한다. 실험실에서는 진한 염산을 물에 탄 묽은 염산을 사용하는데, 이것도 강한 산성을 띤다. 염산은 몸에 무척 해로워 냄새를 들이마시거나 액체가 피부에 닿지 않게 주의해야 한다. 염산은 척추동물의 위에서 나오는 위산의 주요 성분이며, 의약품이나 색소의 제조, 고무의 재생 등에 널리 쓰인다.

염소
상온에서 황록색의 기체 상태인 물질이다. 원소 기호는 Cl이다. 매우 활발하게 화학 반응을 일으켜 대부분의 원소와 화합물을 만든다. 표백제 · 살균제 · 소독제 등으로 사용되고, 염산의 제조 원료로 사용된다. 지독한 냄새가 나며, 들이마시면 점막이 상하고 질식하기도 한다. 염소는 제1차 세계대전 중에 독가스로 사용되었다.

염화나트륨
흰색의 결정으로, 소금의 화학적 이름이다. 화학식은 $NaCl$이다. 천연으로는 바닷물과 지하수에 녹아 있고 땅에서는 암염으로 있다. 알코올에는 거의 녹지 않고, 섭씨 100도의 물 100그램에서 39그램이 녹는다. 물에 넣으면 물의 어는점이 낮아지기 때문에 겨울철에 도로에 뿌리는 제설제로 이용한다. 또 염소 · 염산 · 수산화나트륨 등을 만드는 데 사용하고, 간장이나 된장의 원료나 식품의 저장 등에도 널리 사용한다.

염화칼슘
색깔이 없는 결정성 고체이며, 화학식은 $CaCl_2$이다. 물, 아세톤, 에탄올에 잘 녹는다. 공기 속의 수분을 흡수하면 녹는 성질이 있어 건조제나 습기제거제로 사용된다. 물을 흡수할 때 열을 내고 물에 넣으면 어는점이 낮아지는 성질을 이용하여 겨울철에 도로에 뿌려 눈을 녹이고 물이 어는 것을 막는 데 많이 쓴다. 또 두부를 만들 때에 굳히는 데 사용하며, 화학 약품의 제조 원료나 링거액, 주사제 같은 의약품으로 널리 이용된다.

염화코발트
물에 잘 녹는 푸른색의 결정으로, 화학식은 $CoCl_2$이다. 공기 중의 수증기를 흡수하면 붉은색으로 변한다. 푸른색을 띠고 있으면 수증기를 흡수할 수 있지만, 붉은색을 띠면 더 이상 흡수하지 못한다. 습도 지시약, 흡습제 등으로 사용된다. 실험할 때는 주로 염화코발트 수용액을 거름종이에 스며들게 한 다음에 말려서 만든 염화코발트지를 사용한다. 염화코발트지는 실험 과정에서 물이 생겼는지 확인하는 데 사용된다.

엽록소
식물의 잎에서 빛을 받아들여 광합성을 하게 만드는 녹

색 색소이다. 잎의 세포 속에 있는 엽록체 안에 많이 들어 있다. 엽록소는 분자의 구조식에 따라 a, b, c, d 등 여러 가지로 나뉜다. 엽록소 중에서 가장 흔히 볼 수 있는 것이 a와 b이며 대개의 식물에서는 a와 b가 약 3:1의 비로 들어 있다. 엽록소의 분자 중심에는 마그네슘이 들어 있는데, 산성비를 맞으면 빠져 나가 식물의 잎이 누렇게 변하면서 죽는다. 엽록소는 물에는 녹지 않지만 에테르나 벤젠 같은 유기 용매에는 녹는다.

영양소

생물체를 구성하며 생명 활동에 필요한 물질이다. 특히 살아가기 위해 많은 양을 섭취해야 하는 탄수화물·지방·단백질을 주 영양소라고 한다. 주 영양소는 몸 속에서 에너지원으로 이용된다. 직접 에너지원으로 쓰이지 않지만 몸을 구성하거나 생리 작용을 조절하는 데 없어서는 안 되는 물·비타민·무기염류 등을 부 영양소라고 한다.

영장류

척추동물의 포유류 중에서 사람과 원숭이, 고릴라, 침팬지 같은 유인원을 가리킨다. 오늘날 지구상에는 약 170종의 영장류가 있다. 사람을 제외한 대부분의 영장류의 손과 발은 나무 위에 살기 좋게 되어 있으며, 긴 팔과 다섯 개로 나눠진 손가락은 물체를 잡기 쉽게 되어 있다. 눈이 발달하여 멀고 가까움을 조절하여 볼 수 있고, 물체를 입체적으로 볼 수 있다. 뇌가 발달하여 포유류 중에서

탐구학습

왜 음식물을 골고루 먹어야 할까요?

건강하려면 우리 몸이 필요로 하는 영양소가 들어 있는 음식을 골고루 먹어야 한다. 음식물마다 가지고 있는 영양소가 다 다르기 때문이다. 쌀에는 탄수화물이 많이 들어 있지만 단백질은 적고, 콩은 탄수화물은 적지만 단백질이 많이 들어 있다. 그렇기 때문에 음식을 골고루 먹어야 필요한 영양소를 얻을 수 있다. 하루에 필요한 총에너지의 60~80퍼센트는 탄수화물로, 14~18퍼센트는 단백질로, 나머지 10퍼센트 정도는 지방으로 보충하는 것이 건강에 좋다.

여러 가지 영양소가 들어 있는 음식들

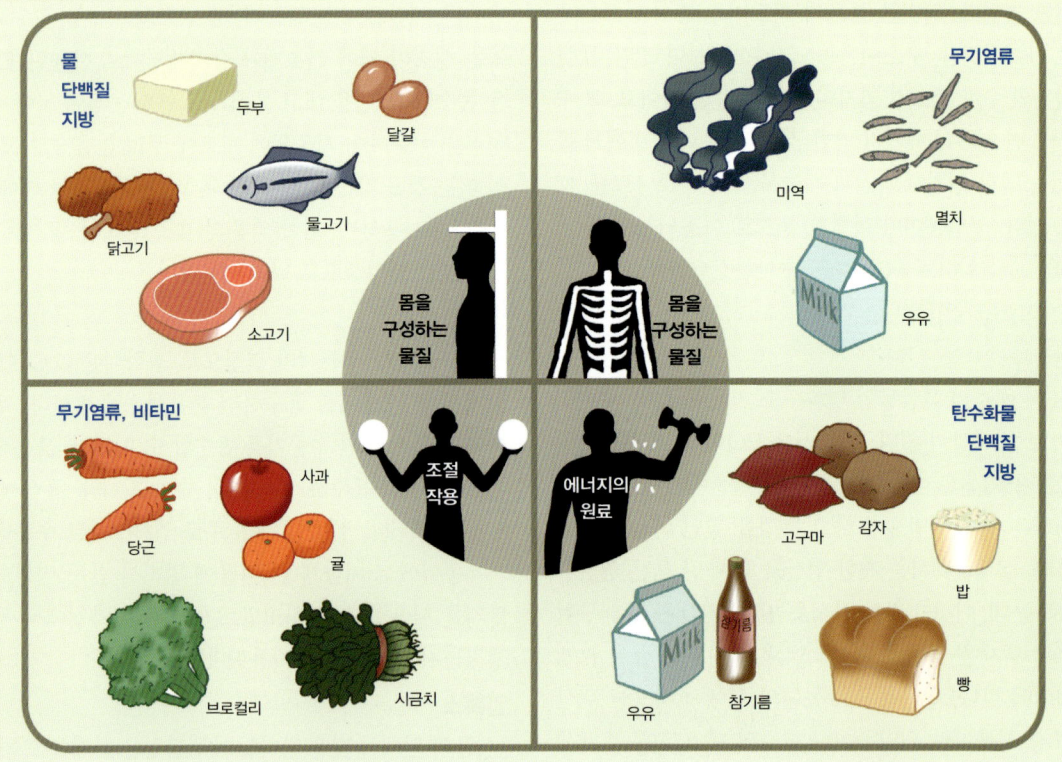

영장류인 오랑우탄

오로라

몸무게에 비해 가장 큰 뇌를 가지고 있다. 특히 대뇌가 발달하여 본능에 따라 행동하기보다는 자라면서 부모에게 배운 것을 활용하는 학습 능력을 지녔다. 다리는 운동하기에 편하며, 발은 편평하고 발가락은 다섯 개이다. 영장류 대부분의 엄지발가락은 다른 발가락과 마주할 수 있다. 꼬리가 있는 원숭이 같은 영장류는 꼬리로 중심을 잡거나 물체를 감싼다.

사람은 다른 영장류와는 달리 자신의 생각을 말로 전달하여 의사 소통을 정확하게 할 수 있다. 두 발로 서서 걸을 수 있으며, 손가락이 정교해 다양한 도구를 만들어 사용할 수 있는 능력이 있다.

오로라

극지방의 상층 대기에서 주로 나타나는 발광 현상이다. 극광이라고도 한다. 태양 표면의 폭발로 태양풍이 계속 뻗쳐 나와 극지방의 상층 대기와 충돌하여 대기를 이온화시켜 빨강·파랑·노랑·연두·분홍색 빛을 내는 것이다. 선이나 커튼 모양으로 여러 색깔의 빛을 내는 오로라는 극지방과 가까운 고위도 지역에서도 볼 수 있다.

오리온자리

겨울철 남쪽 하늘에서 볼 수 있는 별자리이다. 밝은 1등성 2개와 그 중간에 늘어선 2등성 3개는 아주 찾기 쉽다. 달의 여신을 사랑하다가 화살에 맞아 죽은 그리스 신화의 용

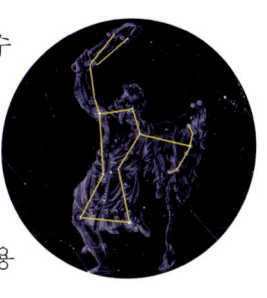

사 오리온을 상징하는 별자리이다. 이 별자리에는 말머리성운을 비롯해 오리온 대성운 등 많은 성운이 있다.

오에이치피

투명 용지에 그려진 글자나 그림을 비추어 스크린에 영상으로 나타나게 하는 기기이다. 투시물 환등기 또는 오버헤드프로젝터(OHP)라고도 한다. 이 기기 위에 글자나 그림이 그려진 투명 용지를 올려 놓고, 스크린에 글자와 그림이 뚜렷하게 비치게 초점을 맞춰 사용한다. 주로 교육 목적으로 사용하였지만, 실물화상기와 비디오 프로젝터가 늘어나면서 점점 사용이 줄어들고 있다.

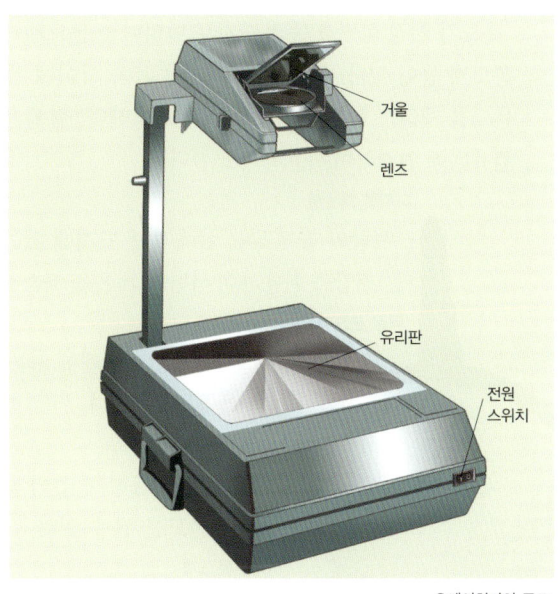

오에이치피의 구조

온도계

물체의 온도를 재는 기기이다. 온도에 따라 물체의 부피가 달라지는 점을 이용한 온도계와 전기적 특성이 변하는 점을 이용한 온도계, 복사선을 이용한 온도계 등이 있다.

가장 간단한 온도계는 온도가 높아지면 물체의 부피가 팽창하는 점을 이용하는 것이다. 알코올 온도계나 수은 온도계가 대표적이다. 이 온도계들은 모세관에 알코올이나 수은을 넣고, 온도에 따라 이 액체들이 늘어나는 정도를 눈금으로 표시해 놓은 것이다. 온도에 따라 전기적인 특성이 변하는 점을 이용한 온도계도 있다. 전도도가 달라지는 것을 이용한 열전 온도계, 전기 저항이 달라지는 것을 이용한 저항 온도계가 대표적이다. 또 고온의 물체에서 나오는 복사선이 물체의 온도에 따라 결정되는 점을 이용한 복사 온도계도 있다. 적외선 온도계나 귀체온계가 대표적이다.

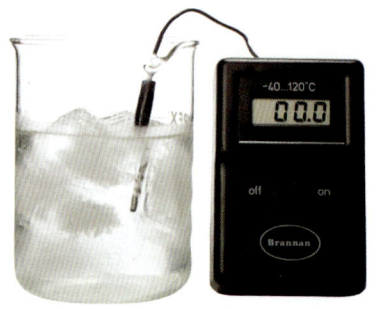

디지털 온도계

온도계의 종류

온도계는 온도를 재기 위해 사용하는 물질과 쓰임새에 따라 여러 가지로 나뉜다.

적외선 온도계

물체에서 나오는 복사 에너지로 표면 온도를 재는 온도계이다. 온도를 재려는 물체의 부분에 레이저를 맞추어 온도를 잰다. 접촉하지 않고 빠른 시간 안에 물체의 표면 온도를 잴 수 있다. 산업용으로는 섭씨 3000도 이상의 고온도 잴 수 있다.

귀체온계

열이 날 때 사용하는 복사 온도계이다. 사람의 귀에서 발산되는 복사선이 몸의 온도에 따라 달라지기 때문에 그것을 측정하여 체온을 잰다.

디지털 온도계

온도가 액정 화면을 통해 숫자로 나타나는 온도계이다. 측정 방법에 따라 바이메탈 온도계와 열전 온도계 등이 있다. 열전 온도계는 두 금속 사이에 생기는 온도 차로 생기는 전압을 이용한다. 탐침을 온도를 재려는 물체에 접촉하여 온도를 잰다. 섭씨 영하 2000도~1000도에 이르는 온도를 잴 수 있으며, 컴퓨터에 연결하여 사용하기도 한다.

디지털 체온계

사람의 몸에 닿는 금속과 온도계에 있는 금속 사이의 온도로 생기는 전압을 이용하여 사람의 체온을 재는 온도계이다.

액정 온도계

액체와 결정의 중간 상태에 있는 액정을 이용한 온도계이다. 액정 띠의 색깔 변화로 온도를 쉽게 읽을 수 있다.

고온 온도계

수은을 사용하며 섭씨 360도까지 잴 수 있는 온도계이다. 알코올보다 정밀하게 높은 온도를 잴 수 있다.

저온 온도계

저온을 재는 데 쓰는 온도계로 알코올을 사용한다. 섭씨 영하 50도까지 잴 수 있다.

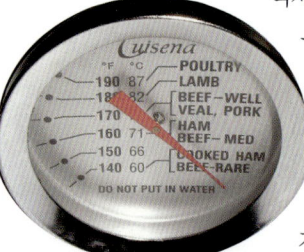

요리용 온도계

탐구학습

가느다란 관
온도계의 구부부터 끝까지 올라가 있는 가느다란 관을 따라서 온도계에 들어 있는 액체가 부피 팽창으로 올라간다.

눈금
대부분 섭씨 10도 간격으로 큰 눈금이 매겨져 있으며, 작은 눈금은 섭씨 1도 간격으로 매겨져 있다. 온도계마다 다를 수 있으니 눈금을 확인해야 한다.

담금선
구부에서 5~6센티미터 정도 높이에 있는 둥근 선이다. 담금선이 있는 온도계는 재고자 하는 물체에 온도계의 구부부터 담금선까지 담가야 한다. 담금선이 없는 온도계는 재려는 물체에 빨간색 액체가 올라온 곳까지 담가야 한다.

구부
온도계 아래에 있는 둥그스름한 부분으로 온도에 따라 부피가 변하는 액체가 들어 있다. 수은 온도계에는 수은이, 알코올 온도계에는 붉은색을 입힌 알코올이나 백등유가 들어 있다.

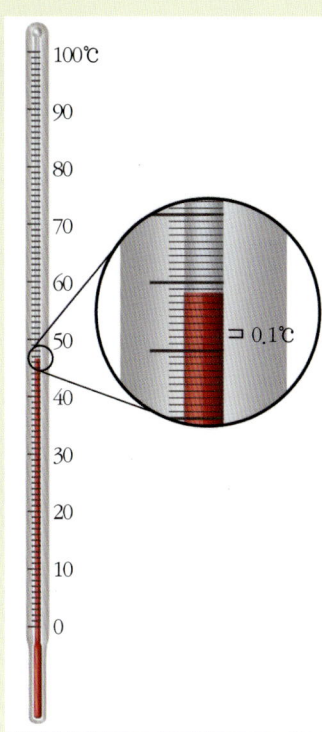

온도계를 사용할 때 주의할 점
온도계로 액체의 온도를 잴 때는 담금선까지 담근다.
온도계의 빨간색 액체의 움직임이 멈추었을 때 온도의 값을 읽는다.
온도계로 액체를 젓지 않는다.
온도계를 사용하지 않을 때는 받침대나 상자에 넣어 둔다.
구부가 바닥에 닿지 않게 한다.
입김이나 콧김으로 불지 않는다.
온도계의 눈금을 읽을 때는 빨간색 액체의 맨 윗부분과 눈높이를 맞춘다.

우리가 생활하기에 적당한 온도는 얼마일까요?
생활하기에 적당한 온도 : 18℃
여름철 냉방 온도 : 25~28℃
겨울철 난방 온도 : 15~20℃
목욕물의 온도 : 35~40℃
냉장고 안의 온도 : 0~4℃
공부하는 방 안의 온도 :
　　　　　15~17℃
수영장의 온도 : 27~29℃

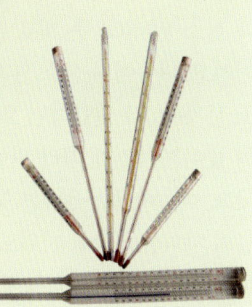

기온계
대기의 온도인 기온을 재는 온도계이다. 알코올 온도계나 수은 온도계 뒤에 플라스틱이나 나무로 지지대를 만들어 다른 영향을 적게 받게 만든 온도계이다. 섭씨 영하 20도에서 50도까지 잴 수 있다.

바이메탈 온도계
금속마다 팽창률이 다른 점을 이용하여 만든 온도계이다. 두 개의 금속을 맞붙였기 때문에 바이메탈이라고 한다. 온도 차가 클수록 두 금속의 길이도 차이가 많은 것을 이용하였다. 섭씨 영하 50도에서 500도 범위의 온도를 잴 수 있다.

냉장고 온도계
알코올을 이용한 온도계로 냉장고 안의 온도를 재는 데 사용한다.

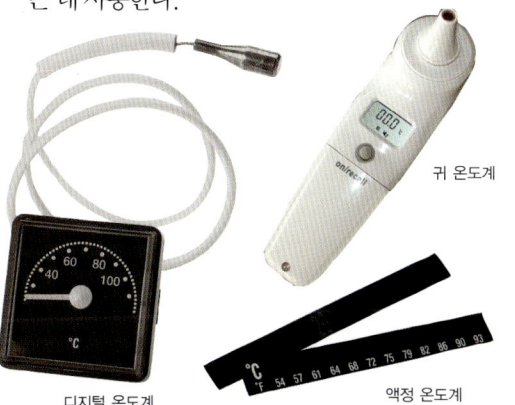

디지털 온도계　　액정 온도계

디지털 온도 습도계

바이메탈 온도계

오존층

대기 중에 오존(O_3)이 많이 포함되어 있는 대기층이다. 지표에서 25~35킬로미터 높이의 성층권에 있다. 대기 중에 있는 산소 분자(O_2)의 일부가 태양의 자외선 때문에 산소 원자(O) 두 개로 나누어지고, 나누어진 산소 원자(O) 하나가 산소 분자(O_2)와 결합하면 오존(O_3)이 만들어진다. 오존층의 높이는 계절에 따라 변한다. 겨울에서 봄에 걸쳐서는 낮고, 여름에서 가을에는 높다. 오존층의 오존의 양은 태양의 자외선이 강한 저위도보다 고위도 쪽이 더 많다. 오존층은 사람이나 동식물에게 해로운 자외선을 흡수하여 지표면에 도달하지 않게 한다. 오존층이 파괴되면 호흡기 질환이나 피부암, 백내장 환자가 늘어난다. 대기 오염 물질 중 프레온 가스나 할론, 질소산화물 등은 오존층을 파괴한다. 그래서 오존층의 파괴를 막기 위해 프레온 가스와 할론의 사용을 국제적으로 규제하고 있다.

남극 대륙 상공에 난 오존층 구멍

온도

물체의 차고 따뜻한 정도를 수치로 나타낸 것이다. 차고 따뜻한 정도에 따라 변화하는 여러 물리 현상을 이용한 온도계로 잰다. 온도는 보통 온도계에 새겨진 눈금으로 표시한다. 온도의 단위는 섭씨온도(℃)·화씨온도(℉)·절대온도(K) 등이 사용되고 있다. 과학에서 사용하는 온도의 단위는 절대온도(K)이다.

온실 효과

대기 중의 수증기와 이산화탄소, 오존 등이 지구에 내리쬐는 햇빛은 잘 통과시키지만, 지표면에서 내보내는 열은 외부로 잘 빠져 나가지 못하게 하여 온도가 비교적 높게 유지되는 작용이다. 온실의 유리가 햇빛은 잘 투과시키지만 내부의 열은 잡아 두는 것과 같은 효과이다. 그동안 온실 효과는 지구의 기온을 알맞게 데워 주는 역할을 하였다. 하지만 오늘날에는 온실 효과가 필요 이상으로 발생하여 지구를 너무 덥게 만들고 있다. 석탄·석유·천연 가스와 같은 화석 연료의 사용으로 대기 중의 이산화탄소가 늘어나고, 프레온·질소산화물·메탄 등과 같은 여러 가지 가스의 농도가 증가하면서 지구의 온도가 점점 높아지고 있다. 온실 효과가 심해지면 장기간에 걸친 기후 변화가 나타난다. 빙하가 급속히 녹아 해수면이 높아지고, 식량 생산에 막대한 영향을 미치는 극심

❗ 섭씨온도, 화씨온도, 절대온도

섭씨온도는 스웨덴의 셀시우스가 1742년에 만든 것으로 기호는 ℃이다. 얼음이 녹는점을 0도, 물이 끓는점을 100도로 하여 그 사이를 100등분한 단위이다.

화씨온도는 독일의 파렌하이트가 1724년에 만든 것으로 단위는 ℉이다. 얼음이 녹는점을 32도, 물이 끓는점을 212도로 하여 그 사이를 180등분한 온도 단위이다.

화씨 0도는 소금물이 어는 온도이고 화씨 100도는 소의 체온이다. 사람의 체온인 섭씨 36.5도는 화씨로는 98도 정도이다. 섭씨온도와 화씨온도가 일치하는 눈금은 영하 40도이다.

절대온도는 영국의 켈빈이 1848년에 만든 것으로 기호는 K이다. 켈빈온도라고도 한다. 절대온도 0K는 섭씨 영하 273.15도이다. 절대온도는 보통 섭씨온도와 같은 간격으로 눈금을 매긴다.

화씨온도(℉) = 섭씨온도(℃) × 1.8 + 32
절대온도(K) = 섭씨온도(℃) + 273

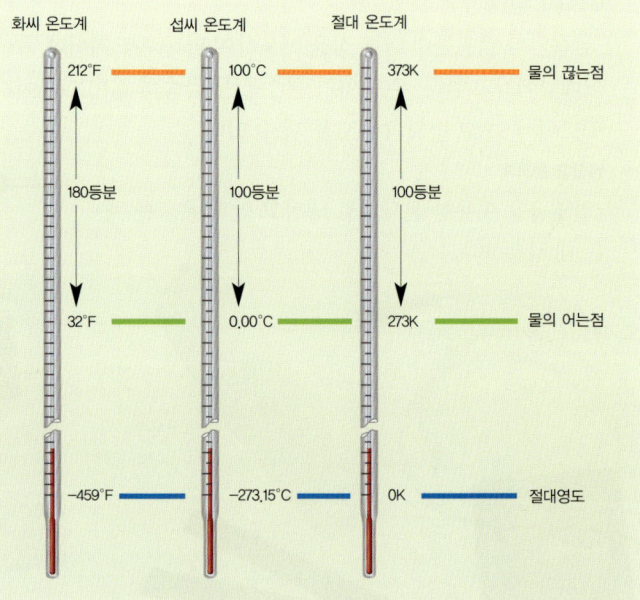

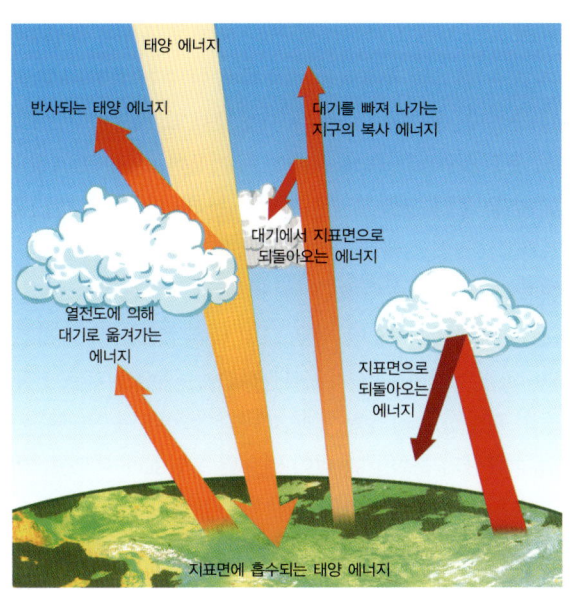

지구의 기온을 알맞게 데워 주는 온실 효과

한 강수나 가뭄이 나타나기도 한다.

온천

지구 내부의 열로 데워진 따뜻한 물이 솟아 나오는 샘이다. 따뜻한 물에 대한 온도 기준은 나라마다 다르며, 우리 나라에서는 25도 이상의 물이 나오는 곳을 온천이라고 한다. 온천은 화산 활동이 자주 일어나는 곳에 많다. 화산 근처의 땅 속에는 뜨거운 마그마가 많아 지하수를 데워 주기 때문이다. 온천은 지하수가 땅 속 깊이 스며들어, 마그마의 높은 온도에 의해 지하수가 데워지고, 데워진 지하수의 일부가 수증기로 변하여 지표면을 밀어 올리고, 압력 때문에 지표면 밖으로 뜨거운 물이 솟아 나온 것이다. 화산의 활동과 관계없이 생긴 온천도 있다. 이런 온천들은 지구 깊숙이 내려갈수록 온도가 올라가는 현상과 관련이 있다. 대체로 땅 속 온도는 평균 30미터에 섭씨 1도씩 올라간다.

외떡잎식물

속씨식물 중에서 싹이 틀 때 떡잎이 하나만 나는 식물을 가리킨다. 속씨식물은 떡잎의 수에 따라 1장이면 외떡잎식물, 2장이면 쌍떡잎식물로 나눈다. 외떡잎식물의 잎은 가늘고 길고, 잎맥은 나란히맥이며, 잎자루가 없고, 잎 가장자리에 톱니가 없다. 관다발은 불규칙하게 흩어져 있고 부름켜가 없어 줄기가 굵어지는 부피생장을 하지 않는다. 뿌리는 원뿌리와 곁뿌리의 구별이 없는 수염뿌리를 갖고 있다. 꽃잎이나 꽃받침 등 각 부분의 수는 3의 배수로 이루어져 있다.

외떡잎식물에 속하는 대표적인 식물은 벼과 식물과 사초과 식물이다. 벼과는 인류와 가장 관계 깊은 식물로 벼를 비롯하여 보리, 밀, 호밀, 옥수수 등의 주식류와 잡곡이라 불리는 조, 기장, 수수 등이 속한다. 사초과는 물가나 논에서 흔히 자라는 식물로, 고대 이집트에서 종이로 만들어 썼던 파피루스와 갯보리사초, 갯사초, 물가에 자라는 방동사니, 방울고랭이 등이 속한다.

요오드

물에 녹지 않는 자주색 결정의 고체로 원소 기호는 I이다. 아이오딘이라고도 한다. 상온에서는 요오드 원자 두 개가 결합한 분자(I_2)로 존재한다. 휘발성이 있고 냄새가 강하다. 가열하면 액체 상태를 거치지 않고 기체로 바로 승화하여 보라색 증기가 된다. 사염화탄소나 아세톤 같은 용액에 잘 녹고 물에는 잘 녹지 않는다. 포유동물의 갑상선 호르몬인 티로신을 구성하는 매우 중요한 원소이다. 요오드는 주로 해초 속에 많이 들어 있다. 요오드팅크 같은 의약품과 화학 실험의 시약으로 많이 사용된다.

요오드녹말반응

요오드 용액을 녹말 용액에 넣었을 때 청색 또는 보라색 등이 나타나는 반응을 가리킨다. 이 반응은 아주 예민해서 아주 작은 양의 녹말이 들어 있어도 색깔이 나타난

외떡잎식물인 벼

다. 식품에 녹말이 들어 있는지 확인할 때 많이 쓴다. 녹말의 종류에 따라 아밀로오스는 청색, 아밀로펙틴은 보라색, 찹쌀녹말은 적색, 글리코겐은 갈색을 나타낸다. 이 색들은 가열하면 옅어지고 냉각하면 다시 진해진다.

요오드팅크

요오드를 알코올에 녹인 용액으로, 어두운 적갈색을 띤다. 요오드팅크는 살균, 방부, 곰팡이 제거제로 많이 쓰인다. 상처나 피부를 소독할 때는 묽게 만든 요오드팅크를 사용한다.

용매

용액에서 용질을 녹이는 물질이다. 예를 들면 소금물에서 소금은 녹는 물질인 용질이고, 소금을 녹이는 물은 용매이다. 물은 여러 가지 물질을 잘 녹이는 성질이 있어 용매로 많이 쓰인다. 물 이외에 알코올·벤젠·아세톤·석유에테르·에테르·이황화탄소·사염화탄소 등도 용매로 많이 쓰인다.

용수철

힘을 주면 힘의 크기에 따라 변형되지만, 힘을 없애면 다시 원래의 모습으로 되돌아오는 탄성체를 가리킨다. 스프링이라고도 한다. 금속을 원통 모양으로 감아 만든 코일형 용수철, 얇은 금속 판을 나선 모양으로 감은 태엽, 구부러진 금속판을 하나 또는 여러 개가 모아 만든 겹판용수철 등이 있다. 일반적으로 코일형 용수철만을 용수철이라고 하는 경우가 많다. 용수철의 탄성력을 이용해 에너지를 축적시켜 두거나, 외부에서 힘을 받을 때에 오는 충격을 탄성력을 이용해 줄여 주기 위한 용도로 많이 쓴다. 용수철저울이나 시계의 태엽, 자동차나 기차의 충격흡수장치 등은 용수철을 이용한 대표적인 기기들이다. 우리 생활에서 사용되는 볼펜, 펀치, 침대의 매트리스, 저울, 스테이플러 등에도 용수철이 쓰인다.

용암

화산이 분출할 때 땅 위로 터져 나온 마그마를 가리킨다. 마그마에서 수증기·이산화탄소·수소·질소·황 등의 휘발성 기체 성분이 빠져 나간 것이다. 솟아나온 용암이 화산의 분화구에 괴어 있으면 용암호라 부르고, 땅 표면을 따라 흘러내리면 용암류라 부른다. 용암류가 흐르는 빠르기나 두께, 표면의 모양 등은 용암의 온도와 화학 조성, 가스의 함유량, 지표의 경사 각도 등에 따라서 달라진다. 온도가 낮고 잘 흐르지 않는 유문암질 용암은 두꺼운 용암류가 되고, 온도가 높고 자유롭게 흐르는 현무암질 용암은 두께가 얇은 용암류가 된다. 용암이 식어서 굳으면 화성암이 된다.

용액

어떤 물질이 다른 물질에 녹아서 혼합되어 있는 액체이다. 소금물이나 설탕물처럼 어떤 물질이 분자나 원자 또는 이온의 수준으로 균일하게 섞여 있는 혼합물이다. 용액에 녹아서 골고루 섞인 물질을 용질이라 하고, 용질을 녹이는 물질을 용매라고 한다. 설탕물 용액에서 설탕은

화산이 폭발하면서 용암이 분출되어 흐르고 있다.

용암 덩어리

용질이고 물은 용매이다. 알코올과 물이 혼합된 경우처럼 용질과 용매를 구별하기 어려운 경우에는 양이 많은 물질을 용매라고 하고, 양이 적은 물질을 용질이라고 한다. 그리고 설탕물과 같이 용매가 물인 용액을 수용액, 용매가 알코올인 용액을 알코올 용액, 용매가 벤젠인 용액을 벤젠 용액이라고 한다.

용액은 용질이 얼마만큼 용매에 녹아 있느냐에 따라서 포화 용액, 불포화 용액으로 나눌 수 있다. 포화 용액이란 어떤 온도에서 용질이 녹을 수 있는 최대량이 포함된 용액이다. 자신의 용해도만큼 용질이 녹아 있다면 그 용액은 포화 용액이다. 용질이 더 녹을 수 있다면 그 용액은 불포화 용액으로, 용해도보다 적은 양이 녹아 있는 것이다. 이처럼 용매 100그램 중에 녹아 있는 용질의 최대 그램 수를 그 온도에서의 용매에 대한 그 용질의 용해도라고 한다. 용해도는 용매와 용질의 종류에 따라 다르며, 온도에 따라서도 변한다. 액체나 고체의 액체에 대한 용해도는 압력에는 거의 영향을 받지 않으나 온도에 따라서는 크게 변한다.

용질

용액 중에 용매에 녹아 있는 물질이다. 설탕물에서는 설탕이 용질이 되고, 물은 용매가 된다. 물과 에탄올처럼 액체인 물질들을 혼합한 용액에서는 양이 더 적은 것을 용질이라고 한다. 설탕은 물에는 잘 녹지만 식용유에는 잘 녹지 않는 것처럼, 용질의 종류에 따라서 녹일 수 있는 용매가 달라진다.

용해

하나 또는 두 가지 이상의 물질이 다른 물질 사이에 골고루 퍼져 있는 상태를 말한다. 즉 어떤 물질이 액체 속에서 골고루 녹아 용액이 되는 과정이나 상태를 가리킨다. 이때 녹아서 골고루 섞인 물질을 용질이라 하고, 용질을 녹이는 물질을 용매라고 한다. 용질과 용매가 고르게 섞여 있는 물질, 즉 용해되어 있는 액체를 용액이라고 한다. 예를 들어 설탕물은 용질인 설탕이 용매인 물에 용해되어 있는 용액이다. 고체 물질이 용해될 때 알갱이의 개수는 녹기 전과 녹은 후에 변화가 없기 때문에 질량은 변하지 않는다. 그러나 부피는 용질의 알갱이와 용매의 알갱이 크기가 다르기 때문에 변한다. 용해되기 전에 용

탐구학습

물질을 빨리 녹이려면 어떻게 해야 할까요?
물질을 빨리 녹이려면 녹이려는 물질의 알갱이를 작게 만들거나 온도를 높게 하고 빠르게 저어 준다.

알갱이의 크기가 작을수록 더 잘 녹는 까닭
덩어리로 된 설탕이나 소금보다 가루가 더 빨리 녹는 이유는 물과 서로 접촉되는 면적이 덩어리보다 가루가 더 넓기 때문이다. 덩어리일 때는 덩어리 바깥쪽만 물과 닿아서 녹지만 가루가 되면 알갱이 하나하나가 물과 접촉하여 좀 더 넓은 면적이 물과 만나서 빨리 녹는 것이다.

온도가 높은 물에서 더 잘 녹는 까닭
온도가 높은 물에서 더 잘 녹는 까닭은 분자들이 온도가 높을수록 운동 속도가 빨라지기 때문이다. 따뜻한 물 분자는 운동 속도가 빨라져서 녹이려는 물질의 분자와 충돌하는 횟수가 많아지기 때문에 물질이 빨리 녹는다.

용액을 저어 주면 더 빨리 녹는 까닭
설탕은 물에 넣고 저어 주지 않아도 녹는다. 이것은 물질의 분자 운동 때문이다. 모든 물질은 분자로 이루어져 있는데 분자는 항상 운동하고 있다. 그래서 물에 설탕을 넣으면 저어 주지 않아도 물 분자와 설탕 분자의 운동으로 서로 부딪히게 되고, 물 분자와 설탕 분자가 골고루 섞이게 된다. 하지만 저어 주면 분자들의 운동이 더욱 활발해져서 더 빨리 잘 섞이게 된다.

질과 용매의 부피를 더한 것보다 용해된 후 용액의 부피는 더 줄어든다. 용매의 알갱이 사이에 용질의 알갱이가 들어가 빈 공간을 줄이기 때문이다. 콩과 좁쌀을 섞으면 콩 알갱이 사이의 빈 공간에 좁쌀 알갱이가 들어가 부피가 줄어드는 것과 같다. 그러나 알갱이의 개수는 같으므로 질량은 똑같다.

우라늄

은백색의 금속으로 방사성 원소이다. 원소 기호는 U이다. 천연에서 산출되는 금속 중에서 가장 무겁다. 독일의 화학자인 클라프로트가 1789년에 처음으로 발견했다. 자연 상태의 우라늄은 우라늄234와 우라늄235와 우라늄238의 세 종류가 있다. 이 중 우라늄235는 핵분열을 쉽게 일으켜 핵연료와 핵폭탄의 원료로 사용된다. 우라늄은 암석 중에 널리 분포해 있는데 대표적인 광석은 피치블렌드이다.

우량계

비가 내린 양을 잴 때 사용하는 관측 기기이다. 가장 간단한 것은 밑바닥이 있는 금속 원통을 수직으로 세운 것

이다. 원통 속에 고인 물의 깊이를 자로 재서 강우량을 측정한다. 눈이나 우박 등은 원통에 들어 온 것을 녹여서 잰다. 우량계의 원통 지름은 보통 16~26센티미터 정도이며, 우리 나라의 기상청에서는 지름 20센티미터인 것을 사용한다. 우량계를 설치할 때는 나무나 건물 등의 영향을 받지 않는 장소를 선택하여 주위에 잔디를 심어 빗방울이 튀는 것을 막는다. 또 물을 받는 곳이 지면에서 20센티미터 높이에 있게 한다. 1441년 세종 때 발명된 측우기는 세계 최초의 우량계이다.

우리별 위성

우리 나라 최초의 과학 실험 위성으로 1·2·3호가 있다. 우리별 1호는 1992년 8월 11일에, 2호는 1993년 9월 26일에 발사되었으며, 1호와 2호는 1300킬로미터 상공에서 110분마다 한 번씩 지구를 돈다. 고성능 카메라, 방사성 측정 장치와 통신 전자 장치 등을 갖추었다. 우리별 3호는 1999년 5월 26일에 발사되었으며, 우리 나라에서 개발한 고유의 소형 위성이다. 우리별 3호는 지구 관측용 카메라와 우주 환경 관측용으로 고에너지 입자 검출기, 반도체 방사능 영향 측정기, 고해상도 지자기 감지기, 전자 온도 검출기 등을 싣고 있다.

우박

하늘에서 땅 위로 떨어지는 작은 얼음 알갱이를 말한다. 얼음 알갱이는 눈의 결정 주위에 차가운 물방울이 얼어붙은 것으로, 주로 적란운에서 만들어진다. 크기는 보통 지름이 1센티미터 미만이지만 2~3센티미터 정도의 것도 많고 그보다 훨씬 큰 것도 있다. 전체가 투명한 얼음 알갱이도 있고, 불투명한 핵을 중심으로 투명한 얼음층과 불투명한 얼음층이 번갈아 싸고 있는 얼음 알갱이도 있다. 우박은 천둥·번개가 치고 소나기비가 내릴 때 함께 내리는 경우가 많다. 보통 한 곳에서 몇 분 정도 내리다 그치지만, 때로는 30분 이상 내리는 경우도 있다.

우박은 농작물에 많은 피해를 준다. 우박으로 배추나 상추 등의 채소 잎이 상하거나, 수박·사과·배 등의 과일이 피해를 입고, 심할 때는 온실이 파괴되기도 한다. 아주 드물지만 가축이나 사람이 우박에 맞아 죽기도 한다. 우리 나라에서는 주로 늦봄부터 여름으로 접어드는 5~6월과 여름에서 가을로 접어드는 9~10월에 우박이

우박

내린다.

우주

넓게는 무한한 시간과 만물을 포함하고 있는 끝없는 공간을 의미하고, 좁게는 은하·성단·성운·별·성간 물질·암흑 물질 등 모든 천체를 포함하는 공간을 의미한다. 우주 안에 우리 은하가 있고, 우리 은하 속에 태양계가 있으며, 그 속에 지구가 있고, 지구에 우리 나라가 있으며, 그곳에 우리가 살고 있다. 우리가 사는 지구뿐만 아니라 태양계나 우리 은하도 드넓은 우주의 작은 일부분에 지나지 않는다.

드넓은 우주를 어떻게 이해하는가는 시대와 과학의 발달에 따라 변해 왔다. 대폭발이론과 같은 현대의 우주론에 따르면 우주는 약 130억~200억 년 전에 일어난 대폭발로 탄생하였다. 이에 따르면 우주의 모든 질량이 무한한 밀도로 압축되어 있는 특이점이 대폭발을 일으켜 우주가 탄생한 것이다. 대폭발 직후의 우주의 온도는 아주 높았다. 대폭발이 일어난 지 1초 후의 온도는 약 100억 도였으나 100초 후에는 가장 뜨거운 별의 내부 온도 정도인 10억 도로 떨어졌다. 10억 도의 온도에서 중성자와 양성자가 하나로 결합해 중수소의 원자핵이 되고, 중수소의 원자핵이 결합해서 헬륨의 원자핵이 되었다.

이렇게 우주에 물질이 생겨났으며 그 후 우주는 계속해서 팽창하였고, 우주의 온도도 내려갔다. 대폭발로 생겨난 물질들은 온도가 내려가자 밀도가 높은 곳에서 자체의 중력으로 서로 뭉쳐져서 별과 행성 등의 천체가 만들

우주선

우주선은 사람이 타고 가느냐 아니냐에 따라 크게 무인 우주선과 유인 우주선으로 나눈다. 달에 첫발을 내딛었던 닐 암스트롱이 타고 간 아폴로 11호가 대표적인 유인 우주선이다. 금성을 탐사한 옛 소련의 베네라 우주선, 화성을 탐사한 미국의 매리너 우주선, 목성·토성·천왕성·해왕성을 탐사한 보이저 1·2호 등은 대표적인 무인 우주선이다. 우주 탐사에는 많은 위험이 따르기 때문에 오늘날에는 유인 우주선보다 무인 우주선을 많이 이용하고 있다.

우주선은 임무와 임무를 수행하는 방법에 따라 접근 통과형, 궤도 선회형, 대기 관측형, 착륙형 우주선 등 여러 가지로 나눈다. 접근 통과형 우주선은 보이저 호처럼 천체 주위를 지나가면서 관측하는 탐사선이고, 궤도 선회형 우주선은 갈릴레이 호나 카시니 호이겐스 호와 같이 탐사하고자 하는 행성의 궤도를 인공 위성처럼 돌면서 탐사한다. 대기 관측형 우주선은 보통 궤도선과 탐측기로 이루어져 있으며, 궤도선이 행성의 궤도에 진입한 후 탐측기나 탐측선을 행성의 대기 속으로 보낸다. 상대적으로 짧은 시간 동안 대기와 온도 등을 탐사하는 데 주로 이용되며, 베가 1·2호, 카시니 호이겐스 호 등이 대표적이다. 착륙형 탐사선은 행성에 직접 착륙해 탐사하는 탐사선으로 달에 착륙한 아폴로 호나 화성에 착륙한 패스파인더나 화성 탐사 로버 등이 대표적이다. 이밖에

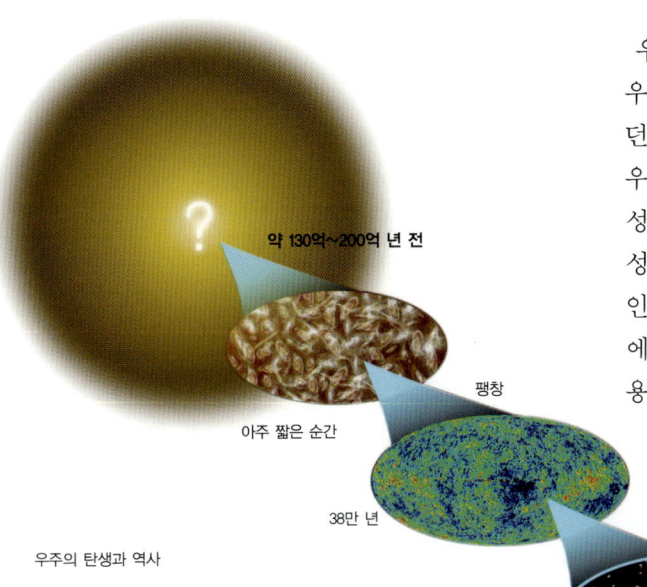

우주의 탄생과 역사

약 130억~200억 년 전
아주 짧은 순간
팽창
38만 년
현재

어졌다.

우주선

우주를 탐사하고 관측·시험·연구 조사 등을 위해 우주 공간을 날아가는 비행 물체이다. 우주 탐사선이라고도 한다. 1959년에 옛 소련의 무인 우주선 루나 2호가 처음으로 달을 탐사한 이후 수많은 우주선이 우주로 나아갔다. 우주선은 로켓과 우주 왕복선에 의해 우주로 나아간 후 우주선 자체의 동력과 행성의 중력을 이용하여 몇 년 동안 비행하여 목표 지점에 도착한다. 목표 지점에서 우주선은 싣고 간 사진기를 비롯한 많은 탐사 장비들을 사용하여 탐사한 후 그 결과를 지구의 과학자들에게 보내 준다.

토성을 탐사하고 있는 카시니 호이겐스 호를 상상하여 그린 그림

딥 스페이스 1호가 보렐리 혜성의 핵을 지나가고 있는 모습을 상상하여 그린 그림

도 딥스페이스처럼 관측하고자 하는 천체의 표면을 굴착하는 굴착형 탐사선 등이 있다.

우주 왕복선

우주 탐사선과 인공 위성을 우주로 실어 나르는 비행체이다. 오늘날 많은 인공 위성과 우주 탐사선이 로켓이나 우주 왕복선에 실려 우주로 날아간다. 지구의 대기권을 벗어나기 위해서는 초속 11킬로미터나 되는 엄청나게 빠른 속력이 필요하다. 현재 그 속력을 낼 수 있는 것은 로켓과 우주 왕복선뿐이다. 우주 왕복선은 한 번밖에 사용 못하는 로켓의 단점을 개선하기 위해 1970년대부터 미국에서 개발되기 시작했다. 1981년 4월 12일에 최초의 우주 왕복선 콜롬비아 호가 발사된 이후 지금까지 디스커버리 호, 아틀란티스 호, 엔데버 호 등이 100여 차례 우주 왕복 비행을 하였다.

몇 번이고 다시 사용할 수 있는 우주 왕복선은 승무원과 화물을 운반하는 날개 달린 궤도선, 궤도선에 사용되는 연료를 담은 외부 연료 탱크, 부스터라 불리는 보조 로켓 2개로 이루어져 있다. 우주 왕복선은 부스터와 궤도선의 주 기관을 사용하여 발사된 후 궤도선이 우주에서 주어진 임무를 마치고 지구의 대기권에 다시 들어와 글라이더처럼 날아서 착륙한다. 우주 왕복선은 최대 열 명의 승무원과 최대 28.8톤의 화물을 우주로 실어 나를 수 있다. 우주 왕복선은 그 동안 수많은 인공 위성을 싣고 올라가 궤도에 올려놓았고, 국제우주정거장을 짓는 데 필요한 화물을 실어 날랐으며, 고장 난 인공 위성을 회수

우주 왕복선 엔데버 호

케네디 우주센터의 우주 왕복선 착륙장에 착륙하고 있는 미국의 우주 왕복선 아틀란티스 호

하고 수리하는 등 많은 일을 하였다.

우주 정거장

지구 둘레의 고정된 궤도를 돌면서 과학 관측과 실험, 우주선의 연료 보급, 인공 위성과 우주 탐사선의 발사 등을 위한 기지로 설계된 유인 인공 위성이다. 본격적으로 우주를 탐사하기 시작하면서 과학자들은 우주 환경을 이용하고 달과 행성을 탐사하기 위한 중계 기지로서 우주 정거장이 필요하다고 생각했다. 우주 탐사와 개발을 위해서 기껏해야 며칠 또는 몇 주일쯤 우주에 머문 후 지구로 돌아오는 유인 우주선 대신 몇 년 동안 우주에 머물 수 있는 우주 정거장이 필요했던 것이다.

최초의 우주 정거장은 옛 소련에서 1971년 4월 19일에 발사한 살류트 1호이다. 살류트 1호는 궤도가 너무 낮아 6개월 뒤에 지구로 추락하였다. 이 후 1974년부터 1982년까지 소련은 우주 정거장 살류트 3호에서 7호까지 5대의 우주 정거장을 궤도에 진입시키는 데 성공했다. 그리고 미국은 1973년에 실험용 우주 정거장 스카이랩을 궤도에 진입시키는 데 성공했다. 옛 소련은 1986년 2월 20

러시아의 우주 정거장 미르에 미국의 우주 왕복선 아틀란티스 호가 도킹해 있다. 15년 이상 운용된 미르의 경험은 국제우주정거장의 건설에 많은 도움을 주었다.

세계 16개 나라가 함께 만든 국제우주정거장의 모습. 가로는 108미터, 세로는 74미터, 무게는 450톤이다. 7명의 우주인이 3~6개월가량 머물며 각종 실험을 진행할 수 있다.

일에 살류트 우주 정거장을 대신할 새 우주 정거장으로 미르를 발사했다. 미르는 발사된 후부터 2001년 3월에 지구로 추락해 폐기될 때까지 인간의 최장기 우주 체류 기록을 세우는 등 많은 기록을 세웠다. 미르 호에서는 옛 소련을 비롯한 세계 27나라에서 설치한 수많은 장비를 이용해 모두 2만 3000여 건에 달하는 과학 실험을 하였다. 오늘날에는 국제우주정거장이 미르 대신 우주에서 활동하고 있다. 1992년에 미국, 러시아, 프랑스, 일본 등 세계 16나라가 참여해 국제우주정거장 건설 계획을 세운 후, 1998년 11월에 국제우주정거장의 첫번째 부분이 러시아에 의해 쏘아 올려졌다. 이후 지구에서 만든 우주 정거장의 각 부분을 로켓과 우주왕복선으로 우주로 운반해 국제우주정거장을 건설하고 있다. 국제우주정거장은 모두 43개의 부분으로 이루어져 있으며, 크기는 가로 108미터, 세로 74미터이다. 완공되면 우주인 7명이 3~6개월가량 머물며 각종 과학 실험과 관측을 할 수 있다.

운동

어떤 기준점에 대하여 물체의 위치가 시간이 지남에 따라서 변하는 현상을 말한다. 간단한 형태의 운동으로는 물체가 한 직선을 따라 일정한 속력으로 나아가는 병진 운동, 원을 따라 일정한 속력으로 도는 회전 운동, 위치가 주기적으로 바뀌는 주기 운동 등이 있다. 여러 가지 복잡한 운동은 간단한 운동들의 조합으로 설명할 수 있다. 물체의 운동 상태를 바꾸는 것은 힘이다. 정지해 있거나 운동하는 물체에 힘이 작용하지 않으면 물체는 운동 상태를 계속 유지하려고 한다. 이를 관성이라고 한다.

운석

유성을 만드는 알갱이인 유성체가 대기 중에서 완전히 타버리지 않고 땅에 떨어진 것을 가리킨다. 대부분의 유성체는 대기 중에서 쪼개져 부서지거나 완전히 타버리지만 큰 유성체는 대기를 뚫고 지표면까지 떨어지기도 한다. 큰 운석은 지표면과 충돌할 때 커다란 운석 구덩이를 만든다. 운석은 일반적으로 철질·석질·석철질 운석 등으로 나눈다. 철질 운석은 주로 니켈과 철 같은 금속과 황화철로 이루어져 있다. 석질 운석은 감람석과 휘석 같은 규산염은 풍부하지만, 금속과 황화물은 적다. 지금까지 발견된 운석의 4분의 3 정도는 석질 운석이다. 석철질 운석은 많은 양의 니켈과 철 같은 금속과 규산염 광물이 섞인 운석이다.

원생생물

몸이 한 개의 세포로 되어 있는 단세포생물과 물 속에서 광합성을 하는 생물을 가리킨다. 생물계를 5계로 나눌 때 원생생물계로 분류하며, 아메바류·편모충류·섬모충류·포자충류·점균류·규조류·쌍편모조류·갈조류·녹조류 등이 여기에 속한다. 원생생물은 원핵생물과 마찬가지로 대부분이 몸이 한 개의 세포로 되어 있는 단세포생물이지만, 원생생물의 세포는 뚜렷한 핵이 없는 원핵동물의 세포와 달리 원생생물의 세포는 핵막으로 둘러싸인 핵이 있는 진핵세포로 이루어져 있다. 또 세포질에는 소포체와 미토콘드리아 등의 구조체가 발달해 있다. 대부분 무성생식으로 번식을 하며, 무성생식과 유성생식을 교대로 하거나 유성생식으로 번식을 하는 것도 있다. 아메바류·편모충류·섬모충류·포자충류는 원생동물이라고도 한다. 대표적인 원생동물로는 아메바, 짚신벌레, 연두벌레 등이 있다. 위족이나 편모, 섬모로 운동을 하고, 대부분 다른 생물에 기생하는 종속 영양 생물이다. 규조류·쌍편모조류·갈조류·녹조류 등은 조류라고 하는데, 광합성을 하고 식물과 비슷한 모양

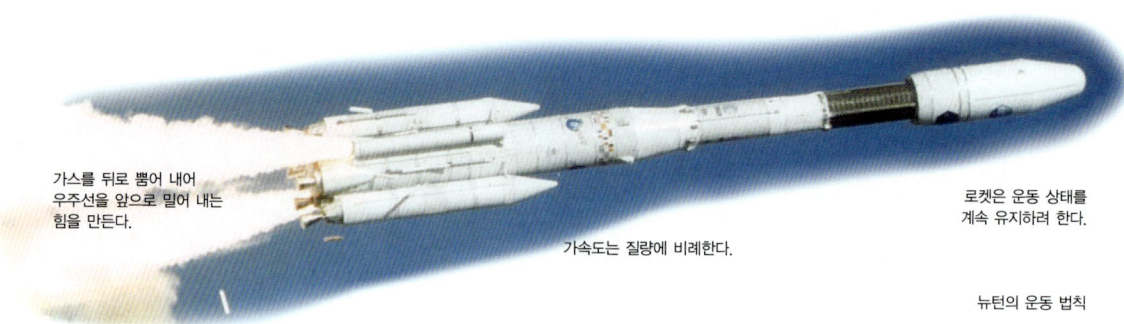

가스를 뒤로 뿜어 내어 우주선을 앞으로 밀어 내는 힘을 만든다.

가속도는 질량에 비례한다.

로켓은 운동 상태를 계속 유지하려 한다.

뉴턴의 운동 법칙

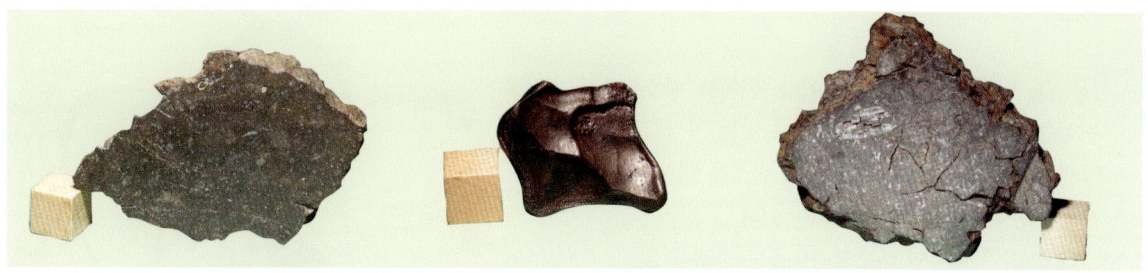

완전히 다 타버리지 않고 땅에 떨어진 운석들이다. 왼쪽부터 석질운석, 철질운석, 석철질 운석이다. 운석 옆에 있는 육면체는 한 변의 길이가 1센티미터이다.

을 하고 있어서 하등 식물로 분류하기도 한다. 그러나 식물과 달리 관다발이 없고, 생식 기관의 구조가 간단하며, 유성생식과 무성생식을 교대로 번식하기도 하고 이분법으로도 번식하기 때문에 오늘날에는 대부분 원생생물계로 분류한다.

원소

물질을 구성하는 기본 알갱이로, 한 종류의 원자로 구성되어 있다. 현재까지 109종의 원소가 알려져 있으며, 원자핵 내의 양성자 수와 원소번호가 같다. 자연계에서 안정적으로 존재하는 것은 83종이고, 나머지는 천연 방사성 원소나 인공 핵반응으로 만들어지는 원소로 불안정하여 금방 나눠진다. 원소의 성질은 각각의 원자 구조에 따라 달라진다.

원소 기호

원소에 주어진 국제적으로 공통된 명칭과 기호를 말한다. 각각의 성질, 발견의 역사, 지명, 신이나 사람의 이름을 따서 만든 것이다. 대개 머리글자로 시작되는 1~2문자의 알파벳을 원소 기호로 사용한다. 첫 글자는 대문자, 두 번째는 소문자로 쓴다. 예를 들어 수소는 hydrogen에서 H, 철은 라틴어 ferrum에서 Fe로 쓴다.

원자력 발전

원자로에 넣은 방사성 원소의 핵분열을 이용하여 전기 에너지를 얻는 발전 방식이다. 주로 우라늄이나 플루토늄 등을 연료로 사용해 핵분열 연쇄 반응을 일으키고, 이 때 나오는 열을 이용해 물을 끓여 만든 증기로 발전기의 터빈을 돌리는 것이다. 원자로의 핵분열 연쇄 반응은 원자 폭탄처럼 순간적으로 일어나는 것이 아니라 지속적으로 서서히 일어난다. 이를 위해 원자로 속에 감속재를 넣는다. 감속재로는 경수, 중수, 흑연 등이 사용된다. 또 핵분열로 생긴 열 때문에 원자로 내부가 너무 뜨거워지지 않게 냉각재를 넣는다. 냉각재로는 고압의 공기·탄산가스·헬륨 등을 쓰기도 하지만 보통 경수와 중수를 감속재를 겸해서 많이 쓴다. 원자로에 감속재와 냉각재

미국 애리조나 주 사막에 있는 베링거 운석 구덩이

원생생물인 연두벌레

원자

물질을 구성하는 기본 단위이다. 원자는 원소를 나누었을 때 그 원소의 특성을 갖고 있는 가장 작은 알갱이를 가리킨다. 원자가 모여 원소를 만들고, 각 원소는 한 종류의 원자로 되어 있다.

그리스의 철학자인 데모크리토스는 물질을 계속 쪼개어 나가면 최종적으로 원자에 이르고, 원자는 더 이상 쪼갤 수 없다는 원자설을 주장했다. 원자를 뜻하는 atom은 그리스어로 '더 이상 쪼갤 수 없는'이란 뜻의 atomos에서 나온 것이다.

19세기에 영국의 물리학자인 돌턴은 원자설을 주장하면서 원자는 물질을 구성하는 작은 알갱이로 더 이상 쪼갤 수 없는 공으로 보았다. 그 이후 실험을 통해서 원자는 더 작은 알갱이들로 이루어졌음이 밝혀졌다. 가장 먼저 발견된 것은 전자이다. 1897년 영국의 과학자인 톰슨이 음극선 실험을 하던 중 음전하를 띤 알갱이를 발견하였는데 이것이 전자이다. 톰슨은 푸딩에 건포도가 박혀 있는 것처럼 전자가 원자 속에 들어 있다고 생각했다. 1910년에 영국의 물리학자인 러더퍼드가 원자핵을 발견하였다. 그는 원자의 중앙에 원자핵이 있으며, 전자는 핵의 주변에 있다고 생각했다. 그 이후 덴마크의 물리학자인 보어는 태양이 중심에 있고 수성, 금성, 지구 등의 행성이 태양 주위를 도는 태양계처럼, 원자핵은 중앙에 있고 전자가 원자핵 주위를 돌고 있다고 주장했다. 현대에는 원자핵이 중앙에 있고, 전자가 구름처럼 모여 있다고 본다.

원자의 구조

원자의 구성과 특징

원자는 크게 원자핵과 전자로 나눠진다.

원자핵은 원자의 중앙에 있으며 양전하를 띠고, 원자 질량의 대부분을 차지한다. 원자핵은 양성자와 중성자로 이루어져 있다. 양성자는 양전하를 띠는 알갱이이며, 중성자는 전하를 띠지 않아 중성이고 양성자와 중성자의 질량은 같다. 양성자의 수는 그 원자가 속하는 원소의 원자번호와 같다.

전자는 매우 빠르게 원자핵 주변을 돌아다니는데, 음전하를 띠고 있으며 매우 가볍다.

전자와 양성자의 수가 같아서 원자는 중성을 이루고 있다.

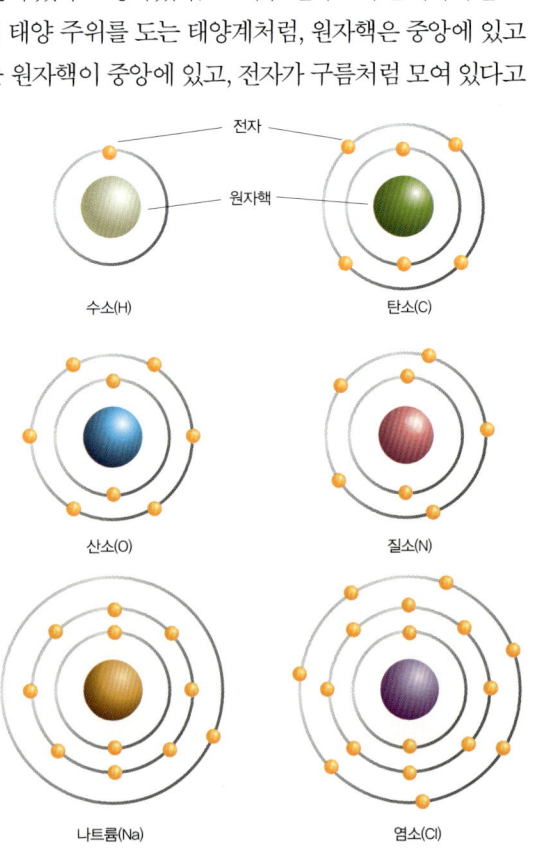

수소(H)   탄소(C)

산소(O)   질소(N)

나트륨(Na)   염소(Cl)

영광 원자력 발전소

로 보통의 물인 경수를 사용하면 경수로 식이고, 중수를 사용하면 중수로 식이다. 중수는 중성자를 덜 흡수하고 감속비가 높아 감속재로는 좋지만 가격이 비싸다. 우리나라에서는 1978년에 처음으로 고리원자력발전소에서 원자력 발전을 시작하였다.

원자 폭탄

우라늄이나 플루토늄 등의 방사성 원소가 분열할 때 내놓는 막대한 에너지를 이용하여 만든 폭탄이다. 우라늄은 자연에서 얻을 수 있고 쉽게 핵분열을 하는 우라늄235를 사용하며, 플루토늄239는 원자로에서 나오는 폐기물을 화학적으로 처리하고 추출하여 사용한다. 우라늄235와 플루토늄239에 중성자를 충돌시키면 우라늄의 핵과 플루토늄의 핵이 분열하고 또 다른 중성자가 핵으로부터 튀어나온다. 이렇게 튀어나온 핵이 다시 우라늄과 플루토늄에 충돌하는데, 이 과정이 잇달아 일어나면 우라늄과 플루토늄의 분열이 순식간에 일어나면서 막대한 에너지가 나온다. 원자 폭탄은 용기에 우라늄과 플루토늄을 담고 그 주변에 폭약을 둔 다음 이를 폭발시켜 우라늄과 플루토늄이 분열할 수 있게 한 것이다.

원추세포

물체의 색깔을 구별하는 세포로 눈의 망막에 있다. 망막의 중앙에 약 700만 개가 있다. 원추세포는 눈으로 들

원자로와 원자로에서 빼낸 핵 연료봉

어오는 특정한 빛의 파장에 민감하게 반응하는 것에 따라 적색·녹색·청색 세 종류의 세포로 나눌 수 있다. 특정한 파장의 빛을 흡수하는 비율에 따라 다양한 색깔을 볼 수 있다. 원추세포에 이상이 생기면 색맹이 된다.

원핵생물

몸이 한 개의 세포로 되어 있는 단세포생물이다. 세포는 핵막으로 둘러싸인 뚜렷한 핵이 없는 원핵세포이다. 유전 물질인 디엔에이는 세포질에 퍼져 있으며, 미토콘드리아 등의 구조체가 없다. 하나의 세포가 둘로 나누어지는 분열법으로 번식한다. 생물의 진화에서 가장 먼저 나타난 생물로, 29~34억 년 전에 지구상에 나타난 생물로 짐작하고 있다. 생물계를 5계로 나눌 때 원핵생물계로 분류하며, 세균류와 남조류가 여기에 속한다. 세균류는 현재까지 2000여 종이 알려져 있으며, 땅·물·공기·식물·동물·사람의 몸 속 등 어느 곳에나 양분이 있으면 기생한다. 공 모양·막대 모양·나선 모양 등 모양에 따라 구균·간균·나선균으로 나누기도 한다. 대표적인 세균류로는 포도상 구균, 연쇄상 구균, 쌍구균 등이 있다. 남조류는 엽록소와 남조소가 있어서 광합성과 독립 영양 생활을 하는 생물이다. 단세포이지만 세균류보다 크고, 여러 세포들이 모여 군체를 이루기 때문에 다세포생물처럼 보인다. 남색꽈리처럼 바닷물에서 사는 것도 있지만 대부분 연못이나 호수, 습지 등에 산다. 대표적인 남조류로는 염주말, 흔들말 등이 있다.

월경

성숙한 여성의 자궁에서 주기적으로 출혈하는 생리 현상이다. 생리라고도 한다. 난소에서 매월 1개의 난자가 만들어져 배란되면 여성의 자궁 안벽의 점막은 여포자극호르몬과 에스트로겐으로 두터워지고 부드러워진다. 난자가 수정되었을 때 수정란이 쉽게 착상할 수 있게 하기 위해서이다. 그런데 난자가 수정되지 못하면 두터워진 자궁 안벽의 점막이 파괴되어 출혈을 일으키며 몸 밖으로 나온다. 이것이 월경이다.

월경은 보통 12~17살에 시작하여 50살 전후까지 계속된다. 임신 중이나 아기에게 젖을 주는 수유기를 빼고 평균 28일 간격으로 3~7일 동안 지속된다. 월경은 여성이 임신할 수 있음을 알려 주는 징표이다.

월식

달이 지구의 그림자에 가려 전부나 일부가 보이지 않는 현상이다. 태양이 비치는 반대쪽에 지구의 그림자가 생기는데, 보통 보름달 4개 정도를 덮을 만큼 넓게 만들어진다. 달 전체가 모두 그림자 속에 들어가는 경우를 개기 월식이라 하고, 일부분만 가려지는 경우를 부분 월식이라 한다. 부분 월식 때에 비친 지구의 그림자는 지구가 둥글다는 증거이다. 한편 달은 지구 주위를 한 달에 한 번씩 공전하는데, 매번 월식이나 일식 현상이 생기지 않는다. 그것은 태양과 지구가 이루는 면인 황도와 지구와 달이 이루는 면인 백도가 서로 기울어져 있기 때문이다.

위

척추동물의 소화 기관 중에서 식도와 장 사이에 있는 주머니 모양의 기관이다. 입으로 들어와 식도를 통과한 음식물은 위에 잠시 머물러 어느 정도 소화된 다음 작은 창자로 보내진다. 위의 입구는 분문, 출구는 날문이라고 한다. 사람의 위에서는 위벽의 연동 운동으로 위액과 음식물을 섞는 기계적 소화와 소화 효소로 단백질을 분해하는 화학적 소화가 함께 일어난다. 위액에는 소화 효소

2000년 3월 9일의 월식이다. 달이 지구의 그림자 속으로 들어가고 있다.

유리로 지어진 창경궁의 온실

인 펩신이나 염산 등이 들어 있어 소화를 돕는다. 대부분의 어류·양서류·파충류의 위는 단순한 관 모양으로 식도와 뚜렷하게 구별되지 않는다. 조류의 위는 전위와 사낭의 2실로 나누어져 있고, 초식 동물인 소나 사슴의 위는 3~4실로 나누어져 있다.

위성

행성의 인력 때문에 그 주위를 도는 천체이다. 위성은 행성 주위를 공전하면서 자전도 한다. 태양계의 행성들은 모두 139개의 위성을 거느리고 있다. 크기가 가장 큰 목성의 위성이 63개로 가장 많다. 토성은 33개, 천왕성이 27개, 해왕성이 13개, 화성이 2개, 지구가 1개의 위성을 거느리고 있다. 태양과 가까운 수성과 금성은 위성이 없다. 태양계에서 가장 큰 위성인 목성의 가니메데와 두 번째로 큰 위성인 토성의 타이탄은 행성인 수성보다도 크다.

유기 농법

곡물을 재배하는 과정에서 화학 비료나 농약 등을 사용하지 않고, 천연 비료를 이용하는 농사 방법이다. 유기 농법에서는 질소질 비료나 인산 비료 등 화학 비료뿐만 아니라 농약·생장 조절제·제초제 등을 전혀 사용하지 않는다. 대신 동물이나 식물에서 나온 볏짚·풀·가축의 배설물 등을 발효시켜 만든 두엄을 비료로 이용한다. 유기 농법을 쓰면 땅이 살아나고, 농작물이 병충해에도 강해진다.

유기화합물

탄소가 주성분인 탄소 화합물을 가리킨다. 생물체의 구성 물질로 유기물이라고도 한다. 대표적인 유기화합물에는 탄수화물·단백질·지방 등이 있다. 광물로부터 얻어지는 무기화합물에 대해, 생물에 의하여 만들어지는 화합물이라는 뜻으로 유기화합물이라 하였다. 그러나 1828년에 독일의 화학자인 뵐러가 무기물로 알려져 있던 시안산암모늄으로부터 요소를 만든 이후 많은 유기화합물이 합성되면서 유기화합물과 무기화합물의 구별이 어려워졌다. 오늘날에는 홑원소물질인 탄소, 산화탄소, 금속의 탄산염, 시안화물을 제외한 탄소 화합물을 가리킨다.

유리

규사·탄산나트륨·탄산칼슘 등을 높은 온도에서 녹인 다음 급히 냉각하여 만든 물질이다. 투명하고 단단하지만 쉽게 깨진다. 유리는 결정질 고체와 달리 알갱이가 규칙적으로 배열되어 있지 않아서 약간의 유동성을 갖고 있다. 그래서 아주 오래 된 유리창을 보면 아랫부분이 윗부분보다 조금 더 두툼한 것을 볼 수 있다.

유리는 기본 재료에 따라 소다 유리, 경질 유리, 석영 유리 등으로 나눌 수 있다. 소다 유리는 석회암과 규산나트륨과 규산칼슘 등의 혼합물로, 판 유리나 병 유리 등으로 일상생활에서 가장 흔하게 쓰이는 유리이다. 소다 유리를 만들 때 금속 산화물을 약간 넣으면 색유리를 만들 수

유성

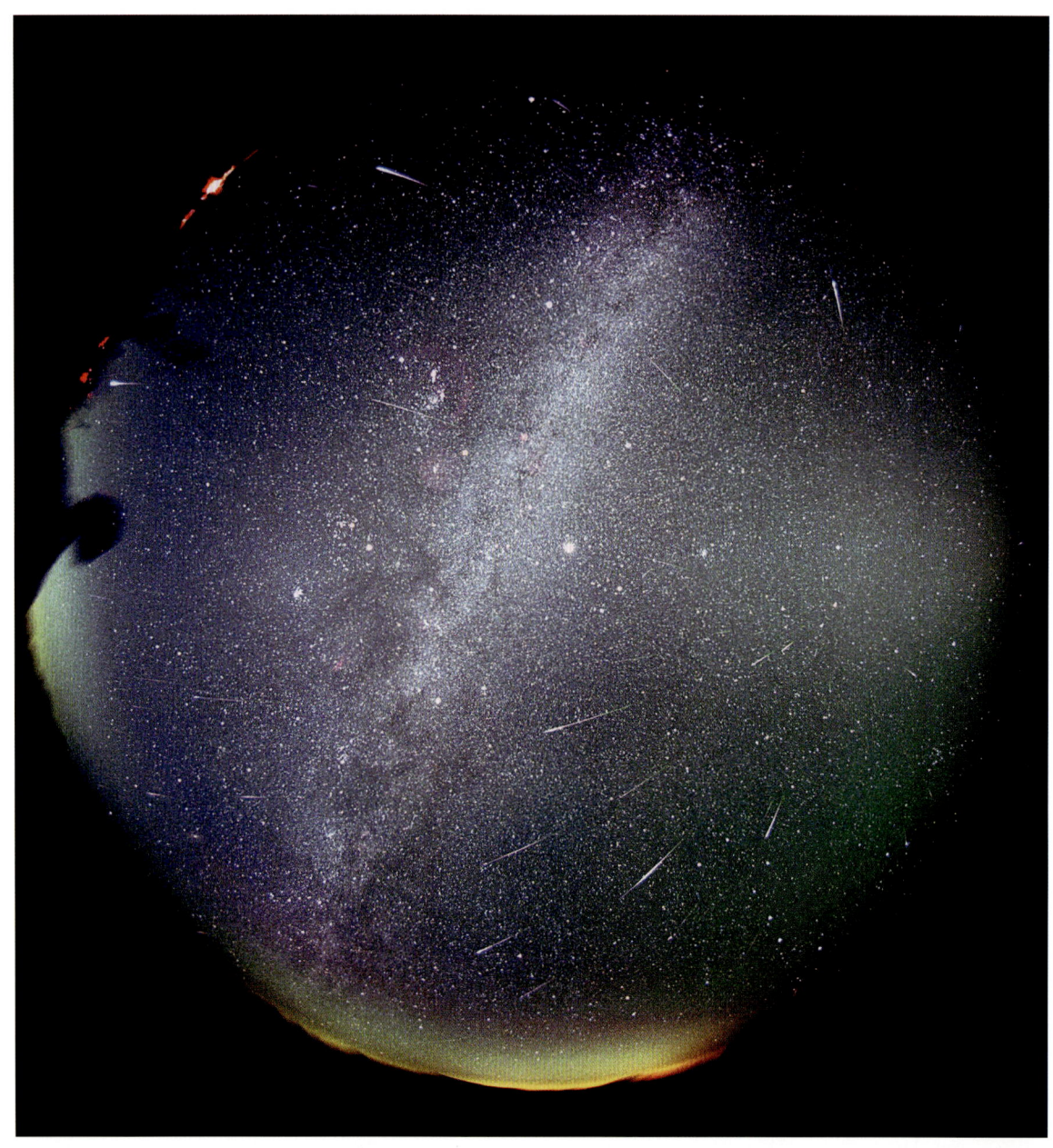

소나기처럼 쏟아지는 유성우

있다. 경질 유리는 규산이나 붕산을 많이 함유한 유리이다. 녹는점이 높고 약품에도 강해 화학 실험 기구나 전기 기기에 많이 사용된다. 석영 유리는 석영이나 수정 가루를 녹여서 만든 것이다. 녹는점이 매우 높고 열에 강해서 고온에서 사용하는 실험 기구에 많이 이용된다. 유리는 건축 재료나 생활용품, 각종 전기 제품, 실험 기구, 광섬유 등에 널리 쓰인다.

유성

밤하늘에서 길게 빛을 내며 순식간에 떨어지는 작은 물체를 말한다. 별똥별이라고도 한다. 진짜 별이 떨어지는 것이 아니고, 혜성이나 소행성에서 떨어져 나온 티끌이나 태양계를 떠돌던 먼지 등이 지구 중력에 이끌려 들어와 떨어지는 것으로, 대기와의 마찰로 불타면서 빛을 내는 것이다. 유성을 만드는 알갱이를 유성체라고 한다. 매년 20만 톤 이상의 유성체가 지구 대기로 들어온다. 유성체는 조그마한 소행성의 크기부터 작은 먼지 크기까지 그 크기가 다양하다. 대부분의 유성체는 굵은 모래알 크기이다. 유성체는 초속 11킬로미터에서 72킬로미터에 이르는 빠른 속도로 지구 대기에 들어와 공기와 마찰을 일으켜 보통 100~130킬로미터의 고도에서부터 빛을 낸다. 대부분의 유성체는 20~90킬로미터 정도의 고도에 이르면 쪼개져 부서지거나 완전히 타버린다. 유성체가 클수록 유성은 밝은 빛을 낸다. 유성이 빛을 발하는 시간은 보통 수십 분의 1초에서 수 초 사이이다. 완전히 타버리지 않고 땅에 떨어진 유성체를 운석이라 한다.

유전

어버이의 성격·체질·형상 등이 자손에게 대대로 이어지는 것이나 그런 현상을 가리킨다. 유전에 의해 부모를 닮은 자식이 태어난다. 부모에게서 자식에게 전해지는 특별한 물질인 유전자에 의해 부모를 닮은 자식이 태어나는 것이다.

유전 현상을 처음으로 밝힌 사람은 오스트리아의 수도사이자 유전학자인 멘델이다. 멘델은 키 큰 완두와 키 작은 완두를 교배시켰다. 우선 키 작은 완두의 꽃가루를 채취하여 수술을 없앤 키 큰 완두의 암술에 꽃가루받이를 시켰다. 그런 다음 꽃에 봉지를 씌워 다른 완두의 꽃가루가 들어가지 못하게 했다. 이렇게 얻은 잡종 완두의 꽃가루로 다시 꽃가루받이를 했더니, 키 큰 완두와 작은 완두가 3대 1의 비율로 나왔다. 멘델은 이것을 보고 식물의 크기를 결정하는 어떤 것이 꽃가루와 암술에 있을 것이라고 추측했다. 그 어떤 것이 바로 유전자이다.

사람의 몸에 있는 세포의 핵에는 23쌍의 염색체가 있다. 남녀의 생식세포인 정자와 난자가 만나 수정란을 만들 때 각각 23개의 염색체가 합쳐진다. 수정란은 세포 분열과 발생을 거듭해 새로운 개체인 아이가 태어난다. 정자의 염색체에는 아버지의 유전 정보가 담겨 있고, 난자에는 어머니의 유전 정보가 담겨 있다. 두 유전 정보가 만났을 때 둘 중 하나의 유전 정보가 아이에게 나타난다. 예를 들면, 어머니와 아버지의 유전자에는 눈동자의 색을 결정하는 유전자가 들어 있다. 만약 어머니의 눈동자 색이 파란색이고 아버지의 눈동자 색이 갈색이라면 아이의 눈동자는 갈색이 된다. 파란색과 갈색이 대립해서 갈색이 이긴 것이다. 이렇게 대립 형질 중 나타나는 형질을 우성이라 하고, 그렇지 않은 것을 열성이라 한다.

유전공학

유전자의 합성이나 변형 등을 연구하는 학문이다. 생물의 유전자를 인위적으로 가공하여 인간에게 필요한 물질을 대량으로 값싸게 얻는 것을 목적으로 한다. 유전공학은 에너지·식량·의료 등의 문제를 해결할 수 있는 제3의 산업혁명으로 주목받고 있다.

유전학

생물의 각종 형질이 어떻게 자손에게 전달되고 각 개체에 나타나는지를 연구하는 생물학의 한 분과이다. 유전학이라는 용어는 1906년에 영국의 유전학자인 베이트슨이 유전과 변이를 연구하는 학문 분야라는 뜻으로 만든 것이다. 그러나 유전학이 발전하면서 연구 범위가 넓어져 생물학의 전 분야와 관련을 가지게 되었다. 현재는 유전 물질의 물리·화학적 연구도 넓은 뜻으로서의 유전학에 포함된다. 유전학의 발전은 유전자를 인위적으로 조작하면서 원하는 유전 형질을 생물체에 집어 넣거나 변형시켜 새로운 형질의 생명체를 만들어 내는 분자 생물학이 발전하는 계기가 되었다.

육식 동물

먹이 연쇄에서 다른 동물을 잡아먹는 동물이다. 풀을 먹는 사슴이나 토끼와 같은 초식 동물을 잡아먹는 사자·호랑이·늑대 등이 육식 동물이다. 송곳니와 발톱이 대체로 날카로우며, 몸집이 작고 동작이 빠르다. 또 사냥에 필요한 후각·청각·시각이 발달하였다. 고기는 풀에 비해 소화가 잘 되기 때문에 창자의 길이가 짧아서 몸집이 대체로 작다.

육지

지구의 표면 중에서 물로 덮여 있지 않은 부분을 말한다. 지구의 표면적 약 5억 1000만 제곱킬로미터 중 육지의 넓이는 약 1억 5000만 제곱킬로미터이다. 대체로 해수면보다 높은 부분으로, 공기 중에 나와 있기 때문에 항상 풍화·침식 작용을 받고 있다. 산악 지대에서 평야까

소용돌이 은하 M51의 중심부 모습이다. NGC 5194라고도 하는 이 나선 은하는 작은 망원경으로도 쉽게 관측할 수 있다. 이웃에 NGC 5195 은하가 있다.

지 여러 지형이 있다. 육지 부분의 지각의 두께는 30~50 킬로미터로 바다 밑 지형보다 훨씬 두껍다. 육지에서 가장 높은 곳은 에베레스트 산 정상으로 해발 고도가 8848 미터이다.

은

은백색의 광택이 있는 무른 금속으로, 원소 기호는 Ag이다. 금속 중에서 열과 전기를 가장 잘 전달한다. 오존과 반응하면 흑색의 과산화은으로 변하고, 황이나 황화수소와 반응하면 흑색의 황화은으로 변하며, 질산이나 진한 황산에 녹아 질산은이나 황산은이 된다. 아름다운 광택이 있어서 귀금속으로 금과 함께 장식품을 만드는 데 많이 쓰인다. 전기와 열을 잘 전하고 가공하기 쉽고 기계적 성질이 좋아 공업용으로 많이 쓰인다. 화폐와 필름 등에도 쓰인다. 순수한 은은 너무 연하므로 합금으로 사용하는 경우가 많다.

은하

수백만 개에서 수천억 개의 별들이 모여 있는 천체의 무리를 가리킨다. 은하는 별과 성단·성운·가스와 먼지로 이루어져 있으며, 우주에는 수십억 개의 은하가 있다. 은하의 모양은 공처럼 둥근 것에서부터 럭비공 같이 납작한 것, 나선 팔을 가진 것, 일정한 모양이 없는 것 등 다양하다. 은하는 모양과 크기에 따라 크게 타원 은하, 나선 은하, 불규칙 은하로 나눈다.

타원 은하는 거의 구형에 가까운 것도 있지만 대부분은 타원형이다. 타원 은하의 질량은 매우 크지만 크기는 그다지 크지 않다. 나선 은하는 평평하고 납작한 원반 모양으로, 별들이 은하의 핵에서 바깥 방향으로 소용돌이 모양의 팔이 감겨진 것처럼 보이는 은하이다. 지구와 태양계가 속해 있는 우리 은하는 나선 은하이다. 불규칙 은하는 이름 그대로 일정한 모양이 없는 불규칙한 은하이다.

나선 은하 NGC 2207이 또 다른 나선 은하 IC 2163을 엄청난 중력으로 끌어당기고 있다.

이 밖에 나선 은하, 타원 은하, 불규칙 은하 그 어디에도 속하지 않는 활동성 은하도 있다.

은하수

지구와 태양계가 속해 있는 은하이다. 밤하늘에 별 무리가 한 쪽 지평선에서 다른 쪽 지평선으로 흐르는 강처럼 보여서 은하수라 하였다. 순수한 우리말로는 미리내라고 한다. 옛날의 서양 사람들은 은하를 그리스 로마 신화에 나오는 헤라 여신의 젖을 빨던 아기 헤라클레스가 흘린 젖이라고 생각했다. 은하수는 우주에 있는 수십억 개의 은하 중 하나로 나선 은하이다. 우리 은하의 가운데 부분은 공처럼 둥글지만 바깥쪽은 몇 개의 팔이 휘감고 있는 모습이다. 이런 은하를 밖에서 보면 나선 형태의 팔로 보이지만, 그 속에 있는 지구에서 보면 은빛 띠와 같은 은하수로 보인다. 우리 은하 속에는 태양과 같은 별이 2000억 개가 넘게 있다. 은하수를 가로질러 가는 데는 빛의 속도로 가도 10만 년이나 걸린다.

음지 식물

그늘진 곳에서도 잘 자라는 식물을 가리킨다. 반대로 햇빛이 많이 쬐는 곳에서 잘 자라는 식물은 양지 식물이라고 한다. 음지 식물은 대체로 잎이 넓고 얇으며 잎 수가 적은 것이 특징이다. 햇빛을 최대한 많이 흡수하기 위해 잎의 넓이가 넓은 것이다. 음지 식물에는 식나무, 광나무, 참나무, 잣나무, 밤나무, 너도밤나무, 숲속에서 자라는 풀들과 고사리 등의 양치식물, 이끼 식물 등이 있다. 음지 식물인 참나무의 씨앗이 양지 식물인 소나무 숲에서 싹을 틔우면 참나무는 그늘진 곳에서도 왕성하게 자라 나중에는 소나무보다 더 크게 자란다. 그러면 참나무가 빛을 가려 오히려 소나무는 잘 자라지 못하고 점차 사라진다.

음파

매질을 통해 전달되는 소리의 파동이다. 사람에 따라 차이는 있지만, 진동수가 20~2만 헤르츠인 음파를 들을 수 있다. 음파의 속력은 공기나 물, 나무 막대 등 매질에 따라 각각 다르며, 온도에 따라서도 다르다. 음파는 매질을 구성하는 물질의 진동으로 전달되기 때문에 물질의 질량과 밀도, 결합 상태 등에 따라 음파의 진행 속도가 달라진다.

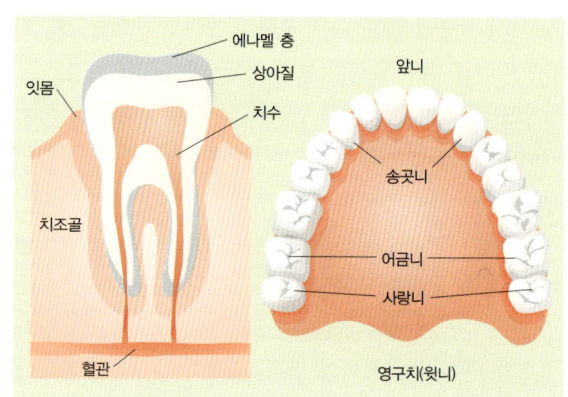

이의 구조와 배열

이

입 속에 있는 딱딱한 기관으로 소화 기관에 속한다. 음식물을 잘게 으깨고, 소리를 내거나 말을 하며, 물체를 물거나 자르는 일에 사용한다. 사람의 이는 젖니와 영구치가 있다. 영구치가 나기 이전의 젖니는 생후 6개월경부터 나기 시작하여 위아래에 20개가 난다. 젖니가 빠지고 나는 영구치는 모두 32개이다. 이 중 4개는 사랑니로, 사랑니가 나오지 않는 경우에는 28개이다. 이는 인체의 구조 중에서 가장 단단하며, 에나멜 층으로 되어 있다. 그러나 단단한 에나멜 층도 구강 미생물이 입 안으로 들어온 당분을 섭취할 때 생기는 산에 의해 녹아서 썩는다.

사람의 이는 음식물을 잘게 으깨서 소화가 잘 되게 하는 소화 기능과 아름다운 표정을 짓게 하는 미적 기능, 정확한 발음을 하게 하는 발음 기능, 입을 보호해 주는 구강 보호의 기능 등을 한다.

이끼

꽃이 피지 않는 식물로 홀씨로 번식하며, 선태 식물에 속한다. 엽록체가 있어 광합성을 하는 독립 영양 생물이다. 이끼의 몸은 배우체와 홀씨를 만드는 포자체와 헛뿌리로 되어 있다. 이끼는 뿌리로 수분을 흡수하는 것이 아니라 공기 속에 포함된 수증기 상태의 수분을 흡수하여 생활한다. 그래서 대체로 습도가 높고 직사광선이 들지 않으며 기온의 변화가 적은 지역에서 흔히 볼 수 있다. 바위나 나무 줄기 등에 붙어사는 종류가 많다.

이끼는 배우체의 모양에 따라 크게 우산이끼와 솔이끼로 나눈다. 우산이끼는 편평하고 지면에 깔리는 모양으

솔이끼 / 우산이끼

로, 헛뿌리가 있다. 암수딴그루로 암그루의 끝은 갈라진 우산 모양이고, 수그루의 끝은 둥글게 생겼다. 뿌리·줄기·잎의 구분이 없고 관다발을 가지지 않는 엽상체이다. 솔이끼는 곧게 선 모습으로 잎은 비늘 조각 모양으로 빽빽이 난다. 암수딴그루이며, 줄기 끝에 홀씨주머니가 달린다. 줄기와 잎이 구분되는 경엽체이다.

이산화망간

흑갈색 가루 물질로, 망간에 산소 원자 두 개가 결합한 것이다. 화학식은 MnO_2이다. 물에 녹지 않으며, 가열하면 산소를 내놓고 분해된다. 화학 반응에서 자신은 변화하지 않고 반응을 빨리 진행시켜 주는 촉매로 많이 쓰인다. 과산화수소수에 이산화망간을 넣으면 산소를 활발하게 발생시킨다. 성냥이나 유약, 건전지 등에 사용된다.

이산화탄소

색깔과 냄새가 없는 기체이다. 화학식은 CO_2이다. 스스로 타지 않고 불을 끄게 하는 성질이 있다. 공기 중에 약 0.03퍼센트 정도 들어 있고 천연 가스나 광천에도 있다. 생물의 호흡이나 발효 또는 나무나 석유 등이 탈 때 생기고, 식물의 광합성에 이용된다. 이산화탄소는 석회수나 수산화바륨 수용액에 통과시켜 흰색 침전이 생기는 것으로 확인할 수 있다. 고체의 이산화탄소는 드라이아이스라 부르며, 액체 상태를 거치지 않고 바로 기체가 되는 승화 성질이 있다. 물 속에서는 탄산 이온이 되어 약한 산성을 띤다.

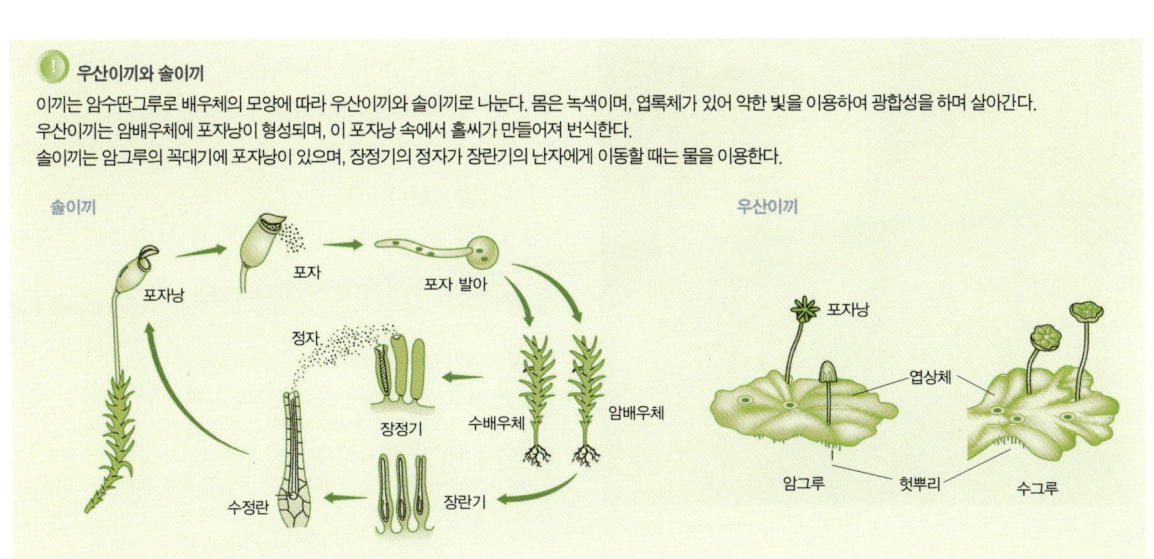

우산이끼와 솔이끼

이끼는 암수딴그루로 배우체의 모양에 따라 우산이끼와 솔이끼로 나눈다. 몸은 녹색이며, 엽록체가 있어 약한 빛을 이용하여 광합성을 하며 살아간다.
우산이끼는 암배우체에 포자낭이 형성되며, 이 포자낭 속에서 홀씨가 만들어져 번식한다.
솔이끼는 암그루의 꼭대기에 포자낭이 있으며, 장정기의 정자가 장란기의 난자에게 이동할 때는 물을 이용한다.

이슬

> **콜라나 사이다의 뚜껑을 열 때 나오는 거품은 무엇일까요?**
>
> 콜라나 사이다의 뚜껑을 열면 거품이 솟아나온다. 이 거품은 바로 이산화탄소이다. 이산화탄소는 물에 녹으면 일부가 물과 반응하여 탄산이라는 약산을 만들며, 톡 쏘는 맛이 난다.
> 이산화탄소를 이용하여 청량 음료수를 처음 만든 사람은 영국에서 화학의 아버지라고 불리는 프리스틀리였다. 1767년에 그는 큰 맥주통에서 발생하는 거품의 성질에 대해 연구하기 시작하였다. 그는 이 거품에서 발생한 기체가 불에 타지 않고 냄새나 맛이 없다는 것을 알아 냈다. 이 기체는 뒤에 이산화탄소라고 불렸다. 그 당시 영국 사람들은 상쾌한 맛을 내는 독일 피어몬트 지방의 광천수를 수입하여 마셨는데, 프리스틀리는 이 광천수에 천연 탄산가스가 섞여 있는 것을 알아 낸 후 이산화탄소를 물에 녹이고 몇 가지 재료를 넣어 광천수와 비슷한 청량음료를 개발하였다. 청량음료는 탄산이 녹아 있다 하여 탄산수라고도 불렸다. 그 후 탄산수소나트륨을 이용해 이산화탄소를 물에 녹이는 방법이 개발되어 청량음료의 개발이 훨씬 쉬워졌다. 오늘날 우리가 마시는 사이다, 콜라, 주스 등이 모두 이와 같은 과정을 거쳐 만들어진 청량음료이다.
> 청량음료의 종류는 매우 다양하지만, 단맛이 나는 용액에 이산화탄소를 용해시켜 만드는 원리는 모두 같다. 이산화탄소는 물에 잘 녹는 기체이지만, 온도가 조금만 높아도 바로 기체가 되어 날아가 버리므로 낮은 온도에서 압력을 가하여 녹인 후 뚜껑을 씌워 보관한다.

이산화탄소는 청량음료에 사용되고, 물체가 타는 것을 방해하므로 소화기에도 사용된다. 이산화탄소는 지구의 온실 효과를 일으키는 기체로 알려져 있다.

이슬

대기 중의 수증기가 땅이나 물체의 표면에 응결되어 맺힌 물방울을 말한다. 이슬은 바람이 약하거나 거의 불지 않는 맑은 날 밤에 주로 생긴다. 대기의 온도가 낮아져서 수증기가 응결하기 시작할 때의 온도를 이슬점이라 한다. 땅이나 풀잎·나뭇잎·꽃잎 등 물체의 표면 온도가 밤 사이에 계속 내려가 이슬점보다 낮아질 때 공기 속의 수증기가 응결하여 풀잎이나 나뭇잎 끝에 이슬이 맺힌다. 또 따뜻하고 습기를 많이 갖고 있는 공기가 그 이슬점보다 낮은 온도의 지면 위를 지나는 경우에도 생긴다.

이암

점토가 단단하게 굳어서 생긴 퇴적암이다. 모래와 점토가 굳어서 생긴 사암보다 알갱이의 크기가 더 작으며, 퇴적암 중에서 가장 많은 암석이다. 이암이 변성 작용을 받으면 점판암이 된다.

이온

전하를 띠고 있는 원자나 원자단을 말한다. 중성 상태의 원자나 분자가 전자를 하나나 그 이상을 얻으면 전기적으로 음전하를 띤 이온인 음이온이 된다. 반대로 전자를 잃으면 양전하를 띤 이온인 양이온이 된다. 대개 전해질이 수용액에 녹거나 기체 분자들이 큰 에너지를 얻었을 경우에 생긴다.

이온을 표현할 때는 원소 기호 오른쪽 위에 + 나 - 를 붙여 얻거나 잃은 전자의 개수를 표시한다. 예를 들어 나트륨 이온은 Na^+, 마그네슘 이온은 Mg^{2+}, 염소 이온은 Cl^-라고 쓴다.

인간게놈프로젝트

인간이 가진 모든 유전자의 위치와 염기 서열을 밝히기 위한 연구 계획이다. 이 프로젝트는 1988년부터 미국국립보건원의 주도로 19나라의 연구진이 참여한 초대형 다국적 과학 사업이다. 2001년 2월 12일에 국제컨소시엄인 인간게놈프로젝트와 미국 생명공학 벤처기업인 셀레라 게노믹스는 인간 게놈 지도의 99퍼센트를 완성했다고 공식 발표했다.

게놈이란 한 개체가 지닌 유전자 세트로, 생명 현상의

잎에 이슬이 맺힌 모양

> **탐구학습**
>
> **맑은 날에 이슬이 잘 생기는 이유는 무엇일까요?**
>
> 맑은 날은 낮과 밤의 기온차가 크다. 낮에 지표면을 데운 열이 밤에 쉽게 공기 속으로 빠져 나가 지표면이 빨리 식는다. 따라서 새벽에 공기보다 지표면의 온도가 더 낮아지게 되면 공기 속의 수증기가 응결하여 땅이나 물체의 표면에서 이슬로 맺힌다.

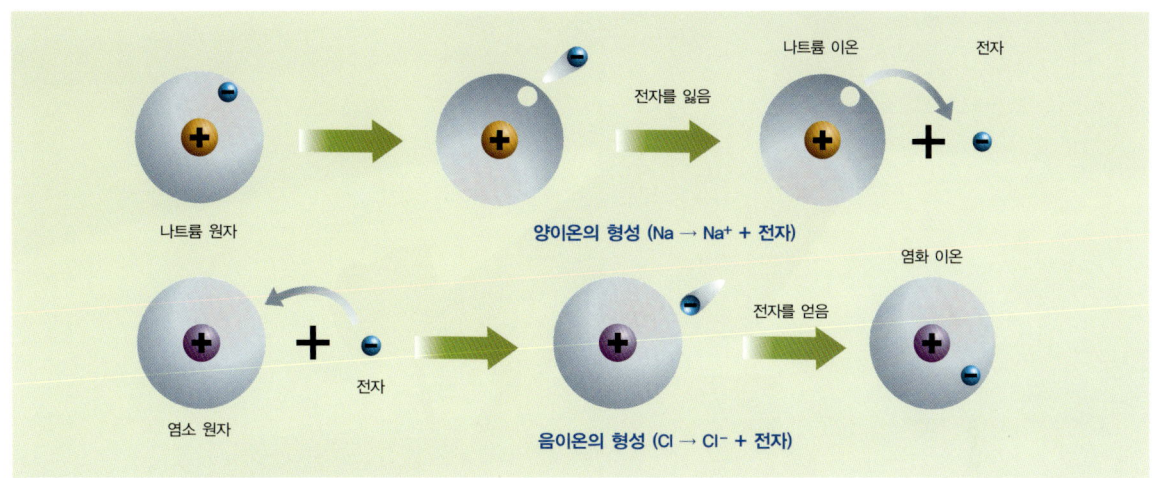
염화나트륨과 이온이 형성되는 과정

유지 및 모든 형질의 발현에 필요한 하나의 단위이다. 인간의 게놈은 22쌍의 상염색체와 1쌍의 성염색체, 즉 23쌍의 서로 다른 염색체로 이루어진다. 인간게놈프로젝트는 사람이 지닌 46개의 염색체마다 존재하는 30억 개의 DNA 염기 서열 전체를 풀어서 유전자의 종류와 각각의 유전자가 어느 염색체에 있는지를 알 수 있도록 인간 게놈 지도를 작성하는 것이다. 이 연구를 통해 인간의 유전 정보를 수록한 생명의 책이 만들어졌으며, 각기 다른 유전자들이 어떤 단백질을 만들어 내는지를 알아 냄으로써 난치병과 각종 질병을 치료할 수 있는 길이 열리게 되었다.

인공 수정

인위적으로 수컷의 정액을 채취한 다음 암컷의 생식기 속에 집어 넣어 수정되게 하는 것을 말한다. 가축이나 어류 등의 번식이나 품종 개량에 이용하며, 최근에는 임신이 잘 되지 않는 사람을 위해서도 이용된다. 동물의 경우에는 품질이 우수한 종을 만들기 위해 인공 수정을 하는 경우가 많다. 우수한 수컷 한 마리의 정액만으로도 많은 암컷들을 임신시킬 수 있고, 교배를 위해 가축을 수송할 필요가 없어서 많이 쓰인다.

사람의 경우에 인공 수정 방법에는 체내 수정과 체외 수정 방법이 있다. 체내 수정은 운동성이 떨어지는 정자를 여성의 자궁에 직접 넣어 수정시키는 방법이고, 체외 수정은 성숙한 난자를 채취하여 배양액 속에서 정자와 수정시킨 후에 수정란을 여성의 자궁에 넣어 착상시키는 방법이다.

인공 위성

사람이 만들어 지구의 둘레를 일정한 주기를 갖고 돌게 한 위성이다. 큰 질량을 가진 지구가 당기는 인력과 회전에 의한 원심력이 평형을 이뤄서 행성 주위를 돌게 만든 작은 인공 천체이다. 세계 최초의 인공 위성은 옛 소련이 1957년 10월 4일에 쏘아 올린 스푸트니크 1호이다. 스푸트니크 1호는 이듬해 1월 4일에 지구 대기권으로 들어와 불타 버렸지만 이후 세계 여러 나라들은 여러 가지 일을 하는 다양한 인공 위성을 쏘아 올렸다. 오늘날에는 해마다 100여 개의 새로운 인공 위성이 로켓과 우주 왕복선으로 궤도에 올려지며, 지금도 1만여 개의 인공 위성이 지구 둘레를 돌고 있다.

인공 위성은 하는 일에 따라 크게 과학 위성·기상 위성·통신 위성·군사 위성 등으로 나눌 수 있다. 과학 위성은 지구의 대기권이나 자기권에 대한 연구에서부터 태양 활동과 지구 환경과의 관계, 태양계뿐 아니라 은하계나 우주 구조 등의 관측과 연구를 위해 발사된 인공 위성이다. 기상 위성은 하루하루 변하는 기상 변화를 관측하는 위성으로 많은 나라에서 기상 위성이 관측한 자료를 바탕으로 기상을 예보하고 있다. 통신 위성은 텔레비전 위성 중계나 위성 전화 등의 통신 서비스를 하는 위성으로 우주 공간에서 중계국의 역할을 한다. 군사 위성은

5종류의 센서를 갖춘 최신예 인공 위성인 지구 관측 위성 테라

지구 주위를 돌면서 지구를 관측하는 인공 위성들

로켓에 실릴 과학 기술 위성 1호

군사 목적으로 정보를 수집하는 위성으로 주로 사진 정찰과 적외선 탐지, 전자 정찰 등을 한다. 또 인공 위성은 궤도에 따라 크게 정지 궤도 위성과 극궤도 위성으로 나뉜다. 정지 궤도 위성은 적도 상공 3만 6000킬로미터에서 지구의 자전 주기와 같은 속도로 움직이는 인공 위성으로 지구에서 볼 때 정지해 있는 것처럼 보인다. 극궤도 위성은 지구의 남극과 북극을 지나는 궤도를 도는 위성으로, 기상 위성·과학 위성·군사 위성이 주로 극궤도 위성이다. 이런 위성 외에도 지구 상공에서 일정한 거리를 두고 도는 원궤도 위성과 타원 궤도를 도는 이심 궤도

위성 등이 있다.

우리 나라는 1992년 8월 11일에 소형 실험 위성인 우리별 1호를 발사하였다. 이로써 우리 나라는 자기 나라 위성을 보유한 스물두 번째 나라가 되었다. 그 후 과학 실험 위성인 우리별 2호와 3호, 통신 방송 위성인 무궁화 1·2·3호, 다목적 위성인 아리랑 1호, 과학 기술 위성 1호 등을 차례로 발사하였다.

인공 지능

인간의 지능으로 할 수 있는 사고나 학습 활동을 컴퓨터가 모방하여 스스로 할 수 있게 한 것을 말한다. 인간의 지능과 컴퓨터의 가장 큰 차이는, 인간은 스스로 학습하고 생각해서 새로운 것을 연구해 낼 수 있으나, 컴퓨터는 주어진 자료와 주어진 방법에만 의존하여 계산한다는 점이다. 이러한 컴퓨터의 한계를 극복하기 위해 주어진 자료를 스스로 학습하고 생각하여 판단할 수 있는 컴퓨터를 개발하기 위한 연구가 진행중이다.

인류

사람을 다른 동물과 구별하여 이르는 말이며, 생물학적으로는 척추동물문 포유류 영장목 사람과에 속하는 생물이다. 등뼈를 세우고 두 다리로 걸으며, 발달된 언어를 사용하며 글로 생각을 표현할 수 있는 생물이다. 인류의 몸은 다른 영장류와 비슷한 면이 많지만, 뇌가 발달하여 다른 종에 비해 유전 본능보다는 잠재력을 가진 지능을 잘 활용한다. 그래서 인류는 변화가 심하고 예측할 수 없는 환경 속에서 다른 생물과 경쟁하면서도 지상의 생활에 잘 적응하였다.

인류는 다른 동물들과 달리 언어 능력이 뛰어나다. 지능이 높은 돌고래나 침팬지도 여러 가지 소리로 경험을 교환할 수 있지만, 구체적인 생각을 전달하기 위하여 추상적인 기호를 만들어 내는 언어 능력은 인간만이 가졌다. 언어의 발달로 문화의 발전을 가속화할 수 있게 되었다. 언어를 통해 부모에게 배우고 이를 다시 자식들에게 전해 주면서 쌓인 엄청난 정보가 수십 세대를 거쳐 전달되고 있다.

인류는 등뼈를 똑바로 세우고 걸을 수 있다. 이런 직립 보행 자세는 다른 동물에서는 찾아 볼 수 없는 독특한 것이다. 침팬지 같은 영장류는 손가락 끝과 발가락 끝을 땅에 대고 걷지만 인류는 발뒤꿈치를 포함한 발바닥을 대고 걷는다. 따라서 윗몸을 떠받치기 위해 골반의 폭이 넓어지고 강해졌다. 척추는 에스(S) 자 모양으로 굴곡이 생겨 걸을 때 받는 충격이 뇌에 직접 전달되는 것을 막아 준다. 인류는 몸의 털이 다른 포유류에 비해 매우 적다. 주로 낮에 활동하는 인류에게 몸의 털은 오히려 방해가 될 때가 많아 털 대신 체온을 조절하는 땀샘이 발달하였다.

인산

오산화인에 물을 작용시켜 얻는 산을 통틀어 가리킨다. 오르토인산, 메타인산, 피로인산 등이 있으며, 일반적으로 인산이라 할 때는 오르토인산을 가리킨다. 색깔과 냄새가 없는 끈적끈적한 액체이다. 물이나 에탄올에 잘 녹고, 물에 녹으면 약한 산성을 띤다. 비료나 세제, 식품 가공이나 의약품 등에 사용된다.

일

일상생활에서는 사람들의 능동적인 모든 활동을 가리키지만, 물리적으로는 물체에 힘이 작용하여 물체가 움직였을 때 힘이 물체에 일을 하고 있다고 한다. 일의 양은 물체에 작용한 힘의 크기와 물체가 힘의 방향으로 이동한 거리의 곱으로 나타낸다. 단위는 뉴턴미터(Nm) 또는 줄(J)을 사용한다. 일의 양이 0인 경우도 있다. 예를 들어 커다란 바위 덩어리를 미는 데도 바위가 움직이지 않았을 때처럼 물체에 힘을 주었더라도 움직이지 않았을 때 물리적인 일의 양은 0이다.

3200만 년 전에 살았던 인류의 머리뼈

인체

사람의 몸을 말한다. 크게 머리와 몸통 그리고 팔과 다리로 나눌 수 있다. 머리는 인체의 모든 기능을 조절하는 곳으로 가장 중요한 곳이다. 몸통에는 온몸으로 혈액을 순환시키는 심장, 숨 쉬는 허파, 노폐물을 처리하는 콩팥, 음식물의 소화를 담당하는 위·작은창자·큰창자 같은 소화 기관, 남녀를 구분하는 생식 기관 등이 있다.

우리 몸의 구조

우리 몸의 구조는 크게 뼈와 근육·호흡 기관·심장과 순환계·소화 기관·배설 기관·신경계로 구분할 수 있다.

뼈는 머리뼈·갈비뼈·등뼈·팔뼈·다리뼈·손가락뼈·발가락뼈 등이 있다. 뼈는 우리 몸을 지탱해 주고, 뼈 안쪽에 있는 여러 기관들을 외부의 충격으로부터 보호한다. 뼈와 뼈를 연결해 주는 마디인 관절은 몸을 구부리거나 펼 수 있게 해 주고 물건을 잡을 수 있게 한다. 근육은 뼈에 붙어서 오므라들었다 퍼졌다 하면서 우리 몸을 움직일 수 있게 해 준다.

호흡 기관에는 입·코·기관·기관지·허파 등이 있다. 몸 속에서 필요로 하는 산소를 흡수하고 이산화탄소를 몸 밖으로 내보내는 역할을 한다. 들이마신 공기는 입·코→목구멍→기관→기관지→허파→혈액으로 옮겨간다. 운동을 하면 호흡이 빨라지는 이유는 몸에서 필요로 하는 산소의 양이 많아지기 때문이다.

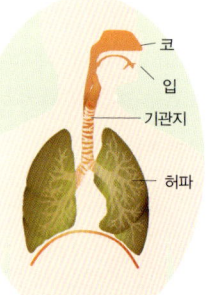

호흡 기관

순환계에는 심장·동맥·정맥·모세혈관 등이 있다. 심장은 순환계의 중심 기관으로, 펌프 작용을 통해 온몸으로 혈액을 순환시키는 역할을 한다. 혈액이 심장에서 동맥 → 모세혈관 → 정맥에서 다시 심장으로 돌아오는 것을 대순환이라고 한다. 운동을 하면 우리 몸에 더 많은 산소와 영양분이 필요해지므로, 몸에 필요한 산소와 영양분의 공급을 원활히 하기 위해서 심장 박동이 빨라진다.

소화 기관에는 입·식도·위·십이지장·작은창자 등이 있다. 소화는 우리 몸에 필요한 영양소가 들어 있는 큰 덩어리의 음식을 잘게 부수고 쪼개어, 우리 몸에서 흡수할 수 있는 작은 상태로 분해하는 과정이다. 간·쓸개·이자·침샘 등은 소화를 돕는 기관이다. 음식물이 소화되는 과정은 입 → 식도 → 위 → 작은창자 → 큰창자 → 항문의 순서이다.

배설 기관에는 땀샘·콩팥·방광 등이 있다. 배설은 몸 속에서 생기는 노폐물을 몸 밖으로 내보내고 혈액을 깨끗하게 하기 위한 과정이다. 땀샘은 몸에서 만들어진 노폐물을 땀으로 만들어 땀구멍을 통해 몸 밖으로 내보내고, 체온을 조절한다. 콩팥은 혈액에 들어 있는 노폐물을 걸러 내어 오줌으로 만든다. 오줌의 배설 과정은 콩팥 → 요관 → 방광 → 요도 → 몸 밖이다. 사람이 흘리는 땀과 오줌의 양은 계절이 바뀌어도 크게 달라지지 않으므로, 땀을 많이 흘리는 여름철에는 오줌의 양이 적어지고, 땀을 적게 흘리는 겨울철에는 오줌의 양이 많아진다.

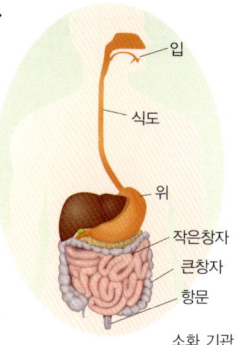

소화 기관

신경계에는 감각 기관과 뇌·척수 등이 포함된다. 감각 기관은 소리를 듣는 귀, 냄새를 맡는 코, 물체를 보는 눈, 맛을 느끼는 혀, 감촉을 느끼는 피부 등이다. 뇌는 이러한 감각 기관에서 받은 자극을 느끼고 판단하여, 그에 대한 적절한 반응을 명령한다. 척수는 뇌와 말초 신경을 연결하여 자극과 명령을 전달하는 통로이며, 때로는 척수 반사를 명령하기도 한다. 자극과 반응의 전달 과정은 다음과 같다. 감각 기관에서 자극을 받아들인다 → 말초 신경을 지나 척수를 통해 뇌로 자극이 전달된다 → 뇌에서 자극을 느끼고, 반응을 명령한다 → 척수를 지나 말초 신경으로 명령이 전달된다 → 운동 기관에서 반응을 나타낸다.

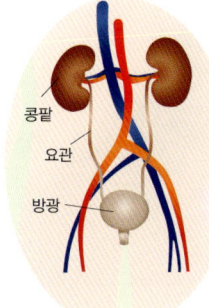

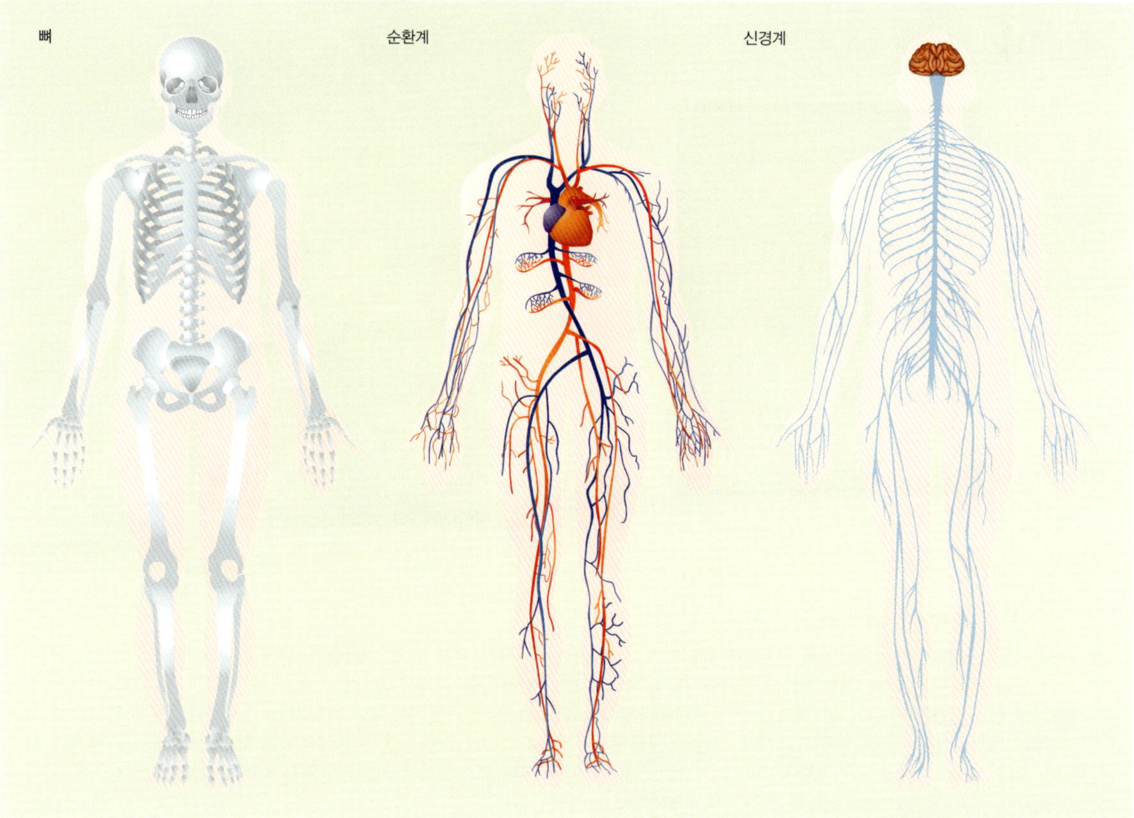

배설 기관

일기예보

기상청이 일기도와 기타 자료 등을 기초로 앞으로 다가올 날씨를 미리 알리는 일을 말한다. 대기 현상 자체에 대한 예보와 함께 대기 상태의 변화에 따른 지면의 변화와 폭풍·파랑·홍수 등을 예보한다. 현재는 기상 위성 및 레이더, 자동기상관측소의 자료, 수치예보 모델 자료를 이용함으로써 보다 정확하게 일기예보를 할 수 있게 되었다.

일기도

일기예보의 기본은 일기도이다. 일기도란 넓은 범위에 걸쳐 일정한 시각의 기압과 날씨 상태를 숫자, 기호 등을 사용하여 나타낸 지도로, 일기 예측을 목적으로 사용된다. 일기도는 지상 일기도와 고층의 일기도로 나뉜다. 기온·운량·풍향·풍속 등의 수치를 측정하여 일기도에 풍향·풍속 기호·날씨 기호·전선 기호·기압 등을 표시한다.

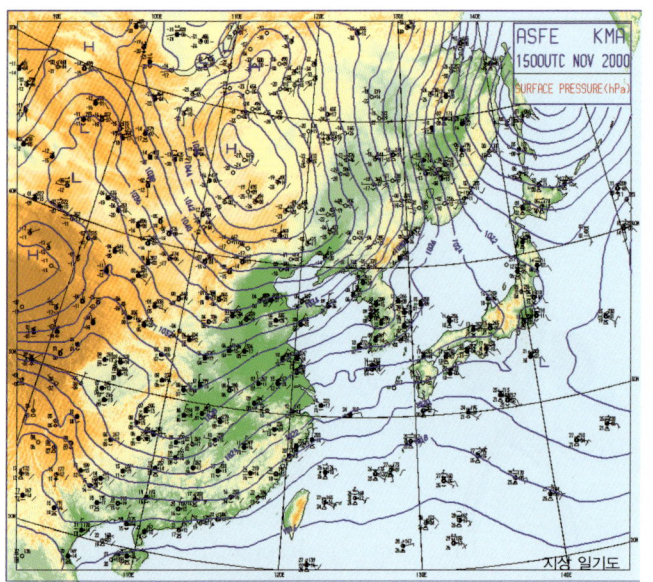

지상 일기도

모디스 위성 합성 영상 지도

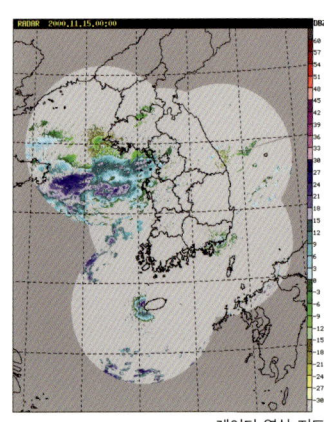

레이더 영상 지도

탐구학습

일기예보는 우리 생활에서 어떻게 이용될까요?

일기예보는 우리 생활의 여러 분야에서 다양하게 활용되고 있다. 아침에 밖으로 나갈 때 우산을 들고 갈지 말지를 정하는 작은 일에서부터 한 해 농사 계획을 세울 때 어떤 식물을 경작할지를 선택하는 큰일에까지 일기예보가 활용된다. 특히 중·장기의 일기예보는 산업과 경제 활동에 많은 영향을 끼친다. 일기예보를 통해 가뭄이나 장마, 무더위와 한파, 태풍이나 폭설 등을 미리 짐작하여 전력의 생산과 공급, 고층 건물·교량·댐 등의 건설, 항공이나 선박·자동차 등의 운행, 식음료나 의료 같은 상품의 생산과 유통 등에 대한 계획을 세운다. 농업에서는 폭우·태풍·가뭄 등 일기예보에 따라 농작물을 관리하고 대비하며, 장기 일기예보에 따라 어떤 것을 경작할지 선택하기도 한다. 학교에서는 소풍이나 운동회 등의 날짜를 정하는 데 이용된다.

탐구학습 | 일기도 기호

구름의 모양
- 두꺼운 고층운
- 얇은 고층운
- 흩어진 권운
- 조각 구름형 권운
- 부분적으로 가린 권운
- 하늘을 완전히 가린 권운
- 띠모양의 얇은 고층운
- 조각 구름형 고적운
- 권적운
- 층적운
- 나쁜 일기의 적운/좋은 일기의 층운
- 얇은 고층운

구름의 양
- 구름없음
- 1/10 이하
- 2/10 또는 3/10
- 4/10
- 1/2
- 6/10
- 7/10
- 대부분 가림(틈새 있음)
- 완전히 가림(틈새 없음)

바람의 세기
- 고요
- 1-2 노트
- 3-7 노트
- 8-12 노트
- 13-17 노트
- 18-22 노트
- 23-27 노트
- 28-47 노트
- 48-52 노트

강수 형태
- 박무
- 비
- 우박
- 안개
- 안개비
- 소나기
- 뇌전
- 먼지보라
- 눈

전선과 기압
- 한랭전선
- 온난전선
- 폐색전선
- 정체전선
- (H)/(L) 고기압, 저기압 중심
- −29·88− 등압선

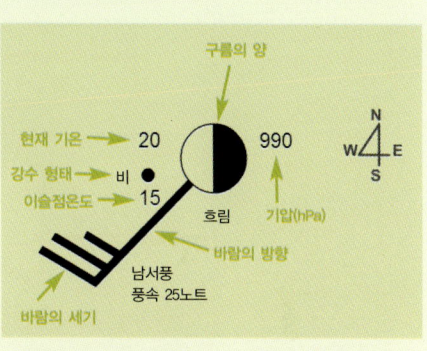

기상청에서는 지상과 상층에서 관측된 모든 자료들을 수집하여 일기도의 각 지점에 표시한다. 위와 같이 기온, 이슬점온도, 기압, 바람, 구름, 일기 상태 등을 숫자나 기호로 표시해 준다.

일기예보 과정

일기예보가 나오기까지는 기상 실황 파악 → 자료 수집 → 분석 → 예보 작성 → 통보 과정을 거친다. 지상 · 항공 · 고층 · 해양 · 기상 위성 · 지진 및 해일 감시를 통해 기상 실황을 파악하고, 통신용 컴퓨터를 이용하여 국내 기상 자료와 외국에서 보내온 여러 가지 기상 자료를 수집 · 편집 · 가공하여 분석용 컴퓨터로 보낸다. 그 다음은 국내외에서 수집한 관측 자료로부터 수치예보모델을 이용하여 24 · 36 · 48시간 예상일기도를 만든다. 이러한 수치예보모델을 이용하여 예상일기도를 만드는 데에는 슈퍼컴퓨터가 사용된다. 이후 분석된 자료로 일기예보를 하게 되는데, 예보는 기간에 따라 단기 · 중기 · 장기 예보로 나눈다. 단기는 3시간 · 6시간 · 일일 예보로 나눈다. 중기는 주간 · 1개월 예보로 나누고, 장기예보는 계절예보와 6개월 예보로 나뉜다. 이러한 정규 예보 외에도 갑작스런 기상 변화가 예상되거나, 국민들에게 날씨 변화에 대해 더욱 상세하게 알릴 필요가 있을 때는 기상 정보를 발표하고, 기상 상태가 아주 나쁠 것으로 예상될 때는 기상 특보를 발표한다.

기상 특보

기상 특보는 단계별로 주의보와 경보가 있다. 기상청은 기상 특보 발표에 앞서 특보의 종류, 예상 구역, 예상 일시 및 내용 등의 정보를 미리 알려 주는 예비 특보를 발표한다. 예비 특보는 기상 특보가 발표되기 몇 시간

탐구학습 | 일기 예보 과정

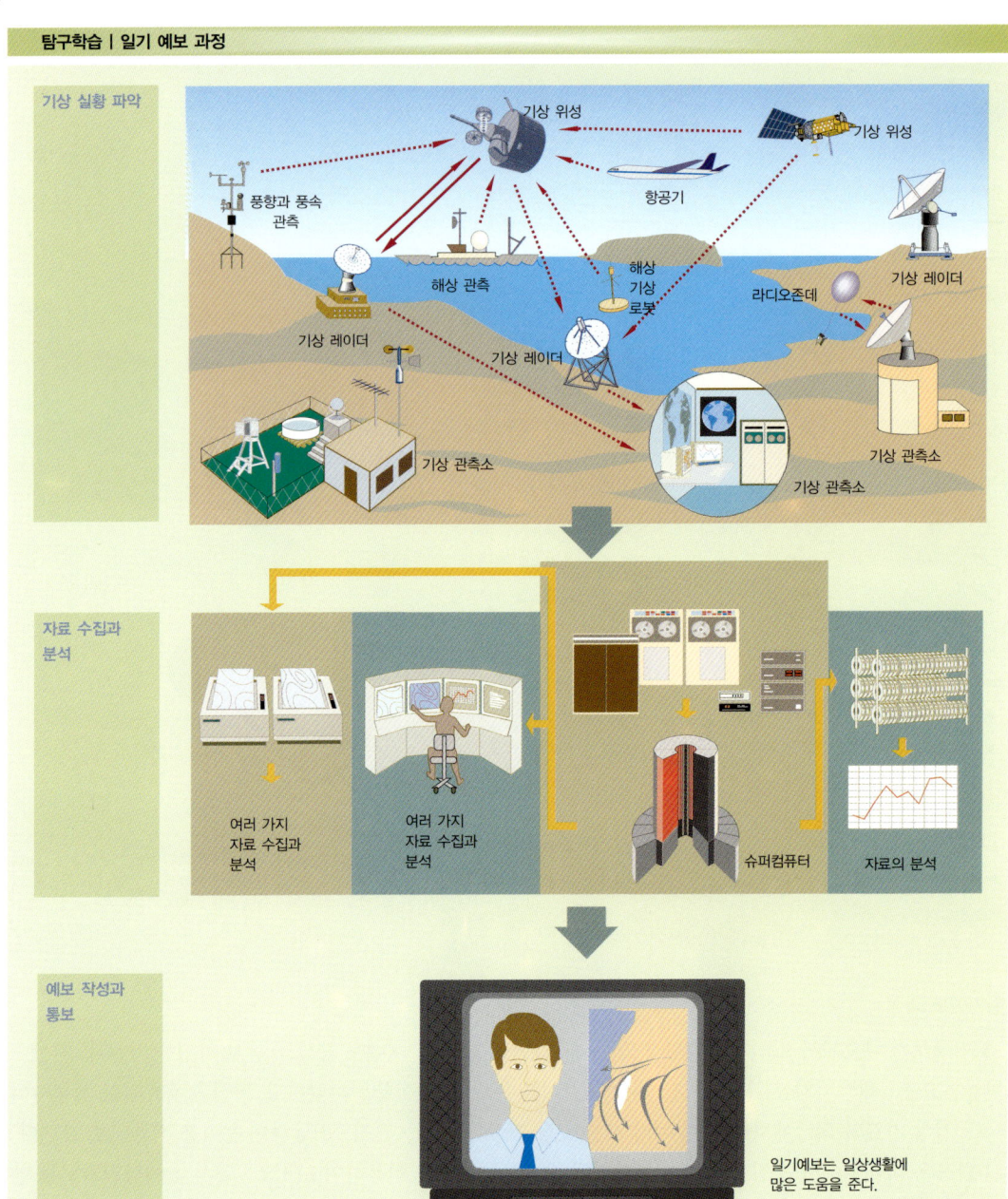

일기예보는 일상생활에 많은 도움을 준다.

전에 발표되므로 기상재해 방지를 위한 중요한 정보로 쓰인다. 기상청에서 발표하는 각종 기상 정보는 언론 기관과 중앙재해대책본부 등 방재 관련 기관에 실시간으로 제공된다. 일반인들은 일기예보 안내전화(131)·신문·방송·기상청 홈페이지를 통해 기상 정보를 얻을 수 있다.

현재에는 정확한 기상예보를 위해 엄청난 규모와 수준의 슈퍼컴퓨터를 이용하고 있다. 과학 기술이 많이 발전했음에도 예보와 실제 날씨가 맞지 않을 때가 가끔 있다. 이는 현재의 과학 기술로 날씨를 결정하는 여러 요인들의 이동 경로와 이동 속도 등을 정확하게 예상하는 것이 힘들기 때문이다.

잎

 빛을 받아 광합성을 하는 식물의 영양 기관이다. 광합성을 통해 양분을 만드는 동시에 호흡과 증산을 하여 식물체를 유지하는 기능을 한다. 식물 줄기의 둘레나 끝에 붙어 있다. 대개는 엽록소를 지녀 녹색을 띤다. 잎의 구조는 잎과 잎자루와 턱잎으로 되어 있으며, 내부 조직은 표피·책상조직·해면조직·기공·잎맥 등으로 되어 있다.

잎의 구조

 잎은 잎몸과 잎자루, 턱잎 등으로 되어 있다. 이것을 모두 가지고 있으면 갖춘잎, 그렇지 않으면 안갖춘잎이라고 한다.

 잎에는 잎맥이 있다. 잎맥은 뿌리털에서 흡수되어 줄기를 통해 잎까지 올라온 물과 잎에서 만들어진 양분을 운반하는 통로이다. 비교적 굵은 관으로 된 물관이 위쪽에 있고, 체관은 아래쪽에 있다. 잎맥은 아주 정교하고 복잡하게 얽혀 있다. 잎맥은 모양에 따라 그물맥과 나란히맥으로 나눈다. 잎맥이 그물 모양이면 그물맥, 나란히 뻗어 있으면 나란히맥이라고 한다. 느티나무, 개암나무, 졸참나무, 민들레 등의 잎맥은 그물맥이고, 옥수수나 강아지풀, 대나무, 조릿대 등의 잎맥은 나란히맥이다. 잎자루는 잎을 줄기와 연결해 주며, 빛을 잘 받게 하기 위해 위치가 바뀌기도 한다. 그리고 가을에 활엽수의 잎들이 떨어질 때에 줄기에서 분리되는 곳이다. 턱잎은 잎자루가 붙어 있는 줄기의 양 쪽에 난 작은 잎이다. 속씨식물 중에 쌍떡잎식물에서 흔히 볼 수 있는 것으로 어린잎을 보호해 준다.

 잎의 내부는 표피, 책상조직, 해면조직, 기공 등으로 되어 있다.

 표피는 잎의 앞뒤 표면을 덮고 있는 조직으로 세포가 빽빽하게 늘어서 있다. 엽록체는 없으며 잎을 보호한다. 뒷면 표피에는 기공이 있다. 책상조직은 울타리조직이라고도 하며, 표피 바로 밑에 있는 세포층이다. 세포들이 빽빽하고 규칙적으로 배열되어 있다. 엽록체가 많아 광합성이 가장 활발하다. 해면조직은 책상조직 아래쪽에 불규칙하게 모여 있는 세포층이다. 세포와 세포 사이에 공간이 있어 기체나 수증기가 통과한다. 광합성은 하지만 책상조직보다 세포 수가 적어 활발하게 이루어지지는 않는다. 기공은 공기와 수증기가 드나드는 통로로 잎 뒷면의 표피에 많다. 기공을 이루는 세포는 공변세포로 표피세포가 변하여 된 것이다. 공변세포는 기공을 여닫는 역할을 하며, 수분을 조절한다.

잎의 잎맥이 앞면보다 뒷면에 더 발달해 있는 이유는 무엇일까요?
잎맥은 잎 속의 물질이 이동하는 통로로, 뿌리에서 흡수된 물과 무기염류를 잎의 각 세포로 운반해 주고, 잎에서 만들어진 광합성 물질을 다른 기관으로 운반하는 역할을 한다. 또한 잎의 모양을 유지할 수 있는 골격으로서도 중요하다.
잎맥은 앞면보다 뒷면에 더 도드라지게 나와 있는데, 이는 햇빛을 많이 받는 앞면에서 광합성이 더 많이 일어나도록 하기 위해서이다. 잎의 표피 바로 밑에 있는 책상조직에 엽록소가 가장 많아 광합성이 활발하게 일어난다. 이 책상조직 때문에 잎맥이 뒷부분에 발달한 것이다.

잎의 분류

잎은 모양과 잎자루에 달린 잎의 개수, 잎이 줄기에 붙어 있는 모양 등에 따라 나누어 볼 수 있다.

잎의 모양은 무척 다양하다. 동백이나 산수유의 잎은 타원형 달걀 모양이며, 단풍잎은 손바닥 모양이고, 소나무의 잎은 바늘 모양이다. 이 외에도 깃털 모양, 비늘 모양, 심장 모양, 숟가락 모양 등이 있다.

또 잎은 개수에 따라 홑잎과 겹잎으로 나눈다. 하나의 잎자루에 하나의 잎이 달려 있는 것을 홑잎이라고 한다. 백목련과 단풍나무, 침엽수의 잎은 홑잎이다. 하나의 잎자루에 여러 개의 잎이 달려 있는 것은 겹잎이라고 한다. 장미와 등나무, 아까시나무 잎은 겹잎이다.

잎이 줄기에 붙어 있는 모양을 잎차례라고 한다. 어긋나기, 마주나기, 돌려나기, 뭉쳐나기 등의 모양이 있으며, 식물의 종류에 따라 잎차례가 다르다. 줄기의 마디 하나에 잎이 한 장씩 어긋나게 붙어 있으면 어긋나기라고 하며, 나팔꽃과 찔레, 갈대, 해바라기나 벚꽃의 잎차례에서 볼 수 있다. 줄기의 마디 하나에 잎이 두 장씩 마주나게 붙어 있으면 마주나기라고 하며, 회양목이나 백일홍, 별꽃, 패랭이꽃, 개나리나 사철나무의 잎차례에서 볼 수 있다. 줄기의 마디 하나에 잎이 세 장 이상 돌려나 있는 것은 돌려나기라고 하며, 잎과 잎 사이의 간격이 거의 없다. 쇠뜨기나 검정말, 갈퀴덩굴의 잎차례에서 볼 수 있다. 여러 개의 잎이 줄기나 뿌리 주변에 뭉쳐나는 것은 뭉쳐나기라고 하며, 민들레와 소나무, 은행나무, 낙엽송의 잎차례에서 볼 수 있다.

식물들은 환경에 적응하거나 살아남기 위해 잎을 변형시키기도 한다. 완두잎은 다른 물체를 감고 올라가기 위해 덩굴손의 형태로 변했다. 선인장은 사막의 건조한 기후로부터 수분을 보호하기 위해 잎이 가시로 바뀐 바늘잎이다. 끈끈이주걱의 잎은 작은 곤충을 잡아먹기 위해 주머니 형태의 벌레잡이잎으로 변했다.

탐구학습 | 여러 가지 잎의 모양과 잎차례

일산화탄소

일식

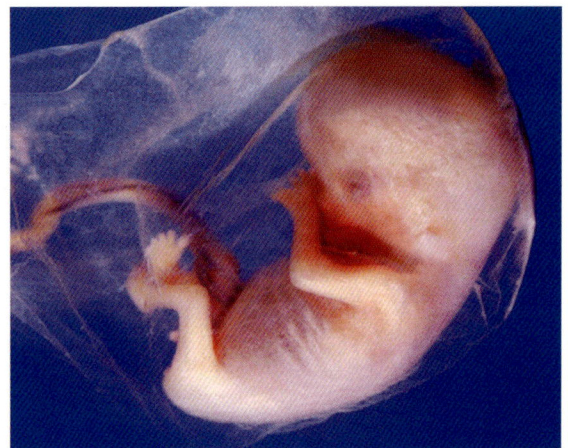
임신 8주된 태아의 모습

일산화탄소
색깔과 냄새가 없는 기체로 화학식은 CO이다. 산소가 부족하거나 불완전하게 연소될 때 나온다. 공기보다 약간 가볍고 물에 잘 녹지 않는다. 공기 중에서 점화하면 청색 불꽃을 내며 타서 이산화탄소가 된다. 일산화탄소는 연탄 가스나 자동차 배기 가스에 많이 포함되어 있으며, 담배 연기에서도 나온다. 일산화탄소는 적혈구 속의 헤모글로빈과 결합하는 힘이 산소보다 크다. 따라서 일산화탄소를 많이 들이마시게 되면 질식할 수 있다. 연료나 환원제로서 널리 쓰인다.

일식
달이 태양의 일부나 전부를 가리는 현상이다. 태양과 지구 사이에 달이 들어가서 태양빛에 의해서 생기는 달의 그림자가 지구에 생기고, 이 그림자 안에서 태양이 달에 가려 보이지 않는 현상이다. 태양의 일부분만을 가리는 것은 부분일식이라 하고, 태양 전체를 가리는 경우는 개기일식이라고 한다. 태양의 가장자리 부분이 금가락지 모양으로 보이는 경우는 금환일식이라고 한다. 개기일식 때에는 태양의 채층과 코로나를 볼 수 있다. 코로나는 태양 바깥쪽의 희박한 기체층으로 평소에는 태양의 밝은 빛 때문에 잘 보이지 않는다. 하지만 개기일식으로 태양의 밝은 빛이 가려진 순간 진줏빛의 하얀 코로나를 볼 수 있다. 지구의 어떤 지점에서 일식을 볼 수 있는 시간은 7분을 넘지 않는다. 1년에 최고 5회, 최저 2회의 일식이 일어난다.

임신과 출산
남성의 정자와 여성의 난자가 수정하여 자궁 안에서 태아가 자란 후 자궁 밖으로 나오는 것이다. 배란된 난자는 나팔관 입구에서 자궁 속으로 들어온 정자와 수정하여 수정란이 된다. 수정란은 계속 세포 분열을 하면서 자궁으로 옮겨간다. 자궁에 도착한 수정란은 자궁 안벽에 자리를 잡아 착상하는데, 이때 비로소 임신이 되었다고 한다.

착상 전까지는 수정란 속에 있는 양분으로 세포 분열을 하지만 착상한 후에는 태반이 만들어져 어머니의 몸에서 양분을 받아 자란다. 태반은 어머니의 자궁과 태아를 연결해 주며, 영양분을 공급하고, 배설물을 내보내는 역할을 한다. 또 호르몬을 분비하여 임신을 유지시킨다. 수정 후 8주가 지나면 배는 태아가 된다. 태아는 양막과 양수에 둘러싸여 외부의 충격에서 보호받으며, 탯줄을 통해 어머니의 혈액으로부터 영양소와 산소 등을 공급받고, 이산화탄소와 노폐물은 어머니의 혈액으로 다시 내보낸다. 탯줄 속의 혈관은 어머니의 몸과 직접 연결되지 않아 어머니와 태아의 혈액은 섞이지 않는다. 수정 후 약 266일이 지나면 태아가 자궁 밖으로 나온다. 이를 출산 또는 분만이라고 한다.

OPENKID CHILDREN's ENCYCLOPEDIA

자

자갈

강물이나 바닷물에 닳아서 둥글둥글하게 된 잔돌이다. 잔돌의 지름이 보통 5밀리미터보다 큰 것을 가리키며, 한국공업규격에서는 지름이 4.76밀리미터보다 큰 것을 자갈이라 한다. 자갈은 크기에 따라 잔자갈, 왕자갈, 표력 등으로 나뉜다. 지름이 64밀리미터보다 작은 것은 잔자갈이라 하고, 지름이 64~256밀리미터인 것은 왕자갈이라 하며, 지름이 256밀리미터보다 큰 것은 표력이라고 한다. 또 자갈은 나는 곳에 따라 강 자갈, 바다 자갈, 산 자갈로 나뉜다. 강 자갈은 큰 돌이 강물에 운반되면서 깨지고, 모난 부분이 닳아서 둥글둥글하게 된 것이다. 강 자갈은 강물의 흐름이 빠른 강의 상류 지역과 중류 지역에서 주로 볼 수 있다. 바다 자갈은 바위가 파도와 바닷물의 흐름에 닳아서 둥글둥글하게 된 것이다. 바다 자갈은 보통 강 자갈보다 더 둥글둥글하고, 크기가 비교적 고르다. 산 자갈은 옛날에 강 바닥이었던 곳에서 나며, 부식토나 점토 등이 묻어 있다. 자갈은 모래·시멘트 등과 함께 건축 재료로 많이 쓰인다. 강 자갈이 건축 재료로 가장 많이 쓰이며, 바다 자갈이나 산 자갈은 물로 소금기나 점토를 씻어 낸 후에 쓴다.

자격루

자동으로 시각을 알려 주는 물시계이다. 조선 시대 세종 때 장영실·김조·이천 등이 만들어 경복궁 남쪽에 있는 보루각에 설치하였다. 1434년부터 1455년까지 21년간 사용되었다. 자격루는 청동으로 된 큰 물 항아리 하나와 작은 물 항아리 두 개 그리고 그 앞에 원통형 물받이 통 두 개로 이루어져 있다. 물 항아리와 물받이 통 사이에는 청동 대롱을 두어 물이 흐를 수 있게 한다. 물받이 통에 물이 흘러들어 고이면, 속에 있는 거북이가 떠올라 청동구슬을 굴러 떨어지게 한다. 떨어진 구슬이 청동판과 인형의 팔을 건드리면 인형이 종과 북, 징을 쳐서 시각을 알려 주었다. 자격루에서 1시간 동안 흘러 내리는 물의 양은 약 15리터 가량이다. 자격루에 사용된 지렛대 장치는 약 150~200개 정도이고, 청동구슬은 70여 개 정도가 쓰였다. 세종 때 만든 자격루는 오늘날 남아 있지 않고, 현재 국보 제229호로 지정되어 있는 자격루는 중종 때인 1536년에 만들어진 것이다. 이 물시계는 조선 말기까지 표준시계로 쓰였다.

자기

자석이 갖는 작용이나 성질을 말한다. 자석은 쇠붙이를

자기부상열차

자동으로 시간을 알려 주는 물시계인 자격루

우리 나라 대전의 엑스포 공원의 자기부상열차

끌어당기거나 일정하게 남북을 가리키기도 하고, 전류에 영향을 미치기도 한다. 이런 모든 작용과 성질을 자기라고 한다. 자기의 작용이 미치는 공간을 자기장이라고 하고, 자극 사이에 작용하는 힘을 자기력이라고 한다.

자기부상열차

바퀴 없이 전자석으로 떠서 움직이는 기차이다. 전기를 이용하여 자석의 성질을 띠게 만든 기차 바닥과 철로가 서로 밀고 당기면서 기차가 철로 위에서 조금 뜬 채 달린다. 당기는 힘을 이용하려면 기차 바닥에 있는 극성과 다른 극성을 조금 앞에 만들어 놓고, 미는 힘을 이용하려면 바닥에 있는 극성과 같은 극성을 뒤쪽에 만들어 놓는다. 이렇게 당기는 힘과 미는 힘을 이용하기 위해서는 극을 아주 빠르게 계속 바꾸어 주어야 한다. 기차가 철로 위에 떠서 움직이기 때문에 기차 바닥과 철로와의 마찰이 없어서 일반 기차보다 빨리 달릴 수 있다. 바퀴가 없어 조용하고 진동이 적으며, 미끄러짐 현상이 없기 때문에 언

덕도 빨리 올라갈 수 있다. 비행기의 속도와 맞먹는 시속 500킬로미터 정도까지 속도를 낼 수 있다. 중국은 2005년에 세계 최초로 상하이에서 자기부상열차 마그레브를 운행하기 시작하였다. 최고속도는 시속 430킬로미터로 푸동 국제공항과 푸동 시내의 상업 지구 사이의 약 40킬로미터를 약 8분 만에 달린다.

자기장

자석의 주위나 전류가 지나는 도선의 주위, 지구의 표면처럼 자기의 작용이 미치는 공간이다. 자기장은 자기력의 방향과 자기력의 세기를 화살표와 선으로 그려 나타낸다. 자석에 철가루를 뿌려 보면 자석 주위에 자기장이 생기는 것을 쉽게 알 수 있다. 철가루를 뿌리면 철가루들이 줄을 지어 일정하게 늘어선다. 이것을 자기력선이라고 한다. 이때 자기장의 방향은 N극에서 나와서 S극으로 들어간다.

자동차

원동기를 장치하여 그 힘으로 바퀴를 굴려서 도로나 땅 위를 움직이도록 만든 교통 수단이다.

인류가 바퀴를 발명한 것은 약 6000년 전의 일이다. 바퀴를 이용한 수레를 사람이나 짐승의 힘을 이용하여 움직이게 하였다. 1569년에 네덜란드인 스테빈이 돛을 이용해 바람을 받아 달릴 수 있는 풍력 자동차를 만들었으나 바람을 받는 쪽으로만 움직였다. 1700년대 중반에 증기 기관이 실용화된 후에야 비로소 스스로 움직일 수 있는 자동차가 등장하였다. 최초의 증기 자동차는 1770년

에 프랑스인 퀴노가 만들었다. 퀴노가 만든 증기 자동차는 증기 기관의 힘으로 앞바퀴 하나만을 움직이는 3륜차였으며, 속도는 시속 5 킬로미터였다. 그 후 1801년에 영국의 트레비식이 4바퀴로 움직이는 증기 자동차를 만들었으며, 1825년에는 영국의 핸목이 여러 사람이 타는 증기 버스를 만들었다. 이 증기 버스는 22명의 사람을 태우고 시속 16~23킬로미터의 속도로 런던 시내와 첼트넘 사이를 정기적으로 다녔다. 증기 자동차는 크고 무겁고 속도가 느렸지만, 새로운 교통 수단으로 1900년대 초반까지 널리 쓰였다.

오늘날과 같은 자동차는 내연 기관의 발달과 더불어 시작되었다. 내연 기관이란 실린더 안에서 연료를 직접 태워서 에너지를 얻는 기관이다. 실린더 안에 가솔린, 중유, 경유, 가스 등의 연료를 넣고 공기와 혼합된 상태에서 불꽃을 붙여 폭발시키면 순간적으로 부피가 팽창해 실린더를 밀어 낸다. 이런 과정을 반복하면 실린더가 왕복 운동을 하게 되고, 이를 바퀴 축에 연결하면 자동차의 바퀴를 움직이게 할 수 있다. 1885년에 독일의 다임러와 벤츠 두 사람이 처음으로 실용적인 가솔린 기관을 만들고, 그것을 동력으로 쓰는 자동차를 만들었다. 그래서 두 사람은 오늘날 자동차의 아버지라고 불린다. 다임러와 벤츠 이전에도 르누아르, 마르쿠스, 베르나르디, 오토 등이 내연 기관을 만들었지만 그다지 실용적이지 못했다. 1908년에 미국의 포드가 값싸고 튼튼한 T형 포드를 만든 이후 자동차는 새로운 교통 수단으로 전 세계적으로 널리 쓰이게 되었다.

자동차는 쓰임새나 사용하는 연료 등의 기준에 따라 여러 가지로 나뉜다. 쓰임새에 따라 자동차는 크게 승용차, 승합 자동차, 화물 자동차, 특수 자동차 등으로 나뉜다. 승용차는 자가용이나 택시처럼 적은 수의 사람을 실어 나르는 자동차로 보통 4개의 문이 달려 있다. 승합 자동차는 버스처럼 많은 사람을 한꺼번에 실어 나르는 자동차이다. 화물 자동차는 트럭처럼 화물을 실어 나르는 자동차로 실을 수 있는 짐의 무게에 따라 소형 화물차, 대형 화물차 등으로 다시 나뉜다. 특수 자동차는 아픈 사람을 실어 나르는 구급차나 고장난 차를 끌고 가는 견인차처럼 특수한 쓰임새를 갖고 있는 자동차이다.

또 자동차는 원동기의 종류와 쓰는 연료에 따라 크게 가솔린 자동차, 디젤 자동차, 엘피지 자동차, 전기 자동차 등으로 나뉜다. 가솔린 자동차는 가솔린을 연료로 쓰는 가솔린 기관으로 움직이는 차이다. 가솔린 기관은 다른 기관에 견주어 무게나 차지하는 면적에 비해 큰 힘을 내고, 운전과 관리가 쉽다. 그래서 대부분의 자동차가 가솔린 기관을 원동기로 쓰고 있다. 디젤 자동차는 트럭이나 버스처럼 중유나 경유를 연료로 쓰는 디젤 기관으로 움직이는 차이다. 디젤 기관은 가솔린 기관보다 연료 소비량이 적고 유지비가 적게 든다. 엘피지 자동차는 택시처럼 액화석유가스를 연료로 쓰는 엘피지 기관으로 움직이는 차이다. 전기 자동차는 축전지의 힘으로 움직이는 차이다. 배기 가스 때문에 대기 오염이 심해지면서 환경친화적인 자동차를 만들기 위해 애쓰고 있으며, 전기 자동차가 그 중 하나이다. 전기 자동차는 19세기 말에도 쓰였지만 그 당시에는 축전지가 너무 무거워 널리 쓰이지 못했다. 기술이 발달해 축전지가 가벼워지면서 전기 자동차가 새롭게 쓰이고 있다. 오늘날에는 가솔린 기관과 축전지를 교대로 써서 움직이는 하이브리드 자동차가 일본과 미국 등에서 쓰이고 있다.

자외선

파장이 엑스선보다 길고, 가시광선보다는 짧은 전자기파이다. 파장이 397나노미터에서 10나노미터 사이에 있으며, 햇빛을 스펙트럼으로 나누었을 때 보라색 바깥쪽에 있어서 자외선이라 부른다. 눈으로 볼 수 없다. 자외선은 화학 작용이 강해 화학선이라 하기도 한다. 태양에서 나오는 자외선은 대기층에 있는 오존층에 대부분 흡수된다. 햇빛 속에 남아 있는 자외선은 안료와 염료의 색깔을 바라게 하고, 피부를 검게 그을린다. 너무 많이 쪼이면 피부암을 일으키기도 한다. 살균 작용이 강해 공기나 우물물의 살균 소독에도 쓰인다.

자전

한 천체가 자신의 무게중심을 지나는 직선을 회전축으로 해서 주기적으로 도는 것을 말한다. 자전할 때의 회전축을 자전축이라 하고, 한 바퀴 도는 데 걸리는 시간을 자전 주기라 한다. 지구는 자전축을 중심으로 하루에 한 번씩 자전하고 있다.

차체를 조립하는 로봇

무인 로봇이 차체를 조립하는 모습

자동차 디젤 엔진의 모습

트럭

스포츠카

승용차

굴삭기

버스

태양열 자동차

자석

자기를 띤 물체이다. 전기가 흐를 때에만 자석의 성질을 띠는 전자석도 자석이라고 하지만, 보통 자석이라고 할 때는 강철을 인공적으로 자화시켜 만든 영구자석을 가리킨다.

자석은 철로 만들어진 압정, 클립, 못 등의 물건을 끌어당긴다. 자석에서 힘이 가장 센 곳을 극이라고 하며, 자석에는 서로 다른 두 극인 N(엔)극과 S(에스)극이 있다. 다른 극끼리는 서로 잡아당기는 힘이 작용하고 같은 극끼리는 서로 미는 힘이 작용한다. 이러한 힘을 자기력이라고 한다. 자기력은 두 자석 사이의 거리가 가까울수록 크다. 자석 주위에 철가루를 뿌려 보면 일정한 방향으로 철가루들이 늘어선다. 이 늘어선 모습을 가상의 선으로 그린 것을 자기력선이라고 한다. 자기력선으로 자기장의 크기와 방향을 알 수 있다. 방향은 N극에서 나와 S극으로 향한다. 자석 내부에서는 자기력선의 방향이 반대이다. 자기력이 강할수록 자기력선의 수가 많으며, 많이 사용해도 줄어들지 않는다. 자석이 주위에 미치는 힘의 공간을 자기장 또는 자기마당이라고 한다.

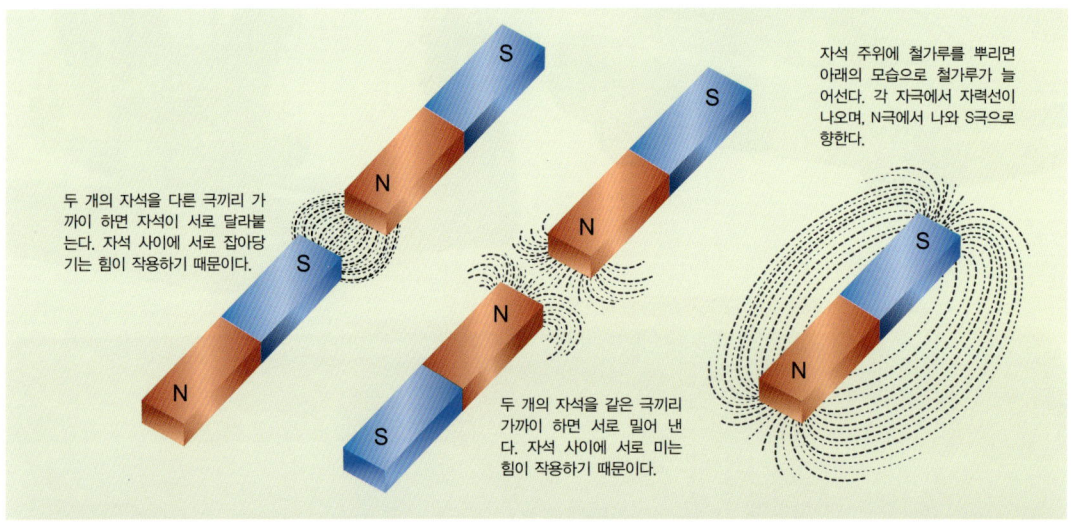

두 개의 자석을 다른 극끼리 가까이 하면 자석이 서로 달라붙는다. 자석 사이에 서로 잡아당기는 힘이 작용하기 때문이다.

두 개의 자석을 같은 극끼리 가까이 하면 서로 밀어 낸다. 자석 사이에 서로 미는 힘이 작용하기 때문이다.

자석 주위에 철가루를 뿌리면 아래의 모습으로 철가루가 늘어선다. 각 자극에서 자력선이 나오며, N극에서 나와 S극으로 향한다.

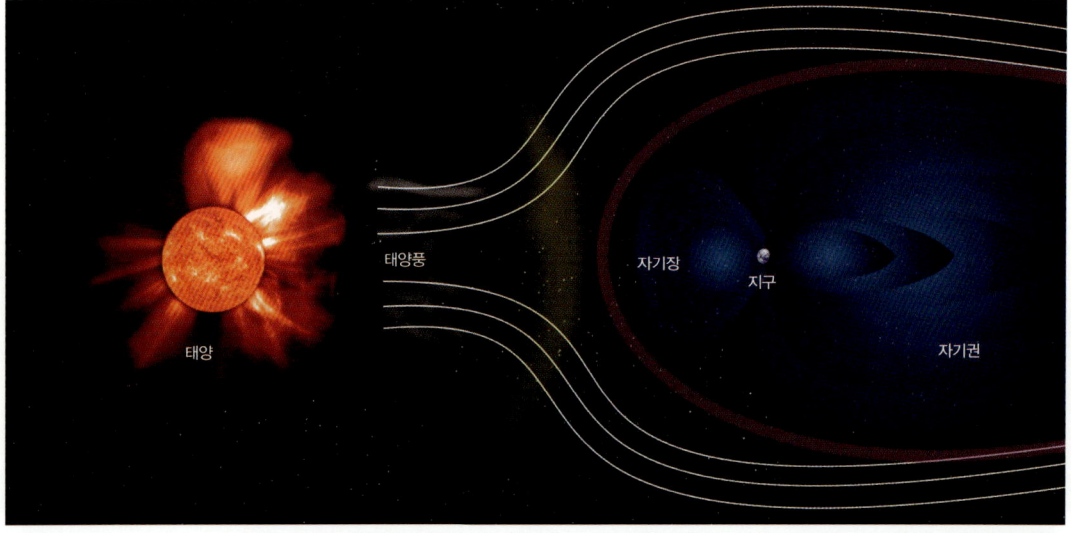

지구도 거대한 자석이다. 태양에서 나온 태양풍을 지구의 자기장이 막아 내고 있다. 자기장이 미치는 범위를 자기권이라고 한다.

자석의 두 극은 언제나 일정한 방향인 북쪽과 남쪽을 가리킨다. 나침반은 자석의 이러한 성질을 이용한 것이다. 나침반 바늘의 N극은 항상 북쪽이고, S극은 항상 남쪽이다. 클립에 자석을 대고 한쪽 방향으로 여러 번 문지른 다음, 철가루나 핀에 가까이 대면 클립에 철가루나 핀이 달라붙는다. 클립이 자석이 된 것이다. 이처럼 자석이 아닌 물체가 자석의 성질을 가지게 되는 것을 자화라고 하며, 자화된 물체는 나침반과 같은 방향을 가리킨다.

자화된 볼트와 클립

자석의 종류

자석에는 일시 자석과 영구 자석이 있다. 일시 자석으로는 전기가 흐를 때에만 자석의 성질을 띠는 전자석이 있다. 전자석은 전류가 흐르는 원형도선을 여러 번 감아서 만든 자석이다. 전자석의 원리는 전동기를 만드는 데 이용되고 있다. 영구 자석에는 산화철과 다른 물질을 섞어 만든 페라이트 자석, 네오디뮴·사마륨 같은 희토류 원소와 붕소가 섞인 희토류 자석, 알루미늄·니켈·코발트·철 등의 합금으로 만든 알니코 자석 등이 있다.

자석은 만들어진 모양에 따라 막대 자석, 유(U)자형 말굽 자석, 둥근 자석 등으로 이름을 붙인다.

말굽 자석

알니코 자석

탐구학습

전류가 흐르는 에나멜 선은 어떤 성질을 가질까요?

전류가 흐르는 에나멜 선 주위에 나침반을 놓으면 나침반의 바늘이 돌아간다. 이는 자기장이 생겼기 때문이다. 즉 에나멜 선에 전류가 흐르면 자석의 성질을 띤다. 에나멜 선에 전지를 연결한 다음, 전지의 극을 바꾸면 나침반 바늘의 방향도 바뀌는 것을 알 수 있다. 이것은 전류가 흐르는 방향에 따라 자기장의 방향도 바뀌기 때문이다.

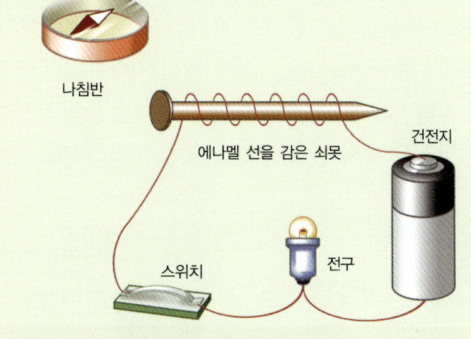

자석의 성질을 이용하여 정보를 기록하는 매체에는 무엇이 있을까요?

녹음 테이프, 비디오 테이프, 공중전화카드, 신용카드, 지하철 표 등의 표면에는 산화철이나 산화크롬 등의 자성 물질이 얇게 칠해져 있다. 이 부분이 자기 기록 매체를 지나갈 때 전기 신호를 받아 자기장이 변화하면서 자성 물질 속에 있는 작은 자석들이 특정하게 배열되어 정보를 기록한다. 자성 물질로 기록된 정보는 정보 재생 매체를 지날 때 전기 신호를 발생해 정보를 재생할 수 있게 한다. 공중전화카드나 신용카드 등의 자기 띠 부분을 자석으로 문지르거나 가까이 대면 기록된 정보를 모두 잃어버릴 수 있다.

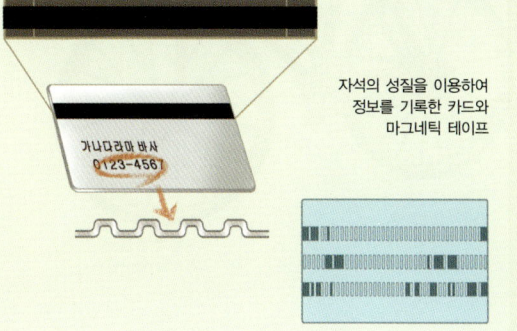

자석의 성질을 이용하여 정보를 기록한 카드와 마그네틱 테이프

자전거

사람의 힘으로 바퀴를 돌려서 가게 만든 탈것이다. 안장에 올라앉아 두 손으로 핸들을 잡고 두 발로 페달을 밟아 그 힘으로 움직인다. 발로 페달을 밟으면 그 힘이 축에 전달되고 다시 바퀴를 감은 체인에 전달되어 뒷바퀴를 돌려 움직이는 것이다. 1800년대에 처음으로 나무로 만든 자전거가 만들어졌다. 이 자전거는 단순히 발로 땅을 내딛으며 나아가는 식이었으나 사람이 걷는 것보다 빨라 널리 쓰였다. 1910년대에 오늘날 사용하는 자전거와 비슷한 기본적인 틀이 갖추어졌다. 바퀴는 보통 두 개이며 한 개짜리나 세 개짜리도 있다. 자전거는 핸들로 앞바퀴를 움직여 방향을 바꾼다. 앞바퀴와 뒷바퀴에 붙어 있는 브레이크로 멈춘다. 자전거가 멈춰 있을 때는 서 있지 못하고 한쪽으로 쓰러지지만, 달릴 때는 쓰러지지 않고 평형을 이룬다. 회전하는 물체가 회전하는 성질을 계속 유지하려 하기 때문이다. 팽이의 회전 속도가 느려지면 쓰러지는 것처럼 자전거도 속도가 느려지면 한 쪽으로 쓰러진다.

자정 작용

하천이나 바다 등으로 들어온 오염 물질이 시간이 지나면서 다시 깨끗해지는 현상을 가리킨다. 물은 흙, 모래, 자갈층이나 물에 사는 풀 사이를 흘러 지나가면서 오염 물질이 걸러진다. 또 물 속의 미생물에 의해 오염 물질이 분해되거나 물 속의 산소에 의해 오염 물질이 변화되어 저절로 맑아지고 깨끗해진다. 하지만 너무 많은 양의 오염 물질이 들어오면 산소가 너무 많이 사용되어 결국 물은 스스로 깨끗해지는 능력을 잃어버린다.

자정 작용은 물 속 미생물체에 의한 생물학적 정화, 오염 물질의 화학 변화에 의한 화학적 정화, 오염 물질이 널리 퍼지면서 농도가 묽어지는 물리적 정화 등 세 가지로 나눌 수 있다.

자철석

자기를 갖고 있는 광물이다. 검은색을 띠고 금속 광택이 있으며 자철광이라고도 한다. 주 성분은 철이며 티탄, 망간, 마그네슘 등이 조금 들어 있다. 자철석은 자석의 성질이 가장 강한 천연 광물이며, 자철석의 성질은 기원전 500년경부터 알려졌다.

자화

물체가 자석의 성질을 띠는 현상을 말한다. 자기화라고도 한다. 자석의 극 부근에 바늘을 가져다 대면 바늘 자신도 자석이 되어, 그 끝에 다른 바늘이 붙는다. 직류 전류를 통하게 만든 코일 속에 철 조각이나 바늘을 넣으면 철 조각이나 바늘이 자석의 성질을 띤다. 이처럼 어떤 물체가 자석의 성질을 띠는 것을 자화라 하고, 자화가 되는 물체를 자성체라고 한다. 자화될 때는 물체 내부의 원자들이 자기장의 방향으로 가지런히 늘어선다.

작용점

물체에 힘이 작용할 때, 그 힘이 미치는 점을 가리킨다. 작용점은 힘의 방향과 힘의 크기와 함께 힘의 3요소 중 하나이다. 물체에 같은 크기의 힘이 작용하더라도 작용점에 따라 효과가 달라진다. 물체의 힘이 작용할 때에는 반대 방향으로도 똑같은 크기의 힘이 작용한다. 이를 반작용이라 하고, 그 힘이 작용하는 위치를 반작용점이라고 한다.

작은개자리

겨울철 밤하늘에서 볼 수 있는 별자리이다. 은하수의 동쪽, 쌍둥이자리의 남쪽에 있는 별자리이다. 가난한 농부에게 충성을 다하고 죽은 개 마이라에게 감명받은 신들이 마

자전거의 각 부분이 하는 일

이라를 본떠 만든 별자리라고 한다. 이 별자리에서 가장 밝은 프로키온은 겨울철 밤하늘에서 오리온자리의 베텔기우스와 큰개자리의 시리우스와 커다란 정삼각형을 이룬다.

작은곰자리

계절에 관계없이 언제나 북쪽 하늘에서 볼 수 있는 별자리이다. 큰곰자리와 카시오페이아자리 사이에 있다. 작은곰자리의 꼬리 부분에 있는 별이 북극성이다. 다른 별들이 지구의 자전에 따라 밤하늘에서 움직이지만 북극성은 천구의 북극 근처에 있어서 언제나 제자리에 멈춰 있는 것처럼 보인다. 북극성은 천구의 북극에서 1도 정도 떨어져 있다.

잠망경

물 속에 있는 잠수함이나 목표물을 직접 볼 수 없는 참호에서 밖을 볼 때 쓰는 반사 망원경이다. 양 끝에 두 개의 프리즘이 있는 긴 통 모양이며, 통 안에 여러 개의 대물렌즈가 붙어 있다. 잠망경을 물 밖이나 참호 위로 올려 밖을 보고, 회전시켜서 원하는 곳을 본다.

잠수함

물 속에 가라앉은 상태나 떠오른 상태에서 움직일 수 있는 배를 말한다. 잠수함은 관광용이나 해저 탐사용으로도 쓰이지만 대부분 군사용으로 쓰인다. 군용 잠수함

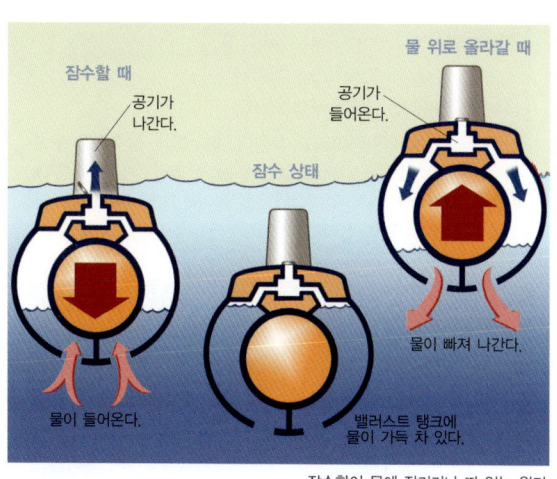

잠수함이 물에 잠기거나 떠 있는 원리

은 바다 속으로 몰래 표적물에 다가가 어뢰나 미사일 등으로 공격한다.

잠수함은 대체로 수압에 견딜 수 있게 원통형으로 되어 있다. 배의 아랫부분에 있는 밸러스트 탱크를 이용해 물에 뜨거나 잠수를 한다. 잠수를 할 때는 밸러스트 탱크의 구멍을 열어 바닷물이 들어오게 해서 가라앉고, 물 위로 올라오려 할 때는 탱크에 압축 공기를 넣어 바닷물을 빼내 부력을 얻어 떠오른다. 잠수함은 동력 기관으로 디젤 기관이나 원자력을 이용한다. 디젤 기관을 쓰는 잠수함은 물 위나 낮은 물 속에서는 디젤 기관으로 움직이고, 깊은 물 속에서는 축전지로 움직인다. 낮은 물 속에 잠수해 다닐 때에는 스노클이라는 긴 관을 물 밖까지 내밀어 공기를 공급받고, 연소 후의 배기 가스도 배출한다. 디젤

물 위로 나왔을 때의 잠수함 모습

물 밑에서의 잠수함 모습

장마

탐구학습

잠수함과 잠수정은 어떻게 구별할까요?

소형 잠수함을 잠수정이라고 부른다. 잠수함과 잠수정을 구별하는 정확한 기준은 없으나 일반적으로 1~5명 정도의 인원이 탑승할 정도의 크기의 잠수함을 잠수정이라고 부른다. 깊은 바다를 탐사할 때 많이 쓴다.

잠수정 앨빈

기관에서 만들어 낸 전기는 축전기에 저장하여 깊은 물 속에서 움직일 때 쓴다. 원자력 잠수함은 스노클이나 축전지가 없어도 되기 때문에 물 속에서 오랫동안 잠수해 있을 수 있다.

장마

우리 나라에서 6월 하순부터 7월 하순까지 계속해서 많은 비가 내리는 현상을 말한다. 기상학에서는 장마 전선의 영향을 받아 비가 오는 경우를 뜻한다. 장마 전선은 북태평양 고기압과 오호츠크 해 고기압 또는 북태평양 고기압과 대륙 고기압이 동서로 길게 형성된 정체 전선을 말한다. 대부분의 장마 전선은 남쪽의 고온 다습한 북태평양 고기압과 북쪽의 한랭다습한 오호츠크 해 고기압 사이에서 만들어진다. 장마 전선이 처음 만들어지는 6월 중순경에는 한반도의 남쪽에 위치하지만, 6월 하순경부터는 북태평양 고기압이 세력을 확장하면서 장마 전선이 북쪽으로 올라온다. 이후 장마 전선은 한반도 주변에 머물며 남북으로 오르락내리락 하면서 우리 나라에 많은 비를 뿌린다. 장마 전선은 7월 하순 이후에 한반도 북쪽 중국 대륙까지 이동한다. 이때부터 우리 나라는 장마가 끝나고 본격적인 무더위가 시작된다. 보통 여름철 강수량의 절반 이상이 장마 기간에 내린다. 해에 따라 장마 전선의 세력이 약해 비가 내리지 않기도 한다. 이를 마른장마라고 한다. 또 한반도 북쪽까지 이동한 장마 전선이 초가을 무렵에 남쪽으로 내려오면서 많은 비를 뿌리기도 한다. 이를 가을장마라고 한다.

재봉틀

바느질하는 기기로 재봉기라고도 한다. 1790년 무렵에 영국의 세인트가 처음으로 바느질하는 기계를 만들었고, 1825년에 프랑스의 시몽이 오늘날 쓰는 것과 비슷한 재봉틀을 개발해 특허를 냈다. 회전축을 사람의 힘이나 전기의 힘으로 돌려 주면 그것에 연결된 바늘이 움직이면서 바늘 끝에서 바느질이 이뤄진다.

저기압

주위보다 상대적으로 기압이 낮은 곳을 가리킨다. 즉 어느 절대적인 기준치 이하의 기압을 말하는 것이 아니라, 주위보다 상대적으로 기압이 낮은 곳을 말한다. 저기압권 둘레의 바람은 지구의 자전 때문에 북반구에서는 중심에서부터 시계 반대 방향으로, 남반구에서는 시계 방향으로 돌면서 저기압의 중심으로 불어 들어간다. 사방으로부터 불어 들어온 바람은 중심 부근에서 수 킬로미터 상층으로 올라간 후 밖으로 불어 나간다. 저기압권

북반구에서 저기압권 둘레의 바람은 저기압의 중심으로 불어 들어간다.

저기압권에서는 공기가 하늘로 올라가서 구름을 형성한다. 따라서 흐리거나 비가 오는 날씨가 된다.

에 들면 구름이 생겨서 흐리거나 비가 온다.
 발생하는 지역에 따라 온대 지역에서 발생하는 저기압을 온대 저기압이라고 하고, 열대 지역에서 발생하는 저기압을 열대 저기압이라고 한다. 열대 저기압 중 최대 풍속이 초속 17미터가 넘는 태풍은 강한 비바람을 몰고 와 우리 나라에 많은 피해를 준다.

적도
 지구의 남극점과 북극점에서 같은 거리에 있는 점들을 이은 가상의 선이다. 위도의 기준이 되는 선으로, 적도의 위도는 0도이다. 적도를 경계로 지구를 남북으로 나누어 북쪽을 북반구, 남쪽을 남반구라고 한다.

적외선
 파장이 가시광선보다 길고, 극초단파보다는 짧은 전자기파이다. 파장이 0.75나노미터에서 1밀리미터 사이에 있으며, 햇빛을 스펙트럼으로 나누었을 때 빨강색 바깥쪽에 있어서 적외선이라 부른다. 눈으로 볼 수 없다. 가시광선이나 자외선에 비해 강한 열 작용을 가지고 있는 것이 특징이며, 이 때문에 열선이라고도 한다. 파장이 길어서 잘 산란되지 않으며, 공기 중을 잘 투과해 멀리까지 나아간다. 이런 성질을 이용하여 적외선 사진기나 안경 등으로 맨눈으로 보이지 않는 물체를 보거나 물체의 표면 온도 등을 잰다. 공산품이나 농수산물의 적외선 건조와 가열에도 쓰이며, 적외선레이저빔으로 외과 수술을 하기도 한다.

전갈자리
 황도십이궁의 하나로 여름철 남쪽 하늘에서 볼 수 있는 별자리이다. 전갈자리는 밝은 별들이 모여 전갈의 독특한 모습을 나타내기 때문에 땅꾼자리의 바로 남쪽 하늘에서 쉽게 찾아낼 수 있다. 또는 남쪽 지평선 쪽에서 1등성 안타레스를 찾은 다음에 에스(S)자 모양의 전갈을 그리면 된다.

전구
 전기 에너지를 이용해 빛을 내는 조명 기기이다. 백열등이라고도 한다. 1879년에 미국의 에디슨이 처음으로 발명하였다. 동그란 모양의 유리관 안에 코일로 된 필라멘트를 감아 넣고 전류를 흘려 보내면, 필라멘트가 1000~2000도 사이의 높은 온도로 가열되면서 빛을 낸다. 유리관 안은 진공 상태로 만들거나 질소나 아르곤 가스 등으로 채운다. 유리관을 질소나 아르곤 가스 등으로 채우는 것이 진공 상태로 둘 때보다 필라멘트를 오래 견딜 수 있게 해 준다. 또 유리관 안을 가스로 채우면 필라멘트에서 나오는 빛이 가스와 부딪혀 빛의 색깔도 약간 변한다. 가스에 따라 빛의 색이 약간씩 다르다.

전기 분해
 전해질 용액 속에 두 개의 전극을 담그고 전류를 통하게 했을 때 전해질이 분해되는 현상이다. 전기 분해가 이루어질 때 양이온은 음극으로 음이온은 양극으로 이동한다. 알루미늄이나 염소 등 공업에서 사용되는 많은 물질들이 전기 분해로 만들어지며, 금속의 제련이나 도금에도 전기 분해를 이용한다.

탐구학습

전구의 필라멘트는 어떻게 빛을 낼까요?

보통 전기는 전기의 흐름을 방해하는 금속을 통과하면 열과 빛을 낸다. 전구의 필라멘트는 전기의 흐름을 방해한다. 필라멘트에서 전기 에너지가 빛 에너지로 바뀌어 밝은 빛이 난다. 에디슨이 처음으로 만든 전구는 탄소를 필라멘트로 썼다. 탄소 필라멘트는 잘 끊어져서 오랫동안 쓸 수 없었다. 오늘날에는 고온에서도 잘 견디는 텅스텐과 니켈로 필라멘트를 만든다. 전구의 필라멘트가 가늘고, 코일이 많이 감겨 있을수록 밝은 빛을 낸다.

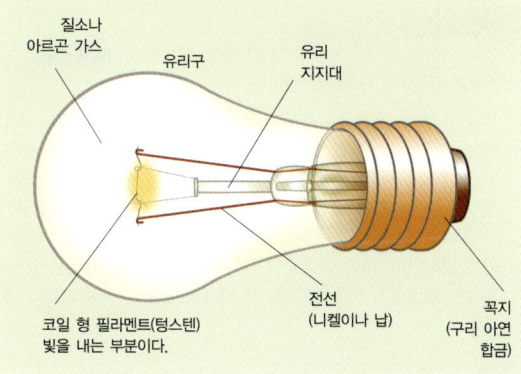

저울

물체의 무게나 질량을 측정하는 도구이다. 표준이 되는 힘과 직접 비교하여 측정하려는 물체의 무게나 질량을 구한다. 양팔저울의 경우에는 분동의 질량이 표준이 되는 힘이고, 용수철저울에서는 스프링의 탄성력이 표준이 되는 힘이다.

윗접시저울

저울의 종류

저울은 크게 지렛대의 원리를 응용한 저울과 용수철의 탄성력을 응용한 저울로 나눌 수 있다.

지렛대를 응용한 대표적인 저울에는 천칭과 양팔저울, 대저울 등이 있다. 천칭은 지렛대의 중앙을 받침점으로 하고 양쪽의 같은 위치에 접시를 매단 저울로, 저울 중에서 가장 정밀하다. 화학천칭은 0.01그램의 무게까지 잴 수 있다. 양팔저울은 천칭과 마찬가지로 지렛대의 중앙을 받침점으로 하고 양쪽의 같은 위치에 접시를 올려 놓은 저울로, 윗접시저울이라고도 한다. 간단한 양팔저울은 천칭과 마찬가지로 아래에 접시를 매달아 만들기도 한다. 천칭과 양팔저울은 일정한 질량을 갖고 있는 분동을 사용해서 무게나 질량을 측정한다. 저울팔의 한쪽 접시에 물체를 올리고 다른 쪽 접시에 분동을 올려서 저울의 팔이 균형을 이루게 한다. 균형을 이룰 때의 분동의 무게가 물체의 무게이다. 대저울은 대에 눈금이 새겨져 있고, 추가 매달려 있는 저울이다. 접시나 고리에 물건을 얹고 추를 대의 이쪽저쪽으로 움직여 평형을 이룰 때 대에 새겨진 눈금을 읽어 무게를 안다. 지렛대의 받침점에 가까운 쪽에 측정하려는 물체를 올려 놓고 다른 먼 쪽에 추를 매달아 작은 양의 분동이나 추로 큰 물체의 무게를 잴 수 있다. 이 외에 지렛대의 원리를 응용한 저울로는 귀금속 상점이나 약국에서 사용하는 등비접시수동저울과 부등비접시수동저울·판수동저울·계수저울 등이 있다.

용수철의 탄성력을 응용한 대표적인 저울에는 용수철저울이 있다. 용수철의 길이는 용수철을 잡아당기는 힘의 크기에 비례하여 늘어나기 때문에 용수철이 늘어나는 끝 부분에 바늘을 달고 바늘에 측정하려는 물체를 매달아 무게를 측정하는 것이다. 용수철저울은 비교적 작은 물체의 무게를 잴 때 주로 사용한다. 이외에 용수철의 탄성력을 응용한 저울로는 자동전자저울, 체중계, 앉은뱅이저울 등이 있다. 자동전자저울은 고기나 야채 등의 무게를 잴 때 사용하고, 체중계는 사람의 몸무게를 잴 때 사용하며, 앉은뱅이저울은 식품의 무게를 잴 때 주로 사용한다.

저울에는 이 외에도 무게를 액체의 압력으로 변환시키는 압력식 저울, 액체의 부력과 균형을 이루어 부력을 파악하는 부력식 저울, 탄성체의 변형을 전기량으로 바꾸어 전자기적 양을 무게로 나타내는 전기식 저울, 물

탐구학습

저울은 언제부터 사용하였을까?

인류는 선사 시대부터 저울을 사용하였다. 이집트의 선사 시대 무덤에서 저울로 볼 수 있는 것이 발견되었으며, 기원전 5000~4000년경의 고대 이집트의 벽화나 파피루스에 오늘날의 천칭과 비슷한 저울의 그림이 그려져 있다. 또 기원전 3000~2000년경의 메소포타미아나 인더스 강 유역의 유적에서도 천칭의 일부분이나 돌로 만든 분동이 발굴되었다. 특히 이집트의 고대 벽화에 그려진 천칭은 오늘날 사용하는 정밀도가 높은 천칭과 그 원리와 구조가 똑같아 매우 흥미롭다.

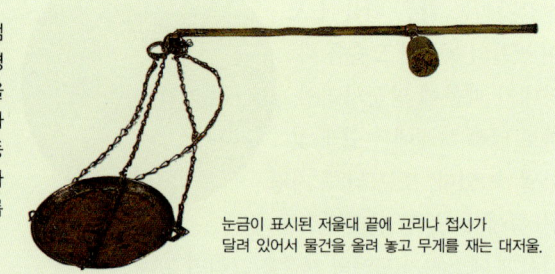

눈금이 표시된 저울대 끝에 고리나 접시가 달려 있어서 물건을 올려 놓고 무게를 재는 대저울.

체의 무게를 자동으로 재는 컨베이어스케일, 1억분의 1그램의 무게도 측정하는 원격조정천칭 등 여러 저울이 있다.

대부분의 저울은 국가의 검정을 받아서 합격한 것이 아니면 판매하거나 상거래에서 사용할 수 없다. 또한 상거래에 사용되는 저울은 정밀도를 유지하기 위하여 시와 도에서 매년 실시하는 정기 검사를 받아야 한다.

> **윗접시저울의 사용법**
>
> 윗접시저울로 물체의 무게를 재려면 먼저 윗접시저울의 수평을 잡는다. 이를 영점조절이라고 한다. 접시 옆쪽의 나사로 조절하며, 접시를 올려 놓은 상태에서 수평이 되도록 조절한다. 가루 물질을 재기 위해 종이를 올려 놓거나 액체를 재기 위해 그릇을 올려 놓을 경우에도 영점조절을 한다.
> 물체를 잴 때는 정해진 물체의 무게를 잴 때와 정해진 무게만큼의 물체를 잴 때에 사용하는 방법이 다르다. 정해진 물체의 무게를 잴 때는 물체를 왼쪽(왼손잡이는 오른쪽)에 놓고, 분동을 오른쪽(왼손잡이는 왼쪽)에 올려 놓으면서 무게를 잰다. 정해진 무게만큼의 액체나 가루 물질을 잴 때는 분동을 왼쪽에 놓고 물질을 오른쪽에 놓으면서 양을 측정한다.
> 분동을 손으로 만지면 때가 묻거나 닳아서 질량이나 무게가 정확해지지 않기 때문에 반드시 핀셋을 이용하여 옮긴다. 가벼운 종이처럼 생긴 분동은 핀셋의 휘어진 끝이 아래로 향하도록 하고 둥근 분동은 위로 향하도록 한다.

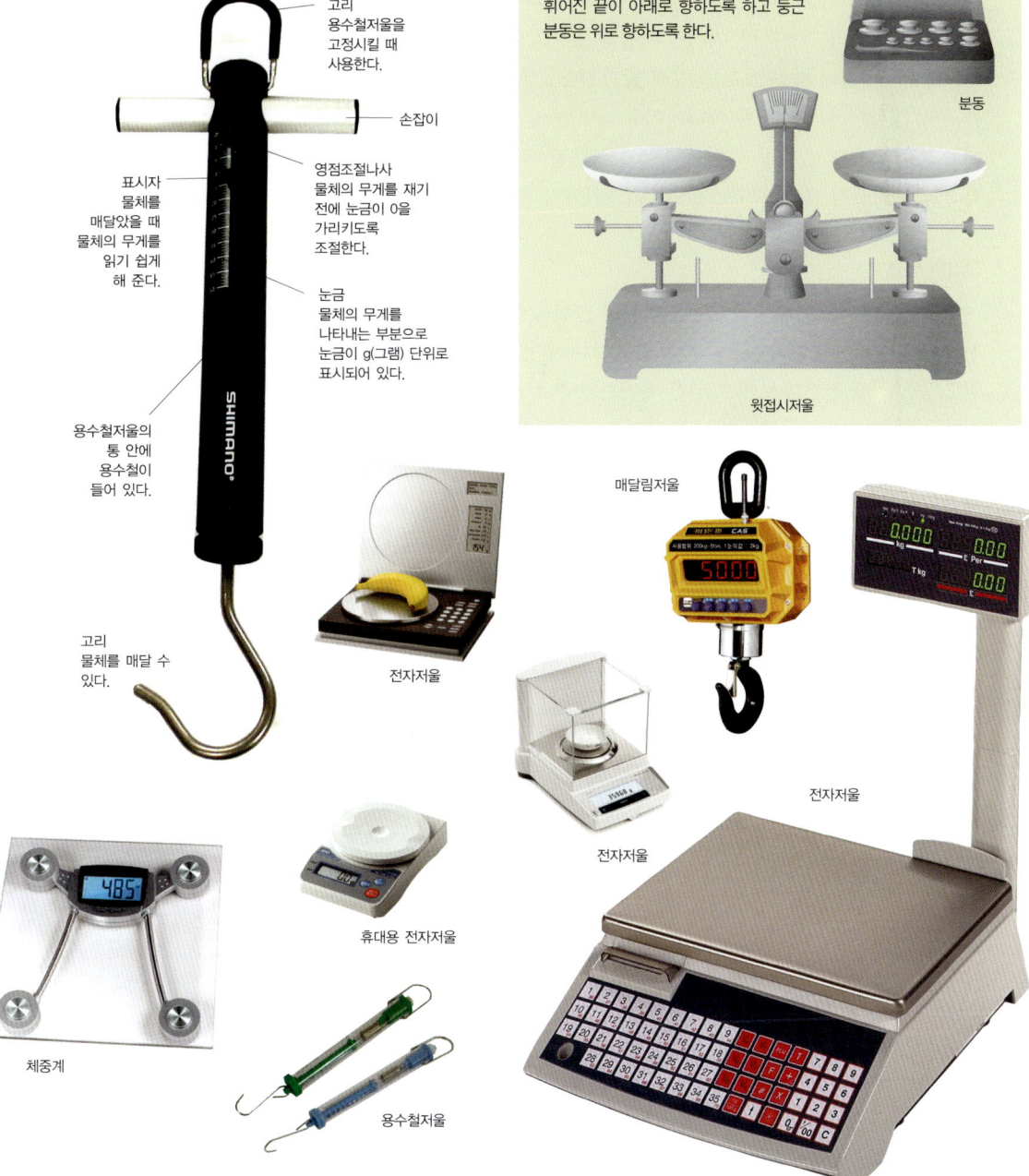

전기

물질 안에 있는 전자 또는 공간에 있는 자유 전자나 이온들의 움직임 때문에 생기는 에너지의 한 형태이다. 음전기와 양전기가 있으며, 같은 종류의 전기는 밀어 내고 다른 종류의 전기는 끌어당기는 성질이 있다. 전기는 이동하는 속도가 매우 빨라 빛의 속도와 마찬가지로 1초에 30만 킬로미터를 움직인다. 전기의 흐름은 물의 흐름과 비슷하다. 물의 흐름이 수압이나 파이프의 크기에 따라 다르듯이, 전기도 전압과 도선의 굵기·길이·재질에 따라 흐르는 양이 달라진다. 전기는 우리 생활에서 꼭 필요한 에너지이다. 전기는 빛을 내는 전등과 세탁기, 냉장고, 텔레비전 같은 가전 제품과 전화나 컴퓨터 그리고 의료 장비에 이르기까지 우리 생활에서 가장 많이 쓰는 에너지이다.

> **전기의 발견**
> 전기는 기원전 600년경 그리스의 탈레스가 처음으로 발견하였다. 탈레스는 호박을 문지르면 호박이 전기를 띄고 가벼운 물체를 끌어당기는 것을 발견하였다. 호박이 마찰 때문에 전기를 띠었기 때문에 일어난 현상이었다. 그래서 영어로 전기(electricity)는 호박(elektron)을 뜻하는 그리스 말에서 나왔다. 처음에는 전기와 자기가 구별되지 않다가 1600년에 영국의 과학자 길버트가 자기의 성질을 보다 정확히 밝혀 내면서 자기와 전기가 구별되기 시작했다. 프랑스의 과학자 쿨롱은 전기를 띤 물체들 사이에 작용하는 법칙을 발견하였다. 이탈리아의 과학자 볼타는 전지를 발명하였다. 1800년대는 패러데이·맥스웰·옴 등 많은 과학자들이 전기에 대해 연구하면서 전기력에 대한 많은 발견이 이루어졌고, 자기력과의 관계도 알려졌다. 이를 바탕으로 전자기학이 성립되었다. 1900년대 초반에 영국의 과학자 톰슨이 전기를 띠는 기본 알갱이인 전자를 발견하면서 물리학과 전자공학이 크게 발전하였다.

전기의 이동

여러 종류의 발전소에서 만들어진 전기는 손실을 줄이기 위해 발전소 안에 있는 변압기에서 알맞은 수준의 전압으로 높여져 주변의 송전용 변전소로 보내진다. 이곳에서는 높은 전압을 사용하는 대규모 공장이나 전기 철도 등에 직접 전기를 보내고, 남은 전기는 송전 선로를 통해 일반 가정 가까이에 있는 배전용 변전소로 보내진다. 배전용 변전소에서는 다시 변압기를 통하여 배전용 전압으로 낮추어 빌딩이나 공장 등으로 전기를 보내 주거나, 배전 선로를 통해 주상 변압기로 전기를 보낸다. 길가나 집 근처의 전주 위에 놓인 주상 변압기에서는 다시 전압을 220~380볼트로 낮추어 가정이나 학교, 상점, 주유소, 소규모 공장으로 전기를 보낸다.

전기의 이동 : 발전소 → (송전) → 변전소 → (인입선) → 인입선 연결점 → (분전반) → 콘센트 → 조명

인입선은 전주와 가옥을 연결하는 전선이다. 분전반은 전기공급소에서 들어온 전기를 필요한 각 회로로 나누어 주는 곳이다. 퓨즈는 전류가 흐르는 길에 필요 이상의 전류가 흐르는 것을 막는 일종의 자동 차단기로, 전류가 강하게 흐르면 녹아서 전류를 차단시킨다. 누전이란 전기가 정상적으로 흐르는 것이 아니라 주변의 물질로 새어서 흐르는 것을 말한다.

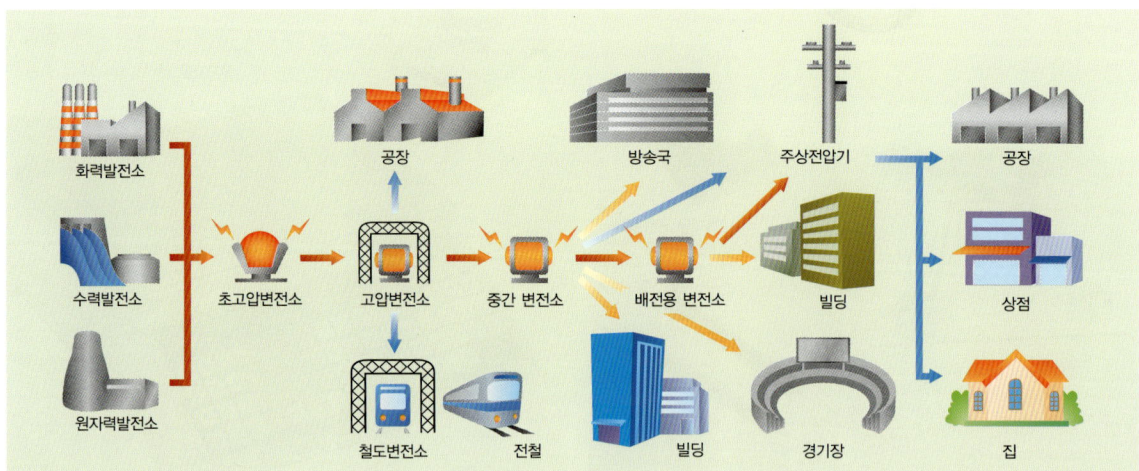

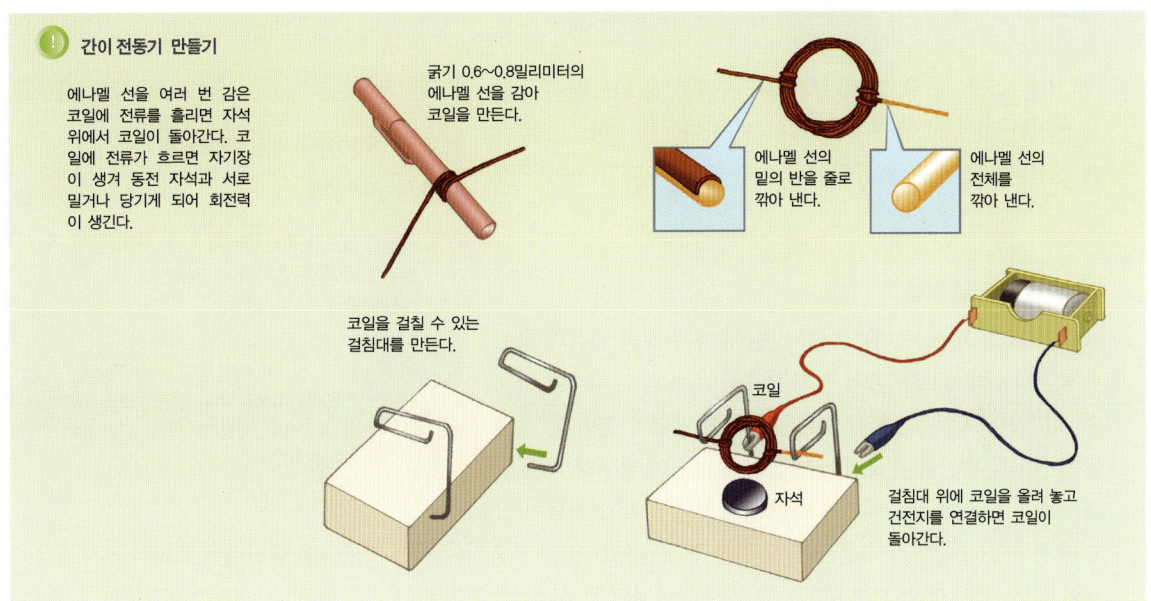

전도

열이나 전기가 물체 속을 이동하는 일이나 그런 현상을 가리킨다. 전도는 전기 전도와 열 전도로 나눈다. 전기 전도는 전압 차가 있는 두 물체를 도체로 연결하였을 때 전류가 흐르는 현상이다. 열 전도는 물질의 이동 없이 물질을 통해 열 에너지가 전달되는 것이다. 금속 막대의 한쪽 끝을 가열하면 가열되는 부분부터 순차적으로 뜨거워져 전체가 뜨거워지는데, 이는 열 에너지가 뜨거운 곳에서 차가운 곳으로 전도되기 때문이다. 액체나 기체 내부에서는 주로 대류에 의해 열이 전달되지만, 고체 내부에서는 주로 열 전도에 의해 열이 전달된다. 금속 물체의 경우에는 열전도율과 전기전도율이 서로 비례하기도 한다.

전동기

전기 에너지를 기계 에너지로 바꾸는 기계이다. 흔히 모터라고도 하며, 교류식과 직류식이 있다. 전동기는 전류가 흐를 수 있는 코일과 영구 자석으로 이루어져 있다. 여러 가지 구조가 있지만 보통 코일이 가운데 있고 영구 자석이 주변을 감싸고 있다. 코일에 전류를 흘려 주면 코일이 전자석이 되어 코일과 영구 자석 사이에 힘이 작용한다. 같은 극의 자석이 서로 밀쳐 내는 것처럼 전자석이 된 코일과 영구 자석은 서로 밀쳐 내거나 끌어당겨 회전력이 생긴다. 그냥 전류를 공급하면 회전하는 코일이 힘을 계속 한 방향으로만 받아 회전하지 않기 때문에 전류를 순간적으로 끊었다 이었다 하거나 전류의 부호를 바꾸어 주어 계속 돌아가게 한다.

전동기는 우리 생활에 아주 많이 쓰인다. 장난감 자동차의 모터뿐 아니라 선풍기, 세탁기, 진공청소기, 냉장고, 컴퓨터 등 거의 모든 가전 기기에 전동기가 쓰인다. 또 전차나 고속철의 동력 기관으로 중요하게 쓰이고, 거의 모든 산업용 기계 장치를 움직이는 기기로 쓰인다.

전력

전류가 단위 시간에 하는 일이나 단위 시간에 다른 에너지로 바뀌는 전기 에너지의 양을 말한다. 전력은 전압과 전류의 크기를 곱한 값과 같다. 단위로는 와트(W)와 킬로와트(kW)를 많이 쓴다. 일정한 시간 동안 쓴 전력의 총량은 전력량이라고 하며, 와트초(Ws) 또는 킬로와트시(kWh)를 단위로 쓴다.

전류

전하가 연속적으로 이동하는 현상을 가리킨다. 도체 내부의 전위가 높은 곳에서 낮은 곳으로 흐르며 양전기가 흐르는 방향이 전류의 방향이다. 크기는 단위 시간당 통과하는 전기량으로 표시한다. 단위로는 암페어(A)를 쓴다.

전기 회로

 전기가 흐르는 통로로, 전기가 흐를 수 있도록 필요한 부품들을 연결한 것이다. 단순히 회로라고도 한다. 전기 회로는 바르게 연결되어 전기가 잘 통하게 하여야 하며, 전기가 통하는 것을 전류가 흐른다고 한다.

전기 회로의 연결 방법

 전기 회로를 만드는 데는 연결 방법에 따라 직렬 연결과 병렬 연결로 나눈다. 회로도에서 전기 부품들이 한 줄로 이어져 있으면 직렬 연결이며, 여러 갈래로 갈라지면 병렬 연결이다. 예를 들어 전구들이 줄줄이 도선에 연결되어 있으면 전구의 직렬 연결이고, 도선들이 갈라지면서 나란한 도선에 각각 연결되어 있으면 전구의 병렬 연결이다. 직렬 연결은 연결된 모든 전기 부품이나 전기 기구들을 한꺼번에 끄거나 켜서 통제할 수 있지만, 전압이 낮아지고, 한 곳만 끊어져도 전체가 작동하지 않는 단점이 있다. 크리스마스트리의 장식용 꼬마 전구나 누전 차단기, 퓨즈 등이 직렬 연결이다. 병렬 연결은 연결된 전기 부품이나 전기 기구들을 따로 통제할 수 있으며, 같은 전압으로 연결시킬 수 있다. 하지만 전체를 한번에 통제하기 어렵고, 전선이 많이 들며, 회로 검사가 복잡하다. 집 안에서 사용하는 여러 가전 제품과 가로등, 건물의 등, 공사 중 표시등 등이

탐구학습

전구의 직렬 연결과 병렬 연결의 비교

전구의 직렬 연결
- 모든 전구가 한 선으로 연결된다.
- 회로가 갈라져 있지 않다.
- 전구를 많이 연결할수록 어두워진다.
- 전지를 오래 쓸 수 있다.

전구의 병렬 연결
- 두 개 이상의 전구가 다른 선으로 연결된다.
- 한 개의 전구를 빼내도 다른 전구에 불이 켜진다.
- 전구의 밝기는 전구 1개만 연결했을 때와 같다.
- 전지의 수명이 짧다.

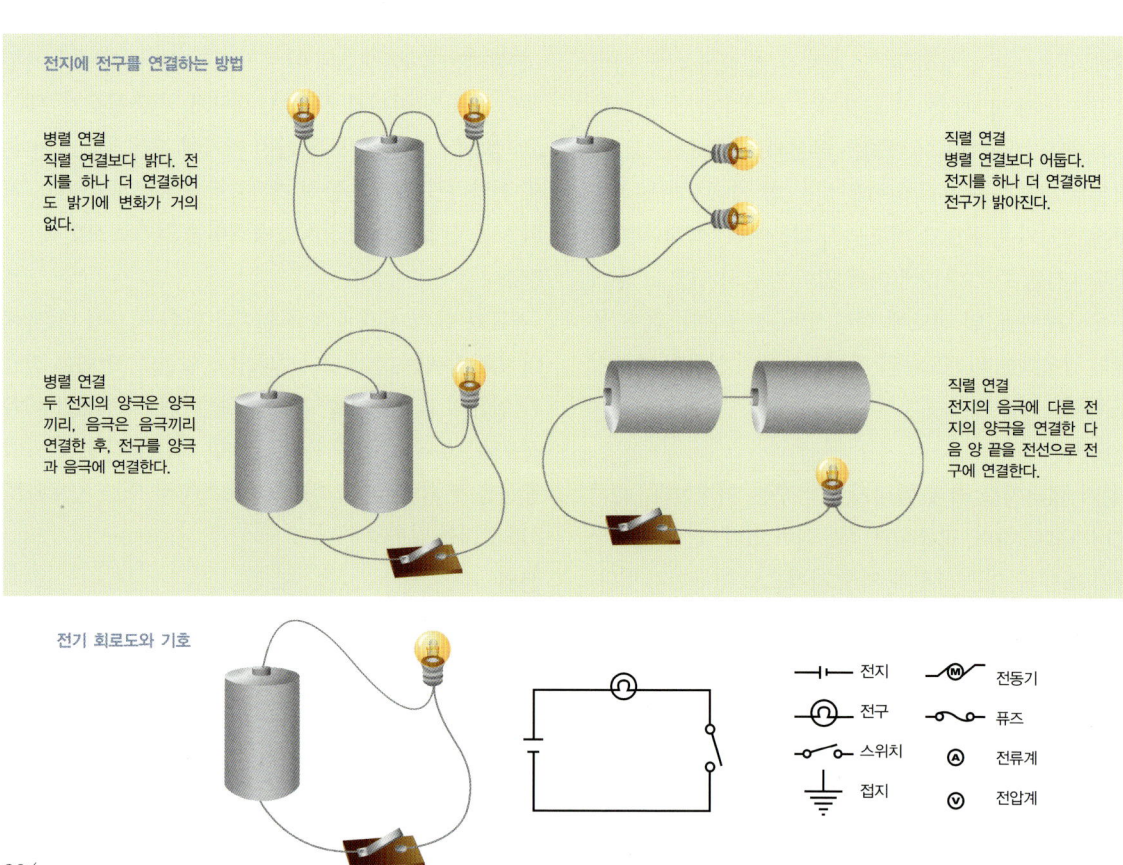

전지에 전구를 연결하는 방법

병렬 연결
직렬 연결보다 밝다. 전지를 하나 더 연결하여도 밝기에 변화가 거의 없다.

직렬 연결
병렬 연결보다 어둡다. 전지를 하나 더 연결하면 전구가 밝아진다.

병렬 연결
두 전지의 양극은 양극끼리, 음극은 음극끼리 연결한 후, 전구를 양극과 음극에 연결한다.

직렬 연결
전지의 음극에 다른 전지의 양극을 연결한 다음 양 끝을 전선으로 전구에 연결한다.

전기 회로도와 기호

— 전지   — 전동기
— 전구   — 퓨즈
— 스위치 Ⓐ 전류계
— 접지   Ⓥ 전압계

병렬 연결이다. 멀티탭과 같이 직렬 연결과 병렬 연결을 함께 사용하는 경우도 있다. 또 천정의 형광등은 병렬로 연결되어 있지만, 형광등과 스위치는 직렬로 연결되어 있다.

전기 회로에서 여러 전기 부품들의 위치와 도체·전선들이 이어지는 모양을 그린 그림을 전기 회로도 또는 회로도라고 한다. 회로도를 구성하는 요소들은 간단한 기호를 써서 나타낸다. 이 기호들은 서로 알아 볼 수 있게 약속한 것으로 회로 기호 또는 전기 회로 기호라고 한다.

20세기 중반 이후 반도체 산업의 발달로 다이오드와 트랜지스터를 비롯한 수많은 전기 부품이 생기면서 전자 제품에 사용되는 회로 기호가 점점 많아지고 회로도도 점점 복잡해졌다.

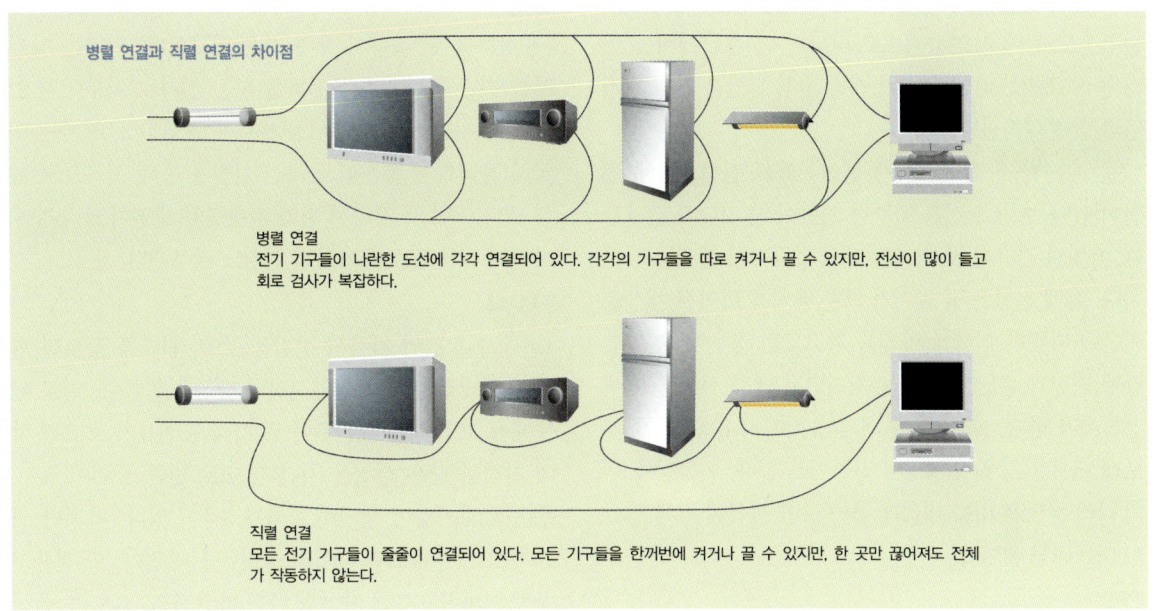

병렬 연결과 직렬 연결의 차이점

병렬 연결
전기 기구들이 나란한 도선에 각각 연결되어 있다. 각각의 기구들을 따로 켜거나 끌 수 있지만, 전선이 많이 들고 회로 검사가 복잡하다.

직렬 연결
모든 전기 기구들이 줄줄이 연결되어 있다. 모든 기구들을 한꺼번에 켜거나 끌 수 있지만, 한 곳만 끊어져도 전체가 작동하지 않는다.

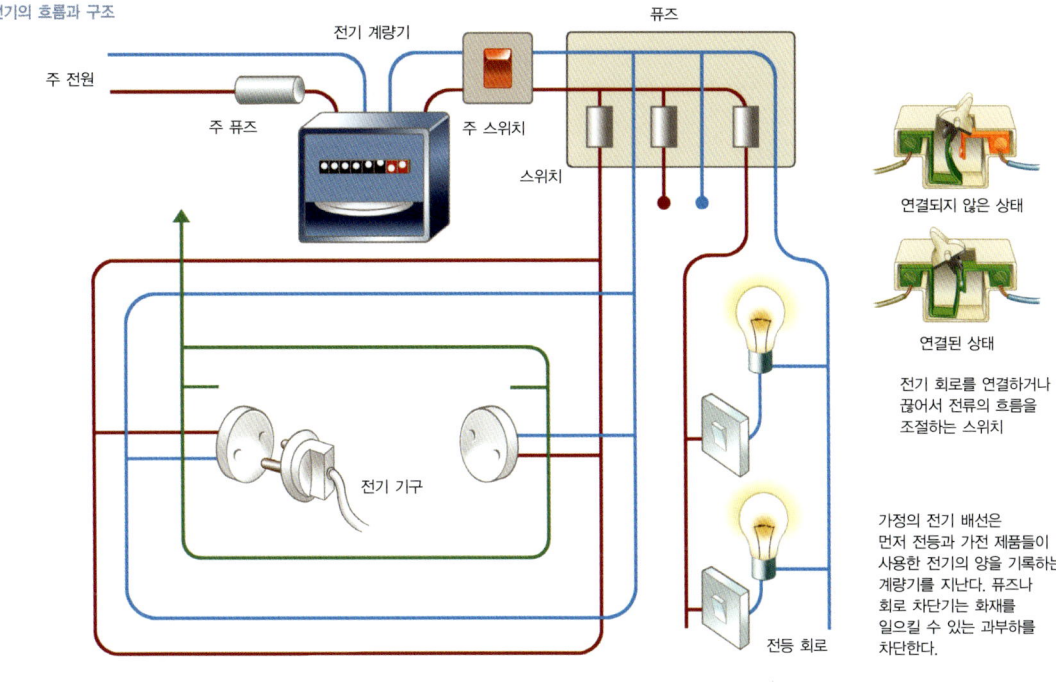

전기의 흐름과 구조

주 전원 / 주 퓨즈 / 전기 계량기 / 주 스위치 / 스위치 / 퓨즈 / 전기 기구 / 전등 회로

연결되지 않은 상태
연결된 상태
전기 회로를 연결하거나 끊어서 전류의 흐름을 조절하는 스위치

가정의 전기 배선은 먼저 전등과 가전 제품들이 사용한 전기의 양을 기록하는 계량기를 지난다. 퓨즈나 회로 차단기는 화재를 일으킬 수 있는 과부하를 차단한다.

전선

전선

온도·습도·밀도 등 성질이 서로 다른 두 공기 덩어리가 만나는 경계면이 지면과 만나는 선을 말한다. 대기 상태가 거의 같은 공기 덩어리를 기단이라고 한다. 성질이 다른 두 기단이 만나면 바로 섞이지 않고 경계면이 생긴다. 이 경계면을 전선면이라 하고, 전선면이 지면과 만나는 부분이 전선이다. 전선에서는 기온·기압·풍향·이슬점온도 등이 불연속적으로 나타나 그 부근에서는 비나 눈이 내리는 나쁜 날씨가 계속된다. 전선은 거의 저기압과 함께 나타난다.

전선에는 온난 전선·한랭 전선·폐색 전선·정체 전선이 있다. 온난 전선은 따뜻한 기단이 찬 기단과 만났을 때, 따뜻한 기단이 찬 기단을 타고 올라가서 생기는 전선이다. 한랭 전선은 찬 공기가 더운 공기를 밀어서 차가운 기단이 따뜻한 기단의 아래를 파고드는 경우에 생긴다. 한랭 전선과 온난 전선이 겹쳐지면서 생긴 전선을 폐색 전선이라 한다. 또 전선이 거의 움직이지 않고 한 곳에 오래 머무를 경우에는 정체 전선이라 한다. 여름철에 우리 나라에 많은 비를 내리게 하는 장마 전선이 정체 전선의 대표적인 예이다.

전압

전기장 또는 도체 내 두 점 사이의 전기적인 위치 에너지의 차이를 말한다. 전위 차라고도 한다. 전압은 전하의 분포에 의해 정해진다. 전압의 차이가 있는 두 점 사이를 도선으로 연결하면 마치 물이 높은 곳에서 낮은 곳으로 흐르듯이 전압의 차이가 없어지는 방향으로 전하가 이동한다. 전압이 클수록 더 많은 전류를 흐르게 할 수 있다. 단위는 볼트(V)를 쓴다.

전자

음전하를 띤 질량이 아주 작은 입자이다. 원자는 양전하를 띠는 원자핵과 음전하를 띠는 전자로 이루어져 있으며, 전자는 원자핵 주위를 빠르게 움직인다. 전자는 영국의 물리학자 톰슨이 음극선 실험을 통해 처음으로 밝혀 냈다. 원소에 따라서 전자의 개수와 배열이 달라지며, 이것에 의해 원소의 화학적 성질도 달라진다.

전자석

전류가 흐르면 자석의 성질을 갖고, 전류를 끊으면 원래의 상태로 돌아가는 일시적인 자석을 말한다. 철로 된 물체에 코일을 감아 만든다. 전자석은 전류가 흐르면 막대 자석과 같은 성질을 지닌다. 철로 만든 물건이 붙고, 주변에 자기장이 생기며, N극과 S극이 있다. 하지만 전류가 흐르지 않으면 자석의 성질은 사라진다. 또 전류의 방향을 바꿈으로써 자석의 극을 바꿀 수도 있으며, 흘려 보내는 전류의 양을 달리해서 자석의 세기도 조절할 수

탐구학습

온난 전선과 한랭 전선일 때의 날씨는 어떠할까요?

대개 전선은 저기압과 함께 나타난다. 중위도 지방에서의 저기압은 바람과 비를 가져오고, 온난 전선과 한랭 전선을 생기게 한다. 저기압의 영향으로 따뜻하고 습기가 많은 기단이 찬 기단 위로 올라갈 때는 온난 전선이 생기고 보통 층운형 구름이 생긴다. 온난 전선의 영향을 받는 지역에서는 이슬비나 눈이 계속 내린다. 차가운 기단이 따뜻한 기단 밑을 파고들어 한랭 전선이 생길 때에는 보통 검은 적란운이 만들어진다. 한랭 전선의 영향을 받는 지역에서는 소나기 같은 비나 눈이 내렸다 그쳤다를 반복한다.

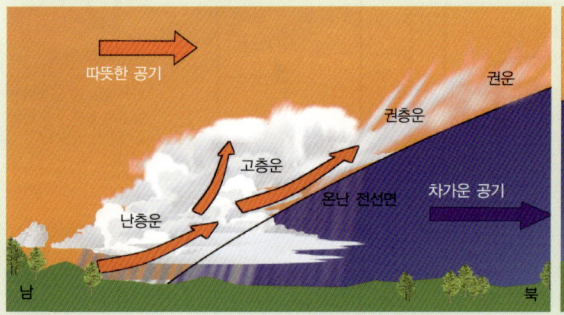

따뜻한 공기가 차가운 공기 위로 올라가는 온난 전선

차가운 공기가 따뜻한 공기 밑을 파고드는 한랭 전선

전파 망원경

미국의 뉴멕시코 주 사막에 건설된 브이엘에이(VLA) 전파천문대. 지름이 25미터나 되는 접시형 안테나 27개를 하나로 연결하여 사용한다.

있다. 전류의 흐름이 많으면 자석의 세기가 강해진다. 또 코일을 많이 감을수록, 코일의 두께를 굵게 만들수록 자석의 세기가 강해진다. 전자석이 극끼리 밀고 당기는 성질은 전동기나 자기부상열차 등에 이용된다. 우리 주변에서 전자석은 초인종이나 자동문 개폐기, 고철 처리장의 쇠붙이 수거 장치 등으로 이용된다.

전자 우편

컴퓨터 통신망을 이용하여 컴퓨터 사용자끼리 서로 편지를 주고받는 것이다. 이메일(e-mail)이라고도 한다. 전자 우편을 사용하려면 우선 통신망에 가입하여야 한다. 회사나 기관의 통신망이라면 그 통신망에 가입한 사람들끼리 서로 전자 우편을 이용할 수 있고, PC통신망에 가입했다면 그 사용자들끼리 전자 우편을 주고받을 수 있다. 인터넷을 이용하면 인터넷 전자 우편 주소를 가진 모든 사람들과 전자 우편을 주고받을 수 있다. 최근에는 대부분의 통신망이 인터넷 전자 우편 서비스를 하고 있다.

전파 망원경

지구 밖에서 오는 여러 전자기파를 모아 천체를 관측하는 망원경이다. 최초의 전파 망원경은 1937년에 미국의 레버가 만들었다.

우주에 있는 천체들은 우리가 흔히 빛이라고 하는 가시광선 외에도 감마선·엑스선·자외선·적외선 등 파장이 다른 많은 전자기파를 내보낸다. 전파 망원경은 이런 전자기파를 관측하는 망원경으로, 전파 수신기와 지향성 안테나 장치로 이루어져 있다. 전파 망원경은 광학 망원경이 거울이나 렌즈를 이용해 빛을 모으듯이 접시형 안테나와 수신기를 이용하여 전파를 모은다. 모아진 전파는 증폭하고 분석하는 과정을 거쳐 1개의 영상 자료를 만들어 낸다. 즉 전파 망원경은 천체에서 발생되는 전파를 검출하여 1번에 1개의 상을 얻는 것이 아니라, 천체의 여러 부분에서 발생되는 전파의 스펙트럼을 측정하고 컴퓨터로 분석한 후, 각각의 스펙트럼 자료를 종합하여 1개의 영상 자료를 만든다.

전지

화학 반응, 방사선, 온도 차, 빛 따위로 전극 사이에 전기 에너지를 발생시키는 장치이다. 태양전지, 연료전지, 화학전지 등 전극 사이에 전기 에너지를 발생시키는 모든 장치를 전지라고 하지만 일반적으로 전지라고 할 때는 화학 반응으로 전기 에너지를 꾸준히 공급해 주는 화학전지를 가리킨다. 특히 화학전지의 하나인 건전지를 흔히 전지라고 한다.

모든 전지에는 양극(+극)과 음극(-극)이 있으며, 전지의 특성을 표시하기 위해 1.5V, 9V 등 볼트(V) 표시가 되어 있다. 전지는 전기가 없는 곳에서 쉽게 사용할 수 있고, 옮겨 다니며 쓸 수 있어서 일상생활에서 널리 쓰인다.

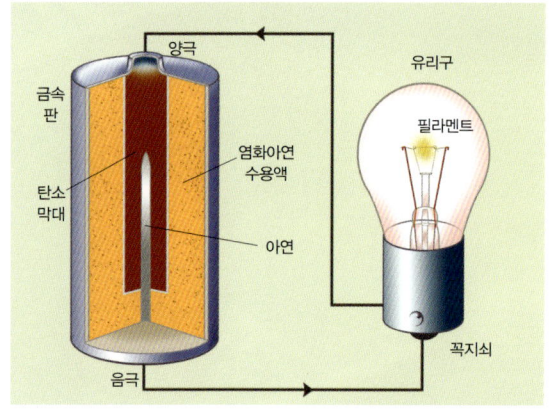

1차 전지인 건전지의 구조

화학전지 중에서 흔들어도 액체가 출렁거리거나 흘러나오지 않는 대표적인 전지가 건전지이다. 건전지는 손목시계 · 계산기 · 카메라 · 노트북컴퓨터 등에 널리 사용한다. 건전지 중 가장 많이 쓰는 것은 망간건전지로 전압은 1.5볼트(V)이다. 망간건전지는 양극 · 음극 · 전해액 · 격리판으로 이루어진다. 아연통 속에 염화아연수용액을 넣고, 이산화망간과 탄소 가루가 섞인 종이로 둘레를 감싼 탄소 막대를 넣은 것이다. 이산화망간이 양극이고, 아연통이 음극, 염화아연수용액이 전해액이다. 전지 내부의 반응 때문에 기체가 발생하면 전지의 성능이 나빠진다. 이산화망간은 전지 내부에 발생한 기체를 제거하는 역할을 하므로 감극제라고 부른다.

탐구학습

여러 가지 화학전지

화학전지는 일상생활에서 널리 쓰인다. 화학전지는 한 번 쓰고 버리는 1차 전지와 여러 번 충전해서 쓸 수 있는 2차 전지인 축전지로 나눌 수 있다. 망간건전지 · 리튬전지 · 알칼리전지 · 수은전지 등이 1차 전지이고, 납축전지 · 리튬2차전지 · 니켈카드뮴전지 · 플라스틱전지 등이 2차 전지이다.
리튬전지는 대개 리튬1차전지를 말한다. 음극에 금속 리튬을 사용하기 때문에 리튬전지라고 부른다. 동전 모양에 단추보다 얇은 것이 많다. 전압은 3볼트 이상이다. 리튬전지의 특징은 매우 얇게 만들 수 있으며, 시간이 지나면서 저절로 일어나는 자기 방전이 적어 몇 년 동안 계속 사용할 수 있다는 점이다. 따라서 집적 회로 칩이 들어 있는 카드 등의 전원으로 사용된다.
알칼리전지는 원통 모양의 알칼리건전지와 단추 모양의 알칼리버튼전지가 있다. 전해액으로 알칼리용액을 사용하기 때문에 알칼리전지라 부른다. 알칼리버튼전지의 전압은 1.5볼트이다.
수은전지는 산화수은전지라고도 하며 1.35볼트이다. 원통 모양과 단추 모양이 있지만 원통 모양이 흔하다.
리튬2차전지는 리튬이온이 충전할 때와 방전할 때 전극에 달라붙거나 떨어지는 성질을 이용한 축전지이다.
니켈카드뮴전지는 니카드전지라고도 한다. 음극에는 카드뮴, 양극에는 옥시수산화니켈, 전해액은 수산화칼륨수용액을 사용한다. 전해질로 수산화칼륨수용액이 사용되므로 알칼리축전지라고도 부른다. 니켈카드뮴전지는 다른 전지에 비해 1회 사용 가능한 전지 용량이 다른 건전지의 3분의 1 정도로 작지만 큰 전류를 흘려보낼 수 있고 충전과 방전이 자유로워 편리하다.
납축전지는 양극에 납, 음극에 이산화납을 사용하고 전해액으로 황산수용액을 넣은 축전지이다. 자동차의 전원으로 많이 쓰는 납축전지는 지금까지 가장 많이 사용되고 값이 가장 싼 2차 전지이다. 납축전지는 양극에 납, 음극에 이산화납을 사용하고 전해액으로 황산수용액을 넣는다. 납축전지의 전압은 2볼트이지만, 보통 6개를 묶어 놓은 12볼트짜리 납축전지를 많이 쓴다.

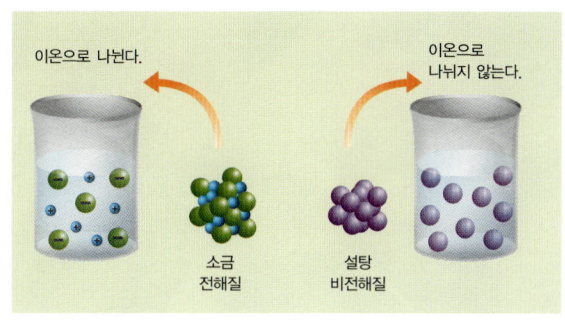

전해질과 비전해질

전하

물체가 띠고 있는 전기의 양이나 전기적인 상태를 가리킨다. 어떤 물체가 전기적으로 양성이나 음성이 되는 걸 전하를 띤다고 한다. 전하에는 양전하와 음전하가 있다. 같은 부호의 전하 사이에는 미는 힘이, 다른 부호의 전하 사이에는 끄는 힘이 작용한다. 전하의 단위는 쿨롬(C)이며, 도선에 1암페어(A)의 전류가 흐를 때 1초 동안에 통과하는 전기량이 1쿨롬이다.

전해질

물 등의 용매에 녹아서 전기를 통하게 하는 성질을 가진 물질이다. 전해질은 수용액 속에서 양이온과 음이온으로 나뉜다. 이 이온들이 움직여서 전기가 통할 수 있게 해 준다. 순수한 물은 전기가 통하지 않지만 물에 소금·염산·수산화나트륨 등을 조금 넣으면 전기가 통한다. 이들 물질이 물에 녹아 이온을 형성하기 때문이다.

전화

멀리 떨어진 두 곳 사이에 음성 신호를 전달하기 위해 쓰는 기기이다. 음성을 전기 신호로 바꾸어 전달한 뒤 다시 전기 신호를 음성 신호로 바꾸어 서로의 음성을 듣고 대화할 수 있게 한다. 전류로 음성을 전달하는 전화의 원리는 1837년에 미국의 페이지가 처음 발견하였으며, 1876년에 미국의 벨이 처음으로 전화를 만들었다. 현대에는 다양한 형태의 전화가 사용된다. 전화는 크게 유선 전화와 무선 전화로 나뉜다. 유선 전화는 전화와 전화국을 전화선으로 연결하여 신호를 전달하는 전화이다. 무선 전화는 무선으로 신호를 전달하는 전화이다. 흔히 휴대폰이라고 부르는 전화가 대표적인 무선 전화이며, 위성을 통해 신호를 전하는 위성 전화도 무선 전화이다.

절기

태양이 1년 동안 지나는 길을 24등분하여 계절을 세분한 것을 말한다. 좁은 뜻으로는 24절기 가운데 매월 초에 드는 입춘, 경칩, 청명 따위를 말한다. 즉 1년을 24기로 나눌 때 월 초에 드는 기를 절기라 하고, 월 중에 드는 기를 중기라고 구분하기도 한다. 음력을 쓸 때 계절의 변화를 알기 위해 사용되었다. 음력은 달이 차고 기우는 것을 기준으로 하여 만들었기 때문에 계절의 변화와 잘 맞지 않는다. 그래서 계절의 변화를 알 수 있도록 태양의 운동을 표시해 주는 24절기를 같이 사용하였다. 태양력을 쓰는 오늘날에도 계절을 세분하여 나타내기 위해 많이 쓴다. 절기는 보통 15일 간격으로 있지만 16일 간격으로 들 때도 있다. 절기의 양력 날짜는 해에 따라 하루 정도 차이가 난다. 봄의 절기로는 입춘·우수·경칩·춘분·청명·곡우가 있고, 여름의 절기로는 입하·소만·망종·하지·소서·대서가 있다. 가을의 절기로는 입추·처서·백로·추분·한로·상강이 있고, 겨울의 절기로는 입동·소설·대설·동지·소한·대한이 있다.

절대온도

물질의 특이성에 의존하지 않고 눈금을 정의한 온도이다. 켈빈온도 또는 열역학적 온도라고도 한다. 단위는 K(켈빈)이다. 1848년에 영국의 물리학자인 켈빈이 처음으로 썼으며, 1954년에 국제도량형총회에서 온도 측정의 기준으로 정하였다. 1K는 물의 3중점이 가지는 열역

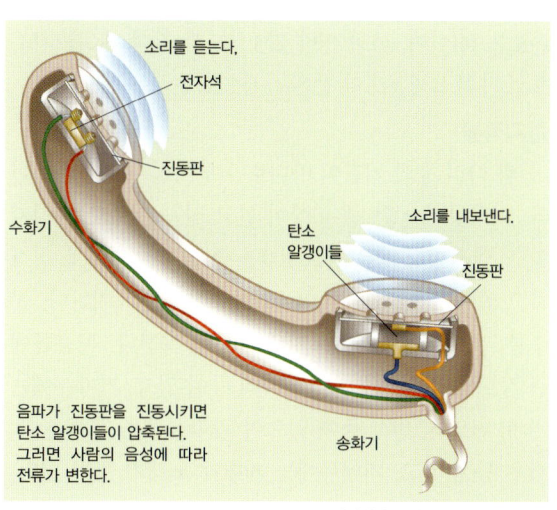

전화기의 수화기와 송화기의 구조

절지동물 거미류에 속하는 거미

절지동물 갑각류에 속하는 새우

절지동물 곤충류에 속하는 배추흰나비

절지동물 지네류에 속하는 노래기

학적 온도의 1/273.16인 온도이다. 물의 3중점이란 물·얼음·수증기가 평형으로 함께 존재하는 점이다. 최저 온도는 0K이며, 섭씨 영하 273.15도와 같다. 0K를 기준으로 하여 섭씨온도와 같은 간격으로 눈금을 붙였다.

절지동물

몸과 다리 등의 기관이 마디로 이루어진 무척추동물이다. 지구상에 90만 종 이상이 살고 있는 것으로 알려져 있고, 알려지지 않은 종도 100만 종 이상일 것으로 짐작하고 있다. 전체 동물 종의 4분의 3 이상을 차지한다. 곤충류·거미류·갑각류·지네류 등이 속한다. 곤충류에는 강도래, 나비, 사마귀, 잠자리 등이 있고, 거미류에는 거미, 진드기, 전갈 등이 있으며, 갑각류에는 가재나 게, 새우 등이 있고, 지네류에는 지네와 노래기 등이 있다. 절지동물의 몸은 좌우 대칭이고 마디로 되어 있으며, 머리·가슴·배 또는 머리가슴·배로 나뉜다. 또 마디로 이루어진 체절마다 다리와 비슷한 부속지가 있다. 몸은 키틴질과 탄산칼슘으로 된 외골격으로 싸여 있어 몸을 보호하고 체내의 수분이 증발하는 것을 막아 준다. 외골격은 주기적으로 탈피하여 몸의 크기가 커진다. 머리에는 몇 개의 홑눈, 1쌍의 겹눈 또는 홑눈의 모임인 모듬눈이 있다. 또 곤충이나 새우처럼 더듬이가 있는 것도 있고, 거미처럼 더듬이가 없는 것도 있다. 절지동물은 대체로 암수가 따로 있으며 생김새도 다르다.

접착제

두 물체를 서로 붙이는 데 사용하는 물질이다. 천연 물질에서 얻어 낸 접착제로는 녹말풀, 우유나 콩의 단백질, 아교, 해초에서 추출한 알긴산나트륨, 석유에서 추출한 아스팔트, 소나무의 송진, 고무나무의 고무 등이 있다.

최근에는 페놀수지, 요소수지, 아세트산비닐계 등 고분자 화합물로 만든 접착제가 널리 쓰인다.

정온 동물

외부 기온의 변화에 관계없이 항상 일정한 체온을 유지하는 동물이다. 온혈 동물 또는 항온 동물이라고도 한다. 조류와 포유류에 속하는 동물들이 정온 동물이다. 날씨가 추워지면 세포 내의 활발한 물질 대사로 많은 열을 만들어 체온을 유지한다. 그래서 정온 동물은 변온 동물보다 훨씬 많은 양의 양분을 섭취한다. 몸의 온도가 많이 올라갔을 때는 땀을 흘려 몸을 식히기도 한다.

정전기

물체와 물체가 서로 맞닿을 때 전하가 이동하여 전기적인 성질을 갖는 것을 가리킨다. 보통 단순한 접촉보다는 마찰에 의해 잘 생기기 때문에 마찰 전기라고도 한다. 예를 들면 유리막대를 비단 천으로 문지르면 유리막대에 양전기가 생기고, 에보나이트막대를 털로 문지르면 에보나이트막대에 음전기가 생기는데 이것이 정전기이다. 일상생활에서도 정전기나 정전기 현상을 많이 느낄 수 있다. 건조한 날에 털옷을 만지면 정전기가 흘러 짜릿하게 전기가 통하는 것을 느낄 수 있다. 또 머리를 빗을 때 빗에 머리카락이 딸려 올라오는 것도 정전기 때문이다.

조력 발전

밀물과 썰물 때의 해수면 차이를 이용해 전기를 일으키는 발전 방식이다. 밀물 때에 밀려들어온 바닷물을 저수지에 가두어 두었다가 썰물 때에 내보내 수차 발전기를 돌려 전기를 일으킨다. 조력 발전은 에너지원이 무한하고 환경 오염을 일으키지 않지만, 밀물과 썰물 때의 해수면 차이가 많이 나는 지역에만 세울 수 있다. 현재 프랑스의 랑스, 캐나다의 아나폴리스, 중국의 지앙시아 조력 발전소 등이 가동 중이다. 우리 나라에서는 남해의 울돌목과 황해의 시화호 방조제 지역에 조력 발전소를 세울 예정이다.

조류

물 속에서 생활하며, 몸 전체로 물 속에 녹아 있는 산소와 양분을 흡수해 엽록소로 광합성을 하는 독립 영양 생물이다. 조류에 속하는 생물은 돌말처럼 단세포인 것부터 다시마나 미역처럼 다세포로 이루어진 것까지 많은 종류가 있다. 조류는 광합성 색소의 종류와 구성, 광합성 산물, 세포벽의 구성 물질, 생식세포의 전자 현미경적 특성 등을 기준으로 하여 보통 남조류, 규조류, 갈조류, 홍조류, 녹조류 등으로 나눈다. 조류는 광합성을 하고 식물과 비슷한 모양을 하고 있어서 하등 식물로 분류하기도 하지만, 보통 식물계와 구별되는 원생생물계로 분류한다. 또 흔들말, 염주말처럼 세포에 핵막이 없는 남조류는 원핵생물계로 분류한다. 조류는 관다발이 없어서 꽃이 피는 식물이나 양치식물과 구별되고, 생식 기관의 구조가 간단하고 씨눈을 만들지 않아서 이끼 식물과 구별되며, 광합성을 하기 때문에 균류나 세균과 구별된다.

우리 주변에서 많이 볼 수 있는 조류로는 녹조류, 갈조류, 홍조류 등이 있다. 녹조류는 엽록소만 갖고 있어 녹

갈조류

홍조류

종유석

색을 띤다. 얕은 바다에서 자라는 파래, 청각 등이 속한다. 녹조류보다 좀 깊은 바다에서 자라는 다시마, 미역, 톳, 모자반 같은 갈조류는 엽록소 외에 갈색 색소인 갈조소를 갖고 있다. 조류 중에서 가장 깊은 곳에서 자라는 김, 우뭇가사리 같은 홍조류는 엽록소와 붉은 색소인 홍조소를 갖고 있다. 조류는 단백질과 무기질, 비타민이 많이 들어 있어 음식물로 많이 먹는다. 또 한천이나 아르긴산을 만들어 과자나 여러 식품을 만드는 원료로 쓴다.

종유석

석회동굴의 천장에서 석회질 성분이 녹아 긴 고드름 모양으로 매달려 있는 것이다. 탄산칼슘의 결정으로 이루어져 있다. 동굴 바닥에서 위로 올라오는 형태는 석순이라고 하고, 종유석과 석순이 만나서 생긴 기둥은 석주라고 한다. 보통 종유석은 얇은 막으로 된 빨대 모양이며, 길이는 약 50센티미터 정도이다.

종이

식물의 섬유를 물에 풀어 평평하고 얇게 서로 엉기게 한 다음 물을 빼 말린 것이다. 주로 글을 쓰거나 그림을 그리거나 인쇄를 하는 데 쓴다. 종이가 발명되기 전에는 짐승의 가죽을 부드럽게 하여 만든 양피지나 대나무, 나무를 얇게 깎아서 만든 것을 사용하였다. 종이와 비슷한 파피루스는 나일 강변에서 자라는 갈대와 비슷한 식물인 파피루스를 얇게 잘라 가로·세로로 늘어 놓고 압축시킨 것이다. 종이를 가리키는 영어 paper는 파피루스(papyrus)에서 나온 것이다.

종이는 105년 중국 후한의 채륜이 발명하였다고 알려져 있다. 그러나 이미 그 이전에 만들어진 종이가 발견되면서 채륜은 종이제조법과 품질을 개량한 사람으로 평가되고 있다. 우리 나라에는 6세기경에 전래되었다. 고구려의 승려 담징이 일본에 종이를 전파할 정도로 우리

탐구학습

종이는 어떻게 만들까요?

먼저 나무를 잘게 잘라 만든 펄프를 물에 풀어 고해기라는 기계에 넣어 적당한 길이로 자르고 다져서 유연하게 만든다. 이렇게 만들어진 섬유는 물을 잘 흡수하기 때문에 인쇄를 하면 잉크가 번질 수 있다. 물이 흡수되는 것을 방지하기 위해 송진과 젤라틴 같은 물질을 섬유 표면과 섬유 사이의 틈에 채운다. 이와 같은 작업을 사이징이라고 하고, 첨가하는 송진과 젤라틴 같은 물질을 사이즈제라고 한다. 그런 다음 백토·활석·석고 등의 충전제를 넣어서 표면에 생기는 작은 구멍을 메운다. 이런 과정을 끝내고 고해기에서 나오는 것을 조합원질 또는 씨라고 한다. 씨는 연속적으로 종이를 만드는 기계인 초지기로 들어간다. 물과 함께 들어간 씨는 평평하게 펼쳐진 상태로 초지기를 따라 흐르고, 씨를 실어 나른 물은 아래로 빠진다. 씨를 눌러 남은 물기를 짜내고 압착하여 말리면 종이가 완성된다. 이 단계의 종이는 표면이 꺼칠꺼칠하거나 평평하지 않아서 광택 단계를 거쳐야 한다. 광택 단계에서는 종이의 양면을 곱게 눌러서 고르고 반질반질하게 만든다. 완성된 종이는 롤에 감아서 규격에 맞게 잘라 판매된다.

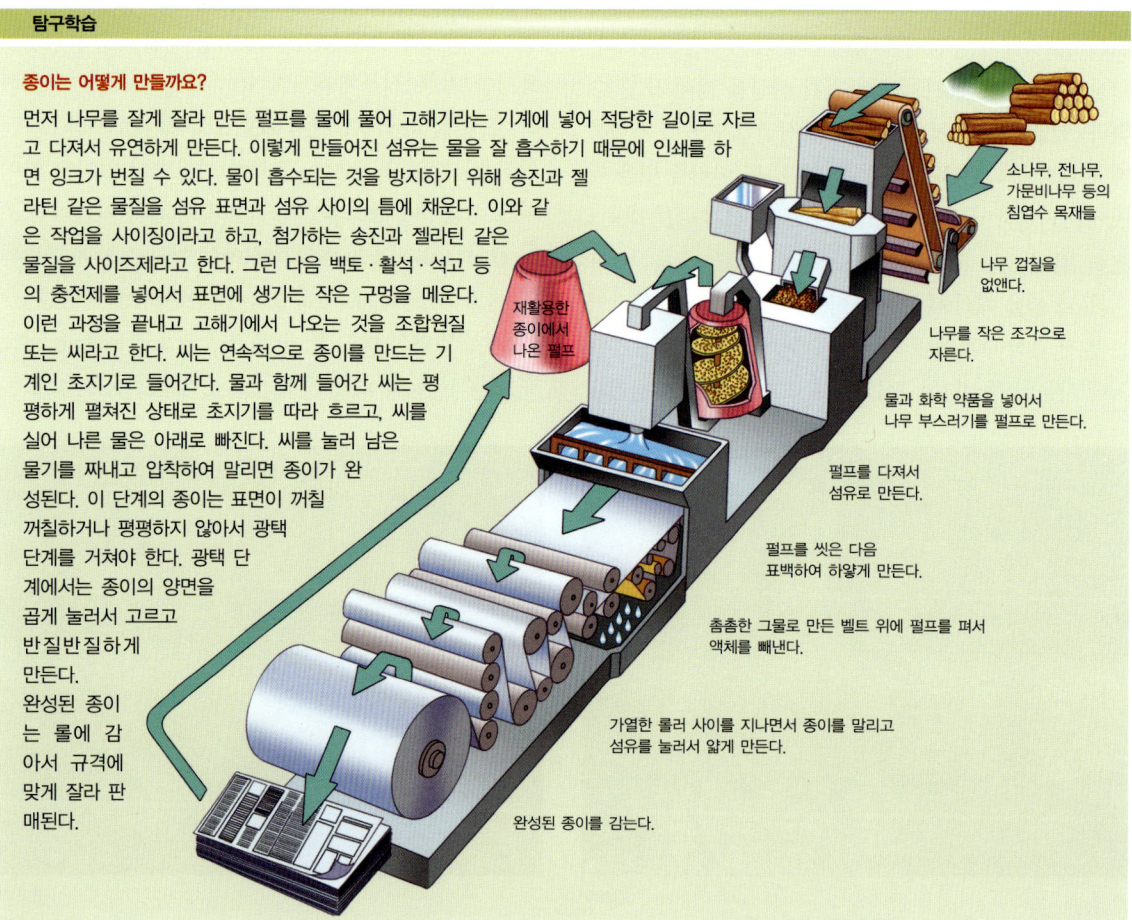

소나무, 전나무, 가문비나무 등의 침엽수 목재들

나무 껍질을 없앤다.

나무를 작은 조각으로 자른다.

물과 화학 약품을 넣어서 나무 부스러기를 펄프로 만든다.

재활용한 종이에서 나온 펄프

펄프를 다져서 섬유로 만든다.

펄프를 씻은 다음 표백하여 하얗게 만든다.

촘촘한 그물로 만든 벨트 위에 펄프를 펴서 액체를 빼낸다.

가열한 롤러 사이를 지나면서 종이를 말리고 섬유를 눌러서 얇게 만든다.

완성된 종이를 감는다.

종유석과 석순

제주도의 주상절리

나라는 종이를 만드는 기술이 발달해 있었다. 종이는 8세기경에 서남아시아로 전해진 후 유럽에는 12세기경에 전해졌다. 1377년에 우리 나라에서는 금속활자로 직지심경을 찍었고, 서양에서는 1450년에 구텐베르크가 금속활자로 성경을 찍어 낸 이후에 종이의 사용이 크게 늘어났다. 1798년에는 로베르가 최초로 종이를 만드는 기계인 초지기를 만들었다. 19세기 초에는 나무와 다른 식물성 펄프가 종이의 원료로 사용되기 시작했다. 종이는 크게 한지와 양지로 나눈다. 양지의 주 재료는 목재펄프이며 한지는 닥·삼·마 등을 원료로 한다. 오늘날 쓰는 종이는 대부분 양지이다.

주상절리

마그마나 용암이 식어서 굳어질 때 부피가 수축하여 생기는 다각형 기둥 모양의 금을 말한다. 마그마나 용암이 식어서 굳어진 화성암에는 모난 모양, 판 모양, 기둥 모양 등의 절리가 많다. 그 중에서 주상절리는 육각형이나 삼각형의 기둥 모양으로 금이 나 있는 것으로, 주로 화산암이나 응회암에서 생긴다. 제주도의 서귀포시 대포동 해안에는 기둥 모양의 주상절리가 절벽을 이루고 있다.

주행성 동물

짝짓기와 먹이를 찾는 활동을 주로 낮에 하는 동물이다. 밤에는 활동을 멈추거나 매우 느리게 움직인다. 소나 말, 기린, 토끼 같은 초식 동물들은 대부분 주행성 동물이다. 올빼미나 부엉이를 제외한 거의 모든 새들도 주행성 동물이다.

줄기

뿌리와 잎과 함께 식물체를 구성하는 영양 기관의 하나이다. 줄기에는 잎이나 꽃이 달리며 아래쪽으로 뿌리가 이어진다. 줄기 끝에는 생장점이 있어 길이가 자라고, 줄기의 관다발에는 부름켜가 있어 부피가 자란다. 줄기 안에 물관과 체관이 있어 땅 속에서 흡수한 물은 물관으로, 잎에서 만들어진 양분은 체관으로 이동한다. 뿌리의 생장점은 뿌리골무가 보호하지만 줄기의 생장점은 따로 보호하는 조직이 없다. 관다발을 갖고 있는 양치식물과 꽃이 피는 식물에서 볼 수 있다.

줄기는 보통 땅위줄기와 땅속줄기로 나눈다. 땅위줄기에는 서는줄기와 기는줄기가 있다. 서는줄기는 곧게 서는 줄기로 나무나 풀들에서 흔히 볼 수 있다. 기는줄기는 양딸기처럼 줄기가 옆으로 자라면서 마디마다 막뿌리가 나와 땅 속에 뿌리를 내리고 잎이 나오는 줄기이다. 땅속줄기에는 뿌리줄기, 덩이줄기, 비늘줄기 등이 있다. 뿌리줄기는 양치식물과 연꽃, 메꽃 등에서 볼 수 있다. 땅 속의 줄기에 마디가 생기고 마디에서 땅 위로 잎을 내는 줄기이다. 덩이줄기는 감자처럼 변형된 줄기 속에 양분을 저장하는 줄기이다. 비늘줄기는 백합·파·수선화 등처럼 땅 속에 있는 줄기이다. 원예식물의 알뿌리라고 부르는 대부분은 뿌리가 아니라 비늘줄기이다. 줄기는 모양이 변해 담쟁이덩굴처럼 덩굴 모양으로 다른 물체를 감는 덩굴손이 되기도 하고, 탱자나무처럼 줄기침이 되기도 하며, 선인장처럼 잎 모양의 엽상경이 되기도 한다.

탐구학습

식물의 줄기에서 물은 어떻게 올라갈까요?

먼저 물은 뿌리를 통해 흡수된다. 뿌리에서 흡수한 물은 잎에서 일어나는 증산 작용에 의해 생긴 삼투압으로 줄기의 물관을 따라 위쪽으로 따라 올라간다. 즉 잎에서 증산 작용으로 수분이 증발하기 때문에 세포액의 삼투압이 높아지고 그에 따라 흡수력이 커져 물관 속의 물을 계속 빨아올릴 수 있는 것이다. 물 분자는 서로 끌어당기는 힘인 응집력 또한 커서 도중에 물 기둥이 끊어지지 않고 계속 물관을 타고 올라갈 수 있다.

풀 줄기와 나무 줄기는 어떻게 다를까요?

식물의 줄기는 영양분이 이동하는 체관부와 물이 이동하는 물관부로 이루어져 있다. 물관부가 단단해지면서 식물이 꼿꼿하고 반듯하게 서 있을 수 있도록 식물을 받쳐 준다.
풀 종류의 줄기는 관다발에 부름켜가 없거나 있더라도 2차 생장이 일어나지 않아 물관부가 발달하지 않는다. 따라서 1~2년이 지나면 대부분 말라죽는다. 나무 종류의 줄기는 세포에 리그닌이 있어 단단하며, 부름켜가 있어 부피가 자란다.
속씨식물의 물관부에서 물의 통로 역할을 하는 조직을 물관이라 하고, 양치식물과 겉씨식물의 물관부에서 물과 수액이 이동하는 조직을 헛물관이라고 한다. 물관은 세로로 이어진 세포들 사이의 격막이 없어져서 천공이라는 구멍이 생기지만, 헛물관은 완전히 세포막에 싸여 있어 천공이 없는 점이 다르다. 나무의 헛물관과 체관부 사이에 부름켜가 있어 끊임없이 세포 분열이 일어난다. 부름켜의 바깥쪽에서는 영양분이 이동하게 될 체관부의 세포가 끊임없이 새로 만들어지고, 안쪽에서는 물이 이동하게 될 물관 세포가 끊임없이 새로 만들어진다. 그러면서 나무의 줄기가 굵어지는 것이다. 부름켜는 겉씨식물과 쌍떡잎식물에만 있다.

쌍떡잎식물의 줄기를 현미경으로 찍은 사진   삼투압으로 물을 30미터까지 끌어올리는 레드우드나무의 줄기

소나무 줄기   야자나무 줄기   덩굴손인 담쟁이   잎이 가시로 변한 선인장 줄기

주기율표

원소를 화학적 특성에 따라 분류해 놓은 표이다. 원소를 원자 번호의 차례대로 왼쪽에서 오른쪽으로 배열하고, 비슷한 성질의 원소가 나타날 때마다 그것을 위아래로 겹치도록 배열해 놓았다. 주기율표에서 가로는 주기를, 세로는 족을 나타내며, 모든 원소를 7주기, 8족으로 나누어 배열했다. 같은 족끼리는 전자의 배열이 비슷하여 화학적인 성질이 비슷하다. 현대적인 주기율표를 만든 사람은 러시아의 화학자 멘델레예프이다.

> **멘델레예프의 예언**
>
> 멘델레예프는 1869년에 그때까지 알려진 63종의 원소를 원자량의 크기 순으로 나열한 표를 만들었다. 그는 원소의 성질이 주기적으로 바뀐다는 사실을 확인한 뒤 이를 주기율이라고 이름 붙였다. 이 주기율이라는 신기한 법칙이 공식적으로 인정받은 것은 그가 빈 칸으로 남겨둔 채 그 성질을 예언했던 원소들이 발견되면서부터이다. 1870년대 이후 에카알루미늄, 에카붕소, 갈륨, 스칸듐, 게르마늄 등 새로운 원소들이 잇따라 발견되면서 멘델레예프 주기율표의 빈 칸이 채워졌다.

주기율표의 주기

각 주기에서 왼쪽에는 금속성 원소가 있으며, 오른쪽으로 갈수록 비금속성 원소와 불활성(희소)기체가 있다. 7개의 주기에서 원소는 원자번호가 작은 원소에서 원자번호가 큰 원소의 순으로 나와 있다.

1주기에는 가장 간단한 원자인 수소와 헬륨이 있다. 2주기에는 모두 8가지의 원소가 있다. 은빛 광택이 나는 리튬과 베릴륨, 검은 색인 붕소와 탄소, 무색 기체인 질소와 산소, 연노란색 기체인 플루오르 그리고 무색의 불활성 기체인 네온이다. 3주기에도 8가지의 원소가 있다. 은빛 광택이 나는 나트륨, 마그네슘, 알루미늄, 검은 색의 비금속 원소인 규소, 비금속 원소인 고체 인, 노란색의 비금속 원소인 고체 황, 황록색 기체인 염소, 무색의 불활성 기체인 아르곤 등이 있다. 4주기에는 다음과 같은 원소가 있다. 금속 원소인 칼륨, 칼슘, 갈륨, 게르마늄, 전이 원소라 부르는 10가지 원소, 비금속 원소인 비소, 셀렌, 브롬, 불활성 기체인 크립톤 등이 있다. 5주기에는 금속 원소인 루비듐과 스트론튬 다음으로 10가지 전이 원소가 있으며, 뒤이어 3가지 금속 원소인 인듐, 주석, 안티몬과 비금속 원소 텔루르와 요오드 그리고 불활성 기체인 크세논 등이 있다. 6주기에는 모두 32가지의 원소가 있어 가장 큰 주기를 이룬다. 금속 원소인 세슘과 바륨, 탈륨, 납, 비스무트, 폴로늄 외에도 란탄 계열 원소라 불리는 희토 원소와 비금속 원소인 아스타틴, 불활성 기체인 라돈, 10가지 전이 원소 등이 있다. 7주기에는 다른 주기처럼 완전한 직사각형을 이루고 있지 않아 미완성인 것처럼 보인다. 금속 원소인 프랑슘과 라듐, 희토 원소인 악티늄 계열 원소, 전이 원소가 7주기에 속한 원소 중 잘 알려진 원소이다.

주기율표의 족

각 족의 원소는 원자의 가장 바깥 각을 돌고 있는 전자 수에 따라 분류한 것이다. 1족은 원자의 가장 바깥 각을 도는 전자의 수가 1개, 2족은 원자의 가장 바깥 각을 돌고 있는 전자의 수가 2개 등이다. 원자의 가장 바깥 각을 돌고 있는 전자의 수가 같은 원소들은 대체로 비슷한 특성을 보여 다른 원소와 화학 반응할 때 비슷한 화합물을 만든다. 단, 수소는 어떤 족에도 속하지 않으며, 헬륨은 8족에 속하지만 2개의 전자만을 갖고 있다.

1족은 알칼리 금속 또는 나트륨족이라 부른다. 1족에 속하는 원소들은 원자의 가장 바깥 각을 돌고 있는 전자의 수가 1개이다. 비슷한 특성을 보이는 이 원소들은 매우 반응이 큰 금속들이다. 프랑슘은 1족 원소 중 가장 복잡한 구조를 갖고 있다. 2족은 알칼리 토금속 또는 칼슘족이라 부른다. 2족에 속하는 원소들은 원자의 가장 바깥 각을 돌고 있는 전자의 수가 2개이다. 라듐은 2족의 원소 중 화학적으로 가장 불안전하다. 3족에는 비금속 원소와 금속 원소가 함께 속해 있는데, 아래로 내려갈수록 원자 구조가 복잡해진다. 모두 2개 이상의 각을 갖고 있어 원자의 안쪽에 안정된 각이 있고, 3개의 전자들이 원자의 가장 바깥 각을 돌고 있다. 4족에도 3족과 마찬가지로 비금속 원소와 금속 원소가 함께 속해 있는데, 아래로 내려갈수록 원자 구조가 복잡해진다. 모두 2개 이상의 각을 갖고 있어 원자의 안쪽에 안정된 각이 있고, 4개의 전자가 원자의 가장 바깥 각을 돌고 있다. 5족은 질소족이라 부르며 비금속 원소인 질소와 인, 비금속 원소의 특징과 금속 원소의 특징을 동시에 갖고 있는 비소와 안티몬 그리고 금속 원소인 비스무트로 구성되어 있다. 모두 2개 이상의 각을 갖고 있어 원자의 안쪽에 안정된 각이 있고, 5개의 전자가 원자의 가장 바깥 각을 돌고 있다. 6족은 산소족이라 부르며 비금속 원소인 산소와 금속 원소가 함께 속해 있다. 아래로 내려갈수록 원자 구조가 복잡해지고 금속 원소의 특징을 띠어 맨 아래에 있는 폴로늄은 금속 원소이다. 모두 2개 이상의 각을 갖고 있어 원자의 안쪽에 자리 잡은 각이 있고, 6개의 전자가 원자의 가장 바깥 각을 돌고 있다. 7족은 반응성이 큰 비금속 원소가 모여 있으며 할로겐족이라 부른다. 7족 원소 중 화학적으로 반응성이 가장 큰 원소는 플루오르이다. 모두 2개 이상의 각을 갖고 있어 원자의 안쪽에 안정된 각이 있고, 7개의 전자가 원자의 가장 바깥 각을 돌고 있다. 8족은 불활성 기체라고 부른다. 8족에 속하는 원소는 다른 원소와 화합하여 화합물을 만들지 않는다. 헬륨 원자는 원자핵 주위에 2개의 전자만이 돌아다니고 있지만, 그 밖의 다른 8족 원소는 8개의 전자가 원자의 가장 바깥 각을 돌고 있다.

탐구학습 | 주기율표

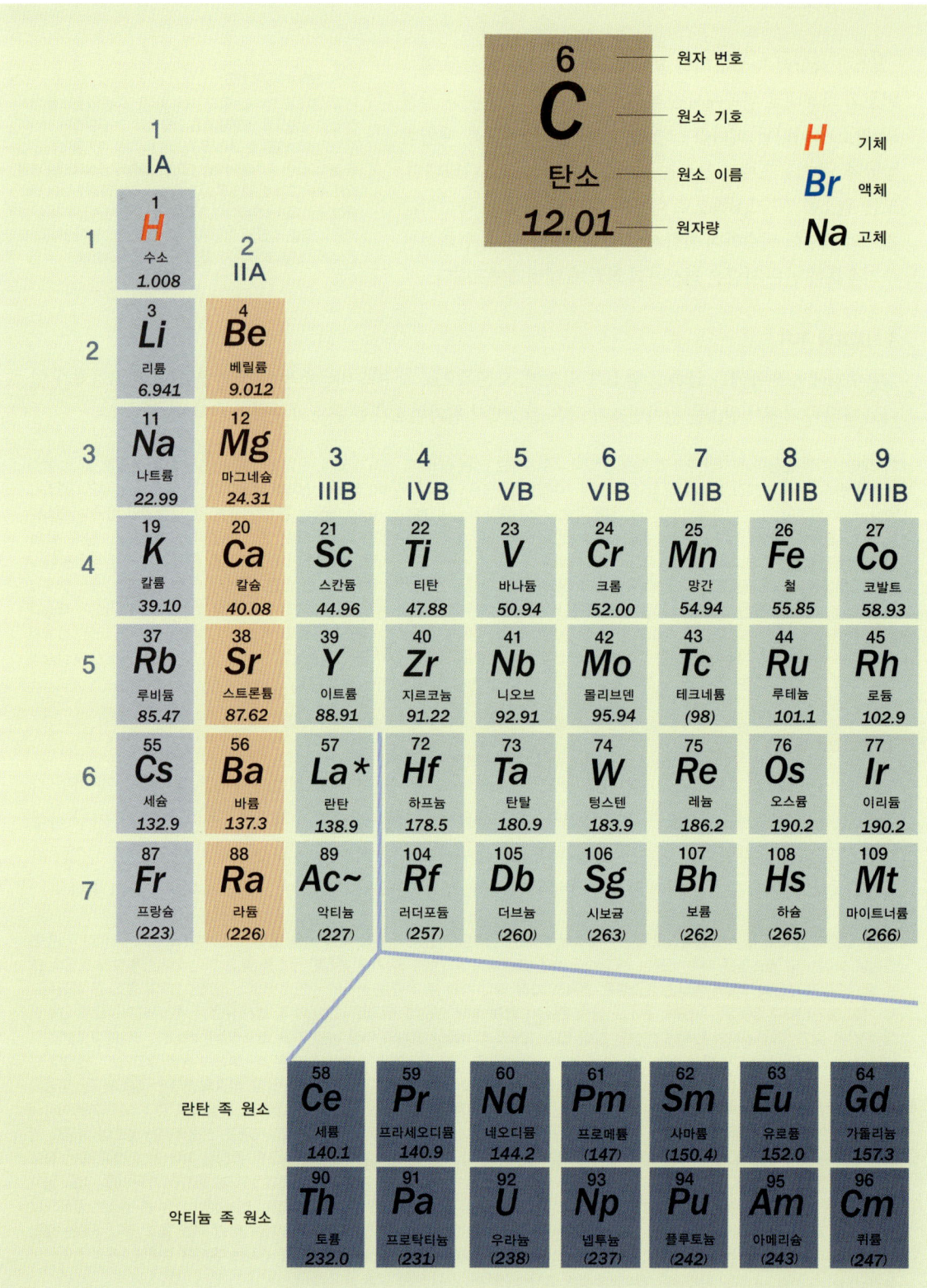

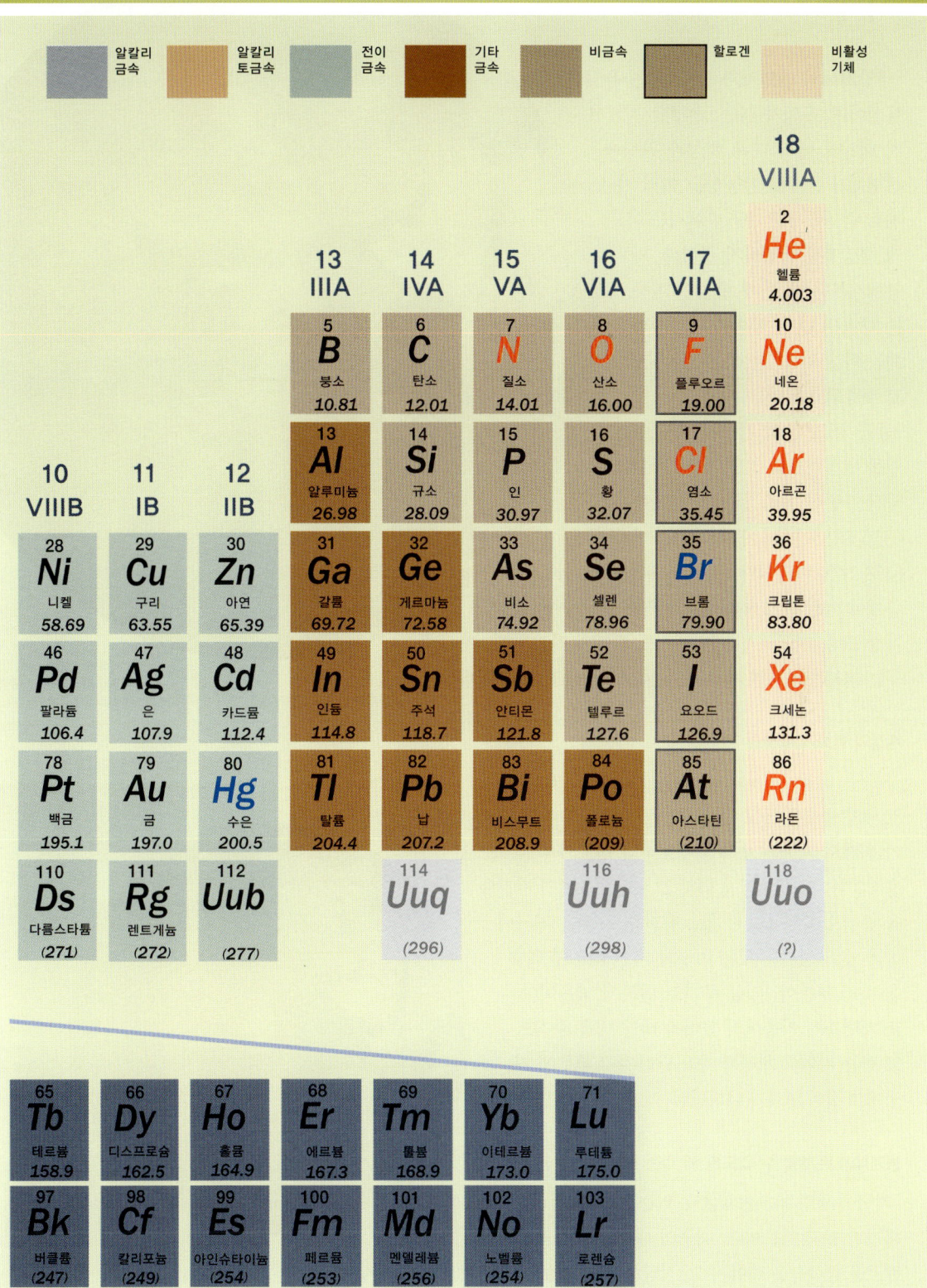

지구

태양계에서 생명체가 살고 있는 유일한 행성이며, 우리가 사는 곳이다. 지금까지 태양계 내의 다른 행성과 위성에 생명체가 존재할 가능성을 여러 가지로 탐사했지만 지구 밖에서는 아직 생명체를 발견하지 못했다. 태양에서부터 세 번째 행성인 지구는 약 46억 년 전에 생겼으며, 생명체는 약 35억 년 전에 나타난 것으로 추측되고 있다.

둥근 공 모양의 지구는 자전으로 인한 원심력으로 적도 부분이 극보다 약간 부풀어 올라 있다. 극반지름은 약 6356.8킬로미터이고, 적도 반지름은 6378.2킬로미터이다. 지구의 질량은 행성들 중에서 작은 편에 속하지만 지구형 행성 중에서는 가장 크다. 지구의 밀도는 행성들 중에서 가장 높다. 지구는 크지는 않지만 가장 속이 찬 행성이라고 할 수 있다.

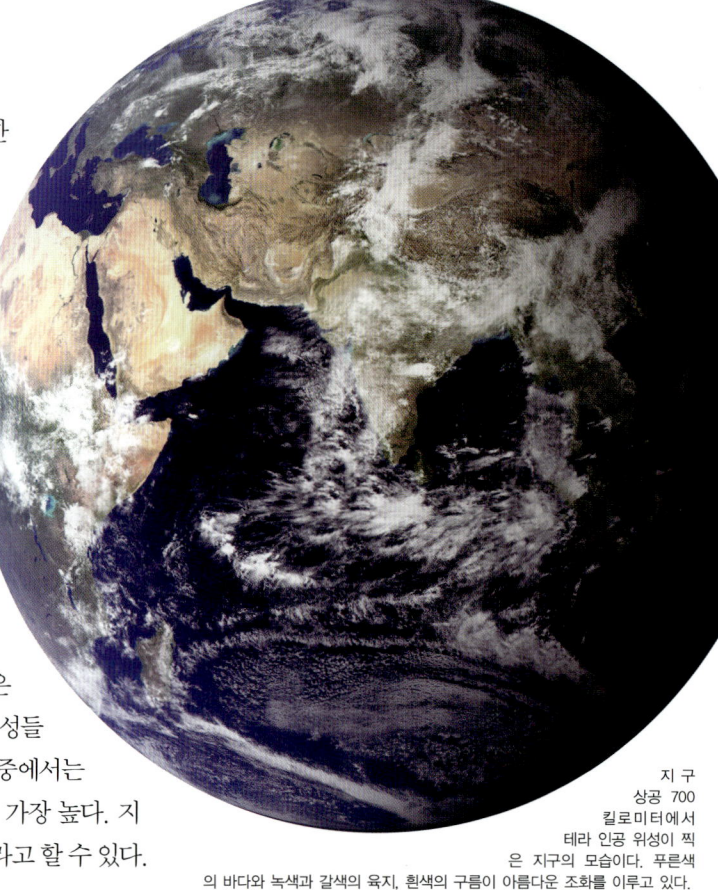

지구 상공 700킬로미터에서 테라 인공 위성이 찍은 지구의 모습이다. 푸른색의 바다와 녹색과 갈색의 육지, 흰색의 구름이 아름다운 조화를 이루고 있다.

계절의 변화가 뚜렷한 지구

지구는 태양에서 약 1억 5000만 킬로미터 떨어진 거리에서 1년을 주기로 태양 둘레를 돌고 있다. 1년 동안에 태양 둘레를 한 바퀴 돌기 위해서 지구는 초속 30킬로미터 정도의 빠른 속도로 움직인다. 지구는 공전 면과 23.5도 기울어진 자전축을 중심으로 약 1일 주기로 자전하고 있다. 지구에 밤과 낮이 생기는 것은 지구의 자전 때문에 태양을 향한 부분이 1일을 주기로 변하기 때문이다. 또 자전축이 기울어져 있어서 태양 빛을 수직으로 받는 지역이 계절에 따라 달라지기 때문에 지구에 계절의 변화가 나타난다.

생명체가 존재할 수 있도록 해 주는 대기

지구에 생명체가 존재할 수 있는 이유 중 하나는 지구에 대기가 있기 때문이다. 지구의 대기는 우주와 태양에서 오는 해로운 방사선을 막아 주고, 적당한 열을 분포시켜 주며, 산소를 공급해

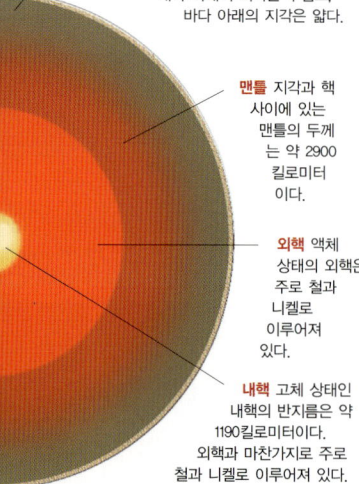

지각 지구의 표면을 이루고 있는 지각의 평균 두께는 약 32킬로미터 정도이다. 대륙 아래의 지각은 두껍고, 바다 아래의 지각은 얇다.

맨틀 지각과 핵 사이에 있는 맨틀의 두께는 약 2900킬로미터이다.

외핵 액체 상태의 외핵은 주로 철과 니켈로 이루어져 있다.

내핵 고체 상태인 내핵의 반지름은 약 1190킬로미터이다. 외핵과 마찬가지로 주로 철과 니켈로 이루어져 있다.

생명체가 살 수 있게 해 준다. 대기는 78퍼센트의 질소와 21퍼센트의 산소, 적은 양의 아르곤과 이산화탄소로 이루어져 있다. 이런 지구의 대기는 중력에 의해 지구에 붙들려 있으며, 지표면에서 높이 올라갈수록 대기의 밀도는 낮아진다. 대기는 크게 대류권·성층권·중간권·열권의 4층으로 나누어져 있으며, 지표면에서 1000킬로미터 상공까지 뻗어 있다. 가장 낮은 층인 대류권에서 지구의 기후 변화가 일어난다.

5개의 큰 바다와 6개의 대륙으로 덮여 있는 표면

지구 표면의 약 71퍼센트는 바다로 덮여 있으며 나머지가 육지이다. 우주에서 지구를 보면 푸른색의 바다와 녹색과 갈색의 육지가 아름다운 조화를 이루고 있다. 지구의 표면을 이루는 지각은 흘러내린 용암이 굳어서 생긴 화성암으로, 10여 개의 크고 작은 판으로 이루어져 있다. 판들은 각각 서로 다른 방향과 속도로 움직이며, 그에 따라 판이 만나는 곳 주위에서는 화산과 지진 등이 일어난다. 맨틀 위의 떠 있는 이 판들이 몇억 년 동안 움직이면서 지각을 변동시켜 오늘날과 같은 모습의 지구가 되었다.

태양풍을 막아 주는 지구의 자기장

지구는 하나의 거대한 막대자석과 같다. 그래서 지구 위에서 나침반을 들고 있으면 어디에서나 빨간 침이 북쪽을 가리킨다. 지구 내부의 외핵의 움직임으로 지구는 자석의 성질을 띤다. 액체 상태의 외핵이 온도차 때문에 움직이면서 유도전류를 만들고, 이 유도전류가 자기장을 만든다. 지구의 자기장은 지구 둘레에 자기권을 만들어 태양풍이 불어올 때 그 해로운 알갱이가 지구로 들어오지 못하게 막아 준다.

우주 탐사선 갈릴레이 호에서 본 지구와 달의 모습. 달은 지구의 하나밖에 없는 위성이다. 달은 질량은 작지만 지구와 가깝게 있기 때문에 바닷물을 달쪽으로 끌어당겨 지구에 밀물과 썰물이 생기게 한다.

지구에서 가장 높은 산인 에베레스트 산이 있는 히말라야 산맥의 모습

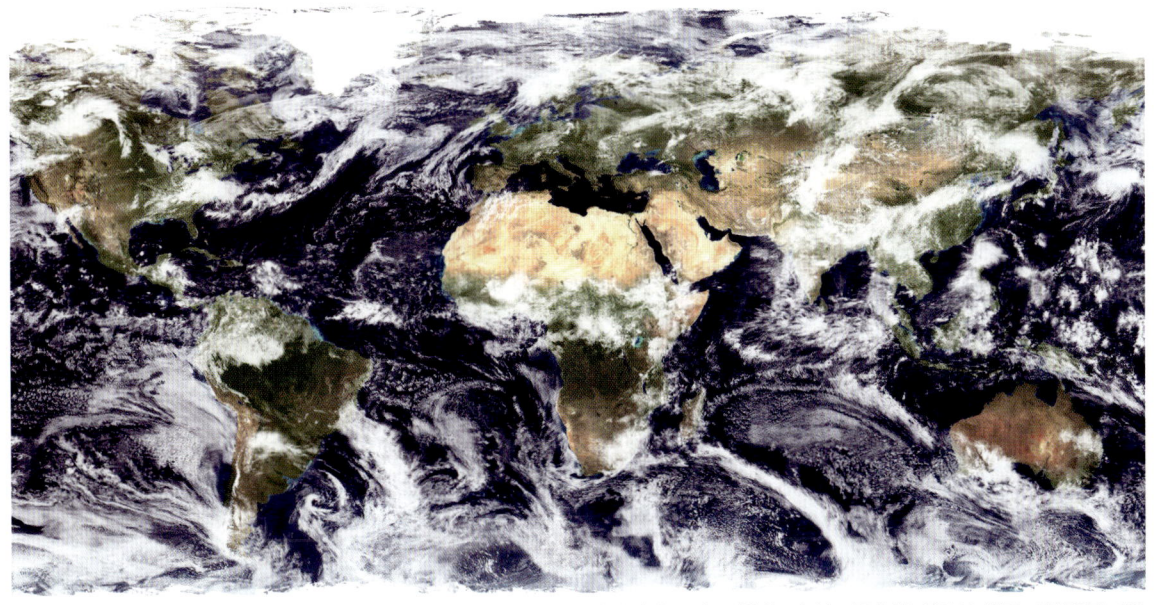

지구의 표면은 5개의 큰 바다와 6개의 대륙으로 덮여 있다. 지구의 가장 두드러진 특징 가운데 하나는 물이 존재한다는 것이다. 지구에 있는 물의 98퍼센트는 바닷물이다. 태양열에 의해 증발한 물이 구름이 되고, 구름은 비나 눈으로 내려 다시 바다로 흘러들어 간다. 태양열에 의한 물과 대기의 순환에 의해 다양한 지구의 기후가 나타난다.

지레

작은 힘으로 무거운 물체를 움직일 때 쓰는 도구이다. 지렛대라고도 부른다. 지레가 작은 힘으로 큰 힘을 만들어 내는 방법을 지레의 원리나 지렛대의 원리 또는 일의 원리라 부른다. 지레가 작은 힘으로 무거운 물체를 움직이기 위해서는 3요소가 필요하다. 힘을 주는 곳인 힘점, 물체에 힘이 작용하는 곳인 작용점, 지레의 받침대인 받침점이 지레의 3요소이다. 시소의 한 쪽에 아주 무거운 짐을 놓고 반대쪽에 사람이 올라타서 짐을 들어 올릴 경우에 시소의 가운데 있는 받침대는 받침점이고, 무거운 짐이 놓인 곳은 작용점, 사람이 올라탄 곳은 힘점이다. 이때 받침점에서 멀수록 들어 올리는 데 필요한 힘의 크기는 작아진다. 우리 생활에서 지레의 원리를 이용하는 도구로 펜치나 니퍼, 손톱깎이, 병따개, 핀셋 등이 있다. 건설 공사 현장에서 아주 무거운 물체를 들어 올리는 기중기에 이용되는 도르래, 칼이나 도끼와 같은 구조의 빗면, 드라이버나 자전거의 변속 장치 등에 이용하는 축바퀴, 유압 크레인이나 자동차 바퀴의 유압식 제동 장치 등에 사용되는 유압 장치 등도 지레의 원리를 이용한 도구이다.

지레의 종류

1종 지레는 시소처럼 가운데에 받침점이 있고 어느 한 쪽에 힘을 주면 반대 쪽으로 힘이 전해진다. 이런 지레를 써서 물체를 위로 들어 올리려면 힘이 아래쪽으로 향해야 한다. 1종 지레의 원리를 이용한 것으로 펜치나 가위, 집게 등이 있다.

2종 지레는 받침점이 한쪽 끝에 있고 힘점과 작용점이 모두 같은 쪽에 있다. 2종 지레에서는 힘을 주는 방향과 물체가 움직이는 방향이 모두 같다. 병따개나 손톱깎이, 장도리, 스테이플러 등이 2종 지레의 원리를 이용한 것이다.

3종 지레는 받침점과 힘점의 위치가 반대이며, 작용점이 힘점보다 멀다. 따라서 물체를 들어 올리려면 오히려 더 큰 힘을 주어야 한다. 핀셋, 젓가락, 낚싯대, 족집게 등이 3종 지레의 원리를 이용한 것이다. 우리 몸의 팔도 3종 지레의 일종이다. 팔의 뼈가 지레의 역할을 하며 팔꿈치 관절이 받침점이다. 팔 안쪽의 근육이 움츠러들어 아래쪽 팔뼈를 당기면 팔이 어깨 쪽으로 굽어져서 이 힘으로 물체를 들어 올릴 수 있다.

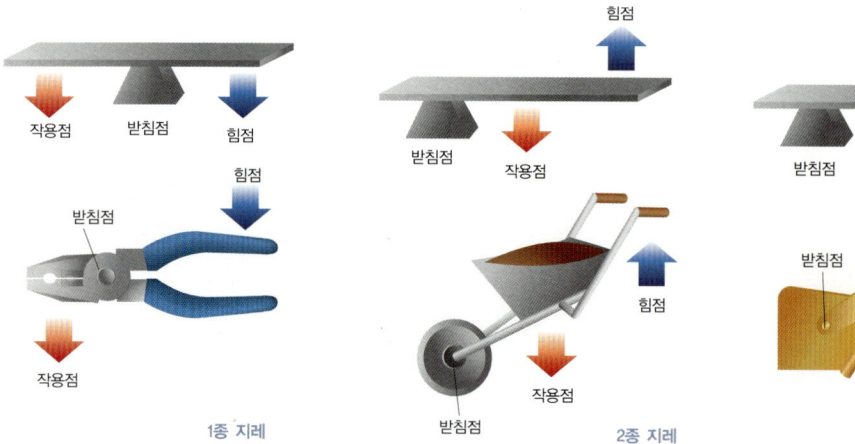

탐구학습

생활 속에서 지레의 원리를 이용한 것들

생활 도구에는 작은 힘으로 큰 힘을 만들어 내는 지레의 원리를 이용한 것들이 많다.
도르래와 빗면, 축바퀴 등이 지레의 원리를 이용한 것이다. 도르래는 받침점이 작용점과 힘점 사이에 있는 지레와 같은 작용을 하며, 무거운 물건을 들 때 이용한다. 빗면은 받침점과 힘점의 경사가 작아질수록 물체를 들어 올리는 힘의 크기가 작아지는 것을 이용한 것이다. 축바퀴는 큰 바퀴의 반지름이 작은 바퀴의 반지름보다 긴 만큼 작은 바퀴에 매달린 추의 무게보다 훨씬 작은 힘으로 들어 올릴 수 있다.

빗면

높은 고개를 넘어갈 때 구불구불하게 길을 만들어 더 돌아가게 하였다. 또 등산로도 가까운 직선로보다는 옆으로 돌아가게 비탈길을 만들었다. 이와 같이 일상생활에서 빗면을 이용하면 같은 일을 하더라도 힘을 적게 들일 수 있다. 무거운 물체를 높은 곳에 올릴 때에도 힘을 적게 들이면서 할 수 있다. 물체를 일정한 높이까지 들어 올리려면 물체의 무게만큼의 힘이 필요하다. 빗면을 이용하면 물체의 무게보다 작은 힘으로도 올릴 수 있다. 단, 마찰력에 대한 일을 더 해주어야 하고, 올려야 하는 높이보다 훨씬 긴 거리만큼을 밀어 올려야 한다. 미끄럼틀, 장애자용 계단 옆 통로, 워킹 무비, 산악 도로, 나사못, 볼트와 너트 등이 빗면의 원리를 이용한 예이다.

빗면의 원리를 이용한 산악 도로

빗면을 이용하여 물체를 일정한 높이까지 밀거나 끌어올릴 때에 한 일의 양은 그 물체를 그 높이까지 직접 들어올릴 때에 한 일의 양과 같다. 빗면의 기울기가 작을수록 힘이 적게 들고, 기울기가 클수록 힘이 많이 든다. 반면 빗면의 기울기가 클수록 힘은 많이 드나 시간이 적게 들고, 빗면의 기울기가 작을수록 힘은 적게 드나 시간이 많이 걸리고 움직이는 거리가 길어진다.

나사못

축바퀴

축에 바퀴를 고정시켜 바퀴와 축을 동시에 회전시키는 장치이다. 축을 돌리면 축을 중심으로 돌아가며, 축의 운동 방향과 바퀴의 운동 방향이 같다. 무거운 물체를 작은 힘으로 끌어 올리는 데 쓰며, 축에 감은 줄을 당겨서 물체를 움직인다. 축바퀴가 큰 힘을 낼 수 있는 이유는 힘을 주는 부분이 축의 중심에서 멀리 떨어져 있고, 힘이 작용하는 부분은 축의 중심에서 가깝기 때문에 지레의 원리처럼 큰 힘을 낼 수 있다. 축바퀴의 중심은 회전하는 지레의 받침점 역할을 한다.

축바퀴의 원리를 이용한 리프트

축바퀴의 원리를 이용한 도구로는 자동차 핸들, 코르크 마개뽑이, 물레방아, 자전거 페달, 연필깎이, 회전목마 등이 있다. 자동차의 핸들을 돌리면 핸들의 축 끝에 달려 있는 작은 기어가 회전하면서 함께 맞물려 있는 차의 연결 축을 움직이게 해 바퀴의 방향을 바꿔 준다. 코르크 마개뽑이의 나사를 돌리면 손잡이는 올라가고 나사는 코르크에 박힌다. 손잡이를 아래로 내리면 손잡이 끝에 달린 톱니가 나사와 연결된 톱니에 힘을 전달한다. 물레방아는 겉에 있는 물레바퀴에 떨어지는 힘을 이용해 중심 축에 센 힘을 일으킨다. 자전거 페달을 돌리면 페달과 연결된 축과 체인으로 큰 바퀴의 축이 돌아간다. 연필깎이는 손잡이로 돌아가는 힘을 크게 해서 나사 칼에 그 힘을 전달한다. 회전목마는 중심축이 움직이면 축과 연결된 바퀴가 돌아가면서 바깥쪽에 있는 목마가 원심력에 의해 돌아간다.

코르크 마개뽑이

중력

질량을 가진 물체끼리 서로 끌어당기는 힘을 말한다. 보통은 지구 위의 물체가 지구 중심으로부터 받는 힘을 중력이라 한다. 지구의 중력은 지구와 물체 사이의 만유인력과 지구의 자전에 따른 물체의 구심력을 합한 힘이다.

중성자탄

핵분열이나 핵융합의 과정에서 나오는 중성자와 감마선을 이용하여 건물은 파괴하지 않고 사람만 죽일 수 있는 무기이다. 일반 수소 폭탄에서 뇌관용 원자 폭탄과 수소통을 감싼 우라늄을 없애고, 뇌관을 일반 화약으로 바꾼 것이다. 중성자탄은 엄청난 양의 방사선을 내뿜는다. 그 방사선은 세포의 디엔에이(DNA) 사슬을 끊어 사람을 죽게 한다.

중화

산과 염기가 반응해서 서로의 성질을 잃는 현상이다. 예를 들어 염산(HCl)과 수산화나트륨(NaOH)이 반응하면 물(H_2O)과 염화나트륨(NaCl)이 생기는 것이 중화이다. 중화가 될 때는 산의 H^+, 염기의 OH^-가 결합하여 대부분 물이 생긴다. 산과 염기의 중화 반응에 의해 생기는 화합물은 염이라고 한다. 강한 산과 강한 염기에 의한 반응인 경우에는 중성을 나타내지만, 그 밖의 경우에는 반드시 중성이 되는 것은 아니다.

일상생활에서 생선회에 레몬즙을 뿌리는 것이나 벌에 쏘였을 때 암모니아수나 된장을 바르는 것, 속 쓰릴 때 제산제를 먹는 것, 토양에 석회를 뿌리는 것 등이 모두 중화 반응이다.

증류

액체를 가열하여 생긴 증기를 식힌 다음 다시 액체로 만들어 분리하는 과정이다. 냄비에 물을 끓일 때 수증기가 찬 냄비 뚜껑의 표면에 닿아 증류수 방울로 맺히는 현상도 증류이다. 원유에서 가솔린과 등유를 분리할 때처럼 증류는 서로 끓는점이 다른 둘 이상의 액체를 분리할 때 많이 이용한다.

증발

액체의 표면에서 액체가 기체로 변하는 현상이다. 즉 표면에서 기화가 일어나는 것을 말한다. 끓음은 액체 내부에서도 기화되는 현상으로 증발과는 다르다. 증발은 액체의 표면적이 클수록, 온도가 높을수록, 바람이 많이 불수록 잘 일어난다.

증산 작용

식물의 뿌리에서 흡수된 물이 물관으로 이동하여 잎의 기공을 통해 공기 중으로 수증기가 되어 빠져 나가는 작용이다. 식물은 증산 작용으로 흙 속에 있는 무기양분과 물을 잎까지 나른다. 또 기온이 올라갔을 때 잎이 시드는 것을 막아 주기도 한다. 잎에 있는 기공의 넓이는 잎 전체 넓이의 1.5퍼센트 정도이다.

지각 변동

지구 내부에서 일어나는 어떤 변화 때문에 지각이 변형되는 현상을 말한다. 변형은 천천히 또는 급격히 일어나기도 하고, 변형에 따라 지각의 일부가 파괴되기도 한다. 지진·화산·단층·습곡·조산 운동·조륙 운동 등이 지각 변동이다.

화산은 지각 내부에서 형성된 마그마가 땅 위로 분출하여 만들어진다. 지진은 지구 내부가 급격하게 변하면서 생긴 충격파가 땅 표면에 전해져 땅이 갑자기 흔들리는 현상이다. 화산은 지각 내부에서 형성된 마그마가 땅 위로 분출하여 만들어진다. 단층은 수평으로 당기는 힘이나 양쪽에서 수평 방향으로 미는 힘 때문에 지층이 끊어져서 생긴다. 습곡은 지층이 양 옆에서 수평 방향으로 미는 힘을 받아 구부러져서 생긴다. 조산 운동은 두꺼운 퇴적층의 판과 판이 충돌하거나 한 판이 다른 판 밑으로 들어갈 때 작용하는 수평 압력을 받아서 거대한 습곡 산맥이 만들어진다. 조륙 운동은 지각이 평형을 이루기 위해 오랜 시간 천천히 올라가거나 밑으로 내려가면서 상하 운동을 하는 것이다. 지각 변동을 설명하는 대표적인 이론인 판구조론에 따르면 이런 모든 지각 변동은 크고 작은 여러 개의 판으로 이루어진 지각이 서로 다른 방향으로 움직이기 때문에 일어나는 것이다.

지구본

지구를 본떠 만든 작은 모형이다. 지구의라고도 한다. 모형 표면에 경도·위도선과 육지와 바다의 분포 및 지형과 그 밖의 지구 표면의 상태를 나타낸 것이다. 지구가 둥근 공 모양이기 때문에 지구본은 지구를 평면 위에 펼쳐 나타낸 지도보다 정확하다. 지구본은 지구 표면의 상황을 거리·넓이·모양의 일그러짐이 없이 정확하게 표현할 수 있다.

지구 온난화

대기 중에 이산화탄소·메탄·오존 등의 온실 기체가 증가하여 지구의 평균기온이 올라가는 현상을 말한다. 즉 온실 기체가 온실의 창유리처럼 태양 광선은 투과시키고 내부의 열은 외부로 빠져 나가지 못하게 하는 온실 효과를 강하게 일으켜 지구의 평균기온이 올라가는 것이다. 지구 온난화는 산업혁명 이전에도 자연계에 있었던 현상이지만 20세기에 들어와 산업화와 그에 따른 석탄·석유와 같은 화석 연료의 사용량 증가, 삼림 벌채 등으로 속도가 빨라지고 있다.

지구 온난화로 기온이 올라가면서 빙하가 녹아 해수면이 높아지고, 사막의 면적이 넓어지고 있다. 또 기후대의 변화, 태풍의 강도 및 빈도 변화, 계절풍의 강도 및 풍향 변화, 집중호우의 강도 및 횟수의 변화 등이 함께 일어나고 있다. 이처럼 생태계에 치명적인 영향을 미치는 지구 온난화를 막기 위해서 세계 여러 나라는 기후변화협약을 맺어 온실 가스의 배출을 줄이고, 대체 에너지 개발과 이산화탄소를 고정화시키는 기술 개발에 힘쓰고 있다.

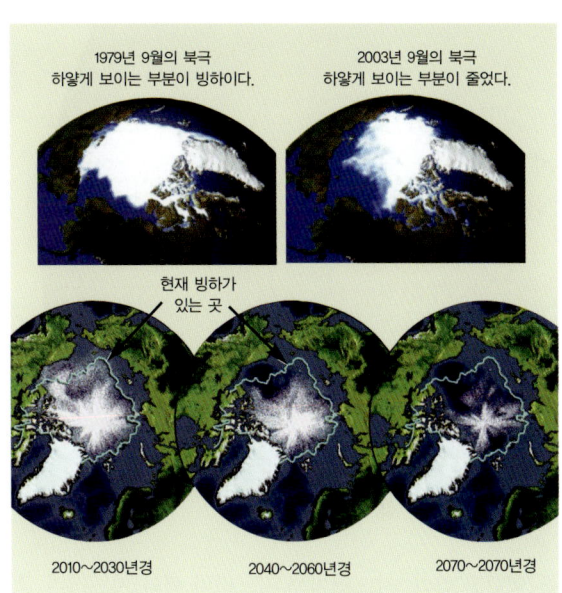

지구의 온난화로 기온이 점차 올라가고 있다. 북극의 빙하가 몇 년 사이에 녹은 모습과 미래의 북극 모습을 상상하여 그린 것이다.

지느러미

물에 사는 물고기나 포유류가 헤엄치거나 몸의 균형을 유지하는 데 쓰는 기관이다. 지느러미는 등·배·가슴·꼬리 등에 붙어 있다. 지느러미는 배의 노나 키와 같

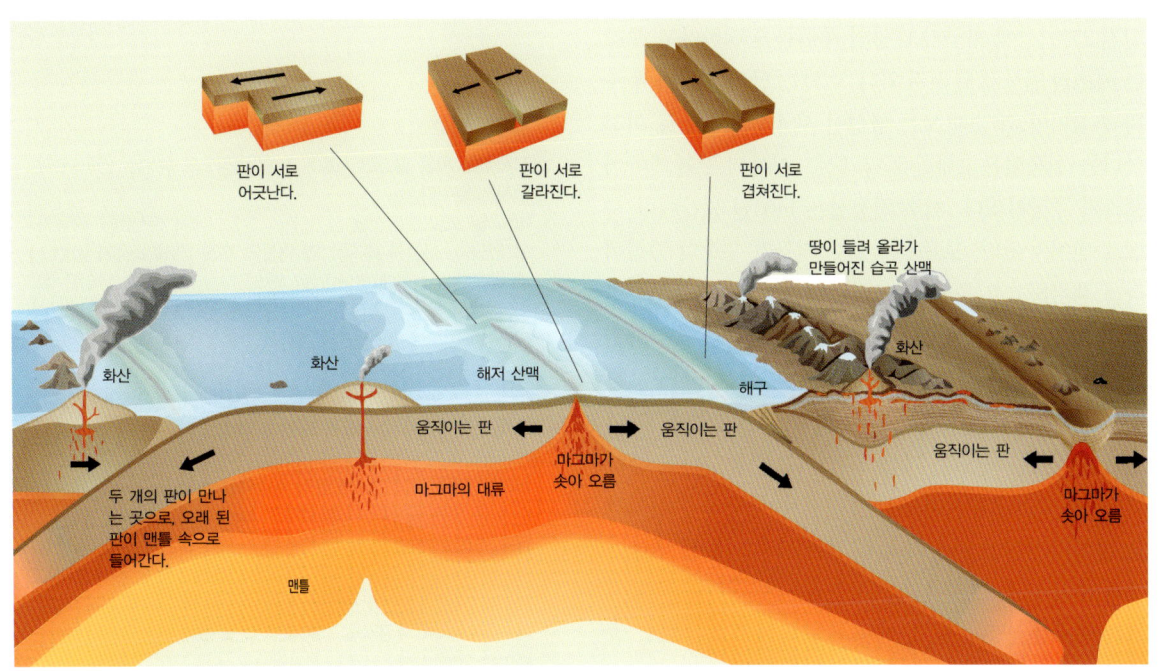

판구조론으로 본 지각 변동

323

지동설

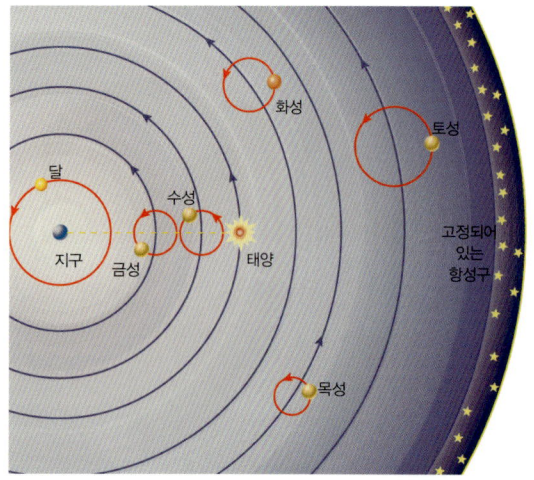
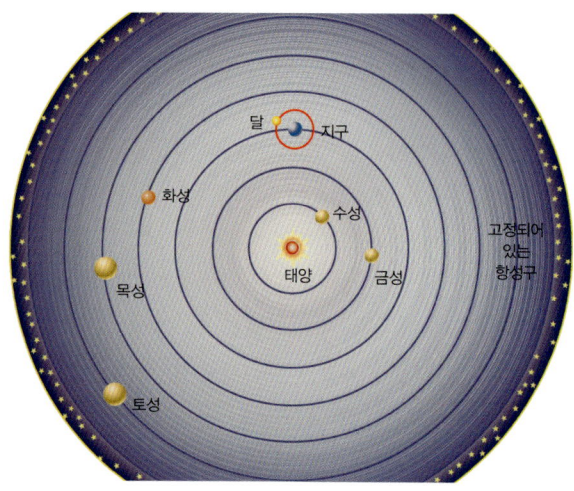

프톨레마이오스의 천동설과 코페르니쿠스의 지동설

은 역할을 한다. 지느러미는 지느러미 뼈와 지느러미 살로 되어 있다. 도롱뇽이나 개구리의 새끼인 올챙이 등 물속에 사는 양서류에는 지느러미는 있지만 지느러미 뼈는 없다.

지동설

태양이 중심에 있고 지구를 포함한 다른 행성이 태양의 주위를 공전한다는 이론이다. 태양 중심설이라고도 한다. 에게 해의 사모스 섬에 살았던 아리스타르코스가 기원전 270년경에 지구가 태양의 주위를 공전한다고 주장한 최초의 인물로 알려져 있다. 이와는 달리 지구가 우주의 중심이며, 태양과 모든 행성이 지구를 중심으로 회전한다는 천동설은 2세기에 알렉산드리아의 프톨레마이오스가 주장하였다. 이후 천동설은 1400년 동안이나 사실로 믿어져 왔다. 모든 사람들이 지구가 우주의 중심이라고 생각하고 있을 때인 1543년에 코페르니쿠스는 『천구의 회전에 관하여』를 출간하면서 지동설을 주장하였다. 그는 태양에 가까운 순으로 수성·금성·지구·화성·목성·토성 등의 행성들이 배열되어 있으며, 각 행성들은 일정한 속도로 태양 주위를 원 운동한다고 생각했다. 하지만 코페르니쿠스는 지구가 우주의 중심이라는 당시의 생각을 바꾸어 놓을 만한 관측 자료를 내놓지 못하였다. 이후 브라헤가 지동설을 뒷받침하는 확실한 관측 자료를 발표하였고, 케플러가 이를 수학적으로 증명하였다.

지시약

화학 반응에 있어서 일정한 상태를 판별하는 데 사용되는 시약을 가리킨다. 보통은 어떤 용액이 산성인지 염기성인지를 색의 변화로 나타내는 산염기 지시약을 말한다. 산염기 지시약은 산성일 때와 염기성일 때 나타내는 색이 다르다. 지시약은 영국의 과학자 보일이 황산 증기가 바이올렛 꽃에 묻어 빨간색으로 변하는 것을 보고 발견했다. 산염기 지시약에는 리트머스 종이, pH 시험지,

> **탐구학습**
>
> **지시약 이야기**
> 지시약을 처음 발견한 사람은 보일 법칙으로 유명한 영국의 과학자 보일이다.
> 어느 날 보일은 황산을 얻기 위해 실험실에서 황산염을 증류하고 있었다. 실험할 때 강산인 황산의 진한 연기가 용기 바깥으로 흘러나와 실험대 옆에 있던 제비꽃다발에 묻었다. 보일은 실험을 마친 후 제비꽃다발에 묻은 황산 연기를 씻어 주려고 물이 담긴 그릇에 꽃을 담가두었다. 그런데 얼마 지나지 않아서 보일은 보라색 제비꽃이 빨갛게 변해 있는 것을 보게 되었다. 이에 놀란 보일은 제비꽃에 다른 산 용액을 떨어뜨려 보았다. 그랬더니 마찬가지로 붉게 변했다. 보일은 생각을 더 발전시켜 제비꽃잎을 우려낸 물에 산 용액을 떨어뜨려 보았다. 역시 붉게 변하는 것을 보고 제비꽃잎의 추출액을 산염기 지시약으로 쓸 수 있음 알게 되었다. 이후 보일은 제비꽃 이외에 튤립, 재스민, 배꽃, 리트머스 이끼 등 다른 식물로 이와 같은 실험을 해보았다. 수많은 실험 끝에 보일은 리트머스 이끼에서 얻은 추출액에 종이를 담근 다음 이 종이를 말린 리트머스 종이가 산에서 붉은색, 염기에서 푸른색을 나타내는 것을 알게 되었다. 리트머스 종이는 오늘날까지 산염기 지시약으로 널리 쓰이고 있다.

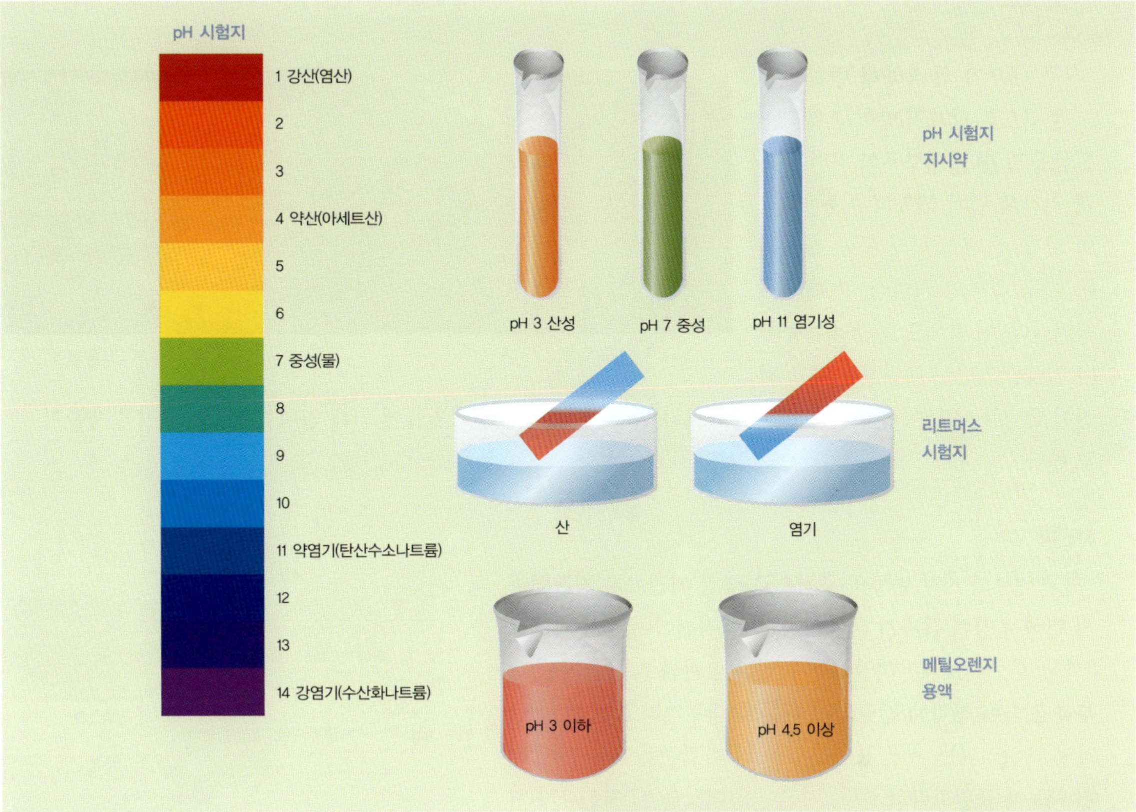

만능 지시약, 페놀프탈레인 용액, 메틸오렌지 용액, 비티비 용액 등이 있다. 산염기 지시약 외에도 산화환원지시약, 금속지시약, 흡착지시약 등이 있다.

지진계

지진으로 땅이 흔들리는 정도를 관측하는 기기이다. 지진기록계라고도 한다. 지진계는 추의 관성의 원리를 이용한 계측기이다. 즉 바닥과 연결되어 있는 기둥에 추를 매달았다고 가정하면, 바닥이 흔들리지 않으면 추도 움직이지 않을 것이다. 하지만 갑작스럽게 바닥이 움직이면 바닥과 붙어 있는 기둥은 함께 움직이지만 기둥에 매달려 있는 추는 움직이지 않을 것이다. 만약 추의 끝에 펜을 붙여 놓고 바닥에 종이를 놓아 두면 종이에 바닥이 움직이는 방향과 반대 방향으로 흔적이 남게 될 것이다. 이것이 지진계의 기본 원리이다. 지진계는 보통 위·아래로 흔들리는 것과 동·서로 흔들리는 것, 남·북으로 흔들리는 것을 기록한다. 땅이 흔들리는 가속도와 지각의 변형을 측정하는 특수한 지진계도 있다.

지진계

지진

지구 내부가 급격하게 변하면서 그 충격으로 갑자기 땅이 흔들리는 현상을 말한다. 대부분의 지진은 오랜 기간에 걸쳐 대륙의 이동, 해저의 확장, 산맥의 형성 등에 작용하는 지구 내부의 커다란 힘 때문에 생겨난다. 이 밖에도 화산의 활동이나 연약한 지반이 내려앉을 때도 지진이 발생하지만, 이 경우에는 지진의 규모가 비교적 작다. 또한 폭발물에 의해 인위적으로 지진이 발생하기도 한다.

일본 나가타의 지진으로 끊어진 철로

지진파

지구 내부의 지각 변동의 충격으로 생긴 지진파가 지표면까지 전해져 땅이 갑자기 흔들리는 것이 지진이며, 지진파에는 P파·S파·러브파·레일리파가 있다. P파와 S파는 지구 내부를 깊숙이 통과해 전달되기 때문에 내부파라고 하며, 러브파와 레일리파는 지구 표면 가까이의 바깥층을 따라 전달되기 때문에 표면파라고 한다. 지진이 일어났을 때 지진파가 처음 발생한 시각을 진원시라 하고, 최초로 지진파가 발생된 점을 진원이라 한다. 진원의 바로 위 지표면의 지점을 진앙이라 하며, 진앙의 지명을 진원지라고 한다. 진원은 진앙의 위도, 경도와 진원 깊이로 나타낸다.

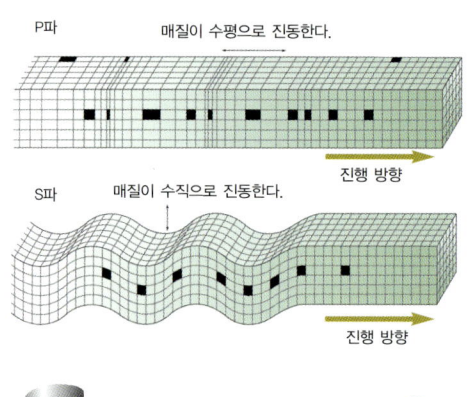

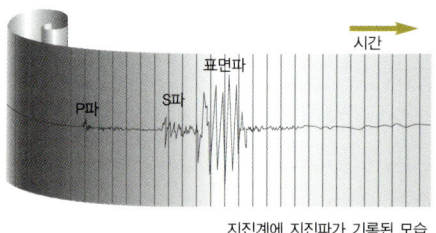

지진계에 지진파가 기록된 모습

지진의 크기

지진의 크기는 규모와 진도로 나타낸다. 규모는 진원에서 발생한 지진의 세기를 나타내는 것으로, 발생한 지진 에너지의 절대 크기를 나타내는 척도이다. 규모에는 리히터 규모, 표면파 규모, 실체파 규모가 있다. 보통은 리히터 규모를 많이 이용한다. 진도는 어떤 장소에 나타난 땅의 흔들림의 세기를 사람의 느낌이나 주변의 물체 또는 구조물의 흔들림 정도로 표현한 것으로, 정해진 기준에 따라 계급화한 척도이다. 진도는 일정한 장소에서 사람이 느끼는 정도나 자연계의 변화 정도를 나타낸 것이다. 따라서 지진의 규모와 진앙 거리, 진원 깊이에 따라 크게 좌우될 뿐만 아니라 그 지역의 지질 구조와 구조물의 형태 등에 따라서도 달라질 수 있다. 이렇듯 지진이 여러 지역에서의 규모는 동일하지만 진도는 달라질 수 있다. 진도 계급은 세계적으로 통일되어 있지 않으며, 나라마다 자기 나라에 맞는 척도를 사용하고 있다. 우리 나라에서는 오랫동안 일본 기상청 계급을 사용하다가 2001년 1월 1일부터는 미국을 비롯해 여러 나라가 사용하는 수정 메르칼리 진도 척도를 사용한다.

2004년 4월 12일의 인도네시아. 지진 전의 모습

2005년 1월 2일의 인도네시아. 지진으로 파괴된 모습

파키스탄의 지진으로 폐허가 된 건물

일본의 고베 지진으로 파괴된 고가도로

자연 재해인 지진

지진은 여러 자연 재해 중에서도 가장 격렬해서 많은 인명 피해와 엄청난 재산상의 피해를 준다. 갑자기 땅이 흔들려 집과 건물이 무너지고, 가스 폭발 등으로 화재가 일어나며 산 사태 · 해안 붕괴 · 지진 해일 등이 일어나 수많은 사람들이 죽거나 다친다. 또 전력 · 전화 · 수도 · 가스 등의 전선과 배관 시설에 큰 피해를 주며, 집과 건물뿐 아니라 도로 · 철도 · 다리 · 터널 · 공항 · 항만 시설과 같은 산업 시설이 파괴되어 엄청난 재산상의 피해를 준다. 1556년에 중국 산시 성에서 발생한 지진으로 83만여 명이 사망했고, 2003년에 이란의 남부 지역에서 발생한 지진으로 2만 6000여 명이 사망했으며, 2004년에 인도네시아의 수마트라에서 발생한 지진과 그에 따른 지진 해일로 29만여 명이 사망하였다. 이러한 인명 피해는 태풍이나 화산 등 다른 자연 재해에서는 거의 찾아볼 수 없을 정도로 엄청난 것이다.

탐구학습

지진의 규모와 진도

규모	구조물과 자연계에 미치는 영향	인체에 미치는 영향	진도
2.5 미만	사람의 몸으로는 느낄 수 없고 지진계에만 기록됨	느낄 수 없음	0 (무감)
3.0 미만	정지하고 있는 사람, 특히 민감한 사람이 다소 흔들린다고 느낌	민감한 사람만이 느낌	I (무감)
3.5 미만	모든 사람이 느낄 정도로 창문이 다소 흔들림	여러 사람이 느낌	II (경진)
4.0 미만	집과 건물이 흔들리고 창문이 움직이며 천장에 매달린 물건들이 흔들리거나 물이 출렁임	약간 놀라 자다 깸	III (약진)
5.0 미만	건물의 흔들림이 심하고, 불안정하게 놓인 꽃병이 넘어지며 그릇에 담긴 물이 넘침. 많은 사람이 집 밖으로 뛰쳐 나옴	매우 놀람	IV (중진)
6.0 미만	벽에 금이 가고 비석이 넘어짐. 굴뚝, 돌담, 축대 등이 파손됨	서 있기 곤란하고 심한 공포를 느낌	V (강진)
7.0 미만	30퍼센트 이하의 건물이 파괴됨. 산사태가 일어나기도 하고 땅에 금이 감 사람은 서 있을 수 없음	도움 없이 걸을 수 없음	VI (열진)
8.0 미만	30퍼센트 이상의 건물이 파괴됨. 산사태가 나고 땅이 갈라짐	이성을 잃음	VII (격진)
9.0 미만	건물이 완전히 파괴됨. 철도가 휘고 지면에 단층 현상이 발생함	공포	VII (격진)
9.0 이상	관측된 바 없음		

지진이 일어났을 때는 어떻게 행동해야 할까요?

지진이 일어나면 무엇보다 당황하지 말고 침착하게 행동하여야 한다. 지진은 1~2분 이내에 끝나며 강한 진동이 계속되는 시간도 15초를 넘지 않으므로 멀리 대피하려고 하지 말고, 있던 장소에서 가장 안전한 곳으로 빨리 대피해야 한다. 집이나 건물 안에 있을 때는 책상, 침대, 탁자 등 비교적 튼튼한 가구 밑으로 들어가 엎드려야 한다. 건물이 흔들릴 때는 아래층으로 뛰거나 밖으로 나가려고 해서는 안 된다. 건물이 무너질 위험보다 유리창이나 담 등이 넘어질 위험이 더 크기 때문이다. 백화점이나 역과 같이 사람이 많이 모인 지역에 있을 때는 안내원의 지시에 따라 질서 있게 안전한 곳으로 대피하는 것이 중요하다. 길가에 있을 때는 간판이나 유리창 등이 떨어져 다칠 위험이 있기 때문에 우선 갖고 있는 물건으로 머리를 보호하고 가까운 건물 안으로 들어가는 것이 안전하다. 야외에 있을 때는 건물이 없는 안전하고 넓은 곳으로 대피하는 것이 좋다. 산에 있을 때는 산사태나 돌·나무 같은 것이 떨어지지 않는지 잘 살피면서 안전한 지역으로 피해야 하고, 해변에서는 해일이 일어날 수도 있으니 해변에서 벗어나 높은 곳으로 피해야 한다. 지진이 일어나면 전선이나 가스 배관 시설 등이 망가져 대규모 화재가 나서 지진 그 자체보다 더 많은 피해를 입기도 한다. 지진이 일어나면 가스 밸브를 잠그고 가전 제품의 전원 플러그를 모두 빼놓아야 한다. 특히 가스가 새어나와 폭발의 위험이 크기 때문에 성냥, 라이터, 가스레인지 등을 켜서는 안 된다.

2005년 우리 나라 지진 발생 현황

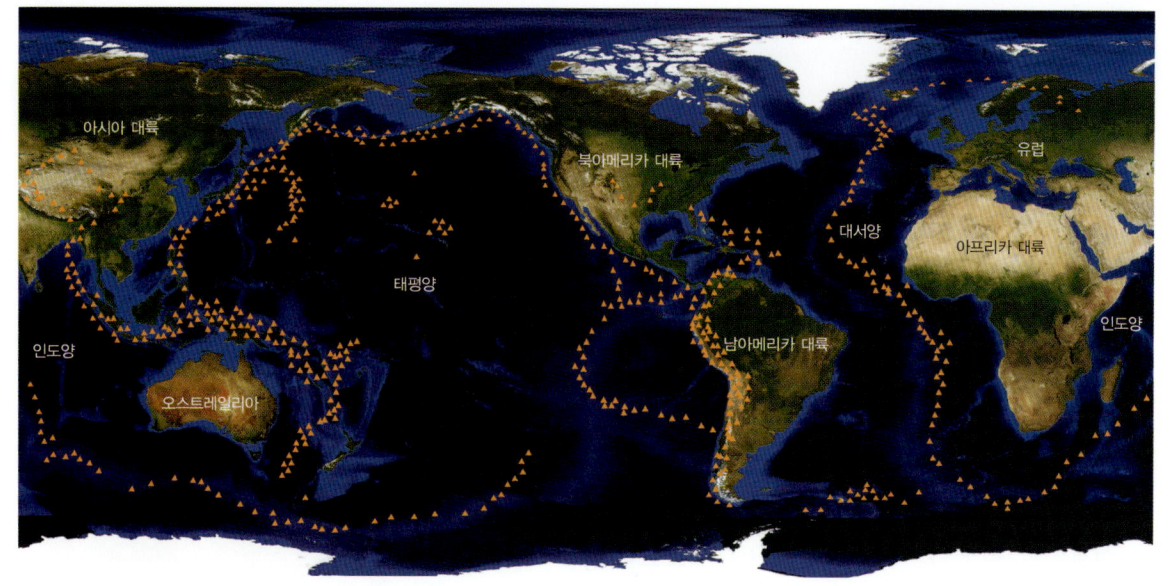

세계의 지진대

지진과 지진대

지각이 불안정하여 지진이 주로 일어나는 지역을 지진대라고 한다. 대표적인 지진대로 환태평양 지진대가 있다. 뉴질랜드, 뉴기니, 일본, 알류샨 열도, 알래스카, 남·북아메리카의 서부 지역을 연결한 태평양 연안과 이에 인접한 해역인 환태평양 지진대는 해양판과 대륙판이 만나는 경계 지점이며, 환태평양 화산대와 거의 일치한다. 이 외에도 지중해 지역에서 시작해 동쪽으로 아시아를 거쳐 동인도 제도로 이어지는 알프스 히말라야 지진대와 북극해·대서양·남극해 및 인도양 서부에 있는 대양저산맥과 동아프리카 해안을 따라 이어지는 지진대가 있다. 오늘날 전 세계적으로 매년 규모 3 이상의 지진이 10만 회 이상 발생하고 있으며, 집이나 건물에 큰 피해를 줄 수 있는 규모 5 이상의 지진만도 연 100회 정도 발생한다. 우리 나라는 지진에 비교적 안전한 지역이지만, 그래도 연 40회 내외의 지진이 발생한다. 2004년에는 모두 42회의 지진이 발생하였으며, 그 중 5월 29일에 경북 울진 동쪽 약 80킬로미터 해역에서 발생한 지진은 규모가 5.2였다.

지진으로 휜 철로

지진으로 무너진 집

지진으로 찢겨진 도로

지진으로 무너진 건물

지질 시대

지구에 원시 지각이 형성된 때부터 인류의 역사가 시작되기 전까지의 시기를 말한다. 대략 약 38억 년 전부터 1만 년 전까지이다. 처음 지구가 생긴 약 46억 년 전부터 38억 년 전까지 7~8억 년 정도의 시기는 아직 분명하게 밝혀지지 않았다. 지질 시대의 나이는 상대 연령과 절대 연령이 있다. 상대 연령은 암석이나 화석을 이용하여 어떤 지층이 먼저이고 나중인지를 판단하는 것이다. 절대 연령은 지질 시대의 정확한 연대를 말하는 것으로 방사성 원소의 반감기를 이용하여 알아 낸다.

지질 시대를 구분하는 단위는 여러 가지이다. 지질 시대를 구분하는 가장 큰 단위는 누대 또는 이언이다. 생물이 생존한 흔적이나 화석이 거의 발견되지 않는 시기를 기점으로 그 이전은 은생누대 또는 은생이언이라고 하고, 그 이후는 현생누대 또는 현생이언이라고 한다. 은생누대와 현생누대는 보통 약 5억 7000만 년 전을 기준으로 나눈다. 누대 또는 이언 다음의 단위는 대이다. 은생이언은 시생대와 원생대로, 현생이언은 고생대·중생대·신생대로 각각 나눈다. 은생이언인 시생대와 원생대는 고생대의 맨

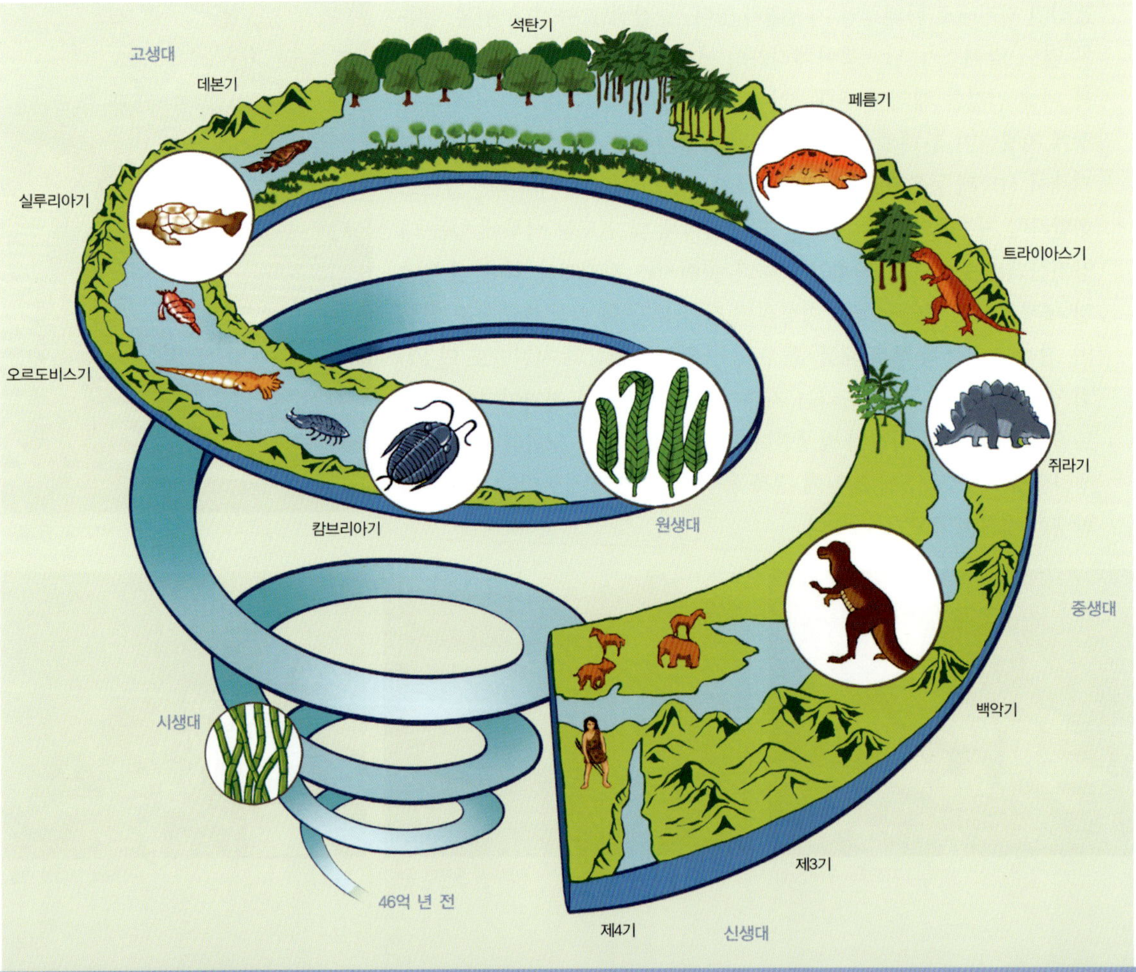

선캄브리아대에 형성된 스트로마톨라이트

탐구학습

지질 시대

이언	대	기	세	절대 연령(×10⁶년)		생물계의 역사
				시작 시기	지속 기간	
현생 이언	신생대	4기	현세	0.01	0.01	생물종은 현생종과 거의 비슷함
			플라이스토세	2.5	2.49	말기에 인류의 조상 나타남
		3기	플라이오세	7	5.4	매머드 나타남
			마이오세	26	19	초식성 포유류의 번성과 발전
			올리고세	38	12	코끼리 나타남
			에오세	54	16	말, 무소, 낙타의 선조 나타남
			팔레오세	65	11	영장류 나타남
	중생대	백악기		136	71	속씨식물 등장
		쥐라기		190	54	시조새와 익룡 나타남
		트라이아스기		245	55	원시 포유류 나타남
	고생대	페름기		280	35	포유류와 유사한 파충류 나타남
		석탄기		345	65	원시 파충류 나타남
		데본기		395	50	양서류 나타남
		실루리아기		430	35	육상 식물 및 폐어류 나타남
		오르도비스기		500	70	필석류 번성, 갑주어 등장
		캄브리아기		570	70	삼엽충 나타남
은생 이언	원생대			2500	1930	연질 무척추동물과 해조류 등장
	시생대			4600	2100	단세포생물 등장

처음인 캄브리아기보다 앞에 있다는 뜻으로 합하여 선캄브리아대라고도 한다. 대는 다시 하위 단위인 기로 나눈다. 기보다 작은 단위로는 세와 세보다 하위 단위인 절이 있다. 이 단위들이 전 세계적으로 통일되어 있는 것은 아니다.

선캄브리아대

선캄브리아대의 암석은 대부분 각 대륙의 중심 부분에서 찾아볼 수 있다. 이 시기의 기후는 생물이 생겨나서 살 수 있을 정도로 따뜻했다. 아프리카와 캐나다 지역에서 빙하 퇴적물이 발견되는 것으로 보아 몇 번의 빙하기가 있었을 것으로 추측하고 있다. 이 시대의 생물들은 개체수가 적었고 대부분 몸체가 연해 화석으로 남기 어려웠을 뿐만 아니라 많은 지각 변동으로 파괴되어 남아 있는 화석이 매우 드물다. 남아 있는 화석으로는 스트로마톨라이트, 박테리아 화석, 콜레니아 화석, 에디아카라 동물군 등이 있다.

삼엽충 화석

고생대

고생대 전기에는 대륙들이 나누어져 있었지만 데본기부터 곤드와나 대륙과 로라시아 대륙이 서서히 접근하면서 페름기에는 이들이 충돌하여 거대한 초대륙인 판게아를 형성하였다. 초기의 기후는 전 세계적으로 온난

331

하였고, 중기에도 대체로 온난하였으나 오르도비스기 말기에서 실루리아기 초에 걸쳐 고위도 지방에 빙하 활동이 있었다. 석탄기 말에서 페름기에 걸쳐서는 남반구의 광범위한 지역에 빙하기가 있었다.

고생대에는 선캄브리아대에 비해 다양하고 많은 생물 화석을 볼 수 있다. 단단한 껍질을 가진 동물 화석이 나타나기 시작하였다. 전기에는 삼엽충·필석 같은 무척추동물이 크게 번성하였고, 후기에는 어류·양서류 등의 척추동물이 번성하였다.

고사리 화석

중생대

게 화석

트라이아스기 말부터 현재의 북아메리카 대륙과 아프리카 대륙이 갈라지기 시작하면서 쥐라기 초에 대서양이 생겨났다. 곤드와나 대륙은 남아메리카 대륙, 아프리카 대륙, 인도, 오스트레일리아와 남극 대륙으로 나누어지기 시작하였다. 쥐라기 말에 인도 대륙은 곤드와나 대륙에서 분리되어 북상함으로써 인도양이 넓어졌다. 또 백악기 초에 북아메리카 대륙과 유라시아 대륙이 분리되어 북태평양이 넓어지고 아프리카 대륙과 남아메리카 대륙이 갈라져 남대서양이 탄생하였다. 이 시대의 기후는 대체로 고생대나 신생대보다 더 따뜻했던 것 같다. 쥐라기를 거쳐 백악기에는 온난 습윤한 기후가 지속되다가 말기에 다시 한랭한 기후로 변하였다.

중생대에는 고등 생물이 많이 나타났으며, 암모나이트와 벨렘나이트 등이 전 세계의 바다에 풍부했다. 파충류가 번성하여 파충류 시대라고 한다. 식물계는 은행류·송백류·소철류 등의 겉씨식물이 자랐으며, 말기에는 포유류의 선조가 나타났다.

아르케론 화석

신생대

신생대 제3기에 들어오면서 대서양과 인도양이 넓어지고 태평양이 좁아지면서 현재와 비슷한 대륙의 모습을 띠기 시작하였다. 기후는 대체로 온난하였으나 제3기 말부터 기온이 내려가기 시작하여 제4기가 시작되면서 빙하기에 들어가 지금까지 4번의 빙하기와 3번의 온난한 간빙기가 있었다. 신생대의 생물은 현재의 생물들과 비슷하다. 속씨식물이 번성하였고, 포유류가 크게 번성하여 포유류 시대라 한다. 제4기에는 인류의 조상이 나타났다.

달팽이 화석

맘모스 턱뼈 화석

맘모스 이빨 화석

지진해일

바다 속에서 일어난 지진이나 화산의 폭발 등으로 바닷물의 높이가 갑자기 높아져 바닷물이 육지로 넘쳐 들어오는 자연 현상이다. 해소 또는 쓰나미라고도 한다. 바다의 깊은 땅 속에서 지진이 일어나면 그 영향으로 바닷물이 사방으로 퍼져 나가고, 그 파동이 해일이 되어 해안 마을을 덮쳐 큰 피해를 준다. 지진의 규모가 크고 바다가 깊을수록 파도가 나아가는 속도가 빨라져 큰 해일이 된다. 지진해일은 지진보다 더 큰 피해를 주는 경우가 많다. 2004년에 인도네시아의 수마트라에서 발생한 지진으로 주변 여러 나라에 지진해일이 덮쳐 29만여 명이 사망하였다. 이처럼 지진해일은 큰 피해를 주기 때문에 세계 여러 나라에서는 지진해일을 예측하기 위해 애쓰고 있다. 우리 나라는 먼 태평양에서 밀려오는 지진해일을 일본이 막아 주어 비교적 안전한 편이지만 주변 해역에서 발생하는 지진해일로 가끔 피해를 입는다. 기상청에서는 지진이 일어나 지진해일이 예상될 때 해일 주의보와 해일 경보를 발표한다. 이때는 곧바로 바닷가에서 멀리 떨어진 높은 곳으로 피난해야 한다.

> **우리 나라의 지진해일**
> 태평양 연안의 국가들은 대부분 지진해일의 위험 속에서 살고 있다. 우리 나라는 태평양과 직접 접하고 있지 않아 지진해일이 자주 일어나지는 않는다. 그러나 우리 나라도 지진해일의 안전 지대는 아니다. 1500년~1994년 사이에 동해 및 동해안에서 발생한 지진은 총 148번이다. 그 중 지진 규모가 5 이상인 경우가 86번, 지진해일은 모두 11번 발생하였다. 특히 1983년 5월 26일에 일본 북서부 지역의 지진으로 발생한 지진해일은 동해를 통과하여 우리 나라 동해안에 큰 피해를 입혔다.

지층

암석이 층으로 쌓여 있는 것을 말한다. 오랜 세월 동안 자갈·모래·진흙·화산재 등이 바다나 강의 바닥이나 지표면에 쌓여 여러 겹으로 층을 이룬 것이다. 지표의 암석이 풍화와 침식 작용을 거쳐 운반되어 땅 위나 바다, 강 속에 쌓이고 오랜 세월이 지나면 퇴적암이 만들어진다. 퇴적암에는 같은 성질을 갖는 알갱이들이 모인 층리가 수평으로 만들어진다. 지상의 기후 조건과 지각 변동, 생물의 종류, 해류의 변화, 해수의 염분 및 수온의 변화, 퇴적되는 수심의 변화 등에 따라 지층이 달라진다. 퇴적물은 밑에서부터 위로 차례차례 쌓이므로 아래의 지층이 위의 지층보다 먼저 생긴 것이다. 이를 지층 누중의 원리라고 한다.

지층을 분석하면 지질 시대의 역사를 알 수 있다. 지층 속의 퇴적물이나 화석을 통해 지층이 만들어진 시대를 알 수 있다. 또 이미 만들어진 시대를 알고 있는 지층과 다른 지층과 비교해 지층이 만들어진 시대를 알아 내기도 한다. 지층들이 변형되어 있는 곳에서는 지표면에서 일어난 지각 변동을 알 수 있다. 즉 오랜 세월 동안 지구 내부에 작용하는 힘이 많으면 지층에 굴곡이 생기고, 너무 심하면 지층이 끊어지면서 지진이 발생할 수도 있다. 또 받는 힘의 방향에 따라 지층의 모습이 변하기도 한다. 바다에서는 퇴적물의 크기에 따라 쌓이는 장소가 다르므로 지층을 보고 당시의 환경을 알 수 있다. 굵은 알갱이들은 해안에서 가까운 곳에 쌓이고, 가는 알갱이들은 해안에서 멀리 운반되어 쌓인다. 역암은 얕은 물에서, 석

지진해일이 있기 전의 해변과 지진해일이 덮친 모습을 찍은 항공 사진

지표종

지층이 만들어지는 과정과 쌓이는 순서
지층이 만들어지는 데는 오랜 시간이 필요하며, 지각 변동으로 물 밑의 지층이 땅 위로 솟아오르기도 한다.

지층이 만들어지는 과정
지표의 자갈, 모래, 흙 등이 물, 바람 등에 운반되어 강이나 바다 밑에 쌓인다. 오랜 세월이 지나는 동안 쌓인 물질이 굳어져 물 속에서 지층이 만들어진다. 물 밑의 지층은 지각 변동으로 땅 위로 솟아올라 산이나 언덕을 이룬다. 그것이 바람이나 물, 비에 의해 점점 깎여 우리 눈에 보이는 것이다.

지층이 쌓이는 순서
지층은 항상 순서대로 쌓인다. 지각 변동이 없었던 지층은 밑에 있는 층일수록 먼저 쌓인 것이다. 자갈, 모래, 진흙이 함께 섞여 만들어진 지층에서는 자갈, 모래, 진흙의 순서대로 쌓인다. 지층이 이렇게 순서대로 쌓이는 까닭은 물의 양과 흐르는 속도에 따라 퇴적되는 알갱이의 크기 및 무게가 다르기 때문이다.

물이나 바람이 자갈이나 모래, 흙 등을 운반한다.

운반된 자갈이나 모래, 흙 등이 쌓인다.

계속 쌓이면서 먼저 쌓인 지층이 눌린다.

오랜 시간이 지나면 단단한 지층이 만들어진다.

회암층은 열대나 아열대의 대륙붕에서, 응회암은 활화산 부근에서 형성되었다는 사실을 확인할 수 있다.

지표종
특정한 오염 물질 때문에 가장 먼저 피해를 보고 사라지는 식물이나 식물 군락을 그 오염 물질에 대한 지표종 또는 지표식물이라 한다. 지표종은 매우 제한된 환경 조건에서만 살 수 있기 때문에 그 식물의 분포를 알면 환경 조건과 변화를 알 수 있다. 고사리처럼 온대 기후의 조건을 알려 주는 기후지표식물과 쇠뜨기처럼 토양 산성도 상태를 알려 주는 토양지표식물이 있다. 대기 중의 이산화황에 민감한 이끼는 대기 오염 상태를 알려 주는 지표종이다.

지하수
빗물이나 눈이 녹아 땅 속으로 들어간 뒤 지층이나 암석의 틈을 메우고 있는 물을 말한다. 지하수는 우물이나 관을 통해서 땅 위로 끌어 올릴 수 있다. 하지만 우리가 사용할 수 있는 지하수는 양이 정해져 있어 한번 고갈되면 다시 원래의 상태로 돌아가기 힘들다. 우리 나라는 지하수를 개발하여 농업 용수로 많이 사용해 왔으며, 지금도 농업·공업·생활 용수 및 비상 용수로 이용하고 있다.

지형
지구 표면의 형태이며, 위성이나 다른 행성의 표면 형태를 가리키기도 한다. 지형은 수천 킬로미터에 달하는

지층이 압력을 받아 어긋난 단층 지층

수평으로 쌓인 퇴적 지층

압력을 받아 물결처럼 휜 습곡 지층

커다란 구조들에서 수십 미터 이하의 작은 구조들에 이르기까지 다양하다. 해수면 위로 드러난 지형을 육상 지형, 해수면 밑의 지형을 해저 지형이라고 한다. 지형은 지각 운동이나 화산 활동과 같은 지구 내부의 힘으로 만들어진 지표면이 물의 흐름이나 바람, 파도, 빙하와 같은 지구 표면의 힘에 의해 변형되어 만들어진다. 대규모 지형으로는 산·산맥·대지·평야·열곡 등이 있으며, 소규모 지형으로는 계곡·사구·동굴·해빈 등이 있다. 지형의 구조와 분포는 지형의 형성 과정을 보여 준다.

진동

물체의 위치나 밀도, 전류의 세기 등이 어떤 값을 중심으로 주기적으로 변하는 것을 말하며, 떨기라고도 한다. 시계추가 오른쪽 왼쪽으로 왔다갔다하는 것도 진동이고, 용수철이 위아래로 오르락내리락 하는 것도 진동이다. 진동은 외부의 충격으로 시작되고 충격이 멈춘 후에도 계속되는 경우가 많다. 시계추처럼 주기적으로 외부의 힘을 받아 진동하는 것을 강제 진동이라고 한다. 단위 시간 내에 같은 상태가 되풀이되는 진동의 횟수를 그 진동의 진동수라고 하고, 한 번 진동하는 데 걸리는 시간을 주기라고 한다. 진동의 중심에서 가장 멀리 있을 때의 위치 변화를 진폭이라고 한다.

진자

한 곳을 중심으로 일정 시간 간격으로 되풀이되는 운동을 하는 물체로, 흔들이라고도 한다. 진자가 한 번 되풀이 운동을 하는 시간을 진자의 주기라고 하고, 단위시간 내에 같은 상태가 되풀이되는 운동의 횟수를 진동수라고 한다.

진주

조개류의 몸에서 만들어지는 구슬 모양의 분비물 덩어리이다. 조개류의 외투막에 모래나 기생충의 파편 같은 이물질이 들어가면 자극을 받아 그 주위에 진주질을 분비함으로써 진주가 만들어진다. 진주의 주 성분은 탄산칼슘으로 산에 매우 약하다. 진주는 은빛의 우아하고 아름다운 광택이 뛰어나 주로 장신구나 장식품으로 많이 사용된다. 진주를 만드는 조개류는 매우 많다. 민물 진주조개로는 대칭이조개·펄조개 등이 있으며, 바다 진주조개로는 전복·진주조개·왕진주조개·흡엽조개·백엽조개 등이 있다.

진화

오랜 시간 동안 외부의 영향과 내부의 변화로 생물의 형태와 구조가 변하는 것을 가리킨다. 지층 속에서 발견된 다양한 생물의 화석과 세계 각지에서 수집된 동식물의 표본을 통해 생물의 진화를 확인할 수 있다.

진화론에 따르면 초기에는 단순했던 생물이 시간이 지나면서 환경에 적응하기 위해 점차 복잡한 구조를 갖게 되었다고 설명한다. 라마르크는 『동물철학』에서 후천적으로 얻은 형질이 유전된다는 용불용설을 진화의 요인이라고 주장하였다. 하지만 이 이론은 유전학에 의해 잘못된 것으로 드러났다. 생물의 진화를 체계적으로 밝힌 사람은 1859년 『종의 기원』을 쓴 다윈이다. 다윈은 비글호를 타고 5년 동안 세계 여러 곳의 생물을 조사하고, 그 후 20여 년 간 분석한 후 자연선택설을 발표하였다. 그에 따르면 자연에 존재하는 개체군들은 유성생식으로 생존할 수 있는 것보다 훨씬 더 많은 자손을 생산한다. 이렇게 태어난 개체들 사이에는 유전적인 변이가 존재하며, 환경 변화에 유리한 것도 있고 불리한 것도 있다. 그 중에서 환경 변화에 잘 적응한 유전자를 지닌 개체는 살아남아 더 많은 자손을 남긴다는 것이 자연선택설이다.

다윈 이후 진화론은 계속 발전하였다. 1885년에 바이스만은 생식세포에 생긴 유전적 변이가 유전한다는 생식질연속설을, 1901년에 드브리스는 돌연변이로 새로운 종이 형성된다는 돌연변이설을, 큐리크와 로마네스는 어떤 원인으로 변한 개체나 개체군이 원래의 종과 오랜 기간 떨어져 있으면서 새로운 개체가 된다는 격리설을 주장하였다. 현대의 진화학자들은 진화의 여러 가설들

> **나방의 진화**
> 나방의 색깔 변화는 자연선택에 따른 진화의 한 예이다. 석탄 관련 산업이 발달한 지역의 나무들을 보면, 줄기에 검은 분진들이 많이 묻어 줄기 색이 어두워졌다. 나무의 색이 어두워지기 전에는 새들에게 잘 띄지 않아 번식률이 높았던 밝은 색 나방이 오히려 새들의 눈에 잘 띄어 집단 내에서 수가 줄어들었다. 하지만 어두운 색 나방은 눈에 잘 띄지 않아 포식자인 새들에게 덜 잡아먹혀 번식률이 높아졌고, 살아남게 되었다.

질량

어떤 물체가 가진 물질의 고유한 양을 말한다. 물체에 작용하는 중력은 그 물체의 질량에 비례하기 때문에 보통 천칭을 사용해 킬로그램원기와 같은 표준 물체에 작용하는 중력을 비교하여 질량을 구한다. 천칭의 한 쪽에 물체를 놓고 다른 한 쪽에 분동을 놓았을 때, 수평을 이루는 분동의 질량이 그 물체의 질량이다. 단위는 kg(킬로그램), g(그램) 등을 사용한다. 일상생활에서는 흔히 물체의 질량과 무게를 혼동해서 사용하는 경우가 많다. 어떤 물체에 포함되어 있는 물질의 양인 질량은 중력에 상관없이 일정하지만 무게는 중력에 따라 변한다.

질소

색깔과 냄새가 없는 기체로 원소 기호는 N이다. 단백질의 중요한 구성 성분으로 생명체에게 꼭 필요한 원소이다. 상온에서는 질소 원자 두 개가 결합한 질소 기체(N_2)로 존재하며, 공기의 약 80퍼센트를 차지한다. 산소에 비해 물에 잘 녹지 않는다. 상온에서 매우 안정한 원소로, 다른 물질과 잘 반응하지 않는다. 수소와 반응시켜 암모니아를 만드는 암모니아합성에 가장 많이 쓰인다. 암모니아로부터 질산·비료·염료 등 많은 질소화합물이 만들어진다. 다른 물질과 잘 반응하지 않는 성질을 이용하여 기름 탱크 또는 가스관에 남아 있는 가스를 안정적으로 바꾸는 데 이용된다. 커피나 과자 봉지 등에 질소를 넣으면 색소가 산화되지 않고 형태가 부서지는 것도 막을 수 있다. 또 자동차 에어백에도 질소 혼합물을 넣는

집적 회로

다. 액체 질소는 끓는점이 영하 195.8도로 매우 낮아 냉각제로 많이 이용된다. 사람이나 동물의 난자, 정액, 혈액 등과 같은 생물 시료를 얼려서 보존하는 데 쓰이며, 초전도 자석의 냉각에도 이용된다.

집적 회로

다이오드나 트랜지스터 같은 반도체 소자 여러 개가 하나의 기판에 모여 있는 초소형 전기 회로이다. 크기는 작지만 동작 속도가 빠르고 전력 소비가 적다. 집적 회로는 혼성 집적 회로와 모놀리 식 집적 회로로 나눈다. 혼성 집적 회로는 종류가 다른 2개 이상의 집적 회로를 조합하거나 한 종류의 집적 회로와 독립된 부품으로 구성된 집적 회로이다. 모놀리 식 집적 회로는 두께 0.5밀리미터 정도의 얇은 실리콘 판을 한 변이 5밀리미터 정도의 칩으로 잘라 내어 그 위에 다양한 회로 소자를 구성하여 만든 집적 회로이다. 오늘날 쓰는 초소형 집적 회로의 대부분은 모놀리 식 집적 회로이다.

착시
 눈의 착각 현상이다. 사물의 크기·형태·빛깔 등과 같은 실제 성질이 왜곡되어 보이는 정도가 아주 클 때를 가리킨다. 착시는 사물을 주의 깊게 관찰하거나 그런 사실을 이미 아는 상태에서 관찰해도 일어난다. 따라서 착시는 비정상적인 현상이 아니라 정상적인 지각 현상이다. 기하학적 착시나 다의 도형 착시, 밝기나 빛깔의 대비 착시 등이 있다.

창자
 동물의 소화 기관이다. 위와 항문 사이에 있는 작은창자와 큰창자를 말한다. 위와 이어져 있는 작은창자는 길이가 6~9미터 정도의 긴 소화관으로 배의 대부분을 차지한다. 작은창자는 위에서부터 십이지장, 공장, 회장의 세 부분으로 구분한다. 안쪽에는 주름이 많이 잡혀 있고 주름마다 융털이 수없이 많이 나 있다. 연동 운동을 하여 음식물과 소화액을 고루 섞고 소화된 양분이 융털을 통해 몸 안으로 흡수된다. 작은창자에 이어져 있는 큰창자는 작은창자보다 굵고 잘록하다. 큰창자에서는 주로 물을 흡수하고 남은 찌꺼기를 항문을 통해 내보낸다. 작은창자와 큰창자의 연결 부분에는 맹장이 있으며 그 끝에 충수가 있다. 여기에 염증이 생기면 맹장염이 된다.
 동물의 창자는 주로 먹는 음식에 따라 길이가 다르다. 초식 동물처럼 풀을 주로 먹는 동물은 풀이 잘 소화되지 않기 때문에 창자가 길고, 고기를 먹는 육식 동물은 고기가 잘 소화되기 때문에 창자가 짧다. 그래서 초식 동물들은 몸집이 대체로 크고, 육식 동물은 초식 동물에 비해 몸집이 대체로 작다.

채소
 음식으로 먹는 재배 식물이다. 야생에서 자라는 나물은 보통 산채라고 한다. 채소는 수분이 많고 열량이 적어 주식으로는 이용할 수 없다. 하지만 신체의 기능을 정상적으로 유지시키는 데 필요한 비타민·무기질·섬유질 등이 많이 들어 있다. 채소는 곡류, 생선, 고기 등에 의한 혈액의 산성화를 막아 중화시켜 주며, 채소에 많은 섬유질은 소화와 흡수를 원활하게 돕는다.
 채소는 먹는 부위에 따라 뿌리채소, 잎줄기채소, 열매채소 등으로 나눈다. 뿌리채소는 식물의 뿌리나 땅속줄기를 먹는 채소이다. 무·당근·고구마·우엉·마·연근·토란·감자·양파 등이 있다. 잎줄기채소는 배추·양배추·갓·상추·시금치·파슬리·양상추·머위·

원들이 돌아가고 있는 것처럼 보인다.

에셔의 「폭포」. 착시를 일으키는 그림이다. 폭포의 물에서 가장 높은 부분은 어디일까?

수평으로 그은 선과 검은 네모가 기울어져 보인다.

똑같은 길이의 선인데 오른쪽이 더 길어 보인다.

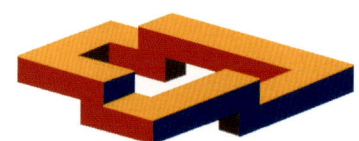

원이 계속 돌아가는 것처럼 보인다.

두 사람의 옆 얼굴이나 옆에서 본 탁자로 보인다.

어느 곳이 높은지 정확하게 비교하기 힘들다.

여러 가지 착시

쑥갓 등 잎을 먹는 채소를 말한다. 열매채소는 오이·호박·수박·멜론·가지·토마토·고추·강낭콩·완두·딸기·옥수수 등 열매를 먹는 채소를 말한다.

처녀자리

황도십이궁의 하나로 봄철 남쪽 하늘에서 볼 수 있는 별자리이다. 목동자리와 사자자리 부근에 있다. 1등성 별인 스피카를 비롯하여 자비야바, 포리마, 빈데미아트릭스와 같은 밝은 별들로 이루어져 있다.

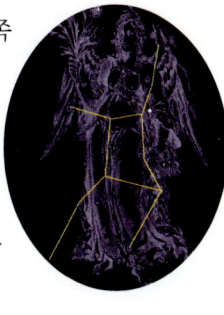

척수

뇌와 감각 기관 및 운동 기관을 연결해 주는 중추 신경계이다. 사람의 척추 안을 따라 지난다. 몸에서 일어나는 반사 운동을 조절하는 반사 중추의 역할도 한다. 척수는 대뇌와는 반대로 겉 부분인 피질이 백질이고, 안쪽의 수질이 회백질이다. 안쪽의 수질은 연합 뉴런과 감각 뉴런의 신경세포체로 이루어져 있다. 척수의 단면은 나비 모양이다. 척수의 등 쪽으로 나온 신경 다발은 후근이라고 하며, 감각 신경이 지나간다. 배 쪽으로 나온 신경 다발은 전근이라고 하며, 운동 신경이 지나간다. 전근이 망가지면 어떤 운동도 할 수 없으며, 후근에 이상이 있으면 감각 기능에 이상이 생긴다. 또 무심코 뜨거운 물체를 만졌을 때 급히 손을 떼는 것은 자극이 뇌까지 전달되기 전에 척수의 반사 중추에 의해 일어나는 반사 행동이다. 이러한 반사 행동은 예기치 못한 위험한 상황에 처했을 때 몸을 보호해 준다.

척추

척추동물의 척주를 형성하는 뼈로 등골뼈라고도 한다. 동물을 분류할 때 척추가 있고 없음에 따라 척추동물과 무척추동물로 구분한다. 이처럼 척추는 동물계를 나누는 기준이 될 뿐만 아니라 척수 신경이 지나가는 통로 역할을 한다. 척추는 유연하게 움직일 수 있게 여러 개의 뼈들로 연결되어 있다. 각각의 뼈를 척추라 하고 척추동물마다 개수가 다르다. 사람은 경추 7개·흉추 12개·요추 5개·선추 5개·미추 4~5개 등 33~34개의 척추로 되어 있으며, 에스(S) 자 모양이다. 이 모양은 머리를 비롯한 몸 윗부분의 무게를 효율적으로 받쳐 주고, 외부의 물리적인 충격을 쉽게 흡수할 수 있게 해 준다. 척추는 부위마다 각각 다른 모양이어서 구분하기 쉽다. 척추 사이에는 추간판 또는 디스크라고 부르는 연골이 있다. 추간판은 수많은 콜라겐 섬유를 포함하고 있어 척추와 척추 사이에서 완충 작용을 한다. 또 척추를 좌우로 움직일 수 있게 도와 준다. 이 추간판이 척추 사이에서 약간 어긋나 있어 척수 신경을 압박하는 것이 흔히 허리 디스크라고

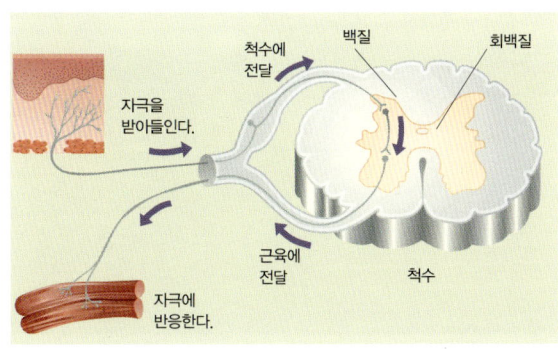

척수의 구조와 역할

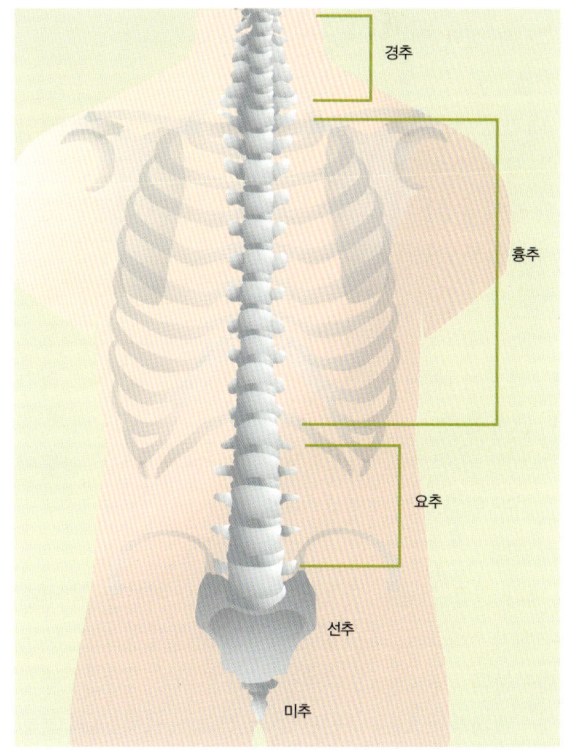

척추의 구조와 이름

불리는 추간판 헤르니아라는 질병이다.

천구

하늘을 바라보았을 때 별들이 붙어 있는 것처럼 보이는 둥근 공 모양의 하늘을 가리킨다. 모든 천체가 실제 거리와는 관계없이 천구에 투영되어 있는 것처럼 보인다. 천구의 별들은 별과 별 사이의 거리나 위치를 일정하게 유지하면서 하루에 한 바퀴씩 도는 일주 운동을 한다. 이것은 천구가 회전하는 것이 아니라 지구가 하루에 한 바퀴씩 돌기 때문에 나타나는 겉보기 운동이다. 지구에서 무한히 확장된 지구의 축은 천구의 북극과 남극이 되고, 천구는 이 축을 중심으로 도는 것처럼 보인다. 지구의 적도면이 무한히 연장된 것이 천구의 적도이다.

천동설

지구는 우주의 중심에 있어 움직이지 않으며, 그 둘레를 달과 태양 그리고 다섯 행성이 공전한다는 우주관이다. 지구중심설이라고도 한다. 16세기에 코페르니쿠스가 지동설을 내놓을 때까지 당연하게 여기던 우주관이다. 아리스토텔레스를 비롯한 고대의 여러 철학자에 의해 천동설이 조금씩 바뀌었으며, 2세기의 프톨레마이오스가 완성하였다.

천둥

대기 중에 전기가 흐를 때, 즉 번개가 칠 때 나는 소리이다. 공기 중에 순간적으로 번개가 칠 때 2만~3만 도 정도의 열이 발생한다. 그 열로 공기가 급격히 팽창하여 주위의 공기를 순간적으로 압축한다. 압축된 공기가 다시 수축할 때 공기가 진동하고, 그 진동이 '우르릉 쾅쾅' 하는 천둥소리로 들리는 것이다. 빛의 속도가 소리의 속도보다 빠르기 때문에 보통 번개가 먼저 보이고 천둥소리가 나중에 들린다. 번개와 천둥의 시간 차이를 정확하게 재면 이들이 얼마나 멀리서 생겼는지 알 수 있다. 천둥이 들리는 범위는 약 30킬로미터 정도이다.

천문대

별과 같은 천체를 관측하고 연구하기 위한 시설이다. 주위가 어둡고 공해가 없는 곳이 천문대의 장소로 좋다. 대부분의 천문대는 도시에서 멀리 떨어진 산 위나 대서양·태평양에 있는 고립된 섬의 정상에 세워진다. 천문대에는 망원경과 컴퓨터를 비롯하여 천체를 관측하고

탐구학습

천둥번개가 친 곳까지의 거리는 얼마일까요?

번쩍 하고 번개가 치고 나서 우르릉 쾅쾅 하는 천둥소리가 들리기까지 걸린 시간을 재면 천둥·번개가 친 곳까지의 거리를 알 수 있다. 소리의 속도는 초속 340미터이므로 번개가 치고 나서 천둥소리가 들리기까지 걸린 시간에 340을 곱하면 천둥번개가 친 곳까지의 거리가 된다. 예를 들어 번개를 보고 나서 10초 후에 천둥소리를 들었다면 10초 곱하기 340미터를 계산하면 3400미터가 나온다. 즉 3400미터 떨어진 곳에서 천둥·번개가 쳤음을 알 수 있다. 그러나 너무 멀리 떨어져 있으면 천둥소리가 길게 울리기 때문에 정확한 거리를 구하기 어렵다.

연구하는 데 필요한 여러 시설이 갖추어져 있다. 우리 나라에는 1974년에 설치된 소백산천문대, 1985년에 대덕연구단지 내의 대덕전파천문대, 1996년에 설치된 보현산천문대와 각 대학교 천문학과에 설치한 여러 천문대가 있다.

천상열차분야지도

조선 시대 태조 때인 1395년에 완성된 천문도이다. 돌에 새겨진 천문도로 세계에서 두 번째로 오래 된 것으로 국보 제228호로 지정되어 있다. 가로 122.8센티미터, 세로 200.9센티미터, 두께 11.8센티미터의 직육면체의 돌에 1467개의 별과 천구의 적도·황도·은하수 등 천체의 모양을 새겨 놓았다. 고구려의 천문도를 표본으로 삼아 그 오차를 고쳐 완성하였다. 천문도는 두 부분으로 되

소백산 천문대

어 있다. 윗부분에는 짧은 설명과 함께 별자리 그림이 새겨져 있고, 아랫부분에는 천문도의 이름, 작성 배경과 과정, 만든 사람의 이름과 만든 때가 적혀 있다.

별자리 그림에는 중심에 북극을 두고 눈으로 관찰할 수 있는 별들이 모두 표시되었으며, 하늘을 12등분한 후 1467개의 별들을 점으로 표시하였다. 이 그림을 통해 해와 달과 수성·금성·토성·화성·목성 등 5행성의 움직임을 알 수 있고, 위치에 따라 절기를 구분할 수도 있다. 이 천문도에서 당시의 우주관·별자리의 위치·계절에 따른 별의 위치 변화 등을 알 수 있다.

천연 가스

보통 원유와 함께 나오는 가연성 기체이다. 그 성분은 대부분이 메탄이며, 이외에 에탄, 프로판, 부탄도 포함되어 있다. 천연 가스는 고생대나 중생대의 식물들이 쌓여 오랜 동안 지질학적 과정을 거치면서 변형되어 생긴 것이다. 천연 가스는 석유나 석탄에 비해 대기 오염 물질을 거의 만들지 않는 청정 연료이다. 액화시켜 가정용과 공업용 연료로 쓴다. 최근에는 자동차의 연료로도 쓴다.

천왕성

태양의 일곱 번째 행성이다. 태양계의 행성들 중 토성까지는 맨눈으로도 볼 수 있지만, 천왕성부터는 너무 멀리 떨어져 있어서 망원경으로만 볼 수 있다. 천왕성은 망원경이 발명되고 나서야 발견되었다. 천왕성은 영국의

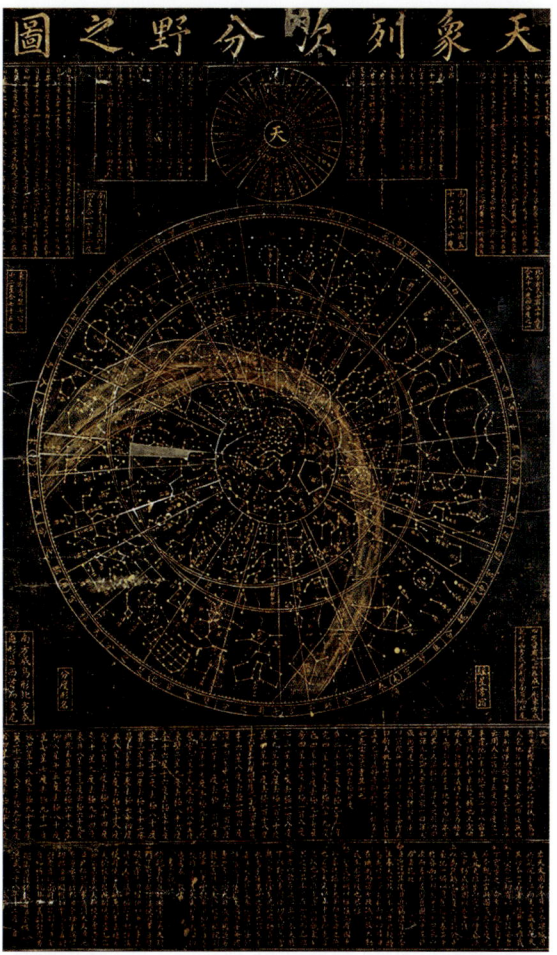

천상열차분야지도

하와이 섬 북동부에 있는 마우나케아 산 정상에 있는 여러 천문대

천문학자인 윌리엄 허셜이 쌍성을 찾기 위해 밤하늘을 관측하다가 쌍둥이자리 근처에서 1781년 4월에 처음으로 발견하였다.

천왕성은 태양으로부터 지구보다 19배나 멀리 떨어진 평균 28억 7097만 킬로미터 거리에서 태양 주위를 타원 궤도로 돈다. 공전 주기는 84.02년이고, 자전 주기는 17.24시간이다. 천왕성의 자전축은 다른 행성들과 달리 공전면에 대해 98도 정도 기울어져 있다. 그래서 천왕성의 남극과 북극은 항상 태양 쪽을 향해 있다. 천왕성은 태양계에서 세 번째로 큰 행성이다. 천왕성의 지름은 지구의 지름보다 4배 정도 크고, 질량은 목성이나 토성보다 작지만 지구의 14배가 넘는다. 또 천왕성의 부피는 지구의 63배도 더 넘지만 가스로 이루어져 있어서 밀도는 지구의 4분의 1 정도 밖에 안 된다. 대기의 대부분은 수소로 이루어져 있으며 헬륨, 메탄, 아세틸렌 등이 섞여 있다. 대기 중의 메탄의 양은 목성이나 토성의 대기가 함유하는 메탄의 양보다 10배가량 많다. 태양으로부터 받는 햇빛의 양이 지구의 360분의 1 정도밖에 되지 않아 표면의 온도는 영하 216도로 매우 춥다.

영국의 천문학자 테일러에 의해 1977년에 천왕성의 고리가 처음 발견된 이후 지금까지 모두 11개의 고리가 발견되었다. 천왕성의 고리 밝기는 토성의 고리 밝기의 300만 분의 1 정도로 아주 어둡다. 천왕성의 위성은 허셜에 의해 1787년에 티타니아와 오베론이 발견된 이후 지금까지 모두 27개가 발견되었다. 티타니아, 오베론, 아리엘, 엄브리엘, 미란다와 같은 큰 위성 5개는 1948년 이전에 발견되었다. 보이저 2호의 탐사로 1986년에 지름이 26~154킬로미터 정도 되는 작은 위성 10개가 발견되었

천왕성의 고리

우라노스라고 부르는 천왕성

다. 그 후 허블우주망원경과 지상 망원경에 의해 12개의 위성들이 새로 발견되었다.

천적

먹이 연쇄에서 잡아먹는 동물을 잡아먹히는 동물에 상대하여 이르는 말이다. 무당벌레가 진딧물을 먹고 거미가 곤충을 먹는 것, 뱀이나 새들이 쥐나 애벌레를 먹는 것 등은 포식성 천적이라고 한다. 기생벌이나 기생파리처럼 일생의 어느 시기를 숙주의 몸 속에서 보내면서 개체 수를 감소시키는 천적은 기생성 천적이라고 한다.

천칭

물체의 질량이나 무게를 재는 저울이다. 천평칭이라고도 한다. 지레의 균형의 원리를 이용한 저울이다. 지렛대의 중앙을 받침점으로 하고, 양쪽의 같은 위치에 접시를 매달았다. 한쪽에는 달 물건을 올려 놓고 다른 쪽에는 분동을 올려 놓아 좌우 균형을 맞추어 질량이나 무게를 잰다. 천칭의 한 종류인 화학천칭은 0.01그램의 무게까지 잴 수 있다.

철

회백색의 딱딱한 금속으로 원소 기호는 Fe이다. 열과 전기가 잘 통한다. 공기 중의 산소와 쉽게 반응해 녹이 잘 슬고, 약품에 잘 녹는다. 적철석·자철석·갈철석·

황철석·능철석 등의 광석에서 얻는다. 오랜 옛날부터 사람들이 이용한 금속으로 오늘날에도 가장 많이 쓰는 금속의 하나이다. 순수한 철은 거의 사용되지 않고 탄소나 다른 금속과의 합금으로 사용된다. 철은 탄소를 포함한 정도에 따라 선철·강철·연철의 세 가지로 나눈다. 선철은 탄소를 1.6~4퍼센트 정도 포함한 것으로 딱딱하나 부스러지기 쉽고 열에 잘 녹는다. 강철의 원료로 이용되고 솥, 난로 등을 만드는 데 쓰인다. 강철은 탄소를 0.5~1.6퍼센트 정도 포함한 것으로 단단하고 질기며 칼, 철도 레일, 용수철, 건축용 재료 등에 널리 이용된다. 연철은 탄소를 0.5퍼센트 이하로 포함한 것으로 연하고 질기며 못, 전자석 등에 이용된다.

첨성대

신라 시대의 선덕여왕 때 만들어진 천문대로 경상북도 경주시 인왕동에 있다. 국보 제31호이다. 하늘의 변화를 관측하고 별자리를 살피기 위해 쌓았다. 현재까지 남아 있는 천문대 중 동양에서 가장 오래되었다. 첨성대의 구조는 받침대 역할을 하는 기단부와 도자기 병 모양의 원

제철소의 작업 현장

제철소

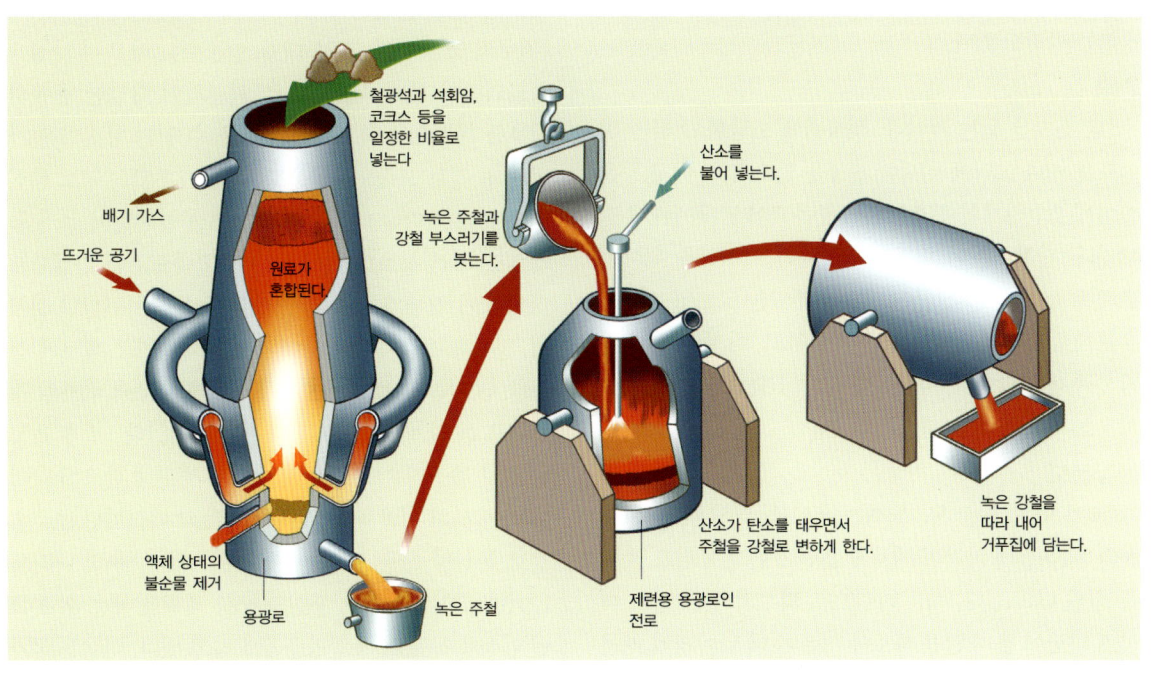
강철을 만드는 과정

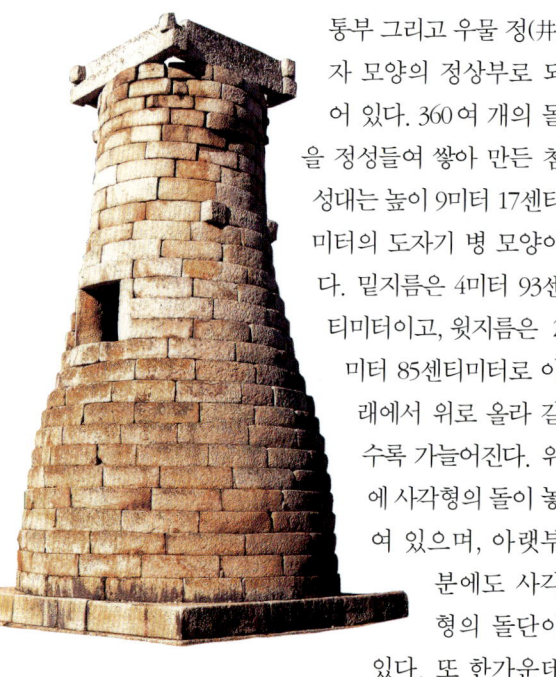

통부 그리고 우물 정(井) 자 모양의 정상부로 되어 있다. 360여 개의 돌을 정성들여 쌓아 만든 첨성대는 높이 9미터 17센티미터의 도자기 병 모양이다. 밑지름은 4미터 93센티미터이고, 윗지름은 2미터 85센티미터로 아래에서 위로 올라 갈 수록 가늘어진다. 위에 사각형의 돌이 놓여 있으며, 아랫부분에도 사각형의 돌단이 있다. 또 한가운데에 남쪽을 향한 창이 하나 있는데, 가로와 세로가 각기 1미터쯤 된다. 첨성대는 모두 27단의 돌을 쌓아 만들었다. 창 아래와 위를 모두 12단씩 돌을 쌓아 만들었고, 창은 3단에 걸쳐 있다. 첨성대는 별의 움직임을 비롯하여 일식, 월식 등 천문을 관찰하였다. 첨성대가 제단이었다고 주장하는 학자도 있다.

청각

귀로 소리를 듣는 것이다. 귓바퀴에 도달한 소리는 외이도를 지나 고막에 미세한 진동을 일으키고, 이 진동은 중이에 있는 3개의 청소골에서 증폭되어 달팽이관에 전해진다. 달팽이관의 림프가 진동하면 기저막을 위아래로 진동시킨다. 이 진동이 기저막에 있는 코르티 기관의 유모세포에 전달되어 신경을 자극하고, 이것이 대뇌 청각 중추에 전달된다. 사람이 들을 수 있는 소리는 20~2만 헤르츠 범위에 해당되는 소리이다.

체감온도

신체가 덥거나 춥다고 느끼는 온도로, 느낌온도라고도 한다. 겨울철에 바람이 세차게 불면 같은 온도라도 추위를 훨씬 더 느낀다. 이는 바람으로 피부의 열을 많이 빼앗겨 바람이 불지 않을 때보다 체온이 더 낮아지기 때문이다. 이처럼 같은 기온이라도 기상 조건에 따라 느끼는 온도는 달라진다. 체감온도는 온도, 습도, 풍속, 일사량, 복사 따위를 바탕으로 해서 여러 가지 체감온도 산정 방식으로 계산한다.

체온

사람 몸의 온도이다. 몸속에서 활발한 물질 대사가 일어날 때 주로 골격근, 간, 심장 등에서 열이 발생한다. 발생한 열은 혈액 순환을 통해 온몸으로 고르게 퍼져 일정한 체온을 유지한다. 신체 부위에 따라 체온은 각각 다르다. 체온은 체온 변화가 별로 없는 항문과 겨드랑이, 혀 밑 세 곳에서 체온계로 측정한다.

체외 수정

정자와 난자의 수정이 암컷의 몸 안에 있는 생식 기관에서가 아니라 몸 밖에서 이루어지는 것을 가리킨다. 물속에서 생활하는 동물은 암컷이 알을 낳으면 수컷이 그 위에 정액을 뿌리거나, 운동성이 있는 정자가 난자를 향해 헤엄을 쳐서 수정이 이루어진다. 수정이 확실하게 이루어지게 하기 위하여 정자와 난자를 동시에 방출하거나, 난자가 정자를 유인하는 물질을 내보내는 등의 방법을 쓰기도 한다. 무척추동물과 대부분의 경골어류, 무미양서류는 체외 수정을 한다.

초고속 정보 통신망

전국의 공공 기관, 기업, 대학, 연구소 그리고 각 가정에 이르기까지 광케이블 망으로 연결하여 다양한 종류의 정보를 대량으로 빠르게 주고받을 수 있는 통신망을 가리킨다. 정보 고속도로라고도 부른다. 초고속 정보 통신망은 1992년 미국 대통령 선거전에서 클린턴이 선거 공약으로 내건 정보화 전략이었다. 고속도로를 건설함으로써 국가 경제가 발전할 수 있는 토대를 마련했던 것처럼, 정보화 시대를 맞이하여 정보를 대량으로 빠르게 전송할 수 있는 정보 고속도로를 구축함으로써 국가의 경쟁력을 한 단계 끌어올리겠다는 구상이었다. 그 후 초고속 정보 통신망은 정보화 사회로 가기 위해 반드시 갖춰야 하는 사회 기반 시설로 여겨졌고, 각 나라마다 초고속 정보 통신망 구축 사업을 추진하고 있다. 우리 나라도 1994년에 초고속 정보 통신망 구축 계획을 세운 후 2015년 완성을 목표로 통신망을 구축하고 있다. 미국은 국가 차원에서 전국적인 초고속 정보 통신망이 구축하고 있

초음파를 듣는 박쥐

초식 동물인 토끼

다. 유럽은 각 나라별로 초고속 정보 통신망을 구축함과 동시에 유럽연합 차원에서 유럽 전체를 연결하는 초고속 정보 통신망을 계획하고 있다.

초식 동물

먹이 연쇄에서 생산자인 식물을 먹어 영양을 얻는 동물이다. 소나 말, 양, 사슴, 캥거루, 코끼리, 토끼처럼 풀을 먹는 동물이 이에 속한다. 잎·가지·줄기·과실·뿌리·꽃·꽃가루·꿀 등의 식물성 먹이를 먹는다. 초식 동물들의 위나 장 속에는 풀을 소화시킬 수 있는 효소가 없다. 대신 풀을 분해할 수 있는 미생물이 있다. 풀은 고기보다 소화가 느리기 때문에 초식 동물의 장은 매우 길다. 그래서 초식 동물들은 육식 동물에 비해 몸집이 대체로 크다.

초음속

소리의 속도보다 빠른 속도를 가리킨다. 소리는 1초에 대략 340미터를 가는데, 이 속도보다 빠른 속도가 초음속이다. 초음속은 대체로 소리의 속도와의 비율로 나타낸다. 이 값을 마하 또는 마하수라 한다. 마하 1이면 소리의 속도만큼 가는 것이고, 마하 1보다 클 때에는 소리의 속도보다 빠른 초음속이다. 제트기가 초음속으로 매우 빠르게 지나갈 때는 충격파가 생겨 하늘이 찢어질 듯한 소리가 난다.

초음파

사람의 귀에 소리로 들리는 한계 진동수인 2만 헤르츠 이상이어서 들을 수 없는 음파를 가리킨다. 초음파는 진동수가 많고 파장이 짧아 강한 진동이 생긴다. 이런 특성을 이용하여 물체에 초음파를 보낸 다음 반사되어 되돌아오는 시간을 계산하여 물체가 얼마나 떨어져 있는지를 알 수 있다. 물 속에서 초음파는 1초에 1500미터를 간다. 어군 탐지기는 이런 원리를 이용한 것이다. 또 물질의 내부 구조를 조사하거나 의료용 진단기로도 이용된다. 박쥐나 돌고래처럼 초음파를 내서 사물에 부딪쳐 돌아오는 신호를 분석해 주변을 파악하는 동물들도 있다.

초전도체

금속이 특정 온도 이하로 냉각되면 전기 저항이 완전히 사라지는 현상을 초전도라고 한다. 이런 현상을 띠는 물질을 초전도체라고 한다. 초전도 현상은 1911년 네덜란드의 물리학자 오네스가 수은에서 최초로 발견했다. 초전도체는 전기 저항이 없기 때문에 전력 소모가 적고, 작동 속도가 빠르다. 또 전류가 흐르면 계속 흐르고, 강한 전류도 무리 없이 흐른다. 이런 초전도체의 특성을 살려 자기부상열차의 전자석 전선이나 컴퓨터 부품으로 이용된다. 초전도체로는 이리듐·니오브·티탄·납·수은·주석·바나듐과 그 밖의 합금 등이 있다.

촉매

화학 반응 과정에서 자신은 변화하지 아니하면서 다른 물질의 화학 반응 속도만 조절하는 물질이다. 화학 반응의 속도를 빠르게 하는 촉매를 정촉매라 하고, 느리게 하는 촉매를 부촉매라 한다. 과산화수소를 분해할 때 이산화망간을 사용하면 산소가 더 많이 발생한다. 이때 이산

측우기

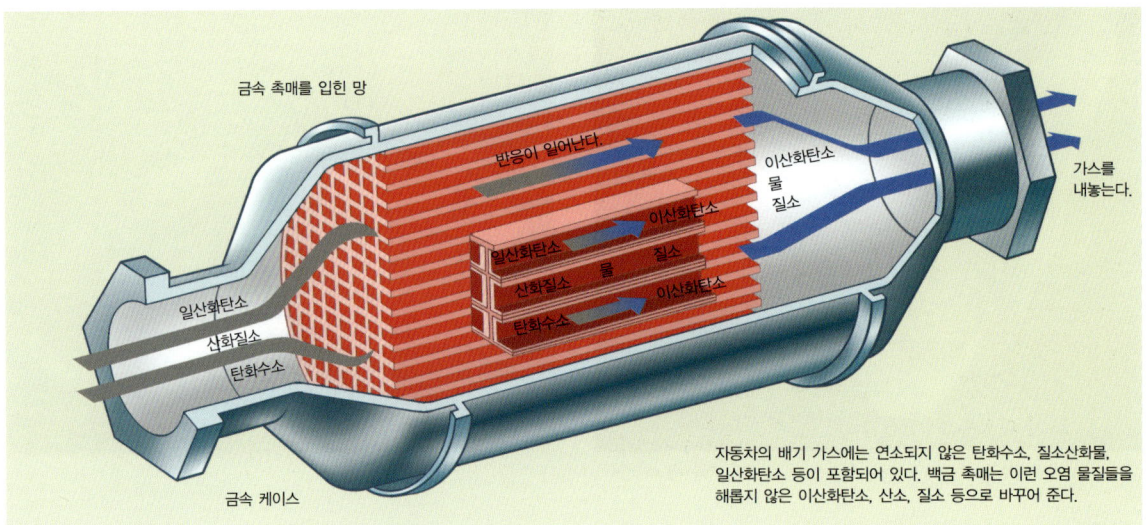

금속 촉매를 입힌 망
반응이 일어난다.
이산화탄소
물
질소
가스를 내놓는다.
일산화탄소
산화질소
탄화수소
일산화탄소
산화질소
탄화수소
물
이산화탄소
질소
이산화탄소

자동차의 배기 가스에는 연소되지 않은 탄화수소, 질소산화물, 일산화탄소 등이 포함되어 있다. 백금 촉매는 이런 오염 물질들을 해롭지 않은 이산화탄소, 산소, 질소 등으로 바꾸어 준다.

금속 케이스

촉매 변환 장치

화망간은 정촉매 역할을 한다. 묽은 인산을 사용하면 오히려 반응 속도가 느려진다. 이는 묽은 인산이 부촉매 역할을 하기 때문이다.

촉매는 금속과 같은 무기 촉매와 단백질로 이루어진 유기 촉매로 크게 나뉜다. 무기 촉매에는 니켈 촉매, 구리 촉매, 망간 촉매 등이 있으며, 반응에 따라 다르게 사용된다. 니켈 촉매는 일반 수소화용 촉매이고, 구리 촉매는 수소화·탈수소 산화 등의 한정된 반응에서만 사용되며, 망간 촉매는 산화구리의 혼합 촉매로 일산화탄소의 산화에 이용된다. 유기 촉매인 효소는 우리 몸에서 일어나는 대부분의 화학 반응과 관련이 있다. 효소인 아밀라아제는 녹말을 분해하는 반응에서 촉매 역할을 한다.

측우기

조선 시대에 만든 비의 양을 재는 기구로, 세계 최초의 기상 관측 기기이다. 우리 나라는 벼농사를 주로 하는 농업 생산국이었기 때문에 잦은 홍수와 가뭄 피해를 줄이기 위해 노력해 왔다. 그래서 일찍부터 강우 현상에 주목하고 비의 양을 측정하였다. 세종 때인 1442년에 비의 양을 좀더 과학적으로 측정하기 위해 깊이 1자 5치(약 30센티미터), 지름 7치(약 14센티미터)의 측우기를 만들었다. 그 후 측우기로 수백 년 동안 전국의 강우량을 측정하였다. 초기의 관측 기록은 거의 없어졌지만, 1770년 이후부터 140년 동안 서울의 강수량을 관측해 온 기록은 남아 있다. 여기에 현대의 관측 기록까지 합하면 220년 이상의 기록이 남아 있다. 이 자료는 연속 관측 기록으로는 세계에서 가장 긴 것이다.

측우기와 측우대

침샘

입 안에서 침을 내보내는 샘이다. 사람에게는 귀밑샘·턱밑샘·혀밑샘 등 세 쌍의 침샘이 있다. 침의 대부분은 물이고 점액 성분과 녹말 분해 효소인 아밀라아제가 들어 있다. 침은 음식물의 자극·맛·냄새 등에 의해 반사적으로 나온다. 보통 하루에 1리터 정도의 침이 나온다. 침은 음식물을 적셔서 삼키기 쉽게 해 준다.

침전

액체 속에 있는 작은 고체가 바닥에 가라앉아 쌓이는 것을 가리킨다. 화학에서는 시약을 넣거나 가열, 냉각 등으로 일어나는 화학 변화의 생성물이 용액 속에 생기는 현상 또는 용질이 포화 상태가 되어 용액 속에 가라앉는 것을 말한다. 이때 생긴 고체를 침전물 또는 침전이라고 한다. 흙탕물을 가만히 두면 흙이 가라앉는 것이나, 석회수에 이산화탄소를 넣으면 뿌옇게 되는 현상이 침전이다.

카메라

 사진을 찍는 광학 기기이다. 사진기라고도 한다. 빛이 새어 들어오지 못하도록 만든 상자 모양의 몸체 앞쪽에 있는 렌즈로부터 순간적으로 빛이 들어오게 하여 그 뒤에 있는 필름에 상이 찍히게 만든 기기이다. 초점을 맞추는 렌즈, 빛의 양을 조절하는 조리개, 빛이 들어오는 시간을 조절하는 셔터 등으로 이루어져 있다. 필름은 투명한 셀룰로이드나 폴리에스테르 등에 빛에 반응하는 감광제를 칠한 얇은 막이다. 렌즈를 통해 들어온 빛에 감광제가 반응하여 찍고자 하는 물체의 다양한 모습과 색깔 등이 나타난다.
 카메라가 사진을 찍는 원리는 사람의 눈과 비슷하다.

탐구학습

카메라와 사람의 눈은 어떻게 비슷할까요?

사람의 눈과 카메라는 여러 면에서 비슷하다. 둘 다 적당한 양의 빛을 들여보내는 여닫이 구멍과 빛을 모아 주는 렌즈 및 그 영상을 기록하는 장치를 가지고 있다.
눈의 앞부분에는 투명한 각막이 있다. 각막은 수정체와 함께 초점을 맞춘다. 눈동자의 가운뎃부분에 있는 홍채는 동공의 크기를 변화시켜 빛의 양을 조절한다. 수정체는 빛을 모아 눈 뒤쪽에 있는 망막에 상이 맺히게 한다. 멀리 있는 것과 가까이 있는 것을 볼 때 초점을 맞추기 위해 수정체의 두께가 변한다. 망막에 상이 맺히면 망막의 간상세포와 원추세포가 뇌로 신호를 보내 사물을 보게 된다.
카메라는 렌즈로 빛을 받아들여 망막 대신 필름에 상이 맺히게 한다. 렌즈는 필름에 정확한 상이 맺히게 하기 위해서 안과 밖으로 움직인다. 사진을 찍을 때 셔터로 빛이 들어오는 시간을 조절하고 조리개로 들어오는 빛의 양을 조절한다. 어두운 곳에서 사진을 찍을 경우에는 조리개를 많이 열고 셔터도 오래 열려 있게 해 필름에 충분한 빛이 들어올 수 있게 한다. 찍은 필름을 현상하고 인화하면 사진이 나온다.

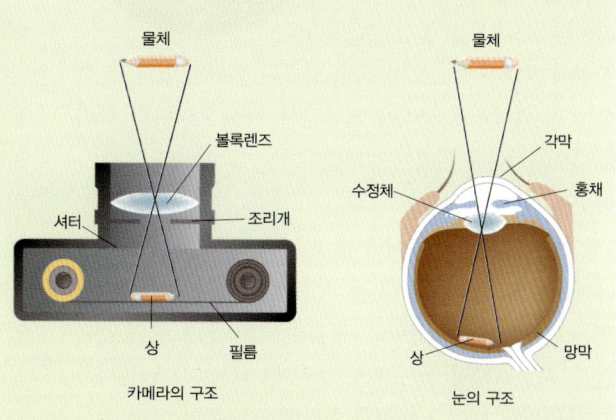

카메라의 구조 / 눈의 구조

카시오페아자리

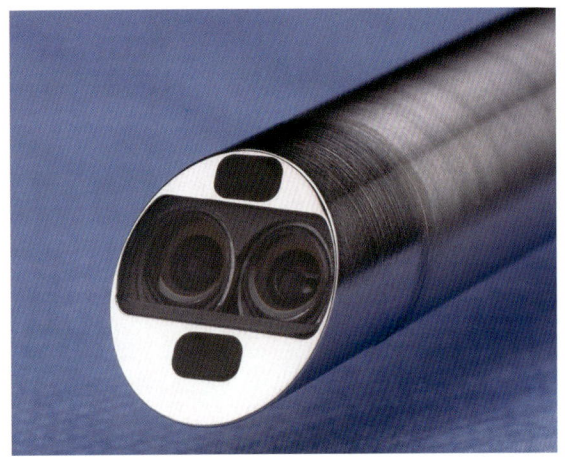

내시경 카메라

디지털카메라

카메라의 렌즈는 사람 눈의 수정체, 조리개는 홍채, 필름은 망막, 셔터는 눈꺼풀에 해당한다. 카메라는 사람의 몸속을 찍는 내시경 카메라에서부터 아주 먼 우주의 모습을 찍는 우주 망원경에 이르기까지 쓰임새가 매우 다양하다. 최근에는 필름을 사용하지 않고 찍은 사진을 바로 전기적 장치에 기록할 수 있는 디지털카메라가 널리 사용되고 있다.

카시오페이아자리

계절과 상관없이 일년 내내 북쪽 하늘에서 볼 수 있는 별자리이다. 독특한 더블유(W) 자 모양으로 북두칠성과 함께 가장 잘 알려진 별자리이다. 북극성을 중심으로 북두칠성의 반대편에 있으며, 밝은 별로 이루어져 있다. 은하수는 이 별자리의 중심을 지나간다. 에티오피아의 왕비 카시오페아가 의자에 걸터앉아 있는 모습이다.

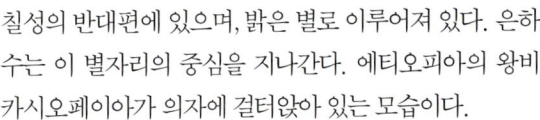

카오스 이론

초기의 아주 작은 차이가 점점 커져 전혀 다른 결과를 나타내는 비선형 현상의 규칙성을 연구하는 이론이다. 혼돈 이론이라고도 한다. 나뭇잎의 낙하 운동, 물의 난류 현상, 회오리바람 등 겉으로 보기에는 한없이 무질서하고 불규칙해 보이는 비선형 현상에도 나름의 어떤 질서와 규칙성이 있다는 것을 설명하려는 이론이다. 오늘날 컴퓨터의 계산 능력이 커지면서 복잡한 계산이 필요한 카오스 이론에 대한 많은 연구가 이루어지고 있다.

칼데라

커다란 분화구나 그런 모양으로 생긴 화산 지형을 가리킨다. 함몰 화구라고도 한다. 보통 지름이 3킬로미터 이상인 것을 칼데라라고 하고, 그것보다 작으면 분화구라고 한다. 칼데라는 에스파냐어로 냄비라는 뜻이며, 대부분 화산이 폭발할 때 생긴 분화구 둘레가 무너져 내려서 만들어진다. 대폭발에 의해 만들어지기도 하고, 분화구 안에서 2차 폭발이 일어나 만들어지기도 한다. 칼데라에 물이 고여 만들어진 호수를 칼데라 호라고 한다. 백두산 천지는 칼데라 호이다.

칼슘

은백색의 연한 금속으로 원소 기호는 Ca이다. 공기 중에서 산소와 반응해 표면에 산화칼슘이 생겨 회색을 띤다. 방해석·대리석·석회석 등에 많이 들어 있다. 우리 몸에서 칼슘은 뼈와 치아를 만들고 몸의 물질 대사를 조절하는 기능을 한다. 칼슘은 석회, 시멘트, 제지 공업, 유리 공업 등에 사용된다.

코

숨을 쉬는 호흡 기관이며, 냄새를 맡는 감각 기관으로 얼굴의 가운데에 튀어나와 있다. 코의 모양은 인종에 따라 차이가 많이 나고, 사람마다 개인차도 크다. 일반적으로 서양 사람의 코는 높고 너비가 좁으며, 동양 사람은 낮고 넓다. 코끝에서 눈 사이를 연결하는 선을 콧날 또는 콧등이라고 한다. 코끝에서 양쪽으로 부푼 부분은 콧방울이라고 한다. 콧방울로 둘러싸인 2개의 구멍이 콧구멍이다. 콧구멍 안에는 연골벽으로 나누어진 2개의 비강이 있다. 비강은 점막으로 덮여 있으며 코털이 나 있다. 콧구멍으로 들이마신 공기는 비강 안에서 걸러지고, 따뜻하고 습하게 만들어져 기도를 지나 폐로 들어간다. 차고 건조한 공기나 이물질이 들어 있는 공기가 곧 바로 기도나 폐에 들어가면 상하기 때문에 비강 바깥쪽 벽에 있는 갑개골이라는 세 개의 돌기가 공기를 데우고, 비강의 점막이 공기를 축축하게 만든다. 공기 중의 이물질은 코털에 의해서 1차로 걸러지고, 털이 걸러 내지 못한 세균과 먼지 등은 코 안의 점액이 파리잡이 끈끈이처럼 잡아 낸다. 세균이 묻은 점액은 굳어져서 코딱지가 되거나, 위로 들어가 강력한 위산에 의해 파괴된다.

코는 점막에 있는 후각신경세포로 냄새를 맡는다. 비강의 안쪽 위에는 지름이 약 2센티미터 정도 되는 후갑대가 있고, 여기에 약 600만~1000만 개의 후각신경세포가 있다. 공기를 통해 들어온 냄새나는 물질의 작은 알갱이가 후각신경세포를 화학적으로 자극하고, 그것이 후신경을 통해 대뇌로 전해져 냄새를 맡는 것이다.

코 주위의 뼈 안에는 부비동이라는 빈 공간이 있다. 이것은 코를 축축하게 해 주고, 소리를 울리게 하는 현악기의 울림통 같은 역할을 해 소리 내는 것을 돕는다.

콘택트렌즈

눈의 각막 앞에 넣어 시력을 교정하는 렌즈이다. 처음에는 난시와 근시가 심해 안경으로 시력 교정이 잘 되지 않는 사람들이 사용하였으나 오늘날에는 미용을 위해 안경 대신에 사용하는 경우가 많다. 재질이 딱딱한 하드 렌즈와 부드러운 소프트 렌즈가 있다.

콜로이드 용액

콜로이드 알갱이가 액체 속에서 풀려 고르게 섞여 있는 용액이다. 녹말 용액, 우유, 주스 등이 콜로이드 용액이다. 보통의 용액 속에는 물질이 분자나 이온 상태로 녹아 있지만, 콜로이드 용액 속에는 물질이 보통의 분자나 이온보다 큰 알갱이로 있으면서도 응집하거나 침전하지 않고 분산된 상태로 있다. 콜로이드 알갱이의 지름은 1~100나노미터 정도이며, 고체 알갱이나 단백질이나 녹말같이 큰 분자이다. 콜로이드 용액은 방광막이나 셀로판 막 같은 반투막을 사용해 걸러 낼 수 있다. 용액은 반투막을 지나서 밖으로 빠져 나오지만 콜로이드 알갱이는 크기가 커서 남게 된다. 이 방법을 투석이라고 한다.

콩팥

사람 몸에서 생긴 노폐물을 처리하여 오줌을 만드는 배설 기관이다. 신장이라고도 한다. 콩팥은 횡격막 아래 등쪽에 좌우 한 쌍이 있다. 각각 주먹만한 크기로 강낭콩 모양이며 암적색이다. 콩팥의 겉 부분을 피질, 속 부분을 수질이라 하며, 내부의 오목한 부분을 신우라고 한다. 피질에는 사구체와 보먼 주머니로 이루어진 말피기소체가 퍼져 있고, 수질에는 주로 세뇨관과 집합관이 있다.

콩팥 속으로 피가 지나면서 피 속의 노폐물이 걸러져 오줌이 된다. 오줌은 90퍼센트 이상이 물이고, 물 다음으로 많은 양을 차지하는 것이 요소이다. 오줌 속에는 물과 요소 이외에도 아주 작은 양의 요산, 아미노산, 무기염류 등이 들어 있다. 콩팥은 오줌을 만들어 우리 몸에 해로운 암모니아를 요소로 바꾸어 몸 밖으로 내보낸다. 암모니아는 단백질과 같은 질소화합물이 우리 몸에서 분해될 때 나오는 노폐물로 우리 몸에 쌓이면 해롭다. 또 콩팥은 오줌을 만들어 우리 몸의 삼투압과 수분 함량을 조절한다. 콩팥은 혈액 속에 수분이 증가하여 삼투압이 내려갈 때에는 물을 많이 내보내고, 염류가 많아져 삼투압이 올라가는 경우에는 염류를 많이 내보내 체액의 삼투압을 정상으로 유지한다. 콩팥에서 만들어진 오줌은 방광에 저장되었다가 요도를 통해 몸 밖으로 나간다.

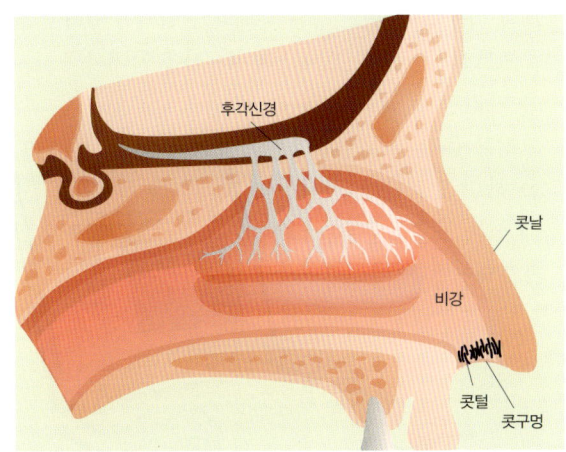

코의 구조

컴퓨터

　전자 회로를 이용하여 자동으로 계산하거나 데이터를 처리하는 기계이다. 오늘날은 '컴퓨터 만능 시대'라고 할 정도로 컴퓨터가 일상생활에서 많이 쓰이고 있다. 컴퓨터로 글을 쓰고, 그림을 그리고, 음악을 듣고, 영화를 보고, 컴퓨터 게임을 한다. 컴퓨터로 인터넷에 연결해 필요한 정보를 교환하고, 물건을 사고, 은행 일이나 관공서 일을 처리하고, 전화 통화를 하기도 한다.

　이런 많은 일을 할 수 있도록 해주는 컴퓨터는 0과 1의 두 가지를 쓰는 이진법으로 모든 것을 나타낸다. 컴퓨터는 반도체와 전자 회로를 이용하여 전기 신호가 있으면 1, 그렇지 않으면 0으로 나타낸다. 컴퓨터는 입력된 모든 데이터를 0과 1 두 가지 수를 조합하여 나타낸 후 처리하여 그것을 숫자나 데이터로 출력하여 보여 준다.

개인용 컴퓨터

하드웨어와 소프트웨어

　컴퓨터는 크게 하드웨어와 소프트웨어로 이루어져 있다. 하드웨어란 원래는 철물이나 철물점을 뜻하는 말로 눈으로 볼 수 있고 만질 수 있는 물체를 뜻한다. 소프트웨어는 형체가 없어 눈으로 보거나 만질 수 없지만 하드웨어를 움직이는 데 필요한 기술이나 그 밖의 자원 전체를 뜻한다. 컴퓨터에서 하드웨어는 중앙 처리 장치·주기억 장치·외부 기억 장치·각종 입출력 장치 등이다. 컴퓨터가 사용하는 명령이나 데이터는 주기억 장치에 저장되어 있다가 명령을 해석하고 데이터를 처리하기 위해 중앙 처리 장치에 전달된다.

반도체 기억소자

　최근의 컴퓨터들은 반도체로 만든 주기억 장치나 중앙 처리 장치로 빠른 속도로 명령을 실행하고 처리한다. 우리 눈에 보이는 컴퓨터 본체 안에 이런 장치들이 들어 있으며 입출력 장치인 모니터, 키보드와 마우스, 프린터 등은 본체와 연결되어 있다. 소프트웨어는 주로 프로그램이나 사용 안내서 등을 가리킨다. 글을 쓰거나 그림을 그리고 음악을 듣거나 게임을 하며 인터넷에 연결할 때 쓰는 프로그램들이 소프트웨어이다.

사진을 저장하고 그림을 그릴 수 있는 소프트웨어인 프로그램

입력 장치인 전자펜

전자 그림판

노트북 컴퓨터

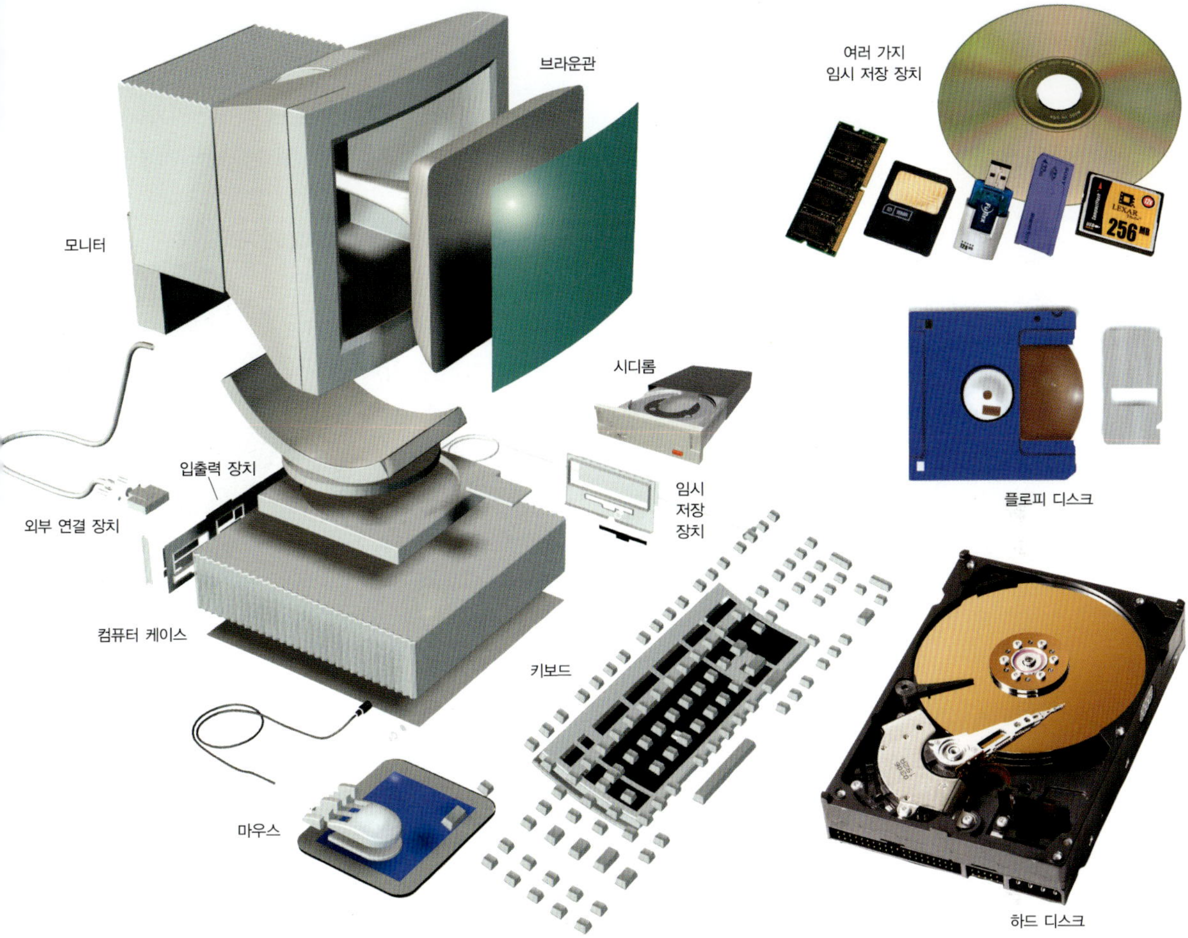

브라운관
여러 가지
임시 저장 장치
모니터
시디롬
입출력 장치
외부 연결 장치
임시
저장
장치
플로피 디스크
컴퓨터 케이스
키보드
마우스
하드 디스크

컴퓨터의 역사

APPLE
COMPUTER
1976년 개인용 컴퓨터로 개발된 애플 컴퓨터

최초의 컴퓨터인 에니악은 1946년에 처음으로 쓰였다. 전기 신호를 전달하는 장치인 진공관을 이용한 에니악이 발명된 이후 트랜지스터, 집적 회로 등 반도체 기술의 발달과 함께 컴퓨터는 발전을 거듭하여 오늘날과 같은 컴퓨터에 이르렀다. 컴퓨터의 역사는 흔히 제1세대부터 제5세대 컴퓨터로 나눈다. 진공관을 이용한 컴퓨터를 제1세대, 반도체 소자를 이용한 컴퓨터를 제2세대, 많은 전자 회로를 하나의 기판 위에 결합시킨 집적 회로를 이용한 컴퓨터를 제3세대, 고밀도 집적 회로를 이용한 컴퓨터를 제4세대 컴퓨터라고 일컫는다. 오늘날 사용하고 있는 컴퓨터들은 바로 제4세대 컴퓨터로 수천 개의 반도체 회로를 하나의 얇은 실리콘 칩에 설치한 고밀도 집적 회로를 이용한 컴퓨터이다. 제5세대 컴퓨터는 현재 연구 중인 인공 지능형 컴퓨터를 말한다. 예전의 컴퓨터들은 입력한 명령에 따라서 주어진 데이터를 처리하였지만, 제5세대 컴퓨터는 인공 지능을 이용하여 어떤 데이터가 들어 왔는지를 스스로 생각하고 실행하는 컴퓨터이다.

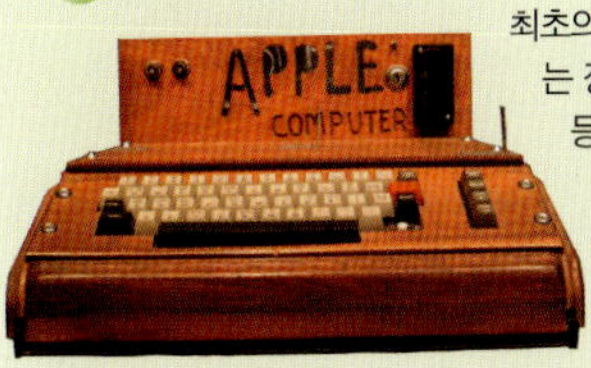

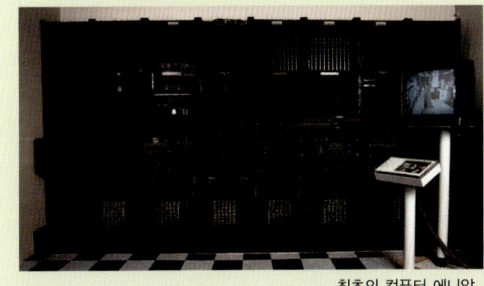

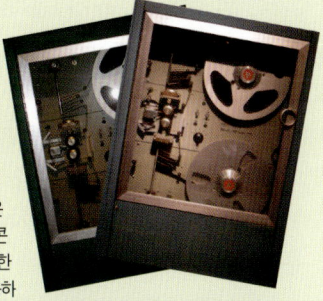

진공관을 이용한 1세대 컴퓨터

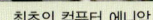

최초의 컴퓨터 에니악

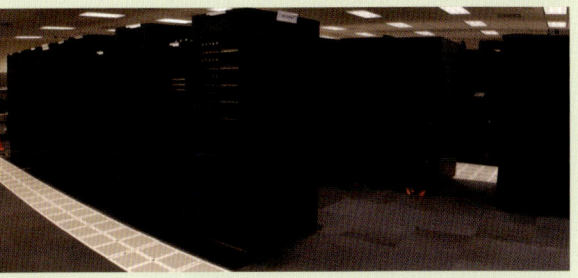

기상 분석에 사용하는 슈퍼컴퓨터

퀘크

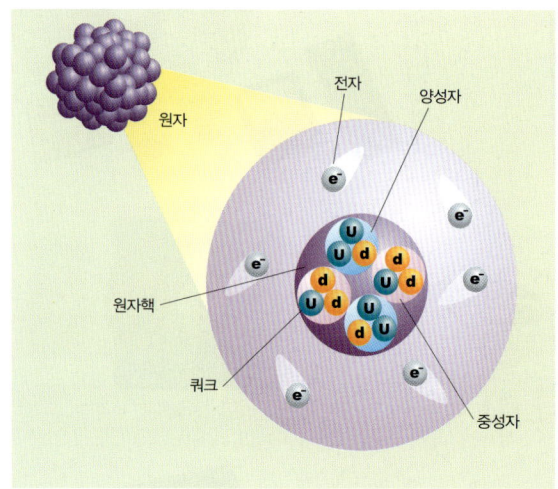

원자와 퀘크

퀘크

원자핵에 있는 양성자, 중성자와 같은 소립자를 구성하고 있다고 생각되는 기본적인 입자를 가리킨다. 1964년에 미국의 이론 물리학자인 겔만과 츠바이히가 처음으로 양성자와 중성자가 더 작은 입자인 퀘크로 이루어져 있다고 하였다. 퀘크는 업(u) 퀘크, 다운(d) 퀘크, 스트레인지(s) 퀘크, 참(c) 퀘크, 보텀(b) 퀘크, 톱(t) 퀘크 총 6종류가 있다. 양성자는 업 퀘크 두 개와 다운 퀘크 한 개, 중성자는 업 퀘크 한 개와 다운 퀘크 두 개로 이루어져 있다.

크로마토그래피

여러 가지 물질들이 섞여 있는 혼합물을 각 성분 물질이 퍼져 나가는 속도가 다른 점을 이용해 분리하는 방법이다. 1906년에 러시아의 식물학자 츠베트가 식물 색소를 분리하기 위해 처음으로 사용하였다. 크로마토그래피는 조작이 간단하고, 짧은 시간 안에 할 수 있으며, 섞여 있는 양이 적을 때나 성질이 서로 비슷한 물질이 섞여 있을 때도 효과적으로 분리할 수 있다. 크로마토그래피는 적은 양의 금속 이온·아미노산·피의 성분·각종 비타민·효소·당분·지방 등을 확인하거나 분리하는 데 이용된다. 올림픽경기대회 때 선수들이 금지된 약물을 복용했는지를 가리는 도핑 테스트에도 이용된다.

큰곰자리

계절에 상관없이 일년 내내 북쪽 하늘에서 볼 수 있는 매우 큰 별자리이다. 큰곰자리는 하늘에서 바다뱀자리와 처녀자리에 이어 3번째로 큰 별자리다. 큰곰자리의 곰의 꼬리에서 등까지 7개의 별로 연결된 부분이 북두칠성이다. 큰곰자리에서 가장 밝은 별은 북두칠성의 국자 모양의 움푹 파인 부분 끝에 있는 알파별 듀베이며, 밝기가 1.8등급이다. 큰곰자리에는 작은 망원경으로 볼 수 있는 은하들이 많이 있다. 그 중에서도 유명한 것이 M81과 M82이다.

킬로그램원기

질량을 재는 표준으로 사용되는 원기이다. 백금 90퍼센트와 이리듐 10퍼센트의 합금으로 만들어졌으며, 높이와 지름이 각각 39밀리미터인 원기둥 모양이다. 1889년의 제1회 국제도량형총회의 결의에 따라 이 원기의 질량을 1킬로그램으로 정하였다. 국제킬로그램원기는 프랑스 파리 근처에 있는 국제도량형국에 보관되어 있다. 국제도량형국이 원기와 똑같이 만들어진 킬로그램원기를 세계 여러 나라에 배포하였다. 우리 나라에서는 한국표준과학연구원에서 보관하고 있다. 질량이나 무게를 재는 분동은 킬로그램원기와 비교하여 만든다.

킬로그램원기

탄산수소나트륨

색깔이 없는 결정 물질로, 화학식은 $NaHCO_3$이다. 중탄산나트륨이나 중탄산소다라고도 한다. 상온에서는 고체이며, 물에는 녹고 알코올에는 녹지 않는다. 물에 녹이면 약한 알칼리성을 띤다. 수용액을 끓이면 이산화탄소와 물을 내며 분해되어 탄산나트륨이 된다. 위액의 염산을 중화시키는 제산제 등 의약품의 원료로 쓰고, 나트륨염의 제조 원료나 가루비누의 배합제로도 쓴다. 또 빵과 과자 등을 만들 때 밀가루를 부풀게 하는 베이킹파우더나 소화기 안에 들어 있는 소화 약제의 원료로도 쓴다.

탄산칼슘

색깔이 없거나 흰색을 띠는 고체로, 화학식은 $CaCO_3$이다. 순수한 물에는 녹지 않으나, 이산화탄소가 들어 있는 물에는 녹는다. 가열하면 섭씨 825도에서 분해되어 산화칼슘과 이산화탄소로 나뉜다. 탄산칼슘은 자연계에 있는 염 가운데 가장 많으며, 대리석·방해석·석회석·산호·조개 껍데기·달걀 껍데기 등의 주 성분이다. 탄산칼슘을 주 성분으로 하는 퇴적암인 석회석이 땅 속에서 이산화탄소가 녹아 있는 물과 만나면 용해되어 빈 굴을 만든다. 이것이 석회석 동굴이며, 동굴 안의 종유석이나 석순은 탄산칼슘이 침전되어 만들어진 것이다. 탄산칼슘은 얻기가 쉽고 값이 싸서 공업 분야에서 널리 쓰인다. 시멘트의 원료로 가장 많이 쓰이고 산화칼슘의 원료나 중화제의 원료로도 많이 쓰인다. 또 백색 안료·도료·치약 등에도 쓰이며, 고무의 보강제로도 쓰인다.

탄성

물체가 힘을 받으면 변형되었다가 힘이 없어지면 본래의 모양으로 되돌아가려는 성질을 말한다. 이때에 되돌아가려는 힘을 탄성력이라 한다. 용수철이나 고무와 같이 탄성이 큰 물체를 탄성체라고 한다. 정도의 차이는 있지만 대부분의 물체는 탄성을 갖고 있다. 고체의 경우에는 힘이 어느 한계를 넘으면 힘을 없애도 변한 채로 남는다. 이렇게 탄성을 유지할 수 있는 경계가 되는 힘의 크기를 그 물체의 탄성한계라고 한다. 철사나 찰흙은 힘을 주어 모양을 바꾸면 힘을 없애도 본래대로 되돌아가지 않는다. 이것을 소성이라 한다. 우리 주변에서는 탄성력을 이용한 물건을 많이 볼 수 있다. 볼펜 속의 용수철, 침대의 스프링, 자동차의 차체와 차 축 사이의 스프링, 시계의 태엽, 스카이 콩콩, 뜀틀, 용수철저울, 체중계, 공, 스펀지 방석, 자동차의 타이어, 활, 고무줄 총 등이 있다.

태양

지구에서 가장 가까운 거리에 있는 별로 태양계의 중심이 되는 별이다. 순수한 우리말로는 해라고 한다. 우리 은하의 중심으로부터 약 2.8만 광년 떨어져 있는 태양은 우리 은하에 있는 2000억 개가 넘는 별 중 하나에 지나지 않지만 태양계에서는 어머니와 같은 별이다. 수소와 헬륨 가스로 이루어진 거대한 공 모양의 태양은 끊임없이 빛과 열을 낸다. 지구를 비롯한 여덟 개의 행성은 물론 그 위성들과 소행성 그리고 수많은 혜성 등 태양계의 전 가족은 태양의 빛과 열을 받으면서 제 모습을 유지하고 있다. 태양은 지구 질량의 33만 배에 이르는 엄청난 질량을 가지고 있다. 태양의 질량은 태양계에 있는 모든 행성들을 합쳐 놓은 질량의 750배 이상으로 태양계 전체 질량의 99.86퍼센트를 차지한다. 태양의 반지름은 지구 반지름의 약 109배이며, 부피는 지구 부피의 130만 배이다. 태양은 우리 은하의 중심을 약 2억 년에 걸쳐 한 바퀴 돈다. 태양의 적도 자전 주기는 약 27일이며 북위 30도의 자전 주기는 약 28일이다.

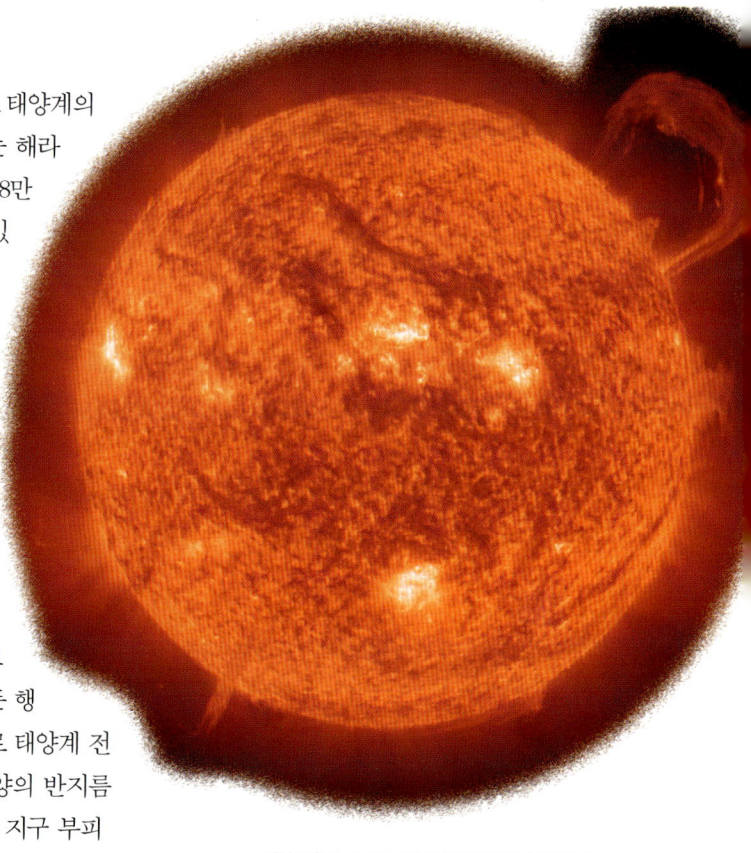

태양관측선 소호가 찍은 태양의 자외선 사진이다. 태양의 대기 위로 홍염이 높이 치솟아 오르고 있다.

태양의 구조

태양의 한가운데에는 핵이 있다. 핵의 온도는 약 섭씨 1500만 도이다. 이 핵에서 수소 원자가 결합해서 헬륨 원자로 바뀌는 핵융합 반응이 일어나 빛과 열이 계속해서 만들어져 나온다. 핵과 태양 표면 사이에는 복사층과 대류층이 있다. 복사층과 대류층은 핵에서 나온 태양 에너지를 빛입자로 태양 표면에 전달하는 영역이다. 태양의 핵에서 만들어진 열과 빛은 수만 년에 걸쳐 이 층들을 지나 태양의 표면에 이른다.

태양의 표면

우리가 매일 보는 태양 표면은 광구라고 한다. 광구는 약 6000도의 온도를 가진 두꺼운 기체 층이다. 광구의 두께는 300~500킬로미터 정도이며 안으로 들어갈수록 밀도가 급격히 높아진다. 광구에는 작고 끊임없이 변화하는 쌀알 무늬 같은 것과 다른 곳보다 좀더 어두워 보이는 흑점이 있다. 흑점이 어두워 보이는 것은 광구의 표면 온도에 비해 상대적으로 온

태양의 흑점 주변에서 홍염이 화산이 폭발할 때처럼 분출하고 있다. 몇분 만에 수백만 킬로미터 높이까지 솟아오르는 홍염은 보통 몇 시간 동안 계속된다.

도가 낮기 때문이다. 흑점은 많이 나타날 때는 약 300개까지 보이고 적게 나타날 때는 한 개도 보이지 않는다. 흑점 수는 거의 규칙적으로 변화한다.

태양의 대기

광구 밖에는 채층과 코로나로 이루어진 대기층이 있다. 채층은 두께가 약 5000킬로미터 정도이다. 태양의 대기층에서는 홍염을 쉽게 볼 수 있다. 홍염은 채층에서 코로나까지 솟아오르는 뜨거운 분출 가스이다. 홍염은 광구로부터 수백만 킬로미터의 높이까지 솟아오르며, 광구 면을 수만 킬로미터나 차지하기도 한다. 채층 밖에 있는 코로나는 이온화된 기체로 태양의 상층 대기층이다. 태양의 채층과 코로나는 광구의 빛이 달에 의해 완전히 가려지는 개기일식 때 볼 수 있다.

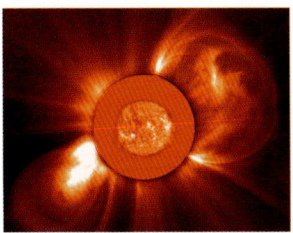

개기일식 때 맨눈으로 볼 수 있는 태양의 코로나는 코로나그래프라는 특수망원경으로도 볼 수 있다. 사진은 2000년 11월 8일에 태양관측선 소호의 코로나그래프 LASCO C2로 찍은 코로나의 모습이다. 철, 니켈, 칼슘 등이 이온화되어 빛을 내는 코로나는 온도가 섭씨 100만 도나 된다.

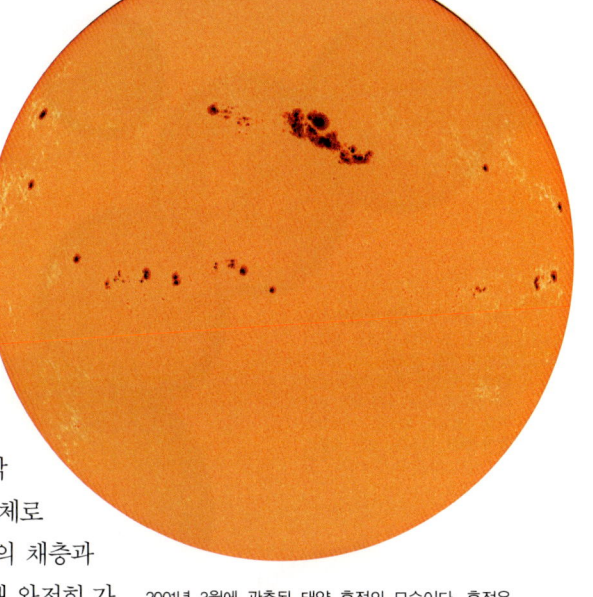

2001년 3월에 관측된 태양 흑점의 모습이다. 흑점은 태양의 자기장 때문에 생기는데 11년을 주기로 생겨났다 없어졌다 한다. 이 사진 속의 흑점 하나 하나는 지구보다 크다.

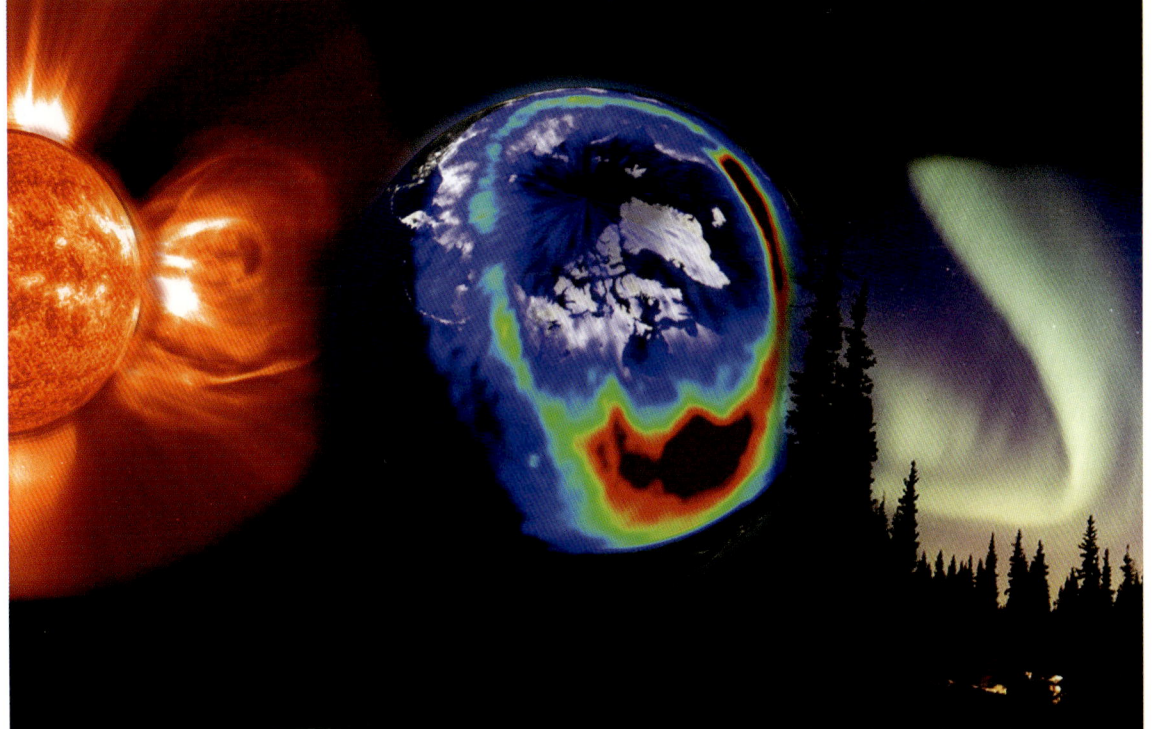

태양의 대기 활동이 왕성해지면 흑점 부근이 갑자기 밝아지면서 큰 폭발이 일어나는데 이를 플레어라고 한다. 플레어로 인한 태양풍이 계속 뻗쳐 나와 지구의 상층 대기와 충돌하면 지구의 극지방에 오로라가 생긴다. 태양풍은 지구 상층 대기의 전리권을 교란시켜 통신 장애를 불러일으키며, 자기권을 교란시킨다. 맨 왼쪽은 태양풍이 뻗쳐 나오는 모습이고, 가운데는 우주에서 본 지구의 오로라이며, 맨 오른쪽은 알래스카에서 본 오로라의 모습이다.

태양계

우주 탐사선이 찍은 행성들의 모습이다. 맨 위의 수성은 메리너 10호가 찍은 것이고, 그 다음의 금성은 마젤란 호가 찍은 것이다. 지구와 달은 갈릴레이 호가 찍은 것이며, 화성은 서베이어 호가 찍은 것이다. 같은 비율로 축소하지 않아 크기 비교는 할 수 없다.

태양과 태양의 중력에 의해 태양 둘레를 돌고 있는 천체들을 모두 합해 태양계라 한다. 태양계는 스스로 빛을 내는 태양과 태양을 중심으로 돌고 있는 8개의 행성, 3개의 왜소행성, 각 행성들의 주위를 돌고 있는 139개의 위성, 소행성, 혜성 그리고 유성 등으로 이루어져 있다. 태양계 질량의 약 99.85퍼센트를 태양이 차지하고 있으며, 행성들이 약 0.13퍼센트를 차지하고 있고, 나머지는 왜소행성, 위성, 소행성, 혜성, 유성 등이 차지하고 있다.

나선은하인 우리 은하의 끝 부분에 위치한 태양계는 약 46억 년 전에 탄생되었다고 추측되고 있다. 약 46억 년 전에 우리 은하의 나선 팔에서 먼지와 가스로 이루어진 구름이 뭉치기 시작한다. 구름은 뭉치면서 자신의 중력에 의해 붕괴를 일으키고 수축을 계속한다. 수축이 진행되면서 회전 속도가 빨라져 구름들은 원반 형태를 갖추게 되고, 중심부의 온도와 밀도가 높아져 핵융합 반응이 일어나면서 태양이 탄생하였다. 이때 주변에 떠돌던 물질들이 행성과 다른 천체가 되었다.

8개의 행성

태양계에는 태양에서 가장 가까운 수성부터 금성, 지구, 화성, 목성, 토성, 천왕성, 해왕성까지 모두 8개의 행성이 있다. 행성은 태양을 중심으로 공전하고, 충분한 질량을 갖고 있어 구형에 가까운 형태를 유지하며, 주변 궤도에서 지배적인 위치를 차지하는 천체이다. 태양에서 가장 가까운 수성은 태양과 평균 0.39천문단위 떨어져 있고, 가장 멀리 떨어져 있는 해왕성은 태양으로부터 30.3천문단위 거리에 있다. 1천문단위는 지구와 태양간의 평균거리인 1억 4,960만 킬로미터이다. 이렇게 먼 거리에서 행성들은 태양 둘레를 시계 반대 방향으로 타원 궤도를 그리며 돈다. 행성들이 한번 공전하는 데 걸리는 시간과 궤도의 길이는 멀리 있는 행성일수록 길고 크다. 태양계에서 가장 큰 행성은 목성이다. 목성의 지름은 지구의 약 11배나 되고 부피는 1,316배, 질량은 318배나 된다. 두 번째로 큰 행성은 토성이며, 그 다음은 천왕성, 해왕성, 지구, 금성, 화성, 수성 순이다.

왜소행성

태양계의 아홉 번째 행성으로 불리던 명왕성은 2006년 8월에 국제천문연맹이 태양계 내의 행성에 대한 정의를 새롭게 하면서 태양계의 행성에서 제외되어 왜소행성으로 분류된다. 왜소행성은 행성처럼 태양을 중심으로 공전하고 구형에 가까운 형태를 유지하지만, 행성과 달리 주변 궤도에서 지배적인 위치를 갖지 못하는 천체이다. 명왕성외에도 세레스, 에리스 등도 왜소행성으로 분류된다. 지금은 왜소행성이 3개뿐이지만 과학자

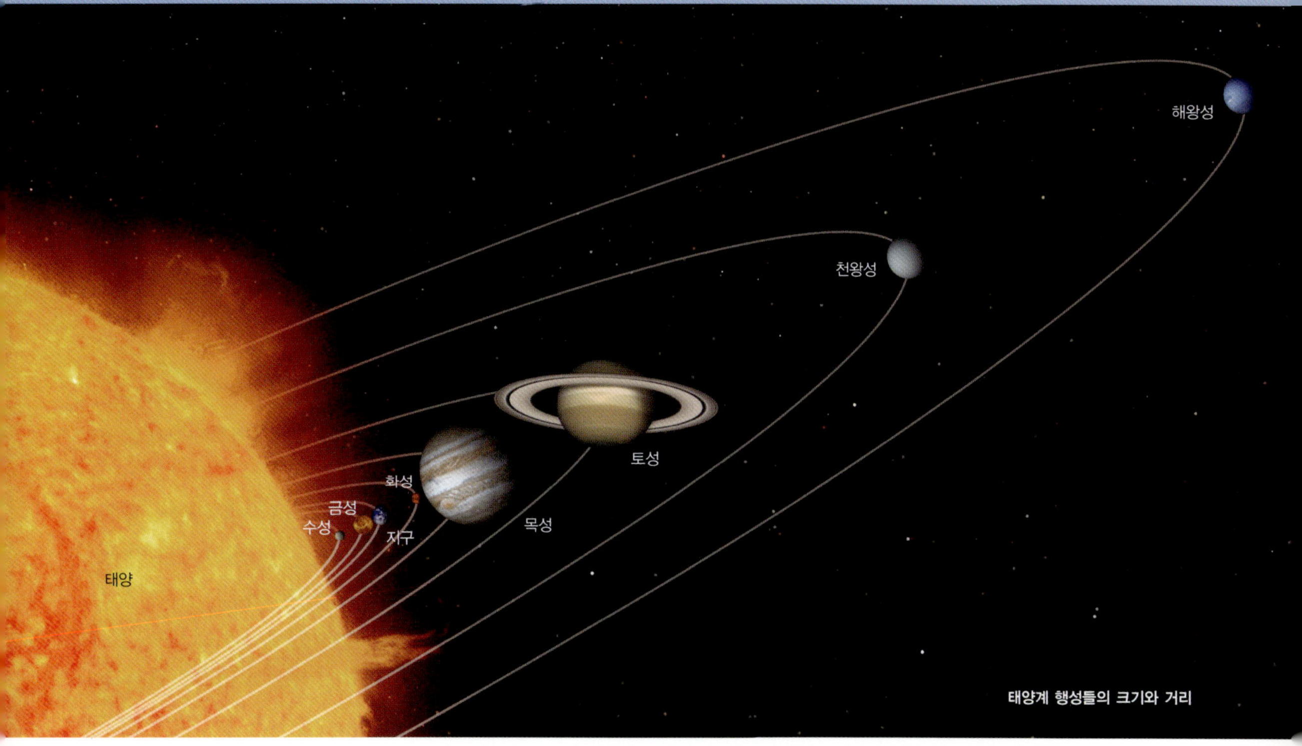

태양계 행성들의 크기와 거리

들은 천문 관측기술의 발달과 함께 태양계 내에서 더 많은 왜소행성이 발견될 것으로 짐작하고 있다.

위성

태양계의 여덟 개의 행성들은 모두 139개의 위성을 거느리고 있다. 위성은 행성의 인력 때문에 그 주위를 도는 천체이다. 질량이 가장 큰 행성인 목성이 가장 많은 위성을 거느리고 있다. 목성의 위성은 모두 63개이고, 토성이 33개, 천왕성이 27개, 해왕성이 13개, 화성이 2개, 지구가 1개의 위성을 거느리고 있다. 태양과 가까운 수성과 금성은 위성이 없다. 과학자들은 천문 관측기술의 발달과 함께 행성 둘레에서 지금보다 더 많은 위성이 발견될 것으로 짐작하고 있다.

태양계의 주요한 위성들의 크기를 비교한 사진이다. 목성의 가니메데가 태양계에서 가장 큰 위성이고, 그 다음이 토성의 타이탄, 목성의 칼리스토이다. 가니메데와 타이탄은 행성인 수성보다도 크다.

태풍

북서태평양에서 발생하여 아시아의 여러 나라에 영향을 미치는 열대 저기압으로 폭풍우를 동반하고 중심 부근의 최대 풍속이 초속 17미터 이상인 것을 말한다. 세계기상기구는 열대저기압 중에서 중심 부근의 최대 풍속이 초속 33미터 이상인 것을 태풍, 25~32미터인 것을 강한 열대폭풍, 17~24미터인 것을 열대폭풍 그리고 17미터 미만인 것을 열대저압부로 구분한다. 우리 나라와 일본에서도 이와 같이 구분하지만, 일반적으로 중심 최대 풍속이 초속 17미터 이상인 열대저기압을 모두 태풍이라고 부른다.

태풍을 조사하는 무인 헬리콥터

태풍과 같은 열대저기압은 지구상에서 한 해 평균 80개 정도 발생하는데, 발생하는 지역에 따라 이름이 다르다. 북서태평양에서 발생하는 것은 태풍, 미국 동쪽과 대서양의 서쪽에서 발생하는 것은 허리케인, 인도양 동남쪽에서 발생하는 것은 사이클론, 오스트레일리아 동쪽에서 발생하는 것은 윌리윌리라고 한다.

태풍은 적도 부근이 극지방보다 태양열을 더 많이 받기 때문에 생기는 열의 불균형을 없애기 위해 나타나는 기상 현상 중 하나이다. 즉 지구 전체의 열의 균형을 이루기 위해 저위도 지방의 따뜻한 공기가 바다로부터 수증기를 공급받으면서 강한 바람과 많은 비와 함께 고위도로 이동하는 것이다. 태풍은 해수면 온도가 약 27도 이상인 해역에서 발생한다. 통계로 보면 북태평양 서쪽 북위 5~25도, 동경 120~160도 사이의 광범위한 해역에서 발생한다. 한 해에 보통 30여 개의 태풍이 6월에서 10월 사이에 발생한다.

태풍의 진로

태풍의 수명은 1주일에서 1개월 정도이다. 태풍은 일반적으로 발생 초기에는 서북쪽으로 나아가다가 북상하여 북위 25도 부근의 편서풍 지역에 이르면 진로를 북동쪽으로 바꾸어 이동한다. 보통 북태평양 고기압을 오른쪽에 두고 그 고기압의 가장자리를 따라 이동한다. 태풍의 이동 방향과 속도는 북태평양 고기압의 위치와 세력에 따라 많이 달라진다. 태풍의 진로는 매우 다양해서 어떤 태풍은 지그재그 모양으로 움직이는가 하면, 제자리에서 얼마 동안 움직이지 않기도 하여 진로를 예측하기가 어렵다. 태풍은 해수면 온도가 낮은 지역

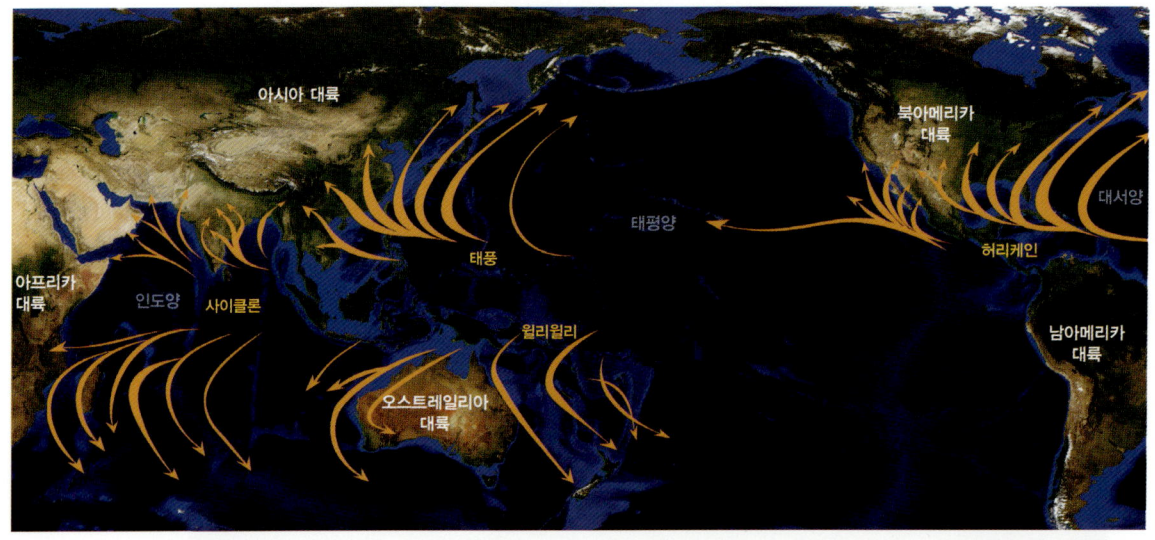

전 세계 태풍의 발생과 이름

까지 올라오면 그 세력이 약해진다. 그러다가 육지로 올라오면 수증기를 제대로 공급받지 못하는 데다 지면과의 마찰 등으로 세력이 빠르게 약화되면서 그 생을 마친다.

태풍의 크기와 강도

 태풍의 지름은 100킬로미터에서 1500킬로미터까지 다양하지만, 보통의 태풍은 지름이 500킬로미터 정도이다. 태풍의 크기는 지름의 크기보다는 초속 15미터 이상의 풍속이 미치는 영역에 따라 소형·중형·대형·초대형 태풍으로 나눈다. 초속 15미터 이상의 풍속이 미치는 영역이 300킬로미터 미만인 경우를 소형 태풍이라 하고, 300킬로미터 이상~500킬로미터 미만인 경우를 중형 태풍, 500킬로미터 이상~800킬로미터 미만인 경우를 대형 태풍, 800킬로미터 이상일 때를 초대형 태풍이라 한다. 또 태풍의 강도는 중심 기압보다 중심 최대 풍속을 기준으로 약·중·강·매우 강으로 나눈다. 약은 중심 최대 풍속이 초속 17미터 이상~25미터 미만이고, 중은 25미터 이상~33미터 미만, 강은 33미터 이상~44미터 미만, 매우 강은 44미터 이상인 태풍이다. 방송에서 흔히 태풍을 A급, B급, C급, D급으로 분류하지만 우리 나라에서는 이렇게 분류하지 않고 위와 같이 태풍의 크기와 강도에 따른 기준으로 분류한다.

태풍의 이름

 같은 지역에 하나 이상의 태풍이 올 수 있기 때문에 태풍 예보를 할 때 혼동되지 않도록 태풍마다 이름과 고유번호를 붙인다. 태풍에 처음으로 이름을 붙인 것은 1953년으로 오스트레일리아의 예

2005년의 허리케인 카트리나

2002년의 태풍 루사

보관들은 자신이 싫어하는 정치가의 이름을 붙였다. 제2차 세계 대전 이후 미국의 공군과 해군에서 공식적으로 태풍의 이름을 붙이기 시작했다. 이때의 예보관들은 자신들의 아내나 애인의 이름을 사용했다. 이런 전통에 따라 1978년까지는 태풍 이름으로 여성의 이름을 사용하였으나 여성 단체들의 항의로 이후에는 남성과 여성의 이름을 번갈아 사용하였다. 1999년까지는 미국 태풍합동경보센터에서 정한 이름을 사용하다가 2000년부터는 아시아태풍위원회에서 정한 이름을 사용한다. 아시아태풍위원회가 태풍의 영향을 받는 아시아 14나라로부터 각 국가별로 고유한 이름 10개씩 제출받아 총 140개를 각 조 28개씩 5조로 나누고, 1조부터 5조까지 순차적으로 사용하여 태풍의 이름을 붙인다. 140개를 모두 사용하고 나면 1번부터 다시 사용하기로 정했다. 우리 나라에서는 개미·나리·장미·수달·노루·제비·너구리·고니·메기·나비 등의 이름을 제출했고, 북한에서도 기러기·도라지·갈매기 등의 이름을 제출해 한글 이름의 태풍이 많다.

태풍으로 좌초된 배

태풍의 영향

태풍의 영향권에 들면 폭풍과 호우로 많은 인명 피해와 재산상의 피해가 생긴다. 폭풍과 호우로 나무가 꺾이고, 농작물이 쓰러지며, 건물이 무너지고, 통신과 전기가 끊기며, 하천이 넘쳐 마을이 물에 잠기는 등 커다란 피해가 일어난다. 그러나 태풍이 언제나 해로운 것만은 아니다. 태풍은 중요한 수자원을 공급해 줌으로써 물 부족 현상을 해결해 준다. 또 저위도 지방에 쌓인 대기 중의 에너지를 고위도 지방으로 운반하여 지구상의 남북의 온도 균형을 유지시켜 주고, 해수를 뒤섞어 순환시킴으로써 바다 생태계를 활성화하는 역할도 한다.

우리 나라와 태풍

우리 나라에는 한 해에 평균 3개 정도의 태풍이 영향을 미친다. 가장 태풍이 많이 찾아오는 달은 8월이고, 그 다음이 7월과 9월이다. 아주 드물게 6월이나 10월에 찾아오는 태풍도 있지만 전체의 91퍼센트가 7월에서 9월 사이에 찾아온다. 우리 나라에 영향을 미치는 태풍의 진로는 월별로 차이가 있다. 7월에 찾아오는 태풍은 서해안을 따라 북상하여 중북부 지방을 통과한다. 8월에 찾아오는 태풍은 7월보다 남쪽으로 내려가 군산, 청주, 강릉을 연결하는 중부 지방을 대각선 방향으로 통과한다. 9월에 찾아오는 태풍은 주로 남해안 지방을 거쳐 통과한다. 우리 나라에 영향을 미친 태풍 중에서 인명 피해가 가장 컸던 태풍은 1936년에 발생했던 태풍 3693이다. 이 태풍으로 1232명이 사망했고 1646명이 부상을 입었다. 재산 피해가 가장 컸던 태풍은 2002년에 발생했던 태풍 루사로, 그 피해액이 5조 1479억 1700만 원에 달했다.

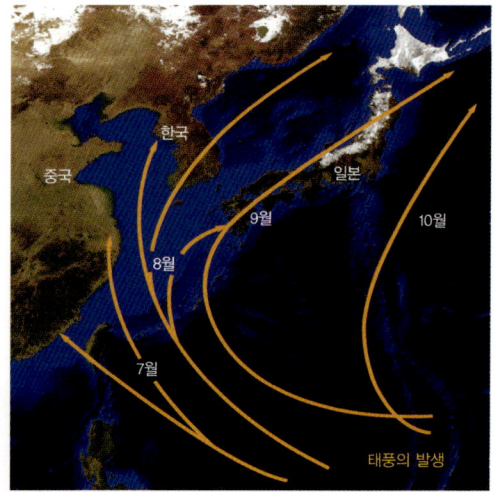

태풍이 발생하는 달과 태풍의 진로

탄소

비금속 원소로 원소 기호는 C이다. 탄소는 천연에 널리 퍼져 있다. 토양에는 탄산염으로, 공기 중에는 이산화탄소로 존재한다. 탄소는 생물체의 주요 구성 성분이다. 탄소는 수소·산소·질소 등 다른 원소와 결합해 화합물을 만드는데, 이 화합물은 생물체 내에 존재하는 물질의 약 18퍼센트 정도이다. 또 탄소는 다른 모든 종류의 원소와 결합하여 수많은 화합물을 만든다. 탄소 이외의 원소로 이루어진 화합물이 약 2만 5000종이 알려져 있는 데 비해서 탄소 화합물은 약 30만 종에 이른다. 탄소 화합물이 매우 많고 중요하기 때문에 탄소 화합물에 대한 연구를 유기화학이라는 화학의 특수 분야로 취급한다.

자연에서 탄소만으로 구성된 물질로는 흑연과 다이아몬드가 있다. 다이아몬드와 흑연은 똑같이 탄소만으로 이루어져 있지만 결정 구조나 원자 배열 구조가 다르기 때문에 물리적 성질이 다르다. 흑연은 금속 광택을 가진 흑색의 결정이다. 흑연은 연필의 심, 전극, 원자로의 감속제, 도가니 등에 쓰인다. 다이아몬드는 무색의 투명한 탄소의 결정체로 지구상에서 가장 단단한 물질이다. 다이아몬드는 보석으로 많이 쓰이며, 선반용 공구날·유리절단기·착암용 비트·다이아몬드 톱·연마재 등 공업용으로도 많이 쓴다.

태양력

지구가 태양 주위를 공전하는 데 걸리는 시간인 365.25일을 1년으로 하는 역법이다. 흔히 양력이라고도 한다. 태양력으로는 고대 이집트 력, 고대 로마 력, 율리우스 력과 그레고리 력 등이 있다. 처음 태양력을 만든 이집트 사람들은 매년 나일 강이 넘칠 때 동틀 녘 동쪽 하늘에서 태양이 뜨는 위치가 일정하다는 사실을 알았다. 이 사실을 바탕으로 해서 이집트 사람들은 30일로 이루어진 12개월과 1년의 마지막에 5일을 더해서 365일로 된 고대 이집트 력을 만들었다. 이 고대 이집트 력이 로마에 전해져 율리우스 력이 되었다. 이집트 력이 전해지기 전에 로마에는 로마 력이라는 것이 있었지만, 1년이 355일, 377일, 355일, 378일로 해마다 바뀌어서 계절의 변화와 잘 맞지 않았다. 이집트에 원정을 갔던 율리우스 카이사르가 이집트 력을 알게 된 후 서기 전 45년에 로마 력을 개정하여 율리우스 력을 만들었다. 율리우스 력은 1년을 이집트 력처럼 365일로 하는 태양력이었으며, 4년에 1일의 윤일을 2월 23일 뒤에 넣었다. 율리우스 력은 로마 제국뿐만 아니라 전 유럽에 점차 보급되어 16세기 말까지 쓰였다. 율리우스 력은 오랫동안 쓰이면서 누적된 역법상의 오차로 16세기에는 계절의 움직임과 맞지 않게 되었다. 당시 로마 교황이었던 그레고리우스 13세는 그레고리 력을 만들어 그 오차를 수정하였다. 그레고리 력은 1년을 365일로 하고 4년마다 윤년을 두어 366일로 한다. 단 100의 배수인 해에는 평년으로, 다시 400으로 나누어 떨어지는 해는 윤년으로 한다. 그레고리 력은 오늘날 거의 모든 나라에서 사용하는 세계 공통의 태양력이다.

태양열 발전

태양의 열 에너지를 모아서 열기관과 발전기를 돌려 전기를 일으키는 발전 방식이다. 렌즈나 거울로 태양 에너지를 모아서 높은 온도의 증기를 만들어 발전기를 돌려서 전기를 얻는다. 태양열 발전은 무한한 태양 에너지를 쓸 수 있고, 환경 오염을 전혀 일으키지 않아 미래의 발전 방식으로 주목받고 있다. 일사량이 많은 사막 지역에 대규모로 태양열 발전소를 지어 전기를 일으키고 있지만 아직까지는 효율이 낮아 완전한 실용화 단계에는 이르지 못하고 있다. 태양 빛을 받으면 직접 전기를 일으키는 태양전지를 이용하여 발전하는 태양광 발전소도 소규모로 쓰이고 있다.

태양열 발전소의 집광판

태양풍

태양에서 뿜어져 나오는 미립자의 흐름을 말한다. 주로 양성자와 전자로 이루어져 있으며, 초속 350킬로미터 정도의 빠른 속도로 우주로 뿜어져 나온다. 태양풍은 지구 자기권에 영향을 주어 수 초에서 수 분 동안 급격한 자기 변화를 일으키기도 한다. 이를 자기 폭풍이라 한다. 태양풍은 통신 장애를 불러일으키고, 남극과 북극에 오로라를 만든다.

태음력

보름달이 다시 뜨는 주기인 달의 삭망월에 따라 1달을 정하고 12삭망월을 1태음년으로 한 역법이다. 태음태양력과 구분하기 위해 순태음력이라고도 한다. 이슬람교를 믿는 나라에서 많이 쓰는 회회력이 대표적인 태음력이다. 태음력에서는 29일의 작은달과 30일의 큰달을 번갈아 배치하여 1년을 354일로 하고, 30년에 11일의 윤일을 두어 달의 삭망과 날짜가 일치하도록 하고 있다.

태음태양력

보름달이 다시 뜨는 주기인 달의 삭망월에 따라 1달을 정하고, 12달 또는 윤달을 넣어 13달을 1년으로 한 역법이다. 흔히 음력이라고도 한다. 태음력을 사용하면 달의 주기와는 맞지만 태양의 공전 주기와는 맞지 않아 32년 또는 33년 지나면 약 1년의 차이가 생긴다. 이는 약 16년 후에는 1, 2월이 여름이 되고 7, 8월이 겨울이 된다는 뜻이다. 이처럼 태음력이 계절의 변화와 맞지 않는 것을 맞추기 위해 몇 년에 한 번씩 윤달을 넣은 것이 태음태양력이다. 윤달을 넣는 방법은 여러 가지가 있지만 19년에 윤달 7개월을 넣는 방법이 가장 많이 쓰인다. 태음태양력에서 평년은 1년이 354일이나 355일이며, 윤달이 들어 있는 윤년은 1년이 383일이나 384일이다.

텔레비전

음성 및 영상 정보를 전파에 실어 보내고 그것을 수신 장치로 받아 보는 통신 방식을 말한다. 일상생활에서는 텔레비전 수상기를 가리키는 말로 더 많이 쓴다.

라디오는 음성 신호만 전기 신호로 보내지만 텔레비전은 음성 신호와 함께 영상 신호도 전기 신호로 바꾸어 보내고 이를 받아 재생한다. 텔레비전은 매우 짧은 시간 동안의 정지 화면을 계속해서 보내 화면에 재생함으로써 영상 신호를 전달한다. 한 정지 화면을 무수히 많은 점들로 나누고, 각 점의 밝기를 전기 신호로 바꾼다. 이때 빨강·파랑·노랑 세 가지 색깔의 빛이 사용된다. 모든 색깔은 이 세 가지 빛의 합성으로 표현할 수 있다. 이렇게 빨강·파랑·노랑 빛으로 구성된 기본 점을 화소라고 부른다. 음성 신호는 라디오와 같은 방식으로 전달한다.

방송국에서 보낸 전파를 텔레비전 수상기가 받아서 화면에 재생하는 방식에 따라 브라운관 텔레비전, 피디피 텔레비전 등 여러 가지 텔레비전으로 나뉜다. 텔레비전 뒷부분의 부피가 큰 브라운관 텔레비전은 내부에 주사관이 들어 있다. 이 주사관이 전송된 빛의 신호를 브라운관에 마치 총처럼 쏘아 화면을 재생한다. 최근에 개발된 피디피 텔레비전이나 엘시디 텔레비전은 주사관을 사용

텔레비전 스튜디오

텔레비전 조정실

토성

하지 않는다. 대신 각 화소마다 빛을 낼 수 있는 물질을 담아 그 물질에 전기 신호를 주어서 화면을 재생한다.

토성

태양계의 여섯 번째 행성이다. 목성 다음으로 크고, 아름다운 고리를 가지고 있다. 맨눈으로 볼 수 있는 마지막 행성인 토성은 태양으로부터 아주 멀리 떨어져 있지만 크기가 커서 수성보다 밝게 빛난다. 우리 나라에서는 진성이라고도 하였으며, 서양에서는 그리스 로마 신화에 나오는 크로노스 신의 이름을 따 새턴이라 부른다.

토성은 태양으로부터 평균 14억 2940만 킬로미터 거리에서 태양 주위를 타원 궤도로 돈다. 공전 주기는 29.458년이고, 공전 속도는 초속 9.7킬로미터이다. 적도 지방의 자전 주기는 10.233시간이며, 극지방은 10.39시간이다. 토성은 아주 빠르게 자전하기 때문에 태양계의 행성 중에서 가장 납작한 모양이다. 질량은 지구의 약 95.1배이며, 지름은 지구의 9배나 되고 부피는 지구의 750배나 된다. 토성의 대기는 목성과 마찬가지로 대부분 수소로 이루어져 있다. 그밖에 헬륨과 약간의 메탄과 암모니아가 섞여 있다. 토성은 태양과 너무 멀리 떨어져 있어서 표면 온도가 섭씨 영하 180도로, 암모니아는 물론 메탄 등이 얼어 고체 형태로 존재한다.

1장의 판처럼 보이는 토성의 고리는 A고리에서 G고리까지 모두 7개의 큰 고리로 이루어져 있으며, 그 고리들은 또 수만 개의 가느다란 고리로 이루어져 있다. 고리는 적도면 둘레에 있으며 토성 표면에서 7만~14만 킬로미터까지 뻗쳐 있고, 고리의 두께는 최대 15킬로미터나 된다. 고리는 얼음으로 덮인 수십억 개의 암석 조각으로 먼지 입자 정도의 크기에서 지름이 수십 킬로미터에 이르는 다양한 크기의 암석으로 이루어져 있다.

1659년에 타이탄이 처음으로 발견된 이후 지금까지 밝혀진 토성의 위성은 모두 22개이다. 토성의 위성 대부분은 화성과 목성 사이에 있는 소행성들이 서로 부딪혀 우주로 튕겨 나가다가 토성의 중력에 붙잡혀 있는 천체들이다. 토성의 위성 중에서 가장 큰 타이탄은 지름이 5150

토성에서 640만 킬로미터 떨어진 거리에서 찍은 토성의 고리 모습

킬로미터로 행성인 수성보다 크다. 타이탄은 태양계 위성 중 목성의 가니메데 다음으로 큰 위성이다. 최근 타이탄 탐사선 호이겐스가 탐사한 결과 타이탄의 표면에는 액체 메탄이 흐르면서 지구에서 물이 하는 것과 같은 작용을 하는 것으로 밝혀졌다.

토양 오염

토양 속에 해로운 물질이 높은 농도로 쌓이는 것을 말한다. 공장이나 광산 등에서 나온 폐기물, 농약, 산성비, 생활쓰레기, 축산 시설의 폐기물 등에 의해 토양이 오염된다. 토양이 오염되면 농작물을 기를 수 없을 뿐만 아니라, 땅 속의 오염 물질이 지하수나 강물로 흘러 들어가 생태계 전체를 오염시킨다. 또 오염된 흙 속의 중금속은 먹이 연쇄를 거쳐 사람과 가축의 몸에 쌓여 중금속 중독을 일으키기도 한다.

토양의 산성화

흙이 점점 산성 토양으로 변해가는 것을 말한다. 흙에 물을 붓고 산성의 정도를 측정했을 때 수소이온농도지수가 6.5 이하인 흙을 산성 토양이라 한다. 비가 많이 오는 지역에서는 땅 속의 염기가 빗물에 씻겨 내려가 산성 토양이 되기도 하지만 최근에는 화학 비료를 너무 많이 사용하고 산성비가 자주 내리면서 토양의 산성화가 더욱 심해지고 있다. 토양이 산성화하면 식물이 자라는 데 필요한 칼륨·마그네슘·칼슘 같은 원소들이 줄어들어 나무나 농작물 등의 식물이 제대로 자라지 못한다. 또 땅 속에서 사는 유익한 미생물이 죽어 낙엽이나 동물의 시체가 잘 분해되지 않아 생태계에 나쁜 영향을 준다. 산성 토양을 중화하기 위해 석회를 뿌리기도 하지만 근본적으로 토양의 산성화를 막기 위해서는 화학 비료를 최대한 줄이고 대신 유기질 퇴비의 사용을 늘려야 한다. 또 산성비의 원인이 되는 대기 오염 물질의 배출을 줄여야 한다.

통신

넓은 뜻으로는 인간의 의사·지식·감정 또는 정보를 공간 사이에서 주고받는 작용이나 행동 또는 현상을 말한다. 좁은 뜻으로는 우편이나 전신, 전화 따위로 정보나 의사를 전달하는 것을 말한다. 좁은 뜻의 통신은 크게 우편 통신과 전기 통신으로 나눌 수 있다. 우편 통신은 편지와 엽서 또는 인쇄물을 우체국 등을 통하여 주고받는 제도이다. 전기 통신은 통신 선로에 흐르는 전류를 매개로 하는 유선 통신과 전파를 매체로 하는 무선 통신으로 다시 나뉜다. 대표적인 유선 통신으로는 전화가 있고, 무선 통신으로는 전신과 무선 전화 등이 있다. 오늘날에는 컴퓨터와 인터넷, 통신 위성, 광케이블 등 전기 통신 수단이 급격히 발달하면서 우편 통신의 비중이 많이 줄었다. 인류는 도구의 발명과 더불어 통신 수단의 발전을 통해 많은 양의 정보를 손쉽게 전달할 수 있게 되었고, 누구나 쉽게 새로운 지식과 정보를 얻을 수 있게 되었다. 또한 통신 수단이 발달하면서 지역이나 여러 나라들 사

탐구학습

논밭에 석회를 뿌리는 까닭은 무엇일까요?

가을걷이가 끝난 논밭을 지나다 보면 석회를 뿌리는 모습을 흔히 볼 수 있다. 계속 농사를 짓다 보면 흙이 산성으로 변해 농사가 잘 안 되기 때문에 흙을 중성으로 만들기 위해 염기성 성분인 석회를 뿌리는 것이다. 식물들은 대체로 중성에 가까운 흙에서 잘 자라고 산성이나 염기성이 강한 흙에서는 잘 자라지 못한다. 바다를 간척하여 만든 논밭처럼 염기성이 강한 땅도 있지만 대부분의 논밭은 화학 비료 때문에 산성을 띠는 경우가 많다. 식물의 성장에 필요한 여러 가지 원소 중 질소, 인, 칼륨은 흙 속에 들어 있는 양만으로는 부족해서 질소 비료, 인산 비료, 칼륨 비료와 같은 화학 비료를 준다. 이 비료 중에서 황산암모늄이나 염화칼리 등과 같은 성분이 흙 속에 남아 차츰 산화되어 토양을 산성화시킨다. 이렇게 산성화된 흙을 중성으로 만들기 위해 3~4년에 한 번씩 석회를 뿌려 주는 것이다.

통신에 사용되는 인공 위성

탐구학습

통신은 어떻게 발전하였을까요?

사람들은 처음에는 말이나 북소리, 횃불 등 단순한 청각 신호와 시각 신호로 통신을 하였다. 높은 곳에 올라가 크게 소리를 치거나 미리 정해 놓은 북소리나 횃불 등으로 필요한 내용을 전했다. 이러한 신호들은 순간적이고 멀리 전해지지 못한다는 단점이 있었다. 이런 단점을 극복한 것이 문자이다. 문자가 생기면서 편지로 의사·지식·감정을 정확하게 주고받을 수 있게 되었고 정보를 오랫동안 보존할 수 있게 되었다. 편지로 정보나 의사를 전하면서 통신의 정확성은 높아졌지만, 통신 수단이 발달하지 못해 사람이 가서 전해야 했기 때문에 어려움이 많았다. 오랫동안 사람들은 빠르고 정확하게 정보나 의사를 전하기 위해 많은 방법을 사용하였다. 근대 이전에는 봉수제, 파발 제도, 우역 제도가 많이 쓰였다. 19세기에 들어서면서 우편 제도와 전자기파를 이용한 전기 통신 수단이 발전하면서 옛날과는 비교할 수 없이 빠르게 정보나 의사를 전할 수 있게 되었다. 옛날부터 지금까지 썼던 통신 방법 중에 대표적인 것은 아래와 같다.

방송 프로그램을 볼 수 있는 휴대전화

북
북은 고대로부터 소리를 내는 대표적인 기구로 사용되어 왔다. 악기로써만이 아니라 통신 수단으로도 중요한 역할을 했다. 특히 전쟁 때 많이 사용되었다. 고대 중국의 병법을 보면 '진군할 때에는 북을 치고, 후퇴할 때에는 징을 울린다' 고 되어 있다. 북이 앞으로 나아가는 의미의 통신 수단이었음을 알 수 있다.

봉수제
봉수제는 고대의 통신 방식 중 가장 과학적이며 체계적이다. 봉수제는 낮에는 연기, 밤에는 횃불을 이용하여 국경의 정세를 신속하게 전달하는 데 사용하였다. 우리 나라의 경우에 봉화는 기원전부터 사용했던 것으로 문헌에 기록되어 있으나, 봉수제가 확실하게 성립된 것은 고려 의종 3년 때이고, 국가 제도로 채택된 것은 조선 세종 때이다. 산이 많은 우리 나라는 남해안부터 함경도 종성까지 전국을 연결하는 완벽한 봉화 통신망이 형성되었다. 평상시에는 횃불 1개, 적이 나타나면 횃불 2개, 국경에 접근해 오면 횃불 3개, 국경을 침범하면 횃불 4개, 적과 접전이 벌어지면 횃불 5개로 표시하였다.

파발 제도
파발 제도는 국경 지대의 긴급한 군사 정보와 중요한 공문서를 전달하던 통신 방법이다. 임진왜란 당시 제구실을 하지 못한 봉수제를 대신하여 시행되었다. 파발 제도는 말을 타고 이동하는 기발과 사람이 빨리 걸어서 이동하는 보발로 나뉜다. 이 제도를 운영하는 데 경비도 많이 들고 봉수보다 전달 속도도 느리지만, 사람이 직접 문서를 전달하기 때문에 보안 유지가 가능해 중요한 군사 정보 전달이나 행정 통신 수단으로 활용되었다.

우역 제도
우편 제도의 전신인 우역 제도는 사람이 문서나 물건을 전달하는 것이다. 우역 제도는 중앙의 명령을 지방에 전하고, 지방에서의 보고 사항을 중앙으로 전달하는 통신 수단 이외에도 공물을 중앙으로 옮기는 수송 기능까지 담당했다. 우역 제도는 군사나 행정 부분에서 많이 활용하였다.

우편
우편은 1840년에 영국인 힐이 우표를 이용한 균일 요금 제도를 고안한 데서 시작되었다. 이는 세계 각 나라의 우편 제도의 기본이 되었다. 우리 나라는 1884년에 우정총국이 설립되어 한성 지역과 인천 간의 우편 업무가 시작된 것이 처음이었다. 그 해 11월 18일에 최초의 근대 우표가 발행되기도 하였다. 갑신정변으로 중단되었다가 1893년에 전우총국이란 이름으로 다시 우편 업무가 시작되었고, 편지·소포·전보 등을 전달하였다. 1900년대부터는 국제 우편을 다루게 되었다.

전화
전화는 일정 거리에 있는 사람과 직접 통화할 수 있는 통신 방법이다. 처음에는 일 대 일 통신만 가능했지만 교환 방법, 호출 방식이 발전하면서 오늘날 중요한 통신 수단으로 쓰이고 있다. 1885년에 처음으로 서울과 인천 사이, 서울과 의주 사이에 전신이 개통되었다. 국제 전화는 1970년 금산 제1위성 통신의 개통으로 가능해졌다.

휴대전화
휴대전화는 이동 통신 서비스가 지원되는 지역 안에서 기지국을 통해 일반 전화 가입자 또는 여러 이동 통신사에 가입한 휴대전화 사용자가 이동하면서 통화할 수 있는 전화를 말한다. 원리는 이동 통신 서비스 지역 안에 있는 사람이 휴대전화로 전화를 하면 먼저 관할 기지국에 무선으로 연결되고, 그 지역을 벗어나면 다음 기지국으로 자동으로 바뀌면서 연결된다. 음성 통화뿐 아니라 문자를 보낼 수도 있고, 음악과 영상을 즐길 수도 있으며, 사진을 찍어 다른 사람에게 전송할 수도 있고, 방송 프로그램을 볼 수도 있다.

인터넷
두 대 이상의 컴퓨터를 연결해 서로 필요한 정보를 주고받는 네트워크 체계를 전 세계로 확장하고 각종 정보 서비스 망을 하나로 연결한 것이다. 수많은 정보 서비스 망이 제공하는 정보를 얻을 수 있고 다른 정보 서비스 망에 가입한 사람들과도 정보를 교환할 수 있다. 오늘날 인터넷은 전화망 다음으로 거대한 정보 기반이 되었으며, 우리 생활의 많은 부분을 바꿔 놓았다.

퇴적암

퇴적암인 이암, 사암, 역암의 특징은 무엇일까요?
이암, 사암, 역암은 모두 퇴적암이지만 겉모양이나 색깔, 촉감 등에서 각기 다른 특징을 보여 준다.

이암 / 사암 / 역암

분류 기준 암석 종류	겉모양	색깔	촉감	단단하기	알갱이의 크기	이루고 있는 물질
이암	모서리가 부드럽다.	황갈색	비교적 부드럽다.	못에 긁히면 움푹 패인다.	너무 작아 돋보기로도 보이지 않는다.	진흙
사암	깨어진 모서리는 모가 나고 겉면은 약간 거칠다.	붉은색, 회색, 누런색 등	까끌까끌하다.	못에 잘 긁히지 않는다.	모래알 크기 정도이다.	모래
역암	콘크리트처럼 울퉁불퉁하고 자갈이 드러나 보인다.	붉은색, 회색, 누런색 등 여러 가지이다.	매우 꺼칠꺼칠하다.	못에 긁히지 않는다.	자갈만한 것부터 모래알보다 작은 것까지 다양하다.	자갈, 모래 약간의 진흙

이의 사회적 문화적 거리가 좁아지면서 전 세계가 하나의 지구촌을 형성하게 되었다.

퇴적암

작은 암석 부스러기들이 쌓여 굳어서 된 암석이다. 지구 표면의 암석들은 바람이나 물 등에 의해 작은 암석 부스러기로 잘게 나누어지고, 낮은 곳으로 운반된다. 지표 근처에 쌓인 작은 암석 부스러기들은 오랜 시간이 흐르면서 굳어져 암석이 된다. 퇴적암에는 화성암이나 변성암에서는 볼 수 없는 특징이 있다. 즉 퇴적암에는 흙이나 모래, 자갈과 같은 작은 알갱이가 섞여 있으며, 층리라는 가로줄무늬가 나타난다. 또 퇴적암은 지구의 역사를 밝히는 데 도움을 주는 많은 정보를 담고 있다. 특히 퇴적암의 층리면에서 발견되는 화석들은 지구의 역사를 연구하는 데 매우 중요한 정보를 전해 준다.

퇴적암은 지표면에 있는 암석의 약 75퍼센트를 차지한다. 퇴적암은 운반하는 물체나 퇴적되는 장소에 따라서 여러 종류로 나눌 수 있다. 대부분의 퇴적암은 흐르는 물과 바닷물에 의해 운반되어 만들어진다. 이런 퇴적암에는 자갈이 쌓여서 된 역암, 모래가 쌓여서 된 사암, 점토가 쌓여서 된 이암 등이 있다. 바람에 의해 날아온 물질이 쌓여 풍성사암과 같은 퇴적암이 되기도 하고, 화산이 폭발할 때 나오는 화산재가 쌓여 응회암 같은 퇴적암이 되기도 한다. 또 암염이나 석회암처럼 물 속에서 화학적 과정으로 직접 침전된 화학적 퇴적물이 굳어져 퇴적암이 되기도 한다. 그밖에도 빙하의 운동에 의해 쌓여 만들어지는 퇴적암도 있다.

파

파도

바다에 이는 물결이다. 해파라고도 한다. 파도는 지진과 같은 충격에 의해서도 생기고 해수면의 높이가 달라서도 생기지만, 바람 때문에 생기는 경우가 가장 많다. 강한 바람이 불었다고 해서 처음부터 큰 파도가 생기는 것은 아니다. 바람으로 생겨난 파도가 공명 현상으로 점점 커지는 것이다. 파도 때문에 수면은 주기적으로 상하 운동을 한다.

파동

어느 부분에서 생긴 진동이 물질이나 공간을 따라 주위로 퍼져 나가는 현상이다. 호수에 돌을 던지면 돌이 떨어진 점을 중심으로 물에 동그라미를 그리며 파문이 퍼져 나가는데, 이것이 파동의 대표적인 예이다. 소리나 빛, 전파도 파동의 한 종류이다. 파동은 물이나 공기, 지각 등 물질을 따라서 퍼져나간다. 파동을 전파하는 물질이나 공간을 매질이라고 하며, 파동은 매질이 없으면 전달

되지 않는다. 파동의 원천으로 공간이나 물체에 주기적인 변동을 일으키는 원천이 되는 것을 그 파원이라고 한다. 파동의 마루에서 다음 마루까지 또는 파동의 골에서 다음 골까지의 거리를 파장이라고 한다. 또 같은 상태가 1초 동안 몇 번 돌아오는가를 나타내는 수를 진동수 또는 주파수라고 한다. 파동은 하나의 매질 내에서는 직진하며, 다른 매질과의 경계면에서는 반사하거나 굴절하고 회절이나 간섭 현상을 일으키기도 한다.

파라볼라 안테나

접시 모양의 안테나로 접시 안테나라고도 한다. 위성 통신과 위성 방송 송수신 안테나로 많이 사용된다. 금속판이나 금속망으로 만들어진 포물선 모양의 반사경과 전파 발사기로 이루어져 있다. 포물선 면에 들어온 전파가 모두 반사되어 반사경의 초점으로 모이는 성질을 이용하며, 그 초점 위치에 주 안테나가 있다. 한 방향으로 보내고 받는 원거리 통신에 아주 효율적인 안테나이다. 보내고 받을 수 있는 파장의 크기는 안테나 면보다 작아야 하므로 주로 단파를 이용한 통신과 방송에 많이 쓰인다.

파충류

피부가 딱딱한 비늘로 덮여 있는 척추동물이다. 동물분류학적으로는 척추동물문 파충강에 속하는 동물들이다. 1억 5000만 년이 넘게 지구상에서 살아왔으며, 약 6500여 종이 있다. 뱀과 도마뱀, 거북, 악어 등이 대표적인 파충류이다.

파충류는 딱딱한 비늘로 온몸이 덮여 있어 몸속의 수분이 잘 빠져 나가지 않는다. 그래서 사막과 같은 건조한 지역에서도 살아갈 수 있다. 피부는 신축성이 없어 자라면서 주기적으로 탈피하여 새것으로 바꾼다. 파충류는 체내 수정을 하며 대부분 알을 낳는다. 파충류는 허파로 호흡하고, 심장은 2심방 1심실이나 2심방과 불완전 2심실로 되어 있다. 주로 곤충이나 작은 포유류를 먹고 산다. 파충류는 변온 동물이기 때문에 항온 동물에 비해 적은 양의 먹이를 먹고도 체온을 유지할 수 있다. 추운 겨울에는 겨울잠을 자기도 한다. 다른 계절에도 외부 온도가 낮을 때는 햇빛이 잘 비치는 양지바른 곳에서 체온을 높인 다음에 활동한다.

판구조론

지각이 여러 개의 판으로 구성되어 지구 표면을 덮고 있는 것으로 보는 지구과학 이론이다. 판구조론에서의 판은 암석권을 뜻한다. 암석권은 지각과 맨틀의 일부를 포함하는 것으로 두께가 약 100킬로미터이다. 판구조론은 지각과 맨틀의 일부를 포함한 암석권인 판이 연약권 위에 떠 있는 것으로 본다. 지각은 유라시아 판·아프리카 판·인도 판·태평양 판·아메리카 판·남극 판 등 6개의 큰 판과 필리핀 판·카리브 판·코코스 판·나스카 판 등 몇 개의 작은 판으로 구성되어 있다. 이 판들은 지구 내부에서 작용하는 힘에 의하여 연간 수 센티미터 정도의 속도로 움직인다. 이때 판과 판의 경계에서는 여러 지각 변동이 일어난다. 화산 작용이나 지진 현상 또는

파충류인 거북

파충류인 악어

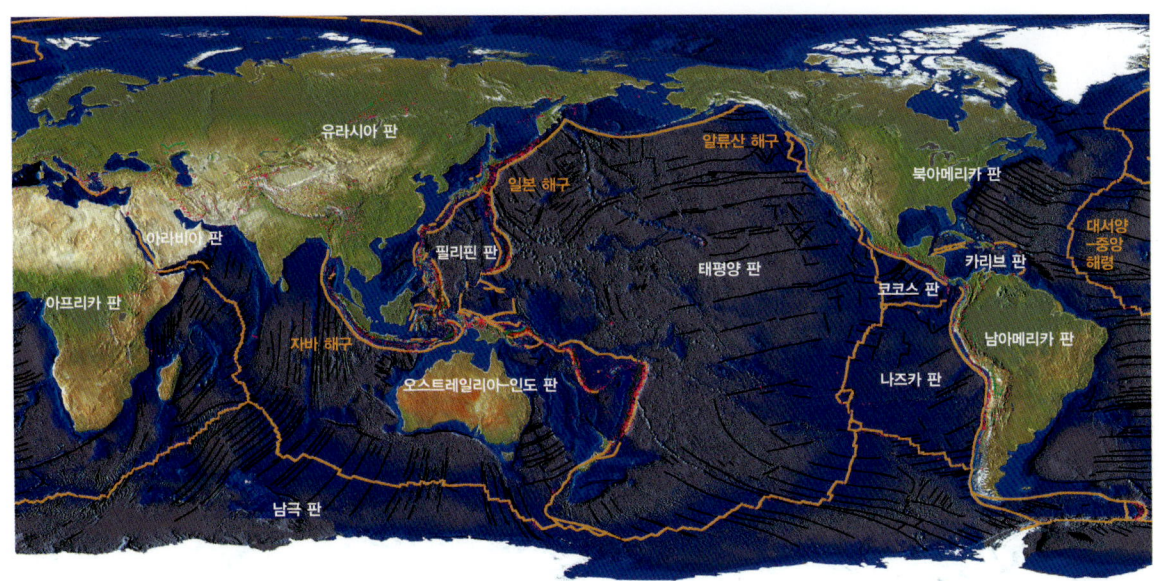

판구조론에 따른 세계의 판

마그마의 형성과 습곡 산맥의 형성 등이 판의 이동 때문에 생긴다고 본다.

패철

우리 선조들이 사용했던 휴대용 나침반이다. 차고 다니는 철 또는 나침반이라는 뜻이며, 윤도 또는 지남철이라고도 한다. 패철의 가운데에 나침반 바늘이 있고, 둘레에 주역의 팔괘와 천간, 십이지 등의 한자와 문양을 넣은 여러 겹의 테두리가 있다. 지금도 집터나 묘 자리를 정할 때 사용하기도 한다.

팩시밀리

정지 영상을 전기 신호로 바꾸어 전화선을 통하여 보내고, 그것을 받아 다시 정지 영상으로 보여 주는 통신 방법이나 기계 장치를 가리킨다. 문서를 보내거나 받기 위해 사무용으로 많이 쓴다. 팩시밀리에 보내고자 하는 문서나 사진 등을 넣으면 안에 있는 주사기(scanner)가 영상을 전기 신호로 바꿔 준다. 전화선을 통해 보내진 전기 신호를 기록 장치가 원래의 영상으로 바꿔 인쇄한다. 주로 열전사방식 프린터가 사용되며, 종이도 감열지가 사용된다. 요즘에는 보통 종이를 쓰는 디지털 방식의 팩시밀리도 많이 쓴다.

페가수스자리

가을철 밤하늘에서 볼 수 있는 별자리로, 안드로메다자리 근처에 있다. 그리스 신화에 등장하는 천마 페가수스의 모습이다. 2등성의 별 4

탐구학습

우리 나라 주변의 판 경계와 지각 변동

우리 나라는 일본 열도와 함께 유라시아 대륙의 가장자리에 있다. 일본은 유라시아 판과 태평양 판, 필리핀 판, 북아메리카 판이 만나는 경계 지역에 있다. 특히 유라시아 판과 태평양 판이 만나는 경계에 일본 해구가 형성되어 있으며, 이 두 판의 경계면에서 지진과 화산 활동이 많이 일어난다.
우리 나라는 유라시아 판의 내부에 자리잡고 있어서 경계면에 자리잡은 일본에 비해 지각 변동이 훨씬 약한 편이다.

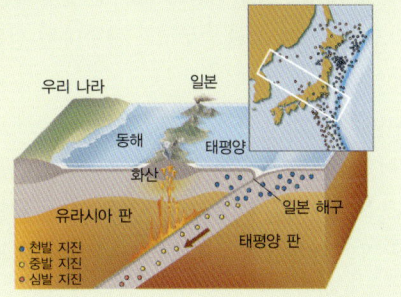

개가 사각형 모양으로 천마 페가수스의 몸통을 이룬다. 몸통을 이루는 4개의 별은 가을철의 사각형이라고 불리며, 가을철에 별자리를 찾는 기준이 되고 있다. 이를 중심으로 머리와 다리쪽을 연결하면 페가수스자리를 찾을 수 있다.

페놀프탈레인 용액

색깔이 없는 결정인 페놀프탈레인을 알코올에 녹여서 만든 용액이다. 산과 알칼리를 구별하는 지시약의 하나이다. 염기성에서는 붉은색을 띠고, 산성과 중성에서는 색이 없이 투명해진다.

페니실린

푸른곰팡이를 배양하여 얻는 항생 물질이다. 1928년에 영국의 세균학자 플레밍이 포도 모양의 병균인 포도모양구균을 배양하다가 발견하였다. 세포벽의 합성을 막아 세균을 죽이는 성질이 있는 페니실린은 포도모양구균이나 연쇄모양구균, 폐렴구균 등의 치료에 많이 쓰인다. 최근에는 페니실린에도 견뎌 내는 내성균주가 많아져 사용이 줄어들고 있다.

페르세우스자리

가을철 북동쪽 하늘에서 볼 수 있는 별자리이다. 카시오페이아자리에서 서쪽 방향, 안드로메다자리에서 북쪽 방향에 있다. 그리스 신화의 영웅인 페르세우스가 메두사를 죽이고 그 목을 들고 있는 모습의 별자리이다.

편마암

장석·석영·운모·각섬석 등으로 이루어진 변성암이다. 알갱이가 크고 단단하며, 약간 불규칙한 줄무늬 띠를 갖고 있다. 검고 흰 줄무늬가 아름다워 정원석으로 많이 쓰인다.

편암

석영·운모 등이 얇은 층을 이룬 변성암이다. 나뭇잎 모양이며, 엷은 회색이나 갈색을 띤다. 편암은 평행하거나 거의 평행한 방향으로 배열된 얇은 판 모양의 광물들로 이루어져 있어 면을 따라 잘 쪼개진다.

편형동물

몸이 납작하고 암수한몸인 무척추동물이다. 몸이 편평해서 편형동물이라고 부른다. 전 세계에 1만~1만 5000종이 알려져 있다. 대표적인 편형동물로는 촌충류, 플라나리아 류, 흡충류 등이 있다. 편형동물의 몸은 좌우 대칭이며, 등과 배가 납작하고 타원형이거나 가늘고 길다. 촌충을 제외하면 고리마디가 없다. 또 항문이 없는 대신 불꽃세포라는 배설 기관이 있다.

포화 용액

어떤 온도에서 용매에 녹을 수 있는 용질의 최대량이 녹아 있는 상태의 용액이다. 포화 용액에는 용질이 더 이상 녹지 않고 남아 가라앉는다. 예를 들어 섭씨 20도에서 물 100그램에는 소금이 36그램까지 녹는다. 소금의 양이 이보다 많을 경우에 나머지는 물에 녹지 않고 바닥에 그대로 가라앉는다. 물 속에 소금이 가라앉아 있는 소금물이 포화 용액이다.

푄바람

푄 현상에 의해 산을 넘어 비탈을 따라 아래로 부는 고온 건조한 바람이다. 원래는 알프스의 산중에서 부는 바람을 가리켰으나 현재는 다른 지역에서 부는 고온 건조한 바람도 푄바람이라고 한다. 푄 현상은 산을 넘어서 내려간 공기가 산을 넘기 전의 공기보다 건조하고 기온이 높아지는 현상을 말한다. 이는 공기가 산을 올라갈 때와 내려올 때 온도가 내려가고 올라가는 변화율이 서로 다르기 때문이다. 우리 나라의 강원도 영서 지방에서 늦봄

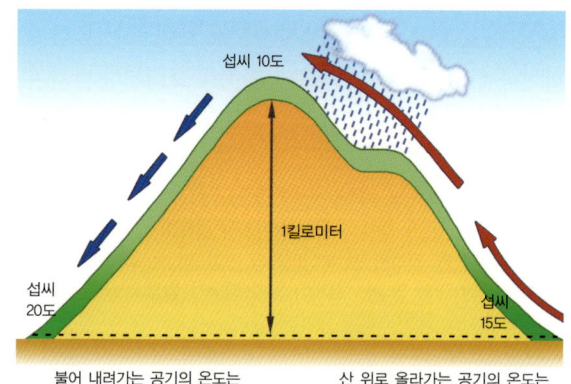

푄바람

포유류

젖을 먹여 새끼를 키우는 척추동물들을 통틀어 가리킨다. 젖먹이 동물이라고도 한다. 동물분류학적으로는 척색동물문 척추동물아문 포유강에 속하는 동물들이다. 포유류는 우리가 가장 잘 아는 동물이며, 사람도 포유류이다. 개나 고양이 같은 애완동물이나 소, 돼지, 말 같은 가축 등이 포유류이다. 사자, 호랑이, 표범 등 동물원에서 보는 대부분의 동물들도 포유류이다. 현재 지구상에는 약 4400종의 포유류가 살고 있다.

포유류는 유성생식을 한다. 암컷과 수컷이 짝짓기를 한 후 오리너구리처럼 알을 낳는 단공류를 제외하고는 대부분 자손을 새끼로 낳는다. 새끼는 어미 뱃속에서 어느 정도 자란 다음에 태어나고, 암컷은 태어난 새끼에게 젖샘에서 나오는 젖을 먹여 키운다. 포유류는 체온이 일정하게 유지되는 정온 동물이다. 대부분 온몸에 털이 덮여 있고, 피부에는 땀샘이 있다. 포유류의 몸은 머리·목·몸통·꼬리로 나뉜다. 머리에는 귀·눈·입·코가 있으며, 몸통에 앞다리와 뒷다리가 있다. 심장은 완전히 구분된 2심방 2심실로 되어 있으며, 호흡은 허파로 한다. 뇌가 크고 특히 대뇌가 발달하여 지능이 높다. 근육과 뼈대가 발달하여 다른 동물보다 운동 능력이 뛰어나다.

거의 대부분의 포유류가 땅에서 살지만 고래나 돌고래처럼 바다 속에 사는 것도 있고, 박쥐나 날다람쥐처럼 하늘을 날아다니는 것도 있다.

호랑이

코끼리

얼룩말

소

표면장력

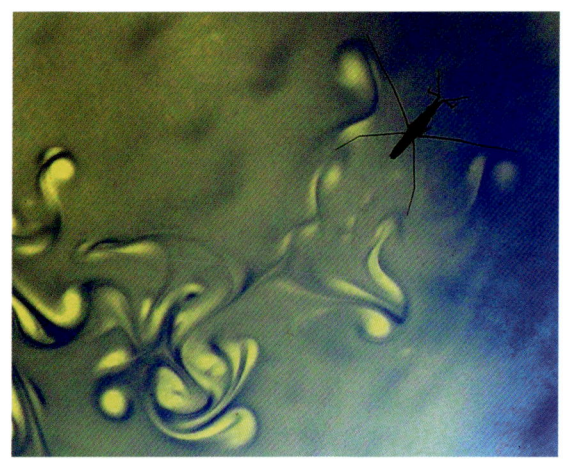

다리에 난 잔털과 물의 표면장력을 이용해 물 위를 걸어 다니는 소금쟁이

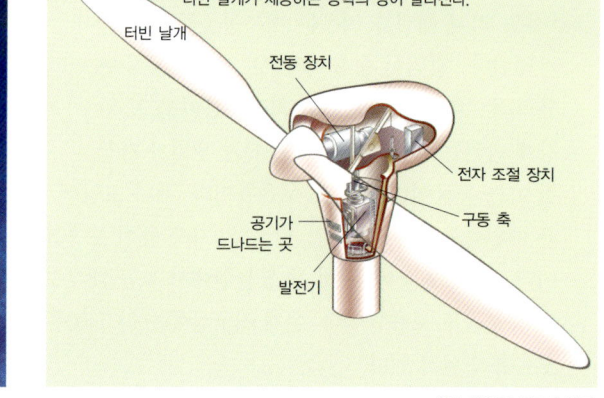

풍력 발전의 구조와 원리

과 초여름에 부는 높새바람이 푄바람의 하나이다.

표면장력

액체가 표면적을 될 수 있는 대로 작게 하려고 그 표면에 작용하는 힘이다. 액체의 분자가 서로 끌어당기기 때문에 일어나는 현상이다. 나뭇잎 끝에 맺힌 물방울이나 비눗방울이 둥근 것은 표면장력 때문이다. 물컵의 가장자리에 물이 넘치기 직전 볼록하게 올라간 모양이 되어도 쏟아지지 않는 것도 물의 표면에 장력이 작용하기 때문이다. 끌어 당기는 힘인 장력은 액체와 고체, 액체와 기체의 경계면인 액체의 표면에서 잘 생긴다. 이는 물질을 구성하는 알갱이가 경계면에서 받는 힘이 서로 다르기 때문이다. 예를 들어 액체인 물이 기체인 공기와 서로 닿아 있을 때에 공기 분자들이 물 분자를 잡아당기는 힘보다 물 분자들끼리 서로 잡아당기는 힘이 더 세게 작용한다. 또 소금쟁이가 물에 뜰 수 있는 것도 다리에 난 잔털과 물의 표면장력 때문이다.

풍력 발전

바람의 힘으로 돌아가는 풍차에 발전기를 연결해 전기를 얻는 발전 방식이다. 발전기가 풍속에 관계없이 일정한 속도로 회전하도록 풍속에 따라 풍차 날개의 기울기를 바꾸도록 되어 있다. 아직까지 널리 이용되지는 않지만, 몇몇 나라에서 풍력 발전에 적합한 풍차를 개발하는 데 많은 힘을 쏟고 있다. 풍력 발전은 환경 오염을 일으키지 않고, 풍력 발전에 필요한 바람이 무한하다는 장점이 있다.

풍속

바람의 수평 이동 속도를 말한다. 예를 들어 풍속이 초속 50미터라고 할 때는 바람이 1초 동안에 50미터를 나아간다는 뜻이다. 풍속의 단위는 보통 초속 즉 m/s(미터 매 초)를 사용하지만, 시속 즉 km/hr(킬로미터 매 시간)으로 나타내기도 한다. 보통 어떤 시각의 풍속값은 주어진 시각 바로 전 10분 동안의 평균값을 말한다. 풍속계가 없을 때는 눈으로 관측하여 보퍼트 풍력 계급으로 나타내기도 한다. 풍속은 같은 장소에서도 지면으로부터의 높이에 따라 달라지기 때문에 기상학에서는 지면 위 10미터 높이에서 측정한 것을 표준으로 삼는다.

풍속계

바람의 속도를 측정하는 기계이다. 기상 관측용으로는 3배 풍속계와 풍향을 같이 측정할 수 있는 풍차형 풍향풍속계나 에어로벤 등을 많이 사용한다. 회전하는 축에 컵 3개를 120도 각도로 붙여 놓은 3배 풍속계는 컵의 회전 속도를 측정해서 풍속을 구하는 풍속계이다. 풍차형 풍향풍속계나 에어로벤은 컵 대신 풍차나 프로펠러의 회전 속도로 풍속을 측정한다. 풍속계는 풍향계와 마찬가지로 주변의 장애물에 영향을 받지 않도록 장애물로부터 10배 이상 떨어진 넓은 평지에 지면 위 10미터 높이에 설치한다.

풍향

바람이 불어오는 방향을 말한다. 바람이 서쪽에서 불어오면 서풍이라고 하고 남쪽에서 불어오면 남풍이라고 한다. 바람은 풍향계로 측정하며, 풍향계가 없을 경우에는 연기나 깃발 등이 날리는 방향을 보고 관측하여 8방위나 16방위, 32방위로 나타낸다. 풍향은 동풍은 E, 서풍은 W, 남풍은 S, 북풍은 N과 같이 알파벳 기호로 나타내기도 한다. 방위를 읽을 때는 북이나 남을 먼저 읽고, 풍향이 자주 바뀔 때에는 측정 시간 동안 풍향계가 가리킨 방향의 횟수가 가장 많은 것을 택한다. 기상학에서 풍향은 지면 위 10미터 높이에서 측정한 것을 표준으로 한다.

풍향계

바람이 불어오는 방향을 측정하는 기계이다. 기다란 깃발이나 화살깃형, 닭 모양의 풍향계 등 모양이 다양하다. 기상 관측용으로는 풍속을 같이 측정할 수 있는 풍차형 풍향풍속계나 에어로벤 등을 많이 사용한다. 풍차형 풍향풍속계는 풍차를 수직꼬리날개가 달린 유선형 동체의 앞부분에 붙여서 1대의 기록계로 풍향과 풍속을 동시에 측정하는 기기이다.

에어로벤은 풍차형 풍향풍속계의 일종으로 비행기 모형으로 생긴 유선형 동체 및 4날개 프로펠러를 이용하여 풍향과 풍속을 동시에 측정한다. 풍향계는 풍속계와 마찬가지로 주변의 장애물에 의해 영향을 받지 않도록 장애물로부터 10배 이상 떨어진 넓은 평지에 지면 위 10미터 높이에 설치한다.

퓨즈

정해진 전류보다 큰 전류가 흐르면 짧은 시간 내에 전류를 차단하는 장치이다. 퓨즈는 녹는점이 낮은 합금으로 만든다. 주로 납에 주석, 안티몬 등을 섞어 만든다. 직렬 회로에 연결된 퓨즈에 전류가 너무 많이 흐르면 열 때문에 퓨즈가 녹아 끊어지므로 전자 회로를 보호하거나 전기로 일어나는 화재를 예방할 수 있다. 요즘에는 이처럼 녹아서 끊어지는 퓨즈 대신 전자석의 원리를 이용한 자동 차단기를 사용한다. 자동 차단기는 퓨즈처럼 새로 갈지 않고 차단기의 스위치를 올리면 원래대로 되돌아간다. 퓨즈는 모양에 따라 실 퓨즈, 판 퓨즈, 통형 퓨즈, 플러그 퓨즈 등으로 나뉜다.

프로토콜

컴퓨터와 컴퓨터끼리 서로 정보를 교환할 때 통신의 방법이나 형식 등에 대한 일정한 약속을 가리킨다. 통신규약이라고도 한다. 대체로 기종이 다른 컴퓨터끼리는 프로토콜이 다르며, 프로토콜이 다르면 서로의 정보를 이해하지 못할 수도 있다. 그래서 표준 프로토콜을 정하고 이에 따라 통신망을 구축한다. 표준 프로토콜을 지키면 인터넷 통신망에서 오류 없이 정보를 보내고 받을 수 있다.

프로판

탄소와 수소의 화합물인 탄화수소의 하나로, 화학식은 C_3H_8이다. 색깔과 냄새가 없는 기체이다. 공기 중에서는 강한 불꽃을 내면서 타고, 발열량이 매우 크다. 물에 잘 녹지 않으나 알코올, 벤젠에는 잘 녹는다. 천연 가스나

풍향계와 풍속계

퓨즈

프리즘

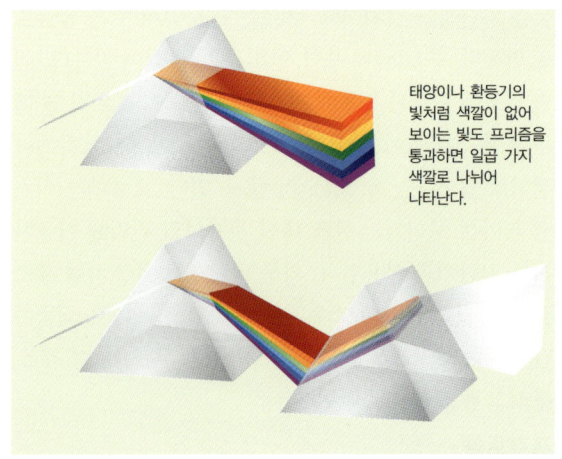

태양이나 환등기의 빛처럼 색깔이 없어 보이는 빛도 프리즘을 통과하면 일곱 가지 색깔로 나뉘어 나타난다.

프리즘과 햇빛

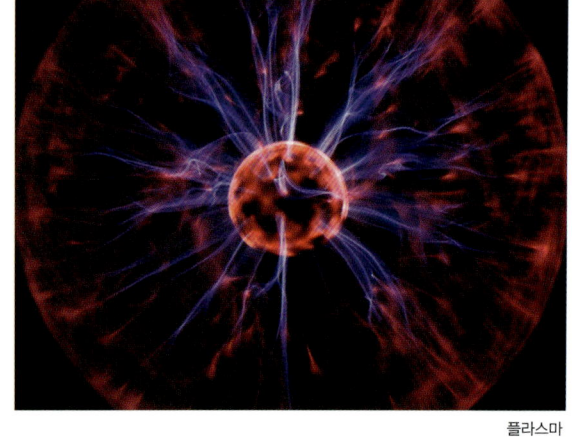

플라스마

석유의 정유 과정에서 나오는 가스에 많이 들어 있다. 액화시켜 휴대용 용기에 담아 난방용이나 취사용으로 많이 쓴다.

프리즘

빛을 굴절시키거나 분산시킬 때 쓰는 광학 기기이다. 쓰임새에 따라 분산 프리즘, 편각 프리즘, 편광 프리즘 등으로 나눈다. 대부분은 삼각 기둥 모양의 유리 막대처럼 나란하지 않은 두 개 이상의 면이 있으며, 빛에 투명한 유리나 수정 등으로 만들어진다. 태양이나 환등기의 빛처럼 색깔이 없어 보이는 백색광도 프리즘을 지나면 여러 색으로 나누어져 나타난다.

플라스마

높은 온도에서 기체가 음전하를 가진 전자와 양전하를 띤 이온으로 분리되어 전기를 띤 상태로 존재하는 것을 가리킨다. 기체를 고온으로 가열하면 원자나 분자 사이에서 격렬한 충돌이 일어 전자가 튀어 나가 플라스마 상태가 된다. 이때 기체는 전체적으로는 중성을 띠며 각각의 알갱이들은 자유롭게 운동한다. 물질의 세 상태인 고체·액체·기체에 이어 제4의 물질 상태라고도 한다. 1928년 미국의 랭뮤어가 전기를 방전할 때 생긴 이온화한 기체에 처음으로 붙인 말이다. 그리스어로 틀에 부어 만든 것이란 뜻이다. 형광등 속의 전류를 흐르게 하는 전도용 기체나 번개가 칠 때 그 주변의 이온화된 기체 속에 플라스마가 있다. 텔레비전 화면으로 사용되는 피디피도 플라스마를 이용한 것이다.

플라스틱

열이나 압력을 가해 마음대로 형태를 변화시킬 수 있는 고분자 화합물이다. 천연수지와 합성수지가 있는데, 보통 합성수지를 플라스틱이라고 한다. 플라스틱의 주 원료는 석유이다. 플라스틱은 쉽게 조작할 수 있고 경제적이며, 가볍고 썩지 않아 여러 용도로 쓰이고 있다. 플라스틱은 크게 열가소성 수지와 열경화성 수지로 나눌 수 있다.

열가소성 수지는 열을 가하여 모양을 만든 다음 다시 열을 가해도 모양을 변형시킬 수 있는 수지이다. 폴리에틸렌·폴리프로필렌·폴리염화비닐 등이 있다. 폴리에틸렌은 열을 받으면 쉽게 녹으며, 투명용기·포장용 랩·음료수병 마개 등을 만드는 데 쓰인다. 폴리프로필렌은 단단해서 여행용 가방이나 기구의 부품 등으로 사용된다. 폴리염화비닐은 플라스틱 파이프나 포장용 비닐 등에 쓰인다.

열경화성 수지는 열을 가하여 딱딱하게 모양을 만든 다음 다시 열을 가해도 모양이 변하지 않는 수지이다. 페놀수지 폴리카보네이트·폴리에틸렌테레프탈레이트·폴리우레탄·폴리아미드 등이 있다. 페놀수지는 강도가 크고 열에 강해서 조리 기구나 다리미의 손잡이 등에 이용된다. 폴리카보네이트는 투명하고 매우 단단해서 방탄용 창에 이용되고, 콤팩트 디스크나 보호용 헬멧의 재료로도 쓰인다. 폴리에틸렌테레프탈레이트는 음료수 병이나 음식 포장재, 의복, 필름 등에 쓰인다.

탐구학습 | 플라스틱 그릇과 플라스틱 판은 어떻게 만들어질까요?

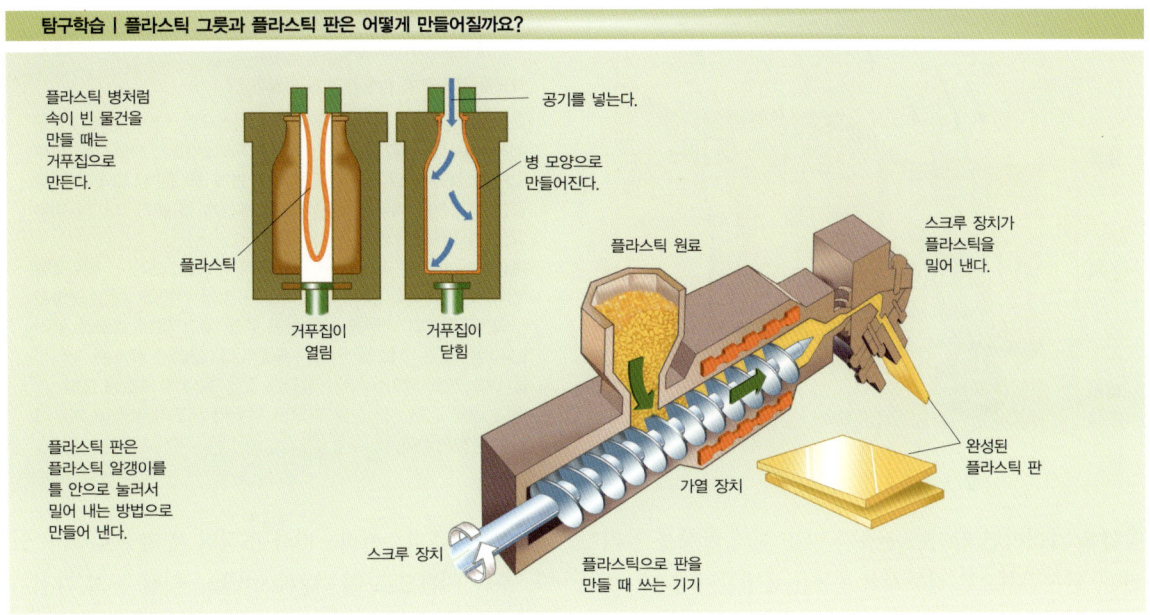

플라스틱은 우리 생활에 매우 유용하게 쓰이고 있으나, 잘 썩지 않고 미생물에 의해 분해되지 않아 폐기물 처리가 문제가 되고 있다. 플라스틱 폐기물은 대부분 땅에 묻거나 태웠으나 최근에는 종류별로 구분하여 재활용하고 있다.

플랑크톤

물 속에서 떠다니면서 생활하는 미생물이다. 부유생물이라고도 한다. 스스로 이동하는 능력이 전혀 없거나 있어도 매우 적다. 크게 식물 플랑크톤과 동물 플랑크톤으로 나눈다. 식물 플랑크톤은 엽록소 같은 색소를 지니고 있어 광합성으로 양분을 스스로 섭취하는 독립 영양 생물이다. 녹조류·남조류·규조류·편모조류 등이 있다. 식물 플랑크톤은 물 속 생태계 내의 먹이 연쇄에서 생산자 역할을 하고 있으며, 동물 플랑크톤보다 종류와 개체수가 많다. 동물 플랑크톤은 다른 생물을 먹이로 먹는 미생물이다. 원생동물이나 강장동물이 많고 윤형동물이나 절지동물 등도 있다. 플랑크톤은 다른 동물의 먹이가 되기 때문에 물 속에 플랑크톤이 많아지면 다른 동물도 많아진다. 그래서 어부들은 물 속에 있는 플랑크톤의 양으로 근처에 있는 물고기의 양을 어림짐작하기도 한다. 식물 플랑크톤이 갑자기 너무 많아지면 바다에서는 적조 현상이 일어나고, 내륙 지방의 호수나 강에서는 녹조 현상이 일어난다.

플레밍 법칙

전자기 현상에서 나타나는 일정한 법칙으로 영국의 전기공학자 플레밍이 발견하였다. 플레밍 법칙은 오른손법칙과 왼손법칙이 있다.

왼손법칙은 자기장에 전류가 흐를 때 받는 힘의 방향에 관한 법칙이다. 자기장 내에 전선을 두고 전류를 흘리면 전선 주위에 발생하는 자기장 때문에 전선에 힘이 작용한다. 왼손법칙에 따르면 왼손의 엄지, 검지, 중지를 서로 수직으로 펴고, 검지가 자기장의 방향, 중지가 전류의

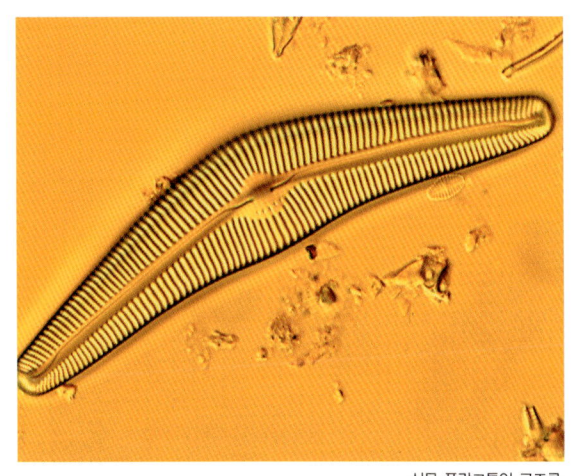

식물 플랑크톤인 규조류

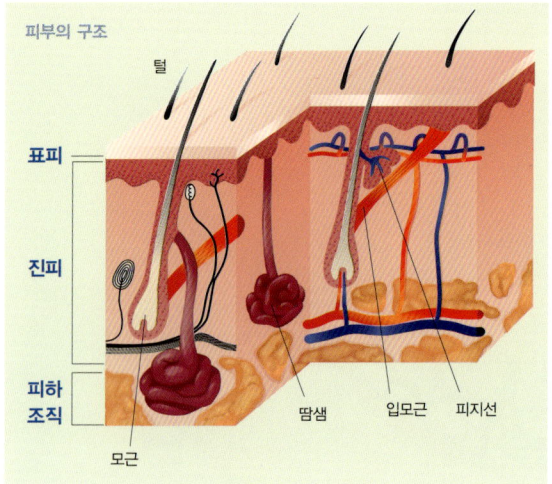

피부의 구조: 털, 표피, 진피, 피하 조직, 모근, 땀샘, 입모근, 피지선

탐구학습

햇빛을 받으면 왜 피부가 검게 변할까요?

햇빛은 크게 가시광선·적외선·자외선으로 되어 있다. 이 중에서 피부에 영향을 미치는 것은 자외선이다. 자외선은 피부 깊숙이 들어가 굳어진 근육을 부드럽게 해 준다. 그러나 너무 강한 자외선은 피부를 검은색으로 변하게 할 뿐만 아니라 피부암을 일으키기도 한다.
여름날에 뙤약볕 아래에서 오랫동안 운동을 하거나, 해수욕장에서 햇빛을 너무 많이 쬐면 피부가 검게 변한다. 이는 햇빛의 자외선으로부터 피부를 보호하기 위해 우리 몸이 스스로 멜라닌이라는 검은 색소를 만들기 때문이다. 멜라닌 색소는 자외선을 어느 정도 막아 피부가 상하는 것을 최대한 보호해 준다. 그러나 너무 강한 자외선을 받으면 피부의 세포마저 죽어 피부의 껍질이 벗겨진다.

방향을 가리키면 엄지는 전류가 받는 힘의 방향을 가리킨다. 왼손법칙으로 전동기의 운동을 설명할 수 있다.

오른손법칙은 전자유도에 의해서 생기는 유도전류의 방향을 나타내는 법칙이다. 자기장 속에서 도선을 움직였을 때 유도전류가 생긴다. 오른손법칙에 따르면 오른손의 엄지, 검지, 중지를 서로 수직으로 펴고, 엄지가 도선의 운동 방향, 검지가 자기장의 방향을 가리키면, 중지가 발생한 전류의 방향을 가리킨다. 오른손법칙으로 발전기에서 전류가 생기는 것을 설명할 수 있다.

피부

동물의 몸을 둘러싼 조직이다. 몸을 보호하고 체온을 조절하며 배설과 지각, 피부 호흡 등의 작용을 한다. 무척추동물에서는 대부분 단세포의 표피이지만 척추동물의 피부는 표피·진피·피하 조직의 세 층으로 되어 있다. 부속 기관으로 털·발톱·비늘·깃털 등의 각질기와 땀샘·지방샘·젖샘 등의 피부선이 있다.

사람의 피부는 몸을 가장 바깥에서 보호한다. 몸의 표면을 완전히 덮고 있는 피부는 바깥층에서부터 크게 표피·진피·피하조직으로 나누어진다. 피부에는 냉점·온점·압점·통점 같은 감각 기관들이 있어 피부가 받은 정보를 뇌로 전달한다. 피부에는 털·지방샘·땀샘·모세혈관 등이 있다. 땀샘에서 만들어진 땀을 땀구멍으로 내보내 체온을 조절하고, 나트륨·질소노폐물 등 몸 속의 노폐물을 몸 밖으로 내보낸다. 환경이나 기온에 따라 피부 혈관도 열을 조절하기 위해 확장하거나 수축하여 체온을 항상 일정하게 유지한다.

하수 처리
주택이나 공장 등에서 사용하고 난 더러운 물을 인공적으로 깨끗하게 하는 것이다. 환경을 오염시키는 하수를 하수도를 통해 하수 처리장으로 보내 여러 가지 방법으로 깨끗하게 한다. 침전물을 없애고 미생물이나 세균 등을 이용하여 유기물을 분해하기도 하며, 화학적 방법으로 오염 물질을 침전시켜 걸러 내기도 한다. 처리 과정을 다 거친 물은 염소로 살균하여 강이나 바다로 다시 내보낸다.

한국에너지기술연구원
우리 나라의 에너지 전문 연구 기관이다. 에너지 기술의 개발과 합리적인 이용 방법을 연구하고 그 성과를 실용화하며, 국가의 에너지 정책을 뒷받침할 기술 개발에 노력하고 있다. 구체적으로 무공해 자연에너지를 확보하기 위한 신재생 에너지 기술, 미래의 새로운 에너지로 떠오르고 있는 수소 및 연료 전지 기술, 에너지 시스템의 핵심 요소 기술인 에너지 신소재 기술, 화석 에너지의 사용에 따른 환경 오염을 줄이기 위한 청정 에너지 기술, 합리적으로 에너지를 이용하기 위한 고효율 에너지 시스템 기술에 대해 연구하고 있다. 또 에너지 기술 관련 시험 성능 평가, 산업체 기술 지원, 에너지 분야 전문가 교육 및 기술 정보의 제공 등을 한다. 대전광역시 유성구 장동에 있다.

한국지질자원연구원
국토와 지질 및 에너지 자원을 조사하고 탐사하는 우리 나라의 전문 연구 기관이다. 오늘날에는 지질 및 자원의 연구뿐 아니라 자원의 활용, 물 부족에 대비한 지하수 자원의 연구와 도시 지하수의 오염을 해결하기 위한 대책을 마련하고 있다. 지진과 산사태의 원인을 밝혀 내고 예측하여 인명과 재산의 손실을 최소화하려는 지질 재해 연구도 함께 진행하고 있다. 국토를 최대한 활용하기 위한 자원 탐사와 지하 공간의 개발 연구, 석유 탐사 및 해저 지질의 연구 등도 하고 있다. 최근에는 국내 최초로 지질박물관을 열었다. 대전광역시 유성구 가정동에 있다.

한국천문연구원
우리 나라의 천문 우주 과학 전문 연구 기관이다. 음양력·일 출몰 시각·표준시 등을 결정하고 관리하며, 국가 천문 업무를 맡고 있다. 한국천문연구원은 1978년에 61센티미터 반사 망원경을 소백산천문대에 설치하는 것

한국항공우주연구원에 전시되어 있는 스마트 무인기

한국천문연구원의 레몬 산 천문대

을 시작으로 막을 열었다. 1985년에는 대덕전파천문대를 세웠고, 1996년에는 보현산천문대를 세웠다. 2003년에는 과학기술위성 1호 탑재용 원자외선 우주 망원경(FIMS)을 개발하여 관측 범위를 지상에서 우주 공간으로 넓혔다. 1미터 자동 망원경을 미국 애리조나 주 레몬 산에 설치하여 우리 나라의 대전에서 원격으로 관측하고 있다. 서울·울산·제주에 21미터 전파 망원경을 설치하여 연결시키는 한국우주전파관측망을 진행하고 있다. 대전광역시 유성구 화암동에 있다.

한국표준과학연구원

국가 측정 표준과 측정 기술에 관하여 연구하고, 그 성과를 보급하기 위해 설립된 우리 나라의 국가 표준 체계 연구 기관이다. 1975년에 설립된 이 연구원은 1999년 2월 「국가표준기본법」에 따라 국가 측정 표준 대표 기관이 되었다. 한국표준과학연구원은 모든 과학 기술과 산업 활동의 원천이 되는 측정 표준 기술을 연구하여 개발하고 있다. 현재 170여 개의 측정 및 시험 분야에 대한 표준을 확립하고 그 결과를 산업계와 학계 등에 제공하고 있다. 뿐만 아니라 나노 기술, 정보 통신 기술 및 생명 공학 기술 등 혁신 첨단 기술에 필요한 새로운 측정 기술과 표준을 개발하여 이러한 기술이 복합적으로 적용될 미래 첨단 산업의 출현에 대비하고 있다. 이밖에 국가 표준 기술의 보급, 측정 기기의 교정 및 시험 검사, 인증표준물질 보급, 정밀 측정 기술 지원·자문·교육 및 훈련 등도 한다. 이 연구원에는 표준 시간을 정확하게 재는 세슘원자시계와 질량의 표준이 되는 킬로그램원기와 함께 길이 표준기, 광도 표준기, 전기 표준기, 온도 표준기 등이 있다. 대전광역시 유성구 도룡동에 있다.

한국항공우주연구원

항공 우주 산업을 연구하기 위해 설립된 우리 나라의 전문 연구 기관이다. 연구 개발 분야는 크게 첨단 항공기 개발, 인공 위성 개발, 우주 발사체 개발 분야로 나눌 수 있다. 국가의 법적 위임을 받아 항공기 및 우주 기기의 품질 인증 업무도 맡고 있다. 첨단 항공기 개발 분야에서는 스마트 무인기 개발 사업, 성층권 무인비행선 개발 사업 및 차세대 헬리콥터 개발 사업을 추진 중에 있다. 인공 위성 개발 분야에서는 다목적 실용 위성 2호 개발 사업의 추진과 정지 궤도 위성인 통신 해양 기상 위성을 개발하고 있다. 우주 발사체 개발 분야에서는 국내 최초로 액체 추진 기관을 사용한 과학로켓 KSR-III를 시험 발사하였고, 100킬로그램급 저궤도 소형 위성 발사체인 KSLV-I 개발과 우주 발사장인 우주 센터 건설 사업을 추진 중에 있다. 대전광역시 유성구 어운동에 있다.

한국해양연구원

국가의 해양 정책을 세우고 해양 개발을 추진하는 데 필요한 해양 과학 기술을 연구하는 우리 나라의 전문 연구 기관이다. 해양 환경 및 기후 변화에 관한 연구, 해양 자원의 관리·이용·개발에 관한 연구, 극지 환경·자원 조사 연구 및 과학 기지 운영, 연안·항만 공학 및 해양 안전·운송 시스템 관련 기술 개발, 해양 개발 및 보전을 위한 제도 연구와 해양 과학 기술정책 관련 연구 등을 하고 있다. 경기도 안산시에 본원이 있다. 대전에는 해양시스템안전연구소, 거제도 장목에는 남해연구소를 두어 운영하고 있다. 또한 극지연구소를 설치하여 남·북극의 연구를 총괄하며, 중국·남태평양·칠레에도 해외 연구 센터를 두어 운영하고 있다.

할로겐

주기율표의 제17족 원소 중 불소, 염소, 브롬, 요오드를 통틀어 가리킨다. 할로겐족 원소라고도 한다. 바닷물이나 암염에 많으며, 그 중 염소가 가장 많다. 환원 반응이 잘 일어나며, 이 과정에서 전자를 하나 얻어 음이온이 되기 쉽다. 또 두 개의 원자가 결합한 분자로 존재하며 모두 독성이 있다. 상온에서 불소는 황록색 기체, 염소는 녹황색 기체, 브롬은 갈색 액체, 요오드는 보라색 고체이다.

합금

어떤 금속에 다른 금속 원소나 비금속 원소를 넣어 만든 금속이다. 합금은 주 원료가 되는 금속의 특색을 살리면서 개량하거나, 주 원료가 되는 금속의 결점을 보완하기 위해 만든다. 현재 세계에서 사용되는 합금은 3만~4만 종류 정도이고, 매년 1000종 이상의 합금이 새로 개발되고 있다. 대표적인 합금으로는 스테인레스강, 황동, 청동, 두랄루민, 니크롬 등이 있다. 스테인레스강은 철을 주 원료로 하여 크롬과 니켈 원소를 넣었으며, 녹슬지 않고 단단하여 그릇이나 수저 등을 만든다. 황동은 주 원료인 구리에 아연을 넣은 것이고, 청동은 구리에 주석과 아연을 넣은 것이다. 청동과 황동은 단단하고 녹슬지 않아서 장식품과 금관악기, 공예품, 기계 부품 등에 쓴다. 두랄루민은 알루미늄에 구리와 마그네슘을 합금한 것으로 가볍고 강하여 비행기나 자동차에 쓴다. 니크롬은 니켈에 크롬을 섞은 것으로 전기 저항이 커서 전열선을 만드는 데 쓴다.

합력

둘 이상의 힘이 동시에 작용할 때와 똑같은 효과를 내는 하나의 힘이다. 합친힘 또는 합성력이라고 한다. 같은 방향으로 작용하는 두 힘의 크기는 이 두 힘을 더한 값과 같다. 서로 반대 방향으로 작용하는 두 힘의 합력의 크기는 큰 힘에서 작은 힘을 뺀 값과 같고, 방향은 큰 힘의 방향과 같다. 나란하지 않게 작용하는 두 힘의 합력은 두 힘을 이웃한 두 변으로 하는 평행사변형을 그리면, 평행사변형의 대각선의 길이가 합력이 된다. 합력의 방향은 대각선의 방향과 같다. 물체에 작용하는 모든 힘들의 합력은 알짜힘이라고도 부른다.

해류

일정한 방향과 속도를 갖고 이동하는 바닷물의 흐름을 말한다. 바람과 바닷물 사이의 밀도가 서로 다르기 때문에 해류가 생긴다. 해류는 바람에 의한 힘과 물의 온도와 염분의 차이 등에 의해 생긴다. 해류는 바닷물의 온도에 따라 난류와 한류로 구분한다. 난류는 보통 저위도에서 고위도로 흐르고 물의 온도와 염분이 높지만 산소량이 적으며 투명한 청람색을 띤다. 한류는 보통 고위도에서 저위도로 흐르고 물의 온도와 염분이 낮지만 산소량이 많으며 청록색을 띤다. 해류는 지구상의 열을 고루 섞어 주는 역할을 한다. 우리 나라 근해에는 동한 난류, 북한 한류, 쓰시마 난류, 황해 난류가 흐른다.

해륙풍

바닷가에서 낮과 밤에 따라 풍향이 바뀌는 바람을 말한

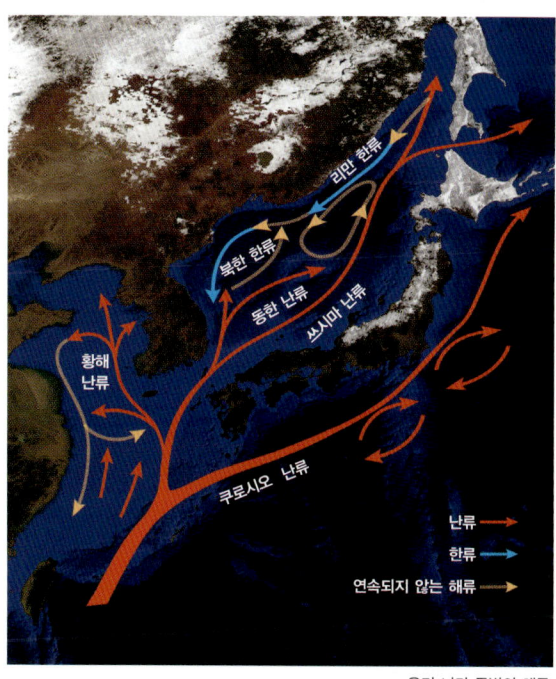

우리 나라 주변의 해류

해리

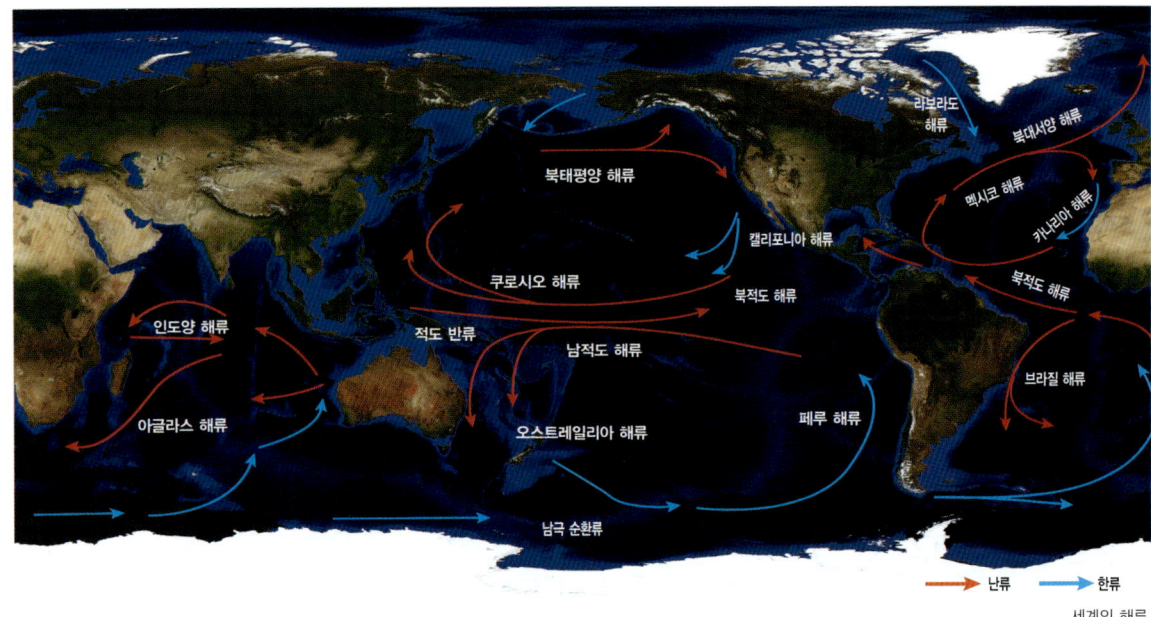

세계의 해류

다. 낮에 햇볕이 내리쬐면 바다보다 육지가 빨리 가열되어 육지 쪽에 상승 기류가 발생한다. 그 자리를 메우기 위해 바다에서 육지로 바람이 분다. 이것을 해풍이라 한다. 반대로 밤에는 육지가 바다보다 더 빨리 식어 바다 쪽이 더 따뜻하다. 그래서 바다 쪽에 상승 기류가 생기고

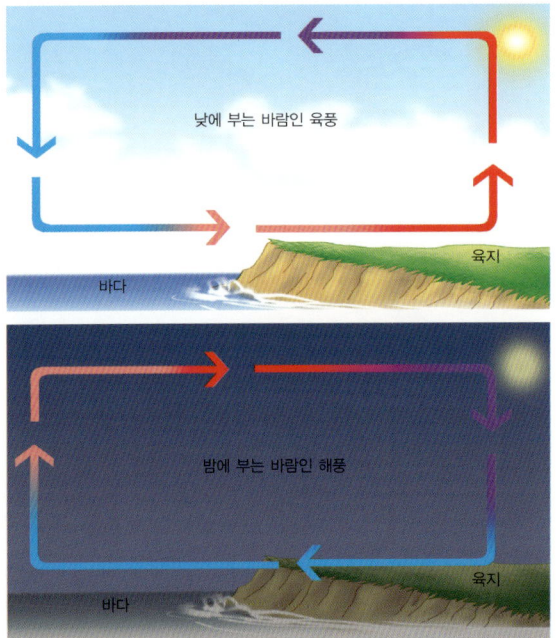

해륙풍

그 자리를 메우기 위해 육지에서 바다 쪽으로 바람이 분다. 이것을 육풍이라 한다. 보통 바다와 육지의 온도 차는 밤보다 낮에 더 크게 나기 때문에 육풍보다 해풍이 더 강하게 분다. 해풍은 초속 5~6미터, 육풍은 초속 2~3미터 정도로 분다. 해륙풍이 부는 범위는 바닷가에서 육지 쪽으로 40~50킬로미터 정도이고, 반대로 바닷가에서 바다 쪽으로는 약 10킬로미터 정도이다.

해리

바다나 하늘에서 거리를 나타내는 길이의 단위이다. 1해리는 1852미터이다. 배의 속도를 나타내는 단위인 노트(Kt)는 1시간에 1해리를 가는 속도이다. 한 나라의 영토에 해당하는 영해는 해안으로부터 12해리이며, 일정한 주권을 행사할 수 있는 경제 수역은 연안으로부터 200해리(약 370킬로미터)이다.

해왕성

태양계의 여덟 번째 행성이다. 독일의 베를린 천문대의 요한 갈레가 프랑스의 천문학자인 르베리에의 부탁으로 새로운 행성을 찾기 위해 탐사를 하다가 1846년 9월 23일에 양자리 근처에서 처음으로 발견하였다. 해왕성은 지구보다 태양에서 30배나 먼 45억 900만 킬로미터 떨어진 거리에서 태양 주위를 공전한다. 해왕성의 공전 주기

는 164.79년이다. 공전 주기는 이처럼 길지만 자전 주기는 다른 목성형 행성과 마찬가지로 짧아 16시간 6분 36초 밖에 되지 않는다.

태양계에서 네 번째로 큰 해왕성은 천왕성보다 조금 작다. 해왕성은 목성이나 토성과 같은 목성형 행성과 비교하면 엄청나게 작지만 지구와 같은 지구형 행성과 비교하면 엄청나게 크다. 해왕성의 적도 반지름은 24,764킬로미터로 지구의 약 3.8배이며, 질량은 지구 질량의 17배가 넘고, 부피는 지구의 57배나 된다. 하지만 해왕성은 기체로 이루어져 있어서 밀도는 지구의 3분의 1이 채 안 된다. 천왕성과 마찬가지로 해왕성의 대기의 대부분은 수소로 이루어져 있다. 대기에는 수소 이외에 헬륨, 메탄, 아세틸렌 등이 포함되어 있다. 대기 중의 메탄의 양이 천왕성보다 더 많기 때문에 태양빛을 반사해 천왕성보다 훨씬 푸르게 빛난다. 해왕성의 둘레에 여러 개의 희미한 고리가 있다는 것이 1980년대 중반에 밝혀진 후 지금까지 모두 4개의 고리가 발견되었다. 이 중 두 개는 다른 고리에 비해 비교적 선명하다. 이 고리들은 얼어붙은 메탄 조각들로 이루어져 있다. 1846년에 처음으로 해왕

지진해일로 폐허가 된 도시

성의 위성인 트리톤을 발견된 이후 지금까지 모두 13개의 위성이 발견되었다. 오랫동안 해왕성에는 트리톤과 네레이드 2개의 위성 밖에 없다고 생각했는데, 1989년에 보이저 2호가 6개의 위성을 더 발견하였다. 그리고 2002년과 2003년에 5개의 위성을 추가로 발견하였다. 해왕성의 위성들은 가장 큰 트리톤을 제외하고는 모양이 불규칙하고 표면의 색깔이 매우 어둡다.

해일

폭풍이나 지진, 화산의 폭발 등으로 바닷물의 높이가 갑자기 높아져 바닷물이 육지로 넘쳐 들어오는 자연 현상이다. 해일에는 지진이나 화산 폭발 때문에 발생하는 지진해일과 태풍이나 강한 폭풍으로 바닷가에서 높은 파도가 일어나는 폭풍해일, 천문과 기상 현상이 복합되어 일어나는 고조해일 등이 있다.

우리 나라에서 발생하는 해일은 주로 폭풍해일이지만, 가끔 지진해일도 나타난다. 기상청에서는 먼 바다에서 해일이 발생하면 해일 전파도를 만들어 해일의 진행 상황을 파악하고, 해일 피해가 예상되는 지역에 해일 주의보와 경보를 발표한다. 해일 경보가 발표되면, 그 지역 주민들은 곧바로 바닷가에서 멀리 떨어진 높은 곳으로 피난해야 한다.

우주 탐사선 보이저 2호가 찍은 해왕성의 모습이다. 가운데 흰 구름 위의 검은 점이 대암점이다.

보이저 2호에서 본 트리톤의 모습. 바다의 신 포세이돈의 아들 이름을 딴 트리톤은 지름이 2710킬로미터로 지구의 달보다 크다. 태양계의 전체 위성 중 7번째로 큰 위성인 트리톤에는 토성의 타이탄처럼 엷은 대기가 있다. 또 트리톤은 다른 위성들과는 달리 반대 방향으로 공전하고 있다.

해저 지형

바다 밑의 땅 모양을 말한다. 바다 밑에도 육지에서와 마찬가지로 매우 다양한 지형이 나타난다. 바다 밑에 높이가 수천 미터에 달하는 산맥들이 있는가 하면, 깊은 골짜기와 육지의 대평원과 같은 아주 넓은 평원도 있다. 바다 밑의 땅은 여러 개의 판으로 구성된 지각의 운동으로 만들어진 것이다. 커다란 해저산맥들은 지구 표면에 커다란 판들이 생길 때 만들어지고, 아주 깊은 골인 해구들은 하나의 판이 다른 판 속으로 들어갈 때 만들어진다. 해저 지형은 깊이에 따라 크게 대륙붕·대륙사면·대양저·해구와 해연 등으로 나눈다.

해저의 여러 지형들

대륙붕은 육지에서 바다 쪽으로 완만하게 경사진 얕은 부분으로 수심이 200미터 미만인 바다 밑 땅이다. 전 세계에 있는 대륙붕의 평균수심은 128미터이다. 보통 바닷가 육지의 지형이 완만하면 대륙붕이 넓고, 육지 지형의 경사가 급하면 대륙붕의 폭이 좁다.

대륙사면은 대륙붕의 끝에서 가파르게 기울어진 바다 밑 땅으로 수심이 약 2000~3000미터 깊이이다. 대륙사면의 평균 수심은 약 3660미터에 달한다. 그러나 대륙사면이 깊은 해구로 곧바로 연결되는 경우에는 평균수심이 약 8200미터에 이르기도 한다. 대양저는 대륙사면에 연속되는 비교적 평탄하고 넓은 해저지형이다. 경사가 완만하고, 깊이가 약 4000~6000미터에 이른다. 대양저는 심해저라고도 하고, 심해저를 대양저보다 더 깊은 곳에 있는 해저 지형으로 보기도 한다. 대양저 또는 심해저는 기울기가 완만한 지역인 심해저평원과 작고 다소 낮은 언덕형 지형인 심해저구릉으로 구성된다. 심해저평원은 퇴적물이 넓은 범위로 쌓여서 만들어진 대양분지로, 수심이 약 3000~6000미터이다. 심해저구릉은 퇴적층이 해저의 바닥에서 높이가 수십 또는 수백 미터 정도 솟아 있는 지형으로 수심은 약 2000~6000미터이다. 해구는 대양 밑바닥에 좁고 길게 도랑 모양으로 움푹 들어간 곳으로 가장 깊은 곳의 수심이 6000미터 이상인 지형을 가리킨다. 해구 중에서 특히 깊은 곳으로 그 지형이 정확히 밝혀진 곳은 해연이라고 부른다. 보통 해구는 대륙 가장자리에 평행하게 길게 늘어서 있으며 마리아나 해구, 필리핀 해구, 자바 해구, 통고 해구, 페루-칠레 해구 등 전 세계에 약 25~27개가 있다.

해구의 폭은 약 20~60킬로미터이며, 단면은 브이(V)자 형이다. 해산은 대양저에서 1000미터 이상 솟아 있는 산 모양의 땅이며, 해령은 해산이 이어져 산맥을 이루고 있는 것이다.

> **우리 나라의 해저 지형**
> 동해의 평균수심은 1543미터이고 최고수심은 4049미터이다. 동해에는 여러 해저 지형이 나타난다. 깊은 해저 3000~6000미터 깊이에서 약간 둥글게 들어간 곳인 울릉 분지와 일본 분지, 야마토 분지 등이 있다. 또 비교적 얕은 대지인 한국 대지와 산맥처럼 솟아오른 야마토-북야마토 해령과 해저 화산인 울릉도와 독도 등이 있다. 남해는 평균수심이 101미터이고 최고수심은 228미터이다. 해안선의 굴곡이 심하며 많은 섬들이 있다. 황해는 평균수심이 44미터이고, 최고수심이 103미터이다. 남해와 황해에는 대륙붕이 잘 발달해 있다.

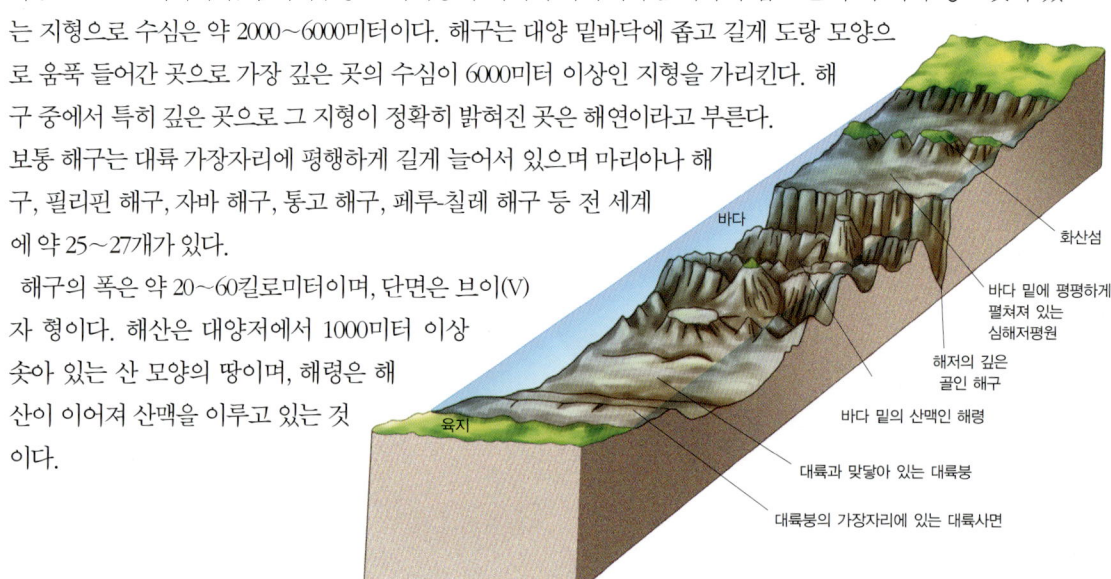

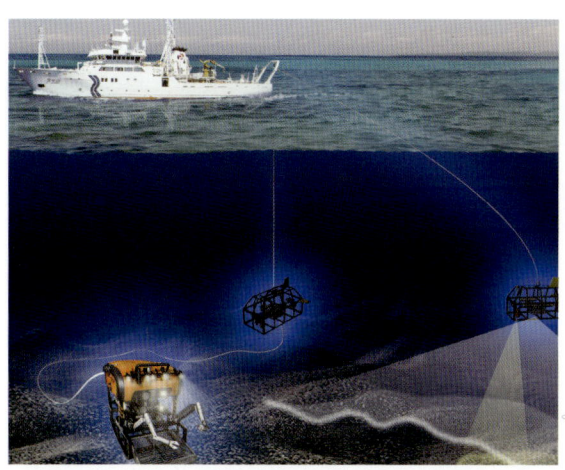
바다 밑 지형을 탐사하는 탐사선을 상상하여 그린 그림

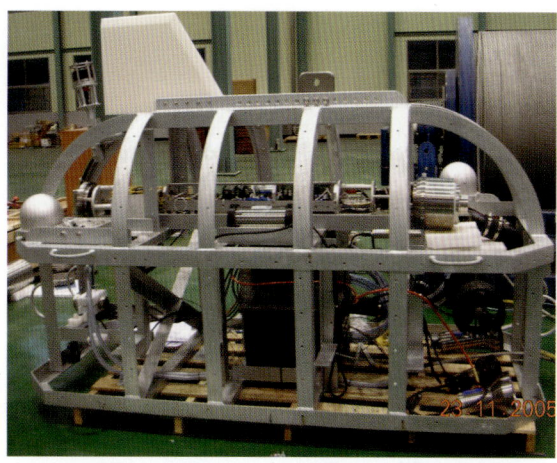
우리 나라의 무인 해저 탐사선인 해누비

해저 탐사

바다 밑의 지형을 조사하는 것을 말한다. 과거에는 바다의 모양과 깊이를 재기 위해서 삼줄이나 강철줄에 매단 추를 바다 밑으로 내려 보냈다. 추가 바닥에 닿으면서 쿵 하는 자극이 손에 전달되는 정도에 따라 바다의 모양과 깊이를 추측하였다. 이런 탐사 방법은 해류의 영향을 많이 받으며, 정확성이 부족하다. 오늘날에는 무인 잠수정이나 배에서 보내는 초음파나 레이저 등을 이용하여 바다 밑 지형을 탐사한다. 음파를 이용하는 음향 측심기는 배에서 보낸 신호가 해저 지형에 부딪친 후 되돌아오는 시간을 측정하여 깊이를 알아 내 바다 밑의 지형을 자동으로 그려 준다. 현재 전 세계 거의 모든 바다의 깊이와 모양이 밝혀져 있다. 최근 한국해양연구원은 태평양에서 실시한 심해저 탐사를 통해 연간 300만 톤씩 100년 동안 생산할 수 있는 규모의 망간을 발견하였는데, 이는 200조 원에 달하는 수치이다.

핵폐기물

원자력 발전소나 연구소, 병원 등에서 나오는 방사성 폐기물을 말한다. 기체·액체·고체 세 가지 형태가 있다. 우라늄처럼 원자력 발전에 이용된 후 발생한 핵연료나 방사성 물질을 다루는 곳에서 사용한 종이, 걸레, 장갑, 작업복, 신발, 필터 등이 모두 핵폐기물이다. 대부분의 국가에서는 밀봉한 뒤 지하 깊은 곳에 만든 굴 속에 저장하여 자연적으로 분해되는 방법을 택하고 있다. 핵폐기물이 자연적으로 분해되는 데는 수십에서 수백만 년이 걸리며, 바람이나 물을 통해 빨리 전파되기 때문에 조금만 새어나와도 인간에게 큰 위험을 준다.

행성

어떤 별의 둘레에서 별의 강한 인력에 이끌려 일정한 궤도를 그리며 도는 천체를 말한다. 행성은 스스로 빛을 내지 못하고, 별의 빛을 받아 반사한다. 태양계 내에는 별인 태양의 둘레에 가장 가까운 수성부터 금성, 지구, 화성, 목성, 토성, 천왕성, 해왕성까지 모두 여덟 개의 행성이 있다. 예전에 태양계의 아홉 번째 행성으로 불리던 명왕성은 2006년 8월에 국제천문연맹이 태양계 내의 행성에 대한 정의를 새롭게 하면서 행성에서 제외되어 왜소행성으로 분류된다. 국제천문연맹의 새로운 정의에 따르면 행성은 태양을 중심으로 공전하고, 충분한 질량을 갖고 있어 구형에 가까운 형태를 유지하며, 주변 궤도에서 지배적인 위치를 차지하는 천체이다. 명왕성은 다른 행성처럼 태양을 중심으로 공전하고 구형에 가까운 형태를 유지하지만, 다른 행성과 달리 주변 궤도에서 지배적인 위치를 갖지 못하는 천체여서 행성에서 제외된 것이다.

태양계의 행성 중에서 지구보다 안쪽에 있는 수성과 금성을 내행성이라 하며, 지구 바깥쪽의 행성을 외행성이라 한다. 또 수성, 금성, 지구, 화성은 지구와 성질이 비슷하다 하여 지구형 행성이라고 하고 목성, 토성, 천왕성, 해왕성은 목성과 성질이 비슷하다고 하여 목성형 행성이라고 부른다. 지구형 행성은 크기가 지구보다 작고 밀

태양계의 행성들

도는 지구와 비슷하다. 또 표면과 지각은 고체로 되어 있다. 목성형 행성은 기체로 되어 있어 크기가 지구보다 훨씬 크지만, 밀도는 지구보다 낮다. 또한 목성형 행성들은 모두 토성처럼 고리를 가지고 있다.

허블우주망원경

지구 궤도에 있는 우주 망원경이다. 우주 왕복선 디스

허블우주망원경

커버리 호가 1990년 4월 24일에 궤도에 올려 놓았다. 길이가 13미터이고, 너비가 4미터, 무게가 11.3톤이다. 허블우주망원경은 지구상에 있는 어떤 망원경보다 정교한 천문 관측 장치로 구경 2.4미터의 고성능 반사경을 사용하여 5000억~1조 개의 별을 관찰할 수 있다.

허파

척추동물 가운데 공기 호흡을 하는 동물의 호흡 기관이다. 폐 또는 폐장이라고도 한다. 산소와 이산화탄소를 교환하며, 기관지와 혈관이 모여 있는 곳이기도 하다. 물고기는 아가미로 호흡하기 때문에 허파가 없고, 경골어류에는 공기주머니인 부레가 있으며, 부레와 허파는 상동 기관이다. 개구리나 도롱뇽 같은 양서류 중에는 피부 호흡을 왕성하게 하는 동물도 있다. 파충류는 허파가 하나이며, 조류는 허파 주위에 5개의 공기주머니가 있다. 포유류의 허파는 횡격막으로 복강과 완전히 나누어진 흉강 안에 있다. 사람의 허파는 무게가 1000그램 정도로 오른쪽과 왼쪽에 하나씩 있다. 오른쪽 허파는 세 조각으로, 왼쪽 허파는 두 조각으로 나누어져 있다. 왼쪽 허파는 심장 가까이에 있으며, 오른쪽 허파보다 약간 작다.

허파는 갈비뼈와 횡격막으로 둘러싸인 흉강 속에 들어 있으며, 척추에서 뻗어 나온 갈비뼈가 외부의 충격으로부터 보호한다. 허파는 3억 개에 이르는 허파꽈리로 이루어져 있어서 공기를 받아들이는 넓이가 몸 겉넓이의 무려 40배에 이르며, 혈액과의 기체 교환이 효율적으로 일어난다.

헬륨

상온에서 색깔이 없는 기체로 원소 기호는 He이다. 대기 중에는 조금밖에 없지만 우주를 이루는 주 성분 중 하나이다. 화학적으로 매우 안정하여 대부분의 다른 원소들과 반응하지 않는다. 공기보다 매우 가볍고 폭발성이 있는 수소와 달리 불에 타지 않아 안전하기 때문에 풍선이나 기구, 비행선의 가스로 사용된다. 인체에 해가 없기 때문에 산소와 혼합해서 잠수용 인공 공기로 사용된다. 이 외에도 초전도 자기부상열차나 초저온 연구용으로도 사용된다.

헬리콥터

회전 날개를 돌려서 생기는 양력과 추진력으로 날아가는 항공기이다. 2장에서 5장 정도의 회전 날개를 약간 경사지게 놓은 상태에서 회전시키면 양력이 생겨 헬리콥터가 공중으로 떠오른다. 또 회전 날개를 기울이면 양력의 방향이 바뀌며, 이 방향을 조절하여 원하는 방향으로 추진력을 얻을 수 있다. 즉 회전 날개를 이용한 헬리콥터는 날개만 회전시키면 수직으로 날아오를 수 있다. 또 날개의 각도를 조절함으로써 원하는 방향으로 자유롭게 날아갈 수 있다. 전진은 물론 좌우 비행 또는 공중에서 정지한 채 머무를 수도 있다. 헬리콥터는 군사용이나 산불 진화 및 인명을 구조하는 데 사용된다.

현무암

주로 검은색이나 검은회색을 띠는 화산암이다. 지구상에서 가장 많은 화산암이다. 사장석과 휘석이 대부분이고, 각섬석과 소량의 감람석도 섞여 있다. 현무암은 거의 용암류와 같이 나오며, 대륙 내의 화산 지대와 해양의 해령 부근에서 주로 만들어진다. 현무암의 조직은 알갱이가 작은 세립질이나 유리질로 이루어져 있어, 광물의 알갱이가 잘 보이지 않는다. 지표 부근에서 생성된 것은 기포가 빠져나가 구멍이 많다.

현미경

물체의 작은 부분을 확대하여 관찰하는 광학 기기이다. 최초의 현미경은 17세기에 네덜란드의 상인인 후크가 발명하였다. 현미경의 종류로는 광학 현미경과 전자 현미경, 원자 현미경 등이 있다. 광학 현미경은 접안렌즈와 대물렌즈를 이용하여 물체를 확대하고, 이 두 렌즈 사이의 거리를 조절하여 초점 거리를 맞춘다. 또 반사경·집광기·조리개 등으로 빛의 양을 조절하여 밝은 상을 얻을 수 있다. 대체로 현미경의 해상력은 100만 분의 1미터 정도이다. 최근에는 더 작은 부분을 확대하여 관찰할 수 있는 전자 현미경이 개발되었다. 전자 현미경은 빛 대신 전자선을 이용한다. 전자 현미경은 결정 내의 원자 배열(1억 분의 1미터)까지도 관찰할 수 있을 정도로 해상력이 뛰어나 물리학·생물학·의학·공학 등 광범위한 학문 영역에서 이용되고 있다. 원자 현미경은 바늘이 달린 긴 막대기 모양의 탐침을 이용해 원자의 표면을 읽는다. 주

헬리콥터의 구조

- 주회전날개: 수직, 하강을 위한 양력을 일으킨다.
- 보조회전날개: 동체가 회전하는 것을 막고, 방향을 유지한다.

긴급 구조 작업을 하고 있는 헬리콥터

혈관

탐구학습 | 광학 현미경의 구조

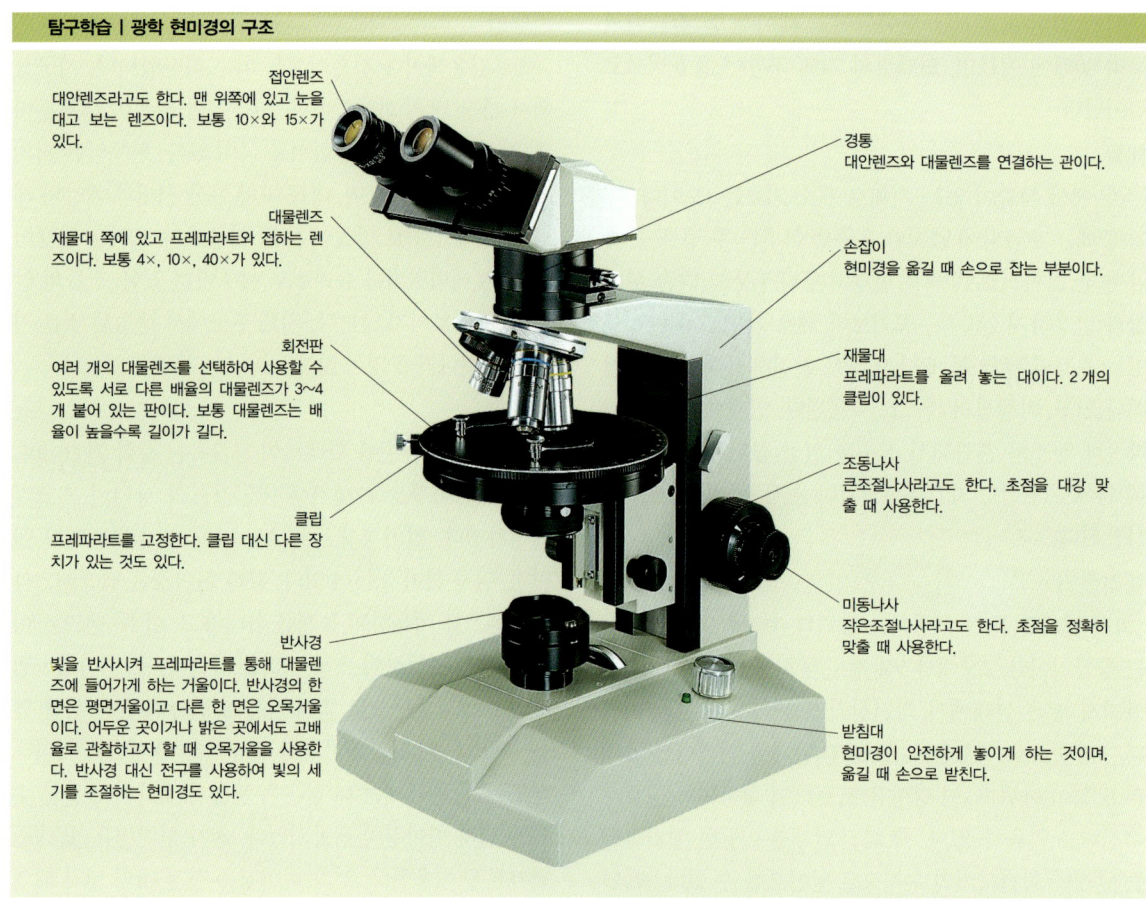

로 반도체를 만드는 과정에서 실리콘 웨이퍼 표면의 홈을 찾아 내는 데 이용하고 있다.

혈관

혈액이 흐르며 양분과 노폐물이 이동하는 관이다. 심장의 박동으로 분출한 혈액이 빠르고 안전하게 운반되는 이동 통로이다. 혈관은 심장에서 나가는 동맥, 동맥과 정맥을 연결하며 온몸 구석구석까지 가늘게 가지를 친 모세혈관, 다시 심장으로 돌아가는 정맥으로 구분된다. 이런 혈관을 모두 연결하면 지구 둘레의 세 바퀴에 해당하는 13만 킬로미터나 된다.

동맥은 심장으로부터 모세혈관까지 혈액을 안전하고 신속하게 운반해 주는 역할을 한다. 그래서 높은 혈압에도 파열되지 않기 위해 두껍고 강하며 탄력성이 좋다. 모세혈관은 가늘고 얇으며, 주변에 있는 조직세포에 양분과 산소를 주고 대신 노폐물과 이산화탄소를 받아들이는 물질 교환을 한다. 모세혈관의 혈액 흐름은 느리지만, 온몸 구석까지 퍼져 있다. 정맥은 노폐물을 가지고 심장으로 되돌아오는 혈관이다. 정맥은 동맥에 비해 혈압이 거의 없어 혈액이 거꾸로 흐르는 현상이 일어난다. 이를 막기 위해 정맥에는 판막이 있다. 또한 동맥은 피부 깊숙이 있지만 정맥은 피부 근처의 근육 사이에 있다.

혈액

산소와 영양분을 공급하고, 노폐물을 운반하는 액체이다. 피라고도 한다. 사람의 머리에서 발끝까지 온몸 곳곳에 흐르는 혈액의 양은 성인의 경우에 약 4~6리터 정도로 체중의 6~8퍼센트를 차지한다. 혈액의 42~47퍼센트는 고형 성분인 적혈구·백혈구·혈소판으로 되어 있다. 나머지 53~58퍼센트는 액체 성분인 혈장으로 되어 있다. 혈액은 동맥·정맥·모세혈관을 통해 온몸으로 순환한다. 이 과정에서 작은창자에서 흡수한 포도당, 아미노산, 지방산, 비타민 같은 영양소와 허파를 통해 들이마신 산소를 온몸의 조직세포에 공급해 준다. 조직세포가 활동하면서 발생하는 노폐물도 혈액을 통해 운반된다. 배설 기관인 콩팥과 땀샘을 거쳐 오줌과 땀으로 빠져나가며, 이산화탄소는 허파로 운반되어 몸 밖으로 빠져나간다. 여러 내분비선에서 분비하는 호르몬도 혈액과 함께 운반된다. 간이나 근육에서 발생한 열은 혈액의 순환 과정에서 온몸으로 고르게 퍼져 체온을 조절하는 역할을 한다. 그 외에도 전해질과 수분을 조절하고, 호르몬을 운반하며, 백혈구가 균을 잡아먹음으로써 인체를 지키기도 한다.

혈액은 적혈구의 표면에 붙어 있는 응집원의 종류에 따라 A형, B형, O형, AB형으로 나눈다. 수혈을 할 때는 응집 반응이 일어나지 않는 혈액형끼리 해야 한다.

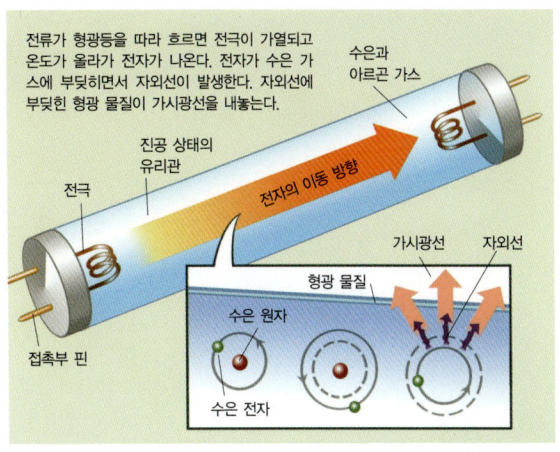

형광등의 구조

형광등

빛을 내는 조명 기기이다. 가늘고 긴 유리관 양끝에 각각 전극이 연결되어 있고 내부는 진공으로 적은 양의 수은과 아르곤 가스가 들어 있다. 전극에 전압을 걸면 전극이 가열되고 온도가 올라가면 전자가 나온다. 이 전자가 수은 가스에 부딪히면 자외선이 발생한다. 자외선은 다시 유리관 벽에 칠해져 있는 형광 물질에 부딪히고, 자외선에 부딪힌 형광 물질이 가시광선을 내놓는다. 이 가시광선 때문에 형광등은 빛을 낸다. 이런 과정을 거쳐야 하므로 형광등은 빛을 내기까지 약간의 시간이 필요하고 깜빡거린다. 백열등보다 효율이 좋은 반면 소비 전력은 3분의 1 정도이다. 또 형광 물질에서 나온 빛은 부드럽고 열을 거의 내지 않는다. 형광등의 수명도 백열등보다 5~6배 길다.

형상기억합금

합금으로 일정한 모양을 만들고 나서 힘을 주어 다른 모양으로 바꾼 뒤에 온도를 높여 주면 처음의 모양을 기억해서 그 모양으로 되돌아가는 합금이다. 모양을 기억하는 합금이라는 뜻이다. 형상기억합금은 치아고정용 스프링, 휴대전화의 안테나, 안경테, 인공 위성의 안테나 등 우리 생활에 폭넓게 사용된다.

혜성

태양계 밖에서 떠돌던 작은 물체가 태양의 인력 때문에 끌려 들어와 태양에 가까워지면서 긴 꼬리를 만드는 천체이다. 밤하늘에 아름다운 긴 꼬리를 휘날리는 혜성은

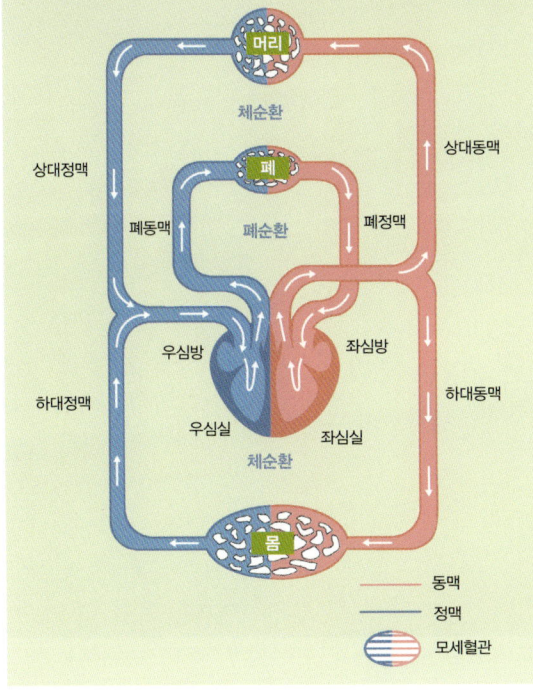

할리혜성

기원전 3000년 전부터 관측되어 지금까지 약 1600여 개 정도가 알려져 있다. 그 중 약 600여 개는 궤도까지 알려져 있다. 오늘날 우리가 아름답다고 여기는 긴 꼬리 때문에 옛날 사람들은 혜성이 나타나는 것을 몹시 두려워했다. 혜성의 긴 꼬리가 전쟁이나 전염병, 천재지변 등과 관련이 있다고 생각했기 때문이다. 그래서 우리 나라에서는 혜성을 요사스러운 별이라는 뜻으로 요성이라고 부르기도 하였다. 또 혜성은 패·치우기라고도 하며, 순우리말로는 살별이라고 한다.

혜성은 태양계 바깥에서 태양계를 빙 둘러싸고 있는 오르트 구름이나 해왕성 밖에 있는 원반 모양의 카이퍼 벨

1997년에 찾아왔던 헤일-밥 혜성의 모습이다. 하얀색 먼지 꼬리와 파란색 이온 꼬리가 선명하게 잘 보인다.

트에서 오는 것으로 알려져 있다. 태양 주위를 기다란 타원 궤도로 도는 혜성이 태양에서 멀리 떨어져 있을 때는 큰 망원경으로도 핵만을 볼 수 있다. 혜성의 핵은 불규칙한 모양이며, 주로 탄소로 이루어져 있고, 규산염·흑염·얼음·암모니아·메탄 등이 섞여 있다. 이런 핵을 가진 혜성이 목성 근처에 오면 태양열을 받아 가스와 먼지가 증발하여 둥근 공 모양의 코마를 만들고, 태양에 가까워지면서 코마의 물질이 태양 빛과 태양풍에 의해 뒤로 밀려 나가 혜성의 꼬리를 만든다. 혜성의 꼬리는 푸른 빛의 이온 꼬리와 흰 빛의 먼지 꼬리로 나뉜다. 혜성의 꼬리는 항상 태양의 반대쪽을 향하고 있고, 길이는 보통 수백 킬로미터에 이른다. 혜성의 공전 주기는 혜성마다 다르다. 공전 주기가 긴 장주기 혜성의 공전 주기는 100만~3000만 년이나 되지만, 단주기 혜성의 공전 주기는 200년 이내이다.

호르몬

몸의 물질 대사를 조절하는 물질로, 내분비선에서 나온다. 호르몬은 우리 몸에서 체액의 내부 환경을 일정하게 유지해 주고 신체의 성장과 발달을 조절하는 등 여러 가지 기능을 한다.

호르몬의 특징은 첫째, 내분비선에서 만들어져 혈액이나 림프에 직접 분비되고, 혈액 순환으로 다른 조직이나 기관으로 운반된다는 것이다. 내분비선은 간뇌 아래쪽에 있는 뇌하수체, 목에 있는 갑상선, 부갑상선, 이자, 콩팥에 있는 부신, 정소, 난소 등에 있다. 둘째, 호르몬은 종류에 따라 특정한 표적 기관이나 표적세포에만 작용한다. 표적 기관이란 특정한 호르몬에만 반응하는 기관이다. 예를 들어 여성의 생리 주기를 결정하며 뇌하수체에서 분비되는 여포자극호르몬은 여성의 난소에 있는 여포에서만 기능하지 다른 기관에는 아무런 영향을 주지 못한다. 이때 여포자극호르몬의 표적 기관은 난소의 여포이다. 셋째, 호르몬은 아주 적은 양으로 생리 기능을 조절하는데, 분비량이 적으면 결핍증이, 분비량이 많으면 과다증이 나타난다. 넷째, 동물의 종에 따른 특이성이 없어서 항원으로 작용하지 않는다. 척추동물의 호르몬은 다른 척추동물의 체내에서도 같은 기능을 한다는 뜻이다. 돼지의 인슐린은 사람의 당뇨병 치료에도 사용할 수 있다. 인슐린이 돼지 안에서나 사람 안에서 같은 기능을 하기 때문이다.

> **세계에서 가장 큰 호수는 어디일까요?**
> 세계에서 가장 큰 호수는 중앙아시아 바이칼 호로 저수량이 약 2만 2000세제곱킬로미터이다. 아프리카의 탕가니카 호에는 1만 9000세제곱킬로미터, 북아메리카 대륙의 슈피리어 호에는 1만 2000세제곱킬로미터의 물이 저수되어 있다. 북아메리카 대륙의 오대호에는 2만 5000세제곱킬로미터의 물이 저수되어 있다. 북아메리카 대륙에 있는 10세제곱킬로미터 이상의 저수량을 갖는 호수를 모두 합하면 세계 호수 총저수량의 25퍼센트를 차지한다.

호박

황색이나 황갈색을 띠는 광물의 한 종류이다. 소나무에서 나오는 송진과 같은 점도가 높은 수지가 땅 속에서 화석화되어 만들어진 유기 광물이다. 색깔이 아름답고 광택이 뛰어나 장식용 조각, 구슬, 염주를 만드는 데 널리 사용된다. 가열하면 섭씨 250~300도에서 녹고, 마찰하면 음전기를 띤다. 호박 속에 곤충의 유해가 있는 경우도 있다.

호수

우묵하게 들어간 땅에 물이 괴어 있는 지형이다. 보통 못이나 늪보다 넓고 깊은 지형을 말한다. 육지의 물은 대부분 빙하와 지하수로 존재하며, 호수는 전체 육지 물의 0.4퍼센트에 불과하다. 육지에 있는 영양분을 싣고 온 강물 덕분에 호수에서는 다양한 동식물이 함께 지내면서 번성한다. 시간이 흘러 이 동식물이 죽고, 그 흔적이 계속 쌓이면 마침내 호수는 늪으로 변한다. 호수가 늪이 되기까지 걸리는 시간은 대략 3만 년 정도이다.

호박

호우

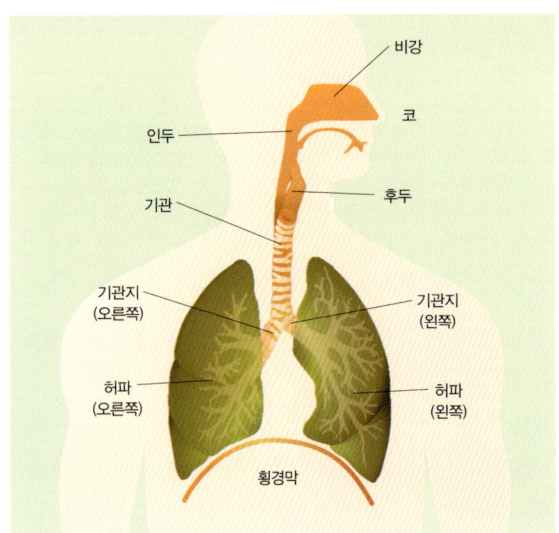

사람의 호흡 기관

호우
비교적 짧은 시간에 많이 내리는 비를 말한다. 그 중에서도 어떤 지역에 집중하여 쏟아지는 비를 집중호우라고 한다. 우리 나라에서는 24시간에 80밀리미터 이상의 강우로 비 피해가 예상될 때에 호우 주의보, 150밀리미터 이상이 예상될 때 호우 경보를 내린다.

호흡
생물이 숨을 들이마시고 내쉬는 과정이다. 산소를 흡수하고 이산화탄소를 내보낸다. 생물이 물질을 산화 또는 분해하여 생명 활동의 에너지를 얻는 과정 전체도 호흡이라고 한다. 생명체가 살아 있으려면 끊임없이 호흡해야 하며, 에너지를 끊임없이 공급받아야 한다. 그 에너지의 공급원이 바로 호흡이다. 허파를 통해 들이마신 공기는 기관·기관지를 지나 허파꽈리라는 작은 주머니 속까지 들어간다. 허파꽈리는 가느다란 모세혈관으로 둘러싸여 있다. 여기서 공기 중의 산소가 혈액으로 옮겨가고, 몸속의 이산화탄소는 혈액을 통해 몸 밖으로 나간다.

이렇게 호흡 기관에서 가스 교환이 이루어지는 것은 농도가 높은 곳에서 낮은 곳으로 분자가 이동함으로써 일어나는 확산 현상이다. 허파꽈리에서 혈액에 흡수된 산소는 혈액을 통해 온몸에 있는 조직세포 속의 미토콘드리아로 보내진다. 미토콘드리아는 산소를 이용해 화학 에너지인 포도당을 이산화탄소와 물로 완전히 분해하면서 에너지를 만든다. 이 과정에서 생긴 이산화탄소는 혈액을 통해 허파꽈리로 옮겨져 산소와 교환된 후 몸 밖으로 나간다.

호흡기
물질 대사에 필요한 산소와 결과물인 이산화탄소가 이동하는 기관이다. 사람의 경우에는 코, 기관, 허파 등이 호흡 기관이다. 우리가 코로 들이마신 공기는 기관과 기관지를 통해 양쪽 허파로 들어간다. 기관은 계속 가지를 쳐서 매우 가는 세기관지가 되어 허파꽈리에 연결된다. 허파꽈리는 한 층의 얇은 세포로 이루어져 있으며, 그 겉을 모세혈관이 둘러싸고 있어 산소와 이산화탄소의 기체 교환이 일어난다.

혼천의
천체의 위치와 운행을 측정하는 고대의 관측 기구이다. 둥근 하늘 모양으로 하루에 한 바퀴씩 돌도록 설계된 천구의와 함께 물레바퀴를 동력으로 움직이는 시계 장치가 연결되어 있다. 혼천의는 천체의 운행에 맞게 돌아가도록 되어

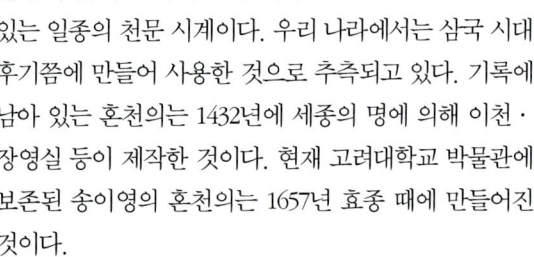

있는 일종의 천문 시계이다. 우리 나라에서는 삼국 시대 후기쯤에 만들어 사용한 것으로 추측되고 있다. 기록에 남아 있는 혼천의는 1432년에 세종의 명에 의해 이천·장영실 등이 제작한 것이다. 현재 고려대학교 박물관에 보존된 송이영의 혼천의는 1657년 효종 때에 만들어진 것이다.

홀로그래피
빛의 간섭 현상을 이용하여 만든 삼차원의 사진을 가리킨다. 촬영하려는 물체에 레이저 광선을 비추어 하나는 피사체에 반사되어 필름에 도달하게 하고, 다른 하나는 필름에 직접 도달하게 해서 생기는 간섭무늬사진을 얻는다. 간섭무늬사진에 다시 레이저 빛을 비추면 거꾸로 빛의 간섭이 일어나 입체감이 살아 있는 삼차원 사진이 만들어진다.

공중에 떠서 입체감이 살아 있는 것처럼 보이는 홀로그래피

홀씨
꽃이 피지 않는 식물에서 만드는 씨앗으로, 포자라고도 한다. 정자나 난자와 달리 혼자서 새로운 개체가 될 수 있다. 홀씨의 크기, 형성 장소, 형태 등은 식물에 따라 각기 다르다. 고사리나 우산이끼처럼 식물의 홀씨주머니에서 감수 분열로 형성되는 반수체 진정 포자와 푸른곰팡이처럼 몸의 일부가 그대로 분열하여 생기는 영양 포자가 있다.

화강암
마그마가 땅속 깊은 곳에서 천천히 식어 굳어져서 생긴 화성암의 한 종류이다. 석영과 장석이 많이 포함되어 색깔이 밝고 알갱이가 큰 암석이다. 지하 깊은 곳에서 마그마가 냉각되어 형성되며, 지구 지각에서 가장 흔한 심성암 가운데 하나이다. 화강암은 옛날부터 건축용과 석재로 널리 사용되었다.

화력 발전
석유나 천연 가스, 석탄 등의 연료를 연소시켜 온도와 압력이 높은 수증기를 만들고, 이를 이용해 증기터빈을 돌려 발전하는 방식이다. 디젤 기관을 이용한 발전도 화력 발전에 속한다. 현재 세계 대부분의 전력 생산은 화력 발전과 원자력 발전에 의해 이루어지고 있다.

화산암
마그마가 지표로 분출되어 짧은 시간에 굳어진 암석을 말하며, 분출암이라고도 한다. 화성암의 한 종류로, 식는 속도가 빠르기 때문에 알갱이의 크기가 작다. 화산암에는 마그마가 지표나 해저로 쏟아져 나와 굳어진 용암과 화산이 불을 뿜을 때 나온 물질이 굳어진 화산쇄설암 등이 있다. 대표적인 화산암으로 현무암, 안산암, 유문암 등이 있다.

화상 전화
화면 표시 장치와 카메라의 기능이 전화기와 결합되어 화면을 보면서 통화할 수 있는 전화이다. 소리뿐 아니라 영상 등 많은 정보량을 주고받아야 하기 때문에 통신을 하기 위해서는 대역폭이 넓은 아날로그 회선이나 디지털 회선을 이용하여야 한다. 대역폭이란 송신기나 증폭기가 전기 신호를 보낼 때 흐트러지지 않은 상태로 보내기 위해 전송계가 갖추어야 할 일정한 주파수대의 폭이다.

화성암인 화강암

화산암인 안산암

혼합물의 분리

　혼합물이란 두 가지 이상의 물질이 화학 결합을 하지 않고 원래의 특성이 그대로 섞여 있는 것을 가리킨다. 여러 가지 종류의 물질이 함께 섞여 있는 혼합물을 분리할 때는 물질의 고유한 성질을 알아야 한다. 귤과 탱자가 섞여 있는 것처럼 겉보기로 구분할 수 있는 것도 있지만, 모래밭에서 철가루를 분리하거나 콩에서 콩기름을 분리하려면 다른 물질들과 구별되는 물질 고유의 성질을 알아야 한다.
　물질마다 밀도나 용해도, 끓는점과 녹는점 등이 다르기 때문에 이러한 성질을 이용해 혼합물을 분리해 낼 수 있다. 밀도는 물질마다 달라서 물질을 서로 구별하는 중요한 성질이 된다. 용해도도 같은 조건에서 일정량의 용매에 녹는 물질의 양이 정해져 있기 때문에 물질이 가진 고유한 성질이다. 물질의 상태 변화가 일어나는 온도도 항상 일정하기 때문에 어떤 물질의 끓는점과 녹는점도 물질의 고유한 성질로, 이를 이용해 혼합물을 분리해 낼 수 있다.

혼합물을 분리하는 여러 가지 방법

　혼합물을 분리하는 방법에는 거름, 증류, 분별증류, 승화, 추출, 분별깔대기, 분별결정, 크로마토그래피 등의 여러 가지 방법이 있다.
　거름은 혼합물의 알갱이 크기가 서로 다른 것을 이용하는 방법이다. 거름종이의 구멍 크기보다 큰 알갱이는 거르고 거름종이의 구멍 크기보다 작은 알갱이는 통과시키는 분리 방법이다. 흙탕물을 분리할 때 사용할 수 있다. 증류는 비휘발성 고체가 액체와 혼합된 경우에 두 물질의 끓는점 차이를 이용해 액체를 가열해 고체와 분리하는 방법이다. 소금물에서 물을 가열해 소금을 분리하는 방법도 증류이다. 분별증류는 끓는점이 다르고 서로 잘 섞이는 두 액체를 분리하는 방법이다. 물과 에탄올을 분리할 때나 원유를 정제할 때 사용한다. 승화는 승화성 고체와 비승화성 고체가 섞인 경우에 혼합물을 가열해 승화성이 큰 물질을 분리해 내는 방법이다. 모래와 요오드를 분리할 때 사용할 수 있다. 추출은 섞인 물질 중에서 특정 물질만 선택해서 용해시킬 수 있는 용매를 사용해 분리하는 방법이다. 식초 속에서 아세트산을 분리하거나 콩 속에서 지방을 분리해 낼 때 사용한다. 분별깔대기는 섞이지 않는 두 액체가 밀도 차에 의해 두 층으로 나뉠 때 사용한다. 물과 에테르처럼 서로 섞이지 않는 액체 혼합물에 사용할 수 있다. 분별결정은 특정 용매에서 온도에 따른 용해도의 차이가 큰 고체 혼합물을 분리하는 방법이다. 질산칼륨과 염화나트륨처럼 물에서 온도에 따른 용해도의 차이가 큰 물질을 분리할 때 이용한다. 크로마토그래피는 액체나 기체의 혼합물이나 용액에서 용질을 분리해 내는 방법이다. 잉크에서 색소를 분리할 때 이용할 수 있다.

여러 가지 혼합물의 분리

　물질 중에서 고체의 경우에는 가루로 만들어 사용하기도 한다. 가루 물질은 다른 가루 물질과 쉽게 섞이며,

❓ 여러 가지 가루 물질의 특징

물질	요오드 용액	식초	맛	색깔	모양	촉감	가열
설탕	변화 없다	변화 없다	달다	흰색	반짝거린다.	깔깔하다.	녹으면서 누렇게 되고 나중에 검게 된다. 끈적끈적한 액체가 되고 캐러멜 냄새가 난다.
소금	변화 없다	변화 없다	짜다	흰색	반짝거린다.	거칠다.	튀다가 약간 거무스레하게 변한다.
녹말	보라색	변화 없다		흰색	알갱이가 작다.	부드럽다.	갈색으로 변하다가 검게 된다. 빵 굽는 냄새가 난다.
탄산수소나트륨	변화 없다	거품이 난다.	쓴맛	흰색	반짝임이 없다.	부드럽다.	변화 없다.
황산구리	변화 없다	변화 없다	맛보지 않는다.	푸른색	반짝거린다.	거칠다.	탁탁 튀는 소리를 내며 흰색으로 변한다.

원하는 모양으로 만들기도 쉽기 때문이다. 건물을 지을 때도 시멘트와 모래, 흙 등 가루 물질을 섞어서 이용하고, 고추장을 만들 때도 고춧가루와 쌀가루처럼 고체를 가루로 만들어 이용한다. 가루 물질들이 혼합되어 있을 때에, 혼합된 가루 물질을 알아 내려면 가열하거나 만져보고, 알갱이의 크기와 모양·색깔 등을 관찰하거나, 여러 용액과 반응하게 하는 방법을 쓴다. 탄산수소나트륨과 소금이 혼합되어 있다고 생각될 경우에는 맛을 보거나 식초를 떨어뜨려 본다. 소금은 짠 맛을 내고, 탄산수소나트륨은 식초를 떨어뜨리면 거품을 내면서 녹기 때문이다. 이와 같이 가루 물질들의 특징을 알면, 혼합물을 분리하는 방법을 쉽게 찾을 수 있다.

고체 혼합물의 분리

모래와 철가루의 혼합물은 철이 자석에 붙는 성질을 이용하여 분리한다. 철가루는 자석에 붙고 모래는 자석에 붙지 않아 쉽게 철가루를 분리할 수 있다. 자석에 붙은 철가루는 쉽게 떨어지지 않는다. 따라서 자석을 미리 비닐이나 종이에 싼 후 사용하면 철가루를 모은 후 쉽게 떼어 낼 수 있다. 철 깡통과 알루미늄 깡통을 분리할 때도 자석을 이용한다.

모래와 자갈의 혼합물은 알갱이의 크기가 다른 점을 이용한다. 자갈의 알갱이는 크고 모래는 작기 때문에 이 혼합물에 알맞은 체를 이용하면 모래와 자갈을 쉽게 분리할 수 있다. 콩과 좁쌀·쌀 등이 섞여 있는 것을 분리하거나 크기가 같지 않은 과일을 크기대로 분리할 때도 눈의 크기가 다른 체를 사용한다. 우리 조상들이 사용한 혼합물의 분리 도구에는 풍구·조리·키 등이 있으며, 이들은 혼합물의 무게 차이를 이용하여 곡식 낟알과 찌꺼기 등을 분리하는 기구이다.

> **탐구학습**
>
> **소금과 모래의 혼합물은 어떻게 분리할 수 있을까요?**
> 우선 소금과 모래의 혼합물에 물을 부어 소금을 녹인다. 그 다음에 거름 장치를 이용하여 모래와 소금물을 분리한다. 그리고 소금물에서 물을 증발시켜 소금을 얻는다.
>
> **두부를 만들 때는 어떻게 액체와 고체를 분리할까요?**
> 두부를 만들려면 우선 콩을 깨끗이 씻어 불린 다음 믹서에 갈아 콩물을 만든다. 이 콩물에 물을 붓고 끓인 다음 헝겊으로 거른다. 거른 콩물을 다시 끓인 다음 간수를 넣고 천천히 젓는다. 빈 우유통에 구멍을 뚫은 후 깨끗한 헝겊을 깔고 엉겨 가는 콩물을 부은 다음 무거운 것으로 눌러 놓는다. 그러면 물은 빠지고 나머지는 두부가 된다. 이 과정에서 콩물을 거를 때 헝겊을 사용하는 것은 액체인 콩물과 고체인 찌꺼기를 분리하기 위해서이다.
>
> **정수기 안에는 무엇이 들어 있어 물을 깨끗하게 만들어 줄까요?**
> 정수기 안에는 여과 장치라는 것이 있어 물 속의 불순물을 걸러 준다. 여과 장치 안에 들어 있는 물질 중 대표적인 것이 활성탄이다. 숯과 여러 종류의 석탄, 야자나무 껍질, 톱밥 등의 원료를 약 900도 정도의 높은 온도에서 쪄서 구워 만든 물질이다. 활성탄에는 수많은 구멍들이 있어 많은 오염 물질들이 이곳에 달라붙는다. 활성탄으로 걸러지지 않는 세균이나 녹 등은 필터와 같은 또 다른 여과 장치에서 걸러진다. 일정한 기간이 지나면 정수기 안의 여과 장치를 갈아 주어야 한다. 이는 많은 물을 거를수록 오염이 되고 효과가 떨어지기 때문이다.

풍구 / 조리 / 키

액체 혼합물의 분리

흙탕물처럼 물과 흙이 혼합된 것을 깨끗한 물로 만들려면, 우선 가만히 놓아 두어 불순물이 가라앉게 한 다음에 거름종이로 걸러 낸다. 그러면 불순물은 거름종이에 남게 되고 물은 거름종이를 빠져 나간다. 이렇게 거름종이로 흙탕물을 분리하는 것처럼 우리 생활에서도 알갱이의 크기를 이용하여 액체혼합물을 분리하기도 한다. 한약재를 다린 후에 한약을 짜는 것이나, 커피여과기에서 커피를 만드는 것 또는 물이 정수 시설을 거쳐 깨끗한 수돗물로 각 가정에 들어오는 것 등이 그 예이다. 또 서로 성질이 다른 액체인 물과 식용유를 분리할 때는 두 액체가 섞이지 않는 점을 이용하여 두 물질을 분리한다. 바다에 유출된 기름을 제거할 때도 기름이 물에 뜨는 성질을 이용하여 기름을 제거한다. 우선 오일펜스로 둘러쳐 기름이 퍼져 나가지 못하게 한 다음, 기름을 걷어 내거나 기름을 흡수하는 방법을 쓴다. 남은 기름은 유화제를 뿌려 녹인다.

화산

화산탄

땅속 깊은 곳에서 만들어진 마그마가 지각의 약한 틈으로 분출하여 만들어진 산이다. 화산이 분출할 때에는 액체 상태의 시뻘건 용암뿐 아니라 기체, 고체 상태의 여러 물질이 나온다. 화산 기체는 대부분 수증기로 되어 있으며, 이산화탄소·일산화탄소·이산화황·황화수소·염소 등이 포함되어 있다. 기체의 압력은 때로는 화산재를 성층권까지 뿜어 올리고, 산을 날려 버리기도 한다. 땅 위로 분출한 마그마는 용암이라 한다. 마그마에 포함되어 있던 기체가 증발하고 남은 뜨거운 액체이다. 용암의 온도는 900도에서 1200도 정도이며, 용암이 흘러내리면서 얼마나 빨리 굳느냐에 따라 화산의 모양이 달라진다. 용암은 굳으면 대부분 현무암이 되고, 성분에 따라 안산암·석영안산암·유문암이 되기도 한다. 화산이 분출할 때 나오는 고체 상태의 물질을 화산 쇄설물이라고 하며, 알갱이의 크기에 따라 화산암괴, 화산탄, 화산력, 화산재, 화산진 등으로 나눈다. 이 중 화산탄은 야구공 또는 농구공 크기에서 지름이 수 미터에 이르는 것까지 있으며, 타원형, 원반형 등 모양과 크기 또한 다양하다. 대부분의 화산 쇄설물은 근처에 떨어져서 퇴적층을 만들지만, 100톤이나 되는 화산암괴가 10킬로미터 이상 날아간 경우도 있다. 가벼운 화산재는 높이 10~13킬로미터 이상의 대류권 밖까지 올라가 지구의 주위를 돌면서 대륙이나 바다 위로 떨어진다.

화산의 활동을 조사하는 연구원

세인트헬레나 산

에트나 산

화산의 종류

예전에는 화산을 활화산·휴화산·사화산의 세 가지로 분류하였다. 즉 현재 활동하고 있는 화산을 활화산이라 하고, 한때는 분화하였으나 현재 활동하지 않는 화산을 휴화산이라 하였으며, 유사 이래 현재까지 화산 활동의 기록이 없는 화산을 사화산이라 하였다. 그러나 이런 분류법은 사화산이나 휴화산이 갑자기 분출하기도 하고, 기준도 불합리한 점이 많아 오늘날에는 잘 쓰지 않는다. 오늘날에는 앞으로 활동할 염려가 있는 화산을 활화산이라 하여 그 밖의 화산과 구별하는 것이 보통이다. 현재 지구의 지표상에 활화산은 850여 개 정도가 있으며, 그 외의 활동을 멈춘 화산도 수천 개나 된다.

또 화산은 형태에 따라 순상화산, 종상화산, 원추화산, 복합화산 등으로 나뉜다. 순상화산은 방패를 엎어 놓은 모양의 화산으로 점성이 작고 유동성이 큰 현무암질 용암이 조용히 분출하여 만들어진 화산이다. 하와이 섬의 화산이 대표적인 순상화산이며 산의 경사가 완만하다. 종상화산은 종 모양의 화산으로 점성이 크고 유동성이 적은 유문암질 용암이 멀리 흐르지 못하고 화구 부근에 솟아오른 종 모양의 화산이다. 제주도의 산방산이 종상화산의 좋은 예이다. 원추화산은 성층화산이라고도 하며, 용암과 화산 쇄설물이 교대로 쌓여 만들어진 화산으로 원뿔 모양이다. 세계적으로 큰 화산들은 대개 원추화산이며, 필리핀의 메이온 화산, 일본의 후

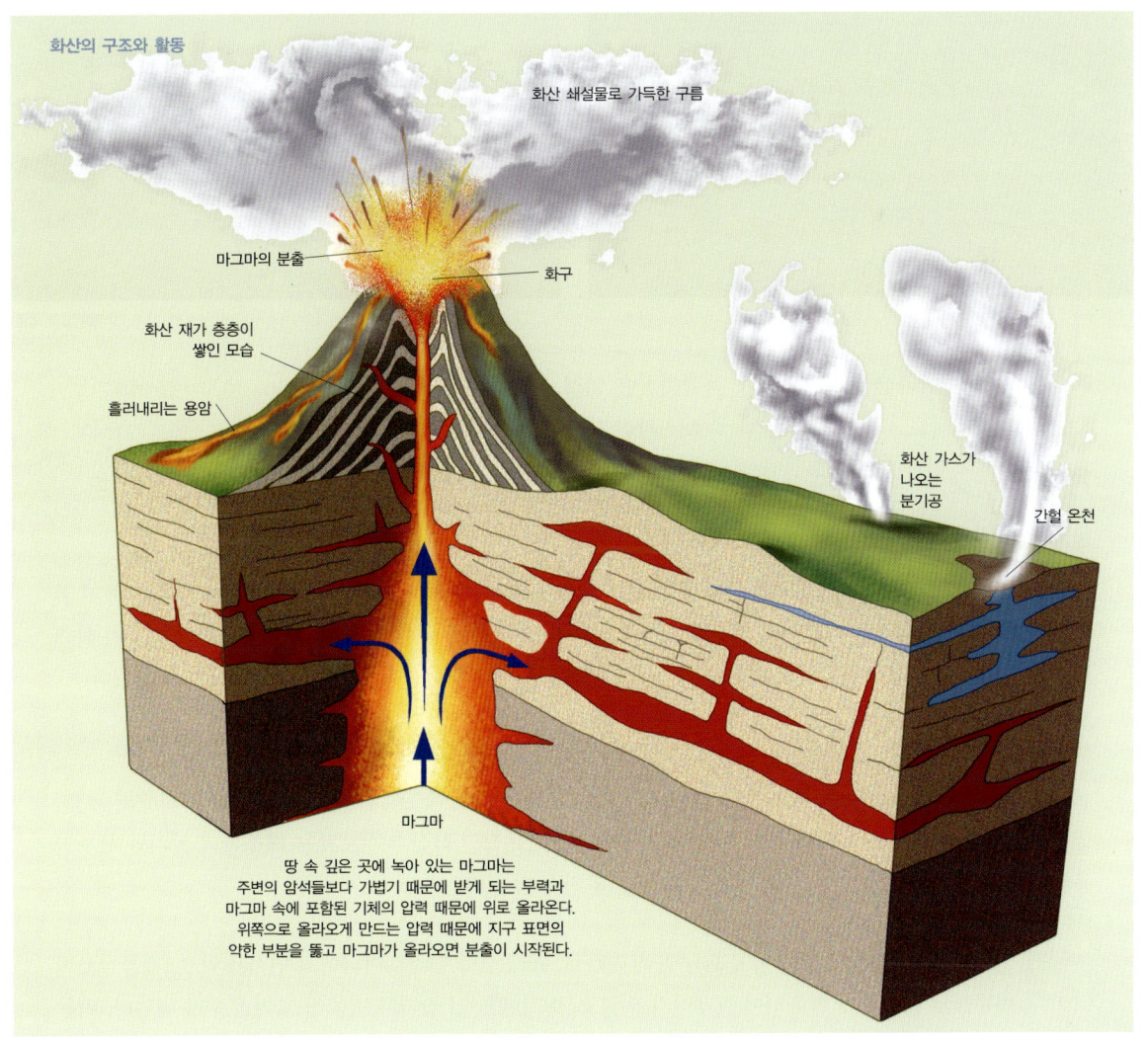

화산의 구조와 활동

땅 속 깊은 곳에 녹아 있는 마그마는 주변의 암석들보다 가볍기 때문에 받게 되는 부력과 마그마 속에 포함된 기체의 압력 때문에 위로 올라온다. 위쪽으로 올라오게 만드는 압력 때문에 지구 표면의 약한 부분을 뚫고 마그마가 올라오면 분출이 시작된다.

세인트헬레나 산의 폭발 전 모습

세인트헬레나 산의 폭발 후 모습

칼데라 호

제주도의 오름

지 산, 제주도의 한라산이 대표적이다. 복합화산은 여러 종류의 화산이 서로 겹쳐 매우 복잡한 구조를 가진 화산으로, 지중해에 있는 에트나 화산이 대표적인 예이다.

> **화산과 화산이 아닌 산**
> 화산은 보통 삿갓을 엎어 놓은 원뿔 모양이고, 산봉우리가 하나이며, 꼭대기가 움푹 패여 있다. 화산이 아닌 산은 산봉우리가 뾰족하거나 볼록하며, 다른 산들과 이어져 있고, 산등성과 봉우리, 골짜기가 있다.

세계의 화산대

세계의 활화산을 작은 축척의 세계 지도에 표시하면 좁고 긴 띠 모양으로 나타난다. 이를 화산대라 하며 환태평양 화산대, 인도네시아 화산대, 지중해 화산대, 아프리카 화산대 등이 있다. 태평양을 둘러싼 모양의 환태평양 화산대는 대륙판과 해양판이 만나는 경계 부분으로, 전 세계 활화산의 절반 이상이 여기에 속해 있다.

우리 나라의 화산 지형

우리 나라에는 현재 활동 중인 화산이 없으므로 화산 활동을 직접적으로 관찰할 수는 없지만 신생대 제3기 말에서 제4기 초에 분출한 여러 화산 지형을 볼 수 있다. 대표적인 화산 지형으로는 백두산의 천지와 백두산 용암 대지, 제주도의 한라산과 오름, 울릉도의 나리 분지 등이 있다.

백두산 천지와 용암 대지

백두산 천지는 산의 정상에 있는 함몰 화구인 칼데라로, 둘레는 약 13킬로미터이고 면적은 약 9.3제곱킬로미터이다. 백두산의 화구호가 함몰되어 칼데라가 되었고, 여기에 눈이 녹거나 빗물이 고여 호수가 되었다. 백두

산 용암 대지는 동서가 약 240킬로미터이고, 남북이 400킬로미터에 이르는 넓은 현무암의 용암 대지이다

제주도의 한라산과 오름

한라산은 경사가 완만한 순상화산의 형태이지만 정상 부근은 급경사의 종상화산을 이룬다. 산 정상에 있는 백록담은 화구호이고, 산기슭에는 360여 개의 기생화산이 있다. 기생화산은 주 화산의 산기슭에 형성된 작은 화산이다. 주 화산이 폭발적으로 분출하고 나서 화구 주변에 용암이나 바위, 자갈 등이 쌓여서 기생화산이 된다. 제주도에 널리 퍼져 있는 기생화산들을 오름이라 한다.

울릉도의 나리분지

울릉도는 동해의 해저에서 분출한 종상화산으로 해안은 급경사를 이루고 있다. 울릉도의 중앙에 칼데라 화구가 함몰하여 만들어진 분지인 나리 분지가 있다. 나리 분지의 면적은 약 1.5~2.0제곱킬로미터이고, 동서의 길이는 약 1.5킬로미터이며, 남북의 길이는 약 2킬로미터이다. 분지 주위는 외륜산으로 둘러싸여 있으며, 성인봉은 외륜산의 최고봉이자 울릉도 최고봉이다.

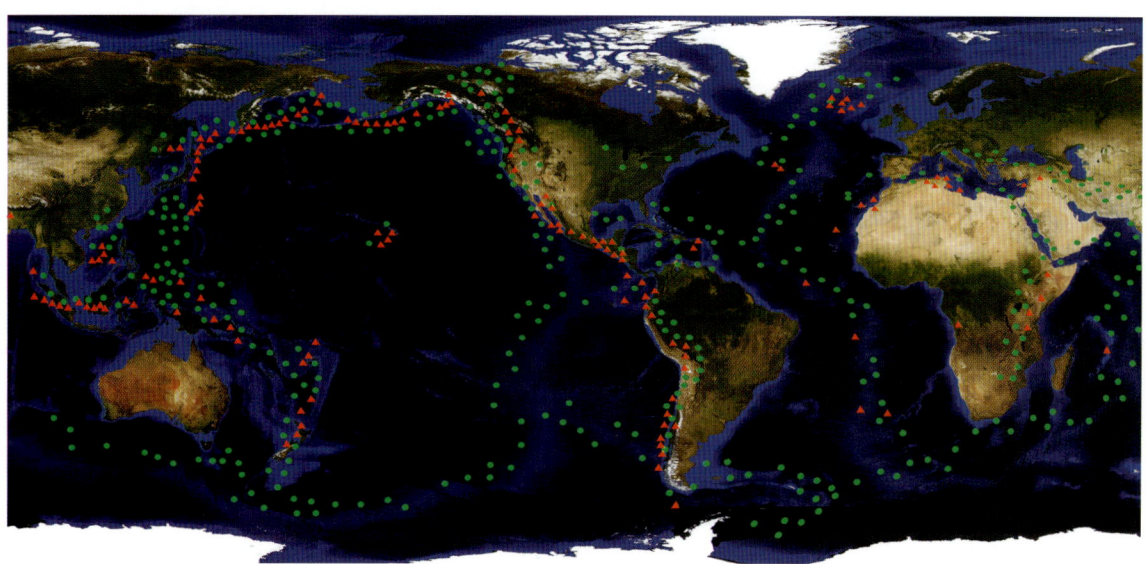

세계의 화산과 지진 발생지이다. 붉은색은 화산이 있는 곳이고, 초록색은 지진이 자주 일어나는 곳이다.

탐구학습

화산은 우리에게 어떤 영향을 줄까요?

폭발적으로 분출하는 화산은 우리에게 많은 피해를 준다. 용암류·화산 쇄설물·화산기체 등을 비롯하여 분화의 전후에 일어나는 화산성 지진·산사태·화재 등은 엄청난 인명 피해와 재산상의 피해를 준다. 서기 79년에 이탈리아의 폼페이에 있던 베수비오 화산의 폭발로 불과 몇 시간 만에 도시 전체가 화산재와 용암으로 덮여 버린 것이나, 1815년에 인도네시아 탐보라 화산의 폭발로 약 9만 2000명에 달하는 인명 피해가 난 것이 대표적인 예이다. 또 화산재와 화산진이 성층권까지 떠올라가 햇빛을 가려 냉해와 기상 이변을 불러일으키기도 한다.

화산은 이처럼 엄청난 피해를 주지만 한편으로는 우리에게 여러 가지 이로움도 준다. 화산 쇄설물은 분출할 당시에는 식물의 잎을 덮어 광합성을 못하게 해 식물을 죽게 하지만, 그것이 쌓인 토지는 비옥해 화산 주변에서는 농사가 잘 된다. 또 화산 지대에는 하구호, 용암 동굴 등 독특한 화산 지형과 수많은 온천이 분포되어 있어서 휴양지 또는 관광지로서 많은 사람이 찾아온다. 그리고 화산암을 이용한 석재와 황·붕산 등의 광물도 화산 활동의 산물로 여러 곳에 많이 쓰인다. 최근 이탈리아·뉴질랜드·일본 등지에서는 화산의 열을 이용하여 지열 발전을 하기도 한다.

화산이 분출하고 나서 생긴 온천

화석

상어 이빨 화석

지질 시대에 살았던 고생물의 유해나 흔적이 지층 속에 남아 있는 것을 통틀어 말한다. 생물의 몸체가 그대로 남아 있는 것, 퇴적암에 생물체의 형태가 그대로 찍힌 자국, 생물의 생활 흔적이 지층 중에 그대로 남아 있는 것, 생물의 배설물 등이다.

식물 화석

화석은 지금까지 약 25만 종이 알려져 있는데, 이는 현재 존재하는 생물의 5퍼센트에 해당한다. 처음에는 생물이든 무생물이든 땅 속에서 파낸 진기한 물건을 모두 화석이라고 했다. 그러나 16세기 중반부터는 주로 지질 시대에 살았던 생물의 잔해만 화석이라고 부른다. 화석에는 생물의 유해뿐만 아니라 원래의 형태가 그대로 남아 있는 것, 화석의 외형 같은 형태만 남아 있는 것, 나뭇잎이나 동물의 피부 또는 깃털, 발자국이나 기어 다닌 흔적 등도 포함한다.

화석이 형성되기 위한 조건

생물은 죽으면 대부분 썩어서 없어진다. 그래서 화석이 되기 위해서는 다음과 같은 조건이 필요하다. 우선 장소가 적당해야 한다. 땅 위보다는 퇴적 작용이 계속 일어날 수 있고 유해가 빨리 묻힐 수 있는 물 속이 적합하고, 극지방보다는 생물의 수와 종류가 많은 열대나 온대 지방이 적합하다. 생물의 연약한 부분은 빨리 분해되기 때문에 생물체에 단단한 부분이 있어야 한다. 화석은 용해·치환·탄화와 같은 화석화 과정을 거친다. 용해

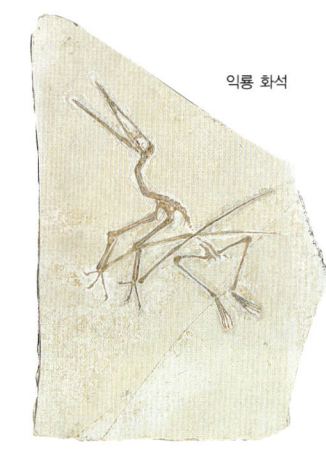

익룡 화석

공룡 발자국 화석

작용은 죽은 생물을 덮은 퇴적물에 따라 성분이 녹는 것을 말한다. 치환 작용은 성분이 다른 물질로 바뀌는 것이며, 탄화 작용은 열과 압력을 오랫동안 받아 수분은 없어지고 탄소만 남아 흑연에 가깝게 검게 변하는 것을 말한다. 화석은 지층이 솟아오르거나 돌이나 바람에 지층이 깎이면 드러난다.

화석은 퇴적암 중에서도 셰일, 석회암 등에서 가장 많이 발견되고 있다. 사암이나 역암에서도 화석이 발견되지만 없어지는 경우가 많고 섬세하게 남아 있는 경우는 드물다.

❓ 화석은 어떻게 만들어지고 발견되는 것일까요?

생물이 죽은 후 강이나 호수, 바다 밑에 흙과 같은 퇴적물과 함께 묻힌다. 그 위에 퇴적물이 쌓이고, 단단하게 굳어서 퇴적암이 된다. 지각 변동으로 땅이 움직여서 물 밑의 지층이 솟아오른다. 바람이나 물에 의해 지층이 깎이기 시작한다. 이렇게 지층이 계속 깎이면 화석이 드러난다.

물고기나 조개 화석이 물이 있는 주변이 아닌 산에서 발견되기도 한다. 그 이유는 처음에는 호수나 강 또는 바다 속에서 굳어져 퇴적암이 되었지만, 이후 지각 변동으로 땅이 솟아오르면서 주변 환경이 변한 것이다. 따라서 물고기나 조개 화석이 발견된 곳이 옛날에는 호수나 강 또는 바다였다는 것을 알 수 있다.

암몬 조개 화석

물고기 화석

화석으로 알 수 있는 것

화석은 흔히 표준 화석과 시상 화석으로 구분한다. 표준 화석은 지층이 형성된 시대를 알려 주는 화석이다. 표준 화석은 생존 기간이 짧고, 넓은 장소에 분포하며, 생물체의 수가 많아야 한다. 고생대의 삼엽충, 중생대의 암모나이트, 신생대의 화폐석 등이 표준 화석이다. 시상 화석은 생물이 살았던 당시의 기후나 자연 환경의 상태를 알려 주는 화석이다. 시상 화석이 되려면 생존 기간이 길고 일정한 환경의 좁은 지역에만 분포해야 한다. 맑고 따뜻한 얕은 바다의 산호, 온난하고 습한 환경의 고사리가 대표적인 시상 화석이다.

화석의 연구를 통해 과거에 살았던 생물의 모습과 어떤 생물이 어떤 기후에서 자랐는지, 생물이 어떻게 진화해 왔는지를 알 수 있다. 또 역사 시대 이전의 바다와 육지의 모양과 넓이를 시대별로 추정할 수 있고, 또 유공충의 화석이 발견되면 그 부근에 석유가 있음을 알 수 있는 것처럼 화석은 지하 자원을 찾을 때도 이용된다.

삼엽충 화석

물고기 화석

양치 식물 화석

신생대 포유류의 머리뼈 화석

맘모스 이빨 화석

단풍잎 화석

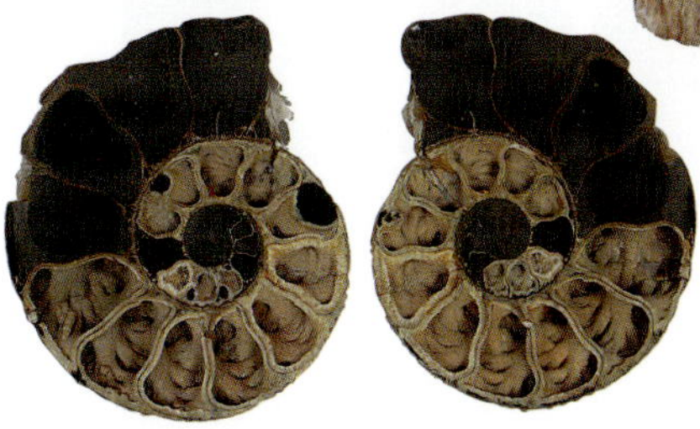

암모나이트 화석

원시 소철 화석

중국의 공룡 화석

파충류의 머리뼈 화석

화석 연료

바이킹 1호가 1980년에 찍은 화성 사진

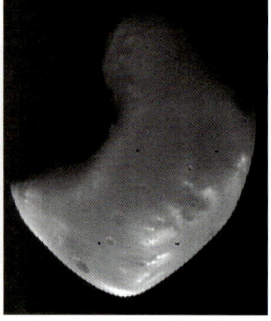

화성 위성 포보스와 데이모스
화성의 위성들은 크기나 모양으로 보아 위성이라고 하기보다는 소행성을 닮았다. 포보스는 화성에서 약 6000킬로미터 떨어진 궤도에서 7시간 39분 만에 화성 주위를 한 바퀴 돈다. 데이모스는 약 2만 킬로미터 떨어진 궤도에서 화성의 주위를 30시간 20분 만에 한 바퀴 돈다.

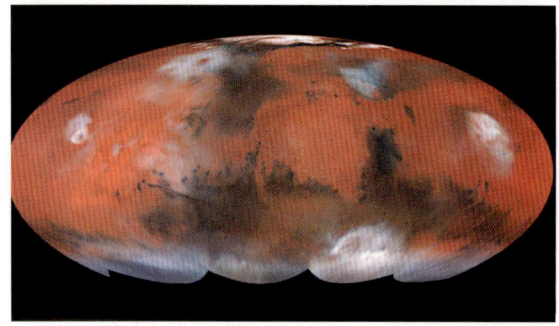

허블우주망원경으로 찍은 사진을 바탕으로 만든 화성의 지도

화석 연료

지질 시대에 생물이 땅 속에 묻혀 화석처럼 굳어져서 변한 것으로, 오늘날 연료로 이용되는 물질을 가리킨다. 석탄·석유·천연 가스를 가리킨다. 화석 연료는 공기나 산소 안에서 연소되면 열을 내기 때문에 에너지원으로 사용된다. 그뿐 아니라 옷이나 생활용품 등을 만드는 원료 물질이기도 하다.

화성

태양계에서 태양에 네 번째로 가까이 있는 행성이다. 밤하늘에서 맨 눈으로도 잘 볼 수 있는 화성은 붉은색을 띠어 옛날부터 전쟁이나 불행과 관련이 있다고 생각한 민족이 많았다. 그래서 서양에서는 그리스 로마 신화에 나오는 전쟁의 신 이름을 따서 마르스라고 한다. 화성은 생명체가 있을지도 모른다는 여러 추측 때문에 많은 관심을 끌었다. 여러 우주 탐사선의 탐사로 화성에 생명체가 없다는 것이 확인되었지만, 아직도 많은 우주 탐사선이 탐사를 계속하고 있다.

화성은 태양으로부터 평균 2억 2800만 킬로미터 거리에서 태양 주위를 타원 궤도로 돈다. 공전 주기는 687일이며, 자전 주기는 24시간 37분이다. 화성의 지름은 지구 지름의 절반이 조금 넘고, 달 지름의 약 2배 정도이다. 질량은 지구의 10분의 1이 조금 넘는다. 화성은 대기가 매우 희박하기 때문에 밤과 낮의 온도 변화가 심하고, 기후 변화도 심하다. 대기는 95퍼센트 이상이 이산화탄소로 이루어져 있으며 질소, 아르곤, 산소 등이 조금 포함되어 있다.

화성의 표면은 불그스름한 산화철 먼지로 뒤덮여 있어 전체적으로 붉은색을 띤다. 화성의 표면에는 화산, 넓은 용암 대지, 여러 종류의 계곡과 협곡 등이 있다. 화성의 양 극에는 마치 흰 모자를 쓴 것처럼 흰색의 극관이 있다. 극관은 겨울철에는 크게 퍼지지만 여름철이 끝나갈 무렵에는 거의 사라져 버린다. 극관은 물과 이산화탄소가 얼은 것으로 짐작하고 있다.

화성은 2개의 작은 위성을 거느리고 있다. 전쟁의 신 마르스의 아들들의 이름을 따서 포보스, 데이모스라고 이름이 붙여진 이 위성들은 길쭉하고 울퉁불퉁한 감자처럼 생겼다. 포보스는 긴 지름이 28킬로미터이고, 데이모

탐구학습

같은 화성암인 현무암과 화강암의 색깔이 다른 까닭은 무엇일까요?

현무암과 화강암은 모두 화성암이다. 그런데 화강암은 밝고 광물의 알갱이가 커서 눈에 잘 보이지만, 현무암은 색깔이 검고 구성 입자가 아주 미세해서 눈에 잘 보이지 않는다. 같은 화성암인데도 구성이나 광물의 크기, 색 그리고 종류가 다른 까닭은 무엇일까?
마그마가 땅 위로 분출되거나 지표 부근에서 빨리 냉각되면 결정이 자랄 수 있는 시간이 충분하지 않아 입자가 미세한 세립질 조직의 화산암이 만들어진다. 하지만 마그마가 지하 깊은 곳에서 천천히 냉각되면 결정이 만들어지는 시간이 충분해 입자가 큰 조립질 광물인 심성암이 된다.
암석의 색깔이 달라지는 것은 암석을 구성하고 있는 광물 입자의 색깔과 관계가 있다. 색이 있는 광물이 많이 섞이면 현무암과 같이 검은색을 띠고, 색깔이 없는 무색 광물이 많이 섞이면 화강암과 같이 비교적 밝은 색을 띤다.

화산암인 조립현무암

심성암인 화강암

스는 긴 지름이 16킬로미터이며 표면은 소행성처럼 크레이터로 덮여 있다. 이 두 위성은 화성의 적도면 근처를 거의 원에 가까운 궤도를 그리면서 돌고 있다.

화성암

마그마나 용암이 냉각되어 굳어져 만들어진 암석이다. 지각의 깊은 곳이나 맨틀 상부에서 생겨난 마그마가 지각의 약한 부분이나 갈라진 틈을 따라 솟아나오거나, 지각 안에서 서서히 냉각되고 굳어져서 만들어진다. 화성암은 마그마의 냉각 속도나 굳는 장소에 따라 크게 화산암과 심성암으로 나눌 수 있다. 마그마가 지표에 분출하거나 얕은 장소에서 굳으면 냉각 속도가 빠르기 때문에 광물을 구성하는 알갱이가 작은 화산암이 되고, 지하 깊은 곳에서 서서히 굳으면 알갱이가 큰 심성암이 된다. 화산암에는 현무암 · 안산암 · 유문암 등이 있고, 심성암에는 반려암 · 섬록암 · 화강암 등이 있다.

화성 탐사 로봇

화성에 착륙하여 탐사 활동을 벌인 로봇이다. 화성 탐사선 패스파인더는 1997년 7월 화성에 착륙한 다음 표면 탐사 로봇차인 소저너를 보내 정밀 탐사 활동을 벌였다. 소저너는 다른 행성에 보내진 역사상 최초의 동력 장치가 되었다. 착륙 지점은 과거에 홍수로 쓸려나간 것으로 추정되는, 암석이 널려 있는 평원이었다. 패스파인더와 소저너가 전송한 영상에 따르면 화성 표면의 암석 가운데에 역암과 같은 퇴적 물질이 있는데, 이 퇴적물은 과거에 화성 표면에 물이 흘렀다는 것을 말해 준다. 또한 암석이 반복적으로 가열 · 냉각되었음을 보여 주는 증거로 보아 화성의 지질학적 역사가 지구와 비슷하다는 것을 알 수 있다. 패스파인더와 소저너는 83일 동안 운행하면서 1만 6000장의 사진과 화성의 지질, 화학 조성 및 대기에 대한 방대한 양의 정보를 모아 지구로 보냈다. 2003년 6월에 발사되어 2004년 2월에 화성 표면에 도착한 화성 탐사 로봇은 스피릿과 오퍼튜니티이다. 똑같이 생긴 이 2대의 로봇은 6개의 바퀴와 파노라마 카메라, 현미경, 적외선 분석 장비 등을 갖추고 있다. 이 로봇들은 6개의 바

화성 탐사 로봇인 스피릿

퀴로 돌아다니며 탐사를 하기 때문에 돌아다닌다는 뜻의 로버라고도 한다. 스피릿과 오퍼튜니티는 3개월 동안 화성의 각각 다른 지역에서 활동하면서 바위와 토양을 탐사한 자료를 지구로 보냈다.

화약

폭발성이 강한 고체나 액체 화합물이나 혼합물을 통틀어 가리킨다. 일부분에 충격이나 열을 가하면 순간적으로 전체가 기체로 변하고, 팽창하면서 생기는 에너지를 이용한다. 열 작용을 이용하는 화약과 폭파 작용을 이용하는 화약으로 구별된다. 구성 물질로 보면 폭발성이 있는 단일 화합물인 질산에스테르 류·니트로화합물 같은 화합 화약류와 흑색화약·초안화약 등 산화제 가연물인 혼합 화약류가 있다.

최초의 화약인 흑색화약은 850년경에 중국에서 만들어졌다. 흑색화약은 황·탄소·초석(질산칼륨)의 혼합물로 검은색을 띠고 약간의 충격이나 마찰을 주면 격렬하게 연소하는 것으로 19세기 중반까지 널리 사용되었다. 근대적인 화약 공업은 노벨이 다이너마이트를 만들면서 시작되었다. 1866년에 노벨은 규조토에 니트로글리세린을 흡수시켜 안정적인 형태의 화약인 다이너마이트를 만들었다. 다이너마이트는 오늘날 화약류 중에서 가장 널리 쓰인다.

화약은 군사용으로 가장 많이 쓰이며, 광산이나 건설 현장에서 바위를 깨뜨리는 데도 많이 쓰이고, 로켓의 발사제나 추진제로도 많이 쓰인다.

> **우리 나라에서 처음으로 화약을 만든 사람은 누구일까요?**
> 우리 나라에서는 고려 말에 잦은 왜구의 침략을 물리치기 위하여 최무선이 1376년에 최초로 화약을 만들었다. 그 당시 화약의 제조법은 중국에서 비밀에 붙여 외국에 가르쳐 주지 않았다. 오랫동안 화약을 만들기 위해 애쓰던 최무선은 원나라 사람 이원에게서 염초 굽는 기술을 배운 후 화약을 독자적으로 만들어 냈다. 그는 화약을 대량으로 만들기 위하여 화통도감이란 새로운 관청의 설치를 건의하고, 1377년에 만들어진 화통도감에서 화약과 화포·신포·화통·화전 등 여러 가지 화기를 만들었다. 이렇게 만들어진 화약 병기는 고려 말 30년 간 왜구의 침략을 물리치는 데 큰 역할을 하였다.
> 화약은 임진왜란 때에도 조총으로 무장한 왜군에 대항하여 싸울 때 큰 도움을 주었다. 이순신의 해전과 권율의 행주산성 전투에서 뛰어난 조선의 화약 무기 덕분에 왜군을 물리칠 수 있었다. 로켓화기의 일종인 신기전은 주로 조선 전기인 세종 말부터 중종 때까지 100여 년 동안 가장 많이 사용된 화기이다. 세종 때에는 북쪽 변방의 오랑캐를 물리치는 데 사용되었고, 중종 때에는 왜구를 물리치는 데 주로 사용되었다.

화학 반응

한 가지 물질 또는 여러 종류의 물질 사이에서 서로 원자를 바꾸어 원래와는 다른 물질을 만들어 내는 변화이다. 서로 반응하는 물질은 반응물이고, 반응 때문에 만들어진 물질은 생성물이다. 쇠가 공기 중에서 녹스는 것, 수소와 산소가 결합해 물이 형성되는 것 모두 화학 반응의 결과이다. 화학 반응이 일어날 때 그 반응을 간단히 화학 반응식을 이용해 나타낸다. 화학 반응식에서 반응물은 왼쪽에, 생성물은 오른쪽에 쓰고, 오른쪽 방향으로 화살표를 써서 반응 방향을 나타낸다. 수소와 산소가 반응해 물이 생성되는 화학 반응식은 다음과 같이 쓴다.
$2H_2 + O_2 \rightarrow 2H_2O$

화합물

두 가지 이상의 원소의 원자가 일정한 질량비로 화학 결합을 해서 새로운 물질을 만들어 내는 것을 말한다. 화합물은 성분 원소가 가진 성질과는 다른, 새로운 성질의 물질이다. 반면 혼합물은 여러 물질이 섞여 있어도 각 물질이 원래의 성질을 그대로 가지고 있다. 화합물인 물은 기체인 수소와 산소가 화학적으로 결합하여 만들어진 화합물로, 액체이며 수소나 산소와는 전혀 다른 특징을 갖는다.

환경 오염

산업이나 사회 시설이 발달하면서 자연 환경이나 생활 환경이 파괴되어 가는 상태를 가리킨다. 우리 나라의 「환경정책기본법」에 따르면, 환경 오염이란 '사업 활동 및 사람의 여러 활동에 의해 발생하는 대기 오염, 수질 오염, 토양 오염, 해양 오염, 방사능 오염, 소음, 진동, 악취 등이 사람의 건강이나 환경에 피해를 주는 상태'를 말한다.

대기 오염이란 사람이 산업 활동으로 만들어 내는 물질로 대기가 오염되는 것을 말한다. 대기 오염 물질은 알갱이 형태의 물질과 가스 형태의 물질로 크게 나눌 수 있다. 알갱이 형태의 물질로는 분진·매연·검댕 등이 있고, 가스 형태의 물질로는 황산화물·질소산화물·일산화탄소 등이 있다. 지구상의 대기 오염에 관한 협약으로는 「대기오염 물질의 장거리 이동에 관한 협약」이 있다. 또 지구상의 이산화탄소가 점점 증가하여 온실 효과가

강물에 흘러든 생활 폐수

여러 가지 쓰레기

심해지고 지구 온난화 현상이 계속되자, 1997년 12월에 일본 교토에서 세계 여러 국가들은 온실 가스 배출량 감축을 주요 내용으로 하는 '교토의정서'를 채택하였다.

수질 오염이란 부패하기 쉬운 물질이나 유독 물질, 가정의 생활 하수, 산업 폐수 등이 강물에 흘러들어 각종 용수로 사용할 수 없거나 생물이 살아가는 데에 심각한 피해를 줄 정도로 수질이 오염된 상태를 말한다. 이러한 수질 오염의 원인으로는 가정 및 건물에서 배출하는 생활 하수·분뇨, 공장 및 사업장에서 배출하는 산업 폐수, 축산 시설에서 배출하는 축산 폐수·가축 분뇨, 비가 내릴 때 농경지와 삼림에서 흘러나오는 유출수, 야영지·낚시터·유원지 등 수상 시설물에서 배출하는 기름·오수·음식찌꺼기·각종 쓰레기, 농가 및 골프장에서 배출하는 농약·비료 등을 꼽을 수 있다. 수질 오염의 대표적인 예로 1991년의 낙동강 페놀 오염 사건을 들 수 있다. 이 사건으로 대구·부산 등지의 상수원이 오염되어 며칠 동안 수돗물을 먹을 수 없었다.

토양 오염은 식량 생산의 주요한 터전인 땅이 오염되는 것을 말한다. 이러한 토양 속에 광산이나 공장 등에서 나온 유해 물질이 계속 쌓여 사람의 건강을 해칠 우려가 있는 농작물이 생산되거나 농작물 생산 자체가 어려움을 겪는 등 농지의 피해가 발생하는 상태를 가리킨다. 토양은 일단 오염되면 스스로 정화하는 힘이 약하고 느려서 회복하는 데에 오랜 시간이 걸리거나 거의 회복하기 힘들며, 오염은 계속 쌓여 간다. 이처럼 토양 오염은 축적되는 오염이라는 점에서 대기 오염이나 수질 오염과 성질이 다르다.

해양 오염은 인간의 활동으로 직접 또는 간접으로 해양 환경에 들어오게 된 물질이나 에너지가 생물 자원·인체 건강·수산업 등의 활동에 해로운 영향을 미치고, 해

탐구학습

바다를 오염시키는 기름은 어떻게 없앨까요?

바다를 오염시키는 기름을 제거할 때에는 가장 먼저 스티로폼이나 플라스틱 등으로 만든 오일펜스를 둘러친다. 더 이상 기름이 확대되는 것을 막기 위해서이다. 그리고 기름을 제거하는 방법에는 여러 가지가 있는데, 사람 손은 많이 가지만 오염이 덜한 흡착포를 사용하는 것이다. 스펀지와 비슷한 소재의 흡착포로 오염된 바다에 일일이 놓아 두어 기름을 흡수하게 한다. 다른 방법으로 유화제를 뿌리는 것이다. 유화제는 기름을 잘게 부수어서 녹이며, 잘게 부수어진 기름 알갱이들은 물 속에서 기름을 분해하는 박테리아에 의해 소멸된다. 유화제를 뿌리는 대신 동물의 털로 기름을 흡수해 제거하기도 한다. 닭털이나 오리털은 가지 무게의 10배 정도의 기름을 흡수한다.

오일펜스

수 본래의 성질이나 해양 환경의 쾌적한 상태를 해치는 경우를 말한다. 해양 오염의 주 원인으로는 육지로부터 들어온 오염물, 대기에 떠다니는 오염 물질, 유조선이나 선박의 폐기물 방출 등이 있다.

최근에는 화력 발전소와 원자력 발전소가 온배수를 내보내면서 나타나는 연안 해역의 열 오염, 원자력 설비나 원자력선의 방사성 폐기물 방출에 따른 방사능 오염 등이 있다. 대기 중으로 방출된 오염 물질도 비와 함께 직접 바다에 떨어지거나 하천을 통해 바다로 들어오기 때문에, 바다는 많은 폐기물의 집합소가 되고 있다.

이밖에도 사막화 현상을 들 수 있다. 사막화란 이미 있는 사막이 점점 넓어지는 현상이다. 또 건조 기후 지대의 식생이나 비옥한 토지가 파괴되어 그 토지를 목장이나 농경지로 쓸 수 없게 되는 현상도 사막화이다.

환경 호르몬

생물체에 흡수된 화학 물질이 생물체 안에서 호르몬처럼 작용하는 것을 통틀어 가리킨다. 내분비 교란 물질 또는 내분비 교란 화학 물질이라고도 한다. 환경호르몬은 생물체에서 정상적으로 만들어져 분비된 물질이 아니라 인간의 산업 활동으로 만들어진 화학 물질이다. 이러한 물질은 호르몬의 작용을 억제하거나 강화하면서 아주 적은 양으로 발육이나 성장 및 각종 기능에 큰 영향을 미쳐 심각한 문제를 낳고 있다. 예를 들어 컵라면 용기나 식품포장재 같은 제품들에서 나온 스티렌 다이머와 같은 화학 물질들은 여성 호르몬인 에스트로겐과 비슷한 구조를 갖고 있다. 이 물질은 몸 속에서 여성 호르몬처럼 작용하여 생물체의 생식 기능에 영향을 미친다. 오늘날 100여종의 화학물질이 환경호르몬으로 알려져 있다. 대표적인 환경호르몬으로는 트리뷰틸주석, 비스페놀A, 폴리카보네이트 프탈산화합물, 스티렌다이머, 스티렌트리머, 디디티, 아트라진, 아미톨, 엔도살판, 다이옥신, 폴리염화비페닐 등이 있다.

환형동물

몸이 가늘고 긴 원통 모양인 무척추동물이다. 지렁이·거머리·갯지렁이 등이 속한다. 머리와 꼬리 부분을 제외하고는 크기가 거의 같은 몸마디인 체절이 있고, 얇은 격막으로 구분되어 있다. 몸은 좌우대칭으로 길쭉하고 원통 모양이거나 편평하며, 몸의 표면은 키틴질의 얇은 막으로 덮여 있다. 몸에는 강모가 있어 옮겨 다닐 때 사용한다. 환형동물은 아가미나 피부로 호흡한다. 소화관은 곧게 뻗어 있고 항문은 몸의 뒤쪽에 있다. 주로 바다에 살지만 민물이나 흙 속에서도 산다. 약 1만 2000종이 알려져 있다.

활엽수

넓은 잎을 가진 나무이다. 속씨식물의 쌍떡잎식물에 속하며, 열대에서부터 온대에 걸쳐서 분포한다. 늦은 가을이 되면 잎이 말라 떨어지고 다음 해 봄에 새로운 잎이 나오는 낙엽활엽수와 일 년 내내 푸른 잎이 달리는 상록활엽수가 있다. 우리 나라의 상록활엽수에는 가시나무·동백나무·후박나무 등이 있고, 잎이 윤기가 나고

환형동물인 지렁이

환형동물인 석회관갯지렁이

중국의 고원에서 시작되어 바람을 타고 우리 나라로 지나가는 황사를 찍은 위성 사진

두텁다. 낙엽활엽수로는 벚나무·떡갈나무·졸참나무 등이 있다. 활엽수는 아름다운 무늬를 지녀 주로 가구나 공예품의 재료로 많이 쓰인다.

황

노란색 결정으로 원소 기호는 S이다. 열이나 전기가 통하지 않고, 물이나 알코올에 녹지 않는다. 화산 가스나 온천 등에 황화수소나 아황산가스 형태로 존재한다. 생물체의 중요한 원소이며 단백질에 많이 들어 있다. 황산·성냥·화약·농약 등의 제조 원료로 쓰인다. 의약품이나 파마약에도 이용된다.

황도

가상의 천구 상에서 태양이 지나가는 궤도를 말한다. 실제로는 지구가 공전하기 때문에 황도는 태양의 둘레를 도는 지구의 궤도가 천구에 투영된 것이다. 천구의 적도면에 대하여 황도는 지구 자전축의 기울기만큼 기울어져 있으며, 적도와 만나는 두 점을 각각 춘분점, 추분점이라 한다.

황사

바람에 의해 하늘 높이 날려 올라간 미세한 모래 먼지가 대기 중에 퍼져서 하늘을 덮었다가 서서히 떨어지는

황산

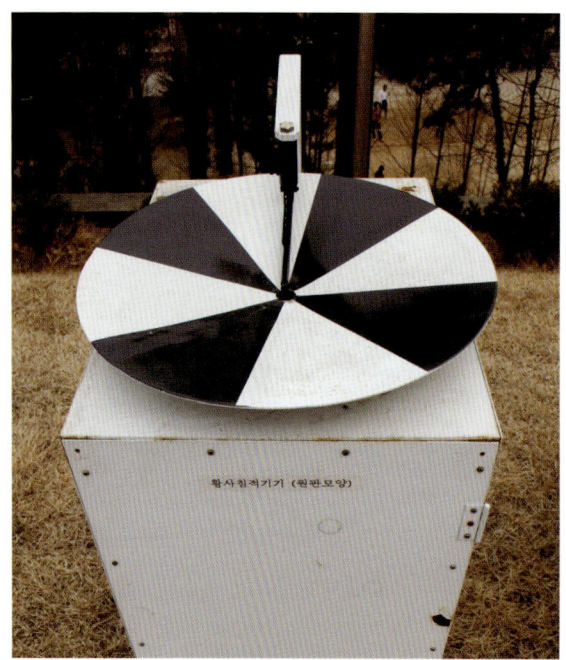

기상청 관측 노장에 있는 황사가 쌓인 양을 재는 기기

흙먼지를 말한다. 전 세계적으로 사막과 건조 지대 부근에서 많이 나타난다. 일반적으로 황사라고 할 때는 중국 북부나 몽골의 사막 또는 황토 지대에서 발생해 중국과 우리 나라, 일본 등에 영향을 미치는 누런 흙먼지를 가리킨다. 우리 나라에서는 우토(雨土), 토우(土雨), 흙비라고도 하였다.

황사는 보통 저기압의 활동이 왕성한 3~5월에 많이 발생하며, 때로는 상공의 강한 편서풍을 타고 우리 나라를 거쳐 하와이나 북아메리카 대륙까지 날아가기도 한다. 우리 나라에서 황사가 발생하는 일수는 일 년에 3~6일 정도이며, 주로 4월에 관측된다. 우리 나라에서 관측되는 황사의 크기는 보통 1~10마이크로미터 정도이며, 3마이크로미터 내외의 알갱이가 가장 많다. 황사가 발생하면 대기 중의 먼지 농도가 보통 때보다 10배 이상 늘어난다. 늘어난 먼지는 햇빛을 가리고 식물의 기공을 막아 광합성 작용을 방해하여 식물에 많은 피해를 준다. 또 대기 중의 먼지로 기관지염·천식·안질·알레르기 등이 많이 생기고, 쌓이는 먼지로 일상생활과 생산 활동이 어려워지기도 한다. 최근에는 황사가 이동하는 중에 중국의 공업 지대에서 발생한 오염 물질들이 함께 섞여 날아와 국제적으로 문제가 되고 있다.

황산

색깔이 없고 점성이 있는 액체이며, 화학식은 H_2SO_4이다. 진한 황산은 물과 강하게 결합하며, 강력한 탈수 작용을 하여 건조제나 탈수제로 사용된다. 설탕에 진한 황산을 조금만 넣어도 까맣게 변하는 것을 볼 수 있다. 실험에서 사용하는 황산은 대부분 많은 양의 물을 섞은 묽은황산이다. 질산 다음으로 강한 산성을 띠며, 물과 섞으면 열이 많이 발생한다.

황산구리

푸른색의 투명한 결정으로 화학식은 $CuSO_4 \cdot 5H_2O$이다. 공기 중의 수분을 흡수해 푸른색을 띠지만, 가열하면 수분이 없어져 흰색을 띤다. 물에 잘 녹고 독성이 있다. 구리 도금에 쓰이며, 다른 구리 화합물의 원료로 사용된다.

황소자리

황도십이궁의 하나이며, 겨울 밤 동쪽 하늘에서 관찰할 수 있는 별자리이다. 마차부자리의 남쪽과 오리온자리의 동쪽 부근에 있다. 오리온자리를 찾은 후 벨트에 해당하는 세 별을 찾아 북쪽으로 이으면 황소자리의 히아데스성단을 지나 플레이아데스성단에까지 이른다.

황토

아주 작은 크기의 알갱이들로 이루어진 누렇고 거무스름한 흙이다. 풍화로 부서진 암석의 미세한 알갱이들이 탄산칼슘으로 느슨하게 뭉쳐 있는 퇴적물이다. 오늘날 황토는 온대 지역과 사막 주변부의 반건조 지역에 가장 넓게 분포하며, 지표면의 약 10퍼센트를 덮고 있다. 일반적으로 황토는 토양을 비옥하게 해 농업에 적합하다.

회로검사기

회로에 전류가 흐를 때 바늘이 움직여 전류의 흐름이나 전압 등을 측정하는 도구이다. 회로검사기로 직류 및 교류의 전압, 전류의 세기, 저항의 크기 등을 측정할 수 있다.

효모

빵·맥주·포도주 등을 만드는 데 사용되는 자낭균류에 속하는 단세포생물이다. 엽록소가 없어 광합성을 하지 않으며, 운동성도 없다. 보통 원형이나 타원형으로 생겼으며 종류가 많다. 효모 곁에 자세포가 튀어나와 자라다가 일정한 크기가 되면 떨어져 나가 하나의 세포가 되는 출아법과 몸의 일부에서 포자라고 하는 생식세포가 생겨 이것이 새로운 개체가 되는 포자생식으로 번식한다. 효모는 당과 결합하여 알코올과 이산화탄소를 낸다. 이러한 성질을 이용하여 일상생활에서 알코올을 발효시킬 때나 빵을 부풀릴 때 많이 쓴다. 보통 쓰임새에 따라 맥주 효모·청주 효모·포도주 효모·빵 효모·약용 효모 등으로 나눈다.

효소

생체 속에서 이루어지는 대부분의 화학 반응에서 촉매 구실을 하는 고분자 화합물을 말한다. 생물의 세포 안에서 합성된다. 단백질로만 이루어져 있거나 단백질과 저분자 화합물로 이루어져 있다. 효소는 무기 촉매와는 달리 온도나 수소이온농도 등 환경 요인에 의하여 기능이 크게 영향을 받는다.

후각

코로 냄새를 맡는 감각이다. 공기를 통해 들어온 냄새 나는 물질의 작은 알갱이가 후각신경세포를 화학적으로 자극하고, 그것이 후신경을 통해 대뇌로 전해져 냄새를 맡는 것이다. 사람의 후각은 쉽게 피로해지는 성질이 있어서 같은 냄새를 오래 맡으면 그 냄새에 대한 감각이 둔해진다. 개·뱀·영원·곤충 등은 후각이 발달한 동물들이다.

후천성면역결핍증

인체의 면역 체계를 파괴시켜 온갖 병균에 무방비 상태가 되게 만드는 질병이다. 20세기의 흑사병으로 불리며 에이즈라고도 한다. 면역 결핍은 인체에 침입한 에이즈 바이러스가 면역에 관여하는 티(T)림프구를 파괴해 면역 체계를 파괴시키기 때문이다. 후천성면역결핍증에 걸리면 약한 병원체에 쉽게 감염되어 각종 합병증을 낳기 때문에 사망률이 높은 전염병 중 하나이다. 에이즈는 감염된 사람과 성생활을 하거나 수혈 등을 통해 다른 사람에게 전염된다. 그리고 산모가 감염되었을 때 탯줄을 통해서 태아도 에이즈 바이러스에 전염된다.

휘발유

석유로 만든 휘발성과 가연성이 높은 액체이다. 가솔린이라고도 한다. 주 성분은 탄화수소이며, 끓는점은 30~200도이다. 원유의 성질과 상태나 처리방법에 따라 파라핀계·올레핀계·나프텐계·방향족계 등 각종 탄화수소의 혼합 비율이 다르다. 휘발유는 연소열이 높고 엔진 내에서 공기와 쉽게 섞이기 때문에 주로 자동차나 항공기 엔진의 연료로 사용한다. 또 플라스틱의 원료나 지방을 녹이는 용매로도 쓰인다.

휴대전화

가지고 다니면서 전화를 걸고 받을 수 있는 무선 전화

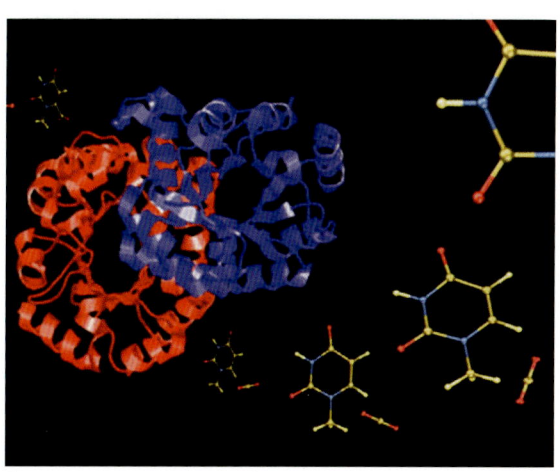

효모의 디엔에이 분자 구조

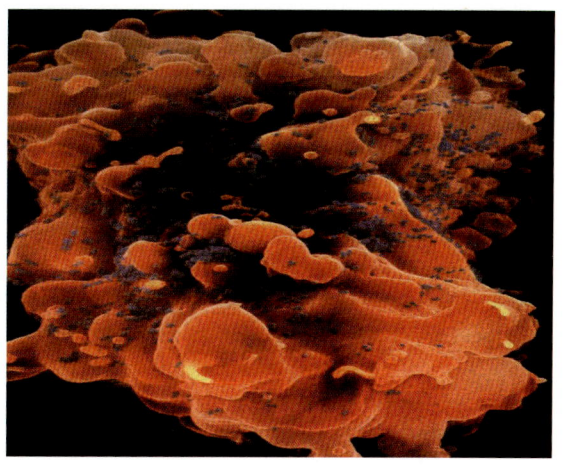

붉은색의 조직세포를 공격하는 푸른색의 에이즈 바이러스

흙

암석이 분해되어 지구의 표면을 덮고 있는 가루물질이다. 풍화와 침식 작용으로 암석이 부스러져 생긴 무기물과 동식물에서 생긴 유기물이 섞여 지구의 표면을 덮고 있는 물질로, 토양이라고도 한다. 흙은 광물질·유기물질·수분·공기 및 영양 물질로 구성되어 있으며, 구성에 따라 흙의 성질이 달라진다.

흙을 자세히 살펴보면 알갱이들 사이에 빈 공간이 있는데 이를 공극이라고 한다. 흙 전체의 부피 중에서 공극이 차지하는 비율을 공극률이라고 한다. 흙 속에 포함된 물을 토양수라고 하며 이 물의 종류에 따라 산성, 중성 및 알칼리성 흙으로 나눈다. 요즘은 심한 공기 오염으로 산성비가 많이 내리고, 화학 비료를 많이 사용하여 흙이 점점 산성화하고 있다.

흙은 시간이 지남에 따라 변한다. 우선 커다란 암석인 기반암이 풍화되어 작은 돌 조각과 토양으로 구성된 모질물층으로 바뀐다. 이때를 초기의 미성숙 단계의 흙으로 본다. 이 단계의 흙이 수십 년 동안 풍화 작용을 거치면서 지표면 가까이에 쌓인다. 이렇게 지표 바로 위에 쌓인 흙을 표토라고 한다. 그 후 지표면에 많은 식물이 자라면 많은 유기물을 포함하는 검은색의 흙이 많아진다. 또 지하수에 의해 표토로부터 유기물과 점토가 밑으로 옮겨져 쌓인 심토층이 있는 성숙 단계의 흙이 된다. 성숙된 흙이 만들어지기까지는 수백 년이 걸린다.

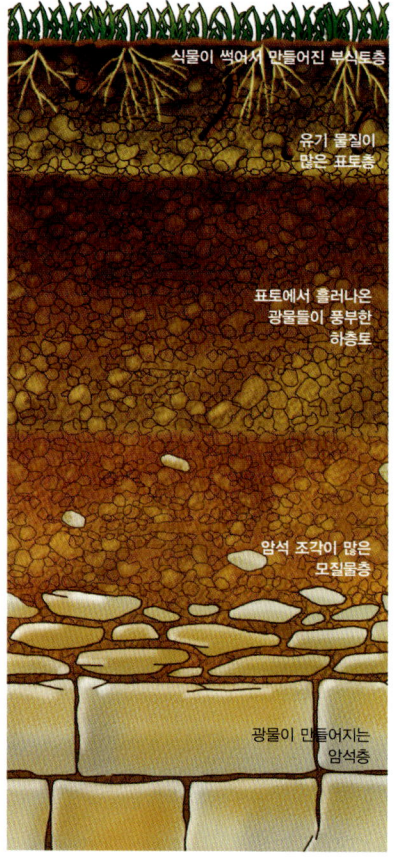

흙의 구성

흙은 지표상에 있는 모든 생물들이 살아 갈 수 있도록 해주며, 인간에게도 매우 중요하다. 흙은 인간의 생활에 꼭 필요한 먹을거리와 생활필수품을 제공하는 농업·축산업·임업 등과 같은 1차 산업의 토대를 이루며, 건물·고속도로·비행장 등과 같은 인공 구조물을 세우는 데도 필요하다. 또 도자기를 만들거나 집을 짓거나 미용의 재료로도 사용한다.

탐구학습

흙은 어떻게 보호해야 할까요?
비가 많이 내릴 때 나무나 잔디, 계단식 논 등은 흙이 씻겨 내려가는 것을 막아 준다. 숲의 계곡에서는 물이 잘 마르지 않고 항상 흐른다. 그 까닭은 숲의 풀과 나무들이 흙에 뿌리를 내리고 있어서 흙이 깎여 내려가는 것을 막아 주고, 물을 천천히 흘려보내기 때문이다. 흙을 보호하기 위해서는 무엇보다 산과 주변에 나무를 많이 심어 울창하게 가꾸고 주위 환경을 보호해야 한다. 경사가 급한 곳에는 사방공사를 하거나 나무를 심고, 논과 밭을 계단식으로 만들어 갑자기 많은 물이 한꺼번에 흘러 산사태가 일어나는 것을 막는다.

모래와 흙은 어떻게 생길까요?
자연에서는 커다란 암석이 깨지고 갈라져 작은 바위가 되고 그것이 부서져 돌이나 모래, 흙이 된다. 암석과 바위는 풍화와 침식 작용에 의해 잘게 쪼개진다. 지하 깊은 곳에 있던 암석이 지표면으로 나오면 낮과 밤의 온도가 달라서 부피가 늘었다 줄었다 하면서 바위나 돌의 겉 부분이 얇게 쪼개지며 부서진다. 물의 침식 작용에 의해서도 암석이 깨지고, 빙하의 침식 작용에 의해서도 암석이 갈라지고 깨진다. 나무의 뿌리가 암석의 틈을 벌어지게 하고, 벌어진 틈으로 물이 스며들어 바위나 돌이 깨진다. 이런 여러 가지 작용으로 자연에서 커다란 암석이 부서져서 돌, 모래, 흙으로 변하는 데는 수백 년 또는 수천 년이 걸린다.

흙의 색깔은 어떻게 다를까요?
흙의 색깔은 장소에 따라 다르다. 흙은 원래 만들어지게 된 암석의 영향을 받는다. 밝은 색의 화성암이 풍화되어 생긴 흙은 밝은 색이고, 검은색의 현무암이 풍화되어 생긴 흙은 어두운 색이다. 또 흙 속의 유기물이나 무기물에 따라 색깔이 달라지기도 한다. 흙 속에 철분이 많으면 붉은 색을 띠고, 거름기가 많으면 검은색을 띤다.

기로, 휴대폰·핸드폰·무선휴대전화라고도 부른다. 보통 휴대전화의 경우에 사용자가 이동통신회사에 가입하면 그 회사의 통신 서비스 지역 내에서 휴대전화를 사용할 수 있다. 신호 전송 방식으로 아날로그 방식과 디지털 방식이 사용되고 있다. 통화 이외에도 정보 전송이나 동영상 전송이 가능해지면서 휴대전화로 인터넷 검색, 카메라, 텔레비전 시청, 고음질 음악 감상까지 가능해졌다.

힘

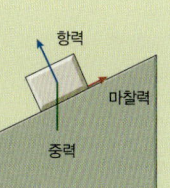

정지하고 있는 물체를 움직이게 하고, 또 움직이고 있는 물체의 속도를 변화시키거나 물체의 형태를 변형시키는 작용을 가리킨다. 힘은 기계력처럼 물체끼리 서로 접촉하여 작용하기도 하고 만유인력처럼 거리가 떨어져 서로 작용하기도 한다. 어느 경우라도 물체에 힘이 작용한다는 것은 물체의 운동 상태가 변하는 것으로 알 수 있다. 힘은 크기와 방향을 갖고 있으며, 흔히 다음 그림과 같이 표시된다. 화살표의 길이는 힘의 크기를 나타내고, 화살표의 방향은 힘이 작용하는 방향을 나타낸다. 또 힘이 작용한 위치가 중요한 경우에는 화살표의 꼬리로 힘의 작용점을 나타낸다. 힘의 방향, 힘의 크기, 힘의 작용점을 힘의 3요소라고 한다. 물체에 힘이 작용할 때에 힘이 작용하는 곳을 작용점이라 한다. 물체에 힘이 작용할 때에 반대 방향으로도 똑같은 크기의 힘이 미친다. 이를 반작용이라 하고, 그 힘이 작용하는 위치를 반작용점이라고 한다.

일상생활에서는 전력이나 마력 같은 기계적 동력이나 지적·사회적 능력 등을 힘이라고 하지만, 물리학에서는 힘을 크게 인력과 척력으로 나눈다. 인력은 물체끼리 서로 당기는 힘으로 끌힘이라고도 한다. 척력은 물체끼리 서로 미는 힘으로 밀힘이라고도 한다. 이러한 밀고 당기는 힘을 힘의 근원에 따라서 다시 중력·전기력·핵

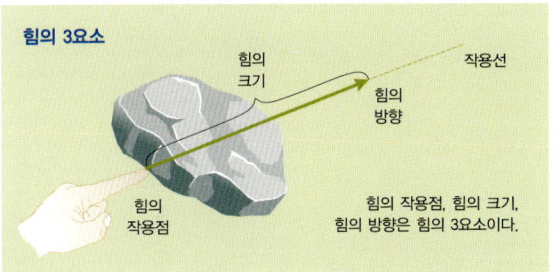

힘의 3요소
힘의 작용점, 힘의 크기, 힘의 방향은 힘의 3요소이다.

탐구학습

힘의 종류

수직항력
물체가 표면을 내려누르면 표면에서는 그것을 떠받치는 힘이 작용한다. 이 힘이 표면에 수직하기 때문에 수직항력이라 한다.

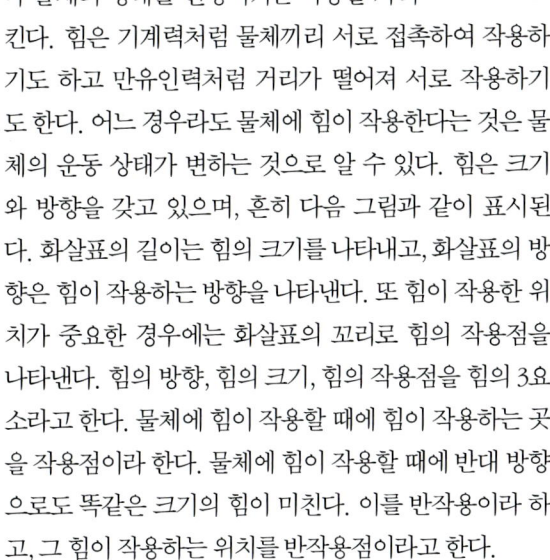

마찰력
두 물체가 접촉한 표면에서 이들의 상대적인 운동을 방해하려는 힘을 말한다. 마찰력은 항상 운동하려는 방향과 반대되는 방향으로 작용하고 크기는 수직항력에 비례한다.

장력
끈이 물체를 잡아당기는 힘을 말한다. 끈에 물체가 매달려 있는 경우에 끈 내부의 분자들은 평균적으로 조금씩 멀어지고 이것을 원래의 평형 위치로 돌리려는 힘이 작용한다. 이것이 장력의 원인이다.

탄성력
용수철과 같이 탄성을 지닌 물체를 변형시켰을 때 원래의 위치로 되돌리려는 힘을 말한다.

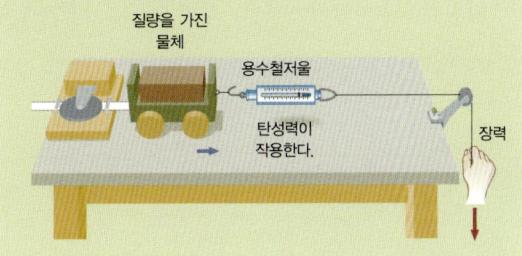

힘의 작용과 반작용

물체의 힘이 작용할 때, 힘이 작용하는 곳을 작용점이라 한다. 그런데 물체의 힘이 작용할 때에, 반대 방향으로도 똑같은 크기의 힘이 미치는데, 이를 반작용이라 하고, 그 힘이 작용하는 위치를 반작용점이라고 한다.

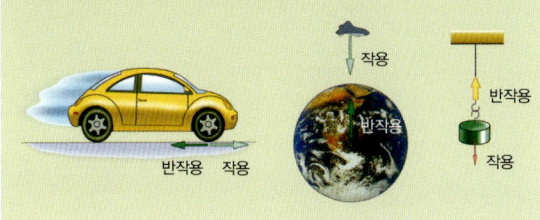

력·자기력 등으로 구분한다. 이 힘들 중에서 가장 약한 힘은 중력이지만 지구처럼 큰 물체에서는 영향을 미치는 범위가 넓고 크기 때문에 주변에서 가장 쉽게 느낄 수

> **자연의 기본적인 힘 4종류**
>
> **중력**
>
>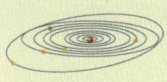
> 질량을 가진 물체들 사이에 작용하는 힘으로, 만유인력이라고도 한다. 뉴턴의 중력법칙에 따르면 두 물체에 작용하는 중력의 크기는 거리의 제곱에 반비례하고 질량의 곱에 비례한다. 힘의 방향은 두 물체를 연결하는 직선 방향이고 항상 끌어당긴다.
>
> **전자기력**
> 전하를 띤 물체들 사이에 작용하는 힘이다. 두 물체에 작용하는 전기력의 크기는 거리의 제곱에 반비례하고 전하의 곱에 비례한다. 방향은 두 물체를 연결하는 직선 방향이며, 전하의 부호가 같으면 밀어 내고, 반대이면 끌어당긴다.
>
> **강력**
> 전자기력보다 강한 힘으로 원자핵을 이루는 기본 입자들인 양성자와 중성자를 묶어 놓는 힘이다. 원자핵의 범위 안에 미치는 힘으로 작용거리가 매우 짧다.
>
> **약력**
> 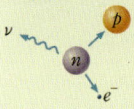 전자기력보다 약한 힘으로, 원자핵이 방사선 붕괴를 할 때 관여하는 힘이다. 작용 거리가 매우 짧다.

있는 힘이다. 힘은 실생활에서 쓰이는 모습에 따라 탄성력·마찰력·수직항력·양력·부력 등으로 나누어 부르기도 한다.

힘의 효과는 두 가지이다. 첫째, 힘이 주어지면 물체의 움직임이 더 빨라지거나 더 느려질 수 있다. 또는 물체의 움직이는 방향이 바뀌기도 한다. 물체의 움직이는 속력이나 방향이 바뀔 때에 속도가 바뀐다고 하거나 운동 상태가 바뀐다고 한다. 둘째, 힘을 주면 물체가 찌그러지거나 펴지는 등 모양이 변한다. 이러한 원리를 이용하여 용수철저울이나 비틀림저울을 만든다.

힘에 의한 물체의 운동 상태의 변화에 대해 체계적으로 설명한 사람은 영국의 과학자 뉴턴이다. 뉴턴은 같은 힘을 줄 경우에 물체의 질량이 클수록 운동 상태가 작게 변한다고 하였다. 만약 물체에 작용하는 여러 힘들이 함께 작용하는 경우가 있다면 이 힘들의 효과가 겹쳐져서 하나의 힘처럼 작용한다. 이렇게 합쳐진 힘을 합력이라고 하고, 반대로 하나의 힘을 여러 힘으로 나누는 것을 분력이라고 한다. 특히 합력이 0이 되어 물체의 운동에 변화가 없을 때에는 힘의 평형 상태라고 한다.

힘의 단위는 1뉴턴(N)이다. 지구 표면에서 질량이 1킬로그램인 물체에 작용하는 힘은 약 9.8뉴턴(N)으로, 이것을 1킬로그램중(kg중)이라고 부른다.

OPENKID
CHILDREN'S
ENCYCLOPEDIA

찾아보기

교과 관련 찾아보기

교과 관련 참고 자료

감사의 말

찾아보기

1종 지레 320
24절기 309
2종 지레 320
3종 지레 320

가

가니메데 119, 269, 357
가뭄 11, 52, 156, 189, 243, 255, 282, 346
가성소다 208
가속도 11, 179, 207, 264, 325
가솔린 291, 407
가시광선 11, 12, 168, 291, 299, 387
가을 12, 22, 23, 71, 72, 84, 85, 86, 152, 181, 192, 243, 254, 258, 285, 298, 309, 404
가을철 별자리 19, 149, 152, 369, 370
가재 78, 98, 99, 310
각막 83, 347, 349
간 12, 143, 205, 225, 281
간상세포 13, 83, 238
간섭 52, 169, 203, 368, 390
간의 13
간조 15, 130
갈겨니 125, 186
갈대 62, 210, 229, 286, 312
갈래꽃 62
갈릴레이 위성 119

갈릴레이 호 119, 259, 319
갈조류 13, 68, 185, 219, 311
감 66, 247
감각 13, 121, 407
감각 기관 13, 46, 83, 96, 97, 121, 222, 281, 339, 348, 376
감각점 13
감마선 11, 105, 137, 168, 307, 322
감전 14
갑각류 14, 310, 375
강 16, 17, 123, 179, 184, 207, 208, 229, 274, 289, 333, 403
강낭콩 62, 66, 172, 221, 286, 338
강수량 14, 20, 77, 173, 346
강아지풀 62, 66, 172, 285
강우량 22, 54, 164, 258, 346
강장동물 14, 98, 185, 375
강철 343, 383
갓춘꽃 15, 62, 66
갓춘잎 285
개 96, 184, 185, 345
개구리 20, 96, 115, 154, 239
개구리밥 208, 210
개기일식 288
개나리 62, 66, 286
개망초 46
개미 29, 98, 207, 360
개방 혈관계 224

갯벌 15, 181
갯지렁이 98, 404
거름종이 19, 352, 392
거머리 98, 404
거문고자리 19, 94, 151
거미 20, 98, 115, 186, 222, 342
거북 20, 98, 100, 368
거울 18, 35, 112, 12, 136, 169, 251, 307, 361, 386
거중기 19
건구 온도계 162
건전지 275, 308
건조 54, 58, 173
겉보기 색 38
겉씨식물 19, 30, 66, 70, 72, 104, 130, 185, 219, 314, 332
게 14, 98, 310
게놈 19, 103, 276
겨울 12, 19, 20, 22, 23, 52, 58, 71, 72, 78, 96, 156, 160, 180, 192, 221, 244, 249, 254, 309, 362
겨울눈 84, 221
겨울잠 20, 96, 97, 154, 368
겨울철 별자리 111, 148, 153, 221, 251, 296, 406
격리설 335
견우별 19, 94, 144, 151
결정 20, 25, 38, 51, 76, 85, 133, 143,

413

159, 163, 178, 192, 201, 234, 249, 258, 269, 312, 353, 361, 385, 405, 406
겹눈 14, 20, 26, 27, 83
겹잎 286
경골어류 124, 344
경금속 51
경보 53, 54, 283
경수로 267
경유 21, 102, 196, 205, 291
경질 유리 269, 270
계 184
계절 12, 19, 21, 22, 23, 24, 156, 233, 243, 309, 318, 361, 362
계절 변이 21
계절풍 21, 135, 323
고기압 11, 12, 20, 21, 102, 298, 358
고니 95, 181, 360
고도 13, 22, 23, 24, 140, 233
고둥 248
고래 98, 208, 345, 371
고무 24, 25, 94, 126, 216, 310, 353
고사리 68, 334, 391
고생대 179, 192, 330, 331, 332
고속철 69, 303
고온 온도계 252
고적운 40, 42
고정도르래 19, 93
고조해일 381
고체 25, 51, 57, 80, 126, 202, 217, 237, 242, 269, 346, 392
고추 247
고층운 40, 42
곡풍 175
곤드와나 30, 92, 330, 331, 332
곤충 26, 27, 28, 69, 222, 227, 238, 286, 310, 342, 368, 389, 407
골바람 175
골지체 198, 199
곰 20
곰팡이 24, 47, 129, 136, 162, 185, 370
공기 21, 87, 91, 134, 166, 178, 203, 217, 306
공룡 30, 31, 32, 33, 116, 332, 399
공룡 멸종설 32
공명 34, 335, 367
공변세포 198, 285
공생 34
공전 22, 23, 34, 291, 318, 405
공중파 106
공진 34

과 184
과산화수소 34
과피 247
과학 기술 위성 278, 279
과학실험기구 36, 37, 192, 216, 232
관다발 313
관목 72
관성 34, 201, 264, 325
관절 35
광년 35
광녹음 81
광물 38, 85, 158, 234, 264, 296, 389
광섬유 35, 169, 225, 236, 270
광자 168
광통신 35, 169
광학 기기 35, 112, 229, 347, 374, 385
광학 망원경 307, 385
광합성 13, 44, 80, 210, 218, 239, 249, 264, 274, 285, 311
광화학 스모그 215
교목 72
교통 수단 69, 141, 166, 290
구름 14, 40, 41, 42, 43, 52, 77, 91, 123, 144, 164, 177, 229, 283, 298, 306, 318, 356
구리 44, 51, 94, 178, 317, 406
구상 성단 194
구심력 44, 322
구애 행동 44
국립중앙과학관 45
국제단위계 45
국제우주정거장 260, 261, 262
국제킬로그램원기 157, 352
군사 위성 278
굴절 45, 52, 169, 203, 223, 367, 374
굴절 망원경 35
굴절 법칙 45
굴절식 망원경 112
굼벵이 27
권운 40, 41
권적운 40, 41
권층운 40, 41
귀 13, 46, 124, 344, 345
귀금속 50, 51
귀화식물 46
규소 317
규암 48, 154, 155, 234
규조류 185, 311, 375
균계 24, 47, 172, 185
균류 311, 347, 407

그레고리 력 361
그림자 22, 23, 48, 140, 233, 268
그물맥 66, 67, 285
그믐 90, 130
극관 400
극궤도 기상 위성 53
극궤도 위성 278
극미세 기술 48, 191
극피동물 49, 98, 185
근섬유 49
근시 84, 106, 230, 349
근육 49, 280
글리세롤 49
글리세린 49
금 50, 51, 94, 248, 317
금성 50, 80, 91, 324, 356, 357, 383, 384
금속 25, 44, 50, 51, 76, 77, 94, 111, 126, 133, 163, 212, 228, 248, 257, 273, 303, 315, 342, 345, 348, 379
기공 44, 51, 218, 285, 322, 406
기관 280, 390
기관지 280
기구 385
기는줄기 313
기단 51, 52, 306
기러기 96, 181
기상 52, 53, 58, 91, 200, 229, 243, 358
기상 관측소 53
기상 레이더 53
기상 위성 52, 53, 129, 278, 282, 378
기상청 53, 282, 381
기상 특보 53, 283
기생 55
기생충 55
기생 화산 397
기압 21, 52, 53, 55, 77, 102, 134, 166, 282, 298, 306
기압계 53, 55, 212
기온 22, 23, 52, 53, 55, 56, 77, 105, 143, 192, 212, 229, 282, 306, 311, 323, 344
기온계 53, 252
기차 69, 290
기체 25, 57, 69, 70, 87, 126, 156, 178, 202, 210, 212, 217, 227, 232, 237, 249, 275, 288, 322, 336, 385, 392
기화 25, 69, 94, 127, 237, 322
기후 15, 58, 59, 60, 61, 134, 162
기후대 58, 323
김 68, 212, 312
까마귀 181

까치 181
꽃 15, 19, 62, 130, 188, 212, 218, 225,
　　229, 232, 247, 313, 345
꽃가루 19, 62, 69, 163, 212
꽃가루받이 19, 62, 69, 130, 218
꽃눈 84
꽃받침 15, 62, 70, 229
꽃샘 추위 156
꽃식물 66
꽃이 피는 식물 19, 62, 66, 72, 104, 130,
　　172, 219, 225, 313, 314
꽃이 피지 않는 식물 68, 274, 391
꽃잎 15, 62, 70, 229
끈끈이주걱 222, 285
끓는점 70, 102, 197, 322, 336, 392
끓임관 37

나

나그네새 181
나노 48, 378
나노 기술 48, 378
나노미터 48, 133, 291, 299, 349
나란히맥 66, 285
나무 25, 71, 72, 119, 126, 156, 215, 404
나무 줄기 314
나방 28, 62, 181, 238, 345
나비 21, 27, 96, 98, 154, 310
나사 129
나선 은하 231, 273, 356, 357
나이테 71, 140, 192
나침반 76, 294, 369
나침의 76
나트륨 51, 76, 201, 277, 315, 316
나팔꽃 15, 62, 226, 285
나프탈렌 25, 76, 217
낙엽수 72
낙지 171
난류 133, 379
난생 76
난시 349
난운 40
난자 136, 188, 271, 288, 344
난층운 40, 42
날씨 58, 77, 134, 283, 306
날씨 기호 282
남극 78, 170, 171, 254, 362
남극 대륙 78, 87
남극점 78
남극해 78, 131

남아메리카 대륙 87, 176
남조류 77, 129, 185, 198, 199, 268, 311,
　　375
남중 고도 12, 19, 22, 23, 156, 243
남회귀선 22, 23
납 51, 77, 317
납축 전지 308
낱눈 20
내행성 80, 356, 357, 383
냉매 80
냉장고 80, 303
냉점 13, 14, 376
너울 333
넓적바닥플라스크 37
네온 91
노래기 310
노 52, 80
녹는점 25, 80, 242, 392
녹말 80, 227, 255, 310, 346, 349
녹음 81
녹조류 68, 185, 311, 375
농도 81, 211
높새바람 370
뇌 82, 279, 281
뇌우 83
누룩곰팡이 24, 47
누전 302
누전 차단기 304
눈 13, 14, 52, 83, 84, 91, 106, 217, 229,
　　258, 267, 281, 337, 347, 349
눈금실린더 36, 37
눈금플라스크 37
뉴런 223, 339
뉴세라믹스 223
느낌온도 344
느티나무 72, 73, 285
늑대 95, 189, 271
니켈 51, 317

다

다람쥐 96, 100, 371
다산과학기지 160, 379
다세포생물 77, 140
다시마 13, 311
다이너마이트 402
다이아몬드 38, 85, 159, 361
다이옥신 85
단과 247
단백질 133, 163, 206, 250, 269, 312,

　　349, 405
단성화 62, 229
단세포생물 85, 185, 201, 264, 268, 407
단층 174, 322
단층 산맥 176
단파 368
단풍 85
단풍나무 226, 285
달 88, 89, 90, 120, 129, 130, 228, 268,
　　269, 288, 318, 357, 362
달력 86
달무리 43
담낭 225
담자균류 47, 185
대기 52, 91, 254, 264, 318, 323, 340
대기권 91
대기압 55, 232
대기 오염 86, 215, 402, 403
대나무 285
대류 87, 92, 114, 134, 156, 244, 303
대류권 91, 319
대륙 87, 92, 319
대륙 고기압 298
대륙붕 92, 132, 382
대륙사면 132, 382
대륙성 고기압 20
대륙 이동 326
대륙이동설 92
대리석 93, 353
대리암 154, 155, 235
대립 형질 271
대물렌즈 35, 112, 297, 385
대서양 131
대설 54
대순환 280
대양저 132
대장균 85
대저울 300
대폭발이론 258
더듬이 13, 14, 26, 27, 136
덩굴나무 72
덩굴손 313
덩이줄기 313
데본기 330, 331, 332
도꼬마리 226
도둑놈갈고리 226
도룡농 98, 239, 324, 384
도르래 19, 93, 320
도마뱀 20, 368
도체 94, 133, 303

독수리 성운 146
독수리자리 19, 94, 151, 181
돌 117
돌고래 101, 191, 202, 279, 345, 371
돌려나기 285
돌연변이설 335
동 44
동공 83, 347
동굴 94
동맥 213, 224, 280, 386
동물 14, 26, 27, 49, 95, 96, 97, 98, 99, 100, 136, 140, 154, 180, 238, 248, 271, 310, 313, 345, 370, 371, 404
동물계 185
동물보호구역 94
동물 복제 기술 94
동물세포 198, 199
동물 플랑크톤 114, 115, 375
동백꽃 63, 286
동지 12, 19, 22, 23, 309
된서리 192
두개골 82
두꺼비 96, 98, 186, 239
두루미 181
두족류 248
둘리 94
둥근 자석 295
드라이아이스 25, 94, 217, 275
등골뼈 339
등대 102, 169
등압선 102
등유 102, 197
디노사우르 30
디스커버리 호 260
디스크 339
디엔에이 19, 103, 162, 191, 198, 199, 268, 277
디옥시리보핵산 103
디젤 291, 391
디젤 기관차 69
디지털 온도계 252
디지털카메라 348
딥 스페이스 259
딱따구리 181
딱정벌레 26, 96, 154
딸기 62, 63, 72, 246, 313, 339
땀샘 103, 143, 281, 376
땅속줄기 313
땅위줄기 313
떠돌이새 181

떡갈나무 405
떡잎 104, 255
떨기 335
떨기나무 72
띠 스펙트럼 216

라

라니냐 105, 243
라듐 105, 137, 140, 316
라디오 106, 362
라디오존데 53
라디오파 11
라텍스 24
러브파 326
레이저 383, 390
레일리파 326
렌즈 35, 106, 112, 131, 230, 347, 349
로라시아 92, 330, 331, 332
로버 402
로보사피엔스 107
로봇 107, 108, 401
로켓 110, 223, 260, 278
뢴트겐선 242
루비 159
리모콘 106
리모트컨트롤 106
리보솜 198, 199
리소좀 198, 199
리튬 전지 308
리트머스 종이 106, 175, 231, 324
리히터 규모 326, 328
림프 106, 213, 389

마

마그네슘 51, 111, 165, 175, 315, 316, 364
마그마 111, 154, 162, 225, 234, 255, 256, 313, 322, 369, 391, 394, 401
마르스 400
마이크로파 168
마주나기 285
마차부자리 111, 153, 406
마찰 290, 311
마찰력 409
마찰 전기 311
막대 자석 295
만리경 112
만유인력 111, 322, 409
만조 15, 130

만화경 112
말 96, 345
말굽 자석 295
말머리 성운 194
말미잘 14
망간 51, 275
망막 13, 83, 347, 348
망원경 35, 106, 112, 307
매 83, 115, 181
매리너 우주선 259
매미 27, 154, 181, 238
매질 45, 203, 274, 367
맥놀이 112
맥박 224
맨틀 92, 113, 318, 368, 401
맹장 337
머큐리 210
먹이 사슬 114
먹이 연쇄 114, 115, 117, 129, 189, 218, 271, 342, 345, 364
먹이 피라미드 115
멀티미디어 116
메뚜기 29, 115, 154, 156
메모리 116
메탄 116, 254, 323, 341, 364
메탄올 70, 116, 231
메틸알코올 116, 231
메틸오렌지 116, 325
멜라닌 376
면역 143
멸종 94, 95, 116
멸종 위기 야생동식물 95
명반 143
명아주 172
명왕성 80, 117, 269, 356, 357
모기 27, 154
모래 15, 117, 173, 201, 243, 333, 366, 393, 408
모래시계 217
모래언덕 173
모세관 현상 122, 237
모세혈관 213, 280, 386
모스경도계 38
모악동물 98
목 184
목동자리 118, 150, 339
목본 72
목성 80, 118, 129, 204, 269, 324, 356, 357
목성형 행성 356, 357, 380, 383

목재 19, 119, 312
목탄 215
물 45
몰농도 81, 82
몰리브덴 51
무게 120, 156, 157, 300, 336
무게 중심 120, 291
무궁화 15, 62, 226
무궁화위성 120, 279
무기물 121, 250, 312, 337, 408
무기 촉매 346
무기화합물 121, 269
무생물 89, 184, 189, 398
무서리 192
무선 전화 309, 407
무선 통신 364, 365
무성생식 68, 191, 335
무역풍 135
무연탄 192
무지개 11, 52, 121
무척추동물 14, 49, 96, 97, 154, 185, 248, 310, 344, 370, 404
문 184
문어 248
물 122, 123, 126, 129, 143, 161, 162, 164, 178, 208, 212, 213, 296, 319, 334, 335, 372, 389
물고기 15, 115, 124, 133, 323, 384
물관 313, 314
물방개 171, 208
물벼룩 21, 208
물시계 121, 217, 289
물질 25, 57, 70, 126, 127, 129, 161, 265, 266, 374
물체 126, 156
미각 13, 121
미국항공우주국 129, 228
미나마타 병 129, 212
미르 261
미리내 274
미생물 129, 136, 177, 191, 222, 296, 375
미역 13, 68, 311
미토콘드리아 198, 199
민꽃식물 68
민들레 15, 172, 226, 285
밀 255
밀도 129, 146, 165, 203, 223, 306, 335, 392
밀물 15, 24, 89, 130, 133, 311
밑씨 19, 130

바

바나듐 51
바늘구멍 사진기 131
바다 92, 123, 130, 131, 170, 171, 179, 319, 322, 333, 367, 379, 380
바다 밑 지형 382, 383
바람 21, 52, 77, 87, 134, 135, 173, 175, 335, 370, 372, 373, 380, 405
바이러스 133, 143
바이메탈 133, 244, 252
바이트 165
바코드 133, 169
바퀴벌레 345
박무 229
박쥐 20, 345, 371
박테리아 200
반금속 51
반달 89, 90
반도체 48, 51, 116, 133, 163, 336, 350
반딧불이 29
반려암 401
반사 18, 52, 89, 112, 136, 169, 203, 367
반사각 18
반사굴절식 망원경 112
반사 망원경 35, 112, 297
반사 성운 194
반사 행동 339
반작용 296
반작용점 296
받침점 320, 321
발 136
발생 136, 190, 271
발암 물질 85, 136
발전 138, 139, 208, 265, 311, 361, 372, 391
발전기 138
발전소 240, 302, 311
발효 136, 200
방광 137, 143, 349
방사 156
방사능 오염 402, 404
방사선 136, 137, 322
방사성 원소 105, 137, 140, 257, 265, 267
방송 106, 368
방위 140, 372, 373
방위각 13, 140
방전 144
방출 성운 194

방해석 38, 353
배 140, 141, 247, 297
배기 가스 143, 177, 215, 297
배설 기관 96, 97, 103, 137, 280, 349
배추흰나비 29
백로 45, 181
백반 20, 143
백색왜성 143, 147, 194
백신 143
백악기 30, 330, 331, 332
백열전구 227
백엽상 55, 77, 143
백조자리 144, 151, 194
백합 229, 313
백혈구 386
밸러스트 탱크 297
뱀 20, 96, 368
버섯 24, 47
번개 52, 83, 144, 340
번데기 27, 154, 238
벌 26, 154
벌레잡이 식물 222
범람원 16, 17
벚꽃 15, 62, 285
벚나무 62, 66, 72, 287, 405
베네라 우주선 259
베타선 105, 137
벨로시랩터 33
벼 62, 229, 247, 255
벼락 144, 145
변성암 48, 93, 154, 234, 235, 370
변압기 302
변온 동물 20, 154, 311, 368
변전소 302
변태 14, 21, 27, 154
별 24, 143, 146, 147, 148, 163, 193, 194, 273, 340
별똥별 270
별자리 19, 94, 111, 118, 144, 148, 149, 150, 151, 152, 153, 174, 225, 251, 258, 296, 297, 299, 339, 341, 343, 348, 352, 369, 370, 383, 406
별자리 판 149
병렬 연결 304
병진 운동 264
보름달 89, 90, 130
보리 172, 229, 247, 255
보석 158, 159
보온병 154
보이저 호 259, 342, 381

417

보일 법칙 57
보일러 156
보퍼트 풍력 계급 135, 372
보호색 156
복사 156, 244, 252
복숭아 247
복제 191
복족류 248
복합과 247
복합화산 395
볼록거울 18
볼록렌즈 106, 229, 230
봄 22, 23, 52, 60, 71, 72, 84, 150, 156, 170, 181, 192, 229, 243, 254, 309, 404
봄철 별자리 118, 150, 174, 339
봉숭아 172, 226
부도체 94, 133, 156
부들 208, 210
부레 124, 384
부레옥잠 208, 210
부력 156, 410
부름켜 71, 72, 314
부분일식 288
부수식물 210
부엽식물 210
부유생물 375
부유식물 210
부족류 248
부촉매 345
부탄 157, 161, 238, 341
부패 136, 200, 201
부피 25, 127, 129, 156, 237
북극 160, 251, 362
북극성 140, 149, 157, 297, 348
북극점 160
북극해 160
북두칠성 118, 157, 174, 348, 352
북아메리카 대륙 87, 160, 176
북태평양 고기압 11, 21, 243, 298, 358
북태평양 기단 52
북회귀선 22, 23
분광기 36
분동 157, 300, 301, 336, 342, 352
분만 288
분말 소화기 205, 206
분별깔대기 37
분별 증류 197
분산 121, 169, 374
분자 20, 25, 80, 127, 161, 165, 256, 276, 336, 349

분자생물학 162
분출암 391
분해 162
분해자 24, 47, 114, 115, 129, 162, 189, 200, 208
분화구 162, 348, 396
불가사리 49, 99
불규칙 은하 273
불완전변태 27, 154, 238
불완전탈바꿈 27
불쾌지수 162
불포화 용액 163, 257
불활성 기체 315
붉은곰팡이 24
붕산 163
붕어 96, 124, 208
뷰렛 37
뷰렛 반응 163
브라운 운동 163
브라키오사우루스 33
블랙박스 163
블랙홀 147, 163
비 11, 14, 40, 52, 91, 121, 123, 164, 176, 257, 298, 346, 390, 408
비금속 163, 315
비너스 50
비누 165
비늘줄기 313
비소 51
비스무트 51, 315, 317
비전해질 309
비중 165
비커 36, 37
비타민 165, 206, 250, 312, 337
비트 165
비티비 325
비피엠 82
비행기 42, 46, 76, 163, 165, 166, 167, 169, 207, 231, 290, 379
비행선 170, 385
비행운 42
빅뱅 170
빗면 321
빙산 78, 170, 171
빙하 78, 122, 123, 160, 170, 254, 323, 330, 331, 332, 335, 366
빛 18, 35, 48, 80, 102, 106, 121, 131, 136, 156, 168, 169, 179, 216, 217, 222, 223, 248, 251, 347 367, 374, 387, 390
빛 에너지 240, 299, 354

빨판 96, 171
뻐꾸기 181
뼈 35, 171, 280
뿌리 66, 172, 192, 218, 322
뿌리골무 172, 313
뿌리줄기 313
뿌리채소 337

사

사과 225, 246, 247
사구 173
사리 130
사마귀 29, 310
사막 173, 323, 404, 406
사막기후 58, 59
사막화 404
사바나기후 58, 59
사슴 269, 371
사암 48, 154, 155, 173, 234, 366
사이클론 358
사이펀 174
사자 271, 371
사자자리 150, 174, 339
사진기 131, 347
사탕수수 193
사파이어 159
사화산 395
산 174, 175, 176, 322, 335
산개 성단 194
산곡풍 21, 135, 175
산란 80, 194
산맥 174, 176, 335
산바람 176
산성 106, 116, 176, 211, 222, 249, 324, 370, 406
산성도 211
산성비 87, 93, 176, 364, 408
산성 토양 364
산소 34, 57, 91, 122, 161, 162, 178, 192, 213, 224, 227, 248, 254, 275, 315, 317, 319, 384, 390
산풍 175
산호 14, 96, 99, 353, 399
산화 178
산화물 178
살별 388
삼각주 16, 17, 179
삼각플라스크 37
삼발이 37, 231

삼엽충 179, 331, 399
삼투압 198, 199, 314, 349
삼한사온 20
상대성이론 179
상대습도 217
상동 기관 190, 384
상록수 72
상리공생 34
상사 기관 190
상수도 206, 212
상어 124, 208
상층운 40
상현 90, 130
새 180, 181, 313
새우 14, 20, 154, 310
새턴 363
색맹 83, 191, 267
샛별 50
생고무 24
생리 268
생명공학 191
생물 19, 21, 96, 116, 140, 184, 185, 188, 190, 191, 198, 218, 311, 331, 332, 333, 335, 361, 375, 390, 398, 403, 408
생물의 분류 184, 185
생물학적 산소 요구량 214
생산자 114, 115, 129, 162, 189, 208, 218, 345
생석회 192
생식 62, 68, 76, 85, 97, 188, 191, 264, 407
생식 기관 188, 212, 232, 267, 280, 311
생식세포 24, 191, 271, 335, 407
생장 191
생존 경쟁 192
생태계 114, 129, 162, 177, 189, 190, 200, 208, 360
생태계의 평형 189
샤를 법칙 57
샬레 192
서는줄기 313
서리 52, 192
석고 38
석류 247
석순 312, 353
석영 38, 391
석영 유리 269, 270
석유 102, 157, 177, 196, 197, 238, 240, 254, 310, 366, 374, 391, 399, 400, 407
석주 312

석질 운석 264
석철질 운석 264
석탄 138, 177, 192, 193, 240, 254, 391, 400
석탄기 330, 331, 332
석회 192, 364
석회석 353
석회석 동굴 353
석회수 208
석회암 93, 154, 155, 398
석회암 동굴 94, 312
섞임눈 84
선상지 16, 17
선 스펙트럼 216
선인장 220, 285, 313
선철 343
선캄브리아대 330, 331, 332
선태식물 68, 185, 188, 219, 274
선형동물 55, 98, 185
설탕 161, 192
섬모류 185
섬유질 337
섭씨 56
섭씨온도 254, 310
성간 물질 258
성게 49
성단 193, 258, 273
성운 194, 258, 273
성인병 194
성장통 200
성장 호르몬 200
성층권 91, 254, 319
세계기상기구 40, 53, 77, 200
세균 77, 129, 136, 200, 222, 268, 311, 370
세균류 185, 198, 199
세레스 204
세슘 316
세슘원자시계 217, 378
세종과학기지 78
세탁기 201, 303
세포 13, 19, 44, 71, 103, 133, 140, 162, 184, 191, 198, 199, 201, 267, 271, 285, 288, 311, 314, 322, 335, 390, 407
세포막 198, 199
세포벽 198, 199, 218
세포 분열 136, 140, 172, 192, 201, 218, 271, 288
세포핵 198
셰일 154, 155, 173, 201, 234, 366, 398

소 96, 269, 345
소금 20, 163, 201, 249, 309, 393
소금쟁이 372
소나기 164
소나무 19, 72, 74, 221, 226, 239, 274, 285
소뇌 82
소다 유리 269
소리 46, 81, 102, 106, 112, 202, 274, 340, 344, 345, 367
소리굽쇠 34
소리 에너지 240
소비자 114, 115, 129, 162, 189, 208
소석회 208
소성 353
소아성인병 200
소저너 401
소철 229, 239
소포체 198, 199
소프트웨어 116, 350
소행성 204, 270, 356, 357, 383
소화 204, 205, 222, 268
소화기 205, 206
소화 기관 96, 205, 268, 274, 280, 337
속도 11, 202, 206, 345, 372
속력 206
속씨식물 66, 70, 72, 104, 130, 141, 172, 185, 219, 225, 255, 332, 404
솔이끼 68, 172, 220, 274, 275
쇠 94
쇠뜨기 334
수꽃 19
수뇨관 143
수도 206
수력 발전 138, 208
수매화 62
수목 72
수산화나트륨 163, 165, 208, 231, 249, 309
수산화칼륨 165, 231
수산화칼슘 192, 208, 249
수생 생물 208
수생 식물 208
수성 80, 129, 210, 324, 356, 357
수세미 247
수소 57, 116, 122, 161, 162, 170, 175, 178, 192, 210, 211, 265, 315, 316, 354
수소이온농도지수 175, 176, 211, 231, 249, 364
수소 폭탄 211, 322

수술 15, 62, 188, 212, 229
수압 212
수염뿌리 255
수용성 비타민 165, 206
수용액 212, 257
수은 51, 129, 212, 317, 387
수은 기압계 55
수은 온도계 252
수은 중독증 212
수정 69, 136, 191, 217, 225, 247, 278, 344
수정관 188
수정란 136, 140
수정체 83, 347, 348
수중 식물 208
수증기 40, 51, 122, 126, 192, 212, 217, 229, 254, 276
수직 지진계 325
수질 오염 81, 213, 214, 402, 403
수초 208
수평 지진계 325
수표 213
수표교 213
순상화산 395, 397
순환계 280
순환 기관 96, 97, 141, 213
숯 73, 215, 393
슈퍼컴퓨터 215, 283, 351
스노클 297
스모그 215, 229
스위치 305
스카이랩 261
스텝기후 58, 60
스테고사우루스 33
스트레스 215
스트로마톨라이트 331
스펙트럼 11, 12, 216, 307
스포이트 37, 216, 237
스푸트니크 호 110, 129, 216, 278
스프링 256, 300, 353
스피릿 107, 401
습곡 174, 322
습곡 산맥 176, 369
습구 온도계 162
습도 52, 77, 143, 192, 212, 217, 242, 306
습도계 143
승화 69, 127, 217, 237, 275, 392
시각 13, 83, 217
시간 11, 121, 179, 217, 289, 335
시계 217

시계접시 36, 37
시디롬 222
시베리아 고기압 12, 21
시베리아 기단 52
시상 화석 399
시생대 330, 331
시세포 83
시토신 103
시트르산 222
시험관 36, 37
식도 205, 222, 280
식물 19, 44, 46, 51, 62, 66, 84, 104, 114, 115, 172, 212, 218, 219, 221, 222, 239, 247, 249, 255, 274, 285, 311, 313, 322, 337
식물계 185
식물세포 198, 199
식물 플랑크톤 114, 115, 375
식용유 129
식중독 222
식초 222
식충 식물 222
신경 13, 14, 222
신경계 96, 97, 280, 339
신경세포 223
신기루 52, 223
신기전 223, 402
신생대 330, 331, 332
신소재 223
신장 349
실루아기 330, 331, 332
심방 213, 224, 387
심성암 225, 401
심실 213, 224, 387
심장 213, 224, 280, 386, 387
심해저 382
십이지장 205, 280, 337
십이지장충 55
쌍둥이자리 153, 225, 296
쌍떡잎식물 62, 66, 172, 218, 255, 285, 314, 404
쌍안경 35, 106
썰물 15, 24, 89, 130, 133, 311
쓰나미 333
쓸개 205, 225, 281
씨 69, 130, 225, 247
씨눈 104
씨방 19, 62, 70, 130, 225, 247
씨앗 66, 225

아

아가미 14, 124, 227, 384
아네로이드 기압계 55
아데닌 103
아르곤 91, 227, 299, 315, 317, 319, 387
아르키메데스의 원리 157
아리랑위성 227, 279
아메바 85, 208, 264
아밀라아제 205, 227
아밀로오스 81
아밀로펙틴 81
아세톤 227, 228, 237, 249
아세트산 175, 222
아스팔트 197
아시아 대륙 87, 176
아연 51, 175, 228, 317
아이엠티-2000 228
아틀란티스 호 260, 261
아폴로 계획 129, 228
아폴로 호 89, 228, 259
아프리카 대륙 87
아한대 58
아한대다우기후 58, 61
아한대하우기후 58, 61
악어 368
안갖춘꽃 15, 62, 66, 229
안갖춘잎 285
안개 40, 52, 229
안개비 164
안경 106, 229
안드로메다은하 230
안드로메다자리 152, 369, 370
안산암 391, 394, 401
안점 83
안키사우루스 30
안토시안 86
알 26, 27, 154, 238
알루미늄 51, 94, 137, 140, 178, 231, 299, 315, 317
알뿌리 313
알칼리 231
알칼리성 106, 211, 231, 353
알코올 116, 129, 227, 231, 232, 237, 252, 256, 257, 407
알코올 램프 36, 116, 231, 232
알코올 온도계 252
알파선 105, 137
알프스히말라야 조산대 176
알프스히말라야 지진대 329

암 136
암꽃 19
암모나이트 232, 332, 399
암모니아 106, 143, 161, 232, 249, 336
암모니아수 107, 231, 232, 322
암석 38, 154, 173, 201, 225, 234, 256, 276, 333, 366, 370, 391, 401, 408
암석의 순환 235, 243
암술 15, 62, 130, 188, 225, 229, 232
암염 366
암페어 45
암흑 물질 258
암흑 성운 194
압력 154, 212, 232
압점 376
앙구일부 233
애벌레 27, 154, 156, 238
액정 223
액정 온도계 252
액체 19, 25, 57, 69, 70, 80, 87, 122, 126, 129, 156, 174, 202, 217, 227, 231, 237, 242, 279, 322, 346, 349, 372, 392, 406
액포 198, 199, 218
액화 127, 237
액화 가스 238
액화석유가스 238, 291
액화천연가스 238
야행성 동물 238
양극 299, 308
양력 166, 361, 385, 410
양서류 98, 154, 224, 227, 238, 324, 384
양성자 137, 140, 239, 258, 265, 266, 352, 362
양성화 62
양이온 276, 299, 309
양자역학 239
양잿물 208
양전하 276, 306, 309, 374
양지 식물 239, 274
양쯔 강 기단 52
양치식물 68, 185, 188, 219, 311, 313
양팔저울 157, 300, 336
어긋나기 285
어는점 25, 80, 192, 242
어류 98, 154, 185, 224, 227
어른벌레 27, 154, 238
얼음 122, 126, 170, 171, 258
에너지 134, 156, 168, 179, 202, 204, 208, 240, 241, 244, 267, 276, 302, 303, 311, 390, 402

에너지보존법칙 240
에너지의 전환 240
에메랄드 159
에스극 294
에어컨 87
에어컨디셔너 242
에어로벤 373
에이엠 106
에이즈 407
에탄 341
에탄올 161, 231, 242, 249, 279
에틸알코올 242
에프엠 106
엑스선 11, 137, 168, 216, 242, 291, 307
엔극 294
엔데버 호 260
엘니뇨 105, 242
여과 393
여과지 19
여름 11, 12, 14, 21, 22, 23, 43, 52, 59, 60, 61, 78, 83, 84, 85, 144, 156, 160, 162, 170, 181, 243, 244, 254, 289, 298, 306, 309, 362, 376
여름눈 84
여름새 181
여름철 별자리 19, 94, 144, 151
역법 86, 361, 362,
역암 234, 243, 333, 366
역청탄 192
연골 171
연골어류 124
연금술 248
연꽃 210, 226, 313
연두벌레 264
연료 전지 211
연성 51
연소 178, 205, 206, 248, 288
연속 스펙트럼 216
연철 343
연체동물 98, 185, 232, 248
연해 131
열 133, 154, 156, 244, 245, 248, 249, 254, 311, 402
열가소성 수지 374
열경화성 수지 374
열권 91, 319
열기구 249
열대 58, 404
열대류 87
열대우림기후 58, 59, 299

열대 저기압 299, 358
열량 244
열매 12, 34, 62, 72, 73, 80, 221, 225, 226, 247
열매채소 337
열성 271
열 에너지 240, 244, 303, 361
열역학 법칙 244
열역학적 온도 309
열의 이동 244
열 전도 303
열핵폭탄 211
열효율 244
염기 175, 231, 249, 322
염기성 116, 231, 232, 324, 370
염기성 토양 364
염산 106, 175, 249, 309
염색체 19, 103, 191, 271, 276, 277
염소 249, 277, 299, 315, 317, 379
염화나트륨 132, 201, 249, 277
염화칼슘 249
염화코발트 249
엽록소 44, 85, 249, 285
엽록체 44, 51, 198, 199
영구동결기후 58, 61
영구 자석 295, 303
영구치 274
영상 신호 362
영양소 163, 250, 255
영장류 250, 279
옆줄 13, 124
예비 특보 55
오드도비스기 330, 331, 332
오랑우탄 251
오로라 52, 91, 251, 355, 362
오른손법칙 375
오름 397
오리 181
오리온자리 149, 153, 194, 251, 297, 406
오목거울 18, 35, 386
오목렌즈 106, 107, 112, 229, 230
오버헤드프로젝터 251
오세아니아 대륙 87
오에이치피 251
오염 물질 177, 214, 229, 296, 334
오이 62, 63, 66, 246, 339
오일펜스 393, 403
오존 81, 254, 291, 323
오존층 87, 91, 254
오줌 137, 281, 349

오징어 96, 171, 248
오팔 159
오퍼튜니티 401
오호츠크 해 고기압 11, 298
오호츠크 해 기단 52
옥수수 229, 285
온각 13
온난 전선 306
온대 58, 404
온대다우기후 58, 60
온대동우기후 58, 60
온대 저기압 299
온대하우기후 58, 60
온도 55, 70, 80, 105, 134, 143, 154, 162, 242, 243, 244, 248, 252, 254, 303, 306, 309, 344, 360
온도계 77, 133, 143, 212, 252
온실 가스 323
온실 효과 254, 276
온점 13, 14, 376
온천 255, 397, 405
온혈동물 30, 311
올빼미 101, 181, 238
올챙이 208
완두 62, 246, 271, 286
완전변태 27, 154, 238
완전탈바꿈 27
완전화 15
왜가리 181
외떡잎식물 66, 67, 104, 172, 218, 229, 255, 285
외행성 80, 356, 357, 383
왼손법칙 375
요도 349
요오드 13, 25, 217, 255, 256, 379
요오드녹말반응 81, 255
요오드팅크 256
용매 163, 212, 256, 257, 370, 392
용반목 31
용불용설 335
용수철 256, 300, 335, 353
용수철저울 256, 300, 301, 353, 410
용암 111, 256, 313, 319, 394
용암굴 94
용액 106, 163, 211, 212, 216, 256, 257, 346, 349, 370, 392, 393
용존 산소량 214
용질 163, 212, 256, 257, 346, 370, 392
용해 256, 257, 392
용해도 163, 257, 392

우라노스 342
우라늄 137, 138, 140, 257, 265, 267, 316, 383
우량계 14, 257
우리별 위성 258, 279
우리 은하 231, 273, 274
우뭇가사리 312
우박 14, 52, 83, 258
우산이끼 68, 172, 274, 275, 391
우성 271
우심방 213, 224, 387
우심실 213, 224, 387
우주 146, 170, 194, 216, 258, 260, 362
우주 망원경 112, 348, 383
우주선 259, 261
우주 왕복선 110, 129, 260, 278, 383
우주 정거장 129, 261
우주 탐사선 110, 260, 400
우토 406
우편 364, 365
우화 27
운동 34, 44, 206, 239, 264
운동 기관 96, 97, 136
운동 에너지 240
운량 282
운반 작용 15, 16, 17
운석 89, 264, 271
움직도르래 19, 93
원구류 124
원뿌리 66, 172
원색동물 98, 185
원생대 330, 331
원생동물 85, 264
원생생물 185, 264
원생생물계 185, 264, 311
원소 44, 50, 76, 80, 105, 111, 132, 161, 178, 210, 212, 227, 228, 231, 239, 249, 255, 257, 265, 266, 267, 273, 315, 336, 342, 348, 361, 379, 385, 402, 405
원소 기호 265
원숭이 251
원시 84, 106, 230
원심력 44, 130
원유 21, 196
원자 20, 25, 127, 140, 161, 239, 239, 256, 265, 266, 276, 306, 315, 402
원자력 297, 383
원자력 발전 138, 265, 404
원자력 에너지 240
원자 폭탄 211, 265, 267

원자핵 137, 140, 239, 258, 266, 306, 352
원자 현미경 385
원추세포 13, 83, 191, 267
원추화산 395
원핵생물 77, 85, 129, 185, 200, 268
원핵생물계 185, 311
원핵세포 198, 199
월경 268
월식 48, 268, 344
위 205, 268, 280
위도 299
위성 88, 117, 118, 258, 269, 278, 318, 356, 357, 368
위치 에너지 240, 306
윌리윌리 358
윗접시저울 157, 301
유글레나 208, 264
유기 농법 269
유기물 269, 408
유기 촉매 346
유기화합물 85, 89, 121, 269
유라시아 대륙 87, 160
유로파 119
유리 25, 94, 156, 230, 269
유문암 154, 234, 391, 394, 401
유선 전화 309
유선 통신 364, 365
유성 264, 270, 356, 357
유성생식 62, 68, 191, 248, 264, 335
유성체 271
유전 19, 21, 103, 133, 136, 198, 199, 225, 271
유전공학 271
유전자 19, 103, 191, 271, 276
유전체 19
유전학 271
유황 스모그 215
육상 지형 335
육식 공룡 30
육식 동물 114, 115, 232, 271, 337
육지 131, 271, 319, 322
육풍 380
윤년 361
윤도 369
윤형동물 185
융해 25, 127, 237
은 51, 94, 273, 317
은생이언 330, 331
은하 146, 194, 258, 273, 274, 354
은하수 274, 348

은행나무 19, 72, 229, 247, 285
음극 299, 308
음력 309, 362
음성 309
음성 신호 362
음이온 276, 299, 309
음전기 389
음전하 276, 306, 309, 374
음지 식물 239, 274
음파 202, 274, 309
음향 측심기 383
응결 276
응고 25, 127, 237
이 274
이끼 68, 140, 107, 172, 219, 220, 274, 275, 311, 324, 334, 391
이끼류 68
이다 204
이동성 고기압 12, 21, 156
이메일 307
이산화규소 178
이산화망간 275, 308, 345
이산화질소 57
이산화탄소 51, 57, 94, 143, 161, 162, 224, 213, 275, 276, 227, 248, 254, 288, 319, 323, 353, 361, 384, 390, 407
이산화탄소 소화기 205, 206
이산화황 57
이슬 276
이슬비 164
이슬점 276
이암 234, 276, 366
이오 119
이온 20, 276, 277, 302, 309, 349
이자 281
이탄 192
인 315, 317
인간게놈프로젝트 276
인공 수정 277
인공 위성 52, 110, 129, 216, 227, 228, 259, 260, 261, 278, 364, 365
인공 지능 279
인도양 131
인력 130, 409
인류 279, 332
인산 279, 346
인체 106, 280, 281
인터넷 307, 350, 364, 365, 373, 409
일 93, 279
일교차 56

일기도 102, 282
일기예보 215, 282, 283, 284
일반 상대성이론 163, 179
일산화탄소 161, 288
일시 자석 295, 306
일식 268, 288, 344, 355
일의 원리 320, 321
일주 운동 340
임신과 출산 288
입 205, 274, 280, 346
입동 12, 20, 309
입추 243, 309
입춘 20, 156, 309
입하 156, 243, 309
잎 44, 51, 66, 85, 218, 249, 285, 286, 287, 322
잎눈 84
잎맥 285
잎줄기채소 337
잎차례 285

자

자갈 243, 289, 333, 366, 393
자격루 121, 289
자궁 137, 188, 268, 278, 288
자극 13, 14, 217, 339
자기 76, 289
자기권 294
자기나침반 76
자기 녹음 81
자기력 409
자기력선 290, 294
자기마당 294
자기부상열차 69, 290, 307, 345
자기우량계 14
자기장 76, 251, 290, 294, 296, 306, 319, 375
자기 폭풍 362
자기화 296
자낭균류 47, 185, 407
자동차 290, 407
자석 144, 289, 290, 294, 295, 296, 306, 319
자수정 159
자연선택설 335
자외선 11, 136, 168, 194, 254, 291, 299, 307, 376, 387
자이로나침반 76
자전 21, 291, 298, 318

자전거 126, 296
자정 작용 296
자철광 296
자철석 38, 296
자화 295, 296, 306
작용 296
작용점 296, 320, 321
작은개자리 153, 296
작은곰자리 157, 297
작은창자 205, 280, 337
잠망경 297
잠수정 298
잠수함 297, 298
잠자리 26, 27, 154, 208
잣나무 19
장구벌레 27
장마 243
장마 전선 11, 243, 298, 306
장맛비 164
장미 285
장석 38, 391
장어 124
재봉기 298
재봉틀 298
저기압 21, 102, 298, 306, 406
저온 온도계 252
저울 120, 300, 301, 342
적도 22, 23, 299, 405
적도 기단 52
적란운 40, 43, 83, 144
적록 색맹 191
적색거성 143, 146, 194
적외선 11, 168, 299, 307
적외선 온도계 252
적운 40, 43, 83
적혈구 386
전갈 99, 310
전갈자리 299
전구 299
전기 51, 133, 138, 144, 156, 206, 290, 302, 291, 303, 304, 309, 311, 340, 361
전기 기관차 69
전기력 409, 410
전기 분해 162, 299
전기 에너지 240, 267, 299, 303, 308
전기 저항 345
전기 전도 303
전기 회로 304, 305, 336
전기 회로 기호 305
전기 회로도 304

423

전나무 19, 72, 75
전도 156, 244, 252, 303
전도형우량계 14
전동기 138, 201, 295, 303, 307
전력 303
전류 14, 290, 295, 303, 304, 305, 306, 306, 309, 335, 373, 375, 406
전반사 169
전색맹 191
전선 302, 306
전성 51
전신 364, 365
전압 302, 303, 306, 406
전압력 232
전자 94, 163, 178, 239, 266, 276, 302, 306, 315, 387
전자기파 11, 137, 168, 242, 291, 299, 307, 364, 365
전자석 290, 295, 303, 306, 343, 362, 373
전자 우편 307
전자 현미경 36, 385
전지 212, 308
전파 106, 168, 362, 367
전파 망원경 112, 307
전하 303, 306, 309, 311
전해질 299, 309
전화 116, 309, 364, 365, 369, 391, 407
절기 22, 23, 233, 309, 341
절대온도 254, 309
절리 313
절연체 94, 156
절지동물 14, 20, 26, 55, 98, 185, 310
점균류 185
점토 201
점판암 154, 276
접시 안테나 368
접안렌즈 35, 112, 385
접착제 310
접합균류 47
정맥 213, 224, 280, 386
정보 고속도로 344
정수식물 208
정온 동물 20, 311, 371
정자 136, 188, 271, 288, 344
정장석 38
정전기 311
정지 궤도 위성 278
정지 기상 위성 53
정체 전선 298, 306
정촉매 345

젖니 274
젖산 175
제대로근 49
제비 181
제트기 110, 166
조개 248, 335
조균류 185
조금 130
조력 발전 138, 311
조류 98, 172, 224, 264, 311
조륙 운동 322
조리개 347
조매화 62
조반목 31
조산 운동 176, 322
조암광물 38
조흔색 38
족 315
종 184
종상화산 395, 397
종유석 94, 312, 353
종이 126, 137, 140, 312
종자식물 66
좌심방 213, 224, 387
좌심실 213, 224, 387
주기 315, 335
주기 운동 264
주기율표 315, 316, 317
주상절리 313
주의보 53, 54, 283
주피터 118
주행성 동물 313
줄기 19, 66, 71, 72, 119, 218, 255, 313, 314
줄기세포 198, 199
중간권 91, 319
중금속 51, 136, 364
중뇌 82
중력 111, 120, 146, 193, 322, 336, 409, 410
중력가속도 11
중생대 30, 92, 232, 330, 331, 332
중성 116, 370
중성자 137, 140, 239, 258, 266, 322, 352
중성자별 147
중성자탄 322
중수로 265
중유 197
중층운 40
중탄산나트륨 353

중탄산소다 353
중화 322
중화열 322
쥐라기 30, 92, 330, 331, 332
증기 156
증기 기관차 69
증류 322, 392
증발 69, 123, 237, 242, 322
증발접시 36, 37
증산 작용 218, 322
지각 변동 319, 322, 333
지구 80, 88, 90, 91, 114, 120, 130, 131, 251, 258, 261, 268, 269, 271, 274, 288, 291, 299, 318, 319, 322, 324, 334, 356, 357, 405
지구본 322
지구 온난화 87, 323
지구의 322
지구중심설 340
지구형 행성 356, 357, 383
지네 20, 310
지느러미 96, 124, 136, 323
지동설 324, 340
지렁이 96, 98, 404
지레 93, 300, 320, 321, 342
지레의 3요소 320
지레의 원리 320, 321
지방 206, 250, 269
지시약 116, 324, 370
지열 발전 138, 397
지용성 비타민 165, 206
지중해 131
지진 54, 319, 322, 325, 326, 327, 328, 329, 333, 368, 381
지진계 325
지진 기록계 325
지진대 329
지진파 326
지진해일 333, 381
지질 시대 179, 330, 331, 332, 333, 398, 400
지층 31, 174, 179, 196, 322, 330, 333, 334, 335, 398
지층 누중의 원리 333
지표식물 334
지표종 334
지하수 123, 255, 334, 389
지형 15, 16, 17, 176, 179, 271, 334, 389
직녀별 19, 94, 144, 151
직렬 연결 304

직류 303
직진 168, 367
진공 35, 156, 299
진도 326, 328
진돗개 186
진동 202, 309, 335, 367
진동수 34, 112, 335, 345, 367
진드기 20, 310
진성 210, 363
진앙 326
진원 326
진자 335
진주 159, 335
진폭 202, 335
진피 376
진핵생물 185
진핵세포 198, 199
진화 179, 191, 335
질량 111, 129, 157, 179, 300, 322, 336, 342, 352
질량분석기 36
질산 175
질소 57, 91, 161, 299, 315, 317, 319, 336
집적 회로 336, 350
집중호우 390
집합과 247
짚신벌레 85, 208, 264
짝짓기 45, 191

차

착시 337, 338
참나무 274
참새 181
참숯 215
참열매 247
창자 205, 280, 337
채소 337
채층 355
책상조직 285
처녀자리 150, 339, 352
척력 409
척색동물 185, 186, 187, 188
척수 281, 339
척추 279, 280, 339
척추동물 96, 97, 124, 171, 180, 185, 224, 238, 250, 268, 279, 332, 339, 368, 371, 384
천구 297, 340
천동설 340

천둥 83, 144, 340
천리경 112
천문대 340, 343
천문도 340
천상열차분야지도 340
천연 가스 116, 157, 241, 254, 275, 341, 373, 391, 400
천왕성 80, 129, 269, 341, 356, 357
천적 342
천체 망원경 112
천칭 300, 336, 342
철 51, 175, 265, 294, 306, 316, 342
철새 15, 180
철질 운석 264
첨성대 343
청각 13, 311, 344
청개구리 156
청황 색맹 191
체감온도 344
체관 313, 314
체내 수정 188, 277
체세포 복제 94
체순환 213, 387
체온 311, 344
체외 수정 188, 277, 344
체절 26
체중계 300
초 45
초고속 정보 통신망 344
초승달 89, 90
초식 공룡 30, 31, 33
초식 동물 114, 115, 271, 313, 337, 345
초신성 잔해 194
초신성 폭발 147, 163, 194
초음속 345
초음파 345, 383
초전도 345
초전도체 345
촉각 13
촉매 34, 275, 345, 407
촌충 55, 370
최고기온 55, 56
최저기온 55, 56
최저온도 254, 309
최적 온도 192
추분 12, 22, 23, 243, 309, 405
축바퀴 321
축전지 291, 297, 308
춘분 12, 22, 23, 309, 405
충매화 62, 69

측우기 258, 346
층리 333, 366
층운 40, 43
층적운 40, 42
침샘 346
침수식물 210
침식 15, 16, 17, 117, 174, 176, 235, 271, 333
침엽수 72, 119
침전 346

카

카드뮴 51, 317
카로틴 44, 86
카론 117
카메라 35, 83, 106, 227, 347, 391, 409
카시니 호이겐스 호 259
카시오페이아자리 297, 348, 370
카오스 이론 348
칸델라 45
칼데라 호 162, 348
칼데라 348, 396, 397
칼륨 51, 315, 316, 364
칼리스토 119, 357
칼슘 51, 165, 315, 316, 348, 364
캄브리아기 330, 331, 332
캥거루 345
컴퓨터 116, 133, 143, 165, 191, 215, 279, 283, 307, 345, 350, 351, 364, 365, 373
켈빈 45, 254
켈빈온도 254, 309
켈프 312
코 13, 280, 348, 349, 390, 407
코끼리 96, 345
코로나 288, 355
코마 389
코스모스 239
코엘로피시스 30
코페르니쿠스 혁명 324
콘택트렌즈 349
콜럼비아 호 260
콜로이드 용액 237, 349
콩 247
콩팥 137, 143, 281, 349
쾨펜 기후 분류 58
쿼크 352
크레이터 89, 204, 400
크로마토그래피 19, 352, 392

크롬 51
크산토필 44, 86
큰개자리 153, 297, 352
큰곰자리 157, 297
큰창자 205, 281, 337
큰키나무 72
클램프 37
킬로그램원기 336, 352, 378

타

타원 운하 273
타이탄 269, 357, 363
탄산 175, 275, 276
탄산나트륨 208, 231, 269, 353
탄산수소나트륨 162, 231, 353, 393
탄산칼슘 93, 192, 208, 269, 312, 335, 353
탄생석 159
탄성 256, 353
탄성고무 24
탄성력 24, 300, 353, 409
탄성체 353
탄성한계 353
탄소 85, 116, 161, 192, 269, 299, 315, 317, 343, 361, 389
탄수화물 206, 250, 269
탄화수소 76, 157, 231, 373, 407
탈바꿈 27, 154
탈피 27
태반 288
태백성 50
태생 76, 371
태아 140, 188, 288
태양 22, 23, 34, 80, 89, 90, 130, 140, 168, 251, 268, 288, 309, 324, 354, 355, 356, 357, 361, 362, 374, 405
태양계 50, 80, 117, 118, 204, 210, 258, 269, 270, 274, 318, 341, 354, 356, 357, 363, 380, 383, 387, 400
태양력 86, 309, 361
태양 에너지 240, 354, 361
태양열 361
태양열 발전 138, 361
태양 전지 361
태양 중심설 324
태양풍 251, 319, 355, 362, 389
태음력 86, 362
태음태양력 86, 362
태평양 131

태풍 54, 243, 299, 323, 358, 359, 360
터키옥 159
텃새 180, 181
텅스텐 51
텔레비전 362, 374, 409
토끼 345, 371
토마토 247
토성 80, 129, 324, 356, 357, 363, 364
토양 408
토양 오염 364, 402, 403, 407
토양의 산성화 364
토우 406
토파즈 159
통각 13
통꽃 62
통발 222
통신 35, 228, 307, 344, 362, 364, 365, 368, 369, 373, 391, 409
통신 위성 120, 129, 278
통점 13, 14, 376
퇴적 15, 16, 17, 174, 235
퇴적암 173, 179, 192, 201, 234, 235, 243, 276, 333, 366, 398
투시물 환등기 251
툰드라 기후 58, 61, 160
튤립 62, 229
트라이아스기 30, 330, 331, 332
트리케라톱스 30, 33
트리톤 381
특수 상대성이론 179
티라노사우루스 30, 32
티민 103
티탄 51

파

파도 15, 333, 335, 367
파동 45, 106, 113, 136, 168, 274, 367
파라볼라 안테나 368
파라사우롤로푸스 30
파래 311
파리 29, 96, 154
파리지옥풀 222
파인애플 247
파장 11, 12, 202, 216, 291, 299
파충류 30, 98, 154, 224, 332, 368
파피루스 255, 312
판 319
판게아 30, 92, 330, 331, 332
판구조론 322, 323, 368, 369

패스 파인더 259, 401
패철 76, 369
팩시밀리 369
퍼센트농도 81
페가수스자리 144, 152, 369
페놀프탈레인 용액 106, 325, 370
페니실린 24, 47, 370
페르세우스자리 370
페름기 330, 331, 332
페트리 접시 192
편리공생 34
편마암 154, 155, 234, 370
편모류 185
편서풍 406
편암 154, 155, 234, 370
편형동물 55, 98, 185, 370
평면거울 18
평형 감각 13
평활근 49
폐 384
폐색 전선 306
폐쇄 혈관계 224
폐순환 213, 387
폐장 384
포도 247
포도당 44, 80, 206, 227
포세이돈 381
포유동물 94
포유류 98, 185, 224, 250, 279, 311, 323, 332, 371
포자 391
포충 식물 222
포화 용액 163, 257, 370
폭풍해일 381
폴로늄 137
푄바람 135, 370
표면장력 122, 212, 237, 372
표준 화석 179, 399
표피 376
표피조직 285
푸른곰팡이 24, 370
풀 줄기 314
풍랑 54
풍력 발전 138, 372
풍력 에너지 240
풍매화 62, 69
풍속 52, 77, 134, 282, 372
풍속계 372
풍향 52, 77, 134, 135, 282, 306, 372
풍향계 134, 135, 372, 373

풍혈 94
풍화 117, 174, 271, 235, 333, 408
퓨즈 302, 304, 305, 373
프레온 254
프로토콜 373
프로파논 227
프로판 206, 238, 249, 341, 373
프리즘 11, 12, 35, 121, 216, 297, 374
플라나리아 370
플라스마 374
플라스크 36, 37
플라스틱 94, 126, 230, 374, 375, 407
플라타너스 226
플라테오사우루스 30
플랑크톤 21, 114, 115, 129, 375
플레밍 법칙 375
플레어 355
플루토 117
플루토늄 140, 265, 267, 268, 316
피부 13, 103, 281, 376
피펫 37
피피엠 81
피하조직 376
필라멘트 299

하

하드웨어 350
하루살이 154, 208
하수 처리 377
하수처리장 15
하지 22, 23, 243, 309
하층운 40
하현 90, 130
한국에너지기술연구원 377
한국지질자원연구원 377
한국천문연구원 377
한국표준과학연구원 352, 378
한국항공우주연구원 227, 378
한국해양연구원 378, 383
한랭 전선 306
한류 133, 379
한살이 27
한파 54
한해 11
할로겐 379
할론 소화기 205, 206
함께떨기 34
함몰 화구 348
합금 51, 111, 343, 373, 379, 387

합력 120, 379, 410
합성력 379
합친힘 379
항공기 163, 170, 385, 407
항로 표지 102
항문 281
항온 동물 180, 311
해 354
해구 132, 382
해령 132, 382
해류 87, 133, 379
해륙풍 21, 135, 379
해리 380
해면 96, 99
해면동물 98, 185
해면조직 285
해바라기 62, 285
해발고도 24
해삼 49
해상 부이 53
해소 333
해시계 48, 121, 217, 233
해식 동굴 94
해양 오염 402, 403
해연 382
해왕성 80, 269, 356, 357, 380
해일 54, 381
해저 지형 92, 132, 335, 382
해저 탐사 383
해파 367
해파리 14, 99, 154
해풍 380
핵 19
핵력 409, 410
핵자기공명기 36
핵폐기물 383
햇무리 43, 52
행성 34, 117, 118, 210, 269, 318, 324, 334, 341, 356, 357, 380, 383, 384, 400
행성상 성운 194
허리케인 358
허물벗기 27
허블우주망원경 384, 400
허파 213, 348, 384, 386, 390
헛물관 19, 313, 314
헛열매 247
헤라클레스자리 144
헥토파스칼 55, 102
헬륨 57, 137, 170, 211, 315, 317, 354, 385

헬리콥터 385
혀 13, 121, 281
현무암 111, 154, 234, 385, 391, 394, 397, 401
현미경 35, 106, 198, 199, 385, 386
현생이언 330, 331
혈관 224, 384, 386
혈소판 386
혈압 386
혈액 349, 386, 387, 389
혈액 순환 213
형광등 227, 374, 387
형상 기억 합금 223, 387
형석 38
형성층 19, 313
혜성 34, 270, 356, 357, 387, 388, 389
호랑나비 21, 27
호랑이 96, 271
호르몬 21, 192, 200, 389, 404
호박 172, 247, 389
호박꽃 62
호수 123, 208, 389
호우 54, 390
호흡 390
호흡기 390
호흡 기관 96, 97, 280, 348, 384, 390
혼돈 이론 348
혼천의 390
혼합물 197, 392, 393, 402
혼합물의 분리 352, 392, 393
홀로그래피 390
홀씨 24, 68, 218, 274, 391
홍염 355
홍조류 311
홍채 83, 347, 348
홑눈 26, 27, 83
홑잎 285
화강암 38, 111, 154, 155, 213, 225, 234, 391, 401
화구 162, 396, 397
화구호 162
화력 발전 138, 391, 404
화산 111, 162, 255, 256, 319, 322, 348, 368, 381, 385, 394, 395, 396, 405
화산대 396
화산암 385, 391, 394, 401
화상 전화 391
화석 30, 179, 331, 333, 335, 366, 389, 398, 399
화석 연료 177, 196, 211, 254, 323, 341,

400
화성 80, 91, 129, 204, 269, 324, 356, 357, 400, 401
화성암 111, 225, 234, 235, 313, 319, 391, 401
화성 탐사 로봇 107, 401
화씨 56
화씨온도 254
화약 223, 402
화재 205, 206
화학 반응 402
화학 에너지 240
화학적 산소 요구량 214
화학 전지 308
화합물 122, 178, 402, 407
환경 오염 138, 361, 372, 402
환경 호르몬 85, 404
환원 178, 379
환태평양 조산대 176
환태평양 지진대 329
환태평양 화산대 329, 396
환형동물 98, 185, 404
활석 38
활엽수 72, 119, 404
활화산 395, 396
황 315, 317, 405
황다랑어 124
황도 405
황도십이궁 174, 225, 299, 339, 406

황사 52, 54, 156, 175, 405
황산 406
황산구리 20, 163, 406
황소자리 147, 153, 406
황옥 38
황토 406
회로검사기 406
회전 운동 264
회절 52, 169, 203, 367
회충 55, 96
효모 24, 47, 136, 407
효소 346, 407
후각 13, 349, 407
후천성면역결핍증 407
휘발유 197, 291, 407
휴대전화 407
휴화산 395
흑연 361
흑점 354
흔들이 335
흙 406, 408
흙비 406
흡수 스펙트럼 216
히드라 14
힘 44, 111, 232, 239, 256, 264, 279, 296, 320, 322, 353, 375, 379, 409
힘의 3요소 296, 409
힘의 방향 296, 409
힘의 크기 296, 409

힘점 320, 321

A ~ Z

AIDS 407
BOD 214
COD 214
CPU 350
DNA 103
DO 214
IMT-2000 228
K 254, 309
LNG 238
LPG 238
N극 294, 306
NASA 129
OHP 251
P파 326
pH 211
pH시험지 324
S극 294, 306
S파 326
SI 45
SS 214
WMO 200
X선 242
℃ 254
℉ 254

*굵은 글씨의 숫자는 표제어가 있는 쪽을 가리킵니다. 그 외의 숫자는 관련 표제어가 있는 쪽입니다.

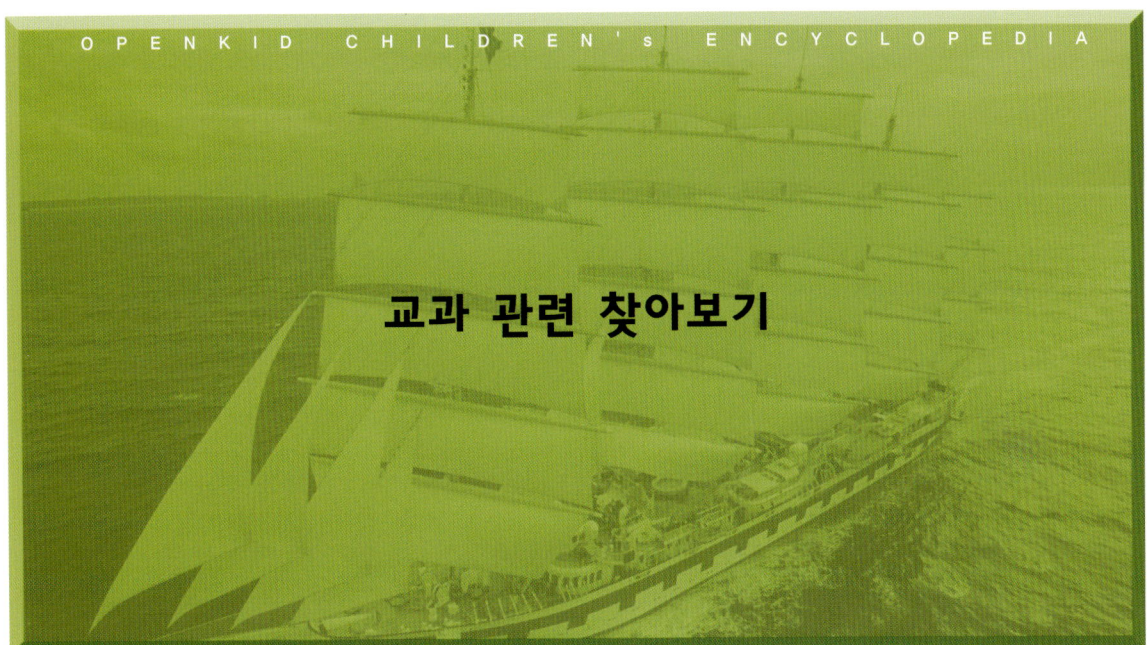

교과 관련 찾아보기

슬기로운 생활 1학년

1학기

어느 것이 동물이고, 어느 것이 식물일까요?	동물, 식물, 생물
동물과 식물의 특징은 무엇일까요?	동물, 식물, 세포, 세포 분열, 초식 동물, 육식 동물, 포유류, 파충류, 양서류, 물고기, 새, 강장동물, 편형동물, 절지동물, 연체동물, 환형동물, 극피동물, 갑각류, 꽃이 피는 식물, 꽃이 피지 않는 식물, 외떡잎식물, 겉씨식물, 양지 식물, 음지 식물, 나무
우리 몸의 여러 부분은 각각 어떤 일을 할까요?	인체, 배설 기관, 생식 기관, 호흡기, 감각, 순환 기관, 소화 기관, 뼈, 근육, 관절, 뇌, 눈, 귀, 코, 발, 심장, 위, 이, 창자, 콩팥, 땀샘, 림프
우리 몸은 어떻게 생겼을까요?	인체, 뼈, 근육, 심장, 혈관, 신경, 뇌, 척추, 발
눈, 코, 귀, 입, 손은 어떤 일을 할까요?	인체, 눈, 코, 귀, 감각
소리가 안 들리면 어떤 점이 불편할까요?	소리, 귀, 청각
낮과 밤의 모습은 어떻게 다를까요?	지구, 태양, 달, 그림자, 자전
하룻동안에 주위는 어떻게 변할까요?	지구, 태양, 달, 그림자, 자전, 노을
여러 가지 탈것으로는 어떤 것들이 있을까요?	자동차, 자전거, 비행기, 기차, 배, 자기부상열차, 잠수함, 열기구
어떤 벌레들이 있고, 이것들의 특징은 무엇일까요?	곤충, 변태, 애벌레, 겹눈, 절지동물
음식이 상하면 어떻게 될까요?	곰팡이, 발효, 균류, 세균

2학기

도구는 왜 사용하고 어떻게 쓸까요?	과학실험도구, 광학 기기, 도르래, 저울, 천칭, 지레, 망원경, 현미경, 사이펀
가을에는 식물의 모습이 어떻게 달라질까요?	가을, 단풍, 식물, 나무, 씨앗, 열매

429

어떤 나무의 잎과 열매일까요?	잎, 열매, 식물, 나무
동물은 무엇을 먹고 살까요?	동물, 초식 동물, 육식 동물, 먹이 연쇄, 생태계, 수생 생물, 플랑크톤, 열매
여러 가지 열매와 씨앗은 어떻게 생겼을까요?	열매, 씨앗, 식물
겨울이 되면 주위는 어떻게 변할까요?	겨울, 기온, 계절, 겨울잠, 눈, 계절 변이

슬기로운 생활 2학년

1학기

큰 소나무는 어떻게 자랐을까요?	나무, 나이테, 겉씨식물, 식물, 줄기, 뿌리, 꽃, 광합성, 엽록소, 증산 작용, 생장, 생식, 세포, 세포 분열
나비는 어떻게 자랄까요?	곤충, 변태, 애벌레, 생장, 세포, 세포 분열
그림자는 왜 생기고, 오전과 오후의 그림자는 어떻게 달라질까요?	그림자, 지구, 달, 태양, 자전, 공전
양달과 응달의 다른 점은 무엇일까요?	지구, 달, 태양, 그림자, 양지 식물, 음지 식물
낮과 밤은 어떻게 다를까요?	지구, 달, 태양, 자전, 산곡풍, 해륙풍
물은 어디에 쓰일까요?	물, 수도, 증산 작용, 비, 강, 호수, 지하수, 수력 발전, 발전, 에너지, 광합성, 하수 처리

2학기

가을이 되면 산과 들의 모습이 어떻게 달라질까요?	가을, 계절, 단풍, 기온, 나무, 활엽수, 식물
단풍잎은 어떤 모양일까요?	단풍, 잎, 나무
열매로는 어떤 것들이 있을까요?	열매, 씨방, 꽃받침, 꽃, 꽃가루, 꽃가루받이
열매의 속모양은 어떻게 생겼을까요?	열매, 씨앗, 씨방, 꽃받침, 꽃
여러 가지 씨앗은 어떻게 생겼을까요?	씨앗, 홀씨
식물은 추운 겨울을 어떻게 지낼까요?	식물, 겨울, 나무, 단풍
동물은 추운 겨울을 어떻게 지낼까요?	동물, 겨울, 겨울잠, 변온 동물, 계절 변이
겨울은 봄, 여름, 가을과 어떻게 다를까요?	계절, 봄, 여름, 가을, 겨울, 눈, 기온, 강수량
눈이나 얼음을 어떻게 하면 빨리 녹일까요?	고체, 물, 눈, 물질, 열, 빛, 에너지, 기온, 온도
봄, 여름, 가을, 겨울에 따라 주위는 어떻게 변할까요?	계절, 봄, 여름, 가을, 겨울, 절기, 눈, 기온, 장마, 강수량, 습도

과학 3학년 1학기

1. 우리 주위의 물질

우리 주위에 있는 물체는 어떤 물질로 만들어졌을까요?	물체, 물질, 고체, 액체, 기체, 유리, 금속, 구리, 철, 나무, 고무, 플라스틱, 종이
물질은 우리 생활에 어떻게 이용되고 있을까요?	물질, 물체, 고체, 액체, 기체
주위에서 볼 수 있는 고체와 액체를 구분하여 봅시다	고체, 액체, 물질, 물, 알코올, 식초, 결정, 요오드, 요오드팅크, 설탕, 소금, 탄산수소나트륨, 녹말, 드라이아이스, 철, 고무, 플라스틱, 종이
주위에서 가루 물질을 찾아 관찰하여 봅시다	소금, 설탕, 녹말, 혼합물의 분리, 탄산수소나트륨
알코올 램프의 사용법을 익혀 가루 물질을 가열하여 봅시다	알코올 램프, 과학실험기구, 소금, 설탕, 녹말, 탄산수소나트륨, 열, 혼합물의 분리
설탕을 가열하면 어떻게 될까요?	설탕, 혼합물의 분리

소금, 녹말, 탄산수소나트륨, 황산구리를 가열하면 어떻게 될까요?	소금, 녹말, 탄산수소나트륨, 황산구리, 혼합물의 분리, 알코올 램프, 녹는점
요오드 용액과 식초로 어떻게 가루 물질을 구별할 수 있을까요?	요오드, 요오드녹말반응, 식초, 녹말, 혼합물의 분리
가루 혼합물 속의 물질을 어떻게 알아 낼까요?	혼합물의 분리, 자석

2. 자석놀이

어떤 것이 자석에 잘 붙을까요?	자석, 철, 자기, 자기장, 자화
자석을 이용하면 어떤 점이 편리할까요?	자석, 나침반, 전자석, 혼합물의 분리
자석의 어느 부분에 더 많이 붙을까요?	자석, 자기, 자기장, 자화
자석은 어느 방향을 가리킬까요?	자석, 나침반, 자기, 방위
어떻게 하면 자석을 만들 수 있을까요?	자석, 전자석, 자화
자석 주위에 철가루를 놓으면 어떻게 될까요?	자석, 자기, 자기장, 철
자석의 성질을 이용한 것들로는 어떤 것들이 있을까요?	자석, 나침반, 자기부상열차, 전자석, 전동기

3. 소중한 공기

공기가 있다는 것을 어떻게 알 수 있을까요?	대기, 기체, 바람, 파도
그릇 속의 공기를 다른 그릇으로 어떻게 옮길 수 있을까요?	기체, 대기, 물질, 열, 바람
공기와 우리의 생활은 어떤 관계가 있을까요?	대기, 호흡, 대기 오염, 발전, 환경 오염, 바람, 스모그, 배기 가스, 산소, 이산화탄소

4. 온도재기

온도란 무엇일까요?	온도, 기온, 태양, 에너지, 열, 빛, 체온
온도는 어떻게 알 수 있을까요?	온도, 온도계, 백엽상, 바이메탈
온도계를 사용할 때 주의해야 할 점은 무엇일까요?	온도계
온도계의 눈금은 어떻게 읽을까요?	온도계
여러 곳의 공기의 온도는 몇 도일까요?	온도, 기온, 날씨, 백엽상, 대기, 바람
여러 가지 온도계에 대하여 알아 봅시다	온도계, 바이메탈

5. 날씨와 우리 생활

오늘 날씨는 어떠합니까?	날씨, 일기예보, 기온, 비, 눈, 습도, 기상, 기상청, 태풍, 호우, 안개, 서리, 번개, 벼락, 황사, 체감온도
기온은 어느 곳에서 재야 하고, 어느 때의 기온이 높습니까?	백엽상, 기온, 온도, 기상청, 날씨, 태양, 계절
시간이 지남에 따라 구름은 어떻게 변할까요?	구름, 바람, 비, 눈
비가 내릴 때 하늘의 모습은 어떠하고, 내린 비의 양은 어떻게 잴까요?	비, 구름, 수증기, 호우, 태풍, 측우기, 우량계
바람의 방향과 세기는 어떠하며, 어떻게 알 수 있을까요?	바람, 대기, 기압, 일기예보, 파도, 고기압, 저기압, 등압선, 풍향, 풍속, 풍향계, 풍속계, 계절풍, 해륙풍
바람의 세기는 어떻게 나타낼 수 있을까요?	바람, 풍속계, 일기예보
날씨와 우리의 생활과는 어떤 관계가 있을까요?	날씨, 체감온도, 불쾌지수, 기상 특보, 기상, 호우, 가뭄, 안개, 서리, 우박, 황사, 태풍, 비, 눈, 푄바람

6. 물에 사는 생물

연못이나 개울에 사는 생물로는 어떤 것들이 있을까요?	수생 생물, 수생 식물, 물고기, 갈조류, 갑각류, 남조류, 단세포생물, 아가미, 지느러미, 플랑크톤, 곤충, 원생물, 원핵생물
물 속 생물이 살아가는 데 필요한 것에는 어떤 것들이 있을까요?	물고기, 지느러미, 아가미, 태양, 온도, 빛, 생태계, 먹이 연쇄, 산소, 수생 생물, 수생 식물, 플랑크톤

어항 속의 생물들이 잘 살아가려면 어떤 조건이 필요할까요?	생물, 수생 생물, 물고기, 생태계, 물, 산소, 온도, 빛, 태양, 대기
물고기의 생김새와 움직임을 알아봅시다	물고기, 동물, 아가미, 지느러미, 수생 생물
물에 사는 생물들의 먹이 관계는 어떠할까요?	수생 생물, 수생 식물, 물고기, 먹이 연쇄, 생태계, 조류, 갈조류, 남조류, 플랑크톤, 분해자
물에 사는 생물과 환경의 관계는 어떠할까요?	태양, 빛, 온도, 수생 생물, 수생 식물, 먹이 연쇄, 생태계, 플랑크톤, 산소, 환경 오염, 수질 오염

7. 초파리의 한살이

초파리의 생김새는 어떠할까요?	곤충
곤충의 생김새는 어떠할까요?	곤충, 겹눈, 애벌레, 변태, 절지동물
여러 가지 곤충의 한살이를 알아 봅시다	곤충, 변태, 절지동물, 생장

8. 흙을 나르는 물

빗물은 어떻게 흐를까요?	비, 물, 지하수, 호수, 강, 바다, 흙, 지층
하늘에서 내리는 빗물과 땅 위를 흐르는 빗물의 다른 점은 무엇일까요?	비, 눈, 강, 흙, 지하수, 구름, 물
큰비가 내리면 어떻게 될까요?	비, 강, 태풍, 호우, 흙, 일기예보, 여름
흐르는 물에 의해 흙은 어떻게 운반될까요?	강, 흙, 비, 물, 자갈, 모래, 삼각주, 지층
흙의 운반에 영향을 주는 것으로는 어떤 것들이 있을까요?	비, 강, 호수, 지하수, 흙, 바다, 바람, 호우, 태풍
우리 생활에서 흐르는 물은 어떻게 이용되고 있을까요?	수도, 물, 호수, 수력 발전, 발전, 에너지, 흙, 하수 처리, 자정 능력

과학 3학년 2학기

1. 식물의 잎과 줄기

식물은 어떤 부분으로 이루어져 있을까요?	식물, 잎, 줄기, 뿌리, 꽃, 꽃받침
식물에 따라 잎의 생김새는 어떻게 다를까요?	식물, 잎, 꽃이 피는 식물, 꽃이 피지 않는 식물, 이끼, 겉씨식물, 활엽수
잎의 앞면과 뒷면은 어떻게 다를까요?	잎, 광합성, 기공, 증산 작용
여러 가지 잎의 잎맥은 어떻게 생겼을까요?	잎, 식물, 외떡잎식물
여러 가지 잎을 모아서 생김새에 따라 나누어 봅시다	잎, 식물
잎은 줄기에 어떻게 붙어 있을까요?	잎, 줄기, 식물
줄기는 어떻게 생겼을까요?	줄기, 잎, 식물, 나이테
식물의 줄기는 어떤 역할을 할까요?	줄기, 식물, 나이테, 증산 작용, 나무, 꽃이 피는 식물, 꽃이 피지 않는 식물
식물은 우리 생활에 어떤 이로움을 줄까요?	식물, 나무, 열매, 뿌리, 광합성, 증산 작용, 기공, 산소, 생태계, 분해자, 목재, 채소, 영양소, 수생 식물

2. 빛의 나아감

물체에 빛을 비추면 어떻게 될까요?	물체, 빛, 그림자, 굴절, 반사, 가시광선, 적외선, 자외선, 스펙트럼
그림자는 왜 생기며, 그림자의 크기는 어떻게 달라질까요?	그림자, 태양, 지구, 빛, 일식, 월식
빛은 어떻게 나아갈까요?	빛, 가시광선, 굴절, 반사, 바늘구멍 사진기, 스펙트럼, 무지개, 렌즈, 거울, 안경
빛으로 신호를 보내려면 어떻게 해야 할까요?	광통신, 등대, 빛, 통신, 초고속 정보 통신망

3. 지구와 달

지구는 어떤 모양일까요?	지구, 맨틀, 대륙, 바다, 육지, 산, 산맥, 판구조론
달은 어떻게 생겼을까요?	달, 태양계
달은 하룻밤 동안에 어떻게 움직일까요?	달, 지구, 태양, 자전
달의 모양은 날마다 어떻게 변할까요?	달, 지구, 태양, 자전
달 탐사 계획	달, 아폴로 계획, 로켓, 로봇, 우주선, 우주 왕복선

4. 여러 가지 가루 녹이기

가루를 물에 넣으면 어떻게 될까요?	용해, 용액, 용매, 용질, 수용액, 물, 농도, 불포화 용액, 포화 용액, 결정, 혼합물의 분리
설탕을 물에 녹이면 어떻게 될까요?	설탕, 물, 용해, 용액, 용매, 용질, 농도, 수용액, 불포화 용액, 포화 용액, 결정, 혼합물의 분리
소금은 물에 계속 녹을까요?	소금, 물, 용액, 용매, 용질, 농도, 수용액, 불포화 용액, 포화 용액, 나트륨, 결정, 혼합물의 분리
어떻게 하면 가루를 물에 빨리 녹일 수 있을까요?	용해, 용액, 용매, 용질, 물
어떻게 하면 각설탕을 빨리 녹일 수 있을까요?	용해, 용액, 용매, 용질, 물, 결정

5. 여러 가지 돌과 흙

돌은 어떤 방법으로 분류할 수 있을까요?	암석, 자갈, 모래, 화성암, 퇴적암, 변성암, 광물, 이암, 사암, 역암, 편암, 편마암, 화산암, 보석
식물은 어떤 방향으로 자랄까요?	식물, 양지 식물, 음지 식물, 광합성, 나이테
흙은 어떻게 생길까요?	흙, 비, 강, 암석, 자갈, 모래, 나무, 물, 지하수, 기온, 뿌리, 지층
우리 생활에서 돌, 모래, 흙은 어떻게 이용될까요?	흙, 모래, 자갈, 암석, 퇴적암, 화성암, 보석

6. 소리내기

소리를 내려면 어떻게 해야 할까요?	소리, 공명, 음파, 파동, 진동, 전화기
소리는 어떻게 우리 귀에까지 전달될까요?	소리, 귀, 공명, 음파, 파동, 진동, 에너지, 물질, 청각, 감각
작은 소리를 듣기 위해서는 어떻게 해야 할까요?	소리, 청각, 감각, 초음파

7. 섞여 있는 알갱이의 분리

철가루와 모래의 혼합물은 어떻게 분리할까요?	철, 모래, 자석, 혼합물의 분리
모래와 자갈의 혼합물은 어떻게 분리할까요?	혼합물의 분리, 모래, 자갈, 고체, 물질
콩, 쌀, 좁쌀의 혼합물은 어떻게 분리할까요?	혼합물의 분리, 고체
콩, 쌀, 좁쌀의 혼합물에 철가루가 섞여 있다면 어떻게 분리할까요?	혼합물의 분리, 철, 자석, 자기장, 고체

과학 4학년 1학기

1. 수평잡기

수평잡기를 이용하여 여러 가지 물체의 무게를 비교해 봅시다	저울, 물체, 천칭, 무게, 무게 중심
양팔 저울을 이용하여 여러 가지 물체의 무게를 비교해 봅시다	저울, 무게, 분동
분동을 이용하여 물체의 무게를 비교해 봅시다	저울, 분동, 무게, 질량, 천칭, 킬로그램원기

2. 우리 생활과 액체

여러 액체의 색깔과 냄새는 각각 어떠합니까?	액체, 물질, 물, 식초, 알코올, 암모니아수, 요오드팅크, 아세톤, 감각, 리트머스 종이
물, 알코올, 식용유 중에서 어느 액체가 가장 빨리 증발할까요?	액체, 물, 알코올, 증발
물과 아세톤에 섞이는 액체로는 어떤 것들이 있을까요?	물, 아세톤, 액체, 용해, 용액, 수용액
부피가 같은 액체는 무게도 같을까요?	액체, 무게, 물
액체 한 방울의 부피는 모두 같을까요?	액체, 물

3. 전구에 불켜기

전기를 사용하는 기구로는 어떤 것들이 있을까요?	냉장고, 라디오, 세탁기, 에어컨디셔너, 텔레비전, 보일러, 전구, 형광등, 기차, 전기 회로, 전동기
전구에 불이 켜지게 하려면 무엇이 필요할까요?	전구, 에너지, 전기, 전기 회로, 전류, 전압, 발전, 원자력 발전, 수력 발전
여러 가지 전구와 전지를 연결해 봅시다	전구, 전지, 전기, 전기 회로, 전류, 전압
전기가 통하는 물질을 찾아 봅시다	전기, 도체, 부도체, 반도체, 초전도체
전지의 연결 방법으로는 어떤 것들이 있을까요?	전기 회로, 전지, 전류
직렬 연결과 병렬 연결을 이용한 것들로는 무엇이 있으며, 각각의 장점은 무엇일까요?	전기 회로

4. 강낭콩

여러 종류의 씨앗을 살펴봅시다	씨앗, 식물, 꽃이 피는 식물, 겉씨식물
씨앗이 싹트는 데에 무엇이 필요할까요?	씨앗, 태양, 물, 온도, 흙, 밑씨, 광합성, 증산 작용
식물이 자라는 데에 무엇이 필요할까요?	식물, 태양, 물, 흙, 대기, 산소, 온도, 밑씨, 광합성, 증산 작용
식물이 자라는 모양을 관찰하여 봅시다	식물, 나무, 줄기, 잎, 뿌리, 꽃, 나이테, 외떡잎식물, 겉씨식물, 수생 식물, 생장, 이끼, 꽃이 피는 식물, 꽃이 피지 않는 식물

5. 혼합물 분리하기

흙탕물을 어떻게 맑은 물로 만들 수 있을까요?	혼합물의 분리, 침전, 증발, 거름종이, 과학실험기구
바닷물에서 어떻게 소금을 얻을까요?	혼합물의 분리, 소금, 증발, 태양, 바람
소금과 모래를 어떻게 분리할 수 있을까요?	소금, 모래, 혼합물의 분리, 고체
물과 식용유를 어떻게 분리할 수 있을까요?	혼합물의 분리, 물
콩으로 두부를 만들어 봅시다	혼합물의 분리, 물질

6. 식물의 뿌리

명아주와 강아지풀의 뿌리와 잎의 차이점은 무엇일까요?	식물, 뿌리, 잎, 외떡잎식물, 꽃이 피는 식물
식물의 뿌리와 잎 모양 사이에는 어떤 관계가 있을까요?	뿌리, 잎, 식물, 외떡잎식물, 꽃이 피는 식물
뿌리는 어떤 일을 할까요?	뿌리, 식물, 나무, 증산 작용, 꽃이 피는 식물, 생장
당근 뿌리와 명아주 뿌리와는 어떤 공통점과 차이점이 있을까요?	뿌리, 줄기, 식물
인삼, 무, 우엉 뿌리는 우리 생활에서 어떻게 이용될까요?	뿌리, 식물
물방울은 식물에서 어떻게 이동할까요?	식물, 나무, 줄기, 뿌리, 잎, 증산 작용, 물

7. 강과 바다

강물은 흐르면서 어떤 일을 할까요?	강, 암석, 비, 삼각주, 자갈, 모래, 퇴적암, 호수

강물이 흘러가 바다와 만나는 곳까지의 모습은 어떠할까요?	강, 호수, 삼각주, 갯벌, 바다, 자갈, 모래
흐르는 물은 땅의 모양을 어떻게 변화시킬까요?	강, 흙, 비, 암석, 삼각주, 자갈, 모래, 지층
바다 밑의 땅 모양은 어떻게 알 수 있으며, 깊이는 어떤 방법으로 알 수 있을까요?	해저 지형, 해저 탐사, 대륙붕, 바다, 초음파, 잠수함
바다 밑의 땅 모양은 어떤 모습일까요?	해저 지형, 바다, 대륙붕, 해저 탐사

8. 별자리를 찾아서

밤 하늘에는 어떤 별이 있을까요?	별, 별자리, 북극성, 북두칠성, 백색왜성, 블랙홀, 은하, 안드로메다은하, 백색왜성, 성단, 성운
별들의 밝기는 어떠합니까?	별, 별자리, 북극성, 북두칠성, 성단, 성운
밤하늘의 별자리로는 어떤 것들이 있을까요?	별자리, 성단, 거문고자리, 독수리자리, 마차부자리, 목동자리, 백조자리, 사자자리, 쌍둥이자리, 오리온자리, 작은게자리, 작은곰자리, 전갈자리, 처녀자리, 카시오페이아자리, 큰곰자리, 페가수스자리, 페르세우스자리, 황소자리, 천상열차분야지도, 첨성대
계절에 따라 보이는 별자리로는 어떤 것들이 있을까요?	별자리, 거문고자리, 독수리자리, 마차부자리, 목동자리, 백조자리, 사자자리, 쌍둥이자리, 오리온자리, 작은게자리, 작은곰자리, 전갈자리, 처녀자리, 카시오페이아자리, 큰곰자리, 페가수스자리, 페르세우스자리, 황소자리
하룻동안에 별자리는 어떻게 움직일까요?	계절, 별자리, 천구, 별, 첨성대, 천상열차분야지도

과학 4학년 2학기

1. 동물의 생김새

동물들에는 어떤 것들이 있을까요?	동물, 포유류, 파충류, 양서류, 물고기, 새, 강장동물, 편형동물, 절지동물, 연체동물, 환형동물, 극피동물, 갑각류, 곤충, 영장류, 초식 동물, 육식 동물
여러 동물들의 생김새와 특징을 알아보고, 공통점과 차이점을 알아봅시다	동물, 포유류, 파충류, 양서류, 물고기, 새, 강장동물, 편형동물, 절지동물, 연체동물, 환형동물, 극피동물, 갑각류, 곤충, 영장류, 초식 동물, 육식 동물, 변온 동물, 정온 동물, 야행성 동물, 주행성 동물
동물이 가진 공통점과 차이점으로 분류해 봅시다	생물, 동물, 포유류, 파충류, 양서류, 물고기, 새, 강장동물, 편형동물, 절지동물, 연체동물, 환형동물, 극피동물, 갑각류, 곤충, 영장류, 초식 동물, 육식 동물, 변온 동물, 정온 동물, 야행성 동물, 주행성 동물
우리 주위에는 어떤 동물들이 살까요?	동물, 수생 생물, 곤충, 포유류, 양서류, 물고기, 새, 갑각류, 절지동물, 환형동물, 초식 동물, 육식 동물, 변온 동물, 정온 동물
사는 곳에 따라 동물들의 생김새와 생활 방식은 어떻게 다를까요?	동물, 물고기, 새, 수생 동물, 곤충, 포유류, 양서류, 먹이 연쇄, 생태계, 야행성 동물, 주행성 동물, 보호색, 겨울잠, 계절 변이

2. 동물의 암수

여러 동물의 짝짓기 행동은 어떻게 다를까요?	구애 행동, 인공수정, 체외수정, 생식, 동물

| 동물이 짝짓기를 한 다음에는 어떤 일이 일어날까요? | 구애 행동, 임신과 출산, 체외수정, 생장, 동물 |
| 새끼가 자라면서 모습이 많이 달라지는 동물에는 어떤 것이 있을까요? | 곤충, 애벌레, 변태, 양서류, 포유류, 동물 |

3. 지층을 찾아서

지층의 모양을 관찰하여 봅시다	지층, 암석, 지각 변동, 퇴적암, 자갈, 모래, 광물
지층은 어떻게 만들어질까요?	지층, 지각 변동, 암석, 퇴적암, 강, 화산, 산, 산맥
지층을 이루고 있는 알갱이에는 어떤 것들이 있을까요?	지층, 암석, 이암, 사암, 역암, 자갈, 모래, 퇴적암, 화석
지층을 이루는 알갱이들이 서로 다른 까닭은 무엇일까요?	지층, 퇴적암, 암석, 변성암

4. 화석을 찾아서

여러 가지 화석을 관찰하여 봅시다	화석, 암모나이트, 삼엽충, 퇴적암, 셰일, 지질 시대
화석은 어떻게 만들어지고 발견되는 것일까요?	화석, 지질 시대, 암모나이트, 삼엽충, 퇴적암
화석은 어떻게 이용되고, 어떤 것을 알아 낼 수 있을까요?	화석, 지질 시대, 화석 연료, 기후, 대륙이동설
석유와 석탄은 우리 생활에 어떻게 이용될까요?	석유, 석탄, 경유, 등유, 천연 가스, 에너지, 화석 연료, 액화석유가스, 액화천연가스, 휘발류, 프로판
공룡은 어떤 모습이었을까요?	공룡, 화석, 지질 시대

5. 열에 의한 물체의 부피 변화

철로에 틈새가 있는 까닭은 무엇일까요?	고체, 철, 열, 태양
철사와 구리줄에 열을 가하면 길이는 어떻게 변할까요?	철, 금속, 구리, 열, 태양
쇠구슬을 가열하면 부피는 어떻게 변할까요?	금속, 열, 태양
물의 온도가 달라질 때 부피는 어떻게 될까요?	물, 물질, 액체, 고체, 기체, 온도, 온도계, 전도
공기를 가열할 때와 식힐 때 공기의 부피는 어떻게 될까요?	기체, 열, 대기, 바람
우리 생활에서 열에 의한 물체의 부피 변화를 이용한 것들로는 어떤 것들이 있을까요?	온도계, 바이메탈

6. 용수철 늘이기

용수철은 어디에 이용되며, 용수철의 어떤 성질을 이용한 것일까요?	용수철, 탄성, 힘, 저울
용수철의 길이는 무엇에 따라 달라질까요?	용수철, 무게, 힘, 저울
여러 가지 저울의 종류와 쓰임새를 알아 봅시다	저울, 분동, 무게, 킬로그램원기, 천칭

7. 모습을 바꾸는 물

물을 가열하면 어떻게 될까요?	물, 수증기, 액체, 기체, 끓는점, 기화, 알코올 램프
물이 끓지 않고서도 기체인 수증기로 변할 수 있을까요?	증발, 물, 물질, 액체, 기체, 수증기, 기화, 구름, 안개
물을 냉각시키면 어떻게 될까요?	물, 물질, 액체, 고체, 어는점, 빙산
물 외에 다른 액체도 냉각시키면 고체로 될까요?	액체, 어는점, 고체
물이 얼면 부피는 어떻게 될까요?	물, 어는점, 액체, 고체, 물질

8. 열의 이동과 우리 생활

열은 어디에서 어디로 이동할까요?	열, 에너지, 대류, 복사, 전도, 온도
고체에서는 열이 어느 방향으로 이동할까요?	고체, 열, 에너지, 대류, 복사, 온도
물에서는 열이 어떻게 이동할까요?	액체, 물, 물질, 열, 에너지, 대류, 복사, 전도
공기에서는 열이 어떻게 이동할까요?	기체, 물질, 열, 에너지, 대류, 복사, 전도

빛에 의해서는 열이 어떻게 이동할까요?   빛, 에너지, 대류, 복사, 전도
물이 잘 식지 않는 보온병은 어떤 원리일까요?   보온병, 열, 대류, 복사, 전도

과학 5학년 1학기

1. 거울과 렌즈

거울에 여러 각도로 빛을 비추면 빛은 어떻게 나아갈까요?	거울, 빛, 렌즈, 반사, 굴절
오목거울과 볼록거울은 어떤 특징이 있고, 어떻게 사용될까요?	거울, 렌즈, 광학 기기, 현미경
주위에서는 렌즈가 어떻게 사용되고 있을까요?	렌즈, 카메라, 콘텍트렌즈, 안경, 현미경, 망원경, 잠망경, 광학 기기, 빛
오목렌즈와 볼록렌즈를 사용하여 보이는 물체의 모습은 어떤 특징이 있을까요?	렌즈, 광학 기기, 현미경, 망원경, 잠망경

2. 용해와 용액

물과 아세톤에 소금을 넣고 흔들면 어떻게 될까요?	용액, 용해, 용질, 용매, 수용액, 물, 아세톤, 소금, 불포화 용액, 포화 용액
물과 아세톤에 가루를 녹이면 어떻게 될까요?	물, 아세톤, 용해, 액체, 용액, 용매, 용질, 수용액
물과 아세톤에 잉크를 녹이면 어떻게 될까요?	물, 아세톤, 용해, 용액, 용매, 용질
물에 설탕을 녹이면 용액의 무게는 어떻게 될까요?	물, 설탕, 용해, 용액, 용질, 용매, 수용액, 액체, 무게, 불포화 용액, 포화 용액

3. 기온과 바람

하룻동안의 기온은 어떻게 변할까요?	기온, 대기, 날씨, 태양, 지구, 기상, 자전
기온은 날마다 어떻게 달라질까요?	기온, 대기, 날씨, 태양, 지구, 기상, 자전, 계절
바람은 왜 부는 것일까요?	바람, 대류, 대기, 지구, 태양, 기압, 고기압, 저기압, 파도, 계절풍, 산곡풍, 푄바람, 해륙풍, 계절풍, 에너지, 태풍
바닷가에서 낮과 밤에 바람은 어떻게 불까요?	바람, 대류, 지구, 태양, 기압, 에너지, 풍향, 풍속, 해류, 해륙풍, 산곡풍, 푄바람

4. 물체의 속력

물체의 빠르기는 어떤 방법으로 비교할 수 있을까요?	속도, 속력, 가속도, 운동
여러 가지 속력을 비교해 봅시다	속력, 속도, 운동
빠른 속력으로 달리다가 멈추려면 어떻게 해야 할까요?	속력, 관성, 속도, 운동

5. 꽃

꽃의 생김새와 꽃잎의 색깔, 꽃의 냄새는 각각 어떻게 다를까요?	꽃, 씨방, 꽃받침, 꽃이 피는 식물, 갖춘꽃, 안갖춘꽃
꽃을 구분할 수 있는 특징으로는 어떤 것들이 있을까요?	꽃, 꽃이 피는 식물, 씨방, 꽃받침, 암술, 수술, 갖춘꽃, 안갖춘꽃, 꽃가루, 꽃가루받이
꽃은 식물에서 어떤 역할을 할까요?	식물, 꽃, 꽃이 피는 식물, 꽃가루받이, 꽃가루, 꽃받침, 갖춘꽃, 안갖춘꽃, 암술, 수술, 밑씨
꽃을 구성하는 각 부분은 어떤 역할을 할까요?	꽃, 꽃받침, 암술, 수술, 갖춘꽃, 씨방, 밑씨
벌과 나비가 꽃 주위로 모여드는 까닭은 무엇일까요?	꽃, 꽃가루, 꽃가루받이, 곤충, 생식, 생식 기관

6. 용액의 진하기

용액의 진하기를 어떻게 비교할 수 있을까요?
색깔로 비교할 수 없을 때 어떻게 용액의 진하기를 비교할 수 있을까요?

물의 온도에 따라 붕산의 녹는 양이 어떻게 다를까요?

결정은 왜 생기는 걸까요?

용액, 용매, 용질, 농도, 포화 용액, 불포화 용액
용액, 농도, 증발, 포화 용액, 불포화 용액, 용매, 용질

붕산, 물, 용해, 용액, 용매, 용질, 농도, 온도, 수용액, 포화 용액, 불포화 용액

고체, 물질, 포화 용액

7. 식물의 잎이 하는 일

식물은 필요한 양분을 어떻게 얻을까요?

식물의 잎에서 만들어진 것은 무엇일까요?
식물 속에서 이동된 물은 어떻게 될까요?
잎의 앞면과 뒷면에는 어떤 차이가 있을까요?

식물, 태양, 광합성, 증산 작용, 뿌리, 줄기, 잎, 물, 엽록소, 녹말

식물, 잎, 광합성, 엽록소, 녹말
식물, 나무, 뿌리, 줄기, 잎, 증산 작용, 물, 비, 흙
잎, 현미경, 기공, 식물

8. 물의 여행

공기 속의 수증기는 어떻게 생기고, 어느 때 양이 많아질까요?

공기 속의 수증기의 양은 어떻게 알 수 있을까요?
비는 내리지 않았는데 풀잎 위의 물방울은 어떻게 생긴 걸까요?
안개는 어떻게 생기는 것일까요?
안개와 구름은 어떻게 다를까요?
공기 중의 수증기는 어떻게 비나 눈이 될까요?
물은 어디로 이동할까요?

수증기, 바람, 기온, 습도, 구름, 대기, 물, 비, 증발, 호수, 안개, 이슬, 눈, 바다, 날씨, 기후

수증기, 습도, 물, 대기, 습도계, 불쾌지수, 체감온도
대기, 물, 수증기, 이슬, 습도

안개, 대기, 수증기, 물, 어는점, 기상
안개, 구름, 날씨
수증기, 비, 눈, 대기, 대류, 증발, 구름
강, 물, 호수, 지하수, 식물, 흙, 삼각주, 비, 바다, 빙하

9. 작은 생물

물과 땅에 사는 작은 생물로는 어떤 것들이 있을까요?

물에 사는 작은 생물의 생김새와 특징은 어떠할까요?

땅에 사는 작은 생물의 생김새와 특징은 어떠할까요?
음식에 따라 곰팡이의 색깔과 모양은 어떻게 다를까요?
땅 속에 사는 작은 생물의 생김새와 특징은 무엇일까요?

수생 생물, 수생 식물, 미생물, 물고기, 곤충, 갈조류, 남조류, 미생물, 이끼, 균류, 곰팡이, 버섯
물고기, 수생 생물, 수생 식물, 남조류, 갑각류, 갈조류, 플랑크톤, 환형동물, 아가미, 지느러미

이끼, 균류, 곤충, 곰팡이
곰팡이, 균류, 효모
환형동물, 곤충

과학 5학년 2학기

1. 환경과 생물

온도는 생물의 생활에 어떤 영향을 줄까요?

빛은 생물의 생활에 어떤 영향을 줄까요?

물은 생물의 생활에 어떤 영향을 줄까요?

봄, 여름, 가을, 겨울, 생물, 기후, 빛, 태양, 온도, 기온, 겨울잠, 계절 변이, 새, 단풍, 날씨

빛, 열, 태양, 생물, 물, 온도, 기온, 양지 식물, 음지 식물, 야행성 동물, 주행성 동물

생물, 물, 온도, 호흡, 광합성, 사막, 비, 기후, 습도, 대기, 생태계, 먹이 연쇄, 물고기, 수질 오염, 지표종

생물은 서로 어떤 관계를 맺고 살아갈까요?	생물, 생태계, 먹이 연쇄, 생존 경쟁, 천적, 기생, 공생, 분해자
생물은 환경에 어떻게 적응할까요?	생태계, 먹이 연쇄, 생존 경쟁, 멸종, 상사 기관, 상동 기관, 공생, 천적, 기생, 진화
사람과 환경은 서로 어떤 영향을 끼칠까요?	생태계, 먹이 연쇄, 생존 경쟁, 환경 오염, 환경 호르몬, 지구 온난화, 온실 효과, 라니냐, 엘니뇨, 산성비, 스모그, 배기 가스, 하수 처리

2. 용액의 성질

여러 가지 방법으로 용액을 분류해 봅시다	용액, 혼합물의 분리, 리트머스 종이, 페놀프탈레인 용액, 지시약, 증류, 침전, 크로마토그래피
리트머스 종이로 어떻게 용액을 분류할까요?	리트머스 종이, 용액, 산, 염기, 염산, 수산화나트륨
페놀프탈레인 용액으로 어떻게 용액을 분류할까요?	페놀프탈레인 용액, 용액, 산, 염기, 염산, 수산화나트륨
지시약으로 어떻게 용액을 분류할까요?	지시약, 용액, 페놀프탈레인 용액, 산, 염기, 염산, 수산화나트륨
산성 물질과 염기성 물질을 찾아 봅시다	산, 염기, 알칼리, 알칼리성, 염산, 황산, 리트머스 종이, 페놀프탈레인 용액, 지시약, 혼합물의 분리, 염산, 수산화나트륨, 시트르산, 수소이온농도지수, 탄산수소나트륨, 수산화칼슘

3. 열매

여러 가지 씨와 열매는 어떻게 자랄까요?	꽃이 피는 식물, 꽃, 씨앗, 열매, 씨방, 꽃가루, 밑씨, 꽃받침, 식물
씨는 어떻게 퍼질까요?	씨앗, 꽃가루, 꽃가루받이, 식물, 꽃
씨와 열매는 우리 생활에서 어떻게 이용될까요?	꽃이 피는 식물, 씨앗, 열매

4. 화산과 암석

화산은 어떻게 분출할까요?	화산, 마그마, 용암
화산은 각각 어떤 모양일까요?	화산, 마그마, 용암, 분화구, 칼데라
화산 활동으로 생긴 암석으로는 어떤 것들이 있을까요?	화산, 암석, 화강암, 현무암, 화산암, 심성암, 화성암, 주상절리, 지각 변동
현무암과 화산암에는 어떤 특징이 있을까요?	현무암, 화산암, 화성암, 암석
화산 활동은 우리에게 어떤 영향을 줄까요?	화산, 온천, 암석, 변성암

5. 용액의 반응

산성 용액과 염기성 용액에 금속을 넣으면 어떻게 될까요?	금속, 산, 염기, 알칼리
산성 용액과 염기성 용액에 대리석 조각을 넣으면 어떻게 될까요?	산성비, 산, 염기, 대리석, 알칼리
산성비는 무엇이고, 어떤 피해를 줄까요?	산성비, 토양 오염, 토양의 산성화, 중화
산성 용액과 염기성 용액을 섞으면 어떻게 될까요?	산, 염기, 중화
논과 밭에 석회를 뿌리는 까닭은 무엇일까요?	석회, 중화, 산, 염기, 토양 오염, 토양의 산성화

6. 전기 회로 꾸미기

전기 회로도를 보고 전구나 전동기가 어떻게 될지 예상해 봅시다	전기 회로, 전기, 전류, 전구, 전동기
전구 2개를 연결하는 방법으로는 어떤 것들이 있을까요?	전기 회로, 전기, 전구, 전류, 전압
전기 회로에서 전류는 어떻게 흐를까요?	전기 회로, 전기, 전구, 전류, 전압

7. 태양의 가족

태양의 가족에는 어떤 것들이 있을까요?	태양, 태양계, 지구, 수성, 금성, 화성, 목성, 토성, 천왕성, 해왕성, 명왕성, 행성, 유성, 혜성, 소행성
태양에 관하여 관찰하여 봅시다	태양, 태양계, 일식
태양과 다른 행성의 크기는 어떻게 다를까요?	태양, 태양계, 지구, 수성, 금성, 화성, 목성, 토성, 천왕성, 해왕성, 행성
태양계의 행성들은 태양에서 얼마나 멀리 떨어져 있을까요?	태양, 태양계, 지구, 수성, 금성, 화성, 목성, 토성, 천왕성, 해왕성, 행성
태양계 각 행성의 특징은 무엇일까요?	태양, 태양계, 지구, 수성, 금성, 화성, 목성, 토성, 천왕성, 해왕성, 행성
행성 탐사계획을 세워 봅시다	행성, 허블우주망원경, 우주선, 우주 정거장, 우주 왕복선, 화성 탐사 로봇

8. 에너지

에너지 자원의 종류와 에너지로 할 수 있는 일은 무엇일까요?	에너지, 전기, 빛, 석탄, 석유, 소리, 열, 발전, 태양, 태양열 발전, 수력 발전, 조력 발전, 원자력 발전, 풍력 발전, 화력 발전
에너지를 가진 것들로는 어떤 것들이 있을까요?	에너지, 전기, 빛, 소리, 석탄, 석유, 열, 발전, 태양, 태양열 발전, 수력 발전, 조력 발전, 원자력 발전, 풍력 발전, 화력 발전, 수소 폭탄, 원자 폭탄, 중성자탄
어떤 에너지가 열 에너지로 바뀔까요?	에너지, 전구, 열
어떤 에너지가 운동 에너지로 바뀔까요?	에너지, 자동차, 기차, 자기부상열차, 전동기
에너지를 얻는 방법과 여러 에너지의 편리한 점, 불편한 점은 무엇일까요?	에너지, 태양열 발전, 전기, 발전, 석유, 액화 가스, 액화석유가스, 액화천연가스, 화석 연료, 석탄, 부탄, 프로판

과학 6학년 1학기

1. 기체의 성질

공기도 무게가 있을까요?	기체, 무게, 대기, 기압, 기압계, 압력
기체에 힘을 가하면 부피는 어떻게 변할까요?	기체, 물질, 힘, 기압, 압력
기체는 물에 녹을까요?	기체, 용해, 물질, 물, 이산화탄소

2. 지진

지진은 무엇이고, 지진의 피해를 줄이려면 어떻게 해야 할까요?	지진, 지진해일, 지진계, 기상청, 지각 변동
큰 지진이 자주 발생하는 곳은 어디일까요?	지진, 화산, 지층, 산맥, 지각 변동, 판구조론
지층은 어떻게 휘어지고 어긋날까요?	지층, 지진, 지질 시대, 지각 변동

3. 우리 몸의 생김새

운동할 때 우리 몸에는 어떤 일이 일어날까요?	인체, 근육, 뼈, 심장, 뇌, 혈관, 호흡, 허파, 체온
뼈와 근육은 어떤 일을 할까요?	인체, 근육, 뼈

우리가 숨을 쉴 때는 어떤 일이 일어날까요?	코, 입, 허파, 심장, 호흡, 호흡기, 순환 기관
심장은 어떤 일을 할까요?	심장, 혈액, 혈관, 순환 기관
우리가 먹은 음식물은 어떻게 될까요?	몸, 소화, 소화 기관, 이, 식도, 쓸개, 위, 간, 창자, 방광, 배설 기관
땀과 오줌은 우리 몸의 어디에서 만들어질까요?	땀샘, 방광, 콩팥, 배설 기관, 피부
우리는 주변의 변화를 어떻게 알아차릴까요?	감각, 감각점, 미각, 청각, 후각, 뇌, 눈, 귀, 코, 피부
우리 몸 속에 있는 여러 기관의 종류와 위치, 하는 일을 알아 봅시다	인체, 뼈, 근육, 신경, 호흡기, 소화 기관, 순환 기관, 배설 기관, 생식 기관

4. 여러 가지 암석

암석이 열이나 힘을 받으면 어떻게 될까요?	암석, 화성암, 퇴적암, 변성암, 광물, 규암, 대리암, 편암, 편마암
변성암과 퇴적암은 어떤 특징이 있을까요?	변성암, 퇴적암, 암석, 이암, 사암, 역암
변성암과 화성암은 어떤 특징이 있을까요?	변성암, 화성암, 화강암, 현무암, 암석, 심성암
변성되기 전과 변성된 후의 암석의 비슷한 점과 다른 점은 무엇일까요?	변성암, 퇴적암, 화성암, 암석
우리 주위에는 어떤 암석이 어떻게 쓰일까요?	암석, 퇴적암, 화성암

5. 주변의 생물

우리 주변에는 어떤 생물이 살고 있을까요?	생물, 동물, 식물, 균류, 원생생물, 원핵생물, 포유류, 조류, 파충류, 양서류, 물고기, 새, 강장동물, 편형동물, 절지동물, 연체동물, 환형동물, 극피동물, 갑각류, 곤충, 영장류, 갈조류, 갑각류, 남조류, 미생물, 단세포생물, 꽃이 피는 식물, 꽃이 피지 않는 식물, 겉씨식물
생물은 어떻게 분류할 수 있을까요?	생물, 단세포생물, 식물, 동물, 균류, 원생생물, 원핵생물, 포유류, 조류, 파충류, 양서류, 물고기, 새, 강장동물, 편형동물, 절지동물, 연체동물, 환형동물, 극피동물, 갑각류, 곤충, 영장류, 갈조류, 갑각류, 남조류, 꽃이 피는 식물, 꽃이 피지 않는 식물, 식충 식물, 귀화 식물
동물은 어떤 기준으로 분류할 수 있을까요?	동물, 세포, 포유류, 파충류, 양서류, 물고기, 새, 강장동물, 편형동물, 절지동물, 연체동물, 환형동물, 극피동물, 갑각류, 곤충, 영장류, 척추, 초식 동물, 육식 동물, 야행성 동물, 주행성 동물, 변온 동물, 정온 동물
등뼈가 있는 동물을 특징에 따라 분류하면 어떻게 될까요?	동물, 포유류, 파충류, 양서류, 물고기, 새
등뼈가 없는 동물을 특징에 따라 분류하면 어떻게 될까요?	동물, 강장동물, 편형동물, 절지동물, 연체동물, 환형동물, 극피동물, 갑각류, 곤충
식물은 어떻게 분류할 수 있을까요?	식물, 꽃이 피는 식물, 꽃이 피지 않는 식물, 겉씨식물, 외떡잎식물, 갖춘꽃, 안갖춘꽃, 음지 식물, 양지 식물, 귀화 식물, 식충 식물
꽃이 피는 식물을 특징에 따라 분류하면 어떻게 될까요?	식물, 꽃이 피는 식물, 암술, 수술, 꽃잎, 씨방, 겉씨식물, 외떡잎식물, 갖춘꽃, 안갖춘꽃
우리 주변에 다양한 생물이 함께 살아야 하는 까닭은 무엇일까요?	생물, 생태계, 동물, 식물, 먹이 연쇄, 생존 경쟁, 분해자, 공생, 기생, 천적, 멸종
떡잎의 수에 따라 식물의 특징은 어떻게 다를까요?	떡잎, 식물, 외떡잎식물, 꽃이 피는 식물

6. 여러 가지 기체

우리 생활에서 산소는 어떻게 이용될까요?	산소, 물, 산화와 환원, 기체, 광합성, 식물, 대기
산소는 어떻게 만들며, 그 성질은 무엇일까요?	산소, 화학 반응, 화합물
이산화탄소는 어떻게 만들며, 그 성질은 무엇일까요?	이산화탄소, 화학 반응, 화합물, 드라이아이스
이산화탄소는 우리 생활에 어떻게 이용되고 있을까요?	이산화탄소, 광합성, 드라이아이스, 소화기
수소는 어떻게 만들며, 그 성질은 무엇일까요?	수소, 화학 반응, 화합물, 수소 폭탄
질소, 헬륨 등 여러 가지 기체는 우리 생활과 어떤 관련이 있을까요?	기체, 질소, 헬륨, 대기, 산소, 이산화탄소, 일산화탄소, 수소

7. 전자석

전류가 흐르는 에나멜 선 주위에서 나침반 바늘은 어떻게 움직일까요?	전류, 나침반, 전자석, 자석, 전지
전류가 흐르는 에나멜 선은 어떤 성질을 지녔을까요?	전류, 전자석, 자석, 자기, 전지
고리 모양으로 감은 에나멜 선에 전지를 연결하고 나침반을 가져가면 어떻게 될까요?	나침반, 전자석, 자석, 자기, 전지, 전류
전자석의 특징은 무엇일까요?	전자석, 전류, 자석
전자석과 자석의 좋은 점은 무엇이고, 어디에 이용될까요?	전자석, 자석, 자기부상열차, 전동기
전자석의 세기에 영향을 주는 요인은 무엇일까요?	전자석, 전류, 자석

과학 6학년 2학기

1. 물 속에서의 무게와 압력

공기 중에서 물체를 들 때와 물 속에서 들 때와는 어떤 차이점이 있을까요?	무게, 부력, 대기, 물체, 물, 압력
물 속에 많이 잠긴 것과 물에 뜨는 물체의 무게는 어떤 차이가 있을까요?	수압, 부력, 무게, 잠수함
물에 뜨는 물체의 특징은 무엇일까요?	부력, 잠수함
물 속에 넣었을 때 줄어든 물체의 무게와 물체가 밀어 낸 물의 무게에는 어떤 차이가 있을까요?	부력, 무게
물이 누르는 압력의 방향은 어떻게 바뀔까요?	수압, 압력
접하는 면적과 물체의 압력과는 어떤 관련이 있을까요?	압력, 물체

2. 일기예보

일기도는 무엇이고, 일기도에 나오는 기호로는 어떤 것들이 있을까요?	일기예보, 날씨, 기상, 기압, 고기압, 저기압, 등압선
고기압과 저기압은 무엇이고, 공기는 어떻게 움직일까요?	기압, 대기, 고기압, 저기압, 등압선, 바람, 파도
구름 사진과 일기도의 차이점과 비슷한 점은 무엇일까요?	구름, 일기예보
날씨를 알 수 있는 방법으로는 어떤 것들이 있을까요?	날씨, 일기예보, 기상청, 기상 특보
계절에 따라 우리 나라의 날씨는 어떻게 다를까요?	계절, 봄, 여름, 가을, 겨울, 날씨, 기온, 강수량, 전선, 일기예보, 기상, 기후, 태풍, 호우, 장마, 가뭄, 기상 특보, 고기압, 저기압
태풍은 무엇이고, 우리 생활과 어떤 관련이 있을까요?	태풍, 호우, 여름, 일기예보, 기상 특보
기상청은 어떤 일을 하며, 일기도는 어떻게 만들어질까요?	기상청, 일기예보, 기상 특보, 기상, 날씨, 기상 위성
일기예보는 우리 생활에 어떻게 이용될까요?	일기예보, 해일, 지진, 태풍, 호우, 가뭄, 기상 특보

3. 쾌적한 환경

생물이 살아가는 데 필요한 것은 무엇일까요?	생물, 먹이 연쇄, 영양소, 생태계, 태양, 대기, 에너

생물은 살아가는 데 필요한 양분을 어떻게 얻을까요?	지, 비, 물, 온도, 기온
	태양, 먹이 연쇄, 광합성, 공생, 기생, 천적, 물, 식물, 영양소, 생존 경쟁
생물 사이의 먹고 먹히는 관계는 어떠할까요?	먹이 연쇄, 생존 경쟁, 공생, 기생, 천적, 생태계
먹이 피라미드는 무엇일까요?	먹이 연쇄, 공생, 천적, 생태계
왜 생태계에서 생산자가 소비자보다 수가 많아야 할까요?	먹이 연쇄, 생태계, 분해자
어떤 지역에서 생물의 종류와 수가 일정하게 유지되는 것은 무슨 까닭일까요?	생태계
환경 오염으로는 어떤 현상이 있을까요?	환경 오염, 토양 오염, 대기 오염, 수질 오염, 산성비, 라니냐, 엘니뇨, 황사, 스모그, 다이옥신, 배기 가스, 온실 효과, 미나마타 병
공기, 물, 토양, 삼림은 왜 보전해야 하고 어떻게 보전해야 할까요?	환경 오염, 토양 오염, 대기 오염, 수질 오염, 산성비, 라니냐, 엘니뇨, 황사, 스모그, 다이옥신, 배기 가스, 온실 효과, 하수 처리, 수도, 자정 능력, 동물 보호구역

4. 계절의 변화

계절에 따라 기온과 밤낮의 길이는 어떻게 변할까요?	계절, 봄, 여름, 가을, 겨울, 태양, 지구, 기온, 자전, 공전
태양의 고도가 변함에 따라 기온은 어떻게 변할까요?	태양, 지구, 기온, 계절, 자전, 공전, 고도
하룻동안에 태양의 고도와 그림자의 길이, 기온은 어떻게 변할까요?	태양, 지구, 기온, 그림자, 자전, 계절
태양의 고도가 높으면 기온은 왜 높을까요?	태양, 지구, 기온, 고도, 계절, 여름
계절에 따라 태양의 고도는 어떻게 달라질까요?	계절, 봄, 여름, 가을, 겨울, 태양, 지구, 기온, 공전, 고도, 절기
절기에 따라 태양의 남중 고도와 기온은 어떻게 변할까요?	절기, 태양, 지구, 자전, 공전, 기온, 고도, 계절
계절에 따라 태양의 남중 고도와 그림자의 길이는 왜 달라지고 어떻게 달라질까요?	계절, 봄, 여름, 가을, 겨울, 태양, 지구, 그림자
계절의 변화가 생기는 까닭은 무엇일까요?	계절, 봄, 여름, 가을, 겨울, 태양, 지구, 공전, 자전
해시계를 만들어 봅시다	해시계, 앙부일구

5. 연소와 소화

초가 연소할 때 생기는 물질은 무엇일까요?	연소, 산화와 환원, 이산화탄소
물질을 연소시키려면 무엇이 필요할까요?	연소, 산소, 물질, 열, 빛
물질이 타기 시작하는 온도는 모두 같을까요?	연소, 산소, 물질, 온도
연소와 소화는 어떤 관계가 있을까요?	연소, 산화와 환원
불을 끄려면 어떻게 해야 할까요?	연소, 소화기

6. 편리한 도구

지레를 이용하여 어떻게 무거운 물체를 들 수 있을까요?	지레, 무게, 힘, 일
지레의 원리는 무엇일까요?	지레, 힘, 일
도르래는 어떻게 이용하면 좋을까요?	도르래, 거중기, 지레
지레의 원리로 도르래를 설명해 봅시다	지레, 도르래, 힘, 일

교과 관련 참고 자료

참고 자료 차례

01 동물계 분류
02 식물계 분류
03 원소의 성질
04 세계적으로 피해가 컸던 지진 | 사망자 10,000명 이상
05 세계적으로 최근에 발생한 큰 지진
06 우리 나라에서 최근에 발생한 지진 | 규모 3.0 이상
07 화산 폭발 지수
08 태양계

01 | 동물계 분류

문	아문	강	아강	목	아목	종
중생동물문				능형목		이배충
				직유목		직유충
해면동물문		석회해면강	석회질아강	흰해면목		둥글관해면
				석해면목		레라피아해면류
			칼시니아아강	격자형목		남극솜해면
				석회판목		석회관해면류
		육방해면강	양반아강	양반목		육방해면
			육방성아강	육방해면목		바다예쁜이해면
				등잔해면목		등해면류
				느슨방패해면목		해로동굴해면
		보통해면강	동골해면아강	동골해면목		일삼해면
			사축해면아강	나선해면목		호주유두해면, 한국유두해면
				별해면목		근덕별해면, 꼭지해면, 자루별해면
				경해면목		호박해면, 나선별해면
				돌해면목		한국가죽해면, 컵가죽해면
			각질해면아강	도는해면목		바셀렛해면류
				군해면목		군집해면류
				다골해면목		한국간상바늘뼈해면, 깃해면, 넓적끈적해면
				해변해면목		회색해변해면, 주황해변해면
				단골해면목		보라해면, 예쁜이해면
				망각해면목		간각질해면, 제주모래해면
				수각해면목		나무뿔해면류
				관해면목		관해면류
						털납작벌레
판형동물문						
자포동물문		히드라충강		경해파리목	경해파리아목	
					나르코해파리아목	
				히드라충목		꽃모자갈퀴손해파리, 곤봉히드라, 흑히드라
				악티눌라목		
				관해파리목		
				다공산호히드라충목		
				별기둥산호히드라충목		
		해파리강		십자해파리목		
				관해파리목		
				기구해파리목		보름달물해파리
				근구해파리목		
		입방해파리강				
		산호충강	팔방산호아강	근생목		관산호류
				소지목		소지산호류
				바다맨드라미목		곤봉바다딸기, 침해면맨드라미
				공협목		푸른산호류
				해양목		다가시산호, 부채뿔산호
				바다조름목		바다선인장, 가시선인장, 바다조름
			육방산호아강	말미잘목		측말미잘류

문	아문	강	아강	목	아목	종
유즐동물문		유촉수강		해변말미잘목		해변말미잘, 담황줄말미잘
				돌산호목		부채돌산호, 유착나무돌산호, 나팔꽃돌산호
				뿔산호목		해송, 뿔산호
				꽃말미잘목		꽃말미잘류
				거품빗해파리목		풍선빗해파리류, 측빗해파리류
				감투빗해파리목		감투빗해파리류
				띠빗해파리목		띠빗해파리류
				넓적빗해파리목		넓적빗해파리류, 장넓적빗해파리류
		무촉수강		오이빗해파리목		오이빗해파리류
편형동물문		와충강		무장목		콘볼루타납작벌레류
				연쇄목		사슬납작벌레류
				거구목		작은입납작벌레류
				삼기장목		플라나리아, 장님플라나리아
				다기장목		납작벌레류, 연납작벌레류
				신봉장목		비무장납작벌레류
				절두목		절두납작벌레류
		흡충강		단생목		다구흡충
				순흡충목		순흡구충류
				이생목		간디스토마, 간흡충
		촌충강	단절아강	암필리나목		암필리나류
				기로코틸레목		기로코틸레
			다절아강	사엽목		사엽촌충
				원두목		원두촌충류
				사문목		네주둥이촌충류
				의엽목		두흡반촌충
				원엽목		갈고리촌충, 민촌충
유형동물문		무침강		고유형목		원두끈벌레류, 환관끈벌레
				이유형목		연두끈벌레, 끈벌레
		유침강		유침유형목		지렁이끈벌레
				질유형목		거머리끈벌레
악구동물문						악구벌레
구륜동물문						
윤형동물문		세이손강				세이손류
		질형강				참윤충류
		단소강				물수레벌레
복모동물문				마크로다시드목		
				카이토노티드목		
동문동물문				키클로라기드목		
				호말로라기드목		
선형동물문		쌍기충강		크로마도라목		크로마도라류
				유침목		편충, 간모세선충
		쌍선충강		원충목		개구리선충류, 십이지장충, 요충, 회충
				식물선충목		뿌리선충류, 밀감선충류
				선미선충목		메디나선충, 동양안충
유선형동물문		유선충강				바다유선충류

문	아문	강	아강	목	아목	종
		연가시강				연가시류
구두동물문				원구두충목		돼지구두충, 개구두충류
				고구두충목		구두충류
				시구두충목		신극문충류
내항동물문						방울벌레
새예동물문						자지벌레
동갑동물문						
연체동물문		미공강				
		구복강				
		단판강				
		다판강		원시군부목		
				신군부목		등꼬부리, 연두군부
		굴족강				모뿔조개, 여덟모뿔조개
		복족강	전새아강	원시복족목		둥근전복, 소라, 밤고둥, 애기삿갓조개
				중복족목		논우렁이, 갯고둥, 뱀고둥
				신복족목		피뿔고둥, 물레고둥
			후새아강	두순목		민챙이, 포도고둥
				피라미델라목		
				유각익족목		
				무각익족목		
				군소목		군소, 둥근귤색군소
				우새목		
				낭설목		
				나새목		흰갯민숭달팽이, 두드럭갯민숭달팽이
			유폐아강	원시유폐목		대추귀고둥
				기안목		고랑딱개비, 물달팽이
				수안목		
				병안목		동양달팽이, 민달팽이
		부족강	원새아강	비단조개목		작은비단조개
				애호두조개목		호두조개, 버선맵시조개
			익형아강			돌조개, 홍합, 해가리비, 굴
			고이치아강			말조개, 대칭이
			진판새아강			우럭, 바지락, 백합
			이인대아강			운모조개
		두족강	사새아강	앵무조개목		앵무조개
				암모나이트목		
			이새아강	십완목	꼴뚜기아목	꼴뚜기
					오징어아목	참오징어, 귀꼴뚜기
					흡혈오징어아목	
				팔완목		문어, 낙지
환형동물문		다모강		유영목		참갯지렁이, 미갑갯지렁이 갈고리갯지렁이
				저서목		검정갯지렁이, 구멍갯지렁이
				원환충목		원시갯지렁이류, 모래원시갯지렁이류
		흡구충강				생흡구벌레류, 흡구벌레류
		빈모강		원시빈모목		물지렁이, 실지렁이

문	아문	강	아강	목	아목	종
절지동물문				신빈모목		갈색낚시지렁이, 줄지렁이, 참지렁이
		질강		극질목		침거머리류
				문질목		넓적거머리류, 깃거머리류
				악질목		거머리, 혈거머리류
				인질목		돌거머리류
	삼엽충아문					
	협각아문	퇴구강	검미아강			투구게
			광익아강			
		거미강		전갈목		극동전갈, 얼룩무늬전갈
				의갈목		
				피일목		
				수각목		
				미갈목		
				무편목		
				거미목	직구아목	
					철구아목	산유령거미, 꽃접시거미
				절복목		
				장님거미목		
				진드기목		움진드기
				단미목		
		바다거미강				술병부리바다거미, 뿔애기손바다거미
	갑각아문	갑각강	두판아강			
			요지아강			
			새각아강	무갑목		풍년새우
				배갑목		긴꼬리투구새우
				극미목		털줄뾰족코조개벌레, 밤가시혹머리조개벌레
				활미목		이형민무늬조개벌레
				즐지목		수정물벼룩, 긴팔긴꼬리물벼룩
				이지목		몽당물벼룩, 유리물벼룩
				조지목		왕눈물벼룩
				단지목		렙토물벼룩
			패충아강	근병목		
				지병목		
				절병목		
				편병목		
			요각아강	플라티코피아목		
				긴노요각목		중국노벌레, 가시곁노벌레
				미소프리아목		
				갈고리노벌레목		해삼이
				몬스트릴라목		
				모르모닐라목		
				젤엘라목		
				검물벼룩목		온난검물벼룩, 유령명게숨이
				대륭입요각목		더듬털해면속살이, 물이류
				천장입요각목		검물벼룩붙이류, 낫벌레류

문	아문	강	아강	목	아목	종
			수염새우아강			
			새미아강			잉어빈대
			만각아강	완흉목		거북손, 검은큰따개비
				첨흉목		
				근두목		주머니벌레
				낭흉목		
			연갑아강			
			엽하강	박갑목		잎새우
			극하강	구각목		갯가재
			진연갑하강			
				원하상목		
				아나스피데스목		
				스티고카리스목		
				고하목		
				낭하상목		
				곤쟁이목		곤쟁이
				올챙이새우목		보통이형올챙이새우, 두줄참올챙이새우
				주격벌레붙이목		
				등각목		어리모래무지벌레, 바다나무좀
				단각목		민손옆새우, 해파리벼룩, 빗살무늬가시예소옆새우
				진하상목		
				난바다곤쟁이목		크릴새우
				암피오니데스목		
				십각목	수상새아목	대하, 꽃새우
					범배아목	해로새우, 생이, 가재, 딱총새우, 가재붙이, 닭게, 닭새우, 새우붙이, 왕게, 해면치레, 은행게
	단지아문	배각강	촉악아강			
			순악아강	후웅상목		
				공노래기목		공노래기
				민달팽이노래기목		
				땅노래기상목		주홍넓적노래기
				전웅상목		
				질삼노래기목		털노래기
				띠노래기목		고운까막노래기, 곧은참노래기
				각시노래기목		삼당노래기 계림갈퀴노래기
		순각강	정형아강	땅지네목		갯섬땅지네, 탐라땅지네
				왕지네목		왕지네, 장수지네
			개형아강	돌지네목		노랑치지네
				그리마목		집그리마
		결합강				
		소각강				

문	아문	강	아강	목	아목	종
		곤충강	무시아강	톡토기목		톡토기, 가시톡토기
				낫발이목		갑옷낫발이
				좀붙이목		좀붙이류, 집게좀붙이류
				돌좀목		납작돌좀, 고려돌좀
				좀목		좀
			유시아강			
				고시하강		
				하루살이목		무늬하루살이, 부채하루살이, 피라미하루살이
				잠자리목		노란실잠자리, 방울실잠자리, 물잠자리, 산잠자리, 잠자리, 왕잠자리, 고추잠자리
				신시하강		
				바퀴목		산바퀴, 집바퀴, 이질바퀴
				사마귀목		사마귀, 왕사마귀, 애기사마귀, 좀사마귀
				흰개미목		흰개미
				귀뚜라미붙이목		비룡갈로아벌레, 고수갈로아벌레
				메뚜기목		여치, 민충이, 여치, 베짱이, 귀뚜라미, 땅강아지, 섬서구메뚜기, 풀무치, 벼메뚜기, 방아깨비, 모메뚜기
				집게벌레목		집게벌레, 고마로브집게벌레
				대벌레목		긴수염대벌레, 분홍날개대벌레
				흰개미붙이목		흰개미붙이
				강도래목		강도래, 한국강도래, 진강도래
				민벌레목		
				다듬이벌레목		털다듬이벌레
				새털이목		닭털이
				이목		머릿이, 사면발이
				매미목		뿔매미, 멸구, 선녀벌레, 깃동상투벌레, 참매미, 오카다광대거품벌레, 나무이, 진딧물, 사과굴깍지벌레
				노린재목		빈대, 방패벌레, 배홍무늬침노린재, 십자무늬긴노린재, 장수허리노린재, 소금쟁이, 물빈대, 장구애비, 물장군, 물자라
				총채벌레목		털날개
				밑들이목		모시밑들이, 참밑들이
				날도래목		검은머리물날도래,

문	아문	강	아강	목	아목	종
				나비목		광택날도래, 날도래 자작나무굴좀나방, 누에나방, 이화명나방, 줄점팔랑나비, 네발나비, 호랑나비, 각시멧노랑나비, 노랑나비, 귤빛부전나비, 솔나방, 세줄박각시, 큰알락흰가지나방, 독나방, 흰무늬왕불나방
				파리목		각다귀, 나방파리, 모기파리, 검정날개버섯파리, 모기, 숲모기, 빨간집모기, 왕소등에, 동에등에, 춤파리, 꽃등에, 호리꽃등에, 들파리, 초파리, 똥파리, 체체파리, 쉬파리
				벼룩목		벼룩, 개벼룩, 고양이벼룩
				뱀잠자리목		수서풀잠자리, 뱀잠자리
				약대벌레목		약대벌레
				뿔잠자리목		명주잠자리, 노랑뿔잠자리
				딱정벌레목		곰보벌레, 늦반딧불이, 등줄벌레, 무당벌레, 왕풍뎅이, 길앞잡이, 멋쟁이딱정벌레, 장수풍뎅이, 뿔소똥구리, 점박이꽃무지, 사슴벌레, 불개미붙이, 쌀도적, 큰납작밑빠진벌레, 남생이무당벌레, 알락광대꽃벼룩, 팥바구미, 장수하늘소, 흑바구미,
				부채벌레목		수염부채벌레
				벌목		수중다리잎벌, 솔잎벌, 효도송곳벌, 목대장송곳벌, 벌레살이송곳벌, 파리혹벌, 맵시벌, 말총벌, 뿔먹좀벌, 호리병벌, 두점박이수중다리좀벌, 밑들이벌, 개미, 불개미, 말벌, 양봉꿀벌
의충동물문						개불, 줄개불
성구동물문						줄별벌레
완보동물문						곰벌레, 가시곰벌레
오구동물문						혀벌레
유조동물문						발톱벌레
유수동물문				무초신목		무초신동물류
				유초신목		다새신동물류

문	아문	강	아강	목	아목	종
추형동물문						비벌레류
태형동물문		피후강				우무이끼벌레, 큰빗이끼벌레
		협후강		원구목		풀크라관이끼벌레, 흰수염이끼벌레
		나후강		즐구목		주머니이끼벌레, 총상이끼벌레
				순구목		유연막이끼벌레, 구멍침이끼벌레
완족동물문		무관절강		무혈목		개맛
				신혈목		헬메트조개사돈, 바다관조개사돈
		유관절강		종혈목		반짝이조개사돈
모악동물문						동해화살벌레, 머리화살벌레
극피동물문	바다나리아문	바다나리강		관절목		가는발깃갯고사리, 일본깃갯고사리
	불가사리아문	불가사리강	불가사리아강	현대목		검은띠불가사리, 빗살관불가사리
				유극목		별불가사리, 가시불가사리
				차극목		아므르불가사리, 왕관불가사리
			거미불가사리아강	혁사미목		혹삼천발이, 혹가지거미불가사리
				폐사미목		짧은가시거미불가사리, 뱀거미불가사리
	성게아문	성게강	정형아강	관극목		모서리관극성게
				능치목		파동측강성게
				성게목		말똥성게, 둥근성게, 보라성게
			부정형아강	연잎성게목		방패연잎성게, 무늬연잎성게
				염통성게목		염통성게, 의염통성게
		해삼강		수수목		보라해삼붙이, 오각광삼
				순수목		개해삼, 돌기해삼
				무족목		가시닻해삼, 보라바퀴해삼
				은족목		은족해삼, 흰해삼
				판족목		꿈해삼
반삭동물문		장새강				별벌레아재비
		익새강		두반충목		두반충류
				간벽충목		간벽충류
척색동물문	미삭동물아문	해초강		내성해초목		모래무치만두멍게, 버섯유령멍게
				측성해초목		국화관멍게, 보라관멍게, 침멍게
				옥타크네무스목		옥타크네무스류
		탈리아강		화체목		불우렁쉥이류
				환근목		바다술통류
				살파목		송곳살파
		유형강				
	두삭동물아문					창고기

문	아문	강	아강	목	아목	종
	척추동물아문					
		어상강				
		먹장어강				먹장어, 꾀장어
		두갑강				칠성장어, 다묵장어
		판피어강				
		연골어강	전두아강			은상어
			판새아강	신락상어목		칠성상어
				돔발상어목		돔발상어
				톱상어목		톱상어
				전자리상어목		전자리상어
				괭이상어목		괭이상어
				수염상어목		고래상어
				악상어목		악상어
				흉상어목		귀상어
		경골어강	육기아강			
			조기아강			
				연질하강	다기목	
					철갑상어목	철갑상어
				신조기하강	당멸치목	당멸치
					여을멸목	여을멸
					뱀장어목	뱀장어, 꾀붕장어
					청어목	청어, 정어리
					압치목	압치
					잉어목	잉어, 피마리
					매기목	동자개, 메기
					바다빙어목	은어, 빙어
					연어목	열목어, 연어
					앨퉁이목	앨퉁이
					꼬리치목	꼬리치
					홍매치목	히매치, 매퉁이
					샛비늘치목	미올비늘치
					이악어목	점매가리
					참치목	붉은 메기
					대구목	대구, 명태
					아귀목	아귀
					숭어목	숭어, 가숭어
					색줄멸목	색줄멸
					동갈치목	송사리, 꽁치
					금눈돔목	철갑등어
					달고기목	달고기, 병치
					큰가시고기목	큰가시고기, 가시고기
					드렁허리목	드렁허리, 걸장어
					횟대목	조피볼락, 양태
					농어목	농어, 병어
					가자미목	넙치, 참서대
					복어목	쥐치, 복섬
		사지상강				
		양서강	순추아강	미치상목		
				도약상목		

문	아문	강	아강	목	아목	종
				원무미목		
			공추아강	무미목		개구리, 두꺼비, 청개구리
				결지목		
				넥트리스목		
				도롱뇽목		도롱뇽, 꼬리치레도롱뇽
				무족목		
		파충강	무궁아강	고두목		
				거북목		바다거북, 장수거북, 자라
			광궁아강			
			어기아강			
			인용아강			
				시악목		
				훼두목		
				뱀목	도마뱀아목	도마뱀붙이, 도마뱀
					뱀아목	구렁이, 실뱀, 살모사
			조용아강	조치목		
				악어목		아프리카악어, 아메리카악어
				익용목		
				용반목		
				조반목		
			단궁아강	반용목		
				수궁목		
		조강	고조아강	고조목		시조새
			신조아강	-멸망한 목		
				해거름새목		해거름새
				물고기새목		
				코끼리새목		코끼리새
				모아새목		거대모아새
				-현서목		
				타조목		타조, 키위새
				티나무스새목		회색티나무스새
				봉관조목		
				닭목		닭, 꿩, 메추라기, 공작, 칠면조
				기러기목		회색기러기, 큰기러기, 큰고니, 원앙
				세가락메추라기목		세가락메추라기
				딱다구리목		크낙새, 청딱다구리, 오색딱다구리
				송곳부리새목		
				코뿔새목		
				후투티목		후투티
				비단옷새목		검은꼬리비단옷새
				파랑새목		물총새, 파랑새
				생쥐새목		붉은등생쥐새
				두견이목		뻐꾸기, 두견이
				앵무새목		몰루카앵무새, 케아앵무새
				칼새목		칼새
				벌새목		
				바나나새목		보라바나나새

문	아문	강	아강	목	아목	종
				올빼미목		올빼미, 쏙독새, 수리부엉이
				비둘기목		양비둘기, 흑비둘기
				두루미목		두루미, 뜸부기
				황새목		논병아리, 황새, 독수리, 갈매기
				참새목		참새, 종다리, 제비, 까치, 팔색조
		포유강	효수아강	양치목		
				삼돌기치목		
			원수아강	단공목		가시두더지, 오리너구리
			이수아강	다구치목		
			진수아강			
				범수하강	진범수목	
					대칭치목	
				후수하강		
					유대상목	
				디델피형목		북아메리카주머니쥐
				빈구치목		
				마이크로바이오테리아목		
				다시우로형목		콜로콜로스
				페라멜레형목		긴코밴디쿠트
				노토릭테형목		주머니두더지
				쌍전치목		큰캥거루
				정수하강 -멸망한 목		
				대치목		
				결치목		
				육치목		
				과절목		
				둔족목		
				이제목		
				화수목		
				남제목		
				휘수목		
				활거목		
				속주목		
				중각목		
				-현서목		
				빈치목		큰개미핥기, 나무늘보
				식충목		고슴도치, 두더쥐, 뒤쥐, 땃쥐
				스칸덴시아목		나무타기쥐
				피익목		필리핀날원숭이
				박쥐목		긴날개박쥐, 관박쥐, 큰집박쥐
				영장목	플레시아다피스아목	
					여우원숭이아목	호랑이 꼬리여우원숭이
					안경원숭이아목	안경원숭이
					광비아목	
					협비아목	
						파라피테크스상과
						긴꼬리원숭이상과

문	아문	강	아강	목	아목	종
				식육목		긴꼬리원숭이
					사람상과	사람, 고릴라, 긴팔원숭이
						여우, 너구리, 오소리, 호랑이, 물개, 물범
				고래목		참고래, 귀신고래
				바다소목		바다소, 듀우공
				장비목		아프리카코끼리, 맘모스, 인도코끼리
				말목		말, 당나귀, 얼룩말
				바위너구리목		바위너구리
				관치목		땅돼지
				소목		노루, 하마, 기린, 들소, 소, 물소 고라니, 멧돼지, 백두산사슴, 오카피
				유린목		인도천산갑
				쥐목		다람쥐, 집쥐, 생쥐
				토끼목		집토끼, 멧토끼
				마크로세리드목		코끼리뒤쥐

* 한국동물분류학회에서 펴낸 『동물분류학』(2003년, 집현사)에 따라 분류하였다.
* 동물분류학자에 따라 척추동물아문을 척추동물문으로 나누기도 하지만, 여기서는 한국동물분류학회의 분류를 따랐다.
* 절지동물문의 곤충강은 한국곤충학회에서 펴낸 『일반곤충학』(2005년 개정판, 정문각)을 참조하였다.

02 | 식물계 분류

문	강	목	과	종
선태식물문	솔이끼강			솔이끼, 물이끼, 검정이끼
	뿔이끼강			뿔이끼
	우산이끼강			우산이끼, 비늘이끼
양치식물문	고사리강	네가래목		
		생이가래목	생이가래과	물개구리밥, 큰물개구리밥, 생이가래
	석송강	물부추목	물부추과	참물부추, 물부추
		석송목	석송과	줄석송, 왕다람쥐꼬리
		부처손목	부처손과	부처손, 개부처손
	솔잎란강	솔잎란목	솔잎란과	솔잎란
나자식물문		구과목	측백나무과	측백나무, 향나무, 노간주나무
			소나무과	소나무, 전나무
	소철강	소철목	소철과	소철
		은행나무목	은행나무과	은행나무
	주목강	주목목	주목과	주목, 비자나무
피자식물문	쌍자엽식물강	쥐방울덩굴목	쥐방울덩굴과	쥐방울덩굴, 등칡, 족도리풀
		선인장목	선인장과	선인장
		초롱꽃목	초롱꽃과	더덕, 도라지, 초롱꽃, 자주꽃방망이
			국화과	국화, 코스모스, 쑥갓, 우엉, 조밥나물, 개망초, 금잔화, 엉겅퀴, 해바라기
		노박덩굴목	감탕나무과	호랑가시나무, 감탕나무
			회양목과	긴잎회양목, 수호초
			노박덩굴과	사철나무, 노박덩굴, 털노박덩굴, 회나무

문	강	목	과	종
			물고사리과	물고사리
			시계꽃과	시계꽃
			참깨과	참깨, 수염마름
			고추나무과	말오줌때, 고추나무
		중심자목	번행초과	번행초
			비름과	비름, 맨드라미, 천일홍
			석죽과	끈끈이대나물, 쇠별꽃, 패랭이꽃, 대나물
			명아주과	명아주, 버들명아주, 취명아주, 시금치
			분꽃과	분꽃
			자리공과	자리공, 섬자리공
			쇠비름과	쇠비름, 채송화
		박목	박과	오이, 수박, 호박, 수세미오이
		암매목	암매과	암매
		산토끼꽃목	연복초과	연복초
			인동과	애기병꽃, 딱총나무, 린네풀
			산토끼꽃과	산토끼꽃, 체꽃
			마타리과	쥐오줌풀, 마타리
		감나무목	감나무과	감나무
			때죽나무과	때죽나무, 나래쪽동백
			노린재나무과	노린재나무
		진달래목	매화오리나무과	매화오리나무
			시로미과	시로미
			진달래과	진달래, 들쭉나무, 정금나무
			노루발과	노루발, 매화노루발
		참나무목	자작나무과	개암나무, 자작나무, 오리나무
			참나무과	밤나무, 참나무, 상수리나무, 너도밤나무
		고사리목	꼬리고사리과	고사리, 꼬리고사리, 버들참빗
			새깃아재비과	새깃아재비
			넉줄고사리과	넉줄고사리, 줄고사리
			잔고사리과	잔고사리, 토끼고사리
			면마과	쇠고사리, 청나래고사리
			풀고사리과	풀고사리
			처녀이끼과	처녀이끼, 괴불이끼
			비고사리과	비고사리, 바위고사리
			꿩고사리과	꿩고사리
			고란초과	고비고사리, 처녀고사리, 미역고사리
			실고사리과	실고사리
			일엽아재비과	일엽아재비
		용담목	협죽도과	정향풀, 협죽도
			박주가리과	백미꽃, 박주가리, 나도은조롱
			용담과	용담, 쓴풀, 덩굴용담
			마전과	영주치자, 벼룩아재비
			꼭두선이과	갈퀴덩굴, 꼭두선이, 치자나무
		쥐손이풀목	굴거리나무과	굴거리나무
			대극과	피마자, 여우주머니, 여우구슬
			쥐손이풀과	국화쥐손이, 쥐손이풀
			아마과	아마
			한련과	한련
			남가새과	남가새

문	강	목	과	종
		물레나물목	다래나무과	다래, 쥐다래, 개다래
			물레나물과	고추나물, 갈퀴망종화
			차나무과	동백나무, 노각나무
		가래나무목	가래나무과	가래나무, 굴피나무, 개굴피나무
			소귀나무과	소귀나무
		목련목	받침꽃과	자주받침꽃
			계수나무과	계수나무
			붓순나무과	붓순나무
			녹나무과	녹나무, 생강나무, 후박나무, 월계수
			목련과	목련, 튤울립
			뽕나무과	뽕나무, 닥나무, 무화과나무
			오미자과	오미자, 남오미자
		아욱목	담팔수과	담팔수
			벽오동과	벽오동, 불암초
			피나무과	피나무, 장구밤나무
		양귀비목	풍접초과	풍접초
			십자화과	고추냉이, 냉이, 애기장대, 꽃냉이, 배추
			파초과	파초
			양귀비과	애기똥풀, 금낭화, 양귀비
		후추목	홀아비꽃대과	홀아비꽃대, 죽절초
			후추과	후추등
			삼백초과	약모밀, 삼백초
		질경이목	질경이과	질경이
		갯질경이목	갯질경이과	갯질경이
		마디풀목	마디풀과	고만이, 마디풀, 메밀, 며느리배꼽, 소리쟁이
		앵초목	앵초과	봄맞이꽃, 앵초, 기생꽃
		미나리아재비목	매자나무과	매자나무, 세잎풀, 깽깽이풀
			붕어마름과	붕어마름
			으름덩굴과	으름덩굴
			수련과	수련, 가시연꽃, 각시수련
			미나리아재비과	바람꽃, 할미꽃, 금매화, 너도바람꽃
		갈매나무목	갈매나무과	헛개나무, 갈매나무, 상동나무, 대추나무
			포도과	개머루, 담쟁이덩굴, 포도
		장미목	돌나물과	돌나물
			조록나무과	조록나무, 풍년화
			콩과	콩, 땅비싸리, 붉은강남콩, 붉은토끼풀, 새팥, 싸리, 자귀나무, 조록싸리, 족제비싸리, 칡, 토끼풀
			자금우과	자금우, 산호수
			나자스말과	나자스말
			벌레잡이풀과	벌레잡이풀
			돈나무과	돈나무
			버즘나무과	버즘나무, 양버즘나무
			장미과	벚나무, 멍석딸기, 비파나무, 장미, 산딸기, 쉬땅나무, 딸기, 해당화, 짚신나물, 사과나무, 배나무, 황매화
			범의귀과	노루오줌, 물매화, 까치밥나무
		운향목	아욱과	접시꽃, 목화, 무궁화
			원지과	애기풀
			운향과	탱자나무, 귤, 유자나무
			소태나무과	소태나무, 가죽나무

문	강	목	과	종
		버드나무목	버드나무과	버드나무, 사시나무, 새양버들
		단향목	겨우살이과	동백나무겨우살이, 겨우살이
			석류풀과	석류풀
			물푸레나무과	미선나무, 물푸레나무, 수수꽃다리, 올리브나무, 쥐똥나무, 이팝나무
			난초과	풍란, 금자란, 사철란, 풍란, 난초, 금자란
			열당과	오리나무더부살이, 가지더부살이
			고비과	고비
			괭이밥과	괭이밥
			작약과	모란, 백작약
			단향과	제비꿀
		무환자나무목	단풍나무과	단풍나무
			옻나무과	붉나무, 안개나무
			봉선화과	봉선화, 물봉선
			칠엽수과	칠엽수
			방기과	댕댕이덩굴
			조름나물과	조름나물
			나도밤나무과	나도밤나무
			무환자나무과	모감주나무
		끈끈이귀개목	끈끈이귀개과	끈끈이주걱
		팥꽃나무목	보리수나무과	보리수나무
			팥꽃나무과	산닥나무, 팥꽃나무
		통화식물목	쥐꼬리망초과	방울꽃, 쥐꼬리망초
			능소화과	개오동
			지치과	송양나무, 지치
			메꽃과	메꽃, 나팔꽃
			꿀풀과	익모초, 광대나물, 조개나물, 백리향
			통발과	땅귀개, 벌레잡이제비꽃
			파리풀과	파리풀
			꽃고비과	꽃고비
			현삼과	등에풀, 꽃며느리밥풀, 오동나무, 나도송이풀, 주름잎
			가지과	고추, 토마토, 가지, 담배
			마편초과	누리장나무, 마편초과, 작살나무
		쐐기풀목	삼과	삼
			느릅나무과	팽나무, 느릅나무, 느티나무
			쐐기풀과	모시풀, 쐐기풀, 좀깨잎나무
		제비꽃목	이나무과	이나무, 산유자나무
			제비꽃과	제비꽃
			위성류과	위성류
	단자엽식물강	닭의장풀목	닭의장풀과	사마귀풀, 닭의장풀, 자주달개비
			곡정초과	개수염, 좀개수염, 곡정초
		사초목	사초과	방동사니, 고랭이, 황새풀
		화본목	벼과	조릿대, 억새, 갈대, 벼, 기장, 강아지풀, 잔디
		소생식물목	택사과	보풀, 벗풀
			자라풀과	검정말, 자라풀, 물질경이
			지채과	지채
			가래과	가래, 줄말
			장지채과	장지채
			거머리말과	거머리말, 애기거머리말

문	강	목	과	종
		골풀목	골풀과	애기골풀, 골풀
		백합목	용설란과	용설란
			수선화과	문주란, 수선화
			마과	마, 참마, 국화마
			지모과	지모
			붓꽃과	꽃창포, 글라디올러스, 부채붓꽃
			백합과	백합, 은방울꽃, 두루미꽃
			물옥잠과	부레옥잠, 물옥잠, 물달개비
		미종자목		청닭의난초
		부들목	흑삼릉과	흑삼릉
			부들과	부들, 애기부들
		천남성목	천남성과	창포
			개구리밥과	개구리밥, 좀개구리밥

* 산림청 / 국가생물종지식정보시스템을 기준으로 하고, 『식물분류학』(이창복 외, 1985년, 향문사)을 참조하여 분류하였다.
* 아직 우리말 이름이 정해지지 않은 분류명은 제외하였다.

03 | 원소의 성질

원자번호	원소	원소기호	녹는점(℃)	끓는점(℃)	발견 연도	물리적 상태
1	수소	H	−259.14	−252.87	1766	무색 기체
2	헬륨	He	−272.2	−268.93	1895	무색 기체
3	리튬	Li	180.54	1342	1817	은백색 금속
4	베릴륨	Be	1287	2469	1798	회색 금속
5	붕소	B	2076	3927	1808	진한 갈색 가루
6	탄소	C	3527	4027	고대	흑연−검은색 고체/다이아몬드−무색 고체
7	질소	N	−210.1	−195.79	1772	무색 기체
8	산소	O	−218.3	−182.9	1774	무색 기체
9	플루오르	Fm	−219.62	−188.12	1886	연한 황록색 기체
10	네온	Ne	−248.59	−246.08	1898	무색 기체
11	나트륨	Na	97.72	883	1807	은백색 금속
12	마그네슘	Mg	650	1090	1755	은백색 금속
13	알루미늄	Al	660.32	2519	1825	은색 금속
14	규소	Si	1414	2900	1824	진한 회색 고체
15	인	P	44.2	277	1669	흰색, 붉은색
16	황	S	115.21	444.72	고대	사방결정−노란색 고체
17	염소	Cl	−101.5	−34.04	1774	황록색 기체
18	아르곤	Ar	−189.3	−185.8	1894	무색 기체
19	칼륨	K	63.38	759	1807	은백색 금속
20	칼슘	Ca	842	1484	1808	은백색 금속
21	스칸듐	Sc	1541	2830	1879	금속성 물질
22	티탄	Ti	1668	3287	1791	은색 금속
23	바나듐	V	1910	3407	1801	은회색 금속
24	크롬	Cr	1907	2671	1797	은색 금속
25	망간	Mn	1246	2061	1774	분홍색 금속
26	철	Fe	1538	2861	고대	은백색 금속
27	코발트	Co	1495	2927	1735	분홍색 금속
28	니켈	Ni	1455	2913	1751	은백색 금속
29	구리	Cu	1084.62	2927	고대	분홍색 금속

원자번호	원소	원소기호	녹는점(℃)	끓는점(℃)	발견 연도	물리적 상태
30	아연	Zn	419.53	907	1500	청백색 금속
31	갈륨	Ga	29.76	2204	1875	회색 금속
32	게르마늄	Ge	938.3	2820	1886	회백색 금속
33	비소	As	817	614	고대	회백색 금속
34	셀렌	Se	221	685	1817	회색 고체
35	브롬	Br	−7.3	59	1826	적갈색 액체
36	크립톤	Kr	−157.36	−153.22	1898	무색 기체
37	루비듐	Rb	39.31	688	1861	은백색 금속
38	스트론튬	Sr	777	1382	1790	은백색 금속
39	이트륨	Y	1526	3336	1794	회백색 금속
40	지르코늄	Zr	1855	4409	1789	회백색 금속
41	니오브	Nb	2477	4744	1801	회색 금속
42	몰리브덴	Mo	2623	4639	1781	은색 금속
43	테크네튬	Tc	2157	4265	1937	은회색 금속
44	루테늄	Ru	2334	4150	1844	청백색 금속
45	로듐	Rh	1964	3695	1803	강철빛 금속
46	팔라듐	Pd	1554.9	2963	1803	은백색 금속
47	은	Ag	961.78	2162	고대	밝은 백색 금속
48	카드뮴	Cd	321.07	767	1817	청백색 금속
49	인듐	In	156.6	2072	1863	은빛 섞인 청색 금속
50	주석	Sn	231.93	2602	고대	은백색 금속
51	안티몬	Sb	630.63	1587	고대	은색 금속
52	텔루르	Te	449.51	988	1783	은회색 금속
53	요오드	I	113.7	184.3	1811	흑자색 고체
54	크세논	Xe	−111.7	−108	1898	무색 기체
55	세슘	Cs	28.44	671	1860	은백색 금속
56	바륨	Ba	727	1870	1808	은백색 금속
57	란탄	La	920	3470	1839	금속성 물질
58	세륨	Ce	795	3360	1803	암회색 고체
59	프라세오디뮴	Pr	935	3290	1885	강철빛 섞인 회색 금속
60	네오디뮴	Nd	1024	3100	1885	노란색 섞인 흰색 금속
61	프로메튬	Pm	1100	3000	1945	금속성 물질
62	사마륨	Sm	1072	1803	1879	연회색 금속
63	유로퓸	Eu	826	1527	1901	강철빛 섞인 회색 금속
64	가돌리늄	Gd	1312	3250	1880	은백색 금속
65	테르븀	Tb	1356	3230	1843	은색 금속
66	디스프로슘	Dy	1407	2567	1886	금속성 물질
67	홀뮴	Ho	1461	2720	1878	은색 금속
68	에르븀	Er	1497	2868	1842	회색 섞인 은색 금속
69	툴륨	Tm	1545	1950	1879	금속성 물질
70	이테르븀	Yb	824	1196	1878	은색 금속
71	루테튬	Lu	1652	3402	1907	금속성 물질
72	하프늄	Hf	2233	4603	1923	강철빛 섞인 회색 금속
73	탄탈	Ta	3017	5458	1802	은색 금속
74	텅스텐	W	3422	5555	1783	회색 금속
75	레늄	Re	3186	5596	1925	연회색 금속
76	오스뮴	Os	3033	5012	1803	청회색 금속
77	이리듐	Ir	2466	4428	1803	은백색 금속
78	백금	Pt	1768.3	3825	1735	청백색 금속

원자번호	원소	원소기호	녹는점(℃)	끓는점(℃)	발견 연도	물리적 상태
79	금	Au	1064.18	2856	고대	밝은 노란색 금속
80	수은	Hg	−38.83	356.73	고대	은빛 나는 금속성 액체
81	탈륨	Tl	304	1473	1861	청회색 금속
82	납	Pb	327.46	1749	고대	강철빛 금속
83	비스무트	Bi	271.3	1564	고대	붉은빛 섞인 회색 금속
84	폴로늄	Po	254	962	1898	금속성 물질
85	아스타틴	At	302	−	1940	금속성 물질
86	라돈	Rn	−71	−61.7	1900	무색 기체
87	프랑슘	Fr	−	−	1939	금속성 물질
88	라듐	Ra	700	1737	1898	은색 금속
89	악티늄	Ac	1050	3300	1899	금속성 물질
90	토륨	Th	1842	4820	1829	회색 금속
91	프로탁티늄	Pa	1568	−	1913	은색 금속
92	우라늄	U	1132.2	3927	1789	청백색 금속
93	넵투늄	Np	637	4000	1940	은색 금속
94	플루토늄	Pu	639.4	3230	1940	은색 금속
95	아메리슘	Am	1176	2607	1944	은백색 금속
96	퀴륨	Cm	1340	3110	1944	은색 금속
97	버클륨	Bk	986	−	1949	은색 금속
98	칼리포늄	Cf	900	−	1950	은색 금속
99	아인슈타이늄	Es	860	−	1952	은색 금속
100	페르뮴	Fm	1527	−	1952	금속성 물질
101	멘델레븀	Md	827	−	1955	금속성 물질
102	노벨륨	No	827	−	1958	금속성 물질
103	로렌슘	Lr	1627	−	1961	금속성 물질
104	러더포듐	Rf	−	−	1964	
105	더브늄	Db	−	−	1967	
106	시보큠	Sg	−	−	1974	
107	보륨	Bh	−	−	1981	
108	하슘	Hs	−	−	1984	
109	마이트너륨	Mt	−	−	1982	

* 〈대한화학회〉가 속해 있는 〈국제순수 및 응용화학연맹〉(IUPAC)이 제공하는 자료에 따랐다.
* 원소 표기는 대한화학회의 〈화합물 명명법〉에 따랐으며, 현재 널리 쓰이는 표기(망간, 요오드, 안티몬, 크롬 등)는 그대로 두었다.

04 | 세계적으로 피해가 컸던 지진 | 사망자 10,000명 이상

발생일시	지역	사망자 수(명)	규모
2005.10.08	파키스탄 북부 지역	30,000명	7.6
2004.12.26	인도네시아 수마트라	283,106명	9.09
2003.12.26	이란 남부 지역	31,000명	6.6
2001.01.26	인도 구자라트	20,085명	7.7
1999.08.17	터키 이즈밋	15,657명	7.4
1990.06.20	이란 라슈트	45,000명	7.7
1988.12.07	아르메니아	25,000명	6.8
1978.09.16	이란 타바스	15,000명	7.7
1976.07.27	중국 탕산	242,000명	7.6
1976.02.04	과테말라	22,000명	7.9

발생일시	지역	사망자 수(명)	규모
1970.05.31	페루	66,000명	7.8
1968.08.31	이란	11,600명	7.4
1962.09.01	이란 카즈빈	14,000명	7.3
1960.02.29	모로코 아가디르	14,000명	5.9
1939.12.27	터키 에르치칸	23,000명	8.0
1939.01.24	칠레 칠란	30,000명	7.8
1935.05.31	파키스탄 쿠에타	60,000명	7.5
1932.12.26	중국 칸수	70,000명	7.6
1923.09.01	일본 간토	143,000명	8.2
1920.12.16	중국 칸수	180,000명	8.5
1915.01.13	이탈리아 아베차노	30,000명	7.0
1908.12.28	이탈리아 메시나	120,000명	7.5

*기상청 / 지진정보에 따라 정리하였다.

05 | 세계적으로 최근에 발생한 큰 지진

발생일시	진앙	지역	규모	피해 상황
2005.10.08	34.44N 73.60E	파키스탄 북부 지역	7.6	30,000명 사망, 부상 43,000명
2005.03.28	2.07N 97.13E	인도네시아 수마트라	8.7	1,313명 사망, 300명 부상
2005.02.22	30.74N 56.87E	이란	6.4	612명 사망, 1,141명 부상
2004.12.26	3.30N 95.96E	인도네시아 수마트라	9.0	283,106명 사망, 14,100명 실종
2004.02.24	35.1N 3.99W	모로코	6.4	631명 사망, 926명 부상
2003.12.26	29.0N 58.3E	이란 남부 지역	6.6	31,000명 사망, 30,000명 부상
2003.05.21	37.0N 3.6E	알제리 북부 지역	6.8	2,266명 사망, 10,261명 부상
2003.05.01	39.0N 40.5E	터키 동부 지역	6.4	177명 사망, 1,000여 명 부상
2003.02.24	39.6N 77.2E	중국 북서부 신장 지역	6.4	263명 사망, 4,000명 부상
2002.06.22	35.6N 49.0E	이란 서부 지역	6.5	261명 사망, 1,300명 부상
2002.03.25	35.9N 69.2E	아프가니스탄 힌두쿠시 지역	6.1	1,000명 사망, 수백 명 부상
2002.03.03	36.5N 70.4E	아프가니스탄 힌두쿠시 지역	7.4	150명 사망
2001.02.13	13.7N 88.9W	엘살바도르 산살바도르	6.6	315명 사망
2001.01.26	23.4N 70.2E	인도 구자라트	7.7	20,085명 사망
2001.01.14	12.8N 88.8W	엘살바도르 남동 해역	7.6	844명 사망, 4,723명 부상
2000.06.05	4.7S 102.1E	인도네시아 수마트라	7.9	103명 사망, 2,174명 부상
2000.02.24	35.2N 3.9W	모로코 북부 해안	6.4	628명 사망, 926명 부상
1999.11.12	40.8N 31.2E	터키 두즈체	6.3	834명 사망, 4,566명 부상
1999.09.21	23.8N 121.1E	대만 타이중	7.6	2,400명 사망, 11,000여 명 부상
1999.09.07	38.1N 23.6E	그리스 아테네	5.8	143명 사망, 2,000여 명 부상
1999.08.17	40.7N 30.0E	터키 이즈밋	7.4	15,657명 사망, 27,233명 부상
1999.01.26	4.3S 75.7E	콜롬비아	5.8	1,170명 사망, 4,000명 부상
1998.07.17	2.9S 141.8E	파푸아뉴기니	7.1	2,183명 사망, 수천 명 부상
1998.06.27	36.9N 35.3E	터키	6.2	145명 사망, 1,500명 부상
1998.05.30	37.1N 70.1E	아프가니스탄-타지키스탄 국경	6.9	4,000명 사망, 수천 명 부상
1998.05.22	17.7S 65.4W	볼리비아 코차밤바	6.6	105명 사망, 150명 부상
1998.02.04	37.1N 70.1E	아프가니스탄-타지키스탄 국경	6.1	2,323명 사망, 818명 부상, 8,094채 가옥 파괴
1998.02.04	37.1N 70.1E	아프가니스탄-타지키스탄 국경	6.1	2,323명 사망, 818명 부상, 8,094채 가옥 파괴
1997.05.10	33.8N 59.8E	이란-아프가니스탄 국경	7.3	1,567명 사망, 2,300명 부상 10,533채 가옥 파괴, 50,000명 이재민
1997.02.28	38.1N 48.1E	아르메니아-아제르바이잔	6.1	965명 사망, 2,600명 부상,

발생일시	진앙	지역	규모	피해 상황
		-이란 국경		12,000명 이재민, 36,000채 가옥 파괴
1996.02.03	27.3N 100.3E	중국 윈난	6.5	322명 사망, 3,925명 부상 35,800채 가옥 파괴
1995.10.01	38.1N 30.2E	터키	6.1	101명 사망, 348명 부상 4,500채 가옥 파괴
1995.05.27	52.6N 142.8E	러시아 사할린	7.5	1,989명 사망, 750명 부상
1995.01.17	34.4N 135.0E	일본 고베	7.2	6,432명 사망, 40,000여 명 부상
1994.08.18	35.5N 0.1W	알제리 알제	5.9	159명 사망, 289명 부상, 10,000명 이재민
1994.06.06	2.9N 76.1W	콜롬비아 네이바	6.6	295명 사망, 500명 실종, 13,000명 이재민
1994.06.02	10.5S 112.8E	인도네시아 자바	7.2	250명 사망, 27명 실종, 423명 부상 1,500채 가옥 파괴, 278척 선박 파괴
1994.02.15	5.0S 104.3E	인도네시아 수마트라	7.0	207명 사망, 2,000명 부상 75,000명 이재민
1993.09.29	18.1N 76.5E	인도 라투르	6.2	9,748명 사망, 30,000명 부상
1993.07.12	42.9N 139.2E	일본 홋카이도	7.6	200명 사망, 39명 실종, 540채 가옥 파괴, 600척 선박 파괴
1992.12.12	8.5S 121.9E	인도네시아 플로레스	7.5	2,200명 사망, 500명 부상 40,000명 이재민
1992.10.12	29.9N 31.2E	이집트 수에즈	5.2	541명 사망, 6,500명 부상 8,300채 가옥 파괴
1992.09.02	11.7N 87.3W	니카라과	7.2	116명 사망, 68명 실종 3,500명 이재민
1992.03.13	39.7N 39.6E	터키	6.8	498명 사망, 2,000명 부상 2,200채 가옥 파괴
1991.10.19	30.8N 78.8E	인도 뉴델리	7.0	2,000명 사망, 1,800명 부상 18,000채 가옥 파괴
1991.04.29	42.5N 43.7E	코카서스(옛소련)	7.0	114명 사망, 1,000명 부상 70명 실종, 67,000명 이재민
1991.01.31	36.0N 70.4E	아프가니스탄 힌두쿠시	6.4	300명 사망, 다수 부상
1990.07.16	15.7N 121.2E	필리핀 루손	7.8	1,621명 사망, 3,000명 부상
1990.06.20	37.0N 49.4E	이란 레시뜨	7.7	45,000명 사망, 60,000명 이상 부상
1990.05.30	6.0S 77.2W	페루 리마	6.5	135명 사망, 800명 이상 부상
1990.04.26	36.0N 100.2E	중국 칭하이	6.9	126명 사망, 다수 부상
1989.08.01	4.5S 139.0E	인도네시아 이리안 자야	5.8	120명 사망, 125명 부상
1989.01.22	38.5N 68.7E	타지키스탄(옛소련)	5.3	274명 사망, 다수 부상
1988.12.07	41.0N 44.2E	아르메니아(옛소련)	6.8	25,000명 사망, 19,000명 부상 500,000명 이재민
1988.08.20	26.8N 86.6E	네팔-인도 국경	6.6	721명 사망, 6,553명 부상 64,470채 가옥 파괴
1987.03.06	0.2N 77.8W	콜롬비아-에콰도르 국경	6.9	1,000명 사망, 4,000명 실종 200,000명 이재민
1986.10.10	13.8N 89.1W	엘살바도르	5.4	1,000명 사망, 10,000명 부상 200,000명 이재민
1985.09.19	18.2N 102.5W	멕시코 미초아칸	8.1	9,500명 사망, 30,000명 부상
1985.03.03	33.1S 71.9W	칠레 산펠리페	7.8	177명 사망, 2,575명 부상

*기상청 / 지진정보에 따라 정리하였다.

06 | 우리 나라에서 최근에 발생한 큰 지진 | 규모 3.0 이상

2005년	발생일시	위도	경도	규모	비고
02-20	22:18:39.0	35.40	126.22	3.4	전라남도 영광군 서북서쪽 약 30km 해역
					진도 II: 영광, 고창, 장성, 광주, 나주, 무안
					진도 I : 보령, 군산, 여수, 고흥
03-17	23:39:52.1	32.47	125.85	3.1	제주도 서귀포시 남남서쪽 약 105km 해역
04-21	12:37:33.6	34.91	125.47	3.0	전라남도 신안군 흑산도 북쪽 약 25km 해역
05-01	16:27:08.7	35.04	123.00	3.6	전라남도 신안군 흑산도 서쪽 약 225km 해역
06-15	07:07:02	33.15	126.14	3.7	제주도 서귀포시 서쪽 약 41km 해역
					진도 II: 서귀포, 고산
06-15	07:37:47	33.00	126.15	3.0	제주도 서귀포시 서남쪽 약 48km 해역
06-20	15:31:49	38.81	125.57	3.0	평양시 남서쪽 약 20km 지역
06-29	23:18:05	34.50	129.05	4.0	경상남도 거제시 동남동쪽 약 54km 해역
					진도 III: 부산, 거제, 통영, 마산, 양산
					진도 II: 여수, 순천
06-30	00:25:04	36.66	129.63	3.1	경상북도 영덕군 동북동쪽 약 35km 해역
07-30	03:01:36	34.14	127.47	3.1	전라남도 고흥군 남남동쪽 약 38km 해역
					진도 I: 고흥, 완도, 진주
08-24	05:06:26	34.06	126.95	3.5	전라남도 완도군 동남동쪽 약 31km 해역
10-10	08:51:06	37.93	124.90	3.4	인천광역시 옹진군 백령도 동쪽 약 25km 해역
10-21	12:00:30	37.89	125.01	3.0	인천광역시 옹진군 백령도 동쪽 약 37km 해역
11-15	09:10:49	37.20	128.79	3.0	강원도 영월군 동쪽 약 19km 지역
					진도 II: 정선, 영월
					진도 I : 죽변, 원덕
11-27	11:47:04	38.35	123.99	3.1	인천광역시 옹진군 백령도 서북서쪽 80km 해역

2004년	발생일시	위도	경도	규모	비고
01-06	01:49:41.8	38.7	125.1	3.2	평안남도 남포시 서쪽 약 30km 해역
04-26	13:29:25.2	35.8	128.2	3.9	대구광역시 서남서쪽 약 40km 지역
					진도 IV: 대구, 구미
					진도 III: 부산, 포항, 안동, 거창, 의성, 산청
					진도 II: 대전, 청주, 수원, 보은, 원주
05-05	12:22:32.9	32.7	126.0	3.1	제주도 서귀포시 남남서쪽 약 120km 해역
05-29	19:14:24.0	36.8	130.2	5.2	경상북도 울진군 동쪽 약 80km 해역
					진도 V: 울진
					진도 IV: 삼척, 태백, 안동, 의성, 포항, 울릉도, 대구
					진도 III: 강릉, 추풍령, 울산
					진도 II: 강원도 일부, 서울광역시, 경기도, 전라남도, 전라북도, 충청남도, 충청북도 일부, 경상남도 일부
06-01	20:22:18.8	37.2	130.0	3.5	경상북도 울진군 동북동쪽 약 55km 해역
					진도 II: 울진
					진도 I : 포항, 안동
08-06	05:32:52.9	35.9	127.4	3.3	전라북도 전주시 북동쪽 약 15km 지역
					진도 III: 전주, 진안
					진도 II: 장수

2003년	발생일시	위도	경도	규모	비고
01-09	17:33:17.3	37.4	124.2	3.9	인천광역시 옹진군 백령도 남서쪽 약 60km 해역
03-01	23:33:28.5	35.8	129.3	3.0	경상북도 경주시 남동쪽 약 10km 지역
					진도 III: 경주, 진도 II: 울산
03-10	03:28:03.1	36.1	128.4	3.1	경상북도 구미시 동쪽 약 10km 지역
					진도 III: 구미
03-23	05:38:41.0	35.0	124.6	4.9	전라남도 신안군 홍도 북서쪽 약 50km 해역
					진도 IV: 흑산도, 목포
					진도 III: 완도, 보성, 순천, 여수, 광주, 나주, 부안, 군산, 고흥, 화순, 진도, 장흥, 해남
					진도 II: 서울, 인천, 충주, 청주, 안양, 수원, 부천, 구리, 예산, 평택, 대전, 전주, 진주, 제주, 서산, 천안, 홍성, 부산
03-30	20:10:52.8	37.8	123.7	5.0	인천광역시 옹진군 백령도 서남서쪽 약 80km 해역
					진도 IV: 백령도
					진도 III: 영종도
					진도 II: 문산, 의정부, 서울, 인천, 수원, 천안, 서산, 대전
					진도 I: 군산, 전주, 광주
04-16	02:55:25.3	36.4	126.3	3.3	충청남도 태안군 안면도 약 10km 해역
06-09	10:14:04.1	36.0	123.6	4.0	전라북도 군산시 서쪽 약 280km 해역
07-05	12:18:28.4	37.4	125.3	3.0	인천광역시 서쪽 약 120km 해역
10-13	18:12:04.5	37.0	126.5	3.6	충청남도 당진군 북서쪽 약 20km 지역
					진도 III: 서산, 태안, 당진
					진도 II: 인천, 서울

2002년	발생일시	위도	경도	규모	비고
01-07	17:10:00.4	35.4	128.8	3.1	경상남도 밀양시 남남동쪽 약 10km 지역
					진도 II: 부산, 마산
03-07	23:30:55.0	36.5	126.6	3.0	충청남도 홍성군 남서쪽 약 15km 지역
					진도 II: 홍성, 보령
03-17	09:26:31.6	38.1	124.3	3.9	인천광역시 옹진군 백령도 서북서쪽 약 35km 해역
					진도 III: 백령도
03-22	11:28:51.8	38.3	124.5	3.5	인천광역시 옹진군 백령도 북쪽 약 40km 해역
					진도 III: 백령도
04-17	07:52:40.8	40.5	128.5	3.9	함경남도 북청군 북동쪽 약 30km 지역
07-09	04:01:51.2	35.9	129.6	3.8	경상북도 포항시 남동쪽 약 25km 해역
					진도 III: 포항
					진도 II: 울산
07-17	06:50:25.6	38.0	124.4	3.3	인천광역시 옹진군 백령도 서쪽 약 25km 해역
08-06	07:32:39.4	34.7	127.4	3.0	전라남도 고흥군 북동쪽 약 15km 지역
08-10	21:47:35.4	35.1	123.4	4.0	전라남도 신안군 흑산도 서북서쪽 약 195km 해역
10-20	04:22:07.6	35.2	127.7	3.0	경상남도 하동시 북북서쪽 약 15km 지역
12-10	07:42:50.9	38.8	127.2	3.8	강원도 철원군 북쪽 약 60km 지역
					진도 III: 철원
					진도 II: 동두천, 안산, 서울

2001년	발생일시	위도	경도	규모	비고
01-29	11:44:07.1	35.7	126.6	3.0	전라북도 부안군 서쪽 약 10km 지역
					진도 III: 부안
					진도 II: 군산, 정읍, 영광
05-05	11:21:19.9	37.8	124.5	3.3	인천광역시 옹진군 백령도 남남서쪽 약 30km 해역
06-29	11:21:07.8	35.8	126.6	3.6	전라북도 군산시 남남서쪽 약 20km 해역
					진도 III: 군산
					진도 II: 부안
07-23	17:29:14.2	36.4	128.0	3.5	경상북도 상주시 서쪽 약 15km 지역
					진도 III: 상주, 문경
					진도 II: 대전, 청주, 충주, 추풍령, 보은
					진도 I: 군산
08-24	11:12:03.0	35.9	128.2	3.1	경상북도 성주군 서쪽 약 10km 지역
					진도 II: 합천
11-21	10:49:10.9	36.7	128.3	3.5	경상북도 문경시 북쪽 약 15km 지역
					진도 III: 문경
					진도 II: 예천, 안동, 영주, 괴산
11-24	16:10:31.6	36.7	129.9	4.1	경상북도 울진군 동남동쪽 약 50km 해역
					진도 III: 울진, 포항
					진도 II: 대구, 강릉, 태백, 삼척, 동해

*기상청 / 지진정보에 따라 정리하였다.

07 | 화산 폭발 지수

등급	명칭	화산재의 높이	분출된 화산재의 양
0	비폭발성 분화	100m 미만	수천 m^3
1	가벼운 분화	100-1,000m	수만 m^3
2	폭발성 분화	1-5km	수백만 m^3
3	심한 폭발성 분화	3-15km	수천만 m^3
4	격변적 분화	10-25km	수억 m^3
5	격발적 분화	25km 이상	1km^3
6	대규모 분화	25km 이상	수십 km^3
7	초대규모 분화	25km 이상	수백 km^3
8	초초대규모 분화	25km 이상	수천 km^3

08 | 태양계

태양
지구와의 평균거리	149,597,890km
적도 반지름	695,500km
적도 둘레	4,379,000km
부피	$1.1422 \times 10^{18} km^3$
질량	$1.989 \times 10^{30} kg$
밀도	$1.409 g/cm^3$
표면적	$6.0787 \times 10^{12} km^2$

수성
태양과의 평균거리	57,909,175km 0.38709893A.U
근일점	46,000,000km
원일점	69,820,000km
적도 반지름	2,439.7km
적도 둘레	15,329.1km
부피	$6.08272 \times 10^{10} km^3$
질량	$3.3022 \times 10^{23} kg$
밀도	$5.427 g/cm^3$
표면적	$74,800,000 km^2$
자전주기	58.646일
공전주기	87.97일
평균공전속도	172,341km/h

금성
태양과의 평균거리	108,208,930km 0.723332A.U
근일점	107,476,000km
원일점	108,942,000km
적도 반지름	6,051.8km
적도 둘레	38,025km
부피	$9.284 \times 10^{11} km^3$
질량	$4.8685 \times 10^{24} kg$
밀도	$5.24 g/cm^3$
표면적	$4.602 \times 10^8 km^2$
자전주기	243일
공전주기	224.7일

지구
태양과의 평균거리	149,597,890km
근일점	147,100,000km
원일점	152,100,000km
적도 반지름	6,378.14km
적도 둘레	40,075km
부피	$1.0832 \times 10^{12} km^3$
질량	$5.9737 \times 10^{24} kg$
밀도	$5.515 g/cm^3$
표면적	$510,065,700 km^2$ $5.100657 \times 10^8 km^2$
적도표면중력	$9.766 m/s^2$
자전주기	23.934시간
공전주기	365.24일

달
지구와의 평균거리	384,400km
적도 반지름	1737.4km
적도 둘레	10,916km
부피	$21,970,000 km^3$
질량	$7.3483 \times 10^{22} kg$
밀도	$3.341 g/cm^3$
표면적	$37,932,330 km^2$
적도표면중력	$1.622 m/s^2$
자전주기	27.321661일
공전주기	27.321661일
평균공전속도	1,023m/s

화성
태양과의 평균거리	227,936,640km 1.52 A.U.
근일점	206,600,000km
원일점	249,200,000km
적도 반지름	3,397km
적도 둘레	21,344km
부피	$1.6314 \times 10^{11} km^3$
질량	$6.4185 \times 10^{23} kg$
밀도	$3.94 g/cm^3$
표면적	$1.441 \times 10^8 km^2$
적도표면중력	$3.693 m/s^2$
자전주기	24.62시간
공전주기	686.93일

목성
태양과의 평균거리	778,412,020km 5.2 A.U
근일점	740,742,600km
원일점	816,081,400km
적도 반지름	71,492km
적도 둘레	449,197km
부피	$1.4255 \times 10^{15} km^3$
질량	$1.8987 \times 10^{27} kg$
밀도	$1.33 g/cm^3$
표면적	$6.21796 \times 10^{10} km^2$
적도표면중력	$20.87 m/s^2$
자전주기	9.925시간
공전주기	11.8565년
평균공전속도	13,069.7m/s

토성
태양과의 평균거리	1,426,725,400km 9.54 A.U.

근일점	1,349,467,000km	
원일점	1,503,983,000km	
적도 반지름	60,268km	
적도 둘레	378,675km	
부피	$8.2713 \times 10^{14} km^3$	
질량	$5.6851 \times 10^{26} kg$	
밀도	$0.70 g/cm^3$	
표면적	$4.3466 \times 10^{10} km^2$	
적도표면중력	$7.207 m/s^2$	
자전주기	10.656시간	
공전주기	29.4년	
평균공전속도	9,672.4m/s	

근일점	4,459,630,000km
원일점	4,536,870,000km
적도 반지름	24,764km
적도 둘레	155,597km
부피	$6.2526 \times 10^{13} km^3$
질량	$1.0244 \times 10^{26} kg$
밀도	$1.76 g/cm^3$
표면적	$7.6408 \times 10^9 km^2$
적도표면중력	$10.71 m/s^2$
자전주기	16.11시간
공전주기	164.79년
평균공전속도	5,477.8m/s

천왕성

태양과의 평균거리	2,870,972,200km	19.191 A.U.
근일점	2,735,560,000km	
원일점	3,006,390,000km	
적도 반지름	25,559km	
적도 둘레	160,592km	
부피	$5.9142 \times 10^{13} km^3$	
질량	$8.6849 \times 10^{25} kg$	
밀도	$1.30 g/cm^3$	
표면적	$8.1156 \times 10^9 km^2$	
자전주기	17.24시간	
공전주기	84.02년	

명왕성

태양과의 평균거리	5,906,380,000km	39.482 A.U.
근일점	4,436,820,000km	
원일점	7,375,930,000km	
적도 반지름	1,151km	
적도 둘레	7,232km	
부피	$6.39 \times 10^9 km^3$	
질량	$1.3 \times 10^{22} kg$	
밀도	$2 g/cm^3$	
표면적	$1.665 \times 10^7 km^2$	
적도표면중력	$0.81 m/s^2$	
자전주기	6.387일	
공전주기	247.92년	

해왕성

태양과의 평균거리	4,498,252,900km	30.327 A.U.

감사의 말

이 사전을 만드는 데 필요한 자료와 사진을 제공해 주신 많은 기관과 단체, 개인들에게 감사드립니다. 아래 별도로 표시한 내용은 이 사전에 실려 있는 사진의 저작권자입니다. 혹시 실수로 저작권자의 표시가 잘못되었거나 빠진 것이 있으면 다음 쇄를 찍을 때 반드시 수정하겠습니다. 다시 한번 귀한 사진을 실을 수 있도록 허락해 주신 것에 특별히 감사드립니다. (가나다순)

강헌석
45

경기도청
403 위 오른쪽

국방연구소
108 아래

기상청
41 맨아래, 282, 328

김성철
74 아래, 196 아래 오른쪽, 233 위, 236 아래, 344, 396 아래 왼쪽

김재건
64 아래 가운데, 220 아래 가운데, 247 아래 오른쪽·가운데, 가운데 가운데, 310 위 왼쪽

김진숙
183 아래 오른쪽, 310 아래

목포자연사박물관
398 위 오른쪽·가운데·아래, 399 암모나이트 화석·파충류

머리뼈 화석 · 신생대 포유류 화석 · 삼엽충 화석 · 원시소철 화석 · 양치식물 화석

문화재청
269

미국국가과학재단(NSF)
32 위, 34 아래, 47 아래 오른쪽, 48 아래 왼쪽, 52 아래, 77 위 오른쪽, 99 가운데 왼쪽, 100 위, 145, 170, 182 아래 가운데, 209 위, 238 왼쪽, 279, 360 위, 372 왼쪽, 375 아래, 384 위 왼쪽, 407 왼쪽

미국국립전파천문대
113 위, 307 위

미국농무부(USDA)
182 가운데 오른쪽

미국어류및야생동식물보호국(FWS)
95 가운데 오른쪽, 99 아래 가운데, 101 가운데 가운데, 125 아래 가운데, 182 가운데 왼쪽 · 가운데, 아래 왼쪽 · 가운데, 368 왼쪽

미국지질조사국(USGS)
27 위 왼쪽, 101 가운데 왼쪽, 256, 325

미국항공우주국(NASA)
50, 51 오른쪽, 78 위, 79 아래 왼쪽, 83 위 왼쪽, 87 아래, 88, 89, 95 아래 왼쪽, 100 아래 왼쪽 · 가운데, 가운데 왼쪽, 101 위, 105, 109 아래 왼쪽, 110 왼쪽, 113, 117 위, 118, 119, 128, 132, 134 아래 왼쪽, 146, 147, 148, 149 가운데, 160 위, 가운데 왼쪽, 167 가운데 왼쪽, 182 위, 183 위, 가운데 오른쪽 · 가운데, 아래 왼쪽 · 가운데, 194, 194, 204, 228, 230, 243, 254 위, 259, 260, 261, 262, 264, 265 위, 아래 왼쪽, 268, 270, 272, 273, 278 위, 아래 왼쪽, 307, 318, 319, 323, 327, 329 가운데, 333, 341 아래, 342, 354, 355, 356, 357, 359, 363, 368 오른쪽, 381, 384 아래, 388, 394, 396 위, 400, 401 아래, 405

미국해양대기청(NOAA)
99 아래 왼쪽 · 오른쪽, 가운데, 101 아래 오른쪽, 가운데, 125 위, 가운데 왼쪽 · 오른쪽, 아래 오른쪽, 209 가운데 왼쪽, 310 위 오른쪽, 351 아래 오른쪽

부산광역시
17 가운데 아래

삼척시립박물관
300 아래

영국 로슬린 연구소
94 아래

유근종
15 아래, 33 아래, 63 위 오른쪽, 아래, 64 가운데 오른쪽(달개비), 아래 오른쪽(메밀꽃), 65 가운데 중앙(술패랭이), 아래 오른쪽(자운영), 67 위 왼쪽, 276, 313 위 오른쪽, 314 아래 왼쪽

유럽우주국(ESA)
51 왼쪽, 110 오른쪽, 364

이대자연사박물관
39 명반석, 117 아래, 158 터키석, 159 사파이어, 179, 234 각섬석편암, 역암, 반려암, 335, 389, 394 위 왼쪽

제주도민속자연사박물관
73 아래

태백석탄박물관
398 아래, 399 맘모스 이빨 화석 · 단풍잎 화석

한국과학기술연구원
106, 107 위, 278, 아래 오른쪽

한국수자원공사
138 위 가운데

한국천문연구원
13 왼쪽, 340, 378 오른쪽

한국철강협회
138 위 왼쪽, 343 위 왼쪽

한국표준연구원
217, 352

한국항공우주연구원
167 아래, 378 왼쪽

한국해양연구원
20 오른쪽, 68 아래 오른쪽, 78 가운데, 아래, 79 가운데, 97 가운데, 100 가운데 오른쪽, 101 아래 왼쪽, 160 가운데, 아래 오른쪽, 383

한남대학교 박물관
232 왼쪽

해양수산부
236 가운데 오른쪽

현대자동차
292, 293 왼쪽

황인준
17 위, 18, 62, 64 위, 65 위, 가운데 왼쪽 · 오른쪽, 66 왼쪽, 67 위 오른쪽, 아래 오른쪽, 72 위, 73 위 오른쪽, 아래 오른쪽, 74 위, 75, 97 아래, 100 아래 오른쪽, 가운데, 144, 154 위, 156, 164, 172 위 가운데, 209 가운데 오른쪽, 아래, 220 위, 226 아래, 247 위, 가운데 왼쪽 · 오른쪽, 290 왼쪽, 314 아래 가운데, 320, 321, 371 위, 373 왼쪽, 406

CBS 방송국
142 아래 오른쪽, 167 위 오른쪽, 239 오른쪽, 336, 371 아래 오른쪽

SBS 방송국
106, 362

오픈키드 어린이사전 2
교과서와 함께 보는
어린이 과학사전

초판 발행 2006년 5월 4일
개정판 1쇄 발행 2006년 12월 12일
개정판 3쇄 발행 2008년 7월 15일

지은이 오픈키드 어린이사전 편찬위원회
편집 김경희 김미경 김은천 진선희 최수연 편은정
관리 권문혁 김미연
일러스트레이션 디자인 하늘소

펴낸이 최선숙
펴낸곳 열린어린이
출판등록 10-2296호
주소 121-819 서울시 마포구 동교동 198-22 승남빌딩 2층
전화 02-326-1284
전송 02-325-9941
ISBN 89-90396-82-4 71400
ISBN 89-90396-80-8(세트)
ⓒ Openkid, 2006

이 책은 저작권법에 따라 보호받는 저작물이므로 무단 전재와 무단 복제를 금하며,
이 책 내용의 전부 또는 일부를 재사용하려면 반드시 열린어린이의 서면 동의를 받아야 합니다.